제 6 판

친족 · 상속

조 승 현

신 조 사

제 6 판 머리말

제6판에서는 설명이 부족하거나 오해의 소지가 있는 부분들을 바로잡고, 최신 판례와 누락된 중요 판례를 추가하였다. 새롭게 고쳐 쓴 부분은 다음과 같다. 이혼원인인 부정행위, 재산분할청구권의 법적 성질 및 내용, 사실혼 중 자에 대한 효과, 중혼적 사실혼 중 효과, 친생부인의 소 중 부인권 소멸, 보통양자 중 입양신고를 대신한 허위출생신고, 부양 중 과거부양료 청구, 상속회복청구권 중 제척기간, 상속재산 중 제사용 재산, 유류분 중 유류분반환청구의 방법과 범위 등이다. 그 외에도 2014년 개정법의 내용을 보완하였다. 판례와 관련해서는 판례 제목을 변경하거나 문장을 읽기 쉽도록 다듬었고, 2015년 3월부터 2016년 5월까지의 최신 판례를 추가하였다. 가령, 성과 본의 변경(대결 2016.1.26, 2014으4), 정조의무(대판 2015.5.29, 2013므2441), 사기강박에 의한 혼인(대판 2016.2.18, 2015므654 · 661), 유책배우자의 이혼청구(대판 [전원합의체] 2015.9.15, 2013므568), 재판상 이혼과 자에 대한 효과(대판 2015.6.23, 2013므2397), 양육비 지급 종료시점(대결 2016.4.2, 2016으2), 강제인지(대판 2015.6.11, 2014므8217), 상속재산분할(대판 2015.8.13, 2015다18367), 상속포기(대판 2015.5.14, 2013다48852), 유류분과 기여분과의 관계(대판 2015.10.29, 2013다60753) 등이다.

이 책이 출간되기까지 꼼꼼하게 수정 · 보완해 준 이호행 박사, 언제나 아낌없는 성원을 해주신 신조사 이명재 사장님, 송일근 주간님, 이종은 부장님에게 진심으로 감사의 말씀을 드린다.

2016년 7월

조 승 현

머 리 말

2011년 2학기부터 친족 · 상속법이 한국방송통신대학교 법학과 교과과정 전공과목으로 개설되었다. 한국방송통신대학교 교재는 매체강의의 특성에 맞아야 하기 때문에 일반 법학교재와는 편집형식이 많이 다르고 한국방송통신대학교출판부의 편집형식을 따르게 되어 있다. 한국방송통신대학교출판부의 편집형식에 따르면 1강부터 15강까지 강의계획에 따라 목차를 설정하고 각 강의마다 학습목표, 학습개요, 학습내용, 심화학습, 보충학습, 연습문제가 배치되어야 한다. 그러나 이미 출간된 신조사의 「친족 · 상속법」을 이 형식에 맞추게 되면 전체면수가 크게 늘어나는 문제가 있어서 이미 출간된「친족 · 상속법」의 편집형식을 따름과 동시에 학생들의 교재비 부담을 조금이라도 덜어야 한다는 취지에 따라 사례와 판례 · 사항색인을 생략하였다.

2011년 3월 7일과 5월 19일에 친족 · 상속법과 관련된 민법개정이 있었다. 교재작업을 하면서 새로 개정된 부분을 반영할 것인가를 놓고 고민하였으나 그 시행일자가 2년 후인 2013년 7월 1일부터인 것을 감안하여 이번 교재에는 반영하지 아니하였다.

이 책이 출간되기까지 아낌없는 성원을 해주신 신조사 이명재 사장님 그리고 처음부터 끝까지 꼼꼼한 교정 등을 마무리 해주신 송일근 주간님과 이종은 부장님에게 진심으로 감사의 말씀을 드린다.

2011년 6월

조 승 현

주요 참고문헌 및 범례(凡例)

1. 주요 참고문헌과 그 인용약어

곽윤직, 상속법, 박영사, 2007년 ………… 곽윤직
김용한, 친족상속법, 박영사, 2003년 ………… 김용한
김주수, 주석판례가족법 ………… 김주수
김주수, 편집대표, 주석상속법(상, 하), 사법행정학회, 1996년 ……… 김주수 등
김주수 · 김상용, 친족상속법, 법문사, 2015년 ………… 김주수 · 김상용
김형배 · 김규완 · 김명숙, 민법학강의, 신조사, 2016년 ………… 김형배
박병호, 가족법, 한국방송통신대학교, 1991년 ………… 박병호
배경숙 · 최금숙, 친족상속법강의, 제일법규, 2007년 ………… 배경숙 · 최금숙
양수산, 친족상속법, 일신사, 1994년 ………… 양수산
이경희, 가족법, 법원사, 2008년 ………… 이경희
이근식 · 한봉희, 증보신친족상속법, 일조각, 1982년 ………… 이근식 · 한봉희
정광현, 친족상속요론, 법문사, 1961년 ………… 정광현
한봉희, 가족법(개정판), 푸른세상, 2007년 ………… 한봉희

2. 범 례

(1) 판 례

대법원 1983년 9월 27일 선고 83므26 판결
⇒ 대판 1983.9.27, 83므26
대법원 1977년 7월 26일 선고 77다492 전원합의체 판결
⇒ 대판[전원합의체] 1977.7.26, 77다492

(2) 법령약어의 예

가사소송법 ⇒ 가소법
가족관계의 등록 등에 관한 법률 ⇒ 가족관계등록법
근로기준법 ⇒ 근기법
민사조정법 ⇒ 민조법
민사집행법 ⇒ 민집법
부동산등기법 ⇒ 부등법
부동산등기특별조치법 ⇒ 부특법

부동산 실권리자명의 등기에 관한 법률 ⇒ 부동산실명법
비송사건절차법 ⇒ 비송법
산업재해보상보험법 ⇒ 산재법
주택임대차보호법 ⇒ 주임보법
채무자 회생 및 파산에 관한 법률 ⇒ 채무자회생법
호적법 ⇒ 호
입양특례법 ⇒ 입양법
아동복지법
상속세 및 증여세법 ⇒ 상속세법
신원보증법
가사심판법
공증인법

차 례

제 1 편 친 족 법

제1장 총 론

제 2 장 친 족

제 3 장 혼 인

제 4 장 부모와 자 · 후견 · 친족 · 부양

제2편 상 속 법

제1장 상 속

제2장 유 언

제 1 편 친 족 법

제1장 총 론

제1절 친족 · 상속관계(또는 신분관계)의 변동원인

신분관계(가족관계 및 가족적 재산관계)의 변동원인은 약혼·혼인·입양·유언과 같은 법률행위(신분행위)에 기한 것과 출생·사망과 같은 일정한 사실에 대하여 권리·의무를 부여하는 법률의 규정에 기한 것으로 나눌 수 있다. 특히 전자의 경우를 보통 신분행위라고 한다.

Ⅰ 신분행위에 의한 변동

혼인이나 유언과 같은 친족·상속법상의 법률행위(신분행위)는 친족관계나 친족 간의 재산관계를 발생·변경·소멸시키는 법률요건 또는 법률사실로서 의사표시를 요소로 한다.

1. 신분행위의 특징

신분관계의 발생·변경·소멸을 목적으로 하는 신분행위는 재산법상의 법률행위와는 많은 점에서 차이가 있다.

(1) 의사주의

신분행위의 성질상 당사자의 진정한 의사가 없는 신분관계의 창설은 허용될 수 없다. 따라서 표의자의 진정한 의사와 표시가 불일치할 경우 표의자의 진정한 의사에 의한다. 예를 들어 약혼·혼인·이혼·입양·파양·유언에 있어서 당사자의 진정한 의사가 결여된 신분행위는 무효이다. 이 점에서 표시된 의사를 중요시 하는 상거래 또는 민사상 재산적 행위와 본질적으로 구별된다.

(2) 형식주의(요식성)

친족·상속법상의 법률관계의 변동은 친족관계 그 자체뿐만 아니라 친족관계에 기초한 재산관계나 당사자 이외의 제3자에게도 커다란 영향을 미친다. 따라서 일정한 신분행위는 당사자 사이의 합의만으로 효력을 발생하지 않고 신고(가족관계등록법상 창설적 신고)와 같은 형식적 요건과 결합할 때에만 그 법적 효력이 부여되는 경우가 많다. 예를 들어 혼인(제812조, 제814조)·협의이혼(제836조)·입양(제878조)·협의상파양(제904조에 의한 제878조의 준용)·인지(認知: 제859조)는 가족관계등록법이 정한 바에 의하여 가족관계등록부에 신고하여야 그 효력이 발생한다. 즉, 혼인신고가 없는 혼인은 사실혼관계에 불과하고, 사실상으로는 혼인관계가 소멸하였더라도 이혼신고가 없는 경우에는 여전히 법률상의 배우자관계가 유지되며 당사자에게 재혼의 기회가 생겨도 그것은 중혼으로 취소할 수 있다.

또한 유언(遺言)의 경우에 민법이 정하고 있는 방식에 의하지 않으면 무효가 되고(제1060조), 상속의 한정승인(제1019조, 제1030조)이나 포기(제1019조, 제1041조)는 법률이 정한 기간 내(제1019조 제1항)에 가정법원에 신고하지 않으면 효력이 생기지 않는다.

이러한 친족·상속법상 법률행위의 요식성은 제3자에게 공시하기 위한 것이므로 제3자에 대하여 영향을 미치지 않는 한 이를 완화시켜 해석할 필요가 있다. 예를 들어 사실혼의 경우 혼인신고가 결여되어 있기 때문에 혼인신고를 전제로 한 효과{가족관계등록부상의 배우자관계·성년의제(成年擬制)·배우자 상호간의 후견인·상속권}가 발생하지는 않지만, 사실혼 부부공동생활관계에서 발생하는 권리·의무(동거·부양·협조의무)는 법률혼의 경우와 마찬가지로 유효하다. 따라서 사실혼관계를 부당하게 파기한 배우자나, 사실혼 관계에 간섭하여 이를 파탄시킨 자는 불법행위로 인한 손해배상책임을 진다(대판 1998.8.21, 97므544·551; 대판 1983.9.27, 83므26). 부(父)가 혼인 외의 자녀(婚外子)에 대하여 친생자출생의 신고를 한 때에는 그 신고는 인지의 효력이 있다(가족관계등록법 제57조). 허위친생자출생신고는 신분행위의 요식성에 반하기 때문에 무효이지만 그 신고가 입양의 실질적 요건을 갖춘 경우에는 입양의 효력이 인정된다(대판[전원합의체] 1977.7.26, 77다492).

그리고 주의할 것은 친족·상속법상 법률행위 중 동의행위(同意行爲)는 원칙적으로 불요식(不要式)이라는 점이다.

판례

요식성의 완화

1. 남편의 학대, 폭행, 강제축출행위와 고부 간 불화로 시어머니가 헤어질 것을 종용하는 등으로 인해 사실혼관계가 파탄된 것이라면 남편과 시어머니는 사실혼 파탄으로 인한 정신적 고통에 대한 위자료를 지급할 의무가 있다(혼인신고를 전제로 한 요식성의 완화: 대판 1983.9.27, 83므26).
2. 당사자 사이에 양친자관계를 창설하려는 명백한 의사가 있고 기타 입양의 성립요건이 모두 구비된 경우에는 요식성을 갖춘 입양신고 대신 친생자 출생신고가 있다 하더라도 입양의 효력이 있다(대판[전원합의체] 1977. 7.26, 77다492: 다수의견. 본판결로 대판 1967.7.18, 67다1004 판결 폐기).

(3) 일신전속성

대부분의 신분행위는 일신전속성이 강하여 대리가 허용되지 않고 신분행위에 기한 권리를 양도하거나 처분할 수 없다. 예를 들어 약혼·혼인·이혼 또는 입양행위는 대리나 대위행위가 불가능하고{다만 대리가 필요한 경우에 친족·상속법은 따로 특별규정을 두고 있다: 입양승낙(제869조), 파양협의(제902조), 친권대행(제910조), 미성년후견인의 미성년자의 자에 대한 친권대행(제948조), 친권자로서의 재산관리(제916조) 및 대리권(제920조), 후견인으로서의 재산관리권과 대리권(제949조) 등}, 그 신분행위에 기초해서 발생한 가족법상의 권리인 동거권·동의권·대리권·친권·부양청구권(제979조) 등은 양도하거나 처분할 수 없다.

약혼이나 이혼으로 인한 정신적 손배상청구권(위자료청구권)은 원칙적으로 양도 또는 승계하지 못한다. 그러나 당사자간에 이미 그 배상에 관한 계약이 성립되거나 소를 제기한 후에는 그러하지 아니하다(제806조 제3항, 제843조).

참고 **가족법상 일신전속성의 예외**

1. 약혼 또는 이혼위자료청구권(약혼이나 이혼에 따른 손해배상청구권: 제806조, 제843조)

이혼위자료청구권은 이혼시점에서 확정, 평가되는(이혼에 의하여 비로소 창설되는 것이 아님) 일신전속적 권리로서 양도나 상속 등 승계가 되지 아니하나 이는 행사상 일신전속권이고 귀속상 일신전속권은 아니라 할 것인바, 그 청구권자가 위자료의 지급을 구하는 소송을 제기함으로써 청구권을 행사할 의사가 외부적·객관적으로 명백하게 된 이상 양도나 상속 등 승계가 가능하다(대판 1993.5.27, 92므143).

2. 생명 또는 신체침해로 인한 위자료청구권(비교판례)

피해자가 정신적 손해의 배상청구권을 포기하거나 면제하였다고 볼 수 있는 특별한 사정이 없는 한 생전에 청구의 의사표시를 할 필요 없이 원칙적으로 상속된다(대판 1966.10.18, 66다1335; 대판 1970.2.24, 69다2160). 특히 즉시사망의 경우 치명상을 받은 때에도 원인행위와 사망 사이에 이론상 시간적 간격이 인정된다(대판 1971.3.9, 70다3031).

2. 신분행위에 대한 규율

혼인·임의인지(任意認知)·입양 등의 법률행위(신분행위)는 매매나 임대차 등 재산상의 법률행위와는 그 성질에 있어서 많은 차이점이 있기 때문에 민법총칙 규정들이 신분행위에 그대로 적용되는 것은 아니다. 다만, 신분행위도 전체 사법질서의 일부분이기 때문에 제한적이나마 민법총칙규정의 적용을 받는다(자세한 것은 제1장 제3절 Ⅱ. 민법총칙규정의 적용 여부 참고).

Ⅱ 신분행위 이외의 원인에 의한 변동

당사자의 의사와 상관없이 출생·사망과 같은 일정한 사실에 기하여 친족·상속법상의 권리와 의무가 변동될 수 있다.

특히 자연사망이나 실종선고 등에 의하여 발생하는 상속권은 신분행위에 의하여 발생하는 권리와는 달리 재산법적 성격이 강한 경우 양도하거나 처분할 수 있다고 해석된다. 예를 들어, 사망을 원인으로 하여 발생하는 상속법상의 권리인 상속회복청구권, 상속승인이나 포기권은 행사상의 일신전속권으로 대위행사가 허용되지 않지만, 상속재산분할청구권, 유류분반환청구권은 일신전속권으로 볼 수 없어 타인의 대위행사가 가능하다고 해석된다.

제2절 친족 · 상속관계의 규율

Ⅰ 법원(法源)

신분관계 내지 신분적 재산관계상의 권리와 의무에 관한 일반적 규율은 형식적으로는 민법전 친족·상속편의 규정들에 의해서 이루어진다(민법전 4편과 5편). 그러나 가사분쟁을 규율하는 실질적인 의미의 가족법은 민법전 4·5편 이

외에도 가족관계의 등록 등에 관한 법률(이하 가족관계등록법), 가사소송법, 혼인신고특례법, 혼인에 관한 특례법(한시법), 국제사법, 입양특례법, 아동복지법, 상속세 및 증여세법, 부재선고에관한특별조치법 기타 관습법 등이 있다.

Ⅱ 가족관계의 등록 등에 관한 법률(이하 가족관계등록법)

1. 호적법의 폐지와 가족관계등록법의 제정

호주제가 우리나라의 가족제도에 도입된 것은 1922년 조선민사령 제11조에 의해서였다(그 전에 있었던 민적법은 호구조사를 통하여 조세와 역을 통제하기 위한 수단으로서의 성격이 강했다). 그 후 호주제는 가(家)·종법제(宗法制)·부계혈통주의와 함께 마치 우리나라의 전통적인 가족문화의 중심개념인 것처럼 오해되어 왔다.

족보 등으로 대변되는 종중(宗中)과 부계혈통주의는 법기술상 호주제 중심의 호적제도와는 전혀 별개의 개념이자 법문화이다. 종중문화의 중심 개념은 가문(家門)이고 그 가문의 대표는 호주가 아니라 문장(門長)이다. 호주와 비슷한 개념으로 조선시대 호(戶)제도에서 존재했던 호구장(호장 또는 호수)이란 개념이 있다. 보통 지역의 씨족 대표가 맡게 되는 호구장은 그 지역 각 호의 수와 향리의 인구변동 등을 조사하여 관에 보고하는 역할 등을 담당하였는데, 이는 조세와 역의 추징 등을 위한 행정적 개념이었다. 다시 말해 우리가 이해하고 있었던 호주 개념하고는 전혀 별개의 개념인 것이다.

판례

민법 제778조, 제781조 제1항 본문 후단, 제826조 제3항 본문에 대한 헌법불합치 결정

1. 위헌결정의 대상이 된 사건들 중 2001헌가9·10 사건의 사실관계 개요: A녀와 B는 서로 이혼하였다. 이들 사이에는 아들 X가 있다. A는 일가를 창립하고 X의 친권자 및 양육권자가 되었다. 그런데 X의 호적은 B가 호주로 있는 家에 편제되어 있어서, 이에 A는 子를 자신의 家에 입적시키기 위한 입적신고를 하였으나 받아들여지지 아니하자, 위헌법률심판을 제청하였다(이 사건 이외에도 여러 사건들에서 제778조, 제781조 제1항 본문, 제826조 제3항 본문에 대한 위헌법률심판이 제청되어 헌재는 이들 3개 조항 및 호주제에 대하여 다음과 같이 판단하였다).
2. 헌재의 결정 요지: 심판대상조항인 민법 제778조, 제781조 제1항 본문 후단, 제826조 제3항 본문이 그 근거와 골격을 이루고 있는 호주제는 혼인과 가족생활에서 개인의 존엄과 양성의 평등을 규정한 헌법 제36조 제1항에 위반된다. 다만 이들 조항 및 호

주제관련 조항들은 신분관계를 공시·증명하는 공적 기록에 중대한 공백이 발생하지 않도록 새로운 호적체계로 호적법을 개정할 때까지 잠정적으로 계속 적용한다(헌법불합치결정: 헌재결 2005.2.3, 2001헌가9·10, 2001헌가11 내지 15, 2004헌가5).

헌법재판소의 헌법불합치결정(헌재결 2005.2.3, 2001헌가9·10, 2001헌가11 내지 15, 2004헌가5) 이후 2005년 호적법은 폐지되었고, 새로이 제정된 가족관계의 등록 등에 관한 법률이 2008년 1월 1일부터 시행되기에 이르렀다.

2. 동법의 입법목적

동법은 국민의 출생·혼인·사망 등 가족관계의 발생 및 변동사항에 관한 등록과 그 증명에 관한 사항을 규정함을 목적으로 한다.

3. 동법의 특징

(1) 전산정보화

동법에 의한 등록사항과 등록사무는 전산정보처리조직에 의하여 처리하여야 한다(동법 제11조).

(2) 본인 중심의 개별 가족관계등록부

종래의 호적법이 호주를 중심으로 가족관계가 편제된 것이라면, 동법에 의한 가족관계의 등록부는 전산정보처리조직에 의하여 입력 처리된 전산정보자료를 기초로 각각 개별적으로 작성된다(동법 제9조). 다시 말해 지금까지 호주를 중심으로 가족(家族) 단위로 호적(戶籍)을 편제하던 방식에서 벗어나 국민 개인별(1인 1적제)로 등록기준지(과거 본적)에 따라 가족관계등록부가 편제되며, 호주승계·분가·일가창립·입적·복적 등 호적이동의 개념도 없어지게 되었다.

(3) 종래 본적지나 호적 개념이 폐지되고 등록기준지와 가족등록부의 개념을 사용

호주제도에서 필요했던 본적지, 호주, 호적 개념이 폐지되고 개인의 등록부가 작성되는 기준지인 등록기준지 개념과 본인의 가족사항을 기재하는 가족등록부 개념이 도입되었다.

(4) 친양자의 입양과 파양 및 성과 본의 변경에 관한 사항의 신설

친양자의 입양과 파양에 관한 민법 제908조의2와 제908조의5에 따라 입양과 파양의 신고절차에 관한 규정을 마련하였다(동법 제67조~제70조). 또한 성이나 본의 변경이 허용되지 않았던 종래와는 달리 성과 본의 변경을 정한 민법 제781조의 규정에 따라 그 신고절차에 관한 규정이 신설되었다(동법 제99조~제100조).

4. 등록사항과 증명서

(1) 등록부의 기재사항

등록부에는 등록기준지·성명·본·성별·출생연월일 및 주민등록번호, 출생·혼인·사망 등 가족관계의 발생 및 변동에 관한 사항, 그 밖에 가족관계에 관한 사항으로서 대법원규칙으로 정하는 사항이 기록된다(동법 제9조 제2항). 등록부의 기재사실은 강한 추정력이 있을 뿐 공신력은 없다.

(2) 증명서

동법 제15조 제1항은 등록부 등의 기록사항에 관하여 발급할 수 있는 증명서의 종류와 그 기록사항을 규정한다. 즉, 동법은 가족관계증명서(본인의 등록기준지·성명·성별·본·출생연월일 및 주민등록번호, 부모·양부모, 배우자, 자녀의 성명·성별·본·출생연월일 및 주민등록번호), 기본증명서(본인의 등록기준지·성명·성별·본·출생연월일 및 주민등록번호, 본인의 출생·사망, 국적상실·취득 및 회복 등에 관한 사항), 혼인관계증명서(본인의 등록기준지·성명·성별·본·출생연월일 및 주민등록번호, 배우자의 성명·성별·본·출생연월일 및 주민등록번호, 혼인 및 이혼에 관한 사항), 입양관계증명서(본인의 등록기준지·성명·성별·본·출생연월일 및 주민등록번호, 양부모 또는 양자의 성명·성별·본·출생연월일 및 주민등록번호, 입양 및 파양에 관한 사항), 친양자입양관계증명서(본인의 등록기준지·성명·성별·본·출생연월일 및 주민등록번호, 친생부모·양부모 또는 친양자의 성명·성별·본·출생연월일 및 주민등록번호, 입양 및 파양에 관한 사항) 5개의 종류를 규정하고 있다.

증명서의 종류	기재 사항	
	공통사항	개별사항
가족관계증명서	본인의 등록기준지·성명·성별·본·출생일자 및 주민등록번호	부모·배우자·자녀의 인적사항[기재범위-3대에 한함]
기본증명서		본인의 출생·사망·개명 등의 인적사항(혼인·입양 여부 별도)
혼인관계증명서		배우자 인적사항 및 혼인·이혼에 관한 사항
입양관계증명서		양부모 또는 양자 인적사항 및 입양·파양에 관한 사항
친양자입양관계증명서		친생부모·양부모 또는 친양자 인적사항 및 입양·파양에 관한 사항

5. 등록신고의 종류

(1) 창설적(創設的) 신고(申告)

신고수리에 의하여 신분관계가 창설된다. 혼인, 협의이혼, 임의인지, 입양, 협의파양 등과 같이 당사자의 의사에 기한 신분행위가 이에 속한다. 사실상 혼인관계존재확인의 재판에 의한 혼인신고를 다수설은 보고적 신고로 보지만, 판례는 창설적 신고로 본다(대판 1973.1.16, 72므25 참고).

(2) 보고적(報告的) 신고(申告)

법률적으로 이미 효과가 발생한 사항에 관하여 보고적으로 신고하는 것으로, 법적 효과는 해당 사실이 발생하였을 때에 이미 발생하고, 신고는 단지 사실의 보고에 불과하다. 여기에는 사망, 실종선고(失踪宣告)와 그 취소, 개명(改名), 재판에 의한 혼인무효(婚姻無效)·혼인취소, 재판에 의한 이혼·이혼취소, 부(父) 또는 모(母)의 친권·관리권의 상실선고 취소, 출생, 강제인지, 유언에 의한 인지(통설), 재판에 의한 입양무효(入養無效)·입양취소, 재판에 의한 파양(罷養)·파양취소, 후견개시(後見開始) 등이 있다.

판례

가족관계등록신청권자

가족관계등록창설 허가신청은 가족관계등록이 되어 있지 아니한 사람(이하 '무등록자' 라 한다) 자신이 신청하는 것이고, 무등록자가 이미 사망하였다면 가족관계등록창설이 허용되지 아니하기 때문에(대결 2006.3.31, 2006스23 참조), 무등록자 본인이 아니라 그 재산상 이해관계인이, 실종선고를 받아 사망한 것으로 간주되는 무등록자를 사건본인으로 한 가족관계등록창설 허가신청은 인정될 수 없다(대결 2011.3.28, 2011스25).

6. 등록부의 정정

등록부는 시·읍·면의 장이 단독으로 또는 감독법원의 허가를 받아서 직권으로 정정하거나 당사자의 신청에 의하여 정정할 수 있다.

(1) 직권에 의한 정정

① 가정법원의 허가에 의한 직권정정

등록부의 기록이 법률상 무효인 것이거나 그 기록에 착오 또는 누락이 있음을 안 때에는 시·읍·면의 장은 지체없이 신고인 또는 신고사건의 본인에게 그 사실을 통지하여야 하고(동법 제18조 제1항. 다만, 그 착오 또는 누락이 시·읍·면의 장의 잘못으로 인한 것인 때에는 그러하지 아니하다), 이러한 통지를 할 수 없을 때 또는 통지를 하였으나 정정신청을 하는 사람이 없는 때 또는 그 기록의 착오 또는 누락이 시·읍·면의 장의 잘못으로 인한 것인 때에는 시·읍·면의 장은 감독법원의 허가를 받아 직권으로 정정할 수 있다(동법 제18조 제2항 본문).

② 시 · 읍 · 면의 장의 단독정정

기록의 착오 또는 누락이 대법원규칙으로 정하는 경미한 사항으로서 시·읍·면의 장의 잘못으로 인한 것인 때에는 시·읍·면의 장이 직권으로 정정하고, 감독법원에 보고하여야 한다(동법 제18조 제2항 단서).

③ 시 · 읍 · 면의 장에 대한 통지

국가 또는 지방자치단체의 공무원이 그 직무상 등록부의 기록에 착오 또는 누락이 있음을 안 때에는 지체없이 신고사건의 본인의 등록기준지의 시·읍·면의 장에게 통지하여야 한다. 이 경우 통지를 받은 시·읍·면의 장은 앞에서 정한 규정에 따라 이를 처리하여야 한다(동법 제18조 제3항).

(2) 당사자의 신청에 의한 정정

① 허가 심판에 의한 정정

등록부의 기록이 법률상 허가될 수 없는 것 또는 그 기재에 착오나 누락이 있다고 인정한 때에는 이해관계인은 사건 본인의 등록기준지를 관할하는 가정법원의 허가를 받아 등록부의 정정을 신청할 수 있다(동법 제104조). 또한 신고로 인하여 효력이 발생하는 행위에 관하여 등록부에 기록하였으나 그 행위가 무효임이 명백한 때에는 신고인 또는 신고사건의 본인은 사건 본인의 등록기준지를 관할하는 가정법원의 허가를 받아 등록부의 정정을 신청할 수 있다(동법 제105조). 위에 따른 정정허가의 재판이 있었을 때에는 재판서의 등본을 받은 날부터 1개월 이내에 그 등본을 첨부하여 등록부의 정정을 신청하여야 한다(동법 제106조).

② 확정판결에 의한 정정

확정판결로 인하여 등록부를 정정하여야 할 때에는 소를 제기한 사람은 판결확정일부터 1개월 이내에 판결의 등본 및 그 확정증명서를 첨부하여 등록부의 정정을 신청하여야 한다(동법 제107조).

판례

출생연월일·사망일시를 가족관계의 등록 등에 관한 법률 제104조에서 정한 가족관계등록부 정정 대상으로 볼 수 있는지 여부

가족관계의 등록 등에 관한 법률(이하 '법'이라 한다) 제104조는 가족관계등록부의 기록이 법률상 허가될 수 없는 것 또는 기재에 착오나 누락이 있다고 인정한 때에는 이해관계인은 사건 본인의 등록기준지를 관할하는 가정법원의 허가를 받아 등록부의 정정을 신청할 수 있도록 규정하고 있다. 법이 이러한 간이한 절차에 의해 가족관계등록부의 기록사항을 정정할 수 있도록 한 취지를 고려하면, 정정하려고 하는 가족관계등록부의 기록사항이 신분관계에 중대한 영향을 미치기 때문에 그 기록사항에 관련된 신분관계의 존부에 관하여 직접적인 쟁송방법이 가사소송법 등에 마련되어 있는 경우에는 법 제107조에 따라 그 사건의 확정판결 등에 의해서만 가족관계등록부의 기록사항을 정정할 수 있다. 그러나 이와 달리 가족관계등록부의 기록사항과 관련하여 가사소송법 등에 직접적인 쟁송방법이 없는 경우에는 법 제104조에 따라 정정할 수 있는데, 가사소송법 등이 사람이 태어난 일시 또는 사망한 일시를 확정하는 직접적인 쟁송방법을 별도로 정하고 있지 아니하므로 특별한 사정이 없는 한 가족관계등록부 기록사항 중 출생연월일·사망일시는 법 제104조에 의한 가족관계등록부 정정 대상으로 봄이 타당하다(대결 2012.4.13, 2011스160).

제3절 일반 법원(法源)으로서 친족상속법: 민법전 제4편과 제5편

I 친족상속법의 특징

친족법은 타산적·합리적 성격을 지닌 재산법과는 달리 비타산적·비합리적 성질을 지니고 있다. 재산법(특히 채권법)은 대체로 임의법인 데 비하여 친족법은 원칙적으로 강행법이다. 상속법은 한편으로 재산승계를 친족공동체 중심으로 규율한다는 면에서 친족법적 성격을 갖지만, 다른 한편으로 소유권취득의 특수한 형태로서의 재산승계라는 점에서 재산법적 성질을 내포하고 있다. 민법전 제4편(친족법)과 제5편(상속법)을 합쳐서 보통 가족법으로 부른다.

II 민법총칙 규정의 적용 여부

1. 신분행위나 가족법상의 일정한 사실에 그대로 적용되는 민법총칙 규정

법원(제1조), 신의성실의 원칙(제2조 제1항), 권리남용금지(제2조 제2항), 주소(제18조~제21조), 부재와 실종(제22조~제30조), 물건(제98조~제102조), 반사회질서(제103조), 무효행위의 전환(제138조), 기간(제155조~제161조. 단 제157조는 제외)에 관한 규정은 신분행위에도 적용된다.

(1) 법원(法源)

법원에 관한 민법 제1조는 신분행위 등 가족법상의 법률행위에도 적용되는 것이 원칙이다. 예를 들어 상속에 관한 관습법의 효력이 법원의 최상위 규범에 해당하는 헌법에 반한다면 그 관습법은 무효이다.

(2) 신의칙과 권리남용에 관한 규정

재산상의 계약관계를 규율하는 기본원리인 신의성실의 원칙은 당사자의 의사가 철저히 존중되는 경우(예: 인지청구-대판 2001.11.27, 2001므1353)를 제외하고는 신분행위의 해석(대판 1995.12.8, 94므1676·1683)에도 적용되고, 가족법상의 권리행사의 남용 여부를 판단하는 기준(예를 들어 중혼의 취소나 친권의 행사가 권리남용에 해당하는지 여부를 판단하는 기준: 중혼의 취소가 신의칙에 반하지 않는다고 한 사례—대판 1991.12.10, 91므535. 중혼의 취소가 권리남용에 해당한다고 한 사례—대판 1993.8.24, 92므

907)이 될 수 있다.

판례

신의칙과 가족법상의 권리

1. **인지청구권의 행사와 신의칙(배제)**

인지청구권의 행사가 상속재산에 대한 이해관계에서 비롯되었다 하더라도 정당한 신분관계를 확정하기 위해서라면 신의칙에 반하는 것이라 하여 막을 수 없다. 또한 포기가 허용되지 않는 이상 실효의 법리도 배제된다(대판 2001.11.27, 2001므1353).

2. **학력과 직급 등을 속인 행위가 신의칙에 반하는 행위로써 약혼의 해제사유가 된다고 한 사례**

중매를 통하여 불과 10일 간의 교제를 거쳐 약혼을 하게 되는 경우 학력과 직장에서의 직종·직급 등을 속인 것은 신의성실의 원칙에 위반한 행위로 이로 인하여 약혼당사자들 사이에 애정과 신뢰에 바탕을 둔 인격적 결합을 기대할 수 없고 이는 민법 제804조 제8호 소정의 '기타 중대한 사유가 있는 때'에 해당하므로 일방의 약혼의 해제는 적법하다(대판 1995.12.8, 94므1676·1683).

3. **중혼의 취소와 신의칙**

중혼관계에 있어 전혼의 배우자가 사망한 상대방과 이미 사실상 이혼상태에 있었다든가 그 혼인사실을 뒤늦게 공관장에게 신고하였다는 사정만 가지고 전혼의 배우자가 생존한 중혼의 일방 당사자를 상대로 제기한 혼인취소청구가 오로지 피청구인을 괴롭히기 위한 소송으로 권리남용에 해당하거나 신의칙에 반하여 위법한 것이 된다고 할 수 없다(대판 1991.12.10, 91므535).

4. **중혼의 취소와 권리남용**

중혼당사자가 이미 사망한 상태에서 아무런 이해관계 없는 중혼남편의 이복동생이 중혼 성립 후 10년이 지난 상황에서 중혼취소청구를 하는 것은 권리남용이 된다(대판 1993.8.24, 92므907).

(3) 주소 및 부재와 실종 및 물건에 관한 규정

상속개시 장소(제981조, 제998조)에 민법총칙상의 주소규정(제18조~제21조)이 적용된다. 부재자의 재산관리에 관한 규정(제22조~제26조)은 미성년자의 재산관리를 위한 지정·선임관리인(제918조), 상속재산에 대한 선임관리인(제994조 제2항, 제1023조 제2항, 제1047조 제2항) 등에 준용된다. 또한 실종과 관련된 규정은 상속개시 원인, 상속의 효과, 혼인의 취소와 관련하여 적용된다. 물건에 관한 규정(제98조~제102조)은 권리의 객체 일반에 관한 것이므로 그 통칙성이 인정된다.

(4) 사회질서에 반한 법률행위의 무효에 관한 규정

사회질서에 반한 신분행위는 제103조에 의해서 무효이다. 다만, 불공정한 법률행위에 관한 규정(제104조)은 급부의 불균형을 필요로 하므로 친족·상속법상 법률행위에는 적합하지 않다. 왜냐하면 경솔·무경험으로 인한 혼인을 대가관계로 규율할 수는 없기 때문이다.

(5) 무효행위의 전환에 관한 규정

ⅰ) 유언의 요식성을 충족하지 못한 비밀증서유언이 무효라고 하더라도 그 유언이 자필증서유언의 요건을 갖춘 때에는 자필증서의 유언으로 인정한다(제1071조). ⅱ) 부가 혼인 외의 출생자를 친생자로 출생신고한 경우 인지의 효력을 인정한다(가족관계등록법 제57조). ⅲ) 허위의 친생자출생신고가 무효라고 하더라도 입양의 요건을 갖추었다면 입양의 효력을 인정할 수 있다(대판 1977.7.27, 77다492. 일부 학설에 따르면 이는 법이론상 인정할 수 없는 것이지만, 실체적 관계에서 양친자관계를 인정하는 것이 타당하다고 한다: 곽윤직).

(6) 기간에 관한 규정

기간에 관한 규정도 원칙적으로 통칙성을 지닌다. 다만 여기에는 해석상 예외가 인정되기도 한다. 즉 기간계산의 기산일은 익일부터 계산하는 것이 원칙(제157조)이나 친생추정(제844조 제2항)은 출생과 관련되므로 당일부터 계산한다(통설).

2. 신분행위나 가족법상의 일정한 사실에는 적용되지 않는 민법총칙 규정

행위능력, 법인, 법률행위, 대리, 조건과 기한, 소멸시효에 관한 민법총칙 규정은 특별규정이 있는 경우를 제외하고는 일반적으로 신분행위나 가족법상의 일정한 사실에 대해서는 적용되지 않는다.

(1) 권리능력에 관한 규정

출생 전에는 권리능력이 인정되지 않지만, 예외적으로 태아는 인지를 받을 권리(제858조), 상속받을 권리(제1000조 제3항), 대습상속을 받을 권리(제1001조), 유증받을 권리(제1064조)가 인정된다.

(2) 행위능력에 관한 규정

행위능력에 관한 민법총칙상의 규정은 가족법상의 법률관계에는 원칙적으로 적용되지 않는다.

① 친족상속법은 혼인·입양·유언 등 개별적 가족행위에 따라 별도의 능력요건을 규정하고 있다. 예컨대, 유언능력은 만 17세부터 인정되므로(제1061조), 제5조·제10조·제13조는 유언에 관하여 적용되지 않는다. 또한 친족법에는 약혼능력(제800조), 혼인능력(제807조), 이혼능력(제834조), 동의를 요하는 혼인(제808조)에 관한 특별규정을 두고 있다. 그리고 입양될 자는 성년자라 하더라도 부모의 동의 등을 얻어야 하므로(제871조), 민법총칙의 규정이 적용되지 않는다. 그리고 제한능력자의 상대방 보호에 관한 규정은 가족관계에 적용되지 않는다. 친족·상속법상의 특별규정이 없을 경우, 학설은 의사능력을 기준으로 판단하자는 견해와 행위능력을 기준으로 판단하자는 견해로 나뉜다. 생각건대, 신분적 성격이 강한 경우에는 의사능력을 기준으로 판단하고(인지), 부부재산계약이나 상속의 승인·포기와 같이 재산적 성격이 강한 경우에는 행위능력을 기준으로 판단하는 것이 타당하다.

② 후견인의 동의가 없는 피성년후견인의 재산상의 법률행위는 취소가능하다(제10조 제1항). 그리고 일정한 신분행위[약혼(제802조), 혼인(제808조 제2항·제3항), 이혼(제835조), 입양(제873조), 파양(제902조)]의 경우에는 후견인의 동의가 있으면 의사능력이 있는 한 완전한 법률행위를 할 수 있다. 의사능력을 회복한 피성년후견인은 후견인의 동의없이 단독으로 유언을 할 수 있다(제1063조).

(3) 법인에 관한 규정

법인에 관한 규정은 원칙적으로 가족관계에 적용될 수 없다. 다만, 법인은 유증을 받을 수 있고(제48조 제2항), 특별연고자(제1057조의2)가 될 수 있다.

(4) 법률행위(法律行爲)에 관한 규정

① 비진의의사표시, 통정허위표시, 착오로 인한 의사표시 규정은(제107조, 제109조) 신분행위에 적용되지 않는다. 신분행위의 성질상 당사자의 진정한 의사가 없는 신분관계의 창설은 허용될 수 없기 때문이다. 다만, 재산관계와 밀접한 관계가 있는 행위, 예컨대 「상속재산분할의 협의」(제1013조)·「재산상속의 포기」(제1041조) 등에 관하여는 민법 제108조가 적용된다는 것이 다수설이다.

② 민법총칙상의 사기·강박 규정(제110조)도 신분행위에는 적용되지 않는다. 혼인, 이혼, 인지, 입양 등의 행위가 사기·강박에 의한 때에는 취소할 수 있다고 하는 친족·상속법상의 특별규정(제816조 제3항, 제838조, 제854조, 제861조, 제884조 제3항)이 있기 때문이다.

③ 다만, 상속과 유증의 승인과 포기의 경우에는 제1024조 제2항과 제1075조 제2항에 의해서 총칙규정이 준용된다.

(5) 대리(代理)에 관한 규정

① 약혼·혼인·부양·유언 등과 같은 신분행위는 일신전속적이기 때문에 총칙의 대리에 관한 규정이 적용되지 않는다. 이러한 행위에 대하여 대리가 필요한 경우 친족·상속법은 따로 특별규정을 두고 있다[입양승낙(제869조), 파양협의(제902조), 친권대행(제910조), 후견인의 피후견인의 자에 대한 친권대행(제948조), 친권자로서의 재산관리(제916조) 및 대리권(제920조), 후견인으로서의 재산관리권과 대리권(제949조) 등].

② 예외적으로 대락입양(代諾入養)은 대리에 속하는 것으로 해석되고, 부부의 일상가사대리에 있어서는 제126조의 표현대리가 유추적용 된다(대판 1987.11.10, 87다카1235).

(6) 무효행위의 추인

무효인 신분행위에 대한 추인도 가능하다. 즉, 의사표시는 그 무효인 신분행위의 효력을 인정할 만한 신분관계의 실체가 인정된다면 추인의 의사표시로 그 행위의 효력을 인정할 수 있을 것이다(대판 1965.12.28, 65므61). 다만, 무효인 행위를 추인한 경우, 재산상 법률행위에서는 소급효를 인정하지 않지만(제139조), 혼인이나 입양의 추인과 같은 신분행위의 추인에는 소급효가 인정된다(대판 1991.12.27, 91므30).

판례

무효인 사실혼의 추인

민법 제139조는 재산법에 관한 총칙규정이고 신분법에 관하여는 그대로 통용될 수 없으므로 혼인신고가 한쪽 당사자도 모르는 사이에 이루어져 무효인 경우에도 그 후 위 당사자가 그 혼인에 만족하고 그대로 부부생활을 계속한 경우에는 그 혼인을 무효로 할 것이 아니다(대판 1965.12.28, 65므61).

판례

입양의 무효와 소급효

혼인, 입양 등의 신분행위에 관하여 민법 제139조 본문을 적용하지 않고 추인에 의하여 소급적 효력을 인정하는 것은 무효인 신분행위 후 그 내용에 맞는 신분관계가 실질적으로 형성되어 쌍방 당사자가 이의없이 그 신분관계를 계속하여 왔다면, 그 신고가 부적법하다는 이유로 이미 형성되어 있는 신분관계의 효력을 부인하는 것은 당사자의 의사에 반하고 그 이익을 해칠 뿐 아니라 그 실질적 신분관계의 외형과 호적의 기재를 믿은 제3자의 이익도 침해할 우려가 있기 때문에 추인에 의하여 소급적으로 신분행위의 효력을 인정함으로써 신분관계의 형성이라는 신분관계의 본질적 요소를 보호하는 것이 타당하다는 데에 그 근거가 있다고 할 것이므로, 당사자간에 무효인 신고행위에 상응하는 신분관계가 실질적으로 형성되어 있지도 아니하고 또 앞으로도 그럴 가망이 없는 경우에는 무효의 신분행위에 대한 추인의 의사표시만으로 그 무효행위의 효력을 인정할 수 없다(대판 1991.12.27, 91므30).

(7) 취소에 관한 규정

신분행위에 관하여 혼인취소(제816조~제823조), 친생자승인취소(제854조), 입양취소(제884조~제896조), 유언취소(제1111조) 등에 관한 특별규정이 있기 때문에 민법총칙의 취소에 관한 규정은 적용되지 않는다. 즉, 신분행위는 선의의 제3자와 상관없이 취소할 수 있고, 혼인이나 입양을 취소하는 경우 3개월, 인지취소의 경우 6개월의 제척기간 경과로 소멸하고(비교: 제146조에 따른 취소의 경우 3년 또는 10년), 취소의 효과에 있어서도 혼인·입양의 취소는 소급효가 없다(제824조, 제897조. 비교: 협의이혼이나 협의파양의 취소는 소급효가 있다-제141조).

(8) 조건(條件)과 기한(期限)에 관한 규정

조건이나 기한에 관한 규정도 친족·상속법상 법률행위에는 적용되지 않는다. 다만 유언이나(제1073조 제2항, 제1089조 제2항) 약혼에는 조건을 붙일 수 있다(통설).

(9) 소멸시효(消滅時效)에 관한 규정

가족법상 권리(위자료청구권, 재산분할청구권, 인지청구권, 부양청구권, 상속회복청구권, 기타 권리)의 행사기간은 그 기간이 중단되거나 중지되지 않고 법원이 그 기간을 직권탐지하여야 하는 제척기간의 성격을 갖는다(다만 판례에 따르면 유류분반환청구권은 소멸시효기간이라고 본다: 대판 1993.4.13, 92다3595).

《친족·상속법과 민법총칙 규정의 비교》

<table>
<tr><td>공통점</td><td colspan="2">법원(法源), 신의성실, 권리남용금지, 주소, 부재·실종, 물건, 반사회질서(제103조: 다만 급부 간의 형평성을 전제로 하는 제104조는 가족법에 부적합), 무효행위의 전환, 기간의 규정[예외: 친생추정과 관련한 기간(제844조 제2항)의 계산은 익일부터 계산하는 것이 아니고 당일부터 계산]</td></tr>
<tr><td rowspan="9">차이점:
위와 같은 공통점 이외의 총칙 규정은 친족·상속법(親族·相續法)의 성질상 원칙적으로 적용이 배제된다.</td><td>권리
능력</td><td>·상속(제1003조 제3항)과 유증(제1064조)의 경우 태아의 권리능력 인정</td></tr>
<tr><td>행위
능력</td><td>· 입양될 자는 연령 여하를 불문하고(성년자이더라도) 부모의 동의 필요(제871조)
· 피성년후견인도 후견인의 동의를 얻으면 의사능력이 있는 한 그 신분행위는 유효</td></tr>
<tr><td>법인</td><td>·적용되지 않음</td></tr>
<tr><td>법률
행위</td><td>·비진의의사표시, 허위표시, 착오 등은 모두 무효: 선의의 제3자에게도 대항 가능
·통정에 의한 허위의 혼인신고나 입양신고: 제815조 1호, 제833조 1호에 의하여 무효
·사기·강박에 의한 혼인: 제816조 3호에 의하여 취소</td></tr>
<tr><td>대리</td><td>·친족·상속법상 법률행위는 대리를 허용하지 않음</td></tr>
<tr><td>추인</td><td>·원칙적으로 무효인 재산행위(제139조)와 달리 실체가 인정되면 신분행위에 대한 추인가능하고 소급효가 있다.</td></tr>
<tr><td>취소</td><td>·취소의 일반효과로서 인정되는 소급효(제141조)와 달리 신분행위의 취소는 원칙적으로 소급효가 없다(제824조·제897조).</td></tr>
<tr><td>조건·
기한</td><td>·유언에 관하여는 조건을 붙일 수 있다(제1073조 제2항, 제1089조 제2항)</td></tr>
<tr><td>소멸
시효</td><td>·원칙적으로 적용되지 않음(예외: 유류분반환청구권. 제1117조)</td></tr>
</table>

제 4 절 가사분쟁에 대한 규율(가사소송절차의 법원)

I 가사사건의 범위와 규율체계

1. 가사사건의 범위와 분류

가사소송법에서는 가정법원이 다룰 사건(가사사건)의 범위를 정하고, 이를 성질에 따라 분류하고 있다. 우리 가사소송법이 직권주의 아래에서 다루도록 규정한 가사사건의 범위는 비교법적으로 매우 광범위하다.

가사소송법은 가사사건(家事事件)을 그 성질에 따라 가사소송(家事訴訟)사건과 가사비송(家事非訟)사건으로 대별하고, 가사소송사건은 가류(6개 항목), 나류(14개 항목), 다류(4개 항목), 가사비송사건은 라류(48개 항목) 및 마류(9개 항목)로 세분하여 그 중 나류(類) 및 다류 가사소송사건과 마류 가사비송사건을 조정의 대상으로 하였다(가소법 제2조, 제50조).

(1) 가류 가사소송사건

혼인·이혼·인지·입양·파양의 무효, 친생자관계존부확인.

(2) 나류 가사소송사건(조정전치주의)

혼인·이혼·인지·입양·파양·친양자입양의 취소, 사실상 혼인관계존부확인, 아버지의 결정, 친생부인, 인지에 대한 이의, 인지청구, 재판상 파양, 친양자의 파양.

(3) 다류 가사소송사건(조정전치주의)

약혼해제 또는 사실혼관계부당파기로 인한 손해배상청구 및 원상회복의 청구, 혼인의 무효·취소 또는 이혼을 원인으로 하는 손해배상청구 및 원상회복, 입양의 무효·취소, 파양의 무효·취소 또는 파양을 원인으로 하는 손해배상청구 및 원상회복, 제839조의3에 따른 재산분할청구권 보전을 위한 사해행위의 취소.

(4) 라류 가사비송사건

1) 성년후견 개시의 심판과 그 종료의 심판(제9조 제1항, 제11조, 제14조의3 제2항 및 제959조의20), 취소할 수 없는 피성년후견인의 법률행위의 범위 결정 및 그

변경(제10조 제2항 및 제3항), 한정후견 개시의 심판과 그 종료의 심판(제12조 제1항, 제14조, 제14조의3 제1항 및 제959조의20), 피한정후견인이 한정후견인의 동의를 받아야 하는 행위의 범위 결정과 그 변경 및 한정후견인의 동의를 갈음하는 허가(제13조 제1항부터 제3항), 특정후견의 심판과 그 종료의 심판(제14조의2, 제14조의3 및 제959조의20). 2) 부재자 재산의 관리에 관한 처분(제22조부터 제26조), 친권자 또는 미성년후견인의 임무를 대행할 사람(이하 "임무대행자"라 한다)의 같은 법 제25조에 따른 권한을 넘는 행위의 허가(제909조의2 제5항). 3) 실종의 선고와 그 취소(제27조부터 제29조). 4) 성(姓)과 본(本)의 창설 허가(제781조 제4항). 5) 자녀의 종전 성과 본의 계속사용허가(제781조 제5항). 6) 자녀의 성과 본의 변경허가(제781조 제6항). 7) 부부재산약정의 변경에 대한 허가(제829조 제2항 단서). 8) 미성년자의 입양에 대한 허가(제867조), 피성년후견인이 입양을 하거나 양자가 되는 것에 대한 허가(제873조 제2항). 9) 부모의 동의를 갈음하는 심판(제871조 제2항). 11) 양자의 친족 또는 이해관계인의 파양청구에 대한 허가(제906조 제1항 단서). 12) 친양자 입양의 허가(제908조의2). 13) 친권 행사 방법의 결정(제909조 제2항 단서), 친권자의 지정, 미성년후견인의 선임 및 임무대행자의 선임(제909조의2 제1항부터 제5항까지), 후견의 종료 및 친권자의 지정(제909조의2 제6항). 14) 감화(感化) 또는 교정기관에 위탁하는 것에 대한 허가(제915조 및 제945조). 15) 재산관리인의 선임 또는 개임과 재산관리에 관한 처분(제918조). 16) 특별대리인의 선임(제921조). 17) 친권자의 법률행위 대리권 및 재산관리권의 사퇴 또는 회복에 대한 허가(제927조), 친권자의 지정(제927조의2 제2항), 후견의 종료 및 친권자의 지정(제931조 제2항). 18) 미성년후견인·성년후견인·한정후견인·특정후견인의 선임 또는 변경(제932조, 제936조 제1항부터 제3항까지, 제940조, 제959조의3 및 제959조의9), 성년후견인의 법정대리권의 범위 결정과 그 변경 및 성년후견인이 피성년후견인의 신상에 관하여 결정할 수 있는 권한의 범위 결정과 그 변경(제938조 제2항부터 제4항), 미성년후견감독인·성년후견감독인·한정후견감독인·특정후견감독인의 선임 또는 변경(제940조의7, 제940조, 제940조의3, 제940조의4, 제959조의5, 제959조의10). 19) 미성년후견인·성년후견인·한정후견인·특정후견인·미성년후견감독인·성년후견감독인·한정후견감독인·특정후견감독인·임의후견감독인의 사임에 대한 허가(제939조). 20) 후견인의 재산목록 작성을 위한 기간의 연장허가(제941조 제1항 단서). 21) 피성년후견인 또는 피한정후견인의 격리에 대한 허가(제947조의2 제2항) 및 피미성년후견인, 피성년후견인 또는 피한정후견인에 대한 의료행위의 동의에 대한 허가(제947조의2 제4항), 피미성년후견인, 피성년후견인 또는 피한정후견인이 거주하는 건물 또는 그 대지에 대한 매도 등에 대한 허가(제947조의2 제5항), 여러 명의 성년후견인·한정후견인·특정후견인·성년후견감독인·한정후견감독인·특정후견감독인·임의후견감독인의 권한 행사에 관한 결정과 그 변경 또는 취소 및 성년후견인·한정후견인·특정후견인·성년후견감독인·한정후견감독인·특정후견감독인·임의후견감독인의 의사표시를 갈음하는 재판(제949조의2), 미성년후견감독인·성년후견감독인·한정후견감독인의 동의를 갈음하는 허가(제950조 제2항). 22) 피미성년후견인, 피성년후견인, 피한정후견인 또는 피특정후견인의 재산상황에 대한 조사 및 그 재산관리 등 후견임무 수행에 관하여 필요한 처분명령(제954조), 미성년자의 재산상황에 대한 조사 및 그 재산관리 등 임무대행자의 임무 수행에 관하여 필요한 처분명령(제909조의2 제5항). 23) 미성년후견인·성년후견인·한정후견인·특정후견인·미성년후견감독인·성년후견감독인·한정후견감독인·특정후견감독인·임의후견감독인에 대한 보수의 수여(제955조). 24) 후견 종료 시 관리계산기간의 연장허가(제957조 제1항 단서), 한정후견인에게 대리권을 수여하는 심판과 그 범위 변경 및 한정후견인이 피한정후견인의 신상에 관하여 결정할 수 있는 권한의 범위 결정과 그 변경(제959조의4), 피특정후견인의 후원을 위하여 필요한 처분명령(제959조의8), 특정후견인에게 대리권을 수여하는 심판(제959조의11), 임의후견감독인의 선임 또는 변경(제959조의16 제3항), 임의후견감독인에 대한 감독사무에 관한 보고 요구, 임의후견인의 사무 또는 본인의 재산상황에 대한 조사명령 또는 임의후견감독인의 직무에 관하여 필요한 처분명령(제959조의16 제2항), 임의후견인의 해임(제959조의17 제2항), 후견계약 종료의 허가(제959조의18 제2항). 30) 상속의 승인 또는 포기를 위한 기간의 연장허가(제1019조 제1항 단서). 31) 상속재산 보존을 위한 처분(제1023조). 32) 상속의 한정승인신고 또는 포기신고의 수리와 한정승인 취소신고 또는 포기 취소신고의 수리(제1024조 제2항, 제1030조 및 제1041조). 33) 감정인의 선임(제1035조 제2항 및 제1113조 제2항). 34) 공동상속재산을 위한 관리인의 선임(제1040조 제1항). 35) 상속재산의 분리(제1045조). 36) 상속재산 분리 후의 상속재산 관리에 관한 처분(제1047조). 37) 관리인의 선임 및 그 공고와 재산관리에 관한 처분(제1053조). 38) 상속인 수색의 공고(제1057조). 39) 상속재산의 분여(제1057조의2). 40) 유언의 검인(제1070조 제2항). 41) 유언의 증서 또는 녹음의 검인(제1091조). 42) 유언증서의 개봉(제1092조). 43) 유언집행자의 선임 및 그 임무에 관한 처분(제1096조). 44) 유언집행자의 승낙 또는 사퇴를 위한 통지의 수리(제1097조 제2항). 45) 유언집행자에 대한 보수의 결정(제1104조 제1항). 46) 유언집행자의 사퇴에 대한 허가(제1105조). 47) 유언집행자의 해임(제1106조). 48) 부담 있는 유언의 취소(제1111조).

(5) 마류 가사비송사건(조정전치주의)

부부의 동거·부양·협조·생활비용부담에 관한 처분, 부부재산계약의 관리자의 변경 또는 공유물의 분할을 위한 처분, 자녀의 양육에 관한 처분과 그 변경·면접교섭권의 제한 또는 배제, 이혼 및 혼인취소에 의한 재산분할에 관한 처분, 친권자의 지정과 변경, 친권·대리권·재산관리권의 상실신고 및 실권회복의 선고, 부양에 관한 처분, 기여분의 결정, 상속재산의 분할에 관한 청구.

2. 가사사건절차에 대한 규율

가사사건에 대한 절차법으로서 가사소송법은 가사에 관한 소송과 비송 및 조정에 대한 절차의 특례를 규정하고 있다(가소법 제1조). 가사소송법에 특별한 규정이 있는 경우를 제외하고는 가사소송사건은 민사소송법을(가소법 제12조), 가사비송사건은 비송사건절차법을(가소법 제34조), 조정사건은 민사조정법을(가소법 제49조) 각각 준용한다.

Ⅱ 가사사건 심리절차의 특징

1. 직권주의의 강화

(1) 가사소송

가사소송의 대상인 신분법상의 분쟁은 법원의 직권 개입이 바람직한 경우가 많다. 이에 가사소송법은 "가"류 및 "나"류 가사소송에서 법원이 직권으로 사실 및 증거를 조사하도록 하였고(가소법 제17조), 민사소송법 중 변론주의에 관한 규정들의 적용을 배제하고 있다. 가사소송법 제17조가 변론주의 자체를 배제하려는 것은 아니므로, 가사소송법 제17조는 본질적으로 법원에 직권증거조사를 할 수 있는 권한이 있음을 규정한 것에 지나지 않는다(따라서 당사자가 주장하지도 않고 심리과정에 나타나지도 않은 독립된 공격방어방법에 대한 사실까지 조사하여야 하는 것은 아니고 또 그 제출을 촉구하는 따위의 석명은 허용될 수 없다: 대판 1987.12.22, 86므90. 그리고 변론 외에서 제출된 증거방법은 판단자료로 할 수 없고 법원이 이를 조사하여야 할 의무가 있는 것도 아니다: 대판 1963.1.31, 62다812). 주의할 것은 가사소송사건 중에서도 본질적으로 신분관계의 법률분쟁이 아닌 "다"류 소송사건은 직권주의의 개입 정도가 일반 민사소송사건의 경우와 같이 보충적인 점에 그친다는 것이다("다"류 소송사건은 소송의 편의상 가사소송사건으로 규정한 것에 불과하기 때문이다).

(2) 가사비송

비송사건은 법원이 후견적 입장에서 개입하는 것이므로 당사자주의는 적용되지 않고 직권주의가 지배하는 것이 원칙이다(변론주의에 대응하는 직권탐지주의의 적용뿐만 아니라 당사자 처분권주의도 배제된다는 의미). 따라서 가사비송의 경우에도 당사자의 주장과 증거제출에 관계없이 법원이 직권으로 사실을 탐지하고 증거를 조사할 수 있다(가소법 제34조; 비송법 제11조). 특히 "라"류 가사비송사건에서는 당사자의 심판청구가 없더라도 법원이 직권으로 절차를 개시하여 심판할 수 있는 경우도 있다. 다만, "마"류 가사비송사건에 있어서는 법원은 어느 정도 당사자의 청구에 기속된다(따라서 금전지급이나 물건의 인도 기타 재산상 의무이행을 구하는 사건에서 청구취지를 초과하여 의무 이행을 명할 수는 없는 것이다(가소규 제93조 제2항).

(3) 가사조사관

가사사건에서는 직권조사주의가 적용되고 가사조정에서도 특별한 사정이 없는 한 사실조사가 선행되어야 하므로, 가사소송법은 가사조사관제도를 두어 특별한 조사기관에 의하여 사실을 조사하게 함으로써 진실의 발견이 한층 쉽도록 하고 있다(가소법 제6조, 제56조; 가소규 제8조 이하).

2. 조정전치주의

가사사건 중 일정한 사건("나", "다", "마"류 사건)에 관하여 조정전치주의를 채택하고 있다(가소법 제50조). 조정전치주의가 적용되는 사건에 대하여 조정을 거치지 않고 심판을 청구하거나 소를 제기한 경우에는 조정에 회부하도록 하였다. 과거의 가사조정제도가 단순히 화해를 권유하던 데 그쳐 분쟁해결에 무력하였다면, 새로운 가사소송법은 조정담당판사가 상당한 이유가 있을 때에는 당사자가 반대의 의사를 명백하게 표시하지 아니하는 한 단독으로 조정할 수 있도록 개정(가소법 제52조 제2항)함으로써 조정전치주의를 강화하였다. 조정은 당사자 사이에 합의된 사항을 조서에 기재함으로써 성립하며(가소법 제59조), 이는 재판상 화해(和解)와 동일한 효력을 가진다(가소법 제59조 제2항 참조). 다만, 친생부인의 소, 부를 정하는 소 등은 당사자가 임의로 처분할 수 없는 사항이라는 점에서 조정의 성립만으로는 그 효력이 생기지 않으며(가소법 제59조 2항 단서. 대판 1968.2.27, 67므34), 친생자관계의 존부 확인과 같이 현행 가사소송법상 가류 가사소송사건에 해당하는 청구는 성질상 당사자가 임의로 처분할 수 없는 사항을 대상으로 하는 것으로, 이에 관하여 조정이나 재판상 화해가 성립하더라도 효력이 없다(대판 2007.7.26, 2006므2757·2764).

3. 가정법원의 전속관할

가사소송법에 열거한 가사사건(가사소송사건, 가사비송사건 등)에 대한 심리와 재판은 가정법원의 전속관할이다(가소법 제2조 제1항). 통설과 판례는 이를 제한적 열거로 본다(대결 1993.5.22, 93스14·15·16). 가사사건이 지방법원에 제소되거나, 반대로 민사사건이 가정법원에 제소된 경우에는 각각 상대 법원으로 이송하게 된다(민소법 제34조 제1항; 가소법 제13조 제3항, 제35조 제2항, 제51조 제2항). 한편, 가사사건과 민사사건은 소송절차가 다르므로, 원칙적으로 가사사건에 관한 소송에서 통상의 민사사건에 속하는 청구를 병합할 수는 없다(대판 2006.1.13, 2004므1378 참고).

가사사건에 대하여 이처럼 전속관할제도를 둔 것은 가정문제에 있어서 법원이 전문성을 가지고 직권으로 개입하여 실효성 있는 후견적 역할을 수행할 수 있는 사건만 가사소송으로 하고, 기타의 경우는 민사소송으로 다루는 것이 타당하다는 취지에서 비롯된 것이다(그리하여 종래의 가사심판사건이었던 상속회복의 소, 상속무효, 유언의 무효, 후견인의 결격 등은 민사사건으로 이전되었다). 그런데 전속관할제도는 전문성을 살릴 수 있으나 가사사건의 제한적 열거에 따른 입법적 흠결 등의 문제가 발생할 수 있다. 이러한 문제점을 보완하기 위하여 가정법원과 지방법원 사이에 관할지정을 인정하고, 대법원규칙으로 가정법원의 관할사건을 추가할 수 있도록 하였다. 즉, 어느 사건이 가사사건인지, 일반 민사사건인지가 분명하지 않을 경우, 관계법원의 공통되는 고등법원이 관할법원을 지정하도록 하고, 그 지정에 의하여 그 사건의 실질에 관계없이 사건의 성격이 확정되도록 하였다(가소법 제3조).

판례

가정법원의 전속관할 여부

1. 이혼을 원인으로 하는 손해배상청구는 제3자에 대한 청구를 포함하여 가사소송법 제2조 제1항 제1호 다목 2)에서 정한 다류 가사소송사건으로서 가정법원의 전속관할에 속한다(대판 2014.5.16, 2013다101104).
2. 부부 간의 부양의무를 이행하지 않은 부부의 일방에 대한 상대방의 부양료 청구는 가사소송법 제2조 제1항 제2호 나. 마류사건 제1호의 가사비송사건에 해당하고, 친족 간의 부양의무를 이행하지 않은 친족의 일방에 대한 상대방의 부양료 청구는 가사소송법 제2조 제1항 제2호 나. 마류사건 제8호의 가사비송사건에 해당한다 할 것이나, 부부 간의 부양의무를 이행하지 않은 부부의 일방에 대하여 상대방의 친족이 구하는 부양료의 상환청구는 같은 법 제2조 제1항 제2호 나. 마류사건의 어디에도 해당하지 아니하여 이를 가사비송사건으로 가정법원의 전속관할에 속하는 것이라고 할 수는 없고, 이는 민사소송사건에 해당한다고 봄이 타당하다(대판 2012.12.27, 2011다96932).

참고 **가사사건의 제한적 열거주의에 따른 문제사례**

이혼청구와 부부 간 명의신탁 해지를 원인으로 한 소유권이전등기청구가 병합된 경우(대판 2006.1.13, 2004므1378 참조)

이혼을 원인으로 하는 원상회복청구에 해당하므로 가사사건이라는 견해와 민사사건이지만 지방법원의 민사사건에 대한 관할은 전속관할이 아니므로 가정법원이 처리할 수 있다는 견해가 있을 수 있다.

이 문제는 다음과 같이 해결할 수 있다. 명의신탁해지는 이혼으로 인하여 당연히 발생하는 법률효과가 아니다. 명의신탁은 이혼과는 상관없이 명의신탁해지의 의사표시를 함으로써 비로소 그 해지의 효과가 발생한다. 다시 말해서 명의신탁해지는 가사소송법이 예정하고 있는 이혼을 원인으로 한 원상회복청구에 해당한다고 할 수 없는 것이다. 이는 민사사건인데, 민사사건은 가사사건과 병합이 인정되지 않기 때문에 이혼청구와 명의신탁해지의 병합은 인정될 수 없는 것이다. 다만, 명의신탁재산의 반환청구를 재산분할을 구하는 취지로 해석할 수 있는 여지가 있는 경우에는, 석명권을 행사하여 가능하면 명의신탁해지사건을 재산분할청구로 변경시켜 병합심리하는 것이 소송경제상 타당할 것이다.

4. 본인출석주의

신분행위의 효력은 본질적으로 본인의 의사에 의하여 결정된다. 따라서 가사사건의 심리절차에서는 대체로 당사자의 의사가 제일 먼저 고려되어야 하므로 본인출석이 강제된다. 다만 예외적으로 특별한 사정이 있을 때에만 재판장이나 조정장 또는 조정담당판사의 허가를 받아 대리인을 출석하게 할 수 있다(가소법 제7조). 소환을 받은 자가 정당한 이유없이 출석하지 아니한 때에는 결정으로 소정의 과태료에 처할 수 있고, 구인할 수 있다(가소법 제66조).

5. 기판력의 확장과 재소금지

"가"류 또는 "나"류 가사소송사건에 관하여 청구를 인용한 확정판결은 제3자에 대하여도 효력이 있고(이른바 대세효), 청구를 배척한 판결이 확정되면 다른 제소권자는 사실심 변론종결 전에 참가할 수 없었음에 대하여 정당한 사유가 없는 한 다시 소를 제기할 수 없다(가소법 제21조). 이러한 내용은 민사소송법상 확정판결의 효력에 대한 중대한 특칙이라 할 수 있다.

6. 보도금지

가정법원에서 처리 중에 있거나 처리한 사건에 관하여는 성명·연령·직업·용모 등에 의하여 그 본인임을 추지할 수 있는 정도의 사실이나 사진을 신문·잡지·기타 출판물에 게재하거나 방송할 수 없다(가소법 제10조).

7. 소송절차의 승계에 관한 특칙

"가"류 또는 "나"류 가사소송사건의 원고가 사망 기타의 사유(소송능력을 상실한 경우는 제외)로 소송절차를 수행할 수 없게 된 때에는 다른 제소권자는 소송절차를 승계할 수 있다(가소법 제16조).

8. 이행명령과 그 불이행의 경우에 과태료 또는 감치의 제재

가정법원은 판결·심판·조정조서 또는 조정에 갈음하는 결정에 의하여 금전의 지급 등 재산상의 의무 또는 유아의 인도의무를 이행하여야 할 자가 정당한 이유없이 그 의무를 이행하지 아니할 때에는 당사자의 신청에 의하여 일정한 기간내에 그 의무를 이행할 것을 명할 수 있다(가소법 제64조). 이와 같은 명령에 정당한 이유없이 위반한 때에는 의무자에게 100만 원 이하의 과태료를 부과할 수 있고 경우에 따라서는 의무자를 감치에 처할 수 있다(가소법 제67조

제1항, 제68조). 가사채무에 관해서도 민사소송법의 규정에 의한 강제집행을 할 수 있음은 물론이다. 그러나 가사채무는 그 성질상 강제집행이 어려운 경우가 많다. 이와 같은 어려움을 해결하기 위하여 가사소송법은 사전처분(가소법 제62조), 가압류와 가처분(가소법 제63조), 이행명령(가소법 제64조), 금전임치(가소법 제65조) 등의 제도를 두고 있다.

9. 혈액형검사 등의 수검명령

가정법원은 당사자 또는 관계인 사이의 혈족관계의 존부를 확정할 필요가 있는 경우에 다른 증거조사에 의하여 심증을 얻지 못한 때에는 검사를 받는 자의 건강과 인격의 존엄을 해하지 아니하는 범위 안에서, 당사자 또는 관계인에게 혈액채취에 의한 혈액형의 검사 등 유전인자의 검사, 기타 상당하다고 인정되는 방법에 의한 검사를 받을 것을 명할 수 있다(가소법 제29조 제1항). 만약 당사자 또는 관계인이 정당한 이유 없이 수검명령의 처분에 위반한 때에는 1천만 원 이하의 과태료를 부과할 수 있다(가소법 제67조 제1항). 이와 같은 제재를 받고도 정당한 이유 없이 다시 수검명령을 위반한 때에는 가정법원은 결정으로 30일의 범위에서 그 의무이행이 있을 때까지 위반자를 감치에 처할 수 있다(가소법 제67조 제2항). 이러한 결정에 대하여는 즉시항고할 수 있다(가소법 제67조 제3항).

10. 합목적성

일반 민사소송절차가 합리성과 당사자자치에 기초한 반면, 가사소송절차는 윤리적이고 비임의적이며 비타산적인 성격을 갖는 가족법을 반영하여 합목적성을 특징으로 한다. 즉, 가사소송법 제1조에서 규정하듯이 가사분쟁은 '인격의 존엄과 남녀의 평등을 기본으로 하고 가정의 평화와 친족 간에 서로 돕는 미풍양속을 보존하고 발전'시키고자 하는 가사소송법의 목적에 부합되도록 해결되어야 하는 것이다. 이러한 합목적성을 반영한 예로 가사소송법 제19조 제3항을 들 수 있다. 여기서는 가사소송의 항소심에서 항소가 이유 있는 때에도 제1심 판결을 취소하거나 변경함이 사회정의와 형평의 이념에 배치되거나 가정평화와 미풍양속의 유지에 적합하지 아니하다고 인정하는 경우에는 항소를 기각할 수 있도록 하고 있다.

제5절 친족 · 상속법의 변화과정

Ⅰ 연 혁

친족상속법의 중요한 연혁을 보면 조선민사령(1912년) → 현행 민법시행(1960년) → 1977년 개정 → 1990년 개정 → 2005년 개정(호주제 폐지) → 2011년(성년후견제도 도입).

Ⅱ 1990년 개정의 주요내용

1. 친족의 범위를 조정

부계와 모계혈족의 8촌 이내로 하고, 인척은 4촌 이내로 하였다(제777조 개정). 자매의 직계비속과 직계존속의 자매의 직계비속을 혈족에 포함시켰다(제768조 개정). 인척 중 「혈족의 배우자의 혈족」을 삭제하였다(제769조 개정). 배우자의 일방이 사망한 경우 생존배우자가 재혼하면 인척관계가 소멸되도록 하였다(제775조 제2항 개정).

2. 적모서자(嫡母庶子) 및 계모자(繼母子) 관계를 인척관계로 변경

법정친자관계였던 적모서자관계와 계모자관계를 인척관계로 변경하였다(제773조, 제774조 삭제).

3. 약혼해제사유의 일부를 개정

약혼해제사유 중 「폐병」을 삭제하고, 새로이 「불치의 정신병」을 삽입하였으며(제804조 제3항), 「2년 이상의 생사불명」을 「1년 이상의 생사불명」으로 개정하였다(제804조 제6항).

4. 혼인의 효력과 관련된 개정

부부의 동거장소는 부부의 협의에 의하여 정하도록 하고 협의가 성립하지 않으면 가정법원이 정하도록 하였다(제826조 제2항). 부부공동생활비용을 부부가 함께 부담하도록 하였다(제833조).

5. 이혼과 관련한 개정

이혼 시 자녀의 양육에 관한 부권(父權) 우선주의를 철폐하고 양육에 관한 사항은 부모가 협의하여 정하도록 하고(제837조 제1항), 이혼 후 자(子)를 직접 양육하지 아니하는 부모 중 일방에게 면접교섭권을 인정하였다(제837조의2). 이혼의 경우 배우자의 일방은 다른 일방에 대하여 재산분할을 청구할 수 있도록 하였다(제839조의2, 제843조).

6. 양자제도(養子制度)를 개선

(1) 가(家)를 위한 양자제도 폐지

사후양자제도의 폐지(제867조 삭제), 호주의 직계비속장남자의 입양금지규정의 삭제(제875조 삭제), 서양자(婿養子) 규정의 삭제(제876조 삭제), 유언양자제도의 규정을 폐지(제800조 삭제)하였다.

(2) 입양제도를 개정

미성년자 입양의 경우 후견인이 동의함에 있어서 가정법원의 허가를 받도록 하였다(제871조 단서 신설). 후견인이 피후견인을 양자로 하는 경우에도 가정법원의 허가를 받아야 한다(제872조 개정). 부부공동입양제도를 부부에게 평등하게 하였다(제874조 제1항 개정). 부부의 일방이 양자가 될 때에는 다른 일방의 동의를 얻도록 하였다(제874조 제2항 개정).

7. 부모의 친권행사를 조정

혼인 외의 자(子)가 인지된 경우와 부모가 이혼한 경우에는 부모의 협의로 친권을 행사할 자(子)를 정하고, 협의가 이루어지지 아니하는 경우에는 당사자의 청구에 의하여 가정법원이 이를 정한다(제909조 제4항 개정).

8. 후견인(後見人)의 순위에 관한 개정

제931조에 의한 미성년자의 후견인의 지정이 없는 때에는 미성년자의 직계혈족, 3촌 이내의 방계혈족의 순위로 후견인이 된다(제932조 개정). 기혼자가 금치산 또는 한정치산의 선고를 받은 경우 배우자가 후견인이 되고, 배우자도 금치산 또는 한정치산의 선고를 받은 경우에는 제933조의 순위에 의한다(제934조

개정).

9. 상속제도를 개정

① 상속인의 범위를 4촌 이내의 방계혈족으로 축소하였다(제1000조 제1항 개정).

② 배우자의 일방이 사망한 경우 직계비속이 없는 때에는 사망 배우자의 직계존속과 공동상속하도록 하였다(제1003조 제1항).

③ 공동상속인 중에 피상속인의 재산의 유지 또는 증가에 특별히 기여한 자가 있을 때에는 상속개시 당시의 재산가액에서 공동상속인의 협의로 정한 그 자의 기여분을 공제한 것을 상속재산으로 보고, 그 자의 법정상속분에 기여분을 가산한 액으로써 그 자의 상속분으로 한다(제1008조의2 신설).

④ 직계비속 사이의 상속분을 균등하게 하고, 배우자의 상속분은 직계비속의 상속분에 5할을 가산하도록 하였다(제1009조 제1항·제2항 개정).

⑤ 상속인 없는 재산을 청산할 경우 소정의 기간 내에 상속권을 주장하는 자가 없는 때에는 가정법원은 피상속인과 생계를 같이 하고 있던 자, 피상속인의 요양간호를 한 자, 기타 피상속인과 특별한 연고가 있던 자의 청구에 의하여 상속재산의 전부 또는 일부를 분여할 수 있다(제1057조의2 신설).

⑥ 법원(法院)을 가정법원(家庭法院)으로 개칭(제837조 제2항, 제838조, 제840조, 제884조, 제966조, 제1019조, 제1041조 개정).

Ⅲ 2005년 개정의 주요내용

① 호주에 관한 규정과 호주제도를 전제로 한 입적·복적·일가창립·분가 등에 관한 규정을 삭제하는 한편, 호주와 가(家)의 구성원과의 관계로 정의되어 있는 가족에 관한 규정을 새롭게 규정함(현행 제778조, 제780조 및 제782조, 내지 제796조 삭제, 제779조).

② 자녀의 성(姓)과 본(本)은 부(父)의 성과 본을 따르는 것을 원칙으로 하되, 혼인신고 시 부모의 협의에 의하여 모(母)의 성과 본도 따를 수 있도록 함(제781조 1항).

③ 자녀의 복리를 위하여 자녀의 성과 본을 변경할 필요가 있는 때에는 부(父) 또는 모(母) 등의 청구에 의하여 법원의 허가를 받아 이를 변경할 수 있도

록 함(제781조 제6항).

④ 동성동본금혼제도를 폐지하고 근친혼금지제도로 전환하되, 8촌 이내의 부(父)계혈족 또는 모(母)계혈족 사이에서는 혼인을 금지하는 근친혼제한의 범위를 조정함(제809조).

⑤ 부성추정의 충돌을 피할 목적으로 두었던 재혼금지기간 규정을 삭제함(제811조 삭제).

⑥ 친생부인의 소는 제소권자를 부(夫)뿐만 아니라 처(妻)까지 확대하고, 제소기간도 친생부인사유를 안 날부터 2년 내로 연장하는 등 친생부인제도를 합리적으로 개선함(제846조 및 제847조).

⑦ 양친과 양자를 친생자관계로 보아 종전의 친족관계를 종료시키고 양친과의 친족관계만을 인정하며 양친의 성과 본을 따르도록 하는 친양자제도를 신설함(제908조의2 내지 제908조의8 신설).

⑧ 부모 등 친권자가 친권을 행사함에 있어서는 자의 복리를 우선적으로 고려하여야 한다는 의무규정을 신설함(제912조 신설).

⑨ 상당한 기간 동안 동거하면서 피상속인을 부양한 상속인에게도 공동상속인의 협의 또는 법원에 의하여 기여분이 인정될 수 있도록 함(제1008조의2).

Ⅳ 2007년 개정의 주요내용

1. 약혼연령 및 혼인적령을 남녀 모두 만 18세로 조정(제801조, 제807조)

개정 전에는 약혼연령 및 혼인적령에 관하여 남자는 만 18세, 여자는 만 16세로 달리 규정하고 있었으나, 이는 불합리한 차별로서 남녀평등에 반한다는 비판이 있어 이와 같이 개정하였다.

2. 이혼숙려기간 도입(제836조의2 제2항 신설)

협의이혼 당사자는 일정 기간(양육하여야 할 자녀가 있는 경우는 3개월, 양육하여야 할 자녀가 없는 경우는 1개월)이 경과한 후 가정법원으로부터 이혼의사 확인을 받아야만 이혼할 수 있도록 하여 신중하지 못한 이혼을 방지하고자 하였다.

3. 협의이혼 시 자녀 양육사항 및 친권자 지정 합의 의무화
(제836조의2 제4항 신설, 제837조, 제909조 제4항)

개정 전 협의이혼제도는 당사자 사이에 자녀 양육사항 및 친권자 지정에 관한 합의 없이도 이혼이 가능함에 따라 이혼 가정 자녀의 양육환경이 침해되는 문제가 있었다. 이에 현행민법은 협의이혼하고자 하는 부부에게 양육자의 결정, 양육비용의 부담, 면접교섭권의 행사 여부 및 그 방법 등이 기재된 양육사항과 친권자결정에 관한 협의서 또는 가정법원의 심판정본을 이혼 확인 시 의무적으로 제출하도록 하였다.

4. 자녀의 면접교섭권 인정(제837조의2 제1항)

개정 전에는 부모에게만 면접교섭권을 인정하고 있어 자녀는 면접교섭권의 객체로 인식되는 문제가 있었다. 이에 유엔아동권리협약상 "아동이익 최우선의 원칙"을 실현함과 아울러 아동의 권리를 강화하는 측면에서 자녀에게도 면접교섭권을 인정하게 되었다.

5. 재산분할청구권 보전을 위한 사해행위취소권 신설(제839조의3 신설)

이혼에 따른 재산분할청구권이 구체적으로 확정되기 전에 재산분할청구권을 피보전권리로 하는 사해행위취소권이 인정되는지 여부에 대하여 다툼이 있었다. 이에 개정민법에서는 부부의 일방이 상대방 배우자의 재산분할청구권 행사를 해함을 알고 사해행위를 한 때에는 상대방 배우자가 그 취소 및 원상회복을 법원에 청구할 수 있도록 함으로써 재산 명의자가 아닌 배우자의 부부재산에 대한 잠재적 권리를 보호하고자 하였다.

Ⅴ 2011년 개정의 주요내용(2013.7.1. 시행)

1. 성년 연령의 하향

청소년의 조숙화에 따라 성년 연령을 낮추는 세계적 추세와 「공직선거법」 등의 법령 및 사회·경제적 현실을 반영하여 성년에 이르는 연령을 만 20세에서 만 19세로 낮추었다(제4조).

2. 성년후견 · 한정후견 · 특정후견제도의 도입

획일적으로 행위능력을 제한하는 문제점을 내포하고 있는 기존의 금치산·한정치산제도 대신 보다 능동적이고 적극적인 사회복지시스템인 성년후견·한정후견·특정후견제도를 도입하였다. 그리고 기존 금치산·한정치산 선고의 청구권자에 '후견감독인'과 '지방자치단체의 장'을 추가하여 후견을 내실화하고 성년후견 등을 필요로 하는 노인, 장애인 등에 대한 보호를 강화하였다(제9조, 제12조 및 제14조의2).

3. 제한능력자 능력의 확대

성년후견을 받는 사람의 법률행위 중 일용품의 구입 등 일상생활에 필요한 행위이거나 후견개시의 심판에서 달리 정한 것은 취소할 수 없도록 하고, 한정후견을 받는 사람의 법률행위는 가정법원에서 한정후견인의 동의 사항으로 결정한 것이 아닌 이상 확정적으로 유효한 법률행위로 인정된다. 또한 특정후견을 받는 사람의 법률행위는 어떠한 법적 제약이 따르지 않도록 하였다(제10조, 제13조 및 제14조의2). 이와 같이 개정민법은 후견이 개시되더라도 일정 범위에서는 행위능력을 인정하고 있다.

4. 후견을 받는 사람의 복리, 치료행위, 주거의 자유 등에 관한 신상보호 규정의 도입

피후견인의 복리에 대한 후견인의 폭넓은 조력이 가능하도록 하되, 피후견인의 신상에 관한 결정권은 본인에게 있다는 원칙과 후견인의 임무 수행에 있어서 피후견인의 의사 존중 의무를 명시하는 등 피후견인의 복리를 실질적으로 보장할 수 있도록 하였다(제947조 및 제947조의2 신설).

5. 복수(複數) · 법인(法人) 후견 도입 및 동의권 · 대리권의 범위에 대한 개별적 결정

후견인의 법정순위를 폐지하고, 가정법원이 피후견인의 의사 등을 고려하여 후견인과 그 대리권·동의권의 범위 등을 개별적으로 결정하도록 하며, 복수(複數)·법인(法人) 후견인도 선임할 수 있도록 하였다(제930조 및 제938조, 제959조의4 및 제959조의11 신설).

6. 후견감독인제도의 도입

친족회를 폐지하고 그 대신 가정법원이 사안에 따라 후견감독인을 개별적으로 선임할 수 있도록 함으로써 후견인의 임무 해태, 권한 남용에 대한 실질적인 견제가 가능하도록 하였다(제940조의2부터 제940조의7까지, 제959조의5 및 제959조의10 신설).

7. 후견계약제도의 도입

후견을 받으려는 사람이 사무를 처리할 능력이 부족한 상황에 있거나 부족하게 될 상황에 대비하여 재산관리 및 신상보호에 관한 사무의 전부 또는 일부를 자신이 원하는 후견인에게 위탁하는 내용의 계약을 체결할 수 있도록 하는 한편, 후견계약은 공정증서에 의하여 체결하도록 하고, 그 효력발생 시기를 가정법원의 임의후견감독인 선임 시로 하는 등 피후견인의 권익을 보호할 수 있는 제도적 장치를 마련하였다(제959조의14부터 제959조의20까지 신설).

8. 제3자 보호를 위하여 임의후견을 등기를 통하여 공시

거래의 안전을 보호하고 피성년후견인과 거래하는 상대방인 제3자를 보호하기 위하여 후견계약 등을 등기하여 공시하도록 하였다(제959조의15, 제959조의19).

Ⅵ 2014년 개정의 주요내용(2015.10.16. 시행)

1. 친권자의 동의를 갈음하는 재판 제도의 도입

가정법원은 친권자의 동의가 필요한 행위에 대하여 친권자가 정당한 이유 없이 동의하지 아니하여 자녀의 생명·신체 등에 중대한 손해가 발생할 위험이 있는 경우에는 자녀 또는 검사 등의 청구에 의하여 친권자의 동의를 갈음하는 재판을 할 수 있도록 하였으며, 이로써 부모의 친권이 유지되도록 하면서도 자녀의 생명 등을 보호하기 위한 조치가 가능하여 질 것으로 기대된다(제922조의2 신설).

2. 친권의 일시 정지 제도의 도입

부모가 친권을 남용하여 자녀의 복리를 현저히 해치거나 해칠 우려가 있는 경우에는 가정법원이 자녀 또는 검사 등의 청구에 의하여 2년의 범위에서 친권의 일시 정지를 선고할 수 있도록 함으로써, 친권 제한 사유가 단기간 내에 소멸할 개연성이 있는 경우에 자녀의 생명 등을 보호하기 위한 필요 최소한도의 친권 제한 조치로 친권을 일시 정지시키는 것이 가능해졌다(제924조).

3. 친권의 일부 제한 제도의 도입

가정법원은 거소의 지정이나 징계, 그 밖의 신상에 관한 결정 등 특정한 사항에 관하여 친권자가 친권을 행사하는 것이 곤란하거나 부적당한 사유가 있어 자녀의 복리를 해치거나 해칠 우려가 있는 경우에는 자녀 또는 검사 등의 청구에 의하여 구체적인 범위를 정하여 친권의 제한을 선고할 수 있도록 함으로써, 친권자의 동의를 갈음하는 재판 제도로는 해결할 수 없는 사안이지만 친권을 전부 상실시킬 필요가 없는 경우에 자녀의 생명 등을 보호하기 위한 필요 최소한도의 친권 제한 조치로 친권 중 일부를 제한하는 것이 가능해졌다(제924조의2 신설).

제2장 친 족

제1절 친족과 가(家)

사례 01

A와 B는 혼인신고를 하지 않았지만, 혼약을 하고 오랫동안 부부로서 살고 있다. 이들 사이에 출생한 딸 갑이 있는데 A는 출생신고를 마쳤다. 그런데 A는 과거 동거녀 X와의 사이에 낳은 아들 을이 있는데 갑은 을이 A와 X사이에서 태어난 아들이라는 사실을 알지 못하였다. 갑은 우연히 대학에서 을을 만나 서로 사랑하게 되었다. 이들 사이의 관계는 어떻게 되는가? A 또는 B가 사망한다면 그 상속인은 누가 되는가?

[논 점]

1. 친족의 유형과 개념
2. 친족관계의 법률상의 효과

I 친족의 유형

제767조(친족의 정의)
배우자(**配偶者**), 혈족(**血族**) 및 인척(**姻戚**)을 친족으로 한다.

1. 배우자

혼인으로 결합된 남녀를 배우자(配偶者)라 한다. 배우자 사이에는 촌수(寸數)가 없다. 사실혼의 배우자나 첩은 배우자가 아니다. 다만 특별법이나 판례·학설상 법률혼의 배우자에 준하여 사실혼의 배우자도 보호하는 경우가 많다(예컨대, 주택임대차보호법 제9조 참조).

2. 혈 족

제768조(혈족의 정의)
자기의 직계존속(**直系尊屬**)과 직계비속(**直系卑屬**)을 직계혈족(**直系血族**)이라 하고 자기의 형제자매와 형제자매의 직계비속(直系卑屬), 직계존속(直系尊屬)의 형제자매 및 그 형제자매의 직계비속(直系卑屬)을 방계혈족(傍系血族)이라 한다.

(1) 자연혈족(自然血族)

혈연(血緣)의 연락이 있는 자(者), 즉 부모와 자(子), 형제자매 등(제768조).

① 직계혈족(直系血族): 자기의 직계존속과 직계비속.

② 방계혈족(傍系血族): 자기의 형제자매와 형제자매의 직계비속 및 직계존속의 형제자매와 그 직계비속.

(2) 법정혈족(法定血族)

① 법률이 입양 등의 사실에 입각하여 혈연관계가 없는 자(者) 상호간에 자연혈족과 동일한 관계가 있는 것으로 인정한 자(者)를 말한다. 양자는 입양한 날로부터 그의 양부모 및 양부모의 혈족·인척과 친족관계가 인정된다(제772조 제1항). 양자의 배우자, 양자의 직계비속과 그 배우자도 양친과 그 혈족에 대하여 법정혈족관계가 발생한다(제772조 제2항). 입양 후 양친이 혼인한 경우에는 당사자 사이에 새로 입양신고를 하지 않는 한, 양자와 양친의 배우자 사이에 양친자관계는 생기지 않는다. 이러한 경우에는 단지 인척관계가 발생하는 데 그친다.

② 종래 법정혈족관계로 보던 적모서자관계(嫡母庶子關係: 혼인 외의 子를 父가 인지한 경우, 그 子와 本妻의 관계), 계모자관계(繼母子關係: 父가 재혼한 경우, 그 父의 친생자와 재혼한 妻의 관계)는 민법개정으로 인척관계에 지나지 않게 되었다. 다만, 이들도 입양을 통해 법정혈족관계가 발생할 수는 있다(한편, 가봉자관계(加捧子關係: 母가 재혼한 경우, 그 母의 친생자와 재혼한 夫의 관계)는 종래부터 인척관계였다).

3. 인 척

제769조(인척의 계원)

혈족의 배우자, 배우자의 혈족, 배우자의 혈족의 배우자를 인척으로 한다.

인척관계는 혼인에 의하여 발생하고, 혼인의 무효·취소 또는 이혼, 부부 일방의 사망 후의 재혼으로 종료한다(제775조).

(1) 혈족의 배우자

예컨대 계모(繼母)·적모(嫡母: 1촌 이내), 자매부(姉妹夫: 2촌 이내), 고모부(姑母夫: 3촌 이내), 대고모부(大姑母夫)·이종자매부(姨從姉妹夫)·외대고모부(外大姑母夫: 4촌 이내) 등이 이에 해당한다.

판례

계모의 법률상 지위

1990년의 민법 개정으로 계모는 더 이상 법률상의 모(母)는 아닌 것으로 되었으나, 피보험자의 계모가 부(父)의 배우자로 실질적으로 가족의 구성원으로 가족공동체를 이루어 생계를 같이 하고 피보험자의 어머니의 역할을 하면서 피보험자동차를 이용하고 있다면, 위 특별약관조항을 둔 취지에 비추어 볼 때 이러한 경우의 계모는 자동차종합보험의 가족운전자 한정운전 특별약관상의 모에 포함된다(대판 1997.2.28, 96다53857).

(2) 배우자의 혈족

예컨대 시부모·처부모·부(夫)의 전처소생자·부(夫)의 혼외자(1촌 이내), 시형제자매·처형제자매(2촌 이내), 시백숙부(媤伯叔父)·처백숙부(妻伯叔父: 3촌 이내), 시종형제자매(媤從兄弟姉妹)·처종형제자매(妻從兄弟姉妹: 4촌 이내) 등이 이에 해당한다.

(3) 배우자의 혈족의 배우자

예컨대 배우자의 계모·적모, 배우자의 형제자매의 처나 부(夫: 2촌 이내), 배우자의 백숙모(伯叔母: 3촌 이내), 배우자의 종형제자매의 처나 부(夫: 4촌 이내) 등이 이에 해당한다.

【주 의】 1990년 개정민법은 혈족의 배우자의 혈족을 인척의 범위에서 삭제하였다.

[사례풀이 01]

신분행위는 재산상 법률행위와 그 성격이 다르기 때문에 민법총칙의 규정이 그대로 적용되는 경우가 거의 없다. A와 B가 서로 혼인의사를 가지고 혼인생활을 하더라도 법률상 혼인의 효과가 주어지는 것은 아니다. 친족상속법은 신분행위 또는 사망과 같은 사실에 강제적으로 일정한 법률효과를 부여하는 경우가 많다. 위 사례는 이러한 신분행위 또는 친족상속법의 특징을 잘 이해할 것을 전제로 한다.

A와 B 사이에 태어난 갑은 혼인외의 출생자이다. 그리고 A와 X의 사이에서 태어난 을도 혼인외의 출생자이다. 갑에 대한 출생신고는 인지의 효과를 갖는다. 그러나 을은 A의 인지를 받지 못하였다면 A의 자(子)가 되지 못한다. 따라서 이론적으로는

을이 A의 인지를 받지 않았다면 갑과 을은 혼인할 수 있다. 그러나 만약 혼인 후 강제인지의 소(訴)를 통해 을이 인지되거나 또는 을이 A의 친생자임을 주장하는 친생자관계존재확인의 소를 구하여 승소한다면 갑과 을의 혼인은 무효이다.

한편, 을이 A로부터 인지를 받았다면 갑과 을은 서로 혼인할 수 없고 을은 B와 적모서자관계가 된다. 종래 구 민법(구 제774조)에 따르면 부의 인지를 받은 혼인외의 출생자와 부(父)의 처(妻) 사이인 적모서자관계는 그들의 의사에 의하지 않고 당연히 발생하는 법정모자관계였으나 1990년의 민법개정으로 적모서자관계는 인척관계에 지나지 않게 되었다.

사례에서 A와 B가 혼인신고를 하거나 아니면 B가 사실혼관계존부확인의 소에서 승소하여 혼인신고를 하면, 이 둘 사이는 법률혼이 성립하고 갑과 B는 법정모자관계가 된다. 과거 법정모자관계에 있던 적모서자관계에서는 상속이 이루어졌으나 현행법에서는 단순한 인척관계에 지나지 않는다. 따라서 적모인 B가 사망하면 그 상속인은 배우자 A와 친자인 갑이고 을은 상속권이 없다. 한편 A의 사망 후 그 상속인은 을이 인지받지 못하였다면 B, 갑이고 그 상속비율은 각각 1.5 : 1이 된다. 만약 을이 인지받았다면 B, 갑, 을이고 그 상속비율은 각각 1.5 : 1 : 1이다.

그리고 B가 혼인신고를 하지 않고 사실상 혼인상태에 있다면 B에게는 상속권이 없다.

Ⅱ 친족(親族)의 범위

1. 범 위

제777조(친족의 범위)

친족관계로 인한 법률상 효력은 이 법 또는 다른 법률에 특별한 규정이 없는 한 다음 각 호에 해당하는 자에 미친다.

1. 8촌 이내의 혈족
2. 4촌 이내의 인척
3. 배우자

친족의 범위는 i) 8촌 이내의 혈족, ii) 4촌 이내의 인척, iii) 배우자이다. 현행법상의 친족의 범위는 경국대전(經國大典)의 예전(禮典)에 나온 본종(本宗), 외친(外親), 처친(妻親), 부족(夫族) 등의 상복제도(喪服制度)상의 친족(유복친: 有服親)에서 유래되었는데 1990년 민법개정으로 오늘날의 실정에 맞게 친족범위가 조정되었다. 따라서 종중은 관습상 부계혈통(父系血統)의 친족이지만 민법상의 친족으로 볼 수 없을 것이다.

친족관계로 인한 법률상의 효과는 제777조에서 정한 친족의 범위에 미친다. 그러나 민법이나 다른 법률에 특별한 규정이 있는 경우에는 그 규정에 따른다(혼인·입양의 취소—제817조·제818조·제885조·제908조의4, 증여계약의 해제—제556조 제1항 1호, 생명침해에 대한 손해배상청구—제752조, 상속인의 범위—제1000조 등. 자세한 것은 Ⅳ. 친족관계의 법률상의 효과 참고).

《친족범위의 비교》

현 행 민 법	1990년의 민법개정 전
· 8촌 이내의 혈족(부계, 모계) · 4촌 이내의 인척(혈족의 배우자, 배우자의 혈족, 배우자의 혈족의 배우자) · 배우자	· 8촌 이내의 부계혈족 · 4촌 이내의 모계혈족 · 부의 8촌 이내의 부계혈족 · 부(夫)의 4촌 이내의 모계혈족 · 처의 부모 · 배우자

2. 친계와 촌수

(1) 친계(親系)

① 직계친(直系親): 부모·자·손 관계 등.
방계친(傍系親): 형제자매(兄弟姉妹), 백숙부(伯叔父), 종형제자매(從兄弟姉妹), 질(姪).

② 존속친(尊屬親): 직계존속(부, 조부 등), 방계존속(백숙부 등).
비속친(卑屬親): 직계비속(자, 자손 등), 방계비속(조카 등).

③ 부계친(父系親): 부와 그의 혈족.
모계친(母系親): 모와 그의 혈족.

참고

1. 남계친(男系親)과 여계친(女系親)

혈통이 남자만에 의하여 연결되는 경우를 남계친이라 하고, 혈통의 연결이 부계(父系)에 의할지라도 그 중간에 여자가 연결되어 있는 경우를 여계친(女系親)이라 한다. 예를 들어 부(父)의 고모의 자(子: 내종형제자매)는 고모가 연결되어 있으므로 여계친이자 부계이지만 남계(男系)는 아니다. 이 구별은 제809조 제2항에 「남계혈족의 배우자」와의 혼인금지가 규정되어 있으므로 의의가 있었으나, 2005년 민법개정으로 삭제되어 그 의의가 상실되었다.

2. 적계친과 서계친

혼인 중에 출생한 혈족을 적계친(嫡系親)이라 하고, 혼인 외에서 출생한 혈족을 서계친(庶系親)이라 한다.

---

(2) 촌 수

제770조(혈족의 촌수의 계산)

① 직계혈족은 자기로부터 직계존속에 이르고 자기로부터 직계비속에 이르러 그 세수를 정한다.

② 방계혈족은 자기로부터 동원의 직계존속에 이르는 세수와 그 동원의 직계존속으로부터 그 직계비속에 이르는 세수를 통산하여 그 촌수를 정한다.

제771조(인척의 촌수의 계산)

인척은 배우자의 혈족에 대하여는 배우자의 그 혈족에 대한 촌수에 따르고, 혈족의 배우자에 대하여는 그 혈족에 대한 촌수에 따른다.

제772조(양자와의 친계와 촌수)

① 양자와 양부모 및 그 혈족, 인척 사이의 친계와 촌수는 입양한 때로부터 혼인중의 출생자와 동일한 것으로 본다.

② 양자의 배우자, 직계비속과 그 배우자는 전항의 양자의 친계를 기준으로 하여 촌수를 정한다.

① 촌수계산법

㉮ 계급등친제(階級等親制) 혈연의 원근에만 의하지 않고 신분의 존비, 남계·여계 등을 기준으로 등친을 정하는 것이다(열거주의). 이는 중국에서 유래하였으며, 우리에게는 계수되지 않았으나 상복제에 반영되었다고 한다(박병호).

㉯ 세수등친제(世數等親制) 혈연의 원근만으로 세대수를 정하되 방계친의 계산을 공동시조에서 각자에 이르는 세대수를 통산한다(형제와의 사이를 2촌으로 한다). 우리 민법의 태도이다(제770조).

② 인척은 배우자의 혈족에 대하여는 배우자의 그 혈족에 대한 촌수에 따르고 혈족의 배우자에 대하여는 그 혈족에 대한 촌수에 따른다(제771조). 부부 사이에는 혈연관계가 없으므로 촌수가 없다.

③ 양자에 대해서는 입양한 때부터 혼인 중의 출생자와 동일하게 계산한다(제772조).

Ⅲ 친족관계의 변동

1. 친족관계의 발생원인

출생(出生), 혼인(婚姻), 인지(認知), 입양(入養), 친양자(親養子).

2. 친족관계의 소멸

제775조(인척관계 등의 소멸)
① 인척관계는 혼인의 취소 또는 이혼으로 인하여 종료한다.
② 부부의 일방이 사망한 경우 생존배우자가 재혼한 때에도 제1항과 같다.

제776조(입양으로 인한 친족관계의 소멸)
입양으로 인한 친족관계는 입양의 취소 또는 파양으로 인하여 종료한다.

(1) 친족관계는 사망, 혼인의 취소, 이혼, 입양의 취소, 파양(罷養), 인지(認知)의 취소에 의하여 소멸한다.

(2) 인척관계는 혼인의 취소 또는 이혼으로 소멸한다(제775조 제2항). 또한 부부의 일방이 사망한 경우 생존 배우자가 재혼한 때에도 소멸한다(제775조 제2항).

(3) 부부일방이 사망한 경우 사자(死者)와 직접 연결된 친족관계는 소멸하나 그 자를 통하여 연결된 생존자와의 친족관계는 소멸되지 않는다.

판례

양부모의 이혼과 양모(養母)관계의 소멸 여부

민법 제776조는 '양부모의 이혼'을 입양으로 인한 친족관계의 종료사유로 들고 있지 않고, 처를 부와 함께 입양당사자로 하는 현행민법 아래에서는 양부모가 이혼하였다고 하여 양모를 양부와 다르게 취급하여 양모자관계만 소멸한다고 볼 수는 없다(대판[전원합의체] 2001.5.24, 2000므1493. 즉, 파양이 없는 한 양부자관계와 양모자관계가 모두 유지된다).

Ⅳ 친족관계의 법률상의 효과

1. 민법상의 효과

민법이 인정하는 친족관계의 효과는 i) 제777조가 정하는 범위의 친족에게 일반적으로 인정되는 법률상의 효과, ii) 친족 사이의 원근과 친밀도 및 친족관계의 성질을 고려해서 개별적으로 각각 상이한 일정범위의 친족에게만 인정되는 법률상의 효과로 구별된다.

(1) 민법 제777조의 친족에게 인정되는 법률상 효과

자(子)의 성과 본의 변경 청구(제781조 제6항), 파양청구(제906조 제1항 단서), 제3자가 무상으로 자(子)에게 수여한 재산의 관리를 위한 관리인선임 청구(제918조 제2항), 피후견인의 재산상황 조사 등에 대한 청구(제954조), 상속인 없는 재산에 대한 관리인선임 청구(제1053조) 등은 명문으로 민법 제777조에 해당하는 친족에게 일정한 권한을 인정한다. 그 밖에 친권자지정 청구(제909조의2, 제927조의2 제2항), 친권자의 동의를 갈음하는 재판의 청구(제922조의2), 친권의 상실 또는 정지의 청구(제924조), 친권의 일부 제한의 청구(제924조의2), 대리권과 재산관리권의 상실선고 청구(제925조), 친권에 대한 실권회복선고의 청구(제926조), 후견인의 선임 청구(제909조의2, 제932조, 제936조, 제959조의3, 제959조의9), 후견인의 변경 청구(제940조, 제959조의3 제2항, 제959조의9 제2항), 후견감독인의 선임 청구(제940조의3, 제940조의4, 제959조의5, 제959조의10, 제959조의15), 임의후견인의 해임 청구(제959조의17), 부양의무(제974조) 등에서도 친족에게 일정한 권한을 인정한다.

(2) 일정범위의 친족에게만 개별적으로 인정되는 법률상의 효과

① 배우자, 4촌 이내의 친족은 성년후견·한정후견·특정후견개시(제9조, 제12조, 제14조의2) 및 성년후견·한정후견의 종료심판(제11조, 제14조)을 청구할 수 있다.

② 증여자 또는 그 배우자나 직계혈족에 대한 수증자(受贈者)의 범죄행위가 있은 때에는, 증여자는 그 증여계약을 해제할 수 있다(제556조 제1항 참조).

③ 생명침해에 대한 손해배상청구권: 직계존속, 직계비속, 배우자는 자신이 입은 정신적 손해에 대한 배상을 청구할 수 있다(제752조).

④ 8촌 이내의 혈족(제815조 2호. 친양자 입양 전의 혈족을 포함), 직계인척관계가 있거나 있었던 자(제815조 3호), 당사자 간에 양부모계의 직계혈족관계가 있었던 자(제815조 4호) 사이의 혼인은 무효이다. 6촌 이내의 혈족의 배우자, 배우자의 6촌 이내의 혈족, 배우자의 4촌 이내의 혈족의 배우자인 인척이거나 인척이었던 자 사이의 혼인, 6촌 이내의 양부모계의 혈족이었던 자와 4촌 이내의 양부모계의 인척이었던 자 사이의 혼인은 취소할 수 있다(제816조 1호). 제809조의 규정에 위반한 때에는 당사자, 그 직계존속 또는 4촌 이내의 방계혈족이 그

취소를 청구할 수 있다(제817조 후단).

⑤ 중혼에 대하여는 배우자, 직계존속, 8촌 이내의 방계혈족이 그 취소권을 갖는다(제818조).

⑥ 부모는 입양에 대한 동의권(제870조, 제871조)을 갖는다.

⑦ 양부모, 양자, 법정대리인, 직계혈족은 양친이 미성년자인 입양에 대한 입양취소청구권(제885조 전단)을 갖는다.

⑧ 피후견인에 대하여 소송을 하였거나 또는 하고 있는 자, 그의 배우자와 직계혈족은 후견인의 결격자이다(제937조).

⑨ 본인, 배우자, 4촌 이내의 친족은 후견인 권한범위의 변경을 청구할 수 있다(제938조 제4항).

⑩ 본인, 배우자, 4촌 이내의 친족은 임의후견감독인의 선임을 청구할 수 있다(제959조의15 제1항).

⑪ 직계혈족 및 그 배우자 간이나 기타 생계를 같이하는 친족 간에는 서로 부양의무가 있다(제974조).

⑫ 상속권은 배우자, 직계비속, 직계존속, 형제자매, 4촌 이내의 방계혈족에게 있다(제1000조, 제1003조). 유류분권(遺留分權)은 직계비속, 배우자, 직계존속, 형제자매에게 있다(제1112조).

⑬ 유언으로 이익을 받을 자(者)의 배우자와 직계혈족은 증인결격자이다(제1072조).

⑭ 피상속인의 직계혈족과 배우자 및 형제자매는 유류분권을 갖는다(제1112조).

2. 형법상의 효과

(1) 형벌이 감면되는 경우

범인은닉죄(犯人隱匿罪)(형법 제151조 제2항), 증거인멸죄(證據湮滅罪)(형법 제155조 제4항), 권리행사방해죄(형법 제328조 제1항), 절도죄(竊盜罪)(형법 제329조~제332조), 사기와 공갈죄(형법 제354, 제347조~제352조), 횡령·배임죄(형법 제355조~제360조, 제361조), 장물죄(형법 제365조, 제362조~364조) 등.

(2) 형벌이 가중되는 경우

존속살인죄(형법 제250조 제2항), 존속상해죄(형법 제257조 제2항), 존속중상해죄

(형법 제258조 제3항), 존속상해치사죄(형법 제259조 제2항), 존속폭행죄(형법 제260조 제2항), 존속유기죄(尊屬遺棄罪)(형법 제271조 제2항), 존속학대죄(尊屬虐待罪)(형법 제273조 제2항) 등.

3. 소송법상 · 특별법상 효과

(1) 민사소송법상 법관(동법 제41조 1호·2호) 또는 법원사무관(동법 제50조) 등의 제척이유, 증언거부권(동법 제314조 1호), 감정인의 결격사유(동법 제334조 제2항) 등이 있다.

(2) 형사소송법상 법관, 법원서기관 등에 대한 제척·기피·회피의 원인(동법 제17조 2호, 제18조 제1항 1호, 제24조 제1항, 제25조 제1항), 증언거부권(동법 제148조), 감정·통역·번역거부권(동법 제177조, 제183조).

(3) 기 타

가사소송법, 가족관계등록법, 공무원연금법, 국민연금법, 군인연금법, 사립학교교직원연금법, 비송사건절차법 등.

V 친족단체

1. 민법상 친족회제도의 소멸

1990년 민법개정 전에는 친족회의 권한으로서 i) 무능력자의 보호에 관한 것(상설친족회) 외에, ii) 호주권(戶主權) 대행자의 선임에 관한 것(비상설친족회)이 있었다. 후자의 권한은 종래 호주가 질병이나 사고로 인하여 그 직능을 행할 수 없는 경우에 있어서 호주권대행자를 선임하는 권한이었으나 2005년 호주제 폐지로 폐지되었다. 그 이후 친족회의 권한으로 남아있던 무능력자 보호에 관한 내용들도 2011년 후견감독인제도의 신설로 민법상 친족회의 법적 의미는 소멸되게 된 것이다.

그런데 2011년 삭제된 민법상의 친족회(親族會)제도는 옛 관습상의 단체인 문중(門中) 또는 종중(宗中)과는 전혀 다른 것으로서, 일본민법을 통해 서구 대륙법의 제도를 간접 계수한 산물이었다(현재 일본민법도 친족회제도를 폐지하고 있다). 삭제되기 전의 민법상 친족회란 무능력자를 보호하고 가내의 중요사항을 결의하기 위하여 두게 된 친족법상의 합의기관이라 할 수 있었다. 친족회에 관한 규정의 삭제로 친족단체에 관한 문제는 종중 또는 문중이라는 관습상의 친족단체로 귀결되었다.

2. 종 중

(1) 종중의 개념

우리나라에는 관습상의 친족단체 개념으로 「종중」 또는 「문중」이 있어 왔다. 종중이란 공동선조의 분묘수호와 제사 및 종원 상호간의 친목도모 등을 목적으로 자연발생적으로 성립한 종족 집단체이다(대판 1994.9.30, 93다27703). 종중은 법인등기를 하지 않더라도 종중규약이나 관습에 따라 선출된 대표자 등에 의하여 대표되는 정도로 조직을 갖추고 지속적인 활동을 하고 있다면 비법인사단으로서의 단체성이 인정된다(대판 2008.10.9, 2005다30566). 종중의 규약은 종원이 가지는 고유하고 기본적인 권리의 본질적인 내용을 침해하는 등 종중의 본질이나 목적에 위배되지 않는 한 그 유효성을 인정하여야 한다(대판 2008.10.9, 2005다30566).

(2) 문중과의 차이

종중이나 문중은 모두 조상에 대한 봉묘제사(封墓祭祀), 친족 상호간의 상부상조와 친목 등을 협의하고 운영·처리하는 친족적 단체라는 점에서 공통점을 갖는다. 하지만 엄밀한 의미에서 종중이라 함은 종사(宗祀), 종족(宗族)을 의미하는 종(宗)과 외부에 대하여 내부의 의미를 가진 「중(中)」의 복합체로서 가족단체, 즉 동일 혈족의 단체(종래 남계혈족만으로 보던 견해가 통설이었으나 대법원은 전원합의체의 판결로 여성도 종중의 일원임을 명확히 하고 있다: 대판 2007.9.6, 2007다34982)를 의미하고, 문중은 종중의 일부 또는 일분파로서 4대조인 고조(高祖)를 공동시조로 하는 유복친(有服親: 자기를 중심으로 위로 고조 — 아래로 고손(高孫)에 이르기까지 직계 및 방계 8촌에 이르는 친족. 상복을 같이 입는다의 의미)의 가족단체를 의미한다는 점에서 약간의 차이가 있다. 종중이나 문중의 회합을 각각 종회(宗會)·문회(門會)라고 칭한다.

(3) 중중의 대표

종중의 대표자는 종중의 규약이나 관례에 따라 선임하고 그것이 없다면 종장 또는 문장이 그 종원 중 성년 이상의 사람을 소집하여 선출하며, 평소에 종중에 종장이나 문장이 선임되어 있지 아니하고 선임에 관한 규약이나 관례가 없으면 현존하는 연고항존자가 종장이나 문장이 되어 국내에 거주하고 소재가 분명한 종원에게 통지하여 종중총회를 소집하고 그 회의에서 종중 대표자를 선임하는 것이 일반 관습이다(대판 2010.12.9, 2009다26596). 종원들이 종중재산의 관리 또는 처분 등에 관하여 대표자를 선정할 필요가 있어 적법한 소집권자에게 종중총회의 소집을 요구하였으나 소집권자가 정당한 이유 없이 이를 소집하지 아니할 때에는 차순위의 연고항존자(年高行存者: 종중원 중 항렬이 가장 높고 가장 나이가 많은 사람) 또는 발기인이 총회를 소집할 수 있다. 여성도 연고항존자가 될 수 있다(대판 2010.12.9, 2009다26596).

종중 대표에게 대표권이 있다는 사실은 서면으로 증명해야 하며, 종중의 대표자가 대표권을 잃은 때에는 민사소송법상의 법정대리권도 상실되므로 소송절차는 중단된다(대판 2008.4.10, 2007다28598).

(4) 종중 또는 문중법인의 설립절차

종중은 법인등기를 한 경우와 법인등기를 하지 않고 비법인체로 존재하는 경우가 있다. 비법인형태로 존재하더라도 단체의 명의로 부동산등기를 할 수 있지만 법인등기를 마친 종중법인에 비해서 재산관리와 운영 및 세금과 관련하여 차이점이 있다.

참고 종중법인의 설립등기절차

1. 종중원총회
2. 종중 정관의 작성
3. 관할 시, 군, 구청에 등기(법인의 경우) 또는 등록번호(비법인의 경우)의 신청
4. 등기등록번호증명서의 교부: 정관 1부와 회의록(결의 내용으로 종중을 구성하였다는 내용으로 임원 선출과 재산을 취득하기 위한 등록번호 부여를 위한 필요성을 결의하는 내용)을 첨부하여 비치된 신청서를 작성하여 제출한 후에 등기등록번호증명서 교부
5. 종중출연재산의 귀속과정: 가령, A명의로 된 재산을 B 종중명의로 출연을 하려면 등기이전이 필요하다. 이러한 경우 등기를 할 때 필요한 서류는 현재 명의인인 A의 인감증명서, 주민등록초본, 인감도장, 등기필증이다. 반면 종중에서는 종중정관, 등기 또는 등록번호, 대표자의 주민등록초본, 대표자 도장, 회의록(A명의로 있는 부동산을 종중명의로 전환한다는 내용과 등기신청을 하는 종중의 대표자를 결정하는 내용이 결의되어야 함), 회의록에 날인한 참석 종원 중 2인 이상은 인감도장을 날인하고 인감증명서를 첨부하는 것이 필요

6. 등기와 관련하여 등기원인은 종중에 대한 증여(증여세 면세)
7. 등기 시에 소요되는 경비는 등록세와 취득세 기타 부과되는 각종 세금: 증여를 원인으로 등기를 한다면 토지대장상 면적에 개별공시지가를 곱한 금액에서 일정한 세율(약 4%) 정도로 계산

판례

절가된 가의 유산상속

갑의 사망 당시 호주상속할 장남, 장손 등이 이미 사망하여 장손의 처인 을이 호주상속을 하였는데, 그 후 을이 재혼한 사안에서, 여호주인 을이 재혼한 이후 상당한 기간 내에 사후양자가 선정되지 아니하여 갑 가(家)는 절가(絶家)되었고, 절가된 갑 가(家)의 유산은 가족에게 귀속되는데, 가족으로는 원래 남호주였던 갑의 손녀 또는 손자인 병과 정이 있었으므로, 절가된 갑 가(家)의 유산은 병, 정에게 균등한 비율로 귀속되었다고 보아야 함에도, 이와 달리 본 원심판결에 법리오해의 위법이 있다(대판 2012.3.15, 2010다53952).

제 2 절 가족의 범위와 자의 성과 본

I 가족의 범위(제779조)

제779조(가족의 범위)

① 다음의 자는 가족으로 한다.

1. 배우자, 직계혈족 및 형제자매
2. 직계혈족의 배우자, 배우자의 직계혈족 및 배우자의 형제자매

② 제1항 2호의 경우에는 생계를 같이 하는 경우에 한한다.

1. 배우자, 직계혈족 및 형제자매

이들은 생계를 같이 하지 않더라도 가족이 된다.

2. 직계혈족의 배우자, 배우자의 직계혈족, 배우자의 형제자매

이들은 생계를 같이 하는 경우에 한하여 가족이 된다.

Ⅱ 자(子)의 성(姓)과 본(本)

제781조 (자의 성과 본)

① 자는 부의 성과 본을 따른다. 다만, 부모가 혼인신고 시 모의 성과 본을 따르기로 협의한 경우에는 모의 성과 본을 따른다.

② 부가 외국인인 경우에는 자는 모의 성과 본을 따를 수 있다.

③ 부를 알 수 없는 자는 모의 성과 본을 따른다.

④ 부모를 알 수 없는 자는 법원의 허가를 받아 성과 본을 창설한다. 다만, 성과 본을 창설한 후 부 또는 모를 알게 된 때에는 부 또는 모의 성과 본을 따를 수 있다.

⑤ 혼인 외의 출생자가 인지된 경우 자는 부모의 협의에 따라 종전의 성과 본을 계속 사용할 수 있다. 다만, 부모가 협의할 수 없거나 협의가 이루어지지 아니한 경우에는 자는 법원의 허가를 받아 종전의 성과 본을 계속 사용할 수 있다.

⑥ 자의 복리를 위하여 자의 성과 본을 변경할 필요가 있을 때에는 부, 모 또는 자의 청구에 의하여 법원의 허가를 받아 이를 변경할 수 있다. 다만, 자가 미성년자이고 법정대리인이 청구할 수 없는 경우에는 제777조의 규정에 따른 친족 또는 검사가 청구할 수 있다.

사례 02

A는 B와 재혼을 하였다. B는 전 남편과의 사이에서 태어난 갑과 을에 대하여 친권과 양육권을 가지고 있다. A는 재혼 후 자신에게 자식이 없기 때문에 갑을 자신의 성으로 변경하고 싶었다. 이들 사이의 법률관계는 어떻게 되는가?

[논 점]

1. 부계혈통주의의 의미
2. 성 변경의 절차와 법적 효과

1. 원칙(부계혈통주의)

자는 부의 성과 본을 따른다(제781조). 여기서 자는 혼인 중의 자를 말한다. 혼외자의 경우 부가 인지하면 원칙적으로 부의 성을 따르겠지만, 부모의 협의에 따라 종전의 성과 본을 계속 사용할 수 있고, 부모가 협의할 수 없거나 협의가 이루어지지 아니한 경우에는 자는 법원의 허가를 받아 종전의 성과 본을 계속 사용할 수 있다(제781조 제5항). 자의 복리를 고려한 것이다. 여기서 부모는 자의 친부모를 의미한다.

2. 예 외

(1) 부모가 혼인신고 시 모의 성과 본을 따르기로 협의한 경우에는 모의 성

과 본을 따른다(제781조 제1항 단서). 모의 성과 본을 따르기로 합의한 내용이 혼인신고 시에 등재되지 않았다면 모의 성과 본으로 출생신고하는 것은 받아들여지지 않는다.

(2) 부와 모의 성이 아닌 제3자의 성과 본을 선택하는 것은 허용되지 않는다.

(3) 사실혼의 경우 결국 부모의 협의에 의할 것이지만, 모의 성과 본으로 출생신고를 하는 경우 그 형식은 제781조 제3항의 형식에 따를 수밖에 없을 것이다. 따라서 사실혼 관계에서 태어난 자가 모의 성과 본으로 출생신고를 한 후 부의 인지를 거쳐 다시 부의 성과 본으로 변경할 수도 있을 것이다.

(4) 부가 외국인인 경우에는 모의 성과 본을 따를 수 있다(제781조 제2항).

(5) 부를 알 수 없는 자는 모의 성과 본을 따르고(제781조 제3항), 부모를 알 수 없는 자는 법원의 허가를 받아 성과 본을 창설한다(781조 제4항). 다만, 성과 본을 창설한 후 부 또는 모를 알게 된 때에는 부 또는 모의 성과 본을 따를 수 있다(제781조 제4항 단서).

3. 자의 성과 본의 변경

(1) 원 칙

자의 성과 본이 결정되면 이는 일정한 경우를 제외하고는 변경할 수 없는 것이 원칙이다. 예외적으로 성과 본을 변경할 수 있는 경우로는 ① 입양특례법에 의하여 입양된 양자가 입양이 취소되거나 파양이 되어 본래의 성으로 회복하는 경우, ② 자의 복리를 위하여 성과 본을 변경하는 경우를 들 수 있는데, ①은 실질적으로 부(父)의 성을 회복하는 의미를 갖는 것이어서 ②만이 성과 본이 변경되는 경우라고 할 수 있다.

(2) 자의 복리를 위한 성과 본의 변경

① 요 건

자의 복리를 위하여 자의 성과 본을 변경할 필요가 있어야 한다. 예컨대 이혼한 모가 자를 데리고 재혼한 경우 당사자들이 배우자인 계부의 성을 따르기를 원하고, 그러한 변경이 재혼한 계부(繼父)와 자녀 사이를 친자관계처럼 밀접하게 하는 등 전체적으로 성의 변경이 자의 복리를 도모할 수 있어야 한다.

② 절 차

㉮ 부, 모 또는 자의 청구에 의하여 법원의 허가를 받아 이를 변경할 수 있다(제781조 제6항 본문). 그리고 자가 미성년자이고 법정대리인이 청구할 수 없는 경우에는 제777조의 규정에 따른 친족 또는 검사가 청구할 수 있다(제781조 제6항 단서).

㉯ 법원에 의하여 성과 본의 변경이 확정되면 재판확정일부터 1개월 이내에 재판서의 등본 및 확정증명서를 첨부하여 신고하여야 한다(가족관계등록법 제100조 제1항). 신고서에는 변경 전의 성·본, 변경한 성·본, 재판확정일을 기재하여야 한다(동법 제100조 제2항).

㉰ 효 과 성과 본이 변경되었다고 해서 새로운 신분관계가 형성되는 것은 아니다. 예를 들어 계부의 성으로 변경하였다고 하더라도 계부와의 사이에 친자관계가 형성되는 것은 아니며 여전히 인척관계에 불과하다.

㉱ 문제점 성과 본의 변경이 가장 문제되는 것은 실질적으로 친자관계를 원하는 의미에서 계부의 성과 본으로 변경하였으나 법률적으로 이들 사이는 인척관계에 불과하다는 점이다. 재혼한 모의 자가 미성년자이고 친부의 동의 내지 대락이 있다면 계부의 친양자 입양을 전제로 성의 변경을 허용하는 방법으로 문제를 해결할 수도 있을 것이다(입양특례법 제14조에 의한 입양을 통해서도 동일한 결과를 얻을 수 있다).

판례

자의 복리를 위한 성과 본의 변경을 위한 필요성의 판단방법과 기준

1. 사건 본인의 청구로 사건 본인의 성·본 변경을 허가할지 여부를 판단함에 있어서는 사건 본인의 의사뿐만 아니라 성·본 변경으로 인한 본인의 불이익과 같은 객관적인 사정을 함께 고려하여야 한다. 갑이 아버지 을과 어머니 병의 이혼 후 병과 함께 생활하였는데, 취업과 결혼을 앞두고 마음의 안정을 갖고 싶다는 이유로 병의 성과 본으로 성·본 변경허가를 구하는 것은 위에서 말한 객관적 사정을 고려하지 않고는 허용될 수 없다(대결 2016.1.26, 2014으4).

2. 민법 제781조 제6항에 정한 '자의 복리를 위하여 자의 성과 본을 변경할 필요가 있을 때'에 해당하는지 여부는 자의 나이와 성숙도를 감안하여 자 또는 친권자·양육자의 의사를 고려하되, 먼저 자의 성·본 변경이 이루어지지 아니할 경우에 내부적으로 가족 사이의 정서적 통합에 방해가 되고 대외적으로 가족 구성원에 관련된 편견이나 오해 등으로 학교생활이나 사회생활에서 겪게 되는 불이익의 정도를 심리하고, 다음으로 성·본 변경이 이루어질 경우에 초래되는 정체성의 혼란이나 자와 성·본을

함께 하고 있는 친부나 형제자매 등과의 유대관계의 단절 및 부양의 중단 등으로 인하여 겪게 되는 불이익의 정도를 심리한 다음, 자의 입장에서 위 2 가지 불이익의 정도를 비교형량하여 자의 행복과 이익에 도움이 되는 쪽으로 판단하여야 한다. 이와 같이 자의 주관적·개인적인 선호의 정도를 넘어 자의 복리를 위하여 성·본의 변경이 필요하다고 판단되고, 범죄를 기도 또는 은폐하거나 법령에 따른 각종 제한을 회피하려는 불순한 의도나 목적이 개입되어 있는 등 성·본 변경권의 남용으로 볼 수 있는 경우가 아니라면, 원칙적으로 성·본 변경을 허가함이 상당하다(대결 2009.12.11, 2009스23).

4. 이름의 변경

(1) 이름의 결정

자녀의 이름에는 한글 또는 통상 사용되는 한자를 사용하여야 하고, 통상 사용되는 한자의 범위는 대법원규칙으로 정한다(가족관계등록법 제44조 제3항).

(2) 이름의 변경

개명하고자 하는 사람은 주소지(재외국민의 경우 등록기준지)를 관할하는 가정법원의 허가를 받고 그 허가서의 등본을 받은 날부터 1개월 이내에 신고를 하여야 한다(가족관계등록법 제99조 제1항). 신고를 할 때에는 신고서에 변경 전의 이름, 변경한 이름, 허가연월일을 기재하고 허가서의 등본을 첨부하여야 한다(동법 제99조 제2항·제3항).

가정법원은 개명을 허가할 상당한 이유가 있고, 개명신청권의 남용으로 볼 만한 사정이 없는 한 원칙적으로 개명을 허가함이 상당하다(대결 2005.11.16, 2005스26).

판례

개명허가의 기준

1. 개명허가의 주관적, 객관적 기준

개명허가 여부를 결정함에 있어서는 이름이 가지는 사회적 의미와 기능, 개명을 허가할 경우 초래될 수 있는 사회적 혼란과 부작용 등 공공적 측면뿐만 아니라, 개명신청인 본인의 주관적 의사와 개명의 필요성, 개명을 통하여 얻을 수 있는 효과와 편의 등 개인적인 측면까지도 함께 충분히 고려되어야 하므로, 개명을 허가할 만한 상당한 이유가 있다고 인정되고, 범죄를 기도 또는 은폐하거나 법령에 따른 각종 제한을 회피하려는 불순한 의도나 목적이 개입되어 있는 등 개명신청권의 남용으로 볼 수 있는 경우가 아니라면, 원칙적으로 개명을 허가함이 상당하다(대결 2009.8.13, 2009스65; 대결 2009.10.16, 2009스90).

2. 과거 개명허가를 받은 사실과 개명허가신청권의 남용

신청인의 개인적인 입장을 고려하여 개명을 허가할 만한 상당한 이유가 있고, 달리 개명신청권의 남용으로 볼 사정이 없는 한, 미성년자 시절 한 차례 개명허가결정을 받은 사실만으로는 개명신청권의 남용이라고 보기 어렵다(대결 2009.8.13, 2009스65).

[사례풀이 02]

1. 성변경의 절차

(1) 청구권자

사안에서는 모 또는 자의 청구에 의하여 법원의 허가를 받아 이를 변경할 수 있다(제781조 제6항 본문). 만약 갑이 미성년자이고 법정대리인 B가 청구할 수 없는 경우에는 제777조의 규정에 따른 친족 또는 검사가 청구할 수 있다(제781조 제6항 단서).

(2) 등 록

법원에 의하여 성과 본의 변경이 확정되면 재판확정일부터 1개월 이내에 변경 전의 성·본, 변경한 성·본, 재판확정일을 기재한(동법 제100조 제2항) 신고서를 제출하여야 한다. 신고를 할 때는 재판서의 등본 및 확정증명서를 첨부하여야 한다(가족등록법 제100조 제1항).

2. 신고의 효과

A의 성으로 변경하였다고 하더라도 A와 갑 사이에 친자관계가 형성되는 것은 아니다. A와 갑은 여전히 인척관계에 불과하다(繼父子關係).

3. A와 갑 사이의 친자관계 형성방법

갑이 미성년자이고 갑의 친부가 동의한다면 갑이 A의 친양자로 입양하는 것을 전제로 해서 성의 변경을 허용하는 방법으로 문제를 해결할 수 있을 것이다.

제3장 혼 인

제1절 약 혼

Ⅰ 의 의

약혼(約婚)이란 장차 혼인하여 부부가 되기로 하는 남녀 사이의 합의이다. 판례는 혼약·혼인예약·약혼 등의 용어를 혼용하여 왔는데, 순수한 약혼에 관한 판례는 매우 적으며 대부분이 사실혼에 관한 판례임을 주의하여야 한다.

1. 약혼과 구별해야 할 개념

① 동서(同棲) 또는 내연: 혼인의 의사가 없이 동거생활을 하는 것을 말한다.

② 사실혼: 약혼이 특별한 형식 없이 혼인하려는 당사자 사이의 합의에 의하여 성립하는 데 비하여, 사실혼은 혼인의 의사(주관적 요소)를 가지고 객관적으로 실체가 있는 혼인생활을 하고 있으나(대판 1998.12.8, 98므961), 혼인신고가 안 된 경우이다.

③ 부첩(夫妾)관계: 법률상 배우자 있는 남자가 다른 여자를 사실상 또 다른 배우자로 두고 혼인관계를 계속하는 것으로서, 이는 사회질서에 반하는 것으로 무효이다.

④ 정 혼: 부모 등이 자녀를 장래 혼인시킬 것을 약속하는 행위인데 이는 약혼의 대리로서 일신전속성에 반하므로 무효이다.

2. 입법례

① 성문(成文)으로 인정하는 나라: 독일·스위스·중화민국·한국 등.

② 판례상으로만 인정하는 나라: 미국·영국·일본·프랑스 등.

Ⅱ 약혼의 성립

제800조(약혼의 자유)
성년에 달한 자는 자유로 약혼할 수 있다.
제801조(약혼연령)
만 18세가 된 사람은 부모 또는 미성년후견인의 동의를 얻어 약혼할 수 있다. 이 경우에는 제808조의 규정을 준용한다.
제802조(피성년후견인의 약혼)
피성년후견인은 부모 또는 성년후견인의 동의를 얻어 약혼할 수 있다. 이 경우에는 제808조의 규정을 준용한다.

(1) 혼인하려는 양 당사자의 합의로 성립한다.

(2) 남녀 만 18세에 달하여야 한다(제801조)(약혼연령은 혼인연령과 같다). 따라서 만 18세 미만의 자(者)는 부모의 동의를 얻더라도 약혼할 수 없다(반면, 혼인부적령의 경우에는 취소사유이다. 제807조 및 제817조 참조).

(3) 약혼적령에 도달하였더라도 미성년자가 약혼할 때에는 부모의 동의를 얻어야 한다(제801조. 따라서 남녀 모두 만 19세 이상인 경우에는 부모의 동의 없이 약혼할 수 있다). 피성년후견인은 부모 또는 성년후견인의 동의를 얻어 약혼할 수 있다(제801조, 제802조, 제808조 제3항).

(4) 약혼 또는 신분행위에서 피한정후견인이나 피특정후견인은 어떠한 제한도 없다.

(5) 배우자 있는 자의 약혼이나, 이중약혼(二重約婚)은 원칙적으로 무효이다(대판 1965.7.6, 65므12). 다만 당사자 일방 또는 쌍방이 그 혼인을 해소한 후에 부부가 된다는 합의는 사정에 따라 사회질서에 위반하지 않는 한 유효한 약혼이겠지만, 배우자의 사망이나 이혼을 전제로 한 혼인예약 등은 무효이다(대판 1955.7.14, 4288민상156).

(6) 혼인장애가 되는 근친관계에 있는 자 사이의 약혼은 무효(불능을 목적)이다.

(7) 조건(條件)이나 기한(期限)을 붙이는 약혼은 선량한 풍속과 사회질서에 반하지 않는 한 허용된다(조건과 기한을 붙일 수 없는 혼인과 비교).

(8) 약혼의 형식에는 특별한 제한이 없다.

판례

약혼의 성립

1. **법률상 혼인한 자의 혼인예약**
   법률상 처가 있는 남자가 다른 여자와 혼례식을 거행하고 혼인예약을 맺는 다는 것은 일부일처제에 비추어 공서양속에 반하는 무효의 계약이다(대판 1955.10.13, 4288민상246).

2. **부첩관계와 그에 부수한 특약(공서양속에 반한 혼인합의)**
   부첩관계를 맺음에 있어서 처의 사망 또는 이혼이 있을 경우에 첩과 혼인신고를 하여 입적하게 한다는 부수적 약정도 공서양속에 위반한 무효이다(대판 1955.7.14, 4288민상156).

3. **내연(內緣)의 처가 있는 남자와 동거생활 중 아들을 분만한 경우 혼인예약의 성립 여부**
   상대방이 내연의 처가 있고 그 사이에 4남매의 자녀를 둔 남자이어서 정식으로 혼인하기 어려운 사정임을 알고 있었다면, 그 남자의 꾐에 빠져 동거생활 중 그 사이에 아들을 분만하였다 하여도 진실한 혼인예약이 성립될 수 없다(대판 1965.7.6, 65므12).

4. **부첩관계를 해소하면서 한 금전지급약정과 공서양속위반 여부**
   피고가 원고와의 부첩관계를 해소하기로 하는 마당에 그 동안 원고가 피고를 위하여 바친 노력과 비용 등의 희생을 배상 내지 위자하고 또 원고의 장래 생활대책을 마련해 준다는 뜻에서 금원을 지급하기로 약정한 것이라면 부첩관계를 해소하는 마당에 위와 같은 의미의 금전지급약정은 공서양속에 반하지 않는다고 보는 것이 상당하다(대판 1980.6.24, 80다458).

5. **혼인약정과 그 불이행으로 인한 손해배상**
   미성년자 갑이 을과 성관계를 하여 임신을 하였는데, 갑의 모가 을로부터 '갑과 을이 혼인신고하기로 약정하고, 이를 불이행할 경우 2억 원을 지급한다'는 약정서를 받은 후 갑이 임신중절수술을 받은 경우 갑과 을 사이에 장차 혼인하겠다는 진실한 합의가 있었다고 볼 수 없다(부산가법 2014.12.4, 2013드합2057).

Ⅲ 약혼의 효과

제803조(약혼의 강제이행금지)
약혼은 강제이행을 청구하지 못한다.

(1) 양 당사자는 서로 혼인관계를 성립시킬 의무를 부담하지만 혼인의무를 위반하더라도 강제이행을 청구할 수는 없고(제803조), 단지 손해배상과 원상회

복만을 청구할 수 있다.

판례

약혼을 지나 사실혼에 이르지 못한 상태의 부당파기와 손해배상

일반적으로 결혼식(또는 혼례식)이라 함은 특별한 사정이 없는 한 혼인할 것을 전제로 한 남녀의 결합이 결혼으로서 사회적으로 공인되기 위하여 거치는 관습적인 의식이라고 할 것이므로, 당사자가 결혼식을 올린 후 신혼여행까지 다녀온 경우라면 단순히 장래에 결혼할 것을 약속한 정도인 약혼의 단계는 이미 지났다고 할 수 있으나, 이어 부부공동생활을 하기에까지 이르지 못하였다면 사실혼으로서도 아직 완성되지 않았다고 할 것이나, 이와 같이 사실혼으로 완성되지 못한 경우라고 하더라도 통상의 경우라면 부부공동생활로 이어지는 것이 보통이고, 또 그 단계에서의 남녀 간의 결합의 정도는 약혼 단계와는 확연히 구별되는 것으로서 사실혼에 이른 남녀 간의 결합과 크게 다를 바가 없다고 할 것이므로, 이러한 단계에서 일방당사자에게 책임 있는 사유로 파탄에 이른 경우라면 다른 당사자는 사실혼의 부당 파기에 있어서와 마찬가지로 책임 있는 일방당사자에 대하여 그로 인한 정신적인 손해의 배상을 구할 수 있다(대판 1998.12.8, 98므961).

(2) 제3자가 약혼상의 권리를 침해했을 때는 불법행위가 성립한다(대판 1961.10.19, 4293민상531).

판례

제3자에 의한 약혼관계의 침해

제3자가 약혼 중의 여자를 간음하여 남자로 하여금 혼인을 할 수 없게 하였다면 약혼으로 인한 남자의 권리를 침해한 것으로 불법행위를 구성한다(대판 1961.10.19, 4293민상531).

(3) 약혼만으로는 친족관계가 발생하지 않는다. 또한 약혼 중의 자(子)는 혼인 외 출생자가 되나, 그 후 혼인하면 혼인 중의 출생자로 됨(準正)을 주의해야 한다(제855조 제2항).

Ⅳ 약혼의 해제

제804조(약혼해제의 사유)

당사자 한쪽에 다음 각 호의 어느 하나에 해당하는 사유가 있는 경우에는 상대방은 약혼을 해제할 수 있다.

1. 약혼 후 자격정지 이상의 형을 선고받은 경우
2. 약혼 후 성년후견개시나 한정후견개시의 심판을 받은 경우
3. 성병, 불치의 정신병, 그 밖의 불치의 병질(病疾)이 있는 경우
4. 약혼 후 다른 사람과 약혼이나 혼인을 한 경우
5. 약혼 후 다른 사람과 간음(姦淫)한 경우
6. 약혼 후 1년 이상 생사(生死)가 불명한 경우
7. 정당한 이유 없이 혼인을 거절하거나 그 시기를 늦추는 경우
8. 그 밖에 중대한 사유가 있는 경우

제805조(약혼해제의 방법)
약혼의 해제는 상대방에 대한 의사표시로 한다. 그러나 상대방에 대하여 의사표시를 할 수 없는 때에는 그 해제의 원인 있음을 안 때에 해제된 것으로 본다.

제806조(약혼해제와 손해배상청구권)
① 약혼을 해제한 때에는 당사자 일방은 과실 있는 상대방에 대하여 이로 인한 손해의 배상을 청구할 수 있다.
② 전항의 경우에는 재산상 손해 외에 정신상 고통에 대하여도 손해배상의 책임이 있다.
③ 정신상 고통에 대한 배상청구권은 양도 또는 승계하지 못한다. 그러나 당사자 간에 이미 그 배상에 관한 계약이 성립되거나 소를 제기한 후에는 그러하지 아니하다.

1. 약혼해제사유(제804조)

① 약혼 후 자격정지(資格停止) 이상의 형을 선고받은 경우(제804조 1호), 약혼 후 성년후견개시나 한정후견개시의 심판을 받은 경우(제804조 2호), 성병(性病)·불치의 정신병 기타 불치의 병질(病疾)이 있는 경우(제804조 3호), 약혼 후 타인과 약혼 또는 혼인을 한 경우(제804조 4호), 약혼 후 타인과 간음한 경우(제804조 5호), 약혼 후 1년 이상 그 생사가 불명인 경우(제804조 6호), 정당한 이유 없이 혼인을 거절하거나 그 시기를 지연하는 경우(제804조 7호), 그 밖에 중대한 사유가 있는 경우(제804조 8호)이다.

② 제804조 8호에서 말하는 중대한 사유란 상대적 해제사유인데, 예컨대 중대한 모욕, 재산상태에 관한 착오나 사기, 연령사기, 처녀성의 사기, 심한 불구자로 된 경우, 애정상실, 간음 외의 부정행위, 약혼 전에 자격정지 이상의 형을 선고받은 사실이 있는 경우, 학력이나 경력의 사칭(대판 1995.12.8, 94므1676) 등이 이에 해당한다. 임신불능 또는 빈곤한 환경(대판 1960.8.18, 4292민상995), 상대방의 저시력증(서울가법 2005.9.1, 2004드합7422) 등은 약혼의 해제사유가 될 수 없다.

판례

제840조 8호에 의한 약혼해제사유

1. 학력과 경력을 속인 것이 신의칙에 반한 것으로 약혼해제사유가 된다고 한 사례
   학력, 경력 및 직업과 같은 사항은 상대방에게 사실대로 고지할 신의성실의 원칙상의 의무가 있고, 이를 위반한 경우 약혼을 유지하여 혼인을 하는 것이 사회생활관계상 합리적이라고 할 수 없는 약혼해제사유가 된다(대판 1995.12.8, 94므1676·1683).
2. 약혼해제사유
   - 임신불능은 혼인예약(약혼)의 해제사유가 아니다(대판 1960.8.18, 4292민상995).
   - 저시력증은 약혼해제사유가 아니다(서울가법 2005.9.1, 2004드합7422).

2. 약혼해제의 방법

임의 해제와 마찬가지로 제804조에 기한 해제도 상대방에 대한 의사표시로 한다. 그러나 상대방에 대하여 의사표시를 할 수 없는 때에는 그 해제의 원인이 있음을 안 때에 해제된 것으로 본다(제805조). 예컨대, 제6호의 경우에는 1년 이상 생사불명시 약혼해제된 것으로 본다.

이때 해약을 당한 당사자는 과실 있는 상대방에 대하여 손해배상을 청구할 수 있다(제806조 제1항).

3. 약혼해제의 효과

(1) 법정해제사유로 인하여 해제가 있게 되면, 당사자 사이에는 처음부터 그러한 약혼이 없었던 것과 같이 된다(소급효). 그러나 정당한 약혼해제사유가 없다면 약혼의 부당파기 내지 혼인 의무불이행이 문제된다. 만약 해제의 정당성을 입증하지 못한다면 약혼을 파기한 자는 해제로 인하여 발생한 재산상·정신상 손해에 대하여 손해배상책임을 부담한다(제806조 제1항·제2항). 약혼당사자의 부모도 부당파기에 가담한 경우에는 손해배상책임을 지고 정신적 고통을 받은 부모는 손해배상을 청구할 수 있다(대판 1975.1.14, 74므11). 한편, 약혼의 부당파기로 인한 위자료에 정조상실의 대가도 포함되는가? 결혼할 의사도 없으면서 고의적으로 약혼한 것이라면 인정될 수도 있을 것이나, 그렇지 않다면 약혼자 간의 혼전 성행위는 각자의 자기의사에 따른 것으로 처녀성상실에 대한 대가는 위자료에 포함되지 않는다고 보는 것이 타당하다.

(2) 손해배상책임의 성질은 일종의 채무불이행적 성격을 갖기 때문에 약혼 파기자가 자신에게 과실 없음을 증명하지 않으면 안 된다고 보아야 할 것이다.

(3) 정신상 고통에 대한 배상청구권은 양도·승계하지 못한다(제806조 제3항). 다만 배상에 관한 계약이 성립되거나 소(訴)를 제기한 후는 양도·승계할 수 있다(제806조 제3항 단서). 약혼해제로 인한 손해배상청구는 다류 가사소송사건으로서(가소법 제2조 제1항 다류 1호) 조정의 대상이 된다.

판례

약혼의 해제와 손해배상

1. **부당파기로 인한 손해배상**

상대방이 저시력증으로 인한 제1급 시각장애인으로서 상대방과 시선접촉이 쉽지 않고, 사물을 명확히 식별하지 못하며 글씨를 읽을 때 보조기구를 사용해야 한다는 등의 사정만으로는 약혼해제를 정당화할 만한 불치의 악질에 해당한다고 볼 수 없다. 따라서 양가 부모들과 함께 상견례를 하고 혼인예식의 일시를 정하여 예식장을 예약한 상태에서 위와 정당한 사유 없이 일방적으로 혼인을 거부한 경우, 장차 혼인을 체결하려는 합의인 약혼이 성립하였다가 일방적인 혼인 거부에 의하여 혼인에 이르지 못한 채 해제된 것으로 보아 약혼해제에 따른 손해배상책임을 인정한 사례(서울가법 2005.9.1, 2004드합7422).

2. **약혼해제로 인한 손해배상청구에 있어서 청구권자와 상대방**

약혼해제로 인한 손해배상청구에 있어 약혼당사자의 부모된 자가 부당파기에 가담한 경우에는 약혼을 부당히 파기한 약혼당사자뿐만 아니라 그 부모에 대해서도 손해배상을 청구할 수 있다. 나아가 약혼을 부당히 파기당한 자뿐만 아니라 당연히 정신적 고통을 받게 되는 그 부모 또한 손해배상을 청구할 수 있다(대판 1975.1.14, 74므11).

3. **약혼 또는 사실혼의 파탄과 혼수비용의 반환**(손해배상의 범위)

사실혼관계가 불과 1개월 만에 파탄된 경우, 혼인생활에 사용하기 위하여 결혼 전후에 자신의 비용으로 구입한 가재도구(또는 예복구입비나 예물구입비) 등을 사실혼(또는 약혼) 상대방이 점유하고 있다고 하더라도 이는 자신의 소유에 속한 것이어서, 소유권에 기하여 그 반환을 구하거나 원상회복으로 반환을 구할 수는 있으나 이로 인하여 자신에게 어떠한 손해가 발생하였다고 할 수 없으므로 구입비용 상당액의 손해배상청구는 부당하다(대판 2003.11.14, 2000므1257(본소)·1264(반소). 이 판례는 사실혼에 관한 것이나 약혼의 경우에도 동일한 법리를 적용할 수 있을 것이다).

4. 예물반환청구권(禮物返還請求權)

약혼이 해제되거나 파기된 경우 약혼당사자 사이에 수수된 예물이나 재화는 어떻게 되는가?

(1) 혼인이 성립하지 않은 경우

약혼예물은 혼인의 불성립을 해제조건으로 하는 증여로 볼 수 있으므로(통설, 판례: 대판 1976.12.28, 76므41), 약혼이 합의해제되거나 귀책사유 없이 파기되었다면, 당사자 사이의 합의로 처리되거나 합의가 없다면 예물은 반환되어야 한다(부당이득관계로 처리).

① 유책당사자의 반환청구

손해배상책임을 부담한 유책당사자가 예물반환청구권도 잃게 된다는 것은 부당하므로 유책당사자도 예물반환청구권을 갖는다고 보는 소수설이 있지만, 통설과 판례는 이를 부정한다(대판 1976.12.28, 76므41).

② 쌍방 유책인 경우

과실상계의 원리를 적용하여 부당이득의 범위를 결정하여야 할 것이다.

(2) 혼인이 성립한 후 약혼예물반환청구

혼인이 상당기간 지속된 후에는 배우자 일방의 잘못으로 혼인이 파탄된 경우라 하더라도 예물반환청구권은 인정되지 않는다(대판 1996.5.14, 96다5506).

판례

약혼의 해제와 예물반환청구

1. 과실 있는 자의 예물반환청구권

약혼예물의 수수는 혼인 불성립을 해제조건으로 하는 증여와 유사한 성질의 것이나 약혼의 해제에 관하여 과실이 있는 유책자로서는 그가 제공한 약혼예물을 적극적으로 반환청구할 권리가 없다(대판 1976.12.28, 76므41, 76므42).

2. 이혼 시 약혼예물과 그 소유권의 귀속관계

예물의 수령자측이 혼인 당초부터 성실히 혼인을 계속할 의사가 없고 그로 인하여 혼인의 파국을 초래하였다고 인정되는 등 특별한 사정이 있는 경우에는 신의칙 내지 형평의 원칙에 비추어 혼인 불성립의 경우에 준하여 예물반환의무를 인정함이 상당하나, 그러한 특별한 사정이 없는 한 일단 부부관계가 성립하고 그 혼인이 상당 기간 지속된 이상 후일 혼인이 해소되어도 그 반환을 구할 수는 없으므로, 비록 혼인 파탄의 원인이 며느리에게 있더라도 혼인이 상당 기간 계속된 이상 약혼예물의 소유권은 머느리에게 있다(대판 1996.5.14, 96다5506).

3. **재산분할청구와 예물반환 또는 손해배상의 청구**
혼인생활을 하였다고 인정할 수 없을 만큼 단기간에 파탄되거나 당초부터 혼인을 계속할 의사가 없어 그로 인하여 혼인의 파국을 초래하였다고 인정되는 등 신의칙 내지 형평의 원칙에 비추어 혼인 불성립에 준하여 처리함이 타당한 특별한 경우가 아니라면, 일방 당사자는 배우자를 상대로 재산분할을 청구하는 외에 결혼식 등 혼인 생활을 위하여 지출한 비용 또는 예물·예단 등의 반환을 구하거나 그 상당액의 손해배상을 구할 수 없다(대판 2014.6.12, 2014므329).

제 2 절 혼인의 성립

사례 03

(1) B는 부모의 허락도 없이 A와 결혼식을 올리고 8개월 동안 동거하였다. 그러나 A의 무능력과 낭비벽을 견디지 못한 B는 A와 헤어지기로 결심하고 있던 중 A가 혼인신고를 해버렸다. 이 경우 혼인신고의 효력과 B의 대처방법은?

(2) B는 2년 전 A와 혼인하였으나 남편 A가 혼인신고에 동의하지 않고 있다. 이러한 경우 B는 일방적으로 혼인신고를 할 수 있는가? 일방적인 혼인신고가 불가능하다면 B가 대응할 수 있는 방법은?

[논 점]

1. 혼인성립의 실질적·형식적 요건
2. 혼인신고의 방법

현행민법상 혼인이 성립하려면 혼인의사와 혼인신고가 있어야 한다(법률혼주의). 그리고 혼인이 성립하더라도 혼인장애사유가 존재하면 성립한 혼인이 무효가 되거나 취소되기 때문에 이러한 소극적 요건도 충족하여야 완전한 혼인이라고 할 수 있다.

I 실질적 요건

1. 혼인의사(婚姻意思)의 존재(부존재할 경우 무효: 제815조 제1항)

혼인의사란 단순히 양성 간의 정신적·육체적 관계를 맺는 의사가 아니라, 이를 통해 부부관계를 성립시키려는 의사를 말한다(대판 1983.9.27, 83므22). 따라서 함께 살면서 정신적인 결합만 원하고 육체적인 결합을 배제한다든지, 육체적 결합만 있고 정신적 결합이 없다면, 애초부터 혼인의사가 없다고 보아야 한다.

(1) 혼인의사에 관한 문제는 혼인신고는 되어 있으나 혼인의사가 없다는 혼인무효소송이 제기된 경우 이에 대한 판단이 주된 논점이다(이와 관련해서 가장혼인, 일방에 의한 혼인신고, 사기·강박에 의한 혼인신고, 제3자에 의한 혼인신고 등도 문제될 수 있으나 혼인의사 여부가 명확히 확정되는 경우에는 특별한 논점이 제기되지는 않는다).

① 당사자 사이에 처음부터 정신적·육체적 결합을 생기게 할 의사가 전혀 없이 혼인신고를 하는 가장혼인은 무효이다(대판 1980.1.29, 79므62·63).

② 선량한 풍속이나 사회질서에 반하는 조건부·기한부 혼인 등은 원칙적으로 무효이다.

(2) 혼인의사는 사회습속상의 부부관계를 형성하려는 의사(실질적 의사)뿐만 아니라 신고에 의하여 법률상 부부관계를 형성하려는 의사(형식적 의사)를 포함한다. 따라서 이러한 혼인신고의 의사를 배척하는 것은 혼인의사로써 성립할 수 없다[참고로 판례는 실질적 의사설에 기울고 있다(대판 1980.1.29, 79므62·63)]. 혼인의 실질적인 합의 여부의 판단은 구체적으로 평가될 수밖에 없다. 예컨대 동거에 대한 합의가 없다고 하더라도 혼인신고가 유효하게 평가받는 경우가 있을 수 있다(대판 1990.12.26, 90므293).

(3) 혼인의 합의는 혼인신고를 할 당시에도 존재하여야 한다(대판 1996.6.28, 94므1089). 그리고 혼인할 의사는 신고서 작성 시는 물론 수리 시에도 존재하여야 한다. 따라서 혼인신고서를 제출하기 전에 당사자 일방이 혼인의사를 철회한 경우에는, 그 후에 타방당사자가 그 작성된 신고서를 제출하여 수리되어도, 혼인의사의 합치는 없는 것이 된다(대판 1983.12.27, 83므28).

(4) 혼인의사의 성립에는 의사능력을 필요로 한다(대판 1996.6.28, 94므1089).

2. 혼인장애사유의 부존재

혼인의 장애사유(취소사유 또는 무효사유)가 없어야 한다. 혼인의 장애사유가 있는 경우 그 혼인은 취소할 수 있거나 또는 무효가 될 뿐만 아니라 혼인신고서의 수리도 거부된다(제813조: 이에 대한 자세한 설명은 혼인의 무효와 취소 참고).

판례

혼인의사의 존재와 혼인의 효력

1. 가장혼인의 효력(실질적 의사설)

단순히 피청구인으로 하여금 국민학교의 교사직으로부터 면직당하지 않게 할 수단으로 호적부상 부부가 되는 것을 가장하기 위하여 이루어졌을 뿐 당사자 사이에 혼인의 합의 즉 정신적, 육체적 결합을 생기게 할 의사로서 신고된 것이 아니면 청구인과 피청구인 간의 혼인관계는 무효이다(대판 1980.1.29, 79므62·63).

2. 혼인의 실질적 합의를 인정한 사례

30년 간 부부관계를 맺고 그 사이에서 2남 2녀를 출산한 피청구인이 청구인의 본처가 사망하자 청구인에게 혼인신고를 요구하여, 청구인이 이를 응낙하고 혼인신고를 하도록 딸에게 교부한 인장을 피청구인이 사용하여 혼인신고서를 작성하여 이 사건 혼인신고를 한 것이라면, 설사 당사자 사이에 이후 동거하기로 하는 합의가 따로 없이 혼인신고 후에도 계속 별거하면서 왕래하려는 의사만 있었더라도 혼인의 실질적 합의가 없었다고는 할 수 없다(대판 1990.12.26, 90므293).

3. 혼인의사의 존재시기

혼인의 합의는 혼인신고를 할 당시에도 존재하여야 한다(대판 1996.6.28, 94므1089).

4. 의사무능력과 일방적 혼인신고의 효력

혼례식을 거행하고 사실혼관계에 있었으나 일방이 뇌졸증으로 혼수상태에 빠져 있는 사이에 혼인신고가 이루어졌다면 특별한 사정이 없는 한 위 신고에 의한 혼인은 무효이다(대판 1996.6.28, 94므1089).

5. 혼인신고서의 제출 전에 혼인의사의 철회와 신고된 혼인의 효력

혼인당사자 간의 혼인할 의사의 합치는 혼인신고서를 작성할 때는 물론이고 혼인신고서를 호적공무원에게 신고할 때에도 존재함을 요한다고 해석되므로 일단 의사의 합치 아래 유효하게 신고서를 작성하였더라도 그 제출 전에 일방이 타방에 대하여 또는 그 제출을 타인에게 의뢰하였다면 그 사람에게 혼인의사를 철회한 경우나 호적공무원에게 혼인의사를 철회하였으니 그 수리를 하지 말도록 말한 경우에는 혼인의 의사합치가 없다고 할 것이므로 그 신고서가 제출되었더라도 그 혼인은 무효이다(대판 1983.12.27, 83므28).

6. 일방에게만 혼인의 효과의사가 존재하는 경우 혼인의 성립여부

당사자 일방에게만 그와 같은 참다운 부부관계의 설정을 바라는 효과의사가 있고 상대방에게는 그러한 의사가 결여되었다면 비록 당사자 사이에 혼인신고 자체에 관하여 의사의 합치가 있어 일응 법률상의 부부라는 신분관계를 설정할 의사는 있었다고 하더라도 그 혼인은 당사자간에 혼인의 합의가 없는 것이어서 무효라고 보아야 한다(대판 2010.6.10, 2010므574).

Ⅱ 형식적 요건

제812조(혼인의 성립)

① 혼인은 「가족관계의 등록 등에 관한 법률」에 정한 바에 의하여 신고함으로써 그 효력이 생긴다.

② 전항의 신고는 당사자 쌍방과 성년자인 증인 2인의 연서한 서면으로 하여야 한다.

제813조(혼인신고의 심사)

혼인의 신고는 그 혼인이 제807조 내지 제810조 및 제812조 제2항의 규정 기타 법령에 위반함이 없는 때에는 이를 수리하여야 한다.

1. 혼인신고(제812조, 제813조, 제814조; 가족관계등록법 제71조)

혼인은 가족관계등록법이 정한 바에 의하여 신고함으로써 그 효력이 생긴다(제812조 제1항).

(1) 혼인신고의 법적 성질

민법은 신고함으로써 「효력이 생긴다」라고 하였으나 신고는 단순한 효력발생요건이 아니라, 그것에 의하여 부부관계 및 가족적·친족적 관계가 형성되는 창설적인 것이며, 혼인의 성립요건이라고 보는 것이 다수설과 판례의 태도이다(대판 1973.1.16, 72므25).

(2) 혼인신고의 방식과 절차

신고는 당사자 쌍방과 성년자인 증인 2인이 연서한 서면으로 하여야 하며(제812조 제2항), 구술(말)로 할 수도 있다(가족관계등록법 제23조 제1항, 제31조).

신고사항이나 신고장소 등에 대해서는 가족관계등록법이 정하고 있다(가족관

계등록법 제71조). 신고는 등록사무 담당공무원의 수리로 완료된다(대결 1988.5.31, 88스6). 등록사무 담당공무원은 신고에 표시된 혼인이 민법 제807조 내지 제811조, 제812조 제2항, 기타 법령에 위반함이 없는 때에는 이를 수리하여야 한다(제813조. 형식적 심사권. 대판 1987.9.22, 87다카1164).

① 서면으로 신고하는 경우

우편으로도 가능하고 제3자가 작성된 신고서를 대신 제출하더라도 상관없다. 제3자가 대신 기명날인 한 것이라도 그것이 본인의 의사에 따른 것이고 수리된 이상 혼인은 유효하게 성립한다고 해석된다.

② 구술로 신고하는 경우

신고인은 반드시 본인(本人)이어야 하고, 대리인에 의한 신고는 허용되지 않는다(가족관계등록법 제31조 제3항).

③ 사망한 자와의 혼인신고

사망한 자와의 혼인신고는 특별한 경우(혼인신고특례법 제1조)가 아닌 한 받아들여질 수 없다(대판 1995.11.14, 95므694). 당사자가 생존하였는지를 조사하는 것은 공무원의 형식적 심사권에 포함된다(대결 1991.8.13, 91스6 참고).

(3) 혼인신고의 효력

신고가 수리되면 그것이 법령에 위반되는 것(가령, 당사자 일방 또는 동의권자의 기명날인이 결여되거나 권한 없이 혼인신고서가 작성된 때, 증인이 미성년자인 때, 증인의 기재가 없는 때)이거나 무효의 등록부에 기재(대판 1991.12.10, 91므344 참고)되더라도, 혼인의사나 동의권자의 동의가 있었음이 인정되고 신고서가 수리된 이상 혼인은 성립한다. 다만, 일정한 하자가 있는 경우에는 무효나 취소를 주장·청구할 수 있을 뿐이다. 혼인신고를 하였으나 등록부에 등재되지 아니한 경우에도 혼인은 성립한다(대판 1981.10.15, 81스21).

(4) 재외(在外) 한국인의 혼인신고

제814조(외국에서의 혼인신고)

① 외국에 있는 본국민 사이의 혼인은 그 외국에 주재하는 대사, 공사 또는 영사에게 신고할 수 있다.

② 제1항의 신고를 수리한 대사, 공사 또는 영사는 지체 없이 그 신고서류를 본국의 재외국민 가족관계등록사무소에 송부하여야 한다.

국내에서의 신고와 같은 절차에 의할 수도 있고(직접신고), 그 외국에 주재하는 대사·공사 또는 영사에게 신고하든가(영사혼: 제814조 제1항), 거주하는 외국의 법률이 정하는 방식으로써 혼인을 성립시킬 수 있다(국제사법 제36조 제2항). 즉 우리나라 사람들이 혼인거행지(婚姻擧行地)인 일본국의 호적법에 따라 혼인신고를 마친 경우에도 혼인은 유효하다(대판 1991.12.10, 91므535. 이에 따른 국내에서의 혼인신고는 보고적 신고이다. 대판 1994.6.28, 94므413 참고). 개정 전에는 재외공관을 통하여 출생·사망·혼인·입양 등을 신고하게 하였으나 이는 행정절차의 비효율성과 부정확성을 야기하였다. 그래서 2015년에 민법을 개정하여 법원행정처에 재외국민 가족관계등록사무소를 설치하여 재외공관을 통한 재외국민 신고사건을 통합 처리하게 하고, 직접 방문, 우편 등을 통한 재외국민 신고사건도 처리할 수 있게 하며, 재외공관에서 수리한 신고서류를 전산정보처리조직을 이용하여 재외국민 가족관계등록사무소로 송부할 수 있도록 함으로써 재외국민 신고사건 처리의 신속성, 효율성, 정확성을 꾀하고 있다.

2. 조정, 재판에 의한 혼인신고

사실상 혼인관계에 있는 자는 사실상혼인관계존재확인청구를 할 수 있는데, 그 전에 조정(調停)을 신청하여야 하고(가소법 제50조, 제2조 제1항), 조정에 의하여 합의가 이루어지지 않을 때에는 소(訴)를 제기할 수 있다(가소법 제2조 제1항 나류 1호). 판례는 판결에 의한 신고를 창설적 신고로 보고 있으나(대판 1973.1.16, 72므25) 통설은 이를 보고적 신고로 본다.

판례

혼인신고와 혼인의 효력

1. **혼인신고의 법적 성질**

   사실혼관계확인 청구소송이 승소로 확정되었다고 하여도 그에 기인하여 혼인신고를 하지 아니한 이상 민법 제810조 소정 중혼이 될 수 없다(대판 1973.1.16, 72므25).

2. **위법하게 편제된 (호적:등록부)가 말소된 경우, 이에 기재된 혼인의 효력**

   혼인은 공무원이 그 신고서를 수리함으로써 효력이 발생하는 것이고 (가족관계등록부)의 기재는 그 효력요건이 아니므로 비록 위법하게 편제된 (등록부)가 이중(등록)이라는 이유로 말소되더라도 그 (등록부)에 기재된 혼인의 효력에는 아무런 영향이 없다(대결 1988.5.31, 88스6).

3. 등록사무 담당공무원의 심사권한의 법적 성질

(가족관계등록에 관한) 공무원의 심사는 신고인이 제출하는 법정의 첨부서류만에 의하여 법정의 요건을 구비하고 있는지, 절차에 부합하는지의 여부를 형식적으로만 심사하는 것이고 그 신고사항의 실체적 진실과의 부합 여부를 탐지하여 심사하여야 하는 것은 아니다(대판 1987.9.22, 87다카1164).

4. 사망한 자와의 혼인신고

(1) 사망자 사이 또는 생존하는 자와 사망한 자 사이에는 혼인이 인정될 수 없고, 혼인신고특례법과 같이 예외적으로 혼인신고의 효력의 소급을 인정하는 특별한 규정이 없는 한 그러한 혼인신고가 받아들여질 수도 없다.

(2) 사실혼 배우자의 일방이 사망한 경우 생존하는 당사자가 혼인신고를 하기 위한 목적으로서는 사망자와의 과거의 사실혼관계 존재확인을 구할 소의 이익이 있다고는 할 수 없고, 이러한 과거의 사실혼관계가 생존하는 당사자와 사망자와 제3자 사이의 현재적 또는 잠재적 분쟁의 전제가 되어 있어 그 존부확인청구가 이들 수많은 분쟁을 일거에 해결하는 유효 적절한 수단일 수 있는 경우에는 확인의 이익이 인정될 수 있는 것이지만, 그러한 유효 적절한 수단이라고 할 수 없는 경우에는 확인의 이익이 부정되어야 한다(대판 1995.11.14, 95므694).

5. 우리나라 사람들이 혼인거행지(婚姻擧行地)인 일본국의 (호적)법에 따라 혼인신고를 마친 경우에도 혼인은 유효하다(대판 1991.12.10, 91므535).

[사례풀이 03]

(1) 성년이 된 자는 부모의 동의 없이 당사자의 자유로운 의사에 의하여 혼인할 수 있다. 그런데 일가친지를 초대하여 결혼식을 올리고 부부로서 생활하고 있더라도 혼인신고가 없으면 그것은 사실혼에 불과하다(제812조, 제814조). A와 B가 사실혼관계를 해소하기로 합의하고 별거하는 상황에서 당사자 일방이 상대방의 승낙 없이 자기 마음대로 혼인신고를 하였다면 그 혼인은 무효이다(대판 1986.7.22, 86므41). 따라서 B는 가정법원에 혼인무효확인심판청구를 하여 그 심판이 확정된 후 심판서 등본과 확정증명서를 첨부하여 관할구청에 신고하면 가족관계등록부가 정리된다.

(2) 혼인은 당사자의 자유롭고 진정한 혼인의사의 합치로 이루어져야 한다. 그리고 이러한 혼인의 의사는 혼인신고 당시에도 존재하여야 한다. 따라서 B가 일방적으로 한 혼인신고는 무효이다. 이러한 경우 B는 A와 정식으로 결혼식을 올리고 현재 살고 있다는 사실을 증명하여 남편 주소지관할 가정법원에 사실상혼인관계존재확인청구소송을 제기하여 판결을 받은 다음 판결문에 근거하여 단독으로 혼인신고를 할 수 있다(가소법 제2조 제1항 나류 1호).

제 3 절 혼인의 무효와 취소

I 혼인의 무효

제815조(혼인의 무효)
혼인은 다음 각 호의 어느 하나의 경우에는 무효로 한다.
1. 당사자 간에 혼인의 합의가 없는 때
2. 혼인이 제809조 제1항의 규정을 위반한 때
3. 당사자 간에 직계인척관계가 있거나 있었던 때
4. 당사자 간에 양부모계의 직계혈족관계가 있었던 때

제809조(근친혼 등의 금지)
① 8촌 이내의 혈족(친양자의 입양 전의 혈족을 포함한다) 사이에서는 혼인하지 못한다.
② …
③ …

1. 무효원인(제815조)

(1) 당사자 사이에 혼인의 합의가 없는 때

판례에 따르면 혼인의 합의라고 하는 것은 법률상의 부부라는 신분관계를 설정할 의사만 가지고는 부족하고 실질적으로 참다운 부부관계의 설정을 바라는 효과의사를 말한다(대판 1996.11.22, 96도2049; 대판 2010.6.10, 2010므574. 이혼의 경우에 판례는 이민 등의 다른 목적으로 법률상 부부관계를 해소하려는 경우에도 이혼의사가 있다고 보아 이혼합의의 존재를 넓게 인정한다: 대판 1997.1.24, 95도448).

예를 들어 합의된 내용이 사회통념상 부부관계의 실질을 가지지 못할 경우(조건부·기한부 혼인, 민법이 금지한 근친혼, 신고의사가 배제된 혼인 등), 가장혼인, 혼인신고 당시에 의사능력을 결여하고 있을 경우, 혼인신고 없이 가족관계등록부에 혼인된 것으로 기재되어 있을 경우, 당사자의 일방 또는 쌍방이 신고의 수리 이전에 혼인의사를 철회한 경우, 당사자의 일방 또는 쌍방의 인적 착오로 신고되어 혼인의사가 전혀 없는 경우 등(서울가심판 1971.10.29, 71드1233)이다. 한편 일방적인 혼인신고 후 혼인의 실체 없이 몇 차례의 육체관계로 자(子)를 출산하였다 하더라도 무효인 혼인을 추인하였다고 보기는 어렵다(대판 1993.4.19, 93므430). 그러나 일방적인 혼인신고라 하더라도 상대방이 그 사정을 알면서 혼인의 실체를 유지한 경우에는 유효한 혼인이 될 수 있다(대판 1994.5.10, 93므935; 대판 1995.11.21, 95므731). 예를 들어 결혼식 후 자녀를 낳고 살면서 상대방 부재 중 일방이 혼자서(대판 2000.4.11, 99므1329) 또는 시어머니와 상의하여 신고한 경우(대판 1984.10.10, 84므71) 혼인의 유효성을 인정한다.

(2) 8촌 이내의 부계혈족 또는 모계혈족(친양자의 종전의 혈족을 포함한다) 사이의 혼인(제815조 2호)

동성동본혼이라고 하더라도 8촌 이내가 아닌 한 혼인할 수 있다(이 법 개정이 있기 전에 9촌 이상인 동성동본혼은 취소혼의 사유에 해당되었으나 헌재결정(95헌가 6내지 13)과 2005년의 민법개정으로 혼인이 가능하게 되었다). 친양자의 경우 입양 전의 친족관계는 단절된다고 하더라도 혼인의 경우는 생물학적으로 근친혼을 금지할 필요가 있는 것이다.

(3) 당사자 간에 직계인척관계가 있거나 있었던 때(제815조 3호)

종전에 무효혼에 해당하였던 8촌 이내의 방계혈족 및 그 배우자인 친족관계가 있거나 있었던 자 사이의 혼인이라고 하더라도 직계인척이 아닌 한 바로 무효혼이 되지 않고 근친혼 취소사유(제809조 제2항의 사유)가 없는 한 유효한 혼인을 할 수 있다.

(4) 당사자 간에 양부모계의 직계혈족관계가 있었던 때(제815조 4호)

양부모계의 8촌 이내의 혈족 사이에도 자연혈족과 마찬가지로 혼인이 금지되고(제809조 제1항) 무효로 되지만(제815조 2호), 양친자관계가 해소된 경우에는 그 금지범위가 6촌 이내로 축소되며(제809조 제3항), 직계혈족관계가 있었던 때에 한하여 무효로 한다.

판례

혼인의 무효

1. 중국 조선족의 국내취업을 위한 혼인신고(실질적 의사설에 기한 혼인의 해석)

(1) 혼인무효 사유는 당사자 간에 사회관념상 부부라고 인정되는 정신적, 육체적 결합을 생기게 할 의사를 갖고 있지 않은 경우를 가리킨다. 당사자 사이에 비록 법률상의 부부라는 신분관계를 설정할 의사는 있었다고 인정되는 경우라도 그것이 단지 다른 목적을 달성하기 위한 방편에 불과한 것으로서 그들 간에 참다운 부부관계의 설정을 바라는 효과의사가 없을 때에는 그 혼인은 민법 제815조 1호의 규정에 따라 그 효력

이 없다고 해석하여야 한다.

(2) 참다운 부부관계를 설정할 의사 없이 단지 국내취업을 가능하게 할 목적으로 형식상 혼인하기로 한 것이라면, 피고인들과 조선족 여자들 사이에는 혼인의사의 합치가 있었으나 참다운 부부관계의 설정을 바라는 효과의사는 없었다고 인정되므로 피고인들의 혼인은 우리나라의 법에 의하여 혼인으로서의 실질적 성립요건을 갖추지 못하여 그 효력이 없고, 따라서 피고인들이 중국에서 중국의 방식에 따라 혼인식을 거행하였다고 하더라도 우리나라의 법에 비추어 그 효력이 없는 혼인의 신고를 한 이상 피고인들의 행위는 공정증서원본부실기재 및 동행사죄의 죄책을 면할 수 없다(대판 1996.11.22, 96도2049 : 실질적 혼인의사설이 법적 안정성을 해치고 특히 이 판례는 중국 국적의 조선족이 국내취업을 위해 혼인하는 사회적 문제를 공정증서원본부실기재죄라는 형벌로 해결하기 위해 무리하게 혼인의사를 해석한 것이고 이혼의사의 해석과 모순된다라는 비판적 평석으로, 김시현, 혼인의 무효, 판례연구 11집 1998).

2. 형식적 의사설에 기한 이혼의 해석

(1) 협의상 이혼이 가장이혼으로서 무효로 인정되려면 누구나 납득할 만한 특별한 사정이 인정되어야 하고, 그렇지 않으면 이혼당사자 간에 일시적으로나마 법률상 적법한 이혼을 할 의사가 있었다고 보는 것이 이혼신고의 법률상 및 사실상의 중대성에 비추어 상당하다.

(2) 협의상 이혼의 의사표시가 기망에 의하여 이루어진 것일지라도 그것이 취소되기까지는 유효하게 존재하는 것이므로, 협의상 이혼의사의 합치에 따라 이혼신고를 하여 호적에 그 협의상 이혼사실이 기재되었다면, 이는 공정증서원본부실기재죄에 정한 불실의 사실에 해당하지 않는다(대판 1997.1.24, 95도448).

3. 일방적 혼인신고 후 자를 출산한 경우 혼인의 추인 여부

혼인신고 후 원고와 피고 사이에 혼인의 실체가 존재하였다고 볼 수 없어 그 후 몇 차례의 육체관계로 아들을 낳았다고 하더라도 이로써 곧 무효인 위 혼인을 추인한 것이라고는 보기 어렵다(대판 1993.9.14, 93므430).

4. 일방적 혼인신고 후 혼인의 실체관계를 유지한 혼인의 효력

원고 남편이 별거 중인 처인 피고에 의한 혼인신고 이후 얼마 지나지 아니하여 그 혼인신고가 된 사실을 알게 되었으면서도 그로부터 24년여가 경과한 제소 시까지 혼인신고에 대하여 아무런 이의도 제기하지 아니하였을 뿐 아니라, 오히려 위 혼인신고에 의하여 원·피고가 부부로 된 호적에 소외인과의 사이에 낳은 아이들을 모두 혼인외 출생자로 출생신고를 하는 한편, 족보를 편찬함에 있어서도 피고를 원고의 처로 등재한 사실 등에 비추어 보면, 비록 원고가 피고와 잦은 부부싸움을 한 끝에 서로 별거를 하게 되고, 별거 후 1년도 채 못 되어 다른 여자와 동거생활을 하여 오면서 그 사이에 자녀까지 출산하였으며, 피고와는 별거하는 상태가 계속되어왔다고

하더라도, 이러한 사정만으로는 원고가 피고와의 혼인의사를 철회하였다고 단정할 수 없고, 위 혼인신고는 당사자 사이의 혼인의 합의에 기초하는 것으로서 유효하다고 보아야 한다(대판 1994.5.10, 93므935).

5. **합의이혼 후 일방적 혼인신고를 인지한 경우의 혼인의 효력**

협의이혼한 후 배우자 일방이 일방적으로 혼인신고를 하였더라도 그 사실을 알고 혼인생활을 계속한 경우, 상대방에게 혼인할 의사가 있었거나 무효인 혼인을 추인하였다고 볼 것이다(대판 1995.11.21, 95므731).

6. **사실혼 일방당사자의 혼인신고의 효력**

사실혼관계에 있는 당사자 일방이 혼인신고를 한 경우에도 상대방에게 혼인의사가 결여되었다고 인정되는 한 그 혼인은 무효라 할 것이나, 상대방의 혼인의사가 불분명한 경우에는 혼인의 관행과 신의성실의 원칙에 따라 사실혼관계를 형성시킨 상대방의 행위에 기초하여 그 혼인의사의 존재를 추정할 수 있으므로 이와 반대되는 사정, 즉 혼인의사를 명백히 철회하였다거나 당사자 사이에 사실혼관계를 해소하기로 합의하였다는 등의 사정이 인정되지 아니하는 경우에는 그 혼인을 무효라고 할 수 없다(대판 2000.4.11, 99므1329).

7. **사실혼 일방당사자가 시어머니와 상의한 후 한 혼인신고의 효력**

결혼식을 하고 동거하면서 딸까지 출산하였으나 청구인이 승려라는 신분상 결혼사실이 알려질 경우, 유학에 지장이 있다 하여 혼인신고만은 유학이 끝나는 8년 후에 하기로 합의하였는데, 청구인이 유학을 떠난 지 8년이 지나도 돌아오지 아니하여 딸의 취학관계로 시모와 상의하여 청구인이 두고 간 인장으로 혼인신고를 마치고, 이 사실을 시동생을 통해 청구인에게 알렸으나 청구인이 아무런 이의를 한 바 없었다면 청구인에게는 결혼 당시는 물론, 위 혼인신고 당시에도 그 혼인의 의사가 계속 존재하고 있었다 할 것이므로 위 혼인신고는 비록 피청구인이 청구인부재 중에 일방적으로 한 것이라 하여도 당사자 간의 혼인의 합의에 기초하는 것으로 유효하다고 볼 것이다(대판 1984.10.10, 84므71).

2. 혼인무효의 소

(1) 혼인무효의 소(訴)는 가족등록부에 혼인신고가 되어 있지만 혼인의사가 없거나 기타 혼인무효사유가 있는 경우에 혼인을 소급하여 소멸시키는 소이다. 혼인무효의 소는 조정절차를 요하지 않는다. 가사소송법은 혼인무효의 소의 관할, 제기권자, 상대방 등에 관하여 규정하고 있다(가소법 제2조 제1항 (1) 가류사건, 제22조, 제23조, 제24조).

(2) 혼인무효의 소의 성질

혼인무효를 당연무효로 보는 견해는 혼인무효의 소를 확인의 소라고 이해한다(김상용, 김용한, 김주수). 특별한 사정이 없는 한 혼인무효에 따른 가족관계등록부의 정정은 혼인무효 확정판결에 의하여만 할 수 있을 뿐 가정법원의 허가를 얻어 할 수는 없다(대판 2013.9.13, 2013두9564). 다만 혼인무효임이 명백한 특별한 사정이 있는 경우(입국목적의 가장혼인 등)에는 혼인무효판결을 받지 않았더라도 가정법원의 허가를 받아 가족관계등록부를 정정할 수 있다(대결 2009.10.8, 2009스64).

(3) 혼인무효소송의 제기권자와 상대방

혼인당사자, 법정대리인, 4촌 이내의 친족은 혼인무효의 소를 제기할 수 있다(가소법 제23조: 관련판례 대판[전원합의체] 1981.10.13, 80므60). 부부의 일방이 혼인무효의 소를 제기할 때에는 배우자를 상대방으로 한다. 제3자가 소를 제기할 때에는 부부를 상대방으로 하고, 부부 중 일방이 사망한 때에는 그 생존자를 상대방으로 하며, 상대방이 될 자가 모두 사망한 때에는 검사를 상대방으로 한다.

(4) 확인의 이익

당사자의 일방이 사망하였거나 협의이혼신고 등으로 혼인관계가 해소되었다면 원칙적으로 혼인무효확인의 소를 제기할 확인의 이익이 없으나, 그 혼인관계가 신분상의 관계 또는 재산법상의 관계에 있어 현재의 법률상태에 직접적인 영향을 미치는 경우에는 그 무효확인을 구할 정당한 법률상의 이익이 있다(대판 1978.7.11, 78므7). 그러나 혼인신고가 불명예스럽다고 하여 제기된 혼인무효의 소는 확인이 이익이 없다(대판 1984.2.28, 82므67). 경우에 따라서 혼인무효의 소제기가 권리남용에 해당할 수 있다(대판 1983.4.12, 82므64; 대판 1987.4.28, 86므130).

판례

혼인무효의 소

1. 무효확인을 구할 정당한 법률상의 이익

일정기간 동안의 혼인관계의 존부의 문제라 해도 혼인무효의 효과는 기왕에 소급하는 것이고 그것이 적출자의 추정, 재혼의 금지 등 당사자의 신분법상의 관계 또는 연금관계법에 기한 유족연금의 수급자격, 재산상속권 등 재산법상의 관계에 있어 현재의 법률상태에 직접적인 중대한 영향을 미치는 이상 그 무효확인을 구할 정당한 법률상의 이익이 있다 할 것이다(대판 1978.7.11, 78므7).

2. **이미 해소된 혼인관계의 명예회복을 위한 무효확인청구와 확인의 이익**

청구인과 피청구인 사이의 혼인관계가 이미 협의이혼신고에 의하여 해소되었다면 청구인이 주장하는 위 혼인관계의 무효확인은 과거의 법률관계의 확인으로서 그것이 청구인의 현재의 법률관계에 영향을 미친다고 볼 자료가 없는 이 사건에 있어서 단순히 여자인 청구인이 혼인하였다가 이혼한 것처럼 호적상 기재되어 있어 불명예스럽다는 사유만으로는 확인의 이익이 없다(대판 1984.2.28, 82므67).

3. **혼인무효의 소(訴) 제기와 권리남용**

청구인이 소외 망 (갑)과 혼인신고를 마치고 혼인생활을 하던 중 소외 (을)과 내연관계를 맺고 집을 나가 (을)과 2중으로 혼인신고까지 하고 있다가 소외 망 (갑)과 내연관계를 맺고 살던 피청구인이 (갑) 사망 후 청구인의 사망신고를 하고 망 (갑)과의 혼인신고를 하자 청구인이 상속재산을 탐하여 자기와 망 (갑) 간의 혼인관계가 유효한 것이었다고 하면서 피청구인과 망 (갑) 간의 혼인이 무효의 것이라고 주장함은 결과적으로 자기와 (갑), (을) 간의 두 개의 혼인관계가 모두 유효하다고 주장하는 것이 되어 신의에 좇은 권리행사라고 볼 수 없어 이는 권리남용에 해당한다(대판 1983.4.12, 82므64).

3. 무효의 효과

(1) 당사자 사이의 효과

무효혼의 당사자는 처음부터 부부가 아니었던 것으로 되므로 부부임을 기초로 한 상속, 권리변동은 무효가 되고 성년의제도 인정되지 않는다(혼인취소의 경우에는 소급효가 없다). 제3자는 무효혼의 당사자에 대하여 일상가사대리책임을 물을 수 없게 되며, 당사자는 재산분할청구도 할 수 없다. 또한 양자(兩者) 사이의 혼인이 무효가 되면 당사자 일방은 과실 있는 상대방에 대하여 재산상·정신상의 손해배상청구를 할 수 있다(제825조에 의한 제806조의 준용).

(2) 자에 대한 효과

혼인이 무효가 되면 그들 사이의 출생자는 혼인 외의 자가 되며(제855조 1항: 혼인취소의 경우 출생자는 혼인 중의 자의 지위를 유지한다), 자의 양육문제는 당사자의 청구 또는 직권에 의하여 법원이 정한다(제837조). 그런데 혼인무효의 소를 제기함과 동시에 그 출생자녀에 대한 친권자와 양육자의 지정을 청구하기 위해서는 먼저 인지절차를 거쳐야 한다(판례는 무효혼에서 출생한 자를 친생자로 출생신고한 경우 인지의 효력을 인정한다. 대판 1971.11.15, 71다1983). 왜냐하면 아버지가 자를 인지하지 않으면 혼외자에 대한 친권자 및(/ 또는) 양육자의 지정청구가 되어 재판을 할 수 없기 때문이다.

(3) 무효인 혼인의 추인

무효의 추인에 관한 일반규정인 민법 제139조는 무효인 혼인에 대하여 그 적용이 배제된다(대판 1983.9.27, 83므22; 대판 1993.9.14, 93므430). 따라서 무효인 신분행위가 있은 후에 그 내용에 맞는 신분관계가 실질적으로 형성되어 쌍방이 아무런 이의없이 그 신분관계를 계속하여 왔다면 추인에 의하여 소급적 효력이 인정된다(대판 1991.12.27, 91므30).

판례

무효인 행위에 대한 추인

1. 무효인 신분행위에 대한 추인

혼인, 입양 등의 신분행위에 관하여는 민법 제139조를 적용하지 않고 추인에 의하여 소급적 효력을 인정하는 이유는, 실질적인 신분관계가 있음에도 그 신고가 부적법하다는 이유로 이미 형성되어 있는 신분관계의 효력을 부인하는 것은 당사자의 의사에 반하고 그 이익을 해칠 뿐 아니라 그 실질적 신분관계의 외형과 호적의 기재를 믿은 제3자의 이익도 침해할 우려가 있기 때문에 추인에 의하여 소급적으로 신분행위의 효력을 인정함으로써 신분관계의 본질적 요소를 보호하는 것이 타당하다는 데에 그 근거가 있다고 할 것이므로 당사자 간에 무효인 신고행위에 상응하는 신분관계가 실질적으로 형성되어 있지도 아니하고 또 앞으로도 그럴 가망이 없다고 하는 경우에는 무효의 신분행위에 대한 추인의 의사표시만으로 그 무효행위의 효력을 인정할 수는 없다고 할 것이다(대판 1991.12.27, 91므30: 이 판례는 입양무효의 추인에 관한 것임).

2. 이혼 후 일방의 혼인신고에 대한 무효행위의 추인을 인정한 사례

협의이혼 후 다시 동거를 하던 중 일방이 일방적으로 혼인신고를 하였고 상대방이 이를 알고서도 계속해서 혼인생활을 하였다면 무효인 혼인을 추인한 것으로 보아야 한다(대판 1995.11.21, 95므731).

3. 범죄사실로 혼인이 무효가 된 경우 가족관계등록부의 정정요건

중국 국적의 조선족 여성과 혼인한 것으로 신고한 자가, 혼인할 의사가 전혀 없음에도 그 여성을 한국에 입국시킬 목적으로 혼인신고를 하여 공전자기록에 불실의 사실을 기재하게 하였다는 등의 범죄사실로 유죄판결을 받아 확정된 사안에서, 위 혼인

은 혼인의사의 합치가 결여되어 무효임이 명백하므로 혼인무효판결을 받지 않았더라도 가족관계의 등록 등에 관한 법률 제105조에 따라 가정법원의 허가를 받아 가족관계등록부를 정정할 수 있다(대결 2009.10.8, 2009스64).

Ⅱ 혼인의 취소

사례 04

(1) A는 B의 형이다. A는 D와 결혼하려고 하고, B는 C와 결혼하려고 한다. 그런데 C는 D의 친언니이다. 이들의 결혼은 가능한가?

(2) A는 처와 사별하고 어린 남매를 키우고 살아가고 있다. 그런데 사망한 처의 처제 B는 A를 극진히 뒷바라지하고 A를 너무나 좋아하고 A 역시 B를 지극히 사랑하고 있으며, 아이들도 A의 처제를 잘 따르고 있다. 이들의 혼인은 가능한가?

[논 점]

1. 혼인의 장애사유
2. 겹사돈의 혼인과 근친혼의 금지

혼인의 취소사유가 있는 경우 취소권자는 가정법원에 우선 조정을 신청하고(가소법 제2조 제1항 나류 ii; 제50조), 조정이 성립하지 않으면 혼인취소청구소송에 의하여 혼인을 취소할 수 있다. 주의할 것은 혼인취소원인이나 취소권자와 관련하여 민법총칙상의 의사표시의 취소에 관한 규정은 적용되지 않는다는 점과 혼인취소의 효과는 소급하지 않는다는 점이다(혼인무효나 재산법상의 취소에는 소급효가 있다는 점과 차이점).

1. 취소사유(제816조)

제816조(혼인취소의 사유)

혼인은 다음 각 호의 어느 하나의 경우에는 법원에 그 취소를 청구할 수 있다.

① 혼인이 제807조 내지 제809조(제815조의 규정에 의하여 혼인의 무효사유에 해당하는 경우를 제외한다. 이하 제817조 및 제820조에서 같다) 또는 제810조의 규정에 위반한 때

② 혼인 당시 당사자 일방에 부부생활을 계속할 수 없는 악질 기타 중대한 사유 있음을 알지 못한 때

③ 사기 또는 강박으로 인하여 혼인의 의사표시를 한 때

(1) 혼인연령위반(제807조)

제807조(혼인적령)
만 18세가 된 사람은 혼인할 수 있다.
제817조(연령위반혼인 등의 취소청구권자)
혼인이 제807조, 제808조의 규정에 위반한 때에는 당사자 또는 그 법정대리인이 그 취소를 청구할 수 있고 제809조의 규정에 위반한 때에는 당사자, 그 직계존속 또는 4촌 이내의 방계혈족이 그 취소를 청구할 수 있다

남녀 모두 만 18세에 달하지 못한 때에는 당사자 또는 그 법정대리인이 그 취소를 청구할 수 있다(제817조 전단, 제807조, 제816조 1호). 다만, 혼인 후 당사자가 혼인적령에 도달한 후에는 취소청구권이 소멸하고, 또한 혼인 중 임신한 때에는 혼인적령 도달 전이라도 취소를 청구할 수 없다고 해석된다(제819조의 유추적용).

(2) 동의흠결

제808조(동의를 요하는 혼인)
① 미성년자가 혼인을 할 때에는 부모의 동의를 얻어야 하며, 부모 중 일방이 동의권을 행사할 수 없는 때에는 다른 일방의 동의를 얻어야 하고, 부모가 모두 동의권을 행사할 수 없는 때에는 후견인의 동의를 얻어야 한다.
② 피성년후견인은 부모 또는 후견인의 동의를 얻어 혼인할 수 있다.
제819조(동의 없는 혼인의 취소청구권의 소멸)
제808조를 위반한 혼인은 그 당사자가 19세가 된 후 또는 성년후견종료의 심판이 있은 후 3개월이 지나거나 혼인 중에 임신한 경우에는 그 취소를 청구하지 못한다.

① 미성년자와 피성년후견인은 부모 또는 후견인의 동의를 얻어야 한다(제808조). 부모 중 일방이 동의권을 행사할 수 없는 때에는 다른 일방의 동의를 얻어야 하고, 부모가 모두 동의권을 행사할 수 없는 때에는 후견인의 동의를 얻어야 한다(제808조 제1항). ⅰ) 부모의 의견이 일치하지 않는 경우라고 하더라도 부모 쌍방의 동의를 얻어야 한다고 본다(이에 대하여 미성년자의 혼인을 용이하게 하기 위하여 부모의 일방이 동의하지 않을 때에는 다른 일방의 동의만으로 가능하도록 법을 개정해야 한다는 견해도 있다: 김주수). ⅱ) 친권이 없거나 친권을 상실한 부 또는 모는 혼인동의권이 없다고 보아야 할 것이다(이견 있음). ⅲ) 친생부모와 양부모가 모두 있는 경우 양부모의 동의만으로써 혼인이 가능하다고 보는 것이 타당하다(김주수; 박병호). ⅳ) 부모가 이혼한 경우라도 부모 모두 동의권을 갖는

것이 원칙이겠지만 부모가 이혼한 후 자를 돌보지 않고 관계가 사실상 끊긴 경우에는 친권상실이 없어도 동의권을 상실한다고 보는 것이 타당하다.

② 동의를 얻지 않은 미성년자와 피성년후견인의 혼인은 당사자 또는 그 법정대리인이 취소를 청구할 수 있다(제817조 전단, 제808조, 제816조 1호. 피한정후견인은 동의 없이 혼인 가능).

③ 동의 없는 혼인을 취소하는 경우 그 당사자가 성년에 달한 후 또는 성년후견종료 심판이 있은 후 3월을 경과하거나 혼인 중에 임신한 경우에는 그 취소를 청구하지 못한다(제819조).

(3) 근친혼(近親婚)

제809조(근친혼 등의 금지)

① 8촌 이내의 혈족(친양자의 입양 전의 혈족을 포함한다) 사이에서는 혼인하지 못한다.

② 6촌 이내의 혈족의 배우자, 배우자의 6촌 이내의 혈족, 배우자의 4촌 이내의 혈족의 배우자인 인척이거나 이러한 인척이었던 자 사이에서는 혼인하지 못한다.

③ 6촌 이내의 양부모계의 혈족이었던 자와 4촌 이내의 양부모계의 인척이었던 자 사이에서는 혼인하지 못한다.

제820조(근친혼 등의 취소청구권의 소멸)

제809조의 규정에 위반한 혼인은 그 당사자 간에 혼인 중 포태한 때에는 그 취소를 청구하지 못한다.

① 6촌 이내의 혈족의 배우자, 배우자의 6촌 이내의 혈족, 배우자의 4촌 이내의 혈족의 배우자인 인척이거나 이러한 인척이었던 자 사이의 혼인. 예를 들어 자기를 중심으로 이종사촌(내종사촌)의 자(6촌관계)의 배우자였던 자와의 혼인(전 남편이나 전 아내의 이종사촌 또는 내종사촌의 자였던 자와의 혼인), 남편이나 아내의 4촌 이내의 이종·외종·내종 등의 배우자와의 혼인, 처 오빠나 남동생의 배우자였던 자와의 혼인이 이에 해당한다.

② 6촌 이내의 양부모계의 혈족이었던 자와 4촌 이내의 양부모계의 인척이었던 자 사이의 혼인

③ 이러한 근친혼규정에 위반한 혼인은 당사자, 직계존속 또는 4촌 이내의 방계혈족이 그 혼인의 취소를 청구할 수 있다(제817조). 그러나 당사자 사이에 이미 자(子)가 포태(胞胎)된 경우에는 그 취소청구권은 소멸한다(제820조).

(4) 중혼(重婚)

第810条(중혼의 금지)

배우자 있는 자는 다시 혼인하지 못한다.

第818条(중혼의 취소청구권자)

당사자 및 그 배우자, 직계혈족, 4촌 이내의 방계혈족 또는 검사는 제810조를 위반한 혼인의 취소를 청구할 수 있다.<헌재결정으로 직계비속도 취소청구할 수 있도록 개정>

① 배우자 있는 자는 다시 혼인하지 못한다(제810조). 협의이혼하고 재혼한 후에 그 협의이혼이 무효이거나 협의이혼을 취소하는 확정판결이 선고되어 무효신고를 통해 이전 혼인관계가 회복된 경우(대판 1955.7.14, 4288민상156; 대판 1964.4.21, 63다770; 대판 1984.3.27, 84므9), 이혼심판확정 후 재혼했는데 재심청구로 인하여 이혼심판청구를 기각하는 재심심판이 확정된 경우(대판 1985.9.10, 85므35; 대판 1994.10.11, 94므932), 성명을 변조하고 호적(현재는 가족관계등록부)을 이중으로 만들어 혼인한 경우(대판 1986.6.24, 86므9) 등은 중혼에 해당한다. 그러나 사실혼관계에 있는 자가 다시 혼인하여 혼인신고 하더라도 중혼이 아니다.

② 중혼은 취소원인이 될 뿐이므로(제816조 제1항) 중혼은 일단 유효하게 성립하고 그 중혼의 취소판결이 확정될 때 비로소 그 효력이 소멸된다. 따라서 취소확정판결이 없는 한 재판상 이혼청구도 가능하다(대판 1991.12.10, 91므344). 중혼자가 사망하면 전혼 배우자와 후혼 배우자는 모두 상속권이 있으며 중혼자는 양 배우자에 대하여 상속권이 있다(제주지법 1994.5.26, 92가합1595). 중혼출생자도 혼인 중의 출생자이며 처가 중혼자인 경우는 양쪽 부(夫)의 친생자추정을 받으므로 제845조를 유추적용하여 부(父)를 정하는 것이 타당하다.

③ 중혼이 계속되고 있는 동안 언제든지 취소를 청구 수 있기 때문에 중혼의 취소에는 제척기간이 없다. 따라서 중혼취소청구권을 장기간 행사하지 않았다는 사정만으로 실효 또는 실권의 법리에 따라 권리소멸을 인정하여서는 안되겠지만, 구체적인 사정에 따라서는 장기간 취소권을 행사하지 않다가 새삼스레 중혼취소청구권을 행사하면 권리남용이 될 수 있다(대판 1993.8.24, 92므907).

④ 실종선고자의 배우자가 재혼한 후 그 실종선고가 취소되면 중혼이 된다. 이 경우 i) 재혼의 양 당사자가 선의인 경우에는 전혼이 부활하지 않으므로 중혼이 발생하지 않고, ii) 재혼당사자 쌍방이나 일방이 악의이면 전혼이 부활하여 중혼이 발생한다고 새기는 것이 타당하다. 부재선고 등에 관한 특별조치법에 의한 부재선고가 취소된 경우에는 부재선고 후 취소 전에 한 행위의 효

력에 영향을 미치지 않으므로(동법 제5조 제1항 단서), 실종선고의 경우와 같다.

⑤ 중혼은 당사자 및 그 배우자, 직계혈족, 4촌 이내의 방계혈족 또는 검사가 그 취소를 청구할 수 있다(제818조 전단: 가사소송사건 중 검사에게 원고적격을 인정한 유일한 예).

중혼자가 사망하여 중혼관계가 해소되었다고 하더라도 형성된 신분관계가 소멸하는 것은 아니므로 전혼의 배우자는 생존한 중혼의 일방당사자를 상대로 중혼의 취소를 구할 이익이 있다(대판 1991.12.10, 91므535). 다만 후혼이 협의이혼으로 해소된 경우에는 전혼의 처가 제기하는 혼인취소는 소의 이익이 없다고 해석된다. 물론 후혼의 처가 협의이혼 후 이익반환이나 손해배상을 구할 목적으로 후혼의 취소를 구할 이익이 있다고 할 것이다. 중혼취소판결의 확정에도 불구하고 그 확정 전에 취득한 중혼배우자의 상속인으로서의 지위에는 아무런 영향이 없다(제주지법 1994.5.26, 92가합1595).

판례

중혼의 요건과 중혼취소권자

1. 중혼자의 사망 후 전혼의 배우자의 중혼의 취소이익과 권리남용

   중혼자가 사망한 후에라도 그 사망에 의하여 중혼으로 인하여 형성된 신분관계가 소멸하는 것은 아니므로 전혼의 배우자는 생존한 중혼의 일방 당사자를 상대로 중혼의 취소를 구할 이익이 있다. 그리고 중혼관계에 있어 전혼의 배우자가 사망한 상대방과 이미 사실상 이혼상태에 있었다든가 그 혼인사실을 뒤늦게 공관장에게 신고하였다는 사정만 가지고 전혼의 배우자가 생존한 중혼의 일방당사자를 상대로 제기한 혼인취소청구가 오로지 피청구인을 괴롭히기 위한 소송으로 권리남용에 해당하거나 신의칙에 반하여 위법한 것이 된다고 할 수 없다(대판 1991.12.10, 91므535).

2. 혼인취소청구권의 행사와 권리남용

   중혼 성립 후 10여 년 동안 혼인취소청구권을 행사하지 아니하였다 하여 권리가 소멸되었다고 할 수 없으나 그 행사는 권리남용에 해당한다(대판 1993.8.24, 92므907).

3. 직계비속을 제외한 중혼청구권자규정인 민법 제818조의 위헌성

   (개정 전) 민법 제818조가 중혼의 취소청구권자를 직계존속과 4촌 이내의 방계혈족으로 규정하면서도 직계비속을 제외하였는바, 직계비속을 제외하면서 직계존속만을 취소청구권자로 규정한 것은 가부장적·종법적인 사고에 바탕을 두고 있고, 직계비속이 상속권 등과 관련하여 중혼의 취소청구를 구할 법률적인 이해관계가 직계존속과 4촌 이내의 방계혈족 못지않게 크며, 그 취소청구권자의 하나로 규정된 검사에게 취소청구를 구한다고 하여도 검사로 하여금 직권발동을 촉구하는 것에 지나지 않은

점 등을 고려할 때, 합리적인 이유 없이 직계비속을 차별하고 있어, 평등원칙에 위반된다.

(반대의견) 중혼상태의 실상을 보면 전혼은 사실상 해소되고 후혼이 실질적인 혼인기능을 하고 있는 경우가 많은 점, 민법이 중혼을 혼인무효사유로 규정하지 아니하고 혼인취소사유로 규정하고 있는 점 등을 종합하면, 중혼의 취소 여부는 중혼으로 인하여 직접적으로 법익을 침해당한 중혼당사자와 그 배우자의 자기결정권에 맡겨야 할 사항이라고 봄이 상당하다. 따라서 민법 제818조 중 "직계존속, 4촌 이내의 방계혈족"을 중혼취소청구권자로 규정한 부분은 중혼당사자의 혼인관계상의 권리와 혼인 관계에 대한 자기결정권을 부당하게 침해하는 것으로서 헌법에 위반된다고 보아야 한다. 따라서 민법 제818조가 직계비속을 중혼취소청구권자로 규정하지 아니한 것이 위헌이라고 선언해서는 안 된다(헌재결 2010.7.29, 2009헌가8).

---

(5) 부부생활을 계속할 수 없는 악질 · 기타 중대한 사유가 있는 혼인

제822조(악질 등 사유에 의한 혼인취소청구권의 소멸)

제816조 2호의 규정에 해당하는 사유 있는 혼인은 상대방이 그 사유 있음을 안 날로부터 6월을 경과한 때에는 그 취소를 청구하지 못한다.

혼인당사자의 일방에 부부생활을 계속할 수 없는 악질 기타 중대한 사유가 있음을 알지 못하고 혼인한 때에는 상대방이 그 사유가 있음을 안 날로부터 6월 이내에 취소를 청구할 수 있다(제816조 2호, 제822조). 취소청구권자에 대한 규정은 없지만 당사자에 국한된다 할 것이다.

여기의 중대한 사유는 정신적으로나 육체적으로 부부생활을 유지할 수 없을 정도의 사유라 할 것이다. 따라서 부부생활이 가능한 배우자가 무정자증 등으로 임신불능이라고 하더라도 특별한 사정이 없는 한 혼인을 취소할 정도의 중대한 사유로 보기 힘들 것이다(대판 2015.2.26, 2014므4734·4741).

(6) 사기 · 강박에 의한 혼인

제823조(사기, 강박으로 인한 혼인취소청구권의 소멸)

사기 또는 강박으로 인한 혼인은 사기를 안 날 또는 강박을 면한 날로부터 3월을 경과한 때에는 그 취소를 청구하지 못한다.

사기·강박으로 인하여 혼인의 의사표시를 한 때에는 법원에 혼인의 취소를 청구할 수 있다(제816조 3항). '사기'에는 혼인의 당사자 일방 또는 제3자가 적극적으로 허위의 사실을 고지한 경우뿐만 아니라 소극적으로 고지를 하지 아니하거나 침묵한 경우도 포함된다. 다만 고지를 기대할 수 없거나 고지하지 아니한 것이 신의성실에 비추어 비난받을 정도가 아닌 경우에는 취소사유가 되지 않는다고 할 것이다(대판 2016.2.18, 2015므654·661). 이 취소는 사기를 안 날 또는 강박을 면한 날로부터 3월을 경과하면 그 취소를 청구하지 못한다(제816조 3호, 제823조). 제3자에 의한 사기·강박의 경우 혼인상대방이 그것을 알고 있든 없든 상관없이 취소할 수 있다는 점에서 재산상 법률행위와는 차이가 있다.

판례

혼인의 취소사유로서 출산사실의 불고지

본인의 의사와 무관하게 아동성폭력범죄 등의 피해를 당해 임신을 하고 출산까지 하였으나 이후 자녀와의 관계가 단절되고 상당한 기간 동안 양육이나 교류 등이 전혀 이루어지지 않은 경우라면, 출산의 경력이나 경위는 개인의 내밀한 영역에 속하는 것으로서 당사자의 명예 또는 사생활 비밀의 본질적 부분에 해당하고, 나아가 사회통념상 당사자나 제3자에게 그에 대한 고지를 기대할 수 있다거나 이를 고지하지 아니한 것이 신의성실 의무에 비추어 비난받을 정도라고 단정할 수도 없으므로, 단순히 출산의 경력을 고지하지 않았다고 하여 그것이 곧바로 민법 제816조 제3호에서 정한 혼인취소사유에 해당한다고 보아서는 아니 된다. 그리고 이는 국제결혼의 경우에도 마찬가지이다(대판 2016.2.18, 2015므654·661).

2. 혼인취소(婚姻取消)의 소(訴)

(1) 혼인취소의 방법

혼인을 취소하려고 하는 자는 우선 가정법원에 조정을 신청하여야 한다(가소법 제2조 제1항 나류 2호; 제50조). 조정을 하지 않기로 하는 결정이 있거나 조정이 성립되지 않는 것으로 사건이 종결된 경우, 그리고 조정에 갈음하는 결정에 대하여 당사자가 그 조서의 정본이 송달된 날로부터 2주일 내에 이의를 신청한 경우에는, 그 조정을 신청한 때에 소가 제기된 것으로 본다(가소법 제49조; 민조법 제36조).

(2) 취소의 소

취소의 소는 반드시 가정법원에 청구하여야 한다. 취소의 소는 형성의 소이기 때문에 판결로써 혼인은 소멸한다(다른 소의 전제문제로서 혼인의 취소를 주장할 수 없다). 재판이 확정된 경우 소를 제기한 자는 재판의 확정일로부터 1개월 이내에 재판의 등본 및 확정증명서를 첨부하여 등록부의 정정을 신청하여야 한다(가족관계등록법 제107조).

(3) 소(訴)의 당사자

혼인취소청구권자는 취소사유마다 별개로 규정되어 있고 그 상대방은 혼인무효와 같다(가소법 제24조). 즉, 부부의 일방이 혼인의 무효나 취소의 소를 제기할 때에는 배우자를 상대방으로 한다(가소법 제24조 제1항). 제3자가 혼인의 무효나 취소의 소를 제기할 때에는 부부를 상대방으로 하고, 부부 중 일방이 사망한 때에는 그 생존자를 상대방으로 한다(가소법 제24조 제2항). 가사소송법 제24조 제1항과 제2항에 의하여 상대방이 될 자가 사망한 때에는 배우자를 상대방으로 한다(가소법 제24조 제3항). 사망으로 혼인이 해소된 경우에도 장래 연금수령 등과 관련하여 혼인취소의 소의 이익이 존재하기 때문이다(중혼과 관련된 판례: 대판 1991.10.11, 94므932).

(4) 혼인해소사유의 중첩

혼인취소사유가 곧 이혼사유에도 해당되면 혼인해소의 방식은 결국 당사자의 선택에 달린 문제이다. 따라서 사기·강박에 의해 혼인한 당사자가 혼인취소의 소가 아닌 협의이혼에 의해 혼인을 해소하더라도 손해배상청구권을 배제할 것은 아니다(대판 1977.1.25, 76다2223).

판례

사기 또는 강박으로 인해서 혼인하게 된 자가 혼인취소 또는 이혼판결에 의하지 아니하고 협의이혼을 한 경우와 손해배상청구

사기 또는 강박으로 인해서 혼인을 하게 된 자가 그로 인해서 받은 재산상 또는 정신상의 손해배상청구를 하는 데 있어서 반드시 어떠한 혼인해소방식에 구애되어 혼인취소 또는 이혼판결이 있어야만 된다고 하여야 할 이유는 없고, 당사자 협의에 의하여 이혼을 하든, 어떠한 방식을 취할 것인가는 오로지 당사자의 선택에 달려 있다(대판 1977.1.25, 76다2223).

3. 혼인취소의 효과

제824조(혼인취소의 효력)

혼인의 취소의 효력은 기왕에 소급하지 아니한다.

제824조의2(혼인의 취소와 자의 양육 등)

제837조 및 제837조의2의 규정은 혼인의 취소의 경우에 자의 양육책임과 면접교섭권에 관하여 이를 준용한다.

제825조(혼인취소와 손해배상청구권)

제806조의 규정은 혼인의 무효 또는 취소의 경우에 준용한다.

(1) 효력의 불소급(不遡及)

취소의 판결이 확정되면 혼인은 장래를 향하여 소멸한다(제824조: 재산적 법률행위에서와는 달리 취소의 소급효가 인정되지 않는다는 점에서 재판상 이혼과 비슷하다. 소급효가 있는 이혼의 취소와 비교). 인척관계는 종료되고 혼인에 의하여 출생한 자는 혼인 중 출생자의 신분을 잃지 않는다. 미성년자의 혼인이 성년도달 전에 취소된 때에도 성년의제는 그대로 유지된다고 볼 수 있다. 또한 배우자 사이에 재산상속이 있은 후에 그 혼인이 취소된 경우라도 그 상속이 무효로 되지는 않는다(대판 1996.12.23, 95다48308).

판례

혼인취소의 효과

1. 중혼취소의 효력

민법 제824조는 혼인취소의 효력은 기왕에 소급하지 아니한다고만 규정하고 있을 뿐이므로 혼인취소판결의 효력은 장래에 향해서만 미친다고 할 것이고, 따라서 중혼취소판결의 확정에도 불구하고 그 확정 전에 취득한 중혼배우자의 상속인으로서의 지위에는 아무런 영향이 없다(제주지법 1994.5.26, 92가합1595).

2. 혼인취소의 효과와 상속

민법 제824조는 "혼인의 취소의 효력은 기왕에 소급하지 아니한다."고 규정하고 있을 뿐 재산상속 등에 관해 소급효를 인정할 별도의 규정이 없는바, 혼인 중에 부부 일방이 사망하여 상대방이 배우자로서 망인의 재산을 상속받은 후에 그 혼인이 취소되었다는 사정만으로 그 전에 이루어진 상속관계가 소급하여 무효라거나 또는 그 상속재산이 법률상 원인 없이 취득한 것이라고는 볼 수 없다(대판 1996.12.23, 95다48308).

(2) 미성년 자녀에 대한 효과

① 혼인이 취소되면 가정법원은 직권으로 친권자를 정한다(제909조 제5항). 자의 복리를 위하여 부모의 협의나 청구에 의하던 것을 위와 같이 개정한 것이다.

② 이혼 시 자의 양육책임(제837조)과 면접교섭권(제837조의2)에 관한 규정이 준용된다. 즉, 양육 또는 면접교섭권에 관한 사항은 당사자의 청구 또는 법원의 직권으로 정할 수 있다(제824조의2, 제837조, 제837조의2).

(3) 손해배상과 재산분할

과실 있는 상대방에 대하여 재산상·정신상의 손해배상청구가 가능하다(제825조에 의한 제806조의 준용). 민법에 준용규정은 없으나 혼인이 취소된 때에는 일방은 타방에 대하여 재산분할을 청구할 수 있다(가소법 제2조 마류 4호).

《취소청구원인 · 취소청구권자 · 취소기간》

취소청구원인	취소청구권자	취소기간
혼인 부적령(不適齡)	당사자, 그 법정대리인	
동의 흠결	당사자, 그 법정대리인(제817조)	당사자가 만 19세에 달한 후 또는 성년후견종료의 심판이 있은 후 3월, 혼인 중 임신(제819조)
근친혼	당사자, 그 직계존속 또는 4촌 이내의 방계혈족(제817조)	당사자 간에 혼인 중 포태하면 취소하지 못함(제820조)
중혼	당사자 및 그 배우자, 직계존속, 4촌 이내의 방계혈족 또는 검사(제818조)	
사기·강박에 의한 혼인		사기를 안 날 또는 강박을 면한 날로부터 3월(제823조)
혼인을 지속할 수 없는 중대한 사유	상대방 배우자	그 사유가 있음을 안 날로부터 6월(제822조)

참고 혼인의 무효와 취소, 이혼의 차이점

무효혼과 취소혼에 대해서는 무효사유와 취소사유가 각각 법률로 규정되어 있다. 그리고 무효혼은 법률상 무효사유가 인정되면 처음부터 혼인이 부정(소급효)되는 데 반하여, 취소혼은 당사자의 취소청구에 의하여 혼인이 부정되고 취소된 날로부터 혼인이 부정된다(불소급효). 무효혼과 취소혼이 혼인의 성립요건의 흠결이라면, 이혼은 유효하게 성립한 혼인생활이 부부 사이의 이혼의사에 의하여 해소된다는 점에 기본적인 차이가 있다.

[사례풀이 04]

(1) 민법 제809조 제2항에서는 6촌 이내의 혈족의 배우자, 배우자의 6촌 이내의 혈족, 배우자의 4촌 이내의 혈족의 배우자인 인척이거나 이러한 인척이었던 자 사이의 혼인을 제한하고 있고, 민법 제816조에서는 이러한 혼인을 취소할 수 있도록 하고 있다.
사안에서 만약 A와 D가 결혼한다면 B는 C와 혈족의 배우자의 혈족에 해당한다. 1990년 개정민법은 혈족의 배우자의 혈족을 인척의 범위에서 삭제하였으므로 민법 제809조의 금지되는 혼인에 해당되지 않는다. 따라서 B와 C는 아무런 장애 없이 혼인할 수 있다(이른바 겹사돈관계).

(2) 사안에서 A의 입장에서 B는 배우자의 혈족이고, B의 입장에서 A는 혈족의 배우자이므로 형부와 처제 사이는 인척관계에 있고 촌수관계는 제771조에 따라 2촌 관계이다(사망한 처와 처제는 2촌관계이므로). 따라서 이들의 혼인은 민법 제816조 제1항이 규정하고 있는 취소할 수 있는 혼인에 해당한다.

제 4 절 혼인의 효력

I 일반적 효력

1. 친족관계의 발생

부부는 배우자로서 서로 친족이 되고(제777조 3호), 상대방의 4촌 이내의 혈족과 4촌 이내의 혈족의 배우자 사이에 인척관계가 생긴다(제777조 2호).

2. 부부의 성(姓)

혼인 전 각자의 성이 그대로 유지된다.

3. 동거, 부양, 협조의 의무와 정조의무(제826조)

제826조(부부 간의 의무)
① 부부는 동거하며 서로 부양하고 협조하여야 한다. 그러나 정당한 이유로 일시적으로 동거하지 아니하는 경우에는 서로 인용하여야 한다.
② 부부의 동거장소는 부부의 협의에 따라 정한다. 그러나 협의가 이루어지지 아니하는 경우

에는 당사자의 청구에 의하여 가정법원이 이를 정한다.

(1) 부부(夫婦)는 동거의무(同居義務)가 있다(제826조 제1항 전문). 부부의 동거장소는 부부의 협의에 따라 정하되, 협의가 이루어지지 아니하는 경우에는 당사자의 청구에 의하여 가정법원이 이를 정한다(제826조 제2항). 일시적으로 동거하지 않더라도 정당한 이유가 있거나(제826조 제1항 단서), 당연히 합의가 예상될 경우는 동거의무에 위반되지 않으나 무기한 별거계약은 무효이다. 정당한 이유 없이 동거의무를 불이행한 경우에 상대방은 법원에 동거심판청구를 할 수 있다. 그러나 승소판결이 확정되었다고 하더라도 이를 강제집행할 수는 없을 것이다. 즉, 동거를 명하는 직·간접강제는 허용되지 않으며 이혼원인이 될 뿐이다. 그러한 동거의무위반에 대하여 이혼청구 없이 위자료를 청구할 수 있는가? 판례는 이를 긍정한다(대판 2009.7.23, 2009다32454).

판례

동거의무이행에 대한 조정 성립 후 유책하게 이를 위반한 자에 대한 위자료청구

부부의 일방이 상대방에 대하여 동거에 관한 심판을 청구한 결과로 그 심판절차에서 동거의무의 이행을 위한 구체적인 조치에 관하여 조정이 성립한 경우에 그 조치의 실현을 위하여 서로 협력할 법적 의무의 본질적 부분을 상대방이 유책하게 위반하였다면, 부부의 일방은 바로 그 의무의 불이행을 들어 그로 인하여 통상 발생하는 비재산적 손해의 배상을 청구할 수 있고, 그에 반드시 이혼의 청구가 전제되어야 할 필요는 없다(대판 2009.7.23, 2009다32454).

(2) 부부 사이의 부양의무(扶養義務)는 경제적 여유가 있을 때에만 부양하는 친족적 부양과는 달리 무조건적 부양이다. 부부 사이의 부양의무는 그 내용이 재산적인 것이기 때문에 일방이 부양의무를 위반한 경우, 타방(他方)은 이에 대하여 부양청구의 심판을 청구할 수 있으며(가소법 제2조 제1항 마류 1호), 부양이행명령(扶養履行命令)이 있음에도 불구하고 이를 이행하지 않는 경우에는 가사채무의 이행확보절차에 따른 강제집행이 가능하다(가소법 제62조~제65조). 또한 부양의무위반은 악의의 유기(遺棄) 또는 혼인을 계속하기 어려운 중대한 사유에 해당(제840조 6호)되므로 이혼원인이 될 수 있다.

① 동거의무를 위반한 자의 부양료 청구

부부 간의 동거·부양·협조의무는 독립된 별개의 의무가 아니고 부부관계의 유지에 필요한 상호 밀접한 의무이기 때문에, 동거요구가 권리남용이 되지 않는 한 동거를 거부한 자의 부양청구는 인정되지 않는다(대판 1991.12.10, 91므245).

② 혼인 중에 있는 자의 과거 부양료 청구

서로 연락이 두절되어 오랜 동안 부양을 받지 못한 부부의 일방이 타방을 상대로 과거 부양료를 청구할 수 있는가? 판례는 이를 인정하면서도 그 지급 범위와 관련하여 부양의무자가 이행지체에 빠진 이후의 것(부양료지급 심판청구서가 상대방에게 송달된 익일)에 대하여만 지급을 청구할 수 있고 그 이전의 부양료에 대해서는 이를 부정한다(대판 1991.10.8, 90므781·798; 대판 1991.11.26, 91므375·382: 참고로 미성년 자녀의 과거 부양료는 부양시점부터 구상청구할 수 있다: 대결[전원합의체] 1994.5.13, 92스21).

(3) 협조의무(協助義務)

부부의 일방이 협조의무를 이행하지 않는 경우, 이에 대한 강제이행의 방법이 없으며 이혼원인에 해당할 뿐이다(제840조 6호).

(4) 정조의무(貞操義務)

명문의 규정은 없으나 중혼금지규정이나 배우자의 부정행위를 재판상 이혼원인으로 규정한 것으로 보아, 양 당사자에게 정조의무가 있다는 것은 명백하다(구 민법은 처의 간통만을 이혼원인에 해당하는 것으로 하였으나, 현행법은 부부 쌍방의 부정한 행위를 모두 각각 이혼원인으로 규정하고 있다: 제840조 1호). 대법원은 정조의무를 동거의무 내지 부부공동생활 유지의무의 내용으로서 부정행위를 하지 아니하여야 하는 '성적 성실의무'라고 이해한다(대판 2015.5.29, 2013므2441 참고). 당사자 일방이 정조의무를 위반한 경우에는 이혼원인이 되고(제840조 1호), 그 일방은 손해배상책임을 부담한다(제843조, 제806조). 그리고 부정행위의 상대방인 제3자가 배우자 있음을 알고서 정을 통한 때에는 공동불법행위자로서 배상책임을 지게 된다(제760조. 대판 2015.5.29, 2013므2441 참고). 정조의무를 위반한 부정행위가 자녀들에 대해서도 불법행위를 구성하는가? 특별한 사정이 없는 한 이를 부정할 것이다(대판 1981.7.28, 80다1295).

판례

부부 간의 의무

1. 부정행위와 자녀의 손해배상청구권

여성이 처자 있는 남성과 동거생활을 함으로써 그 자녀들이 일상생활에 있어 부친으로부터 애정을 품고 그 감호교육을 받을 수 없게 되었다 하여도 그 여성이 악의로써 부친의 자녀에 대한 감호 등을 적극적으로 저지하는 등 특별한 사정이 없는 한 위 여성의 행위는 자녀에 대하여 불법행위를 구성하는 것은 아니라고 할 것이다(대판 1981.7.28, 80다1295).

2. 이혼 전 별거 중 자녀에 대한 권리와 제826조의 유추적용

이혼소송을 제기하였다가 기각당하는 등 서로에 대한 감정이 악화되어 별거하는 경우에, 자녀를 양육하지 않는 처는 그 자녀들을 면접교섭하는 데 현실적으로 어려움이 있다고 보여지므로, 부부 간의 협조의무를 규정한 민법 제826조를 적용하거나 민법 제837조의2를 유추적용하여 자녀들을 면접교섭할 수 있는 권리를 행사할 수 있다(서울가법 1994.7.20, 94브45).

---

4. 성년의제(成年擬制)

第826조의2 (성년의제)

미성년자가 혼인을 한 때에는 성년자로 본다.

미성년자가 혼인을 하였을 때는 성년자와 동일한 행위능력이 인정(제826조의2)되는 성년의제제도는 1977년에 도입되었다(스위스민법 14조 제2항; 프랑스민법 476조; 일본민법 753조). 성년의제제도는 혼인생활의 독립성을 보장하기 위한 것이다.

(1) 적용범위

① 혼인한 자(子)에 대한 친권행사와 후견이 종료되고, 혼인한 미성년자는 민법상 행위능력을 가지며, 자기의 자(子)에 대해서 친권을 행사할 수 있다(제910조는 적용되지 않는다).

② 후견인·유언증인·유언집행자가 될 수 있고, 소송능력도 인정된다(민소법 제55조).

③ 양자(養子)를 하는 능력

양자제도의 취지로 보아 이를 부정해야 한다는 부정설(김주수)과, 혼인을 한 미성년자에게 행위능력을 인정한 이상 양자를 할 수 있는 능력을 부정할 이유가 없다는 긍정설이 대립한다.

④ 유언능력

성년의제가 되었더라도 만 17세 미만인 자의 유언은 유언능력이 없어 무효

이다(제1061조: 절대적 획일규정).

⑤ 혼인한 미성년자라고 하더라도 공직선거법·청소년기본법·청소년보호법·근로기준법·조세법 등에서는 여전히 미성년자로 취급된다.

(2) 혼인의 해소와 성년의제

혼인에 의하여 성년의제된 자가 성년에 도달하지 아니한 채 이혼이나 혼인취소 등으로 혼인이 해소된 경우에 성년의제의 효과는 그대로 존속하는가?

일단 취득한 행위능력을 잃게 하는 것은 제한능력자보호제도의 부활로 인한 거래의 안전문제, 혼인 중에 출생한 자의 친권문제 등 여러 가지 혼란이 생기기 때문에, 혼인해소(이혼·혼인취소)의 경우에도 성년의제의 효과는 소멸하지 않는다고 보는 것이 타당하다(다수설). 다만, 혼인이 무효가 된 경우에는 소급하여 성년의제가 소멸한다.

Ⅱ 대외적 권한과 책임

사례 05

A는 연구를 위해 해외에 장기 체류 중이다. A의 처 B는 자식의 혼수를 위해 A 명의의 부동산을 갑에게 처분하고 가구상 C로부터 참나무로 된 장롱을 1,000만 원에 매수하였다. B는 대금의 일부인 200만 원을 지불하면서 장롱을 인도받았으나, 잔대금 800만 원을 지불하지 않고 있던 중 A와 이혼했다. 이 가구의 매매를 중심으로 하여 그 후의 A·갑·C 간의 법률관계는 어떻게 되는가?

1. 일상가사대리권

제827조(부부 간의 가사대리권)

① 부부는 일상의 가사에 관하여 서로 대리권이 있다.

② 전항의 대리권에 가한 제한은 선의의 제3자에게 대항하지 못한다.

(1) 일상가사제도(日常家事制度)의 의의

일상가사란 가정생활상 상시 행하여지는 행위(대판 1957.2.23, 4289민상523)로서, 부부가 혼인 및 가정생활을 유지하기 위하여 각각 필요한 범위 내의 법률행위(대판 1966.7.19, 66다863)를 말한다.

(2) 가사대리권의 법적 성격

일상가사대리를 법정대리로 보는 견해(배경숙·최금숙), 부부공동체 대표로 보는 견해(김주수·김상용), 복합행위로 보는 견해(이경희) 등이 있다.

가사대리권을 부부공동체의 대표 또는 복합행위로 보는 견해는 법정대리설이 일상가사대리행위로 인한 법적 효력이 부부의 일방에게만 귀속하는 것이 아니고, 부부 쌍방에게 병존적으로 귀속하기 때문에 일상가사대리행위는 단순한 법정대리가 아니라고 한다. 그러나 일상가사대리의 효과가 부부에게 병존적으로 귀속한다거나, 부부공동체를 권리능력 없는 사단과 유사한 단체라고 하는 것은 의문이다. 대리의 효과는 본인에게만 귀속된다고 보아야 한다. 예를 들어 남편의 이름으로 금전을 차용하는 경우 그 효과는 본인인 남편에게 귀속될 뿐이다. 차용에 따른 채무가 일상가사채무인 경우 남편과 함께 처가 책임지는 것은 법정대리의 효과로서가 아니라 일상가사에 대한 연대채무규정에 의한 연대책임을 부담하기 때문이다. 마찬가지로 생활비용에 대하여 부부가 공동으로 책임을 지는 것은 일상가사대리의 효과에 기한 것이 아니라 제833조에 의한 비용공동부담규정 때문이다. 부부별산제를 채택하고 있는 현행법상 일방배우자의 특유재산이거나 또는 부부 공유재산에 대하여 일상가사대리권에 기한 대리행위를 했다면 그 효과는 당연히 본인에게만 귀속하는 것이다. 나아가 일상가사가 아닌 재산상 법률행위는 수권을 받아야 하고 그렇지 않으면 제126조의 표현대리 등의 특별한 사정이 없는 한 본인에게 효과가 귀속될 수 없다. 따라서 법정대리설이 타당하다.

(3) 일상가사의 범위

구체적인 법률행위가 일상가사에 관한 것인지는 그 법률행위의 종류·성질 등 객관적 사정과 함께 가사처리자의 주관적 의사와 목적·부부의 사회적 지위·직업·재산·수입능력 등 현실적 생활상태를 종합적으로 고려하여 사회통념에 따라 판단되어야 한다(대판 1997.11.28, 97다31229).

판례는 부부공동생활에 있어서 보통 필요한 쌀·소금 등 식료품의 구입, 처가 자녀의 의류를 구입하는 행위, 부부공동생활용 가옥을 임차하는 행위, 전기요금의 부담에 관한 계약, 일용품의 구입, 배우자 소유의 부동산에 대하여 화재보험에 가입하는 행위, 음식대금의 최고 또는 의사표시의 수령 등을 일상가사에 포함된다고 보았다. 반면에 전화가입권의 매도담보, 금전소비대차, 부동산 매매, 근저당권설정행위 또는 이에 대하여 소유권이전등기절차를 이행하는 행위, 어음배서행위, 타인 채무에 대한 연대보증, 광업권의 양도, 처의 채권의 일부를 포기하는 화해계약을 체결하는 행위 등은 일상가사에 포함되지 않는다고 보았다(아래 판례 참고).

판례가 일상가사에 해당하지 않는다고 본 사안에 있어서 특히 문제되는 경우는 금전차용행위와 부동산을 처분하거나 담보로 제공하는 행위 등이다. 판례는 이러한 행위를 일반적으로 일상가사로 보지 않고, 민법 제126조의 표현대리의 성립 여부를 염두에 두는 입장을 취하고 있지만, 표현대리를 인정하는 범위도 매우 협소하다.

① 금전차용행위와 일상가사

가정생활을 위하여 일상적으로 이루어지는 차용행위는 일상가사에 해당하겠지만 그 범위를 벗어난 금전차용행위는 일상가사에 속하지 않는다(대판 1984.6.26, 81다524). 예를 들어, 주택 및 아파트 구입비용 명목으로 금전을 차용한 것이 부부공동체 유지에 필수적인 주거 공간을 마련하기 위한 것이라면 일상가사에 속하지만(대판 1999.3.9, 98다46877), 그 주택 및 아파트의 매매대금이 거액에 이르는 대규모의 주택이나 아파트라면 그 구입 또한 일상의 가사에 속하는 것이라고 보기는 어렵다(대판 1997.11.28, 97다31229). 또한 남편 월급의 5배가 되는 차를 구입하기 위하여 금전을 차용하는 행위는 일상가사를 벗어난 행위가 된다(대판 1985.3.26, 84다카1621).

② 재산의 매매 등과 같은 처분과 담보설정행위

판례는 재산을 처분하거나 이를 담보로 제공하는 행위의 목적을 고려하지 않고, 일반적으로 그 일상가사성을 부인한다(대판 1967.8.29, 67다1125; 대판 1968.8.30, 68다1051; 대판 1968.11.26, 68다1727; 대판 1969.6.24, 69다633; 대판 1970.3.10, 69다2218; 대판 1981.6.23, 80다609; 대판 1993.9.28, 93다16369; 대판 1995.12.22, 94다45098; 대판 1997.4.8, 96다54942; 대판 1998.7.10, 98다18988).

(4) 일상가사범위 밖의 법률행위와 표현대리

일상가사의 범위를 넘는 법률행위에 대해서 표현대리를 인정할 것인가? 일상가사를 벗어난 행위에 대해서는 표현대리를 부정하여야 한다는 견해(김증한·김학동)도 있지만, 학설과 판례는 대체로 표현대리의 성립을 긍정하는데, 다만 그 범위와 근거가 조금씩 다르다.

① 긍정설

부부 사이의 일상가사대리권(제827조)을 기본대리권으로 하여 제126조의 표현대리를 인정하자는 견해이다(다수설, 대판 1967.8.29, 67다1125; 대판 1968.8.30, 68다1051; 대판 1970.10.30, 70다1812). 예를 들어 일상적 필요를 넘는 금전차용행위나 부동산 매매행위는 일상가사의 범위를 벗어난 행위이지만 제3자가 대리권이 있다고 믿을 만한 정당한 이유가 있는 경우에는 표현대리의 성립을 인정한다.

② 제한적 긍정설

거래상의 제3자의 입장에서 볼 때 사회통념에 기초한 일반적·추상적인 일상가사의 범위와 부부의 입장에서 바라볼 때 부부공동체의 개별적·구체적인 일상가사의 범위가 어긋날 경우에 일반적·추상적인 일상가사의 범위내에서 상대방의 신뢰가 보호되는 데 그친다고 한다. 다시 말해서 일반적·추상적 일상가사의 범위내에서만 표현대리의 규정이 유추적용되고, 그 밖의 행위에 대하여는 대리권의 수여가 있는 경우에 한하여 표현대리가 적용되는 것이 타당하다고 한다(김주수·김상용, 김증한·김학동, 이경희).

어떤 견해이든 간에 객관적으로 일상가사의 범위를 벗어난 행위인 경우 핵심적인 표지는 '객관적으로 보아서 배우자 일방에게 대리권이 있다고 믿을 만한 정당한 사유'가 있었는가이다. 따라서 그 대리행위의 효과가 본인에게 귀속되는 것을 주장하는 자가 일상가사 또는 수권의 존재를 증명하거나 그렇지 않으면 최소한 제126조의 표현대리의 요소 중 수권이 있다고 믿을 만한 정당한 이유가 있음을 증명하여 할 것이다.

판례

일상가사대리권과 민법제 126조의 적용

1. 표현대리의 성립을 인정한 사례

구체적으로 일상가사의 범위를 넘는 것으로 볼 수 있는 경우로서, 예컨대 처의 근저당권설정, 부동산의 처분, 금전차용을 위한 가등기담보설정에 관하여 판례는 표현대리를 인정한 예가 적지 않다(대판 1967.8.29, 67다1125; 대판 1980.11.11, 80다947; 대판 1984.11.27, 84다310·84다카128; 대판 1987.11.10, 87다카1235; 대판 1995.12.22, 94다45098).

(1) 처에게 저당권설정에 관한 권한을 수여한 사실이 없다고 하더라도 부부 사이에는 일상의 가사에 관하여 대리권이 있으므로 본건 부동산에 관한 처의 저당권설정행위는 권한 밖의 법률행위를 한 경우에 해당하며, 원고(남편)가 본건 부동산에 관한

권리문서를 처에게 맡겨두고 다녔으며 저당권자가 그 취득 당시에 위 문서가 처의 수중에서 나온 것이라고 믿고 있었다면 처에게 저당권설정에 관한 권한이 있다고 믿을 만한 사유가 있는 때에 해당한다고 볼 수 있다(대판 1967.8.29, 67다1125).

(2) 남편이 정신병으로 장기간 병원에 입원함에 있어서, 입원비 생활비, 자녀교육비 등을 준비하여 두지 않은 경우에 그 아내에게 가사대리권이 있었고 남편 소유의 가대를 적정가격으로 매도하여 그로서 위 비용에 충당하고 나머지로서 대신 들어가 살 집을 매수하였다면 매수인이 이러한 사유를 알았건 몰랐건 간에 객관적으로 보아서 그 아내에게 남편의 대리권이 있다고 믿을 만한 정당한 사유가 된다고 보아야 할 것이다(대판 1970.10.30, 70다1812).

(3) 일상가사대리권 외에 별도의 기본대리권이 있는 처가 근저당권설정등기에 필요한 각종 서류를 소지하고 있는 데다가 그 인감증명서가 본인인 남편이 발급받은 것이고, 남편이 스스로 처에게 인감을 보냈음을 추단할 수 있는 문서와 남편의 무인이 찍힌 위임장 및 주민등록증 등을 제시하는 등 남편이 처에게 대리권을 수여하였다고 믿게 할 특별한 사정까지 있었다면, 그 상대방으로서는 처가 남편을 대리할 적법한 권한이 있었다고 믿은 데 정당한 이유가 있다(대판 1995.12.22, 94다45098).

(4) 전처와 동거 중에 그로부터 부동산의 처분에 관한 대리권을 수여받으면서 교부받은 인감도장과 사용용도가 보증보험연대보증용으로 기재되어 있고 이면의 인감증명서발급신청 위임장에 사용용도가 보증용으로 기재된 인감증명서를 제출하여 전처와 공동으로 할부판매보증보험계약상의 채무를 연대보증한 경우, 권한이 있다고 믿은 데 정당한 이유가 없다고 속단할 수는 없다(대판 1998.7.10, 98다16586).

2. 표현대리의 성립을 부정한 사례

예를 들어, 처가 제3자를 남편으로 가장시켜 관련서류를 위조하여 남편 소유의 부동산을 담보로 금원을 대출받은 경우(대판 2002.6.28, 2001다49814), 처가 임의로 남편의 인감도장과 용도란에 아무런 기재 없이 대리방식으로 발급받은 인감증명서를 소지하고 남편을 대리하여 친정 오빠의 할부판매보증보험계약상의 채무를 연대보증한 경우(대판 1998.7.10, 98다18988) 등에는 표현대리의 성립을 부정한다.

(1) 남편인 피고 몰래 임의로 갖고 나온 피고의 인장, 아파트 분양계약서 및 유효기간이 지난 인감증명서를 처가 소지하고 있었던 사실만으로는 피고가 처에게 돈 350만 원 차용행위나 위 아파트 매도행위에 대한 대리권을 수여하였으리라고 원고가 믿음에 정당한 객관적 사정이 있었다고 인정할 수 없다(대판 1981.8.25, 80다3204).

(2) 남편은 직장에서 월 50만 원 상당을 지급받고, 아내는 하숙업을 하면서 월 20만 원 상당의 수입을 얻으며, 주거지에서는 상당히 넉넉한 생활을 한다고 인정되어 온 가정의 아내가 마음대로 남편 명의의 차용증서를 작성·제시하여 이웃에 거주하는 사람으로부터 남편의 자가용차 구입 자금 250만 원을 차용하여 승용차 1대를 구입한 행위는 일상가사에 해당하지 않는다(대판 1985.3.26, 84다카1621. 이 판례에서는 표

현대리의 적용도 부인하였다).

(3) 처가 남편이 부담하는 사업상의 채무를 남편과 연대하여 부담하기 위하여 남편에게 채권자와의 채무부담약정에 관한 대리권을 수여한다는 것은 극히 이례적인 일이라 할 것이고, 채무자가 남편으로서 처의 도장을 쉽사리 입수할 수 있었으며 채권자도 이러한 사정을 쉽게 알 수 있었던 점에 비추어 보면, 채무자가 채권자를 자신의 집 부근으로 오게 한 후 처로부터 위임을 받았다고 하여 처 명의의 채무부담약정을 한 사실만으로는 채권자가 남편에게 처를 대리하여 채무부담약정을 할 대리권이 있다고 믿은 점을 정당화할 수 있는 객관적인 사정이 있다고 할 수 없다(대판 1997.4.8, 96다54942).

(4) 남편이 피랍된 이후 17년 간 별다른 직업 없이 두 딸을 부양하면서 경제적으로 어려운 생활을 하고 있었던 처가, 남편이 속한 종중회장까지 역임하고 남편 및 가족의 이러한 상황에 대하여 잘 알고 있었던 매수인과 남편 명의의 부동산 매매계약을 체결한 경우, 연락이 두절된 남편이 이러한 매매계약에 관한 대리권을 수여할 수 없는 것이고, 매도인의 이러한 가족의 상황을 잘 알고 있었던 매수인에게 당시 남편이 매도인인 처에게 부동산 매매계약에 관한 대리권을 주었다고 믿었음을 정당화할 만한 객관적인 사정이 존재하였다고 볼 수는 없다(대판 2009.4.23, 2008다95861).

(5) 비상가사대리권의 인정 여부

부부의 일방이 장기부재인 경우(여행, 입원, 복역, 군복무 등)에 부부의 일방에게 일상가사는 물론 비상가사 사무처리의 권한을 인정할 것인가? 일부 학설은 비상가사대리권을 인정한다(김주수; 박병호). 생각건대, 장기부재의 경우 배우자에게 사무처리를 위임하는 경우가 보통일 것이고, 특별한 사정으로 인하여 예측할 수 없는 장기부재의 경우에는 극히 예외적으로 비상가사대리권을 인정하는 것이 타당할 것이다. 판례는 비상가사대리권을 부정하고 있다(대판 1956.6.21, 4289민상161).

2. 일상가사로 인한 채무의 연대책임(連帶責任)

第832條(가사로 인한 채무의 연대책임)

부부의 일방이 일상의 가사에 관하여 제3자와 법률행위를 한 때에는 다른 일방은 이로 인한 채무에 대하여 연대책임이 있다. 그러나 이미 제3자에 대하여 다른 일방의 책임 없음을 명시한 때에는 그러하지 아니하다.

(1) 일상가사 연대책임의 의의

일상가사에 관하여 부부의 일방이 제3자와의 법률행위로부터 생기는 채무에 대하여는 부부가 상대방에 대하여 연대책임을 부담한다(제832조 본문). 그러나 일상가사에 관한 채무라도 이미 제3자에 대하여 부부의 다른 일방이 책임 없음을 명시한 때에는 연대책임을 부담하지 않는다(제832조 단서).

① 부부가 일상가사로 인한 채무에 관하여 연대책임을 질 경우에 통상의 연대채무와는 달리 제3자와의 관계에서는 부담부분에 관한 연대채무의 일반규정(상계-제418조 제2항, 면제-제419조, 소멸시효-제421조, 부담부분-제424조)은 적용되지 않는다(부부의 강한 연대책임). 따라서 부부의 일방은 타방의 채권으로 무제한 상계할 수 있고, 면제의 효과는 전면적으로 발생하며, 일방의 채무의 시효로 인한 소멸은 타방의 채무도 소멸시킨다고 해석된다. 연대책임은 혼인해소 후에도 소멸하지 않지만, 보통의 연대채무로 변경되어 존속한다.

② 원칙적으로 모든 채무자가 일정한 부담부분에 대응하여 책임을 부담하는 것이 연대채무의 전형적인 모습이라는 점에서 일반적인 연대책임의 상호보증적 성질은 부부의 연대책임에서 크게 변질된 것으로 보아야 할 것이다. 즉 고유의무 내지 부담부분이 전혀 없는 부부 일방이라 하더라도 타방의 부담부분에 대해 완전한 담보의무를 부담하게 되는 한편, 부담부분이 전혀 없는 부부 일방에 대하여 채권자가 채무를 면제하였다 하더라도 그 효력은 부담부분이 100%인 타방에까지 미치게 되어 그는 채무를 면제받게 되는 것이다.

《보통의 연대채무와 부부의 일상가사로 인한 연대채무의 비교》

	보통의 연대채무	부부의 일상가사로 인한 연대채무
상 계	부담부분에 한하여 다른 연대채무자가 상계할 수 있다.	부담부분에 한하지 않고 무제한 상계할 수 있다.
면 제	부담부분에 한하여 다른 연대채무자도 면제의 이익을 갖는다.	부담부분에 한하지 않고 부부 전체에 전면적으로 면제의 효과가 발생한다.
소멸시효	어느 연대채무자에 대하여 소멸시효가 완성한 때에는 그 부담부분에 한하여 다른 연대채무자도 의무를 면한다.	부부 일방의 채무의 시효소멸은 다른 부부 일방의 채권을 부담부분에 한하지 않고 전면적으로 소멸시킨다.
부담부분	균등한 것으로 추정	상호 무제한

(2) 일상가사대리와 연대책임에 관한 규정의 적용범위

① 사실혼과 부첩관계

실질적으로 혼인관계의 실체를 가지고 있는 사실혼부부 사이에는 일상가사대리와 연대책임이 인정되는 것이 타당하다. 판례는 부첩관계의 경우에도 일상가사대리권이 인정된다고 한다(대판 1984.6.26, 81다524).

② 부부재산계약에 의한 적용배제

부부재산계약으로 일상가사대리권과 일상가사에 대한 연대책임을 배제할 수 있는가? 부부 사이에 인정되는 일상가사대리권과 일상가사에 대한 연대책임규정은 부부공동생활의 원만한 유지와 운영을 위하여 인정되는 제도이고 특히 연대책임규정은 대외적 책임이므로 이를 배제할 수 없다고 해석된다.

3. 생활비용의 부담

第833조(생활비용)

부부의 공동생활에 필요한 비용은 당사자 간에 특별한 약정이 없으면 부부가 공동으로 부담한다.

부부의 공동생활에 필요한 비용의 부담은 당사자 사이에 특별한 약정이 없으면 부부가 공동으로 부담한다. 부담의 비율과 방법에 관하여는 부부의 협의에 의하여 정하지만, 협의가 이루어지지 않을 때에는 가정법원의 조정·심판에 의해 결정된다(가소법 제2조 제1항 마류 1호).

[사례풀이 05]

(1) A 소유 부동산에 대한 B의 처분행위

자식의 혼수를 위해 남편 명의의 부동산을 처분하는 행위가 정당한가는 B에게 처분권한이 있는가에 달려 있다. B에게 처분권한을 위임한 경우에는 아무런 문제가 없다. 그러나 그러한 처분권한을 위임하지 않는 경우에는 2가지 사실을 확인하여야 한다. 하나는 이러한 처분행위가 일상가사인가 여부이고 다른 하나는 일상가사에 포함되지 않더라도 매수인의 입장에서 처분권한이 있다고 믿을 만한 정당한 사유가 있는가이다. 부동산 처분행위는 특별한 사정이 없는 한 일상가사에 포함되지 않는다고 보는 것이 학설과 판례(대판 1993.9.28, 93다16369)의 태도이다. 표현대리 여부와 관련하여 다수설과 판례는 부동산 매매행위는 일상가사의 범위를 벗어난 행위이지만 제3자가 대리권이 있다고 믿을 만한 정당한 이유가 있는 경우에는 표현대리의 성립을 인정한다(대판 1967.8.29, 67다1125). 사례에서 갑이 대리권이 있다고 믿을 만한 정당한 이유가 있음을 증명하면 매매행위는 유효하고 그 부동산의 처분행위에 따른 법률효과는 A에게 귀속된다. 그러나 그렇지 않다면 B의 처분행위는 무효이고 무권대리법리에 의해서 해결된다. 즉 매수인 갑은 소유자 본인 A에게 B의 행위를 추인할 것인지를 최고할 수 있다. A의 답변이 없는 경우 추인거절에 의해 무효로 확정된다. 이러한 경우 소유권이전등기가 갑의 이름으로 완료되었다면 A는 소유권에 기한 반환청구권을 행사할 수 있고 매수인 갑은 B에 대하여 손해배상을 청구할 수 있다(제135조).

(2) 장롱의 매수행위

A의 처 B가 자식의 혼수를 위해 가구상 C로부터 참나무로 된 장롱을 1천만 원에 매수하였다. 가격 등이 현실적인 생활상태와 비교하여 적당한가를 판단하여야 한다. 당사자들의 구체적인 주관적 의사가 고려되어야 하겠지만, 일반적으로 자식의 혼수품 마련은 부부의 일상가사에 해당된다고 할 수 있다. 물론 당사자들의 경제적 상황, 혼수품을 위한 장롱의 일반적인 가격 등이 고려되어야 한다. 사안에서 혼수품을 위해 1천만 원 상당의 장롱을 구입하는 행위는 요즘의 전체적인 상황을 고려할 때 일상가사로 볼 수 있다. 즉, B가 행한 가구구입행위는 일상가사에 포함된다. 일상가사에 관하여 부부 일방이 제3자와 법률행위를 한 때에는, 다른 일방은 이로 인한 채무에 대하여 연대책임을 부담한다(제832조). 따라서 A는 B의 가구매수행위로 인하여 발생한 잔금채무에 대한 연대책임을 지게 된다. 연대책임은 혼인해소 후에도 존속하지만, 이 경우에는 혼인공동생활이 종료하므로 부부 사이의 연대채무도 보통의 연대채무로 변화한다고 본다. 즉, A와 B의 일상가사대리에 의한 채무는 A와 B의 이혼으로써 통상의 연대채무가 되고, A 또는 B와 C와의 사이에 생긴 사유는 단지 부담부분에 한해서만 서로 효력을 미치게 된다. 한편 B의 잔금지급채무는 B의 이행지체로 인하여 지체상태에 놓이게 되므로 C는 계약해제권을 갖는다(제544조). 그런데 잔금지급채무는 이혼 후 통상의 연대채무가 되므로 민법 제416조가 적용되어, C는 A 또는 B 일방에 대해서만 최고(이행의청구)를 하여도 A, B 모두에 대하여 최고의 효과를 주장할 수 있다.

Ⅱ 부부 사이의 재산관계

우리 민법은 혼인관계에 따른 부부 사이의 재산관계에 있어서 크게 혼인 전에 이루어지는 부부재산계약체결의 자유와 그 부부재산계약의 보충으로서 법정부부재산제라는 이원적 구조를 취하고 있다. 부부재산계약은 법정재산제(제830조, 제831조 참조)를 배제하여 혼인 전의 혼인당사자들의 자유로운 재산계약에 대한 의사를 존중하고 이를 혼인 후에도 보호하기 위한 제도이지만, 현실적으로 거의 이용되지 않고 있는 실정이다. 반면에 법정부부재산제는 부부재산계약이 체결되지 않을 때 적용되는 규정이기 때문에 실질적으로 많은 기능을 하고 있는데, 민법은 부부별산제를 채택하여 부부 각자의 특유재산(제830조 제1항, 제831조)을 인정하고 귀속불명의 재산은 공유로 추정한다(제830조 제2항).

1. 약정부부재산제도

제829조(부부재산의 약정과 그 변경)

① 부부가 혼인성립 전에 그 재산에 관하여 따로 약정을 하지 아니한 때에는 그 재산관계는 본관 중 다음 각 조에 정하는 바에 의한다.

② 부부가 혼인성립 전에 그 재산에 관하여 약정한 때에는 혼인 중 이를 변경하지 못한다. 그러나 정당한 사유가 있는 때에는 법원의 허가를 얻어 변경할 수 있다.

③ 전항의 약정에 의하여 부부의 일방이 다른 일방의 재산을 관리하는 경우에 부적당한 관리로 인하여 그 재산을 위태하게 한 때에는 다른 일방은 자기가 관리할 것을 법원에 청구할 수 있고 그 재산이 부부의 공유인 때에는 그 분할을 청구할 수 있다.

④ 부부가 그 재산에 관하여 따로 약정을 한 때에는 혼인성립까지에 그 등기를 하지 아니하면 이로써 부부의 승계인 또는 제삼자에게 대항하지 못한다.

⑤ 제2항, 제3항의 규정이나 약정에 의하여 관리자를 변경하거나 공유재산을 분할하였을 때에는 그 등기를 하지 아니하면 이로써 부부의 승계인 또는 제삼자에게 대항하지 못한다.

(1) 의의와 효과

부부는 혼인성립 전에 그 재산관계에 관하여 자유로이 부부재산계약을 체결할 수 있다(제829조 제1항). 부부재산계약은 혼인을 한 때 효력을 발생하는데, 혼인신고 전에 등기하지 아니하면 부부의 승계인 및 제3자에게 대항할 수 없다(제829조 제4항). 부부재산계약등기는 당사자 쌍방이 부(夫)가 될 자의 주소지를 관할하는 지방법원, 그 지원 또는 등기소에 신청하여야 하고(비송 제70조 제1항, 제68조 제1항), 신청서에는 재산계약서 등을 첨부하여야 한다(비송 제70조 제2항). 부부재산계약은 혼인 중의 부부재산관계에 대해서만 정할 수 있으므로, 혼인성립 전이나 혼인해소 후의 재산관계를 대상으로 할 수 없고, 혼인관계가 이혼 또는 혼인의 취소, 배우자 일방의 사망 등으로 해소되면 종료한다. 한편, 부부재산계약에 의하여 일상가사채무에 대한 연대책임(제832조)을 제한할 수는 있겠으나 그 배제는 불가능하다.

(2) 계약의 변경과 관리

체결된 부부재산계약은 혼인신고 후에는 원칙적으로 변경할 수 없지만, 정당한 사유가 있는 때에 한하여 법원의 허가를 얻어 예외적으로 변경할 수 있다(제829조 제2항).

부부의 일방이 다른 일방의 재산을 관리하는 경우에 부적절한 관리로 그 재산을 위태롭게 한 때에는 자기가 관리할 것을 법원에 청구할 수 있으며, 그 재산이 부부의 공유인 때에는 재산분할도 청구할 수 있다(제829조 제3항). 민법 제829조 제2항·제3항의 규정이나 약정에 의하여 관리자를 변경하거나 공유재산을 분할하였을 때에는 그 등기를 하지 아니하면 이로써 부부의 승계인 또는 제3자에게 대항하지 못한다(제829조 제4항).

2. 법정부부재산제도(法定夫婦財産制度: 別産制)

제830조(특유재산과 귀속불명재산)

① 부부의 일방이 혼인 전부터 가진 고유재산과 혼인 중 자기의 명의로 취득한 재산은 그 특유재산으로 한다.

② 부부의 누구에게 속한 것인지 분명하지 아니한 재산은 부부의 공유로 추정한다.

제831조(특유재산의 관리 등)

부부는 그 특유재산을 각자 관리, 사용, 수익한다.

사례 06

부부 사이인 A와 B는 공동으로 노력하여 주택 한 채를 구입하면서 남편 B의 명의로 이전등기를 해 두었다. 그런데 남편 B는 위 주택을 A의 동의 없이 C에게 처분하였다. 이들 사이의 법률관계는(B의 처분행위의 유효성)?

[논 점]

1. 부부별산제의 개념
2. 특유재산의 추정과 반증

부부의 재산은 혼인 전에 미리 약정한 경우(부부재산계약) 그 약정에 따르게 되지만, 약정이 없는 경우 민법의 규정에 따른다(법정재산제). 민법은 부부 사이의 재산의 귀속과 관련하여 「부부의 일방이 혼인 전부터 가진 고유재산과 혼인 중 자기의 명의로 취득한 재산은 그 특유재산으로 한다」(제830조 제1항)고 규정하고 있다. 그 특유재산은 부부가 각자 관리, 사용, 수익한다(제831조). 그러나 「부부의 누구에게 속한 것인지 분명하지 아니한 재산은 부부의 공유로 추정한다」(제830조 제2항). 부부공유재산의 추정과 부부공유의 유체동산에 대한 압류는 혼인관계가 유지되고 있는 부부를 전제로 한다(대판 2013.7.11, 2013다201233). 여기서 문제가 되는 것은 일방 명의로 되어 있는 재산 중 상대방의 협력이 있거나 부부명의신탁인 경우이다.

(1) 일방 명의로 되어 있는 재산

다수설은 혼인 중 취득한 일방 명의의 재산이라도 명의자가 오로지 자신의 노력에 의해 취득한 것이라는 점을 입증하지 못하는 한 부부의 공유로 추정하자는 견해이다. 반면에 판례는 민법 제830조 제1항의 '특유재산으로 한다'는 의미를 특유재산으로 추정한다는 의미로 해석(대판 1986.9.9, 85다카1337: 예를 들어 갑 명의로 된 부동산은 갑의 특유재산으로 추정되므로 부부의 공유를 주장하는 자가 공유재산임을 증명하여야 한다)하고, 일방 배우자의 협조나 내조만으로 추정을 번복할 수 없으며(대판 1992.12.11, 92다21982), 추정을 번복하기 위해서는 금전적인 대가 지급이나 공동채무부담과 같은 유형적 기여가 있어야 한다고 본다(대판 1986.9.9, 85다카1337·1338; 대판 1990.10.23, 90다카5624; 대판 1992.8.14, 92다16171; 대판 1995.10.12, 95다25695). 그런데 판례는 이혼 시 재산분할청구에 있어서 가사노동 등의 내조의 공도 재산증가의 기여로 평가하여 재산분할 청구가 가능하다고 하였다(대결 1993.5.11, 93스6). 판례는 특유재산추정법리와 관련해서는 공유인정범위를 좁게 보는 데 비해, 재산분할청구에서는 공유인정범위를 단순한 가정주부로서의 내조까지 포함시켜 넓게 파악하고 있는 것이다. 그러나 민법 제830조와 제839조의2의 입법취지에 비추어 볼 때 내조가 있음이 증명되면 공유로 인정하는 것이 타당할 것이다.

판례

특유재산의 추정

1. 특유재산에 대한 협조나 내조로 특유재산의 추정을 번복할 수 있는지 여부
   - 일방의 명의로 되어 있는 재산에 부부 일방이 협력이 있는 경우라고 하더라도 막연히 재산취득에 상대방이 협력하였다거나 혼인생활에 내조의 공이 있었다는 사유만으로 부부 일방의 특유재산의 추정이 번복되지는 않는다(대판 1992.12.11, 92다21982: 이 사안은 처 명의로 된 부동산에 대하여 부(夫)의 상속인인 장남이 그 부동산이 부모의 공유임을 주장한바, 법원은 남편이 운전 등으로 재산증식에 협력이 있다고 하더라도 전체적으로 술과 여자에 빠져 가정생활에 불성실했음을 이유로 처의 특유재산의 추정을 번복하기 힘들다고 판단하였다).

- 부부 중 일방의 명의로 된 농지나 예금 등 재산은 그의 특유재산으로 추정되는 바, 그 취득에 상대방 배우자가 대가나 채무를 부담하였다거나 적극적인 재산증식의 노력이 있었다는 등의 실질적인 사유에 관한 아무런 입증이 없는 이상 상대방 배우자가 가정주부로서 남편의 약국 경영을 도왔다는 것만으로는 그 추정을 번복하기에 부족하다(대판 1998.6.12, 97누7707. 이 사안은 부동산을 취득한 처에 대하여 증여세가 부가되었는 바, 그 처는 그 부동산의 구입이 자신의 예금 등으로 마련된 자금임을 들어 증여세부과처분취소를 구하는 소송이다. 처는 남편의 약국 경영 등을 도왔기 때문에 처분 농지 등에 대한 남편의 특유재산의 추정은 번복되어야 함을 주장하였다. 이에 법원은 처는 특별한 재산이 없거나 가사 일정한 수입이 있었다고 하더라도 그 소득의 정도가 이 사건 각 부동산의 가치에 상당한 정도에 미달하여 그 소득이나 재력만으로는 이 사건 각 부동산을 자신의 힘으로 마련하였다고 보기 어려운 반면, 남편은 위와 같은 자금을 대주기에 충분한 소득과 자력을 갖추었다고 인정된다고 하여 그 출처가 밝혀지지 아니한 자금 부분은 원고가 남편으로부터 증여받은 것으로 추정함이 상당하다고 판단하였다).

2. 유형적 기여가 있는 경우 특유재산의 추정의 번복

부동산을 부부 각자 대금의 일부씩을 분담하여 매수하였다거나 부부가 연대채무로 부담하여 매수하였다는 등의 적극적 기여사실이 증명된 때에는 특유재산의 추정은 번복되어 공유로 인정될 수 있다.

- 부동산매입자금의 원천이 남편의 수입에 있다고 하더라도 처가 남편과 18년 간의 결혼생활을 하면서 여러 차례 부동산을 매입하였다가 이익을 남기고 처분하는 등의 방법으로 증식한 재산으로써 그 부동산을 매입하게 된 것이라면 위 부동산의 취득은 부부 쌍방의 자금과 증식노력으로 이루어진 것으로서 부부의 공유재산이라고 볼 여지가 있다(대판 1990.10.23, 90다카5624. 이 사안은 처의 명의로 된 부동산에 대하여 이혼한 남편이 명의신탁의 해지를 이유로 한 단독소유임을 주장한 데 대하여 대법원은 명의신탁을 부정한 원심을 파기하면서 처 명의의 특유재산의 추정을 번복하고, 남편이 실권리자임을 인정하되, 다만 쌍방의 재산증식노력을 인정하여 공동소유임을 인정한 판례이다).

- 부부의 일방이 혼인 중에 자기 명의로 취득한 재산은 그 명의자의 특유재산으로 추정되지만, 실질적으로 다른 일방 또는 쌍방이 그 재산의 대가를 부담하여 취득한 것이 증명된 때에는 특유재산의 추정은 번복되어 다른 일방의 소유이거나 쌍방의 공유라고 보아야 한다(대판 1995.10.12, 95다25695. 처 명의 부동산의 주된 매입자금이 부의 수입이지만 처의 적극적인 재산증식 노력이 있었던 경우, 이를 부부 공유재산으로 볼 여지가 있다고 보아, 이를 처의 특유재산으로 인정한 원심판결을 파기한 사례이다).

(2) 부부 간 명의신탁

일방 명의로 된 재산은 특유재산으로 추정되는데, 실소유자의 특유재산을 다른 일방의 명의로 등기한 경우 명의신탁이 된다. 법률혼관계에 있는 부부 간의 명의신탁은 조세포탈 또는 법령상의 회피를 목적으로 하지 않는 한 유효하다(사실혼은 포함되지 않는다: 대판 1999.5.14, 99두35). 또한 무효인 명의신탁등기라고 하더라도 신탁자와 수탁자가 혼인한 경우 명의신탁등기는 조세포탈 등의 사유가 없는 한 혼인한 때부터 유효하다(대판 2002.10.25, 2002다23840). 문제가 된 부부명의신탁 유형의 대부분은 처 명의로 된 부동산의 경우이다. 즉, 처 명의의 부동산에 대하여 부가 명의신탁의 해지를 이유로 단독소유임을 주장하는 경우 판례는 부(夫) 자신이 실질적으로 재산의 대가를 부담하여 취득하였음을 증명하여야 하고(대판 1998.12.22, 98두15177. 부동산의 취득에 협력이 있었다거나 내조의 공이 있었다는 사실을 증명하더라도 특유재산의 추정을 번복할 수 없다), 부가 이를 증명하면 처의 특유재산의 추정을 번복하여 부의 단독소유를 인정하거나 아니면 처의 재산증식노력을 함께 평가하여 쌍방의 공유를 인정한다.

판례

부부 간 명의신탁과 특유재산 추정의 번복

민법 제830조 제1항에 정한 '특유재산의 추정'을 번복하기 위하여는 다른 일방 배우자가 실제로 당해 부동산의 대가를 부담하여 그 부동산을 자신이 실질적으로 소유하기 위해 취득하였음을 증명하여야 하므로, 단순히 다른 일방 배우자가 그 매수자금의 출처라는 사정만으로는 무조건 특유재산의 추정이 번복되어 당해 부동산에 관하여 명의신탁이 있었다고 볼 것은 아니고, 관련 증거들을 통하여 나타난 모든 사정을 종합하여 다른 일방 배우자가 당해 부동산을 실질적으로 소유하기 위하여 그 대가를 부담하였는지 여부를 개별적·구체적으로 가려 명의신탁 여부를 판단하여야 한다(대판 2008.9.25, 2006두8068). (따라서) 부부의 일방이 혼인 중 단독 명의로 취득한 부동산은 그 명의자의 특유재산으로 추정되므로, 다른 일방이 그 실질적인 소유자로서 편의상 명의신탁한 것이라고 인정받기 위하여는 자신이 실질적으로 당해 재산의 대가를 부담하여 취득하였음을 증명하여야 하고, 단지 그 부동산을 취득함에 있어서 자신의 협력이 있었다거나 혼인생활에 있어서 내조의 공이 있었다는 것만으로는 위 추정이 번복되지 아니한다. 따라서 혼인 중 부부의 일방 명의로 취득되어 그의 특유재산으로 추정되는 부동산을 다른 일방이 형식적인 재판절차를 통하여 명의신탁해지를 원인으로 한 소유권이전등기를 경료받았다고 한다면, 그 특유재산의 추정을 번복할 만한 주장·입증이 없는 이상, 그 등기 시에 명의신탁해지의 형식을 빌어 부부 사이에 당해 부동산의 증여가 이루어진 것으로 보아야 한다(대판 1998.12.22, 98두15177).

판례

부동산실명법 제8조 2호의 해석(무효인 명의신탁이 당사자들의 혼인으로 유효하게 되는지 여부)

부동산실권리자명의등기에관한법률 제8조 제2호에서는 배우자 명의로 부동산에 관한 물권을 등기한 경우로서 조세포탈, 강제집행의 면탈 또는 법령상 제한의 회피를 목적으로 하지 아니하는 경우에는 그 명의신탁약정과 그 약정에 기하여 행하여진 물권변동을 무효로 보는 위 법률 제4조 등을 적용하지 않는다고 규정하고 있는 바, 어떠한 명의신탁등기가 위 법률에 따라 무효가 되었다고 할지라도 그 후 신탁자와 수탁자가 혼인하여 그 등기의 명의자가 배우자로 된 경우에는 조세포탈, 강제집행의 면탈 또는 법령상 제한의 회피를 목적으로 하지 아니하는 한 이 경우에도 위 법률 제8조 제2호의 특례를 적용하여 그 명의신탁등기는 당사자가 혼인한 때로부터 유효하게 된다고 보아야 한다(대판 2002.10.25, 2002다23840).

[사례풀이 06]

부부의 일방이 혼인 전부터 가진 고유재산과 혼인 중 자기의 명의로 취득한 재산은 그의 특유재산으로 하고, 부부의 누구에게 속한 것인지 분명하지 아니한 재산은 부부의 공유로 추정한다(제830조). 사례에서 B의 명의로 되어 있는 재산은 A와 B의 공동노력에 의한 재산이다. 그런데 막연히 재산취득에 상대방이 협력하였다거나 혼인생활에 내조하였다는 사유만으로는 B명의로 되어 있는 재산의 특유재산 추정은 번복되지 않는다(대판 1992.12.11, 92다21982). 즉, 부부의 일방이 혼인 중에 자기 명의로 취득한 재산은 그 명의자의 특유재산으로 추정된다. 그러나 실질적으로 다른 일방 또는 쌍방이 그 재산의 대가를 부담하여 취득한 것이 증명된 때에는 특유재산의 추정은 번복되어 다른 일방의 소유이거나 쌍방의 공유라고 보아야 한다(대판 1990.10.23, 90다카5624; 대판 1992.8.14, 92다16171; 대판 1992.12.11, 92다21982 등 참조). 또한 일방의 적극적인 재산증식 노력이 있었던 경우에도 이를 부부의 공유재산으로 볼 수 있다(대판 1995.10.12, 95다25695).

사안에서 A는 남편의 부동산처분을 막아야 하는 사정이 있고, A가 대가를 부담한 사실이나 또는 적극적인 재산증식의 노력이 있었다는 사실을 증명할 수 있을 경우에는, 그 증거를 확보하여 위 부동산에 대해 처분금지가처분절차를 취함과 동시에 남편 B를 상대로 그 부담정도에 따라 고유지분권이전등기청구를 제기하여 남편의 처분을 막을 수 있다.

만약, 특유재산의 추정이 번복되었음에도 불구하고 일방 명의로 되어 있는 부동산을 처분한 경우 외부적 관계에서 소유권은 명의자인 B에게 속하므로(부부명의신탁) 제3자인 C는 등기를 완료함으로써 유효하게 소유권을 취득한다. 이 경우 A는 부당이득반환을 청구하거나 또는 지분이전의 이행불능을 이유로 손해배상을 청구할 수 있으나, 부부 사이가 존속하는 한 현실성이 없을 것이다.

제5절 이 혼

I 혼인의 해소

혼인의 해소원인에는 배우자의 사망(死亡), 실종선고(失踪宣告), 이혼(離婚) 등이 있다.

1. 사 망

부부의 일방이 사망한 경우라도 생존배우자의 인척관계는 존속하지만, 생존배우자가 재혼하면 소멸한다(제775조 제2항). 생존배우자는 사망배우자의 재산을 상속한다. 동거·부양·협조의무와 정조의무는 소멸하고 재혼도 자유로이 할 수 있으며, 부부재산제의 구속도 없어지고, 부부재산계약도 효력을 잃는다. 다만, 소급효는 없으므로 이미 발생한 일상가사로 인한 연대책임에는 영향이 없다.

2. 실종선고

부부의 일방이 실종선고를 받으면 그 실종기간이 만료된 때에 사망의제로 혼인이 해소된다(제28조). 실종선고 후 잔존배우자가 재혼을 한 뒤 실종선고가 취소된 경우가 문제이다. 이러한 경우 재혼당사자의 일방 또는 쌍방이 악의인 경우에는 전혼(前婚)은 부활하고 후혼(後婚)은 중혼이 되어 취소할 수 있게 된다(제810조, 제816조, 제818조 전단). 이러한 경우 실종선고취소 당사자는 이혼을 청구할 수 있을 것이다(제840조 제1항). 재혼당사자 쌍방이 선의이면 전혼은 부활하지 않고 후혼만 유효하다고 해석된다(통설).

3. 이 혼

이혼은 법률상 이혼을 의미하지만 사실혼의 해소도 이혼에 준하는 효과를 갖는다. 이혼은 소급효가 없다는 점에서 혼인의 취소와 유사하지만 그 사유가 다르고, 특히 협의상 이혼은 제척기간이나 조정을 필요로 하지 않다는 점에서 혼인의 취소와 다르다(재판상 이혼은 조정전치주의). 민법상 이혼에는 협의이혼(協議離婚)과 재판상 이혼이 있다. 판례는 재판상 이혼의 경우 이혼에 책임있는 자의 이혼청구를 배제하는 유책주의를 원칙으로 하되 민법 제840조 6호에 의하여 파탄주의를 가미하고 있는 해석론을 전개하고 있다.

Ⅱ 협의이혼

사례 07

A는 사업상 부도 위험에 직면하여 유일한 재산인 부동산을 처 B명의로 이전한 후에 형식상 합의이혼하였다. 한편 A의 채권자 갑(甲)은 채권에 기하여 A의 재산에 압류를 하려 했으나 부동산은 이미 B명의로 이전된 상태였다. 이혼을 한 A는 B와 아이들을 돌보지 않던 중 술집 마담으로 일하던 C와 동거하게 되었다. 한편 형식상 합의이혼을 한 B는 생활고를 해결하고자 부동산을 을(乙)에게 처분하고 이전등기를 경료하여 주었다. 그리고 B는 우연히 D와 사귀게 된 후 그와 결혼하였다.

(1) A는 B와 했던 이혼의 무효를 주장할 수 있는가? A의 주장이 받아들여진다면 을(乙)의 부동산에 대한 권리는 어떻게 되는가?

(2) 채권자 갑은 A가 B에게 부동산명의를 이전한 것을 사해행위로 취소할 수 있는가?

(3) 협의이혼이 유효할 경우 A는 을(乙)명의로 되어 있는 부동산에 대하여 재산분할을 청구함과 동시에 B에 대하여 위자료를 청구할 수 있는가?

[논 점]

1. 실질적인 이혼의 의사와 이혼의 효력
2. 가장이혼의 효력
3. 협의이혼 무효의 소와 그 효력
4. 협의이혼과 재산분할
5. 배우자의 유책성과 위자료
6. 재산분할과 채권자취소권
7. 재산분할과 장래의 수입

1. 의의와 성질

(1) 의 의

부부는 협의에 의하여 이혼할 수 있다(제834조). 엄격한 이혼형식을 요구하는 재판이혼주의를 채택하고 있는 외국의 입법례들과는 달리, 우리나라는 당사자들이 이혼의사 확인만으로도 이혼이 가능한 협의이혼을 중심으로 하고 이에 재판상 이혼을 보충하고 있다.

(2) 이혼협의의 법적 성질

아직 이혼하지 않은 당사자가 장차 협의상 이혼할 것을 약정하면서 이를 전제로 하여 위 재산분할에 관한 협의를 하는 경우, 이 약정은 협의이혼의 성립을 정지조건으로 하는 법률행위라고 해석된다(대판 2003.8.19, 2001다14061).

판례

협의이혼약정의 법적 성질(정지조건부 의사표시)

아직 이혼하지 않은 당사자가 장차 협의상 이혼할 것을 약정하면서 이를 전제로 하여 위 재산분할에 관한 협의를 하는 경우에 있어서는, 특별한 사정이 없는 한, 장차 당사자 사이에 협의상 이혼이 이루어질 것을 조건으로 하여 조건부 의사표시가 행하여지는 것이라 할 것이므로, 그 협의 후 당사자가 약정한 대로 협의상 이혼이 이루어진 경우에 한하여 그 협의의 효력이 발생하는 것이지, 어떠한 원인으로든지 협의상 이혼이 이루어지지 아니하고 혼인관계가 존속하게 되거나 당사자 일방이 제기한 이혼청구의 소에 의하여 재판상 이혼(화해 또는 조정에 의한 이혼을 포함한다)이 이루어진 경우에는, 위 협의는 조건의 불성취로 인하여 효력이 발생하지 않는다(대판 2003.8.19, 2001다14061).

2. 협의이혼의 성립

(1) 이혼의사(離婚意思)의 합치

제834조(협의상 이혼)
부부는 협의에 의하여 이혼할 수 있다.

제835조(성년후견과 협의상 이혼)
피성년후견인의 협의상 이혼에 관하여는 제808조 제2항을 준용한다.

① 당사자 사이에 이혼의사의 합치가 있어야 한다. 이혼의사가 무엇이냐에 대해서는 실질적 의사설과 형식적 의사설이 대립한다. 양 학설은 주로 가장이혼을 어떻게 취급할 것인가를 놓고 견해가 나뉜다. 실제 가장신분행위가 문제되는 것은 혼인보다는 이혼이나 양자와 관련해서이다. 이혼의사를 사회통념상 이혼을 하는 의사, 즉 혼인의 실체를 해소할 의사로 보는 실질적 의사설에 따르면 가장이혼은 무효이다(초기판례: 대판 1961.4.27, 4293민상536; 대판 1967.2.7, 66다2542). 반면에 이혼의사를 이혼신고를 하려는 의사로 보는 형식적 의사설에 따르면 가장이혼이라고 해서 반드시 무효가 되는 것은 아니다(최근판례: 대판 1975.

8.19, 75도1712; 대판 1981.7.28, 80므77). 가장혼인의 경우에는 학설과 판례가 실질적 의사설에 기울고 있으나, 가장이혼의 경우에는 판례조차도 해석이 상반되고 있다(대판 1993.6.11, 93므171; 대판 1996.11.22, 96도2049; 대판 1997.1.24, 95도448).

② 이혼의사는 이혼신고서의 작성 시에는 물론이고, 그 서면이 수리되는 때에도 존재하여야 한다.

판례

합의이혼과 간통에 대한 사전동의

이혼의사의 합치가 있는 동안에는 비록 혼인신고가 없었다고 하더라도 간통에 대한 사전동의인 종용에 해당하는 의사표시가 그 합의 속에 포함되어 있는 것으로 볼 수 있지만(대판 2000.7.7, 2000도868), 협의이혼 의사확인 신청서를 제출하였더라도 혼인 당사자 일방이 협의이혼 전 숙려기간 진행 중에 그 신청을 취하한 경우에는 이혼의사의 합치가 있었다고 보기 어렵고, 그 후 그 일방이 이혼소송을 제기하였다가 그 취하서를 제출하였다면 비록 상대방이 이전에 이혼청구를 인낙하는 취지로 답변하였다거나 소취하에 부동의하였더라도 간통 종용의 의사표시는 유효하게 철회되었다고 볼 수 있으므로, 협의이혼 의사확인 신청과 이혼소송의 제기 사실만으로는 간통행위에 대한 종용이 있었다고 볼 수 없다(대판 2009.7.9, 2008도984).

③ 피성년후견인도 의사능력이 있으면 부모 또는 후견인의 동의를 얻어 이혼할 수 있다(제835조, 제808조 제2항). 성년에 이르지 않은 미성년자가 이혼하는 경우 따로 부모의 동의절차 없이 이혼할 수 있다고 볼 것이다(성년의제의 효과).

(2) 협의이혼신고

第836조(이혼의 성립과 신고방식)
① 협의상 이혼은 가정법원의 확인을 받아 「가족관계의 등록 등에 관한 법률」의 정한 바에 의하여 신고함으로써 그 효력이 생긴다.
② 전항의 신고는 당사자 쌍방과 성년자인 증인 2인의 연서한 서면으로 하여야 한다.

① 이혼의사확인

이혼신고의 경우에는 혼인신고의 경우와 달리 축출이혼의 방지를 위하여 당사자 쌍방의 이혼의사에 대한 가정법원의 확인을 받아 가족관계등록법에 정한 바에 의하여 신고함으로써 그 효력이 생긴다(제836조 제1항).

가정법원의 이혼의사확인에 소송법상의 특별한 효력이 주어지는 것은 아니므로 이혼의사확인절차를 거쳤다고 하더라도 이혼의사표시에 하자가 있다면 그 이혼을 취소할 수 있다(대판 1987.1.20, 86므86).

② 이혼의사철회

이혼의사확인서와 함께 이혼신고서가 제출되기 전에 이혼의사를 철회할 수 있다. 철회신고서가 제출되었음에도 불구하고 공무원의 착오로 이혼신고가 수리되었다면 이는 무효이다(대판 1994.2.8, 93도2869).

③ 이혼신고

당사자 간에 이혼합의가 있고 이를 확인했다고 하더라도 이혼신고가 수리되지 않는 한 혼인은 해소되지 않는다(대판 1983.7.12, 83므11). 신고는 당사자 쌍방과 성년자인 증인 2인이 연서한 서면으로 하여야 한다(제836조 제2항). 증인의 연서가 위조된 것이라면 그 신고를 접수할 수 없는 것이나, 일단 수리된 이상 그 신고의 효력에는 영향이 없다(대판 1962.11.15, 62다610). 법원의 이혼의사확인 절차를 마쳤으나 3개월이 지나도록 이혼신고를 하지 않는 경우 이혼의사확인서의 효력은 상실한다(가족관계등록법 제75조 제3항).

판례

이혼신고 없는 협의이혼의 효력

섭외사법 제18조 본문에 의하면 재일교포인 부부가 일본에서 이혼한다 하더라도 우리나라 법이 그 준거법이 될 터인데, 우리 민법상 일단 혼인이 유효하게 성립하였다면 이혼신고에 의하여 협의이혼하거나 재판상으로만 유효하게 이혼할 수 있는 것이고, 호적에 그 혼인사실이 기재되지 않았다 하여 이혼의 합의만으로 이혼되는 것은 아니다(대판 1991.12.10, 91므535).

(3) 이혼안내절차와 숙려기간

제836조의2(이혼의 절차)

① 협의상 이혼을 하려는 자는 가정법원이 제공하는 이혼에 관한 안내를 받아야 하고, 가정법원은 필요한 경우 당사자에게 상담에 관하여 전문적인 지식과 경험을 갖춘 전문상담인의 상담을 받을 것을 권고할 수 있다.

② 가정법원에 이혼의사의 확인을 신청한 당사자는 제1항의 안내를 받은 날부터 다음 각 호의 기간이 지난 후에 이혼의사의 확인을 받을 수 있다.

1. 양육하여야 할 자(포태 중인 자를 포함한다. 이하 이 조에서 같다)가 있는 경우에는 3개월
2. 제1호에 해당하지 아니하는 경우에는 1개월

③ 가정법원은 폭력으로 인하여 당사자 일방에게 참을 수 없는 고통이 예상되는 등 이혼을 하여야 할 급박한 사정이 있는 경우에는 제2항의 기간을 단축 또는 면제할 수 있다.

④ 양육하여야 할 자가 있는 경우 당사자는 제837조에 따른 자(子)의 양육과 제909조 제4항에 따른 자(子)의 친권자결정에 관한 협의서 또는 제837조 및 제909조 제4항에 따른 가정법

원의 심판정본을 제출하여야 한다.

기존의 협의이혼이 당사자의 이혼의사의 합치, 가정법원의 확인, 가족관계등록법에 의한 신고 등 간단한 절차만으로 진행됨으로써 혼인보호에 미흡하고 이혼가정의 문제가 사회문제로 부각되면서 2007년 12월에 신설된 민법 제836조의2 규정이 마련되었다.

① 가정법원의 안내와 권고

협의상 이혼을 하려는 자는 가정법원이 제공하는 이혼에 관한 안내를 받아야 한다(제836조의2 제1항 전문). 이혼의 안내란 재산의 분할, 자녀의 양육과 면접교섭, 친권에 관한 사항 등을 의미하고, 이를 받는 것은 이혼당사자들의 의무적 사항으로 보아야 할 것이다. 가정법원은 필요한 경우 당사자에게 상담에 관하여 전문적인 지식과 경험을 갖춘 전문상담인의 상담을 받을 것을 권고할 수 있다(제836조의2 제1항 후문). 안내와 달리, 상담을 받는 것은 의무사항이 아니다.

② 이혼의사 확인기간

협의상 이혼당사자들은 이혼절차에 들어가기 전에 i) 양육하여야 할 자(포태 중인 자를 포함)가 있는 경우에는 3개월의 기간이 지난 후에, ii) 양육할 자가 없는 경우에는 1개월의 기간이 지난 후에 이혼의사의 확인을 받을 수 있다(제836조의2 제2항). 이 제도는 경솔한 이혼을 방지하고 이혼을 다시 재고할 기회를 준다는 의미에서는 긍정적이나, 이혼을 너무 부정적으로 전제하고 있고 나아가 이혼당사자의 사적 생활관계에 가정법원이 지나치게 관여한다는 문제점이 있다.

③ 이혼의사 확인기간의 단축 내지 면제

가정법원은 폭력으로 인하여 당사자 일방에게 참을 수 없는 고통이 예상되는 등 이혼을 하여야 할 급박한 사정이 있는 경우에는 제836조의2 제2항의 기간을 단축 또는 면제할 수 있다(제836조의2 제3항).

④ 자녀의 양육 및 친권자 결정에 관한 협의서 또는 심판정본의 의무적 제출

협의이혼하고자 하는 부부는 양육자의 결정, 양육비용의 부담, 면접교섭권의 행사 여부 및 그 방법 등이 기재된 양육사항과 친권자결정에 관한 협의서 또는 가정법원의 심판정본을 이혼 확인시에 의무적으로 제출하여야 한다(제836조의2 제4항, 제837조, 제909조 제4항). 이 규정이 신설되기 전에는 당사자 사이에 자녀 양육사항 및 친권자 지정에 관한 합의가 없어도 협의이혼이 가능하였기 때

문에 이혼 가정 자녀의 양육환경이 침해되는 문제가 있었다.

3. 협의이혼의 무효와 취소

(1) 협의이혼의 무효

[관련법조항] 가사소송법 제2조 제1항 가류사건 2호

① 민법에 규정은 없으나 이혼합의가 없는 때와 적법한 이혼신고가 없는 때에는 그 이혼은 무효이다. 예를 들어 당사자가 모르는 제3자에 의한 이혼신고(대판 1956.8.4, 4289민상235), 신고서 제출 전에 이혼의사를 철회하거나, 심신상실자가 이혼신고 시에 의사능력이 없는 경우 등이다. 과거 판례는 혼인파탄사실도 없이 동거하면서 통모하여 형식상으로만 이혼신고를 하는 경우(대판 1967.2.7, 66다2542) 등 이혼의 실질적 의사가 있는가에 따라 협의이혼의 유·무효를 판단하였으나, 실질적으로 이혼의사가 없다 할지라도 법률상 이혼신고의 중요성을 감안하여 그러한 이혼도 유효하다고 하는 형식적 의사설에 기울고 있다(대판 1975.8.19, 75도1712. 이 판례는 실질적 의사설과 형식적 의사설의 절충적 입장에 가깝다고 평가된다; 형식적 의사설에 확실하게 기운 판례는 대판 1993.6.11, 93므171 이후부터라고 할 수 있을 것이다; 서울가법 2004.4.22, 2003드합6149).

판례가 가장이혼에서 이혼합의의 부존재를 극히 좁게 인정하려는 것(이혼의사를 폭넓게 인정하려는 것)은, 혼인의 경우는 실체와 신고가 모두 중요한 요소이지만 이혼의 경우는 실체적 부부관계를 유지하면서 사실혼 상태로 돌아가려는 의사도 혼인해소의 의사인 것은 틀림없기 때문이다.

판례

이혼의사의 해석

협의이혼에 있어서 이혼의사는 법률상 부부관계를 해소하려는 의사를 말하므로 일시적으로나마 법률상 부부관계를 해소하려는 당사자 간의 합의하에 협의이혼신고가 된 이상 협의이혼에 다른 목적이 있더라도 양자 간에 이혼의사가 없다고는 말할 수 없고, 따라서 이와 같은 협의이혼은 무효로 되지 아니한다(대판 1993.6.11, 93므171).

② 협의이혼의 무효를 주장하는 방법, 무효소송의 절차 등은 혼인무효의 소와 같다.

협의이혼이 무효이면 이혼은 소급적으로 무효가 되고 혼인은 중단없이 계속된다(이미 이루어진 재산분할은 원상으로 회복되고 그에 따라 선의로 부동산 등을 양도받은 제3자는 그 재산을 반환해야 한다). 협의이혼 무효의 확정판결은 제3자에게도 효력이 있다(가소법 제21조 제1항). 이혼의 무효가 판결로 확정된 때에는 판결확정일로부터 1월 이내에 판결의 등본 및 확정증명서를 첨부하여 등록부의 정정을 신청하여야 한다(가족관계등록법 제107조).

③ 협의이혼 후 재혼한 자는 협의이혼의 무효로 중혼상태가 된다. 재혼에 대해서는 취소가 가능하다. 중혼 도중 중혼자가 사망한 경우 전 후 배우자 모두 공동상속한다.

(2) 협의이혼의 취소

第838条(사기, 강박으로 인한 이혼의 취소청구권)
사기 또는 강박으로 인하여 이혼의 의사표시를 한 자는 그 취소를 가정법원에 청구할 수 있다.

① 사기·강박으로 인한 이혼은 사기를 안 날 또는 강박을 면한 날로부터 3월 이내에 이혼의 취소를 청구할 수 있다(제838조, 제839조). 사기·강박에 의한 이혼의 취소에는 민법총칙규정의 적용이 없다. 따라서 이혼의 취소로 선의의 제3자에게 대항할 수 있고, 또 제3자가 행한 사기·강박에 의한 이혼은 상대방 배우자가 선의인 경우에도 취소를 청구할 수 있다(제110조 제2항·제3항).

② 협의이혼의 취소는 신분관계의 형성을 가져오는 형성의 소이고, 그 확정판결은 대세적 효력이 있으며, 성질상 당사자의 임의처분이 허용되지 않는다. 따라서 당사자들 사이의 조정은 무의미하다. 그럼에도 불구하고 가사소송법에서는 협의이혼을 취소하려면 가정법원에 조정을 신청하도록 하고 있다(가소법 제50조 제1항. 이는 입법적으로 해결해야 할 과제이다).

③ 이혼이 취소되면 혼인의 취소와는 달리 소급효가 인정되며 제824조가 준용되지 않는다(통설). 따라서 당사자가 이혼신고 후에 재혼한 때에는 취소로 인하여 중혼이 된다.

판례

기망에 의한 협의이혼의 취소

1. 기망에 의한 이혼신고를 유효하다고 한 사례

청구인 A는 피청구인 남편이 외국이민을 떠났다가 3년 후에 다시 귀국하여 혼인신고를 하여 주겠다고 하여 이를 믿고 이혼신고를 하였는바, 별다른 사정이 없는 한 당사자 간에 일시적이나마 법률상의 부부관계를 해소할 의사가 있었다고 할 것이니

기망에 의한 협의이혼이라고 할 수 없고 그 이혼신고는 유효하다(대판 1981.7.28, 80므77).

2. 기망을 당한 금치산자(피성년후견인)의 이혼신고의 효력

협의이혼의사의 확인은 어디까지나 당사자들의 합의를 근간으로 하는 것이고 법원의 역할은 그들의 의사를 확인하여 증명하여 주는데 그치는 것이며, 이혼의사의 확인을 구하는 신청인들이 의사결정의 정확한 능력을 가졌는지 또는 어떠한 과정을 거쳐 협의이혼의사를 결정하였는지 하는 점에 관하여 법원은 심리할 필요가 없으며 또한 법원의 확인에 소송법상의 특별한 효력이 주어지는 것도 아니다. 이러한 경우 이혼협의의 효력은 민법상의 원칙에 의하여 결정되어야 할 것이고 이혼의사 표시가 사기, 강박에 의하여 이루어졌다면 민법 제838조에 의하여 취소할 수 있다고 하지 않으면 안 된다. 따라서 두 딸을 낳은 후 정신이상 증세를 보이다가 어느 정도 회복되었지만 심신박약 상태인 아내를 법원에 데리고 가서(기망하여) 협의이혼의사를 확인받은 후에 한 이혼신고는 취소 할 수 있다(대판 1987.1.20, 86므86).

4. 사실상 이혼

(1) 의 미

사실상 이혼이란 원칙적으로 이혼신고를 하지 않았을 뿐 이혼합의를 하고 서로 별거하는 등 혼인관계의 실체가 소멸한 것을 의미한다(대판 1993.7.27, 93누1497). 또한 법률혼 배우자가 집을 나가 행방불명되고 잔존배우자가 중혼적 사실혼관계에 있는 경우에도 그 법률혼은 사실상 이혼상태에 있다고 볼 수 있다(대판 2009.12.24, 2009다64161).

(2) 일반적 효과

동거·협조·정조의무가 소멸하고 일상가사대리권이나 가사채무의 연대책임 규정이 적용되지 않는다.

(3) 상속권

이혼신고가 되지 않는 이상 법률상 부부이므로 상속권이 있다. 다만 형식상 기재된 혼인신고를 기화로 상속권을 주장하는 것이 권리남용으로 되는 경우가 있다(대판 1987.4.28, 86므130).

판례

사실상 이혼상태에 있는 자의 상속권과 신의칙

갑의 친모 을이 병과 혼인하여 혼인신고를 마치고 갑을 출생하고 동거하다가 가출하여 타인과 혼인신고까지 마치고 동거하고 있던 중, 갑의 부 병이 정과 동거하여 오다가 사망하자, 갑이 을과 공동상속하게 될 유산 처분 등의 곤란을 회피하고자 병의 호적상에 허위로 을의 사망신고를 하고 나서 다시 병과 정의 혼인신고를 한 뒤 망부 병의 사망신고를 하였는데 정이 유산처분을 반대하고 나서자 분란 끝에 갑이 정을 공동상속인 지위에서 제거하기 위하여 을의 승낙도 없이 을의 이름으로 정을 상대로 혼인무효의 심판청구를 제기하였으나 대법원에서 패소확정되자 다시 갑이 직접 이 사건 혼인무효 심판청구를 제기하였다면, 비록 정과 병 사이의 혼인신고는 병의 사망 후에 이루어진 것으로서 무효라 할 것이나 위 혼인무효가 확정되는 경우 되 살아 나게 될 병과 을의 부부관계는 위 시기에 사실상 소멸되어 돌이킬 수 없는 상태에 이르게 되었으므로 을과 병의 각 사망신고와 정과 병 사이의 혼인신고를 사실과 다르게 신고한 지위에서 오로지 을과 병 사이의 혼인관계가 형식상 존속함을 이용하여 을의 상속권을 회복할 목적으로 제기된 이 사건 혼인무효심판청구는 신의에 좇은 권리행사라고 볼 수 없어 사회생활상 용인될 수 없다(대판 1987.4.28, 86므130).

(4) 중혼이 되는 경우

사실상 이혼하고 있다고 하더라도 다른 사람과 혼인을 하면 중혼이 된다. (제6절 사실혼 V. 중혼적 사실혼 참고).

판례

중혼적 사실혼으로 인하여 형성된 인척이 성폭력범죄의처벌및피해자보호등에관한법률 제7조 제5항 소정의 '사실상의 관계에 의한 친족'에 해당하는지 여부

법률이 정한 혼인의 실질관계는 모두 갖추었으나 법률이 정한 방식, 즉 혼인신고가 없기 때문에 법률상 혼인으로 인정되지 않는 이른바 사실혼으로 인하여 형성되는 인척도 성폭력범죄의처벌및피해자보호등에관한법률 제7조 제5항이 규정한 사실상의 관계에 의한 친족에 해당하고, 비록 우리 법제가 일부일처주의를 채택하여 중혼을 금지하는 규정을 두고 있다 하더라도 이를 위반한 때를 혼인무효의 사유로 규정하고 있지 아니하고 단지 혼인취소의 사유로만 규정함으로써 중혼에 해당하는 혼인이라도 취소되기 전까지는 유효하게 존속하는 것이므로 중혼적 사실혼이라 하여 달리 볼 것은 아니다 (대판 2002.2.22, 2001도5075).

(5) 사실상 이혼 상태에서의 출생자

사실상 이혼 후에 낳은 자도 원칙적으로 혼인 중의 출생자이다. 그러나 사실상의 이혼 후 300일이 지나 출생한 자녀는 사실상 이혼 후에 포태한 것으로 추정되어(제844는 적용되지 않는다), 친생부인의 소(제846조)에 의하지 않고 친자관계부존재확인의 소로 친자관계를 부정할 수 있다(대판[전원합의체] 1983.7.12, 82므59).

[사례풀이 07]

(1) 이혼신고가 수리되었다 하더라도 이혼당사자 사이에 이혼합의가 없는 가장이혼의 효력은 어떠한가? 이혼의사의 존부에 관한 판단에 있어서 종래 판례는 혼인의 파탄사실이 없이 동거생활을 계속하면서 통모하여 형식상으로만 협의이혼신고한 경우(대판 1967.2.7, 66다2542), 서자를 적자로 하기 위해 형식상 이혼신고를 한 경우(대판 1961.4.27, 4293민상536)를 무효라고 하여 실질적 의사설에 가까웠다. 그런데 최근의 판례는「이혼신고의 법률상 중대성에 비추어 비록 일시적으로나마 법률상 부부관계를 해소하려는 당사자 사이의 합의이혼신고가 된 이상 협의이혼에 다른 목적(가령 강제집행 등을 회피할 목적)이 있었더라도 양자 사이에 이혼의사가 없다고는 말할 수 없고, 이러한 협의이혼은 무효로 되니 아니한다」고 하였다(대판 1993.6.11, 93므171). 종래의 판례 입장인 실질적 의사설에 따를 경우 협의이혼은 무효이다. 이러한 경우 B의 혼인은 중혼으로 취소할 수 있고, 만약 부동산이 A의 특유재산임이 증명된다면 을의 가사대리권의 항변이 받아들여지지 않는 한 A의 반환청구에 대하여 을(乙)은 선의라고 하더라도 재산을 반환하여야 한다. 그러나 최근 판례에 따를 경우 A의 협의이혼 무효 주장은 받아들여지지 않는다. 협의이혼이 유효한 경우 부동산이 A의 특유재산이었다고 하더라도 B의 처분행위가 무효가 되는 것은 아니고, 이 경우 재산분할에 관한 제837조의2가 적용되어 A의 권리만큼 B는 현물반환이 아닌 가액반환의무를 부담한다.

(2) 이혼 시에 A가 채무초과임에도 불구하고 부동산을 이전하거나 재산분할을 하였을 경우 그 재산분할의 상당성 여부에 따라 채권자취소(제406조)의 여부가 결정된다. 상당성은 재산형성의 기여도, 혼인기간 등을 종합적으로 고려하여 판단하되 상당성이 인정되는 범위에서는 사해행위가 성립할 여지가 없지만, 상당한 정도를 벗어나는 초과부분은 정당한 재산분할로 볼 수 없을 것이고 그 부분은 사해행위에 해당하여 취소의 대상이 될 수 있다(대판 2005.1.28, 2004다58963).

(3)-① A는 부동산이 A의 소유이고 B에게 처분권한이 없음을 증명하지 못하는 한 을 명의로 이전등기된 부동산의 반환을 청구할 수 없다. 다만, 합의이혼에 A에게 유책성이 있다고 하더라도 A의 B에 대한 재산분할청구를 배제할 것은 아니므로 자신의 몫에 해당하는 금액을 산정하여 이혼한 날부터 2년을 경과하기 전에 그 액수만큼의 금전지급을 청구할 수 있을 것이다.

(3)-② 위자료는 이혼에 유책성이 인정되는 것을 전제로 한다(제806조). 강제집행을 면할 목적으로 이혼한 사실에 대하여 협의이혼의 무효가 받아들여지지 않는 상태에서 그 이혼에 B의 유책성이 있음을 달리 증명하지 못하는 한 A의 위자료청구는 부인되어야 할 것이다.

Ⅲ 재판상 이혼

제840조(재판상 이혼원인)

부부의 일방은 다음 각 호의 사유가 있는 경우에는 가정법원에 이혼을 청구할 수 있다.

1. 배우자에 부정한 행위가 있었을 때
2. 배우자가 악의로 다른 일방을 유기한 때
3. 배우자 또는 그 직계존속으로부터 심히 부당한 대우를 받았을 때
4. 자기의 직계존속이 배우자로부터 심히 부당한 대우를 받았을 때
5. 배우자의 생사가 3년 이상 분명하지 아니한 때
6. 기타 혼인을 계속하기 어려운 중대한 사유가 있을 때

이혼사유가 있음에도 불구하고 부부의 일방이 이혼에 불응하는 경우에 다른 당사자는 재판상 이혼(裁判上 離婚)을 청구할 수 있다. 재판상 이혼소송을 제기할 경우에는 먼저 조정을 신청하여야 하며 조정이 성립하지 않은 경우에 비로소 이혼소송이 진행될 수 있다. 재판상 이혼에 관하여 구 민법은 이혼원인을 한정적으로 표시하였다(구 민법 제813조). 반면에 현행 민법은 제840조에서 이혼원인을 개별적으로 예시하면서도(제840조 제1항~제5항) 제6항에서 '혼인을 계속하기 어려운 중대한 사유'(제840조 제6항: 상대적 이혼원인)가 있을 때에도 이혼을 인정하고 있다.

재판상 이혼에 관한 민법규정은 유책배우자의 이혼청구를 배제하는 유책주의를 바탕으로 하면서도 파탄주의를 적절히 혼용할 수 있는 체계이다. 즉, 제804조 제6항의 '혼인을 계속하기 어려운 중대한 이유'에 대한 해석에 따라서 유책배우자의 이혼청구도 가능해질 수 있을 뿐만 아니라 재판상 이혼의 인정범위가 현실에 대응하여 변화할 수 있는 것이다.

1. 이혼원인

(1) 배우자의 부정행위(제840조 1호)

본호의 부정행위(不貞行爲)는, i) 객관적으로 그것이 부정한 행위에 해당한다고 볼 만한 사실, ii) 그 행위가 내심의 자유로운 의사에 의하여 행하여졌다는 사실을 필요로 한다. 따라서 객관적으로 부정한 행위라고 볼 수 있는 사실이 있다고 하더라도 그것이 자유로운 의사에 의하여 이루어지지 않았다면, 부정행위라고 할 수 없다(대판 1976.12.14, 76므10). 예컨대, 심신상실상태 하에서의 행위나 강간 등의 경우는 부정한 행위로 볼 수 없다. 또한, 간통을 포함하는 보다 넓은 개념으로서 간통에까지는 이르지 않았으나 부부의 정조의무(貞操義務)에 충실하지 않은 일체의 행위가 포함된다(대판 1963.3.14, 63다54; 대판 1993.4.9, 92므938). 혼인 전의 행위는 고려되지 않고 혼인 후의 행위만이 부정행위 판단의 대상이 된다. 부정행위에 대하여 다른 일방이 사전에 동의하였거나 사후에 용서를 한 때는 그 부정행위를 이유로 이혼을 청구할 수 없다(제841조). 부정한 행위는 이를 안 날로부터 6월이 경과했거나 그 사유가 있은 날로부터 2년을 경과한 때에는 이혼을 청구하지 못한다(제841조).

판례

배우자의 부정행위

1. 부정행위의 개념

민법 제840조 제1호 소정의 재판상 이혼사유인 부정한 행위라 함은 간통에 이르지는 아니하였다고 하더라도 부부의 정조의무에 충실하지 아니한 것으로 인정되는 일체의 부정행위를 포함하는 보다 넓은 개념으로 파악하여야 한다(대판 1993.4.9, 92므938).

2. 부정행위에 해당하지 않는 사례

캬바레에서 다른 남자를 사귀었다는 등의 사실만으로는 민법 제840조 제1호 소정의 부정한 행위에 해당하지 않는다(대판 1990.7.24, 89므1115).

3. 부정행위에 해당하는 사례

(1) 부정한 행위를 한 부(夫)에 대하여 그 사실을 알면서 그의 처가 부부생활을 지속한 경우라 하더라도 부의 부정한 행위를 용서한 것으로 볼 수 있는 것은 아니다(대판 1955.7.28, 4288민상214).

(2) 고령이고 중풍으로 정교능력이 없어 실제로 정교를 갖지는 못하였다 하더라도 배우자 아닌 자와 동거한 행위는 배우자로서의 정조의무에 충실치 못한 것으로서 제840조 제1호의 "부정한 행위"에 해당한다(대판 1992.11.10, 92므68).

(2) 악의의 유기(제840조 2호)

악의의 유기란, 배우자가 정당한 이유 없이 서로 동거·부양·협조하여야 할 부부로서의 의무를 포기하고 다른 일방을 버린 경우(대판 1986.5.27, 86므26)로서, 예컨대 배우자의 일방이 정당한 이유 없이 타방 배우자를 버리고 부부공동생활을 폐지하는 행위(대판 1959.5.28, 4291민상190)라든가, 고의로 상대방의 의사에 반하여 부부공동생활을 폐지하는 것(대판 1986.6.24, 85므6) 등을 말한다. 부양의무를 이행했다고 하더라도 객관적으로 유기라고 볼 수 있다면 악의의 유기에 해당한다고 해석된다. 예를 들어 동거녀와 부첩관계를 가지면서 처를 20여 년이 넘게 장기간 딸의 집에 살도록 하면서 생활비를 주었다고 하더라도 악의의 유기에 해당될 수 있다(대판 1998.4.10, 96므1434).

악의의 유기가 존재하는 한 이혼청구권은 소멸하지 않으므로 악의의 유기에 기한 이혼청구기간에는 특별한 제한이 없다(대판 1998.4.10, 96므1434).

판례

악의의 유기

남편이 정신이상의 증세가 있는 처를 두고 가출하여 비구승이 된 것은 악의의 유기에 해당한다(대판 1990.11.9, 90므583)

(3) 배우자 또는 그 직계존속으로부터의 심히 부당한 대우(제840조 3호)

여기서 부당한 대우란 신체적·정신적인 학대 또는 명예에 대한 모욕을 의미한다(대판 1971.7.6, 71므17).

판례

부당한 대우

처가 아기를 낳을 수 없다는 것을 이유로 한 남편의 학대는 심히 부당한 대우에 해당한다(대판 1990.11.27, 90므484).

(4) 배우자에 의하여 자기의 직계존속에 대해서 행하여지는 심히 부당한 대우(제840조 4호)

예컨대 피고가 원고 친생모(親生母)의 뺨을 때리고 발로 찬 경우(대판 1947.5.6, 4280민상37)가 이에 해당된다.

(5) 3년 이상의 생사불명(제840조 5호)

본호에 의한 이혼은 실종선고에 의한 혼인해소와는 관계가 없다. 즉, 이혼판결이 확정된 후에 생존하더라도 실종선고가 취소된 경우와는 달리 혼인은 당연히 부활하는 것이 아니다.

(6) 기타 혼인을 계속하기 어려운 중대한 사유(제840조 6호)

① 이혼인용(離婚認容)의 기준

혼인관계가 심각하게 파탄되어 다시는 혼인에 적합한 생활공동관계를 회복할 수 없는 정도에 이른 객관적 사실이 있고, 이러한 경우에 혼인생활의 계속을 강요하는 것이 일방 배우자에게 참을 수 없는 고통이 되어야 한다(대판 1991.7.9, 90므1067; 대판 2005.12.23, 2005므1689). 물론 이러한 혼인의 계속을 불능하게 한 사실이 반드시 일방의 유책행위일 필요는 없다(대판 1970.2.24, 69므13).

즉, 제840조 6호에 의하여 이혼이 인용되기 위해서는 원고가 혼인을 계속할 의욕을 상실했다고 하는 주관적 불능만으로는 부족하고 계속불능의 사실의 정도가 같은 처지에 놓인 사람이면 누구나 혼인계속의 의욕을 상실했을 것이라고 판단될 단계에 달해 있지 않으면 안 되며, 이 사실은 제1항 내지 제5항의 구체적 이혼원인에 필적할 정도의 것이어야 한다(대판 1987.7.21, 87므24).

② 판례의 경향

대법원은 판례는 제840조 1호부터 5호의 구체적 사유를 6호의 예시로 보지 아니한다. 즉 제840조의 각 호가 규정한 이혼사유마다 재판상 이혼청구를 할 수 있는 것이므로, 법원은 원고가 주장한 이혼사유에 관하여만 심판하여야 하며 원고가 주장하지 아니한 이혼사유에 관하여는 심판할 필요가 없고, 그 사유에 의하여 이혼을 명하여서는 안 된다고 하였다(대판 1963.1.31, 62다812). 따라서 제840조 1호부터 5호를 주장하는 소송에서 그 요건이 입증되지 않은 경우에는 6호에 해당하는 사실이 존재하는지를 고려할 필요없이 이혼청구를 기각하여야 한다.

판례

재판상 이혼사유

1. 재판상 이혼사유에 해당하는 사례

(1) 혼인 중 처에게 발생한 조울증이 장기간 지속되어 회복이 거의 불가능한 정신질환으로 이환되어 그 증상이 가벼운 정도가 아니어서 그 질환이 단순히 애정과 정성

으로 간호되거나 예후가 예측될 수 있는 것이 아닌 경우(대판 1997.3.28, 96므608), 과도한 신앙생활로 인하여 가정 및 혼인 생활을 소홀히 한 경우(대판 1996.11.15, 96므851), 성적 불능이나 거부(대판 1966.1.31, 65므65; 대판 2009.12.24, 2009므413), 불치의 정신병(대판 1995.5.26, 95므90), 남편이 처에게 폭력을 행사하여 처가 집을 나가 이혼소송을 제기하고 재결합의사가 없음을 명백히 한 사안에서, 부부공동생활관계가 회복할 수 없을 정도로 파탄되고 그 혼인생활의 계속을 강요하는 것이 처에게 참을 수 없는 고통이 된 경우(대판 2005.12.23, 2005므1689) 등.

(2) 법률상 부부인 갑과 을이 별거하면서 갑이 병과 사실혼관계를 형성하였고, 그 후 갑과 을의 별거상태가 약 46년 간 지속되어 혼인의 실체가 완전히 해소되고 각자 독립적인 생활관계가 고착화되기에 이르자 갑이 을을 상대로 이혼을 청구한 사안에서, 갑과 을의 혼인은 혼인의 본질에 상응하는 부부공동생활 관계가 회복할 수 없을 정도로 파탄되었고, 그 혼인생활의 계속을 강제하는 것이 일방 배우자에게 참을 수 없는 고통이 될 것이며, 혼인제도가 추구하는 목적과 민법의 지도이념인 신의성실의 원칙에 비추어 보더라도 혼인관계의 파탄에 대한 갑의 유책성이 반드시 갑의 이혼청구를 배척하지 않으면 아니 될 정도로 여전히 남아 있다고 단정할 수 없으므로, 갑과 을의 혼인에는 민법 제840조 제6호에 정한 '혼인을 계속하기 어려운 중대한 사유가 있을 때'라는 이혼원인이 존재한다(대판 2010.6.24, 2010므1256).

(3) 부부 중에 성기능의 장애가 있거나 부부 간의 성적인 접촉이 부존재하더라도 부부가 합심하여 전문적인 치료와 조력을 받으면 정상적인 성생활로 돌아갈 가능성이 있는 경우에는 그러한 사정은 일시적이거나 단기간에 그치는 것이므로 그 정도의 성적 결함만으로는 '혼인을 계속하기 어려운 중대한 사유'가 될 수 없으나, 그러한 정도를 넘어서서 정당한 이유 없이 성교를 거부하거나 성적 기능의 불완전으로 정상적인 성생활이 불가능하거나 그 밖의 사정으로 부부 상호간의 성적 욕구의 정상적인 충족을 저해하는 사실이 존재하고 있다면, 부부 간의 성관계는 혼인의 본질적인 요소임을 감안할 때 이는 '혼인을 계속하기 어려운 중대한 사유'가 될 수 있다(대판 2010.7.15, 2010므1140).

2. 재판상 이혼사유가 아닌 사례

한때 이혼하기로 합의한 후 재산분할을 하고 위자료까지 준 사실(대판 1996.4.26, 96므226), 임신불능이라는 사실(대판 1965.9.21, 65므37), 중증의 우울증이지만 치료가능한 경우(대판 1995.12.22, 95므861), 약혼단계에서의 부정한 행위(대판 1991.9.13, 91므85) 등.

《혼인을 계속하기 어려운 중대한 사유》

긍정례	① 선의의 중혼, 배우자의 범죄 ② 부당한 피임, 성병의 감염, 이유 없는 성교의 거부, 성적 불능 ③ 불치의 정신병, 부부 간의 애정상실, 성격불일치 ④ 어린이의 학대, 신앙의 차이, 알콜중독 ⑤ 부(夫)의 방탕, 가계를 돌보지 않는 처(妻)의 낭비
부정례	① 사소한 불화나 감정의 대립 ② 한때 이혼하기로 합의한 후 위자료까지 준 사실 ③ 임신불능

2. 유책배우자의 이혼청구

혼인생활의 파탄에 대하여 주된 책임이 있는 배우자의 이혼청구를 인정하여야 하는가? 유책배우자(有責配偶者)는 이혼청구를 할 수 없다고 한다면 완전 유책주의에 가깝고, 유책배우자라고 하더라도 객관적으로 혼인이 파탄에 이르렀다는 것을 증명하면 유책 여부에 상관없이 이혼청구를 인정하는 것은 완전 파탄주의에 가깝다.

(1) 학 설

유책배우자의 이혼청구는 신의칙상 원칙적으로 인정되지 않지만(대판 1989.6.27, 88므740), 엄격한 요건 하에서 제한적으로 이혼청구를 인정하는 것이 다수설이다. 그 근거는 첫째, 파탄을 자초하면서 해소를 요구하는 것은 도의성과 신의칙 내지 권리남용 금지의 원칙에 반하고, 둘째, 유책배우자가 남자인 경우가 많은 우리나라에서 축출이혼(逐出離婚)을 시인하는 결과를 가져와 약자인 여성을 보호하지 못하게 될 우려가 있으며, 셋째, 피해자가 혼인을 계속해서 공동재산을 이용하고 부양을 받는 것이 오히려 유리할 경우가 있을 수 있다는 점이다.

(2) 판 례

유책배우자의 이혼청구를 배척하는 것이 기본입장이다(대판 1969.12.9, 69므31; 대판 2013.11.28, 2010므4095; 대판[전원합의체] 2015.9.15, 2013므568). 그러나 (a) 상대배우자가 이혼의 반소(反訴)를 제기하고 있거나(대판 1987.12.8, 87므44), 오기(傲氣)나 보복적 감정에서 표면상으로는 이혼에 불응하지만, 실제에 있어서는 혼인의 계속과는 양립할 수 없는 행위를 하는 등과 같은 명백한 이혼의사가 있는 경우(대판 1997.5.16, 97므155), (b) 쌍방유책(雙方有責)인 경우(대판 1988.3.22, 87므33; 대판 1994.5.27, 94므130), (c) 혼인이 이미 파탄된 후에 부정행위 등의 사유가 있는 경우(대판 1979.2.24, 69므13), 혼인제도의 목적이나 신의칙에 비추어 유책성이 이혼청구를 배척할 정도로 중하지 아니한 경우(대판 2009.12.24, 2009므2130) 등에는 제한적으로 유책배우자의 이혼청구를 인정하고 있다.

판례

이혼청구와 귀책사유(유책성)

1. 유책배우자의 이혼청구

혼인생활의 파탄에 대하여 주된 책임이 있는 배우자는 그 파탄을 사유로 하여 이혼을 청구할 수 없는 것이 원칙이고, 다만 상대방도 그 파탄 이후 혼인을 계속할 의사가 없음이 객관적으로 명백하고 다만 오기나 보복적 감정에서 이혼에 응하지 않고 있을 뿐이라는 등 특별한 사정이 있는 경우에만 예외적으로 유책배우자의 이혼청구권이 인정된다(대판 1997.5.16, 97므155; 대판 2006.1.13, 2004므1378).

2. 유책성의 판단기준과 시기

혼인파탄에 있어 유책성은 혼인파탄의 원인이 된 사실에 기초하여 평가할 일이며 혼인관계가 완전히 파탄된 뒤에 있은 일을 가지고 따질 것은 아니다(대판 1988.4.25, 87므9; 대판 2004.2.27, 2003므1890).

3. 반소의 제기와 이혼의사

혼인생활의 파탄에 대하여 주된 책임이 있는 배우자는 원칙적으로 그 파탄을 사유로 하여 이혼을 청구할 수 없고, 다만 상대방도 그 파탄 이후 혼인을 계속할 의사가 없음이 객관적으로 명백한데도 오기나 보복적 감정에서 이혼에 응하지 아니하고 있을 뿐이라는 등 특별한 사정이 있는 경우에만 예외적으로 이혼을 청구할 수 있으며, 유책배우자의 이혼청구에 대하여 상대방이 그 주장사실을 다투면서 오히려 다른 사실을 내세워 반소로 이혼청구를 한다 하더라도 그러한 사정만으로 곧바로 상대방은 혼인을 계속할 의사가 없으면서도 오기나 보복적 감정에서 유책배우자의 이혼청구에 응하지 아니하는 것이라고 단정할 수 없다(대판 1998.6.23, 98므15·22).

4. 명백한 이혼의사의 존재

간통죄의 고소를 제기하기 위하여는 먼저 혼인이 해소되거나 이혼소송을 제기하여야 한다는 규정이 있지만 배우자의 간통에 대처하여 상간자를 처벌하고 배우자의 회심을 유도하기 위하여 일응 고소를 하는 경우도 흔히 있으므로, 간통죄의 고소사실만을 가지고 이혼의사가 객관적으로 명백하다고 보기 어렵다(대판 1993.11.26, 91므177·184(반심); 대판 1997.5.16, 97므155).

5. 쌍방유책(雙方有責)인 경우

(1) 처가 200만 원 정도의 돈으로 가계에 보태기 위하여 사채놀이를 하다가 이것이 잘못되어 오히려 부채만 늘게 되는 등의 이유로 구박을 받고, 남편이 처가의 주소를 알 수 있었음에도 처가 무단가출로 인하여 현재 소재불명이라는 이유로 공시송달의 방법으로 이 사건 이혼심판을 진행하게 하고, 시어머니의 냉대가 심한 상황이라고 하더라도 처가 군인인 남편에 대하여 실탄소지 및 국가원수 비방 등 내용을 덧붙여서 그 처벌을 원하는 진정서를 관계당국에 제출하여 남편이 불기소처분을 당하는 등 청구인의 신상에 중대한 영향을 끼쳤다고 판단되는 상황 등(처의 유책적인 행동등이 인정되는 바), 이는 부부 간의 애정과 신뢰가 바탕이 되어야 할 혼인의 본질에 상응하는 부부공동생활 관계가 회복할 수 없을 정도로 파탄되고 그 혼인생활의 계속을 강제하는 것이 일방 배우자에게 참을 수 없는 고통이 되는 경우로 남편의 이혼청구는 인용되어야 한다(대판 1988.3.22, 87므33).

(2) 혼인관계가 파탄에 이르렀음이 인정되는 경우에는 원고의 책임이 피고의 책임보다 더 무겁다고 인정되지 아니하는 한 원고의 이혼청구는 인용되어야 하는 것이므로, 원심이 원고와 피고의 각 책임의 유무 및 경중을 가려보지도 아니한 채 피고에게 책임 있는 사유로 인하여 혼인관계가 돌이킬 수 없는 파탄에 이르렀다고 보기 어렵다고 판시하여 원고의 이혼청구를 배척하고 만 것은 민법 제840조 제6호의 적용에 관한 법리를 오해하였거나 이유를 제대로 명시하지 아니한 위법이 있다(대판 1994.5.27, 94므130).

6. 혼인이 이미 파탄된 후에 부정행위 등의 사유가 있는 경우

이혼청구인이 피청구인과 이혼에 합의한 후 타인과의 자녀를 출산한 상태에서 피청구인이 청구인과 이혼을 할 의사가 없다 하여도 특별한 사정이 없는 한 청구인과 피청구인은 다시 원만한 부부생활로 되돌아가기 어려운 상태로 해석되며 그 되돌아가기 어려운 상태가 피청구인의 귀책사유로 인한 것이라 보기 어려움은 원판결 판단과 같으나 그렇다고 하여 청구인의 귀책사유로 인한 것이라고도 인정되기 어려운 바로서 그렇다면 위 인정사실 관계는 민법 제840조 제6호 소정사유에 해당하여 청구인은 이혼을 청구할 수 있다고 해석함이 타당하다(대판 1979.2.24, 69므13).

7. 유책배우자의 이혼청구를 허용할 것인지 여부와 예외적으로 유책배우자의 이혼청구를 허용할 수 있는 경우 및 판단 기준

(가) 이혼파탄주의를 채택하고 있는 국가의 이혼법제는 재판상 이혼만을 인정하고 있을 뿐 협의상 이혼을 인정하지 아니하고 있다. 우리나라에서는 유책배우자라 하더라도 상대방 배우자와 협의를 통하여 이혼을 할 수 있는 길이 열려 있다. 또한 우리나라에는 파탄주의의 한계나 기준, 그리고 이혼 후 상대방에 대한 부양적 책임 등에 관해 아무런 법률 조항을 두고 있지 아니하다. 따라서 유책배우자의 상대방을 보호할 입법적인 조치가 마련되어 있지 아니한 현 단계에서 파탄주의를 취하여 유책배우

자의 이혼청구를 널리 인정하는 경우 유책배우자의 행복을 위해 상대방이 일방적으로 희생되는 결과가 될 위험이 크다. 유책배우자의 이혼청구를 허용하지 아니하고 있는 데에는 중혼관계에 처하게 된 법률상 배우자의 축출이혼을 방지하려는 의도도 있는데, 여러 나라에서 간통죄를 폐지하는 대신 중혼에 대한 처벌규정을 두고 있는 것에 비추어 보면 이에 대한 아무런 대책 없이 파탄주의를 도입한다면 법률이 금지하는 중혼을 결과적으로 인정하게 될 위험이 있다. 우리나라에서 이혼율이 급증하고 이혼에 대한 국민의 인식이 크게 변화한 것이 사실이더라도 이는 역설적으로 혼인과 가정생활에 대한 보호의 필요성이 그만큼 커졌다는 방증이고, 유책배우자의 이혼청구로 인하여 극심한 정신적 고통을 받거나 생계유지가 곤란한 경우가 엄연히 존재하는 현실을 외면해서도 아니 될 것이다.

(나) 이상의 논의를 종합하여 볼 때, 재판상 이혼에서 유책배우자의 이혼청구를 원칙적으로 허용하지 아니하는 종래의 대법원판례를 변경하는 것이 옳다는 주장은 아직은 받아들이기 어렵다. 다만, 혼인제도가 추구하는 이상과 신의성실의 원칙에 비추어 유책배우자의 이혼청구가 혼인과 가족제도를 형해화할 우려가 없고 사회의 도덕관·윤리관에도 반하지 아니하고, 일방의 의사에 따른 이혼 내지 축출이혼의 염려가 없고, 이혼을 청구하는 배우자의 유책성을 상쇄할 정도로 상대방 배우자 및 자녀에 대한 보호와 배려가 이루어진 경우, 세월의 경과에 따라 혼인파탄 당시 현저하였던 유책배우자의 유책성과 상대방 배우자가 받은 정신적 고통이 점차 약화되어 쌍방의 책임의 경중을 엄밀히 따지는 것이 더 이상 무의미할 정도가 된 경우 등과 같이 혼인생활의 파탄에 대한 유책성이 이혼청구를 배척해야 할 정도로 남아 있지 아니한 특별한 사정이 있는 경우에는 예외적으로 유책배우자의 이혼청구를 허용할 수 있다 (대판[전원합의체] 2015.9.15, 2013므568)

3. 조정(調停)에 의한 이혼

(1) 조정전치주의

재판상 이혼을 하려는 자는 우선 가정법원에 조정을 신청하여야 한다(가소법 제2조 제1항 나류 4호, 제50조). 조정사건은 조정위원회에서 처리되지만 상당한 이유가 있는 때에는 조정담당판사가 단독으로 조정할 수 있다(가소법 제52조). 만약 조정을 신청하지 아니하고 소를 제기한 때에는 가정법원은 그 사건을 조정에 회부하여야 한다. 다만 공시송달에 의하지 아니하고는 당사자의 일방 또는 쌍방을 소환할 수 없거나(예를 들어 배우자의 생사가 분명하지 않은 것을 이혼원인으로 하는 경우), 그 사건이 조정에 회부되더라도 조정이 성립될 수 없다고 인정할 때에는 그렇지 아니하다(가소법 제50조 제2항).

(2) 조정의 성립과 이혼신고

조정은 당사자 사이에 합의된 사항을 조서에 기재함으로써 성립한다(가소법 제59조 제1항). 조정은 재판상의 화해와 동일한 효력이 있으며(가소법 제59조 제2항), 조정을 신청한 자는 조정성립의 날로부터 1개월 이내에 이혼신고를 하여야 한다(가족관계등록법 제78조에 의한 제58조의 준용. 보고적 신고).

4. 재판에 의한 이혼

(1) 제소신청과 소제기의 시기

조정을 하지 아니하기로 하는 결정이 있거나, 조정이 성립되지 아니한 것으로 종결된 경우에 당사자는 그 조서의 정본이 송달된 날부터 2주일 이내나 조서송달 전에 서면으로 제소신청을 할 수 있고, 이러한 경우 조정신청을 한 때에 소가 제기된 것으로 본다(가소법 제49조에 의한 민조법 제34조, 제36조의 준용).

(2) 소송당사자

① 당사자가 미성년자인 경우에는 성년의제에 의하여, 피한정후견인은 신분행위에 관해서는 완전한 행위능력을 가지므로 각각 단독으로 소를 제기할 수 있다.

② 의사능력이 없는 피성년후견인의 경우 이혼의사를 확인할 수 없어 문제이다. 판례는 민법 제840조 각 호가 정한 이혼사유가 존재하고 나아가 금치산자(피성년후견인)의 이혼의사를 객관적으로 추정할 수 있는 경우는 후견인(배우자가 아닌 후견인)이 금치산자(피성년후견인)를 대리하여 재판상 이혼을 청구할 수 있다고 한다(대판 2010.4.29, 2009므639).

판례

금치산자(피성년후견인)의 재판상 이혼과 이혼의사의 확인

의식불명의 식물 상태와 같은 의사무능력 상태에 빠져 금치산선고를 받은 자의 배우자에게 부정행위나 악의의 유기 등과 같이 민법 제840조 각 호가 정한 이혼사유가 존재하고 나아가 금치산자의 이혼의사를 객관적으로 추정할 수 있는 경우에는, 민법 제947조, 제949조에 의하여 금치산자의 요양·감호와 그의 재산관리를 기본적 임무로 하는 후견인(민법 제940조에 의하여 배우자에서 변경된 후견인이다)으로서는 의사무능력 상태에 있는 금치산자를 대리하여 그 배우자를 상대로 재판상 이혼을 청구할 수 있다. 다만, 위와 같은 금치산자의 이혼의사를 추정할 수 있는 것은, 당해 이혼사유의 성질과 정도를 중심으로 금치산자 본인의 결혼관 내지 평소 일상생활을 통하여 가족, 친구 등에게 한 이혼에 관련된 의사표현, 금치산자가 의사능력을 상실하기 전까지 혼인생활의 순탄 정도와 부부 간의 갈등해소방식, 혼인생활의 기간, 금치산자의 나이·신체·건강상태와 간병의 필요성 및 그 정도, 이혼사유 발생 이후 배우자가 취한 반성적 태도나 가족관계의 유지를 위한 구체적 노력의 유무, 금치산자의 보유 재산에 관한 배우자의 부당한 관리·처분 여하, 자녀들의 이혼에 관한 의견 등의 제반 사정을 종합하여 혼인관계를 해소하는 것이 객관적으로 금치산자의 최선의 이익에 부합한다고 인정되고 금치산자에게 이혼청구권을 행사할 수 있는 기회가 주어지더라도 혼인관계의 해소를 선택하였을 것이라고 볼 수 있는 경우이어야 한다(대판 2010.4.29, 2009므639).

③ 이혼소송당사자가 사망한 경우

이혼소송당사자가 사망하면 그것으로 이혼소송은 종료된다. 다만 재판상 이혼 후 재심청구 도중 당사자가 사망한 경우에는 검사를 상대로 소송을 계속할 수 있다(대판 1992.5.26, 90므135).

판례

이혼소송당사자의 사망과 소송

혼인관계와 같은 신분관계는 성질상 상속될 수 없는 것이고 그러한 신분관계의 재심당사자의 지위 또한 상속될 성질의 것이 아니므로 이혼소송의 재심소송에서 당사자의 일방이 사망하였더라도 그 재산상속인들이 그 소송절차를 수계할 까닭이 없다. (그러나) 이혼의 심판이 확정된 경우에 그 심판에 재심사유가 있다면 그 확정판결에 의하여 형성된 신분관계(정당한 부부관계의 해소)는 위법한 것으로서 재심에 의하여 그 확정판결을 취소하여 그 효력을 소멸시키는 것이 공익상 합당하다고 할 것이므로 그 재심피청구인이 될 청구인이 사망한 경우에는 위에서 본 규정들을 유추적용하여 검사를 상대로 재심의 소를 제기할 수 있다고 해석함이 합리적이라고 할 것이고 같은 이치에서 재심소송의 계속 중 본래 소송의 청구인이며 재심피청구인이었던 당사자가 사망한 경우에는 검사로 하여금 그 소송을 수계하게 함이 합당하다고 할 것이다(대판 1992.5.26, 90므135).

(3) 판결의 효력

이혼소송은 형성의 소로서 이혼판결이 확정되면 혼인관계는 해소된다(가소법 제12조; 민소법 제205조 참고). 이혼청구를 인용한 확정판결은 제3자에게도 효력이 있다(가소법 제21조 제1항). 소를 제기한 자는 판결이 확정된 날로부터 1월 이내에 재판의 등본과 그 확정증명서를 첨부하여 이혼신고를 하여야 한다(보고적 신고. 가족관계등록법 제78조, 제58조).

민법 제840조 각 호의 사유는 별개의 소송물이다(대판 2000.9.5, 99므1886). 따라서 제840조 각 호 중 하나의 사실에 대한 이혼청구의 배척이 있다고 하더라도 다른 사유를 원인으로 한 이혼청구가 가능하다.

(4) 제척기간

제840조 2호부터 5호까지의 이혼사유에 기한 이혼청구권은 그 행위의 성질상 제척기간이 없다. 제840조 1호와 6호의 이혼사유에 대하여만 제척기간이 정해져 있는데, 원칙적으로 그 이혼사유를 안 날부터 6월, 이혼사유 있은 날로부터 2년이 경과하면 이혼청구권은 소멸한다(제842조). 다만, 1호의 경우 다른 일방이 부정행위를 사전에 동의하거나 사후에 용서를 한 때 이혼청구권은 소멸하고(제841조), 6호의 경우, 그 이혼사유가 이혼소송이 제기된 때까지 계속되고 있는 경우에는 그러한 사유의 최초 발생이 언제였는가는 묻지 않기 때문에 성질상 제척기간이 적용될 여지가 없다(대판 1996.11.8, 96므1243: 대판 2001.2.23, 2000므1561).

판례

민법 제842조 제소기간의 적용범위

민법 제840조 제6호 소정의 '기타 혼인을 계속하기 어려운 중대한 사유'가 이혼청구 당시까지도 계속 존재하는 것으로 보아야 할 경우에는 이혼청구권의 제척기간에 관한 민법 제842조가 적용되지 아니한다(대판 2001.2.23, 2000므1561).

Ⅳ 이혼의 효과

제843조(준용규정)

재판상 이혼에 따른 손해배상책임에 관하여는 제806조를 준용하고, 재판상 이혼에 따른 자녀의 양육책임 등에 관하여는 제837조를 준용하며, 재판상 이혼에 따른 면접교섭권에 관하여는 제837조의2를 준용하고, 재판상 이혼에 따른 재산분할청구권에 관하여는 제839조의2를 준용하며, 재판상 이혼에 따른 재산분할청구권 보전을 위한 사해행위취소권에 관하여는 제839조의3을 준용한다.

1. 일반적 효과

(1) 이혼으로 혼인관계는 종료하며 혼인의 존속을 전제로 배우자 사이에 존재했던 동거·정조·협조·부양 의무, 부부재산관계 등은 장래를 향하여 소멸한다.

(2) 인척관계가 소멸한다(제775조 제1항).

(3) 언제든지 재혼이 가능하지만(제811조 삭제: 6개월 재혼금지기간 조항 삭제), 전 배우자의 6촌 이내의 혈족, 배우자의 4촌 이내의 혈족의 배우자이거나 이었던 사람과 혼인하지 못한다(제890조 제2항).

(4) 결혼이민 후 한국인 배우자가 사망하거나 실종된 경우 또는 그 밖에 자신에게 책임이 없는 사유로 정상적인 혼인관계를 유지할 수 없는 사람은 여전히 체류자격이 주어진다(출입국관리법 제10조, 동 시행령 12조). 여기서의 귀책사유 여부는 형식적으로 판단하는 게 아니라 법관이 실질적으로 판단하게 된다.

판례

이민배우자의 이혼과 체류허가 여부

이혼소송에서 한국인 배우자의 귀책사유로 이혼한다는 내용의 조정을 갈음하는 결정이 확정되었다고 하더라도, 여러 사정을 고려할 때 이민배우자에게 책임 없는 사유로 정상적인 혼인생활을 할 수 없는 사람에 해당한다고 단정하기 어려울 경우에는 혼인관계 파탄에 관한 귀책사유가 불분명하다 할 것이므로, 결혼이민(F-6) 체류자격으로 체류하던 중 자신의 귀책사유 없이 혼인관계가 해소된 자에 해당한다며 결혼이민 체류자격의 연장신청을 하였으나 출입국관리사무소장이 이를 불허한 사안에서 원고의 체류기간연장등불허가처분취소를 배척한 것은 정당하다(대판 2014.9.4, 2014두36402).

2. 자(子)에 대한 효과

(1) 친권자(親權者)의 지정과 변경

제909조(친권자)

④ 혼인 외의 자가 인지된 경우와 부모가 이혼하는 경우에는 부모의 협의로 친권자를 정하여야 하고, 협의할 수 없거나 협의가 이루어지지 아니하는 경우에는 가정법원은 직권으로 또는 당사자의 청구에 따라 친권자를 지정하여야 한다. 다만, 부모의 협의가 자(子)의 복리에 반하는 경우에는 가정법원은 보정을 명하거나 직권으로 친권자를 정한다.

⑤ 가정법원은 혼인의 취소, 재판상 이혼 또는 인지청구의 소의 경우에는 직권으로 친권자를 정한다.

⑥ 가정법원은 자의 복리를 위하여 필요하다고 인정되는 경우에는 자의 4촌 이내의 친족의 청구에 의하여 정하여진 친권자를 다른 일방으로 변경할 수 있다.

① 협의이혼의 경우

㉮ 부모의 협의로 친권자를 정한다(제909조 제4항 본문 전단). 친권자와 양육권자는 다를 수 있다(대판 2012.4.13, 2011므4719).

㉯ 다만, 부모의 협의가 자(子)의 복리에 반하는 경우에는 가정법원은 보정을 명하거나 직권으로 친권자를 정한다(제909조 제4항 단서).

㉰ 협의할 수 없거나 협의가 이루어지지 아니하는 경우에는 가정법원은 직권으로 또는 당사자의 청구에 따라 친권자를 지정하여야 한다(제909조 제4항 본문). 부모의 의사보다는 자의 복리를 우선하겠다는 입법취지이며, 미성년자에 대한 가정법원의 후견기능을 크게 강화한 것이다. 그런데 당사자의 청구가 없는데 단지 이혼의사의 확인절차에서 가정법원이 직권으로 친권자를 정한다는 규정이 필요한지는 의문이다. 왜냐하면 이혼의사의 확인을 받기 위해서는 친권자지정에 관한 협의서나 가정법원의 심판정본을 제출하여야 하므로 이 조항은 불필요하기 때문이다.

② 재판상 이혼의 경우

재판상 이혼(또는 인지청구의 소)의 경우에는 가정법원이 직권으로 친권자를 정한다(제909조 제5항). 당사자의 청구가 없더라도 법원은 직권으로 미성년자인 자녀에 대한 친권자 및 양육자를 정하여야 한다. 만약 법원이 이혼 판결을 선고하면서 미성년자인 자녀에 대한 친권자 및 양육자를 정하지 않은 경우, 재판의 누락이 있는 것이다(대판 2015.6.23, 2013므2397).

③ 친권자의 변경

친권자가 일단 지정된 후에 친권자를 변경하는 것은 부모의 협의로는 불가능하고, 가정법원의 심판을 받아 변경할 수 있다. 즉, 가정법원은 자의 복리를 위하여 필요하다고 인정되는 경우에는 자의 4촌 이내의 친족의 청구에 의하여 정하여진 친권자를 다른 일방으로 변경할 수 있다(제909조 제6항).

④ 이혼 후 친권자의 사망

이혼 후 단독친권자로 지정된 자가 사망한 경우 생존한 이혼배우자가 친권자(또는 양육자)로 되는가? 단독친권자로 정해진 부모의 일방이 사망한 경우 생존한 다른 일방의 친권이 자동으로 부활하는가? 친권자동부활론에 따르면 이혼 시 단독친권자로 정해진 부모의 일방이 사망한 경우 다른 일방이 자동적으로 친권자가 된다(대판 1994.4.29, 94다1302). 부모로서 면접교섭, 양육비지급의 의무 등을 전혀 이행하지 않았던 부모에게 아무런 검증절차도 없이 자동적으로 친권을 부활시키는 것은 자녀의 복리에 충실하지 않은 해석이다. 그래서 2011년 개정으로 민법 제909조의2를 두어 일정한 자의 청구 내지 직권으로 가정법원이 미성년자의 법정대리인을 선임하도록 하여, 이를 입법적으로 해결하였다.

판례

친권 양육에 관한 사항의 지정

1. 친권자 및 양육자 지정의 결정 기준

부모가 이혼하는 경우에 부모 중 누구를 미성년인 자의 친권을 행사할 자 및 양육자로 지정할 것인가를 정함에 있어서는, 미성년인 자의 성별과 연령, 그에 대한 부모의 애정과 양육의사의 유무는 물론, 양육에 필요한 경제적 능력의 유무, 부 또는 모와 미성년인 자 사이의 친밀도, 미성년인 자의 의사 등의 모든 요소를 종합적으로 고려하여 미성년인 자의 성장과 복지에 가장 도움이 되고 적합한 방향으로 판단하여야 한다(대판 2008.5.8, 2008므380; 대판 2009.4.9, 2008므3105·3112).

2. 친권과 양육권의 귀속

민법 제837조, 제909조 제4항, 가사소송법 제2조 제1항 2호 나목의 3) 및 5) 등이 부부의 이혼 후 그 자의 친권자와 그 양육에 관한 사항을 각기 다른 조항에서 규정하고 있는 점 등에 비추어 보면, 이혼 후 부모와 자녀의 관계에 있어서 친권과 양육권이 항상 같은 사람에게 돌아가야 하는 것은 아니며, 이혼 후 자에 대한 양육권이 부모 중 어느 일방에, 친권이 다른 일방에 또는 부모에 공동으로 귀속되는 것으로 정하는 것은, 비록 신중한 판단이 필요하다고 하더라도, 앞서 본 바와 같은 기준을 충족하는 한 허용된다(대판 2012.4.13, 2011므4719).

3. 친권과 양육에 관한 가정법원의 권한

갑이 자(子)를 임의인지한 을에 대하여 가사소송법 제2조 제1항 나. (2) 3. 및 5.의 마류 가사비송사건으로 친권자 및 양육자지정과 유아인도를 청구한 사안에서, 가정법원은 민법 제837조 제2항의 '자의 양육에 관한 사항' 중 명시적으로 청구하지 아니한 양육비용의 부담, 면접교섭권의 행사 여부 및 그 방법에 대하여도 직권으로 판단할 수 있고, 청구인이 양육비의 금액을 특정하여 청구하지 아니한 이상 가사소송규칙 제93조 제2항은 적용될 여지가 없다(대결 2010.2.25, 2009스113).

(2) 양육(養育)에 관한 사항의 결정

第837條(이혼과 자의 양육책임)
① 당사자는 그 자의 양육에 관한 사항을 협의에 의하여 정한다.
② 제1항의 협의는 다음의 사항을 포함하여야 한다.
1. 양육자의 결정
2. 양육비용의 부담
3. 면접교섭권의 행사 여부 및 그 방법
③ 제1항에 따른 협의가 자(子)의 복리에 반하는 경우에는 가정법원은 보정을 명하거나 직권으로 그 자(子)의 의사·연령과 부모의 재산상황, 그 밖의 사정을 참작하여 양육에 필요한 사항을 정한다.
④ 양육에 관한 사항의 협의가 이루어지지 아니하거나 협의할 수 없는 때에는 가정법원은 직권으로 또는 당사자의 청구에 따라 이에 관하여 결정한다. 이 경우 가정법원은 제3항의 사정을 참작하여야 한다.
⑤ 가정법원은 자(子)의 복리를 위하여 필요하다고 인정하는 경우에는 부·모·자(子) 및 검사의 청구 또는 직권으로 자의 양육에 관한 사항을 변경하거나 다른 적당한 처분을 할 수 있다.
⑥ 제3항부터 제5항까지의 규정은 양육에 관한 사항 외에는 부모의 권리의무에 변경을 가져오지 아니한다.

① 부모의 협의에 의한 결정

자(子)의 양육자와 양육에 관한 사항은 우선 부모의 협의에 의하여 정한다(제837조 제1항). 이혼협의는 양육자의 결정, 양육비용의 부담, 면접교섭권의 행사여부 및 그 방법에 관한 사항을 반드시 포함하여야 한다(제837조 제2항).

② 가정법원에 의한 결정

㉮ 협의가 있더라도 협의가 자(子)의 복리에 반하는 경우에는 가정법원은 보정을 명하거나 직권으로 그 자의 의사·연령과 부모의 재산상황, 그 밖의 사정을 참작하여 양육에 필요한 사항을 정한다. 당사자가 협의한 사항에 대하여도 가정법원의 개입이 가능하도록 하여 가정법원의 후견기능을 강화한 것이다.

㉯ 양육에 관한 사항의 협의가 이루어지지 아니하거나 협의할 수 없는 때에는 가정법원은 직권으로 또는 당사자의 청구에 따라 자(子)의 연령, 부모의 재산상황, 기타 사정을 참작하여 양육에 관한 사항을 정한다(제837조 제4항; 가소법 제2조 제1항 마류 3호). 당사자의 협의나 청구가 없음에도 가정법원이 직권으로 양육에 관한 사항을 정할 수 있는가는 의문이다. 이혼의사확인을 받기 위해서는 양육에 관한 협의서나 심판정본을 제출해야 하므로(제836조의2 제4항), 이 규정은 재판상 이혼의 경우에 한한 것으로 해석하는 것이 타당하다.

③ 결정된 양육사항의 변경

가정법원은 자(子)의 복리를 위하여 필요하다고 인정하는 경우에는 부·모·자 및 검사의 청구 또는 직권으로 자의 양육에 관한 사항을 변경하거나 다른 적당한 처분을 할 수 있다(제837조 제5항). 양육자와 친권자는 달리 정해질 수 있기 때문에 양육자의 변경이 친권자의 변경을 언제나 초래하는 것은 아니다.

㉮ 조정이나 재판상 화해를 통해 확정된 양육사항이라도 변경이 가능하고(대결 2006.4.17, 2005스18·19; 대결 1992.12.30, 92스17·18), 반드시 특별한 사정변경이 있어야 하는 것은 아니다(대판 1991.6.25, 90므699).

㉯ 미성년인 자(子)의 이해와 직접 관련된 사항을 조정할 때는 미성년자의 복지가 우선적으로 고려되어야 한다(가소법 제58조 제2항). 자가 15세 이상인 경우에는 양육에 관한 처분과 변경의 심판에 앞서 그 자(子)의 의견을 들어야 한다(가사소송규칙 제99조 제1항, 제100조).

판례

양육사항에 관한 가정법원의 권한

1. 양육에 관하여 확정된 조정사항의 변경

   당사자가 조정을 통하여 그 자의 양육에 관한 사항을 정한 후 가정법원에 그 사항의 변경을 청구한 경우에 있어서도 가정법원은 심리를 거쳐서 그 조정조항에서 정한 사항이 위 법률규정 소정의 제반 사정에 비추어 부당하다고 인정되는 경우에는 언제든지 그 사항을 변경할 수 있고 조정의 성립 이후에 특별한 사정변경이 있는 때에 한하여 이를 변경할 수 있는 것은 아니다(대결 2006.4.17, 2005스18·19).

2. 양육자 및 친권자의 변경심판청구와 유아인도 반심판청구의 충돌

   앞 1. 판결 참고(유아인도 반심판청구는 기각함이 상당하다)

3. 양육자의 변경기준

   어린 여아의 양육에는 어머니가 아버지보다 더 적합할 것이라는 일반적 고려만으로는 위와 같은 양육상태 변경의 정당성을 인정하기에 충분하지 아니하다(대판 2010.5.13, 2009므1458·1465).

④ 양육의 내용

양육자와 친권자가 다른 경우에는 양육자는 친권자가 갖는 권리를 제외하고 자를 보호하고 양육하는데 관련된 일체의 권리를 갖고 양육과 관련된 문제에서 친권은 제한된다.

㉮ 유아인도청구권 양육권자는 이혼상대방에게 유아인도청권을 갖는다. 만약 유아를 사실상 양육하던 모가 기존 양육권자인 부로부터 양육권을 변경신청하여 넘겨 받은 경우 기존 양육권자의 유아인도반심판청구는 양립하기 어려우므로 기각된다(대결 2006.4.17, 2005스18·19).

㉯ 양육비부담 양육비는 부양적 성질을 가지므로 원칙적으로 부모가 공동부담한다. 양육권에 양육비부담이 당연히 포함되는 것은 아니다. 양육비는 보통 성년이 되기 전 날까지(만 19세 전까지) 상대방에게 지급청구할 수 있다. 과거의 양육비도 상환청구할 수 있다(대결[전원합의체] 1994.5.13, 92스21). 다만, 이혼 시 양육권이 없음에도 임의로 자를 양육해 온 경우에 이를 근거로 양육비를 청구하는 것은 위법한 양육에 기한 청구이므로 인정되지 않는다(대결 2006. 4.17, 2005스18·19).

판례

양육비지급 종료시점

성년에 이르는 연령이 20세에서 19세로 변경된 민법 시행 이전에 장래의 양육비 지급을 명하는 재판이 확정되었으나, 법 시행 당시 사건본인이 성년에 도달하지 않은 경우, 양육비 지급의 종료 시점은 사건본인이 19세에 이르기 전날이다(대결 2016.4.2, 2016으2).

⑤ 양육권 없는 부모의 지위

양육권이 없는 경우라고 하더라도 부모의 권리의무에는 변동이 없다(제837조 제5항). 따라서 양육권 없는 부모에게 ⅰ) 면접교섭권, ⅱ) 상속·부양관계, 자의 혼인에 관한 동의권(제808조) 등은 존속한다.

(3) 이혼 시 자녀양육비

제836조의2(이혼의 절차)

……

⑤ 가정법원은 당사자가 협의한 양육비부담에 관한 내용을 확인하는 양육비부담조서를 작성하여야 한다. 이 경우 양육비부담조서의 효력에 대하여는 「가사소송법」 제41조를 준용한다.

① 가정법원의 직권에 의한 양육비의 지급

양육비 지급과 관련하여 당사자가 양육비를 특정하여 청구하는 경우에 가정법원은 그 청구범위를 넘어서 양육비지급을 명할 수는 없다(가소소송규칙 제93조 제2항). 그러나 당사자가 양육비금액 등을 특정하지 아니한 채 재산상의 의무이행을 구하거나 가정법원이 직권으로 재산상의 의무이행에 관한 항목(양육비 등)

을 심판하는 경우에는, 동 규칙 제93조 제2항은 적용되지 아니하고 법원의 재량으로 양육비를 결정할 수 있다(대결 2010.2.25, 2009스113).

② 양육비부담조서의 작성(집행권원의 확정)

이혼 시 자의 양육에 관한 사항 중 양육비부담에 관한 사항은 반드시 포함되어야 할 의무사항이므로, 양육비에 관한 협의가 성립하면 그 협의한 내용으로, 협의가 성립하지 아니하였으면 가정법원의 직권으로 그 내용을 확인하는 양육비부담조서를 작성하여야 한다(제836조의2 제5항). 이 조서는 집행권원이 된다(가소법 제41조).

③ 이행강제

양육비지급을 이행강제하는 방법으로는 i) 민사집행절차에 따른 양육비채무자의 재산에 대한 강제집행(직접강제), ii) 양육비채무자의 급여로부터 직접 공제하게 하는 양육비 직접지급명령(가사소송법 제63조의2 제1항), 과태료(가사소송법 제67조 제1항) 및 감치명령(가사소송법 제68조 제1항)에 의해 이행을 강제하는(간접강제) 방법이 있다.

④ 이행강제를 위한 보조적 수단

양육비채무의 이행확보를 위하여 가정법원은 직권으로 양육비채무자에게 재산상태를 구체적으로 밝힌 재산목록을 제출하도록 하고(가사소송법 제48조의2), 이러한 재산목록만으로 양육비확보가 어렵다고 인정될 경우 당사자 명의의 재산에 관하여 조회할 수 있도록 하고 있다(가사소송법 제48조의 3). 또한 가정법원은 필요한 경우 직권 또는 당사자신청에 의하여 사전처분이나(가사소송법 제62조), 양육비의 이행을 확보하기 위한 담보의 제공을 명할 수 있다(가사소송법 제63조의3). 한편 한부모 가정의 자녀 양육을 지원하기 위하여, 여성가족부 산하에 양육비이행관리원이 신설되었다(양육비 이행확보 지원에 관한 법률 제7조).

⑤ 양육비채권의 처분

장래 발생할 양육비채권은 부양적 성질을 갖기 때문에 이를 양도하거나 포기할 수 없고(제979조), 담보로 제공하지도 못하며 이를 수동채권으로 상계할 수 없다(제497조). 그러나 가정법원의 심판에 의하여 구체적인 청구권의 내용과 범위가 확정된 후의 양육비채권 중 이미 이행기에 도달한 양육비채권은 완전한 재산권(손해배상청구권)으로서 친족법상의 신분으로부터 독립하여 처분이 가능하고, 권리자의 의사에 따라 포기, 양도 또는 상계의 자동채권으로 하는 것도 가능하다(대판 2006.7.4, 2006므751).

판례

이행기에 도달한 양육비 채권의 처분가능성

이혼한 부부 사이에서 자(子)에 대한 양육비의 지급을 구할 권리는 당사자의 협의 또는 가정법원의 심판에 의하여 구체적인 청구권의 내용과 범위가 확정되기 전에는 '상대방에 대하여 양육비의 분담액을 구할 권리를 가진다'라는 추상적인 청구권에 불과하고 당사자의 협의나 가정법원이 당해 양육비의 범위 등을 재량적·형성적으로 정하는 심판에 의하여 비로소 구체적인 액수만큼의 지급청구권이 발생한다고 보아야 하므로, 당사자의 협의 또는 가정법원의 심판에 의하여 구체적인 청구권의 내용과 범위가 확정되기 전에는 그 내용이 극히 불확정하여 상계할 수 없지만, 가정법원의 심판에 의하여 구체적인 청구권의 내용과 범위가 확정된 후의 양육비채권 중 이미 이행기에 도달한 후의 양육비채권은 완전한 재산권(손해배상청구권)으로서 친족법상의 신분으로부터 독립하여 처분이 가능하고, 권리자의 의사에 따라 포기, 양도 또는 상계의 자동채권으로 하는 것도 가능하므로 위 양육비채권은 상대방의 양육자에 대한 위자료 및 재산분할청구권과 상계가 가능하다(대판 2006.7.4, 2006므751).

⑥ 양육비채권의 소멸시효

양육비청구권의 구체적인 내용과 범위가 확정되기 전에는 소멸시효가 진행되지 않는다(서울가법 2008.5.16, 2008르543). 가정법원의 심판에 의해 양육비가 확정된 때에는 10년의 시효로 소멸하고(제165조 제1항), 1년 이내의 정기금 채권인 경우 3년의 시효로 소멸한다고 보아야 할 것이다(제163조 1호).

(4) 면접교섭권(面接交涉權)

제837조의2(면접교섭권)

① 자(子)를 직접 양육하지 아니하는 부모의 일방과 자는 상호 면접교섭 할 수 있는 권리를 가진다.

② 가정법원은 자의 복리를 위하여 필요한 때에는 당사자의 청구 또는 직권에 의하여 면접교섭을 제한하거나 배제할 수 있다.

① 의 의

친권자나 양육자가 아니기 때문에 현실적으로 자(子)를 보호·양육하고 있지 않은 어버이가 그 자와 직접 면접·서신교환 또는 접촉하는 권리(제837조의2)를 말한다.

② 면접교섭권의 성질

ⅰ) 본질상 고유한 권리이고 절대권이며, 일신전속권으로서 양도할 수 없다. 또한 영속적인 성질을 가지는 권리이고 포기할 수 없다고 본다. ⅱ) 양육권과 교섭권의 관계에 관하여는 이를 병존한다고 보는 견해와 교섭권은 양육에 관련된 권리로서 실현되는 것이라고 보는 견해 등이 있었다. 면접교섭권에 관한 민법 제837조의2가 신설되기 이전에도 제837조가 양육에 관한 사항을 포괄적으로 규정하고 있어 이 규정 속에 면접교섭권이 포함될 수 있으므로 필요한 경우에 비양육부모의 면접교섭에 관한 사항을 결정할 수 있었다. 그러나 법원이 면접교섭에 관한 심판청구를 무시하는 경우에는 그에 관한 구제책이 없었기 때문에 면접교섭권에 관한 근거 규정인 민법 제837조의2를 신설하게 된 것이었다. 나아가 2007년의 민법 개정으로 자에게도 면접교섭권이 인정된 배경을 고려한다면, 제837조의2의 규정은 양육책임에 관한 제837조의 규정과는 독립된 부모와 자식 사이에 인정되는 독립적인 권리로 보는 것이 타당하다.

③ 면접교섭권의 내용

면접교섭권은 부모와 자녀가 서로를 상면하고 대화할 수 있는 권리를 그 핵심적인 내용으로 하는데, 민법은 이에 관하여 구체적인 규정을 마련하고 있지 않다. 면접교섭권의 내용은 상황과 여건에 따라 면접의 방법, 장소, 시간 등이 달라질 수 있을 것이다. 구체적으로는 서신교환, 전화, 선물교환, 주말의 숙박, 휴가 중의 일정 기간의 체재를 그 내용으로 들 수 있을 것이다.

④ 면접교섭권의 제한

가정법원은 자(子)의 복리를 위하여 필요한 때에는 당사자의 청구 또는 직권에 의해 면접교섭을 제한하거나 배제할 수 있다(제837조의2 제2항). 교섭권은 양육권을 침해해서는 안 된다.

⑤ 면접교섭권은 재판상 이혼에 준용되며(제843조), 혼인의 취소 또는 인지에 의하여 부모 중 일방이 친권자가 되는 경우에도 준용된다(가소법 제2조 제1항 마류 3호). 또한 이혼하지 않은 상태에서 부부가 감정악화 등으로 별거하는 경우에도 그 자녀들을 면접교섭할 수 있는 권리를 행사할 수 있다고 해석된다(제837조의2 유추적용: 서울가법 1994.7.20, 94브45).

(5) 기타사항

부모의 이혼과 자녀에 대한 권리의무는 양육에 관한 사항 이외에는 변경이 없다(제837조 제6항). 子의 양육에 관한 처분과 변경, 면접교섭권의 제한과 배제 및 친권을 행사할 자의 지정과 변경에 관한 심판은 부모 중 일방이 다른 일방을 상대로 하여 청구하여야 한다(가소규 제99조 제1항). 이러한 청구가 있는 경우에, 자(子)가 13세 이상인 때에는 가정법원은 심판에 앞서 그 자의 의견을 들어야 한다(가소규 제100조).

3. 재산상의 효과

재판상 이혼의 경우에 이혼피해자는 과실 있는 상대방에 대하여 재산상의 손해와 정신상의 고통에 대한 손해배상을 청구할 수 있고(제843조, 제806조: 위자료청구권), 협의상·재판상 이혼한 부부 일방은 타방배우자에 대하여 혼인 중 취득한 재산의 분할을 요구할 수 있다(제839조의2: 재산분할청구권). 이하 항목을 바꾸어 자세히 살펴보기로 한다.

V 이혼과 손해배상(위자료)

제843조에 의한 제806조의 준용

제806조(약혼해제와 손해배상청구권)

① 약혼을 해제한 때에는 당사자 일방은 과실 있는 상대방에 대하여 이로 인한 손해의 배상을 청구할 수 있다.

② 전항의 경우에는 재산상 손해 외에 정신상 고통에 대하여도 손해배상의 책임이 있다.

③ 정신상 고통에 대한 배상청구권은 양도 또는 승계하지 못한다. 그러나 당사자 간에 이미 그 배상에 관한 계약이 성립되거나 소를 제기한 후에는 그러하지 아니하다.

1. 재판상 이혼과 손해배상에 관한 규정

민법은 제843조에 의한 제806조의 준용을 통하여 이혼에 과실이 있는 상대방에 대하여 재산상·정신상의 손해를 청구할 수 있도록 하고 있다. 민법은 재판상 이혼만을 규정하고 있지만 협의이혼의 경우에도 유책성에 기한 손해배상을 배제할 것은 아니다(대판 1977.1.25, 76다2223). 과실 내지 유책성은 혼인관계 파탄의 원인이 된 사실에 기초하여 평가한다(대판 1988.4.25, 87므9).

2. 과실 있는 상대방(제806조 과실의 의미)

이혼상대방에 의한 혼인생활의 침해로 인한 손해배상의 법적 성질은 혼인합의로부터 도출되는 일종의 계약상 의무에 대한 채무불이행책임이고, 제3자의 침해에 대한 손해배상청구는 궁극적으로 불법행위와 그 성질을 같이 한다고 할 것이다(대판 1970.4.28, 69므37: 재산분할청구 규정이 도입된 이상 법정책임설은 그 의의가 퇴색되었다). 그런데 민법 제806조의 "과실 있는 상대방"에서 말하는 과실은 채무불이행과 불법행위에 기한 손해배상청구권의 근거인 과실 개념과 동일한가? 재산법상 손해배상책임의 요건인 과실은 주의의무 위반 내지는 행위의 비난가능성에서 그 근거를 찾는다. 이혼으로 인한 손해배상의 요건인 과실도 재산법상의 과실과 근본적으로 다르지 않을 것이다. 다만 이혼으로 인한 손해배상의 요건인 과실은 부부 사이의 의무(제826조)위반과 재판상 이혼사유(제840조 1호~6호)에 해당하는 행위에서 그 근거를 찾아야 할 것이다. 즉, 민법 제806조에서 말하는 '과실'은 배우자 일방의 유책행위에 한하지 않고 결혼생활의 파탄에 대한 원인제공과 상당성이 인정되는 보다 넓은 과실개념인 것이다. 예를 들어 시부모의 심히 부당한 간섭에 따른 이혼판결이 확정되었다면 이혼배우자의 과실이 인정되어 위자료청구가 가능하다고 해석된다(대판 2000.11.10, 2000므996). 또한 양 당사자의 책임으로 돌릴 수 없는 사유, 예컨대 민법 제840조 5호·6호에 의한 이혼의 경우에도 의무를 부담할 자가 있는 한 이혼피해자의 이혼위자료청구가 가능하다고 보아야 한다. 신분법상 유책성의 특수성 때문에 이혼상대방에 대한 위자료의 산정에는 법원의 직권주의가 지배할 수밖에 없는 것이다(대판 2005.8.19, 2003므1166·1173).

3. 제3자에 의한 침해

(1) 제3자의 부정행위

제3자가 상대방에게 배우자가 있다는 사실을 알고 간통행위를 한 경우, 그 배우자는 혼인파탄에 이른 경우는 물론이고, 그렇지 않다고 하더라도 직접 불법행위로 인한 손해배상책임을 물을 수 있다(대판 1998.4.10, 96므1434). 다만, 아직 이혼하지 않았지만 실질적으로 부부공동생활이 파탄되어 회복할 수 없을 정도의 상태에 이르렀다면, 제3자가 부부의 일방과 성적인 행위를 하더라도 부부공동생활에 관한 권리가 침해되는 손해가 생긴다고 할 수도 없으므로 불법행위가 성립한다고 보기 어렵다(재판상 이혼청구가 계속 중에 있다거나 재판상 이혼이 청구되지 않은 상태라고 하더라도 마찬가지이다. 대판[전원합의체] 2014.11.20, 2011므2997 다수의견). 자녀도 제3자에 대해서 책임을 물을 수 있는가? 간통행위로 부모와 자식 사이의 관계가 침해되지 않는 한 이를 부정할 것이다(대판 2005.5.13, 2004다1899).

한편, 부첩관계에 대한 본처의 용서가 손해배상청구권의 포기라고 해석되지 않는 한 손해배상책임이 부정되지 않는다(대판 1998.4.10, 96므1434).

(2) 처에 대한 강간이나 강간미수

가해자가 그 여성에게 남편이 있다는 사실을 인식하고 있었는가와 상관없이 처와 남편은 각각 독립하여 불법행위책임을 물을 수 있다(대판 1965.11.9, 65다1582·1583).

4. 위자료청구권의 승계와 세금

정신적 손해배상의 성질을 갖는 이혼위자료청구권은 원칙적으로 일신전속적 성격을 갖지만, 당사자간에 배상에 관한 계약이 성립되거나 소(訴)를 제기한 후에는(청구권을 행사할 의사가 객관적으로 외부에 명백하게 된 후에는) 양도나 상속 등 승계가 가능하다(대판 1993.5.27, 92므143). 위자료 명목으로 부동산을 이전한 경우 채무이행에 갈음한 것으로서 경제적 이득이 있는 유상양도이므로 양도소득세가 부과된다(대판 1995.11.24, 95누4599).

5. 재산분할청구권과의 관계

	위 자 료	재산분할청구권
차 이 점	가사소송 다류사건	가사비송 마류사건
	손해의 전보가 목적	청산 및 부양이 목적
	과실이 요건	과실과 무관
	이혼당사자들뿐만 아니라 제3자에 대해서도 인정	이혼당사자들 사이에서 인정
	약정이나 심판확정 후 당사자가 사망하여도 인정	이혼성립 전이면 소송 도중 당사자가 사망하더라도 불인정

	채무불이행 또는 불법행위로 인한 손해배상청구권의 규정(3년 시효)	2년의 제척기간
	양도소득세 부과 가능	양도소득세 부과 못함

공통점	재판상 이혼에서 인정
	조정의 대상
	협의이혼에서 재산분할청구에 관한 규정이 있음. 손해배상에 관한 규정은 없지만 학설과 판례(대판 1977.1.25, 76다2223)가 인정
	사실혼에서 인정
	과다한 경우 채권자취소권의 대상
	행사상의 일신전속권으로 대위행사가 허용되지 않음이 원칙. 그러나 당사자 간 약정이나 심판에 의해서 확정되면 대위행사 가능

판례

이혼과 손해배상

1. **협의이혼과 유책성에 기한 손해배상청구**

   혼인해소가 사기 또는 강박 등의 위법행위에 연유한 이상 사기 또는 강박으로 인해서 혼인을 하게 된 자가 그로 인해서 받은 재산상 또는 정신상의 손해배상청구를 하는 데 있어서 반드시 어떠한 혼인해소방식에 구애되어 혼인취소 또는 이혼판결이 있어야만 된다고 하여야 할 이유는 없다(대판 1977.1.25, 76다2223).

2. **유책성의 판단시기**

   유책배우자라고 하는 경우의 유책성은 혼인파탄의 원인이 된 사실에 기초하여 평가할 일이며 혼인관계가 완전히 파탄된 뒤에 있은 일을 가지고 따질 것은 아니다(대판 1988.4.25, 87므9; 대판 2004.2.27, 2003므1890).

3. **이혼에 원인을 제공한 제3자에 대한 손해배상청구권의 법적 성질**

   사실혼관계당사자 이외의 제3자가 사실혼 파기에 가담한 경우에는 그 제3자에게는 불법행위로 인한 손해배상책임만이 있을 뿐이므로 채무불이행으로 인한 손해배상책임을 물을 수 있다는 전제하에 그 제3자의 불법행위로 인한 손해배상채무의 소멸시효완성의 항변을 배척하였음은 위법이다(대판 1970.4.28, 69므37).

4. **이혼과 위자료의 산정**(직권주의)

   이혼 등의 불법행위로 인하여 상대방에게 정신적인 고통을 입게 한 경우에 이를 위자하기 위한 금액 즉 위자료의 액수의 산정은 재산상의 손해와 달라서 반드시 이를 증거에 의하여 입증할 수 있는 성질의 것이 아니므로 법원은 여러 가지 사정을 참작하여 직권에 의하여 그 액수를 결정할 것이고 이에 관한 별도의 증거를 필요로 하는 것은 아니다(대판 1959.8.27, 4292민상29; 대판 2005.8.19, 2003므1166·1173).

5. 귀책사유가 대등한 당사자 사이의 위자료

원고와 피고 쌍방에게 각각 그 설시와 같은 귀책사유가 있고 그 정도를 비교하여 볼 때 어느 쪽에게 더 무거운 책임이 있다고 하기 어려울 정도로 쌍방의 책임정도가 대등하다고 판단하여 피고의 위자료청구를 기각한 것은 정당하다(대판 1994.4.26, 93므1273).

6. 첩관계에 대한 용서와 손해배상청구권

소위 첩계약(妾契約)은 본처(本妻)의 동의 유무를 불문하고 선량한 풍속에 반하는 사항을 내용으로 하는 법률행위로서 무효일 뿐만 아니라 위법한 행위이므로, 부첩관계에 있는 부(夫) 및 첩은 특별한 사정이 없는 한 그로 인하여 본처가 입은 정신상의 고통에 대하여 배상할 의무가 있고, 이러한 손해배상책임이 성립하기 위하여 반드시 부첩관계로 인하여 혼인관계가 파탄에 이를 필요까지는 없고, 한편 본처가 장래의 부첩관계에 대하여 동의하는 것은 그 자체가 선량한 풍속에 반하는 것으로서 무효라고 할 것이나, 기왕의 부첩관계에 대하여 용서한 때에는 그것이 손해배상청구권의 포기라고 해석되는 한 그대로의 법적 효력이 인정될 수 있다(대판 1998.4.10, 96므1434).

7. 부정행위자에 대한 자녀의 손해배상청구권

배우자 있는 부녀와 간통행위를 하고, 이로 인하여 그 부녀가 배우자와 별거하거나 이혼하는 등으로 혼인관계를 파탄에 이르게 한 경우 그 부녀와 간통행위를 한 제3자(상간자)는 그 부녀의 배우자에 대하여 불법행위를 구성하고, 따라서 그로 인하여 그 부녀의 배우자가 입은 정신상의 고통을 위자할 의무가 있다고 할 것이나, 이러한 경우라도 간통행위를 한 부녀 자체가 그 자녀에 대하여 불법행위책임을 부담한다고 할 수는 없고, 또한 간통행위를 한 제3자(상간자) 역시 해의(害意)를 가지고 부녀의 그 자녀에 대한 양육이나 보호 내지 교양을 적극적으로 저지하는 등의 특별한 사정이 없는 한 그 자녀에 대한 관계에서 불법행위책임을 부담한다고 할 수는 없다(대판 2005.5.13, 2004다1899).

8. 위자료청구권의 일신전속성과 상속

(1) 재판상 이혼청구권은 부부의 일신전속적 권리이므로 이혼소송 계속 중 배우자 일방이 사망한 때에는 상속인이 수계할 수 없음은 물론 검사가 수계할 수 있는 특별한 규정도 없으므로 이혼소송은 종료된다.

(2) 이혼위자료청구권은 상대방 배우자의 유책불법한 행위에 의하여 혼인관계가 파탄상태에 이르러 이혼하게 된 경우 그로 인하여 입게 된 정신적 고통을 위자하기 위한 손해배상청구권으로서 이혼시점에서 확정, 평가되고 이혼에 의하여 비로소 창설되는 것이 아니며, 이혼위자료청구권의 양도 내지 승계의 가능 여부에 관하여 민

법 제806조 제3항은 약혼해제로 인한 손해배상청구권에 관하여 정신상 고통에 대한 손해배상청구권은 양도 또는 승계하지 못하지만 당사자 간에 배상에 관한 계약이 성립되거나 소를 제기한 후에는 그러하지 아니하다고 규정하고 같은 법 제843조가 위 규정을 재판상 이혼의 경우에 준용하고 있으므로 이혼위자료청구권은 원칙적으로 일신전속적 권리로서 양도나 상속 등 승계가 되지 아니하나 이는 행사상 일신전속권이고 귀속상 일신전속권은 아니라 할 것인바, 그 청구권자가 위자료의 지급을 구하는 소송을 제기함으로써 청구권을 행사할 의사가 외부적 객관적으로 명백하게 된 이상 양도나 상속 등 승계가 가능하다(대판 1993.5.27, 92므143).

9. 위자료 명목의 부동산이전과 양도세

부부가 이혼을 하게 되어 남편이 아내에 대한 위자료를 지급하기 위한 방법으로 자신의 소유인 주택의 소유권을 이전하는 것은 아내에 대한 위자료채무의 이행에 갈음한 것으로서 그 주택을 양도한 대가로 위자료를 지급할 채무가 소멸하는 경제적 이익을 얻게 되는 것이므로, 그 주택의 양도는 양도소득세의 부과대상이 되는 유상양도에 해당한다(대판 1995.11.24, 95누4599).

Ⅵ 재산분할청구권(財産分割請求權)

제839조의2(재산분할청구권)

① 협의상 이혼한 자의 일방은 다른 일방에 대하여 재산분할을 청구할 수 있다.

② 제1항의 재산분할에 관하여 협의가 되지 아니하거나 협의할 수 없는 때에는 가정법원은 당사자의 청구에 의하여 당사자 쌍방의 협력으로 이룩한 재산의 액수 기타 사정을 참작하여 분할의 액수와 방법을 정한다.

③ 제1항의 재산분할청구권은 이혼한 날부터 2년을 경과한 때에는 소멸한다.

제839조의3(재산분할청구권 보전을 위한 사해행위취소권)

① 부부의 일방이 다른 일방의 재산분할청구권 행사를 해함을 알면서도 재산권을 목적으로 하는 법률행위를 한 때에는 다른 일방은 제406조 제1항을 준용하여 그 취소 및 원상회복을 가정법원에 청구할 수 있다.

② 제1항의 소는 제406조 제2항의 기간 내에 제기하여야 한다.

사례 08

A와 B는 방송대학의 학생으로 서로 만나 결혼하기에 이르렀다. 결혼생활 10년이 지난 어느 날 남편 A는 교회에서 만나게 된 C와 사업관계상 친하게 어울리게 되었고 서로 동거에 이르게 되었다. 한편 남편의 부정행위에 분개한 B는 이혼하겠다는 의사를 A에게 수차례 피력하였다. 이에 A는 B가 이혼소송을 제기하면서 재산분할청구를 할 것을 예상하고, 자신의 명의

로 되어 있는 건물(혼인 이후 마련한 것)과 B명의로 되어 있는 아파트(결혼 전에 A가 부모로부터 받은 아파트)를 사업상 어쩔 수 없는 것처럼 하여 친구 갑에게 매각처분하였다. B는 어떠한 법적 수단을 행사할 수 있는가?

[논 점]

1. 이혼과 재산분할의 대상
2. 재산분할청구권 보전을 위한 사해행위취소권

1. 의 의

(1) 개 념

재산분할은 협의이혼이나 재판상 이혼으로 혼인관계가 해소됨에 따라 부부 일방이 타방배우자에 대해 혼인 중 취득한 재산의 분할을 청구하는 권리이다(제839조의2, 제843조).

(2) 제도의 취지

처(妻)의 가사노동(家事勞動)을 정당하게 평가함으로써 혼인 해소(解消) 후의 재산을 바르게 청산하도록 함과 동시에 상대적으로 경제적 능력이 부족한 이혼배우자를 부양하게 하는 효과를 가져다주도록 함으로써, 이혼의 자유를 실질적으로 보장하려는 것이다.

(3) 재산분할은 이혼이 성립되거나 혼인취소판결이 확정된 후에 청구하는 것이 원칙이므로 혼인관계가 해소되지 않은 상태에서 재산분할을 먼저 청구할 수 없다. 다만 재판상 이혼이나 혼인취소 청구에서 마류 가사비송사건을 병합하여 소(訴)를 제기할 수 있으므로(가소법 제14조 제1항), 이혼청구 등이 인용될 것을 전제로 미리 재산분할을 청구할 수는 있을 것이다.

(4) 적용의 확대

재산분할청구권은 사실혼이 생전에 해소된 경우(대판 1995.3.28, 94므1584), 혼인취소(가소법 제2조 마류 4호)의 경우에도 준용된다. 다만, 다음의 경우에는 주의하여야 한다.

① 일방 당사자의 사망으로 사실혼이 해소된 경우

생존 사실혼당사자에게는 재산분할청구권이 인정되지 않는다(대판 2006.3.24,

2005두15595).

② 중혼적 사실혼의 경우

원칙적으로 재산분할청구권이 인정되지 않지만(대결 1995.7.3, 94스30), 법률혼이 해소된 이후에 취득한 재산에 대하여, 그 사실혼이 해소될 때에 재산분할을 청구할 수 있다(대판 1995.9.26, 94므1638).

2. 법적 성질 및 내용

(1) 법적 성질

재산분할은 혼인 중 부부가 협력하여 공동으로 이룩한 재산의 청산을 주된 목적으로 하면서 동시에 혼인관계 해소 후의 부양적 요소(민법 제839조의2 제2항—'기타 사정')도 포함한다(청산 및 이혼 후 부양설: 통설, 대판 2000.9.29, 2000다25569).

재산분할에는 청산 및 부양적 성질 이외에 이혼으로 인한 손해배상을 포함시키는 취지의 판례(대판 2001.5.8, 2000다58804; 대판 2006.6.29, 2005다73105 등)도 있으나, 이는 채권자취소권의 요건 중 과다재산분할인지 여부를 묻는 문제와 관련하여 소송기술상 재산분할을 청구할 때 위자료까지 포괄하여 분할하는 것이 가능하다는 것을 밝힌 것(대판 2001.5.8, 2000다58804)으로 보아야 할 것이다.

생각건대, 유책성을 전제로 하는 위자료는 재산분할과 그 근거를 달리하는 것으로서 양자는 별개의 권리로서 위자료를 재산분할에서 참작할 것은 아니다. 따라서 유책배우자는 위자료를 청구할 수 없지만 재산분할청구는 가능하다(대결 1993.5.11, 93스6).

판례

재산분할청구권의 법적 성질

이혼에 있어서 재산분할은 부부가 혼인 중에 가지고 있었던 실질상의 공동재산을 청산하여 분배함과 동시에 이혼 후에 상대방의 생활유지에 이바지하는 데 있지만, 분할자의 유책행위에 의하여 이혼함으로 인하여 입게 되는 정신적 손해(위자료)를 배상하기 위한 급부로서의 성질까지 포함하여 분할할 수도 있다. 따라서 과다분할이거나 재산분할을 구실삼은 재산처분이 아닌 한, 재산분할자가 무자력이 되어 공동담보를 감소시키는 결과가 된다고 하더라도 채권자취소권의 대상이 되지 아니한다(대판 2001.5.8, 2000다58804; 대판 2005.1.28, 2004다58963 등: 사해행위와 관련해서 더 자세한 내용은 이어지는 9 참고).

(2) 내 용

① 사전포기

이혼으로 인한 재산분할청구권은 이혼이 성립한 때에 법적 효력이 발생하고, 협의 또는 심판에 따라 구체적 내용이 형성되기까지는 범위 및 내용이 불명확·불확정하기 때문에 구체적으로 권리가 발생하였다고 할 수 없다. 따라서 협의 또는 심판에 따라 구체화되지 않은 재산분할청구권을 혼인이 해소되기 전에 미리 포기하는 것은 성질상 허용되지 아니한다(대판 2000.2.11, 99므2049·2056; 대결 2016.1.25, 2015스451).

② 상속(相續)

i) 학설은 청구의 의사표시와 관계없이 당연히 승계되는 것으로 보고, 다만 재산분할청구권의 요소 중에서 부양적 요소에 해당하는 부분은 상속되지 않는다고 한다(김주수·김상용, 박동섭, 배금숙·박경희, 이경희). ii) 재산분할청구권의 상속 여부를 직접적으로 다룬 것은 아니지만, 소송수계를 다룬 판례가 있다. 먼저, 이혼소송과 재산분할청구가 병합된 사안에서, 배우자 일방이 사망하면 이혼의 성립을 전제로 하여 이혼소송에 부대한 재산분할청구 역시 이혼소송의 종료와 동시에 종료한다고 하는 판례가 있고(대판 1994.10.28, 94므246·253), 다음으로 당사자 일방의 의사에 의하여 사실혼관계가 해소된 후 재산분할심판청구를 한 다음 일방 당사자가 사망한 사안에서, 그의 상속인들의 소송수계를 허용한 판례가 있다(대결 2009.2.9, 2008스105). 앞의 판례는 이혼청구권의 일신전속성으로 인해 상속인이 수계할 수 없지만, 뒤의 판례는 (사실상) 이혼이 된 후 재산분할청구권에 대한 상속인의 수계를 인정하고 있다. 따라서 판례는 이혼청구권 내지 이혼청구와 병합된 재산분할청구권의 상속은 부정하지만, 재산분할청구권 자체의 상속은 긍정한다고 평가할 수 있다.

③ 재산분할청구권의 소멸

재산분할청구권은 2년의 제척기간으로 소멸한다(제839조의2 제3항). 즉 재산분할청구권은 이혼한 날로부터 2년 내에 행사하여야 하고 그 기간이 경과하면 소멸되어 이를 청구할 수 없으며, 이때의 2년이라는 기간은 일반 소멸시효기간이 아니라 제척기간으로서 그 기간이 도과하였는지 여부는 당사자의 주장에 관계없이 법원이 당연히 조사하여 고려할 사항이다(대판 1994.9.9, 94다17536).

④ 채권자대위권

재산분할청구권은 당사자 개인의 의사가 존중되는 사권(私權)의 성질을 가지고 있고, 협의 또는 심판에 의하여 구체적 내용이 형성될 때까지는 그 범위와 내용이 불확정·불명료하므로, 협의 또는 심판에 의하여 구체적 내용이 형성되기 전의 재산분할청구권을 보전하기 위한 채권자대위는 인정될 수 없다(대판 1999.4.9, 98다58016).

3. 재산분할의 청구권자

i) 이혼하는 일방배우자(제839조의2, 제843조), ii) 유책배우자라 할지라도 부부가 혼인 중에 취득한 실질적인 공동재산에 대하여 재산분할을 청구할 수 있다(대결 1993.5.11, 93스6), iii) 사실혼배우자도 재산분할청구권을 행사할 수 있다(대판 1995.3.10, 94므1379: 중혼적 사실혼은 배제; 대판 1996.9.20, 95므1192). iv) 혼인취소의 경우에도 청구권이 인정된다(가소법 제2조 제1항 마류 4호).

판례

사실혼에 준용되는 재산분할청구권에 관한 규정
부부재산의 청산의 의미를 갖는 재산분할에 관한 규정은 부부의 생활공동체라는 실질에 비추어 인정되는 것이므로 사실혼관계에도 준용 또는 유추적용할 수 있다(대판 1995.3.10, 94므1379).

4. 분할방법(협의분할→ 조정→ 가정법원의 결정)

재산분할 여부, 그 액수와 방법은 당사자가 협의하여 정하고 협의가 되지 않거나 협의할 수 없는 때에는 조정(調停)을 거쳐(가소법 제2조 제1항 마류 4호), 가정법원이 당사자의 청구에 의하여 당사자 쌍방의 협력으로 이룩한 재산의 액수 기타 사정을 참작하여 분할의 액수와 방법을 정한다(제839조의2 제2항).

(1) 분할합의가 있으면 가정법원에 다시 분할청구를 할 수 없으나, 합의약정을 이행하지 않으면 가사사건으로 재산분할을 청구할 수 있다(대판 1993.12.28, 93므409).

(2) 이혼 전에 이루어진 재산분할에 관한 약정은 협의상 이혼을 조건으로 하는 조건부 의사표시이므로 이혼을 하지 않거나, 재판상 이혼(화해 또는 조정에 의한 이혼 포함)을 하게 된 경우에는, 그 재산분할약정의 효력은 부인된다(대판 1995.10.12, 95다23156; 대판 2003.8.19, 2001다14061). 다만 가정법원은 재산분할의 액수와 방법을 정함에 있어서 그 협의의 내용과 협의가 이루어진 경위 등을 민

법 제839조의2 제2항 소정 '기타 사정'의 하나로서 참작하게 될 것이다(대판 1995.10.12, 95다23156).

판례

재산분할약정의 효력

1. 합의이혼을 조건으로 한 재산분할약정의 법적 성질
   아직 이혼하지 않은 당사자가 장차 협의상 이혼할 것을 약정하면서 재산분할에 관한 협의를 하는 경우 협의상 이혼이 이루어지지 아니하고 혼인관계가 존속하게 되거나 당사자 일방이 제기한 이혼청구의 소(訴)에 의하여 재판상 이혼(화해 또는 조정에 의한 이혼을 포함한다)이 이루어진 경우에는, 그 협의는 조건의 불성취로 인하여 효력이 발생하지 않는다(대판 1995.10.12, 95다23156).
2. 재산분할합의와 법원의 직권탐지
   재산분할사건은 가사비송사건에 해당하고, 가사비송절차에 관하여는 가사소송법에 특별한 규정이 없는 한 비송사건절차법 제1편의 규정을 준용하고 있으며, 비송사건절차는 민사소송절차와 달리 당사자의 변론에만 의존하는 것이 아니고, 법원이 자기의 권능과 책임으로 재판의 기초가 되는 자료를 수집하는, 이른바 직권탐지주의에 의하고 있으므로(비송사건절차법 제11조), 법원으로서는 당사자의 주장에 구애되지 아니하고 재산분할의 대상이 무엇인지 직권으로 사실조사를 하여 포함시키거나 제외시킬 수 있다(대판 1996.12.23, 95므1192·1208; 대판 2013.7.12, 2011므1116·1123).

5. 분할비율과 분할기준시기

(1) 분할비율

민법 제839조의2 제2항의 취지에 비추어 볼 때, 재산분할비율은 개별재산에 대한 기여도를 일컫는 것이 아니라, 기여도 기타 모든 사정을 고려하여 혼인 중 형성된 재산 전체 중에서 상대방 배우자로부터 분할 받을 수 있는 비율을 일컫는다(대판 2002.9.4, 2001므718; 대판 2006.9.14, 2005다74900). 따라서 법원이 합리적 근거 없이 적극재산과 소극재산을 구별하여 분담비율을 달리 정한다거나, 분할대상 재산들을 개별적으로 구분하여 분할비율을 달리 정함으로써 분할할 적극재산의 가액을 임의로 조정하는 것은 허용될 수 없다(대판 2002.9.4, 2001므718). 일부 견해에 따르면 재산분할은 균분이어야 한다고 주장하나(배경숙·최금숙), 부부 사이의 공헌도나 유책성 기타 제반사정을 고려하지 않은 획일적 균분주의는 재산분할제도의 근본취지에 어긋난다고 생각된다.

(2) 청구권의 효력발생과 재산분할산정시기(財産分割算定時期)

① 협의이혼에 따른 재산분할청구권의 효력발생과 분할의 대상이 되는 재산과 액수는 협의이혼이 성립한 날(이혼신고일)을 기준으로 정하여야 한다(대판 2003.3.14, 2002므2230). 따라서 재산분할 협의를 한 후 협의이혼 성립일까지의 기간 동안 재산분할 대상인 채무의 일부가 변제된 경우, 그 변제된 금액은 원칙적으로 채무액에서 공제되어야 한다(대판 2006.9.14, 2005다74900). 그러나 협의이혼 성립일 이후에 부부 일방이 새로운 채무를 부담하거나, 부부 일방의 채무가 변제된 경우에도 이와 같은 재산변동 사항은 재산분할의 대상이 되는 재산과 액수를 정함에 있어 이를 참작할 것이 아니다. 일부 학설은 청산적 성질을 갖는 재산분할의 경우 사해행위에 따른 채권자의 불이익을 고려하여 부부가 별거한 때를 기준으로 하자고 하지만, 사해행위로 인한 취소권의 요건이 구비되는 한 부부 사이의 분할 시기는 큰 의미가 없을 것이다.

② 재판상 이혼의 경우 재산분할청구권의 효력은 이혼판결이 확정된 때부터 발생한다(이혼신고는 보고적 신고). 따라서 이혼판결과 동시에 재산분할을 명하는 시점에 가집행이 허용되지 않으며(대판 1998.11.13, 98므1193), 이혼이 먼저 성립한 후에 재산분할로 금전의 지급을 명하는 경우라고 하더라도 판결 또는 심판이 확정되기 전에는 금전지급의무의 이행기가 도래하지 아니할 뿐만 아니라 금전채권의 발생조차 확정되지 아니한 상태에 있다고 할 것이어서, 재산분할의 방법으로 금전의 지급을 명한 부분은 가집행선고의 대상이 될 수 없다(대판 2014.9.4, 2012므1656). 한편, 이혼과 동시에 재산분할로서 금전의 지급을 명하는 판결을 하는 경우 그 금전지급채무에 관하여는 그 판결이 확정된 다음 날부터 이행지체책임을 지게 된다(대판 2001.9.25, 2001므725·732). 그리고 재판상 이혼 시의 재산분할에 있어 분할의 대상이 되는 재산과 그 액수는 원칙적으로 이혼소송의 최종사실심리가 끝날 당시의 당사자 쌍방의 재산 상태와 그 밖의 사정을 기준으로 정하여진다(대결 2000.5.2, 2000스13). 다만, 혼인관계가 파탄된 이후 변론종결일 사이에 생긴 재산관계의 변동이 부부 중 일방에 의한 후발적 사정에 의한 것으로서 혼인 중 공동으로 형성한 재산관계와 무관하다는 등 특별한 사정이 있는 경우에는 그 변동된 재산은 재산분할 대상에서 제외된다(대판 2013.11.28, 2013므1455·1462).

판례

재산분할의 산정과 효력

1. 재산분할산정시기와 재산분할비율

   재판상 이혼 시의 재산분할에 있어 분할의 대상이 되는 재산과 그 액수는 이혼소송의 사실심 변론종결일을 기준으로 하여 정하여야 하므로, 법원은 변론종결일까지 기록에 나타난 객관적인 자료에 의하여 개개의 공동재산의 가액을 정하여야 하고, 부부 각자에게 귀속하게 한 재산가액의 비율과 법원이 인정한 그들 각자의 재산분할비율이 다를 경우에는 그 차액을 금전으로 지급·청산하게 하여야 한다(대판 2000.9.22, 99므906).

2. 분할청구권의 효력발생시기와 이혼판결 전의 가집행 허용가능성

   민법상의 재산분할청구권은 이혼이 성립한 때에 법적 효력이 발생하는 것이므로, 당사자가 이혼이 성립하기 전에 이혼소송과 병합하여 재산분할의 청구를 하고, 법원이 이혼과 동시에 재산분할을 명하는 판결을 하는 경우에도 이혼판결은 확정되지 아니한 상태이므로, 그 시점에서 가집행을 허용할 수는 없다(대판 1998.11.13, 98므1193).

3. 재산분할금채무의 이행기와 적용이율

   이혼으로 인한 재산분할청구권은 협의 또는 심판에 의하여 그 구체적 내용이 형성되기까지는 그 범위 및 내용이 불명확·불확정하기 때문에 구체적으로 권리가 발생하였다고 할 수 없으므로, 당사자가 이혼이 성립하기 전에 이혼소송과 병합하여 재산분할의 청구를 하고 법원이 이혼과 동시에 재산분할로서 금전의 지급을 명하는 판결을 하는 경우 그 금전지급채무에 관하여는 그 판결이 확정된 다음날부터 이행지체책임을 지게 되고, 따라서 소송촉진등에관한특례법 제3조 제1항 단서에 의하여 같은 조항 본문에 정한 이율이 적용되지 아니한다(대판 2001.9.25, 2001므725·732).

4. 재산분할에 관한 판결의 이유에서 부부의 공동채무를 처에게 귀속시킨다고 설시한 경우 재산분할방법

   재산분할에 관한 판결의 이유에서 부부의 공동채무를 처에게 귀속시킨다고 설시한 경우, 그 판결이 그대로 확정된다고 하더라도 그로써 위 채무 중 남편이 부담하여야 할 부분이 처에게 면책적으로 인수되는 법률적 효력이 발생한다고 볼 근거는 없으므로, 위 채무가 모두 처에게 귀속됨을 전제로 이를 재산분할금에 가산하여 재산분할의 판결을 할 수는 없다(대판 1999.11.26, 99므1596·1602).

5. 수차례 법률혼과 사실혼이 반복된 경우 재산분할의 대상

   부부 사이에 13년 남짓 동안 법률혼과 사실혼이 3회에 걸쳐 계속 이어지다가 파탄되었고 그 각 협의이혼에 따른 별거기간이 6개월과 2개월 남짓에 불과한 경우에 마지막 사실혼의 해소에 따른 재산분할을 함에 있어서는 그에 앞서 이루어진 이혼에 따른 재산분할 문제를 정산하였다거나 이를 포기하였다고 볼 만한 특별한 사정이 없는

한 그 각 혼인중에 쌍방의 협력에 의하여 이룩한 재산은 모두 청산의 대상이 될 수 있다고 보는 것이 상당하다(대판 2000.8.18, 99므1855).

6. 재산분할청구의 대상

혼인재산은 부부 중 어느 일방의 특유재산(제830조 제1항)이 되거나 공유재산(共有財産)이 되는데, 민법 제830조 제1항에 해당하는 특유재산과 그 재산으로부터 증가된 재산, 혼인 중 일방이 상속·증여·유증받은 재산 등은 재산분할의 대상에서 제외된다. 따라서 재산분할대상이 되는 재산은 당사자 쌍방의 협력으로 이룩한 재산이라고 할 수 있다.

이혼에 따른 부부 간 재산분할사건은 가사비송사건이므로(가소법 제2조 1항 마류 4호), 법원은 당사자의 주장에 구애되지 아니하고 재산분할의 대상이 무엇인지 직권으로 사실조사를 하여 포함시키거나 제외시킬 수 있다(대판 1996.12.23, 95므1192).

재산분할청구의 대상으로서 특히 문제가 되는 것은 다음과 같다.

(1) 혼인 중 부부의 협력으로 이룩한 재산이 일방(특히 夫)의 명의로 되어 있을 경우

이에 관하여 학설은 i) 취득 당시부터 공유재산으로 보는 견해(공유재산설: 제839조의2에 의해 제830조 제1항을 제한해석), ii) 일단 제830조의 특유재산으로서의 추정을 받으나 그 재산조성에 대한 타방의 협력이 있었다는 반증으로 그 추정은 깨진다고 보는 견해(특유재산추정설: 대판 1995.2.3, 94다51388), iii) 일방명의의 재산에 대해서는 공유관계를 인정하지 않고 다만 이혼 시 당해 특유재산 형성에 협력이 있었음을 이유로 그에 대한 분할을 청구할 수 있는 권리를 보장한 것으로 보는 견해(특유재산설)가 있다. 판례는 가사노동도 재산조성에 대한 협력으로 취급함으로써 구체적인 증명이 없더라도 일방의 특유재산에 대한 재산분할청구의 길을 열어 놓고 있다(대결 1993.5.11, 93스6; 대판 1994.5.13, 93므1020).

판례

특유재산이 재산분할의 대상이 되기 위한 요건

1. 부부 일방의 특유재산은 원칙적으로 분할의 대상이 되지 아니하나 특유재산일지라도 다른 일방이 적극적으로 그 특유재산의 유지에 협력하여 그 감소를 방지하였거

나 그 증식에 협력하였다고 인정되는 경우에는 분할의 대상이 될 수 있다(대판 1998. 2.13, 97므1486). 이러한 특유재산 추정력은 다음과 같은 판결에 의하여 완화되고 있다. 즉, 가사를 전담하는 외에 가업으로 24시간 개점하는 잡화상 연쇄점에서 경리업무를 전담하면서 잡화상 경영에 참가하여 가사비용의 조달에 협력하였다면 특유재산의 감소방지에 일정한 기여를 하였다고 할 수 있어 특유재산이 재산분할의 대상이 된다(대판 1994.5.13, 93므1020).

2. 분할재판확정 이후 새로 발견된 재산에 대한 추가 분할청구 여부
재산분할재판에서 분할대상인지의 여부가 전혀 심리된 바 없는 재산이 재판확정 후 추가로 발견된 경우에는 이에 대하여 추가로 재산분할청구를 할 수 있다(대판 2003. 2.28, 2000므582).

(2) 향후 수령할 퇴직금 · 연금

이혼 당시 이미 수령한 퇴직금(연금) 등은 분할대상이 될 수 있다(대판 1995. 3.28, 94므1584). 그러나 향후 수령할 퇴직금에 대하여 판례는 여명을 확정할 수 없으므로 이를 바로 재산분할대상에 포함시킬 수는 없고, 이를 참작하여 분할액수와 방법을 정하는 것이 타당하다고 한다(대판 1997.3.14, 96므1533). 이혼 후 퇴직금을 수령하고 재산분할의 제척기간이 경과하지 않은 경우, 혼인 시부터 사실심 변론종결 시까지의 퇴직금부분은 분할의 대상이 된다(대결 2000.5.2, 2000스13).

판례

재산분할의 대상이 되는 퇴직금

1. 이미 수령한 퇴직금
이혼소송의 사실심 변론종결일 당시 직장에 근무하는 부부 일방의 퇴직과 퇴직금이 확정된 바 없으면 장래의 퇴직금을 분할의 대상이 되는 재산으로 삼을 수 없음이 원칙이지만, 그 뒤에 부부 일방이 퇴직하여 퇴직금을 수령하였고 재산분할청구권의 행사기간이 경과하지 않았으면 수령한 퇴직금 중 혼인한 때로부터 위 기준일까지의 기간 중에 제공한 근로의 대가에 해당하는 퇴직금 부분은 분할의 대상인 재산이 된다(대결 2000.5.2, 2000스13).

2. 명예퇴직금
이혼소송의 사실심 변론종결 당시에 부부 중 일방이 직장에서 일하다가 명예퇴직을 하고 통상의 퇴직금 이외에 별도로 명예퇴직금 명목의 돈을 이미 수령한 경우, 명예퇴직금이 정년까지 계속 근로로 받을 수 있는 수입의 상실이나 새로운 직업을 얻기

위한 비용지출 등에 대한 보상의 성격이 강하다고 하더라도 일정기간 근속을 요건으로 하고 상대방 배우자의 협력이 근속 요건에 기여하였다면, 명예퇴직금 전부를 재산분할의 대상으로 삼을 수 있다. 다만 법원은 상대방 배우자가 근속 요건에 기여한 정도, 이혼소송 사실심 변론종결일부터 정년까지의 잔여기간 등을 민법 제839조의2 제2항이 정한 재산분할의 액수와 방법을 정하는 데 필요한 기타 사정으로 참작할 수 있다(대판 2011.7.14, 2009므2628·2635).

3. 공무원 퇴직연금수급권

(1) 이미 발생한 공무원 퇴직연금수급권도 재산분할의 대상에 포함될 수 있는데, 연금수급권자인 배우자가 매월 수령할 퇴직연금액 중 일정 비율에 해당하는 금액을 상대방 배우자에게 정기적으로 지급하는 방식의 재산분할도 가능하다.

(2) 이때의 정기금채권은 공무원 퇴직연금수급권이 사회보장적 일신전속적 권리로 상속의 대상도 되지 아니하는 점 등을 고려할 때 마찬가지로 제3자에게 양도되거나 분할권리자의 상속인에게 상속될 수 없다.

(3) 재산분할비율은 전체로서 형성된 재산에 대하여 상대방 배우자로부터 분할받을 수 있는 비율이므로 법원이 합리적인 근거 없이 분할대상 재산들을 개별적으로 구분하여 분할비율을 달리 정하는 것은 허용될 수 없다. 그러나 연금수급권자인 배우자의 여명을 알 수 없어 가액을 특정할 수 없는 등의 특성이 있으므로, 전체 재산에 대한 하나의 분할비율을 정하는 것이 형평에 부합하지 아니하는 경우도 있을 수 있다. 그러한 경우에는 공무원 퇴직연금수급권과 다른 일반재산을 구분하여 개별적으로 분할비율을 정하는 것이 타당하고, 그 결과 실제로 분할비율이 달리 정하여지더라도 이는 분할비율을 달리 정할 수 있는 합리적 근거가 있는 경우에 해당한다(대판[전원합의체] 2014.7.16, 2012므2888).

4. 장래 퇴직급여채권

비록 이혼 당시 부부 일방이 아직 재직 중이어서 실제 퇴직급여를 수령하지 않았더라도 이혼소송의 사실심 변론종결 시에 이미 잠재적으로 존재하여 경제적 가치의 현실적 평가가 가능한 재산인 퇴직급여채권은 재산분할의 대상에 포함시킬 수 있으며, 구체적으로는 이혼소송의 사실심 변론종결 시를 기준으로 그 시점에서 퇴직할 경우 수령할 수 있을 것으로 예상되는 퇴직급여 상당액의 채권이 그 대상이 된다(대판[전원합의체] 2014.7.16, 2013므2250).

---

(3) 명의신탁 재산

부부 중 일방의 소유인 재산이 제3자에게 명의신탁되어 있다고 하더라도 그것이 부부 쌍방의 협력으로 이룬 것이면 분할대상이지만(대판 1993.6.11, 92므1054·1061; 대판 2009.6.9, 2008스111), 제3자로부터 부부 중 일방이 명의신탁받은 재산은 분할의 대상이 아니다(대판 2003.2.28, 2000므582).

(4) 전문학위 또는 자격에 기한 수익

혼인 중 취득한 박사학위, 의사, 변호사 등의 전문직 자격에 기반한 수익에 대해서 학설은 분할대상이 된다고 보는 반면, 판례는 단지 재산분할의 액수와 방법을 정하는 데 필요한 참고사항으로 보고 있다(대판 1998.6.12, 98므213). 다만, 분할대상이 된다고 보는 가정법원의 판례(서울가법 1991.6.13, 91드1220)도 있다.

(5) 영업권 또는 보험금 등

독자적인 재산가치를 지니지 못하는 영업권은 분할대상이 될 수 없다(대판 1993.12.28, 93므409). 생명보험·손해보험·산재보험 등은 보험계약의 성격에 따라 구체적으로 파악해야 할 것이다. 가령 생명보험의 경우 피보험자의 사망에 의해서 보험금이 지급되는 것이라면 재산분할의 대상이 될 수 없겠지만, 변액보험처럼 보험의 수익자가 일방 배우자로 정해져 있다고 하더라도 그 성격이 부부 협력을 기초로 해서 증식된 것이라면 분할의 대상이 된다 하겠다.

(6) 기타 적극재산

재산분할재판확정 이후 새로 발견된 재산에 대해서도 추가로 분할을 청구할 수 있고(대판 2003.2.28, 94므1584), 서로 별거한 후에 취득한 재산이라고 하더라도 협력에 의하여 형성된 유·무형의 자원에 기초한 것이라면 분할의 대상이 될 수 있으며(대판 2000.9.22, 99므906), 법률혼과 사실혼이 수차례 반복되면서 재산분할이 이루어지지 아니하였다면 마지막 사실혼의 해소 후에도 재산분할이 가능하다(대판 2000.8.18, 99므1855). 부부 일방이 제3자와 합유하고 있는 재산의 경우에도 지분 가액을 산정하여 분할의 대상으로 삼거나 다른 재산의 분할에 참작하는 방법에 의해서 재산분할이 가능하다(대판 2009.11.12, 2009므2840·2857).

(7) 부부 일방이 혼인 중 제3자에게 부담한 채무

채무가 일상가사에 관한 것이 아닌 경우에는 원칙적으로 개인 채무로서 청산 대상이 되지 않으나, 공동재산의 형성에 수반하여 부담한 채무인 경우에는 청산 대상이 된다(대판 1998.2.13, 97므1486). 부부의 총재산가액에서 채무액을 공제한 결과 채무초과가 되는 경우에도 재산분할이 가능한가? 과거 판례는 채무초과인 경우 재산분할청구를 부정하였으나(대판 1997.9.26, 97므933 등), 최근 판례는 재산분할청구가 가능하다고 한다(대판[전원합의체] 2013.6.20, 2010므4071·4088).

판례

재산분할청구의 대상

1. 임차보증금반환채무

(1) 혼인 중에 쌍방의 협력에 의하여 이룩한 부부의 실질적인 공동재산은 부동산은 물론 현금 및 예금자산 등도 포함하여 그 명의가 누구에게 있는지 그 관리를 누가 하고 있는지를 불문하고 재산분할의 대상이 되는 것이고, 부부의 일방이 별거 후에 취득한 재산이라도 그것이 별거 전에 쌍방의 협력에 의하여 형성된 유형·무형의 자원에 기한 것이라면 재산분할의 대상이 된다고 할 것이고, 한편 부부 일방이 혼인 중 제3자에 대하여 채무를 부담한 경우에 그 채무 중에서 공동재산의 형성에 수반하여 부담하게 된 채무는 청산의 대상이 되는 것인데, 부동산에 대한 임대차보증금반환채무는 특별한 사정이 없는 한 혼인 중 재산의 형성에 수반한 채무로서 청산의 대상이 되는 것이다(대판 1999.6.11, 96므1397; 대판 2011.3.10, 2010므4699·4705· 4712).

(2) 임대차의 목적물인 부동산의 소유권이 이전되는 경우 그 부동산이 주거용 건물로서 주택임대차보호법에 따라 임대인의 지위가 당연히 승계되는 등의 특별한 사정이 없는 한, 재산분할의 방법으로 부동산의 소유권이 이전된다고 하여 그에 수반하여 당해 부동산에 대한 임대차보증금반환채무가 새로운 소유자에게 면책적으로 인수되는 것은 아니다(대판 1997.8.22, 96므912).

2. 주거환경개선법 등에 의한 임대주택의 일반분양 시 이혼 전 일방배우자 명의의 분양권에 대한 재산분할

구 도시저소득주민의 주거환경개선을 위한 임시조치법 제10조 제4항과 같은 법 제12조 제3항에 근거하여 주택공급기준 등에서 정하고 있는 임대주택을 분양전환함에 있어 차감된 분양대금의 적용을 받을 수 있는 사람은 이 사건 지구의 주민으로서 분양전환 시까지 그 임차인으로서의 지위를 유지한 사람만을 의미한다고 봄이 상당하므로 그로부터 임차인의 지위를 승계받은 사람은 분양전환 시에 차감된 분양대금의 적용을 받지 못한다. 그러나 배우자와 함께 이 사건 지구에서 거주하여 오다가 피고로부터 배우자 명의로 임대주택을 임차하였으나 분양전환 이전에 이혼에 따른 재산분할에 의하여 배우자로부터 임차인의 지위를 승계받은 사람은, 이혼에 따른 재산분할이 혼인 중 쌍방의 협력으로 형성된 공동재산의 청산이라는 성격을 지니고 있는 점 등에 비추어 보면 그 실질에 있어 이 사건 지구의 주민으로서 피고와 사이에 임대차계약을 체결한 후 분양전환 시까지 그 임차인으로서의 지위를 유지한 사람과 다르지 않다고 할 것이므로 임대주택을 분양전환함에 있어 차감된 분양대금의 적용을 받을 수 있다고 보아야 한다(대판 2008.12.11, 2008다46333).

3. 실질적 1인회사의 재산이 재산분할청구의 대상이 되는지 여부

부부의 일방이 실질적으로 혼자서 지배하고 있는 주식회사(이른바 '1인 회사')라고 하더라도 그 회사 소유의 재산을 바로 그 개인의 재산으로 평가하여 재산분할의 대상에 포함시킬 수는 없다. 주식회사와 같은 기업의 재산은 다양한 자산 및 부채 등으로 구성되는 것으로서, 그 회사의 재산에 대하여는 일반적으로 이를 종합적으로 평가한 후에야 1인 주주에 개인적으로 귀속되고 있는 재산가치를 산정할 수 있을 것이다. 따라서 그의 이혼에 있어서 재산분할에 의한 청산을 함에 있어서는 특별한 사정이 없는 한 회사의 개별적인 적극재산의 가치가 그대로 1인 주주의 적극재산으로서 재산분할의 대상이 된다고 할 수 없다(대판 2011.3.10, 2010므4699·4705·4712).

4. 채무초과와 재산분할

남편의 소극재산(약 2억 3천만 원)이 적극재산(약 1억 9천만 원)을 초과하고, 아내의 경우 적극재산(약 5백 8십만 원)이 소극재산(약 3백 6십만 원)을 약간 상회하는 가운데, 부부의 총재산가액에서 총채무액을 빼면 채무초과가 되어, 재산분할을 한 결과가 결국 채무의 분담을 정하는 것이 되는 경우에도 법원은 채무의 성질, 채권자와의 관계, 물적 담보의 존부 등 일체의 사정을 참작하여 이를 분담하게 하는 것이 적합하다고 인정되면 구체적인 분담의 방법 등을 정하여 재산분할청구를 받아들일 수 있다. 이와 달리 부부의 일방이 청산의 대상이 되는 채무를 부담하고 있어 총재산가액에서 채무액을 공제하면 남는 금액이 없는 경우에는 상대방의 재산분할청구는 받아들여질 수 없다고 한 판례(대판 1997.9.26, 97므933; 대판 2002.9.4, 2001므718 등)은 위 견해에 저촉되는 범위에서 이를 모두 변경한다(대판[전원합의체] 2013.6.20, 2010므4071·4088: 다수의견).

7. 재산상 손해배상 또는 위자료청구권과의 관계

위자료청구권은 유책당사자의 과실을 전제로 하는 손해배상적 성격을 갖는 것이고, 재산분할청구권은 당사자의 과실(또는 유책성)과는 무관하게 자신의 기여분의 상환이나 이혼 후 생활배려를 위한 성질을 갖는다. 또한 재산분할청구권은 2년의 제척기간(제839조의2 제3항)에 걸리며 위자료청구권은 단기 3년의 시효기간(제843조에 의한 제806조 준용, 제766조: 장기소멸시효 10년은 무의미)에 걸린다. 따라서 위자료청구권과 재산분할청구권은 별개의 것으로 양자를 개별적으로 청구하는 것도 가능하다. 다만, 재산분할청구(가소법 제2조 1항 마류 4호)와 위자료청구(가소법 제2조 1항 다류 2호)는 모두 조정전치주의(가소법 제50조 1항)에 의하고, 가정법원의 전속관할에 속한다. 한편, 양자 모두 상속이 가능하지만, 이혼청구

와 병합된 재산분할청구권은 상속인이 수계할 수 없다(자세한 것은 5. 이혼과 손해배상 (5) 재산분할청구권과의 관계 참고).

8. 재산분할청구권 보전을 위한 사해행위(詐害行爲)취소권

제839조의3(재산분할청구권 보전을 위한 사해행위취소권)

① 부부의 일방이 다른 일방의 재산분할청구권 행사를 해함을 알면서도 재산권을 목적으로 하는 법률행위를 한 때에는 다른 일방은 제406조 제1항을 준용하여 그 취소 및 원상회복을 가정법원에 청구할 수 있다.

② 제1항의 소는 제406조 제2항의 기간 내에 제기하여야 한다.

(1) 부부 간 채권자취소제도의 의의와 문제점

이혼당사자 일방이 이혼에 따른 재산분할을 회피할 목적으로 제3자에게 재산을 이전하는 것을 막기 위한 제도이다. 이러한 경우 채권자취소권을 적용하기가 어려웠다. 왜냐하면 민법 제406조의 채권자취소권은 사해행위가 있기 전에 채권이 확정되어 있음이 원칙이기 때문이다. 다만 기존의 판례이론, 즉 사해행위 당시에 이미 채권성립의 기초가 되는 법률관계에 기하여 채권이 성립되리라는 고도의 개연성이 있고 가까운 장래에 그 개연성이 실현되어 채권이 성립된 경우에는 그 채권도 피보전채권이 될 수 있다는 해석론을 이용하여 해결책을 마련하려 하였고, 그러한 판례이론이 제839조의3 규정으로 입법화된 것이다.

그러나 문제는 여전히 남아 있다. 첫째 재산분할청구권이 구체적으로 확정되지 않은 상태에서 채권자취소를 하는 경우 어느 범위에서 취소할 수 있는지 문제이다. 둘째, 재산분할청구권은 현물 또는 가액으로 분할청구할 수 있는바, 부동산을 현물로 분할청구할 경우 그 채권은 특정물채권이 되고 이 특정물에 대한 채권자취소를 인정하여야만 하는데, 판례는 일반적으로 특정물채권을 보전하기 위한 채권자취소권은 부정하고 있는 실정이다(대판 1999.4.27, 98다56690).

(2) 기 간

취소원인을 안 날로부터 1년, 법률행위 있은 날로부터 5년 내에 취소소송을 제기하여야 한다(제839조의3 제2항, 제406조 제2항).

(3) 관 할

재산분할청구의 소(訴)와 함께 채권자취소소송을 병합할 수 있도록 가정법원의 관할로 하고 있다.

9. 사해행위로서의 재산분할과 채권자취소권

이혼에 따른 재산분할이나 위자료의 지급은 가족법상의 법률행위이기 때문에 일반적으로는 채권자취소의 대상이 되지 아니하지만, 그것이 지나치게 과다하여 재산분할 등을 빙자한 재산처분행위로 평가되는 경우에는 채권자취소권의 대상이 될 수 있다. 즉, 채무자가 채무초과임에도 불구하고 재산분할이 되었을 경우에는 그 처분이 채권자의 채권을 침해할 수가 있다. 이때 채권자는 그 재산분할을 사해행위(詐害行爲)로 보아 취소할 수 있는가가 문제된다. 채권자 보호도 처(妻)의 보호 못지않게 중요하므로 상당성을 벗어난 경우에는 취소할 수 있다고 보는 것이 통설이다. 이때 채무자의 재산분할이 상당한지 여부는 민법 제839조의2가 정한 재산분할의 일반원칙에 따라 판단하되, 이혼한 당사자 일방의 이익과 채권자의 이익을 비교·형량하여 그 재산분할이 분할자의 채권자와의 관계에서도 상당한 것인지를 함께 고려하여야 한다(대판 1984.7.24, 84다카68; 대판 2000.9.29, 2000다25569). 상당한 정도를 벗어난 과대한 재산분할이라고 볼 만한 특별한 사정이 있다는 점에 대한 입증책임은 채권자에게 있다고 보아야 한다(대판 2000.7.28, 2000다14101; 대판 2006.9.14, 2006다33258).

판례

사해행위로서의 재산분할과 채권자취소권

1. 재산분할대상이 채권인 경우 적극재산의 평가와 채권자취소권

채무자가 재산분할 등의 재산처분행위를 할 당시 그의 적극재산 중 부동산과 채권이 있어 그 재산의 합계가 채무액을 초과한다고 하더라도 그 적극재산을 산정함에 있어서는 다른 특별한 사정이 없는 한 실질적으로 재산적 가치가 없어 채권의 공동담보로서의 역할을 할 수 없는 재산은 이를 제외하여야 할 것이고, 그 재산이 채권인 경우에는 그것이 용이하게 변제를 받을 수 있는 확실성이 있는 것인지 여부를 합리적으로 판정하여 그것이 긍정되는 경우에 한하여 적극재산에 포함시켜야 할 것이며, 압류금지재산은 공동담보가 될 수 없으므로 이를 적극재산에 포함시켜서는 아니 된다(대판 2005.1.28, 2004다58963).

2. 특유재산의 추정번복과 명의신탁행위의 사해행위성

부부의 일방이 혼인 중 그의 단독명의로 취득한 재산은 그 명의자의 특유재산으로 추정되는 것이고, 그 재산의 취득에 있어 다른 일방의 협력이 있었다거나 내조의 공이 있었다는 것만으로는 그 추정이 번복되지 아니하는 것이지만, 다른 일방이 실제로 당해 재산의 대가를 부담하여 취득하였음을 증명한 경우에는 그 추정이 번복되고, 그 대가를 부담한 다른 일방이 실질적인 소유자로서 편의상 명의자에게 이를 명의신탁한 것으로 인정할 수 있다. 따라서 부동산의 명의수탁자가 신탁행위에 기한 반환의무의 이행으로서 신탁부동산의 소유권이전등기를 경료하는 행위는 기존채무의 이행으로서 사해행위를 구성하지 아니한다(대판 1995.2.3, 94다42778; 대판 2007.4.26, 2006다79704: 남편에게 명의신탁된 재산이 특유재산추정의 번복을 통해 처에게 반환된 사안임).

3. 재산분할청구권의 포기가 채권자취소권의 대상이 되는지 여부

이혼으로 인한 재산분할청구권은 이혼을 한 당사자의 일방이 다른 일방에 대하여 재산분할을 청구할 수 있는 권리로서 이혼이 성립한 때에 그 법적 효과로서 비로소 발생하는 것일 뿐만 아니라, 협의 또는 심판에 의하여 구체적 내용이 형성되기까지는 그 범위 및 내용이 불명확·불확정하기 때문에 구체적으로 권리가 발생하였다고 할 수 없으므로 협의 또는 심판에 의하여 구체화되지 않은 재산분할청구권은 채무자의 책임재산에 해당하지 아니하고, 이를 포기하는 행위 또한 채권자취소권의 대상이 될 수 없다(대판 2013.10.11, 2013다7936).

10. 채권자대위권과의 관계

재산분할청구권에 대해서 채권자대위(제404조)가 인정될 수 있는가? 재산분할청구권은 당사자 개인의 의사가 존중되는 사권(私權)의 성질을 가지고 있고, 협의 또는 심판에 의하여 구체적 내용이 형성될 때까지는 그 범위와 내용이 불확정·불명료하므로, 협의 또는 심판에 의하여 구체적 내용이 형성되기 전의 재산분할청구권을 보전하기 위한 채권자대위는 인정될 수 없다는 것이 통설과 판례의 태도(서울가법 1993.11.11, 93느2877)이다.

11. 재산분할청구권의 상속(相續)

i) 학설은 청구의 의사표시와 관계없이 당연히 승계되는 것으로 보고, 다만 재산분할청구권의 요소 중에서 부양적 요소에 해당하는 부분은 상속되지 않는다고 한다(김주수·김상용, 박동섭, 배금숙·박경희, 이경희). ii) 재산분할청구권의

상속 여부를 직접적으로 다룬 판례는 없다. 다만 이혼소송과 재산분할청구가 병합된 경우, 배우자 일방이 사망하면 이혼의 성립을 전제로 하여 이혼소송에 부대한 재산분할청구 역시 이혼소송의 종료와 동시에 종료한다고 하는 판례가 있다(대판 1994.10.28, 94므246·253).

12. 재산분할청구권의 소멸

재산분할청구권은 2년의 제척기간으로 소멸한다(제839조의2 제3항). 즉 재산분할청구권은 이혼한 날로부터 2년 내에 행사하여야 하고 그 기간이 경과하면 소멸되어 이를 청구할 수 없으며, 이때의 2년이라는 기간은 일반 소멸시효기간이 아니라 제척기간으로서 그 기간이 도과하였는지 여부는 당사자의 주장에 관계없이 법원이 당연히 조사하여 고려할 사항이다(대판 1994.9.9, 94다17536).

13. 재산분할과 세금

재산분할금을 지급하기 위해서 재산을 처분하는 경우 부과되는 양도소득세를 분할대상재산의 가액에서 미리 공제할 수는 없지만(대판 1994.12.2, 94므901·918), 이미 재산을 처분하여 양도소득세가 확정적으로 예정되어 있는 때에는 청산의 대상이 되는 채무에 포함된다(대판 2010.4.15, 2009므4297). 또한 재산분할은 증여가 아니므로 증여세가 부과되지 않고(헌재결 1997.10.30, 96헌바14), 자산의 유상양도가 아니므로 양도소득세가 부과되지 않는다. 재산분할로 이전받은 부동산을 그 후에 양도하는 경우 그 양도차익의 산정은 재산분할을 원인으로 하는 소유권이전 시가 아니라 그 부동산의 최초 취득 시를 기준으로 한다(대판 2003.11.14, 2002두6422).

판례

재산분할과 관련된 과세문제

1. 처분한 재산에 대한 세금의 사전공제 여부

   이혼 및 재산분할 사건에서 위자료 및 재산분할금을 지급하기 위하여 부동산의 처분이 불가피하다 하여 그 처분에 관하여 부과될 양도소득세 상당액을 분할대상재산의 가액에서 미리 공제하여야 한다고 볼 수 없다(대판 1994.12.2, 94므901·918).

2. 재산분할에 대한 증여세부과의 위헌성

   증여세나 상속세를 면탈할 목적으로 위장이혼하는 경우와 진정한 재산분할을 가리려는 입법적 노력 없이 반증의 기회를 부여하지도 않은 채 상속세 인적공제액을 초과하는 재산을 취득하기만 하면 그 초과부분에 대하여 증여세를 부과한다는 것은 과세원인 없음에도 불구하고 증여세를 부과하는 것이어서 현저히 불합리하고 자의적이며 재산권보장의 헌법이념에 부합하지 않으므로 실질적 조세법률주의에 위배된다(헌재결 1997.10.30, 96헌바14).

3. 재산분할에 따른 부동산 소유권이전의 법적 성격

이혼 시 재산분할은 공유물분할에 관한 법리가 준용되는 바, 공유물의 분할은 법률상으로는 공유자 상호간의 지분의 교환 또는 매매라고 볼 것이나 실질적으로는 공유물에 대하여 관념적으로 그 지분에 상당하는 비율에 따라 제한적으로 행사되던 권리, 즉 지분권을 분할로 인하여 취득하는 특정 부분에 집중시켜 그 특정 부분에만 존속시키는 것으로 소유형태가 변경된 것뿐이어서 이를 자산의 유상양도라고 할 수 없으며, 이러한 법리는 이혼 시 재산분할의 방법으로 부부 일방의 소유명의로 되어 있던 부동산을 상대방에게 이전한 경우에도 마찬가지이다(대판 2003.11.14, 2002두6422).

[사례풀이 08]

B는 A와 합의이혼이 안 되는 경우 재판상 이혼을 청구할 수 있다. 재판상 이혼을 하는 경우 B는 유책한 A에 대하여 위자료를 청구할 수 있고 혼인생활 중에 공동으로 이룩한 재산에 대하여 재산분할을 요구할 수 있다. 문제는 A가 재산분할을 회피하고자 제3자와 통모하여 재산분할대상이 되는 재산을 처분하는 경우이다. 이 문제를 해결하기 위해 2007년도에 제839조의3(재산분할청구권 보전을 위한 사해행위취소권)이 신설되었음을 유의하여야 한다.

(1) 재산분할청구의 대상이 되는 재산

B명의로 되어 있는 아파트는 결혼 전에 A가 부모로부터 받은 아파트이므로 A의 고유재산이다. 이 아파트는 B명의로 부부명의신탁이 되어 있다고 볼 수 있으므로 재산분할의 대상이 될 수 없고 A가 명의신탁 해지를 통해 소유권을 회복할 것이다. 따라서 B는 A명의로 되어 있는 건물에 대하여 혼인 중 공동의 협력으로 이룩한 재산임을 증명하여 재산분할을 청구할 수 있다.

(2) A와 갑의 건물양도 행위

A가 갑에게 건물의 소유권을 이전등기하기 전이라면 B는 이에 적절한 법적 조치를 취하는 것이 바람직할 것이다(종합사례 참고. 즉, B는 건물에 대한 적극적인 재산증식의 노력이 있었다는 사실을 증명할 수 있는 증거를 확보하여 위 부동산에 대해 처분금지가처분절차를 취함과 동시에 남편 A를 상대로 그 부담정도에 따라 고유지분권이전등기청구를 제기하여 남편의 처분을 막을 수 있다). 그러나 이미 처분행위가 이루어졌고 이러한 처분이 B의 재산분할을 회피하고자 하는 목적에서 이루어진 사해

행위에 해당된다면 B는 민법 제406조의 채권자취소권을 고려할 수 있다. 그런데 민법 제406조의 채권자취소권은 사해행위가 있기 전에 원칙적으로 채권이 확정되어 있어야 하는데 이혼소송 및 재산분할 소송판결 전에는 재산분할채권이 확정되기 어려워 제406조의 적용이 현실적으로 어렵다. 따라서 판례이론에서는 사해행위 당시에 이미 채권성립의 기초가 되는 법률관계에 기하여 채권이 성립되리라는 고도의 개연성이 있고 가까운 장래에 그 개연성이 실현되어 채권이 성립된 경우에는 그 채권도 피보전채권이 될 수 있다는 이론을 전개하였고 그러한 이론이 제839조의3으로 입법화된 것이다. 이에 B는 제839조의3에 의하여 재산분할청구권 보전을 위한 사해행위취소권을 고려할 수 있을 것이다.

그런데 B가 부동산을 현물로 분할청구할 경우 그 채권은 특정물채권이 되고 이 특정물에 대한 채권자취소를 인정하여야만 하는데, 판례는 일반적으로 특정물채권을 보전하기 위한 채권자취소권을 부정하고 있는 실정(대판 1999.4.27, 98다56690)이기 때문에, 판례이론에 따른다면 B는 현실적으로 현물의 분할을 청구하기가 어렵고 가액을 청구하는 방법밖에 없을 것이다. 그러나 특정물채권이라도 종국적으로는 채무불이행에 의한 손해배상채권으로 변화될 가능성을 내포하고 있고 그 손해배상채권은 채무자의 일반재산에 의하여 담보되는 것이므로, 이를 보전함을 목적으로 하는 이상 채권자취소권을 행사할 수 있다고 해석하는 것이 타당할 것이다.

제 6 절 사실혼(事實婚)

I 의의와 성질

1. 의 의

사실상 혼인생활을 하고 있으면서 혼인신고가 없기 때문에 법률상 혼인으로서 인정되지 않는 부부관계를 말한다.

2. 성 질

1923년에 법률혼주의가 채택된 후에도 우리나라에는 상당수의 사실혼이 존재하였다는 점과 혼인의 실체가 있음에도 불구하고 혼인신고가 없다는 이유만으로 사실혼을 법적 보호범위 밖에 방치하는 것은 현실에 합당하지 못한 점 등을 고려할 때 사실혼은 어느 정도 보호받을 필요가 있다. 과거 사실혼을 혼인예약이라고 보았으나(대판 1970.4.28, 69므37: 당사자가 파기한 경우에는 채무불이행책임이나 불법행위책임, 제3자가 파기한 경우에는 불법행위책임을 부담), 현재의 통설과 판례는 이를 준혼(準婚)관계로 보아, 혼인신고와 관련된 것을 제외하고는 거의 모든 혼인의 효과를 인정한다(대판 1995.3.28, 94므1584; 대판 1997.11.11, 97다34273).

판례

사실혼에 유추적용되는 법률규정

사실혼이란 당사자 사이에 혼인의 의사가 있고, 객관적으로 사회관념상으로 가족질서적인 면에서 부부공동생활을 인정할 만한 혼인생활의 실체가 있는 경우이므로, 법률혼에 대한 민법의 규정 중 혼인신고를 전제로 하는 규정은 유추적용할 수 없으나, 민사집행법 제190조(채무자와 그 배우자의 공유에 속하는 유체동산은 채무자가 점유하거나 그 배우자와 공동점유하는 때에는 같은 법 제189조의 규정에 의하여 압류할 수 있다)의 규정(대판 1997.11.11, 97다34273) 또는 부부재산의 청산의 의미를 갖는 재산분할에 관한 규정(대판 1995.3.28, 94므1584)은 부부의 생활공동체라는 실질에 비추어 인정되는 것이므로, 사실혼관계에도 준용 또는 유추 적용할 수 있다.

Ⅱ 성립요건

1. 주관적 요건

사실상의 혼인의사가 존재하면 된다. 이 의사는 부부가 되겠다는 실질적 합의가 있으면 충분하다. 단순한 사통관계(私通關係)·동거관계(同居關係) 내지 내연관계(內緣關係)·첩관계(妾關係) 등을 사실혼이라고 볼 수는 없다.

판례

사실혼에 있어서 혼인의사의 추정

사실혼관계에 있는 당사자 사이의 혼인의사가 불분명한 경우, 혼인의 관행과 신의칙에 따라 사실혼관계를 형성시킨 상대방의 행위에 기초하여 혼인의사의 존재를 추정할 수 있다(대판 2000.4.11, 99므1329).

2. 객관적 요건

사회통념상 부부공동생활이라고 인정될 만한 사회적 사실이 존재하면 된다.

3. 보호받는 사실혼

위와 같은 요건을 갖춘 사실혼들, 가령 혼인적령 미달자의 사실혼, 부모 등의 동의를 얻지 못한 사실혼 등은 혼인신고를 전제로 하는 것을 제외하고는 법률혼과 마찬가지로 법적 보호를 받는다. 그러나 사통관계·동거관계(대판 2008.2.14, 2007도3952 참고) 내지 내연관계·첩관계, 계약부부로서 일정기간 또는 일정 목적만을 위하여 계약상 부부로 행세하기 위한 결합(대판 1984.8.21, 84므45), 무효혼에 해당하는 근친 간의 사실혼, 중혼적 사실혼(대판 1962.11.15, 62다631; 대판 2001.4.13, 2000다52943 등) 등은 보호받지 못한다(다만, 중혼적 사실혼도 특별한 사정이 있거나 관련법규의 취지에 기초해 일정한 보호가 주어질 수 있다. 자세한 것은 V. 중혼적 사실혼 참고).

Ⅲ 효 과

사례 09

A는 나이가 많은 B를 만나 간병하면서 사실상 부부로서 10년 넘게 동거하며 살고 있다. B의 처는 오래 전에 사망하였고 가족으로는 외국이민을 가서 살고 있는 갑과 을이 있다.

(1) B는 병원으로 가던 도중 교통사고로 중상을 입게 되었다. 이에 A는 B가 사망하기 전에 법률상의 혼인관계를 만들려고 한다. 어떻게 해야 하는가?

(2) B는 결국 사망하기에 이르렀는데, B는 사망하기 전 자기 사후 유산을 A에게 얼마간 증여하겠다는 것을 기록으로 남겼다. 상속인인 갑과 을은 B의 전 재산은 자신들의 것이라고 주장한다. A에게 어떠한 권리가 있는가?

[논 점]

1. 사실혼의 재산상 효과
2. 사실혼과 증여

1. 부부공동생활체를 전제로 인정되는 효과

정조의무(부정행위로 사실혼을 파탄시킨 배우자는 손해배상책임을 부담한다: 대판 1998.12.8, 98므961), 동거·부양·협조의 의무(제826조), 부부 간의 가사대리권(제827조: 대판 1980.12.23, 80다2077), 특유재산 등에 관한 법정재산제(제830조, 제831조: 대판 1994.12.22, 93다52088·52075; 대판 2007.6.28, 2006다48632), 일상가사채무의 연대책임(제832조), 혼인생활비용의 공동부담(제833조), 재산분할청구권(제839조의2: 대판

1993.8.27, 93므447·454; 대판 1995.3.10, 94므1379·1386) 등 부부공동생활체를 전제로 한 혼인의 효과가 사실혼에도 인정된다. 다만, 사실혼관계가 일방당사자의 사망으로 종료된 경우에는 그 상대방에게 재산분할청구권이 인정되지 않는다(대판 2006.3.24, 2005두15595).

그러나 부부재산계약(제829조) 등은 사실혼에 적용되지 않는다고 보는 것이 통설이다.

2. 신고를 전제로 한 효과

사실혼에도 위에서 말한 혼인의 효과가 적용되지만 신고를 전제로 가족관계등록부와 관련되는 것은 유추적용되지 않는다.

(1) 가족관계등록부의 변동이 없고, 친족 내지 인척(姻戚)관계가 발생하지 않으며, 상속권이나 기여분이 인정되지 않는다(이견: 이경희, 정광현). 한편, 특별연고자의 재산분여청구(제1057의2)는 가능하지만, 사망한 사실혼의 배우자에게 상속인이 1인이라도 있다면 재산을 분여받을 수 없다.

(2) 미성년자가 사실혼관계를 맺었다고 하여 성년에 달한 것으로 볼 수 없다(제826조의2).

(3) 자(子)는 혼인 중의 출생자가 되지 못한다. 따라서 인지가 없는 한 자는 모(母)의 성(性)과 본(本)을 따르고, 모의 친권에 따른다(제781조 제2항, 제909조 제1항). 따라서 부가 자를 인지하거나(제781조 제1항), 인지청구의 소에서 승소하여야 부자간의 법적 친자관계가 발생한다. 한편, 부가 사망한 경우에도 인지청구의 소에 의하여야 하고, 생모가 자를 상대로 친생자관계존부확인의 소를 제기할 수는 없다(대판 1997.2.14, 96므738).

(4) 부부 간의 명의신탁이 허용되는 특례규정(동법 제18조)을 사실혼배우자에게도 적용할 것인가? 판례는 명의신탁특례규정과 관련해서 사실혼배우자의 명의신탁에는 특례규정의 적용을 부인한다(대판 1999.5.14, 99두35). 또한 사실혼배우자가 타방 배우자의 명의로 일종의 중간생략등기형 명의신탁을 한 후 그 명의자 또는 그 승계인이 이를 처분하였다면, 사실혼배우자인 신탁자에 대한 횡령죄가 성립할 수 있다(대판 2007.6.28, 2006다48632).

판례

사실혼부부 사이의 명의신탁재산과 그 재산의 제3자에 대한 처분행위

부동산을 그 소유자로부터 매수한 자가 그의 명의로 소유권이전등기를 하지 아니하고 제3자와 맺은 명의신탁약정에 따라 매도인으로부터 바로 제3자(여기서는 사실혼배우자)에게 중간생략의 소유권이전등기를 경료한 경우, 그 제3자가 그와 같은 명의신탁 약정에 따라 그 명의로 신탁된 부동산을 임의로 처분하였다면 신탁자에 대한 횡령죄가 성립하고(대판 2001.11.27, 2000도3463 참조), 그 제3자(사실혼배우자)가 사망함에 따라 제3자의 상속인이 된 자는 제3자의 지위를 포괄승계하여 명의신탁된 부동산을 유효하게 처분할 수 있는 보관자로서의 지위를 취득하는 것이므로, 그 제3자의 상속인이 명의신탁된 부동산을 임의로 처분한 경우에도 신탁자에 대한 횡령죄가 성립한다(대판 2007.6.28, 2006다48632).

(5) 사실혼관계에 있는 자가 다시 혼인하더라도 중혼이 되지 않는다.

3. 기타의 효과

(1) 제3자에 대한 관계

사실혼배우자의 생명을 침해한 자에게 제750조에 기한 손해배상이나 제752조에 기한 위자료를 청구할 수 있다(대판 1962.4.26, 62다72: 인지되지 아니한 자녀도 포함. 대판 1975.12.23, 75다413). 상해를 가한 자, 정교관계를 맺은 자(대판 1959.2.19, 4290민상749), 사실혼관계를 부당하게 간섭하여 파탄시킨 자(대판 1983.9.27, 83므26) 등에게 불법행위로 인한 재산상·정신상의 손해배상을 청구할 수 있다. 사실혼배우자의 채권자는 타방 배우자가 점유하거나 공동점유하는 물건 등에 대해서 압류할 수 있다(민집법 제189조).

(2) 민법 이외의 법률상 보호

민법 이외의 법률에서 사실혼부부를 법률상의 부부와 동일하게 다루는 규정이 있다.

① 근로기준법 및 동 시행령에서는 사실상 혼인관계에 있는 자를 배우자에 포함시키고 있으며(동법 제82조 1항, 동 시행령 제48조 제1항: 유족보상청구권), 그 밖에 공무원연금법(동법 제3조 제1항), 군인연금법(동법 제3조 제1항), 사립학교교직원연금법(동법 제2조 제1항), 선원법 시행령(동 시행령 제29조 1호), 산업재해보상보험법(동법 제63조 제1항), 독립유공자예우에 관한 법률(제5조 제1항) 등에서도 같은

취지의 규정을 두고 있다.

② 임차인이 상속권자 없이 사망한 경우에 그 주택에서 가정공동생활을 하던 사실상의 혼인관계에 있는 자는 임차인의 권리와 의무를 승계한다(주택임대차보호법 제9조 제1항). 임차인이 사망한 경우에 사망 당시 상속권자가 그 주택에서 가정공동생활을 하고 있지 아니한 때에는 그 주택에서 가정공동생활을 하던 사실상의 혼인관계에 있는 자와 2촌 이내의 친족은 공동으로 임차인의 권리와 의무를 승계한다(동법 제9조 제2항).

[사례풀이 09]

사례에서 A와 B는 사실혼관계에 있다고 볼 수 있다. A가 B의 재산을 이전받는 방법은 재산상속에 의한 경우와 유증에 의한 방법, 그리고 증여에 의한 방법이 있을 수 있다.

재산상속은 B 생전에 혼인신고를 하여야 하는데 혼인신고를 하지 않은 이상 상속받을 수 없다. 유증에 의한 재산의 이전은 B가 사망하기 전에 A에 대한 유증의 의사표시를 하고, B의 사망 후 그 유언에 대하여 법원의 검인절차를 밟으면 A는 유증받은 재산에 대하여 다른 상속인에 우선하여 이전받을 수 있다. 다만 법정상속인인 갑과 을의 유류분(법정상속분의 2분의 1 한도 내)에 부족이 발생하면 그 한도에서 유증받은 재산 중 일정 부분을 반환하여야 한다(제1073조, 제1091조, 제1112조). 참고로 유언은 엄격한 요식을 갖춘 자필증서·녹음·공정증서·비밀증서·구술증서 방식에 따라야 하고 이를 갖추지 않은 유언은 효력이 없다(제1065조).

재산상속이나 유증이 아닌 증여에 의한 방법으로 A가 소유권이전등기를 완료하면 증여재산에 대해서 완전한 소유권을 취득한다. 다만 이 경우에도 상속개시 전의 1년간에 행해진 증여재산에 대하여는 유류분산정시 법정상속인들의 부족한 유류분은 반환하여야 한다(제1115조).

Ⅳ 사실혼의 해소

1. 해소의 원인

당사자의 사망, 합의, 일방적 파기로 인하여 해소된다.

2. 일방적 해소

사실혼(事實婚) 해소 그 자체는 자유이다. 예를 들어 사실혼 일방당사자가 의사능력이 없는 피성년후견인이거나, 의식불명인 상태에 있더라도 상대방은 일방적으로 사실혼을 해소하고 재산분할을 청구할 수 있고(대판 2009.2.9, 2008스105), 유책당사자라고 하더라도 사실혼관계를 해소할 수 있다(대판 1977.3.22, 75므28). 그러나 정당한 이유가 없는 한 유책 당사자는 상대방에 대하여 손해배상책임을 진다(대판 2009.2.9, 2008스105). 판례는 학대·폭행·축출행위(逐出行爲)(대판 1965.5.31, 65므14), 성기능 불완전(대판 1966.1.31, 65므65), 혼인 전의 부정행위로 인한 불화 등은 해소의 정당한 사유로 보며, 임신불능(대판 1966.7.26, 66므10)은 정당한 사유가 되지 못한다고 한다. 종래 판례는 이 책임의 근거를 채무불이행책임에서 찾았으나(대판 1970.4.28, 69므37), 근래에는 주로 불법행위책임에서 찾고 있다(대판 1989.2.14, 88므146 등). 이 손해배상청구권은 재산적 손해와 정신적 손해를 포함하며, 재산적 손해에는 사실혼관계의 성립·유지와 인과관계가 있는 모든 손해가 포함된다(대판 1989.2.14, 88므146). 다만, 중혼적 사실혼의 경우에는 일방 당사자에게 유책사유가 있더라도 손해배상청구가 인정되지 않는다(대판 1995.9.26, 94므1638; 대판 2001.4.13, 2000다52943).

판례

사실혼의 법률효과

1. 사실혼배우자의 사망과 재산분할청구권

   부부재산에 관한 청산의 의미를 갖는 재산분할에 관한 법률 규정은 부부의 생활공동체라는 실질에 비추어 인정되는 것으로서 사실혼관계에도 이를 준용 또는 유추적용할 수 있기 때문에, 사실혼관계에 있었던 당사자들이 생전에 사실혼관계를 해소한 경우 재산분할청구권을 인정할 수 있으나, 법률상 혼인관계가 일방당사자의 사망으로 인하여 종료된 경우에도 생존배우자에게 재산분할청구권이 인정되지 아니하고 단지 상속에 관한 법률규정에 따라서 망인의 재산에 대한 상속권만이 인정된다는 점 등에 비추어 보면, 사실혼관계가 일방당사자의 사망으로 인하여 종료된 경우에는 그 상대방에게 재산분할청구권이 인정된다고 할 수 없다(대판 2006.3.24, 2005두15595).

2. 사실혼 배우자가 의식불명인 상태에서의 일방적 사실혼 해소와 재산분할청구권

   사실혼관계의 당사자 중 일방이 의식불명이 된 상태에서 상대방이 사실혼관계의 해소를 주장하면서 재산분할 심판청구를 한 경우에, 위 사실혼관계는 상대방의 의사에 의하여 해소되었고 그에 따라 재산분할청구권이 인정된다(대판 2009.2.9, 2008스105).

3. 자의 양육문제

사실혼 해소 후의 자의 양육문제에 대해서 제837조를 유추적용할 것인가에 대하여, 혼인 외 출생자에 대한 친권이 부에게 우선적으로 부여된 1990년 민법개정 전 판례는 이를 부정하였지만(대판 1979.5.8, 79므3), 자(子)가 인지된 경우에 제837조를 준용하도록 한 현행법 체계를 보면, 사실혼 중 출산한 자에 대하여 생부가 인지를 한 경우에는 자의 양육문제에 대해서는 입법적 해결을 꾀하고 있다.

V 중혼적 사실혼

1. 개 념

법률혼의 당사자 중 일방이 제3자와 사실혼관계에 있는 것을 중혼적 사실혼(重婚的 事實婚)이라고 한다. 중혼적 사실혼은 법률혼에 있는 자와의 사실혼관계에 있는 경우이므로 이중 사실혼과 구별된다.

2. 효 과

중혼적 사실혼에 해당하는 혼인이라도 취소되기 전까지는 유효하게 존속한다고 해석되지만, 이는 법률혼이 아니므로 상속(대판 2001.4.13, 2000다52943)이나 기여분, 재산분여청구, 성년의제 등의 적용이 없다. 또한 중혼적 사실혼은 법률상 보호받을 수 있는 사실혼이 아니므로, 사실혼을 전제로 한 부부 사이의 의무, 일상가사대리, 연대채무에 대한 연대책임, 재산분할청구(대결 1995.7.3, 94스30)나 손해배상(대판 1996.9.20, 96므530) 등이 인정되지 않고, 연금수급권도 인정되지 않는다(대판 2007.2.22, 2006두18584 등). 다만, 중혼적 사실혼이라도, 법률혼이 사실상 해소된 상태(예컨대, 사실상 이혼이나 전혼배우자의 사망)라면 각 관련법규의 범위 내에서 보호될 수 있다(사실혼배우자가 연금수급권을 가질 수 있다는, 대판 2007.2.22, 2006두18584; 대판 2010.9.30, 2010두9631 등. 성폭력범죄의 처벌 및 피해자보호 등에 관한 법률에 의한 보호를 받는다는, 대판 2002.2.22, 2001도5075; 대판 2009.12.24, 2009다64161 참고). 한편, 중혼적 사실혼 중에 법률혼이 해소된 경우, 법률혼 해소 이후에 취득한 재산에 대해서는, 그 사실혼이 해소될 때에 재산분할을 청구할 수 있다(대판 1995.9.26, 94므1638).

판례

중혼적 사실혼의 보호 여부

1. 중혼적 사실혼

   법률상의 혼인을 한 부부의 어느 한 쪽이 집을 나가 장기간 돌아오지 아니하고 있는 상태에서 부부의 다른 한 쪽이 제3자와 혼인의 의사로 실질적인 혼인생활을 하고 있다고 하더라도, 특별한 사정이 없는 한 이를 사실혼으로 인정하여 법률혼에 준하는 보호를 허여할 수는 없으므로 사실혼관계 해소에 따른 손해배상청구나 재산분할청구는 허용될 수 없다(대판 1996.9.20, 96므530).

2. 중혼적 사실혼으로 인하여 형성된 인척이 성폭력범죄의처벌및피해자보호등에관한법률 제7조 제5항 소정의 '사실상의 관계에 의한 친족'에 해당하는지 여부

   법률이 정한 혼인의 실질관계는 모두 갖추었으나 법률이 정한 방식, 즉 혼인신고가 없기 때문에 법률상 혼인으로 인정되지 않는 이른바 사실혼으로 인하여 형성되는 인척도 성폭력범죄의처벌및피해자보호등에관한법률 제7조 제5항이 규정한 사실상의 관계에 의한 친족에 해당하고, 비록 우리 법제가 일부일처주의를 채택하여 중혼을 금지하는 규정을 두고 있다 하더라도 이를 위반한 때를 혼인 무효의 사유로 규정하고 있지 아니하고 단지 혼인 취소의 사유로만 규정함으로써 중혼에 해당하는 혼인이라도 취소되기 전까지는 유효하게 존속하는 것이므로 중혼적 사실혼이라 하여 달리 볼 것은 아니다(대판 2002.2.22, 2001도5075).

3. 중혼적 사실혼에 해당하는지 여부

   국가유공자등예우및지원에관한법률 제5조 제1항 제1호는 국가유공자의 유족 또는 가족의 범위에 국가유공자의 법률상 및 사실상의 배우자를 포함시키면서 그 배우자가 국가유공자와 혼인 또는 사실혼 후 당해 국가유공자 외의 자와 사실혼 중에 있거나 있었던 경우에는 국가유공자의 유족 또는 가족의 범위에서 제외하는 것으로 규정하고 있다. (사안에서 유공자의 배우자가) 국가유공자의 유족 또는 가족의 범위에서 제외되기 위해서는 그 배우자가 국가유공자 외의 자와 사실혼의 성립요건을 갖추어야 하는바, (국가유공자의 사실혼배우자가) 국가유공자 외의 자와의 사이에 자식을 출산하고 그 출산을 전후한 약 2개월 동안 동거 또는 간헐적인 정교관계가 있은 경우, 그것만으로는 서로 혼인의사의 합치나 혼인생활의 실체가 존재하지 않기 때문에 유공자의 유족 또는 가족에서 제외되지 않는다(대판 2001.1.30, 2000도4942).

4. 법률상 이혼상태인 경우 중혼적 사실혼의 보호 여부

   법률혼주의 및 중혼금지 원칙을 대전제로 하고 있는 우리 가족법체계를 고려하여 보면, 군인연금법 제3조 제1항 4호가 '사실상 혼인관계에 있던 자'를 유족연금을 받을 수 있는 배우자에 포함하고 있는 취지는, 사실상 혼인생활을 하여 혼인의 실체는 갖추고 있으면서도 단지 혼인신고가 없기 때문에 법률상 혼인으로 인정되지 아니하

는 경우에 그 사실상 배우자를 보호하려는 것이지, 법률혼관계와 경합하고 있는 사실상의 동거관계를 보호하려는 것은 아니다. 만약 사실상 배우자 외에 법률상 배우자가 따로 있는 경우라면, 이혼의사의 합치가 있었는데도 형식상의 절차미비 등으로 법률혼이 남아 있는 등의 예외적인 경우를 제외하고는, 그 사실상 배우자와의 관계는 군인연금법상의 '사실혼'에 해당한다고 볼 수 없다(대판 2007.2.22, 2006두18584). (반면) 중혼적 사실혼일지라도 군인 또는 군인이었던 자의 퇴직 후 61세 전에 법률혼인 전 혼인의 배우자가 사망함으로써 전 혼인이 해소됨과 동시에 통상적인 사실혼이 된 경우 등과 같은 특별한 사정이 있다면, 전 혼인의 배우자 사망 후에는 사실상 혼인관계에 있던 자는 군인연금법 제3조 제1항 4호에 규정된 배우자로 보아야 한다(대판 2010.9.30, 2010두9631).

5. 특별한 사정이 있는 경우의 중혼적 사실혼의 보호

사실혼은 당사자 사이에 주관적으로 혼인의 의사가 있고, 객관적으로도 사회관념상 가족질서적인 면에서 부부공동생활을 인정할 만한 혼인생활의 실체가 있으면 일단 성립하는 것이고, 비록 우리 법제가 일부일처주의를 채택하여 중혼을 금지하는 규정을 두고 있다 하더라도 이를 위반한 때를 혼인 무효의 사유로 규정하지 않고 단지 혼인 취소의 사유로만 규정하고 있는 까닭에(민법 제816조) 중혼에 해당하는 혼인이라도 취소되기 전까지는 유효하게 존속하는 것이고, 이는 중혼적 사실혼이라 하여 달리 볼 것이 아니다. 또한 비록 중혼적 사실혼관계일지라도 법률혼인 전 혼인이 사실상 이혼상태에 있다는 등의 특별한 사정이 있다면 법률혼에 준하는 보호를 할 필요가 있을 수 있다(대판 2009.12.24, 2009다64161).

6. 특별한 사정에 대한 증명책임

법률상 혼인을 한 부부가 별거하고 있는 상태에서 그 다른 한쪽이 제3자와 혼인의 의사로 실질적인 부부생활을 하고 있다고 하더라도, 특별한 사정이 없는 한, 이를 사실혼으로 인정하여 법률혼에 준하는 보호를 할 수는 없는 것이고, 이러한 법리는 자동차종합보험의 부부운전자한정운전 특별약관에서 규정하는 '사실혼 관계에 있는 배우자'의 해석에도 적용되고, 이 경우 특별한 사정이 있다는 사실은 이를 주장하는 보험계약자에게 증명책임이 있다(대판 2010.3.25, 2009다84141).

Ⅵ 사실상 혼인관계존재확인청구

사례 10

A와 B는 3년 전 결혼한 후 결혼 전 각자 소유의 재산처분 문제로 혼인신고를 하지 않았지만 주민등록상으로는 동거인으로 되어 있던 상태에서 B가 교통사고로 사망하였다. B는 사

립학교교원으로서 사립학교교직원연금에 가입되어 있고, 자신의 명의로 상당한 은행예금을 가지고 있었다. 또한 가해차량은 자동차종합보험에 가입되어 있었다. A는 어떤 권리를 갖는가?

[논 점]

1. 사실혼배우자의 법률상 지위
2. 사실혼관계존재확인청구의 요건

---

1. 사실상 혼인관계존재확인의 소의 의의와 성질

사실혼이 성립되었다고 볼 수 있는 상황이 존재함에도 불구하고 당사자 일방이 혼인신고에 협력하지 않는 경우에는, 사실상 혼인관계존재확인의 소를 제기할 수 있는데, 이에 앞서 가정법원에 조정을 신청하여야 한다(가소법 제2조 제1항 나류 1호; 제50조).

사실상 혼인관계존재확인의 소의 성질과 관련하여 다수설은 확인의 소로 보는 반면, 소수설은 법률상 혼인관계를 창설하는 형성의 소로 파악한다(박병호). 판례는 확정판결이 있더라도 이로써 혼인관계가 형성되는 것은 아니고 가족관계등록 신고가 있어야만 혼인이 성립하는 확인의 소라는 입장이다(대판 1973. 1.16, 72므25).

2. 사실상 혼인관계존재확인의 소제도의 실효성

사실혼관계존재확인의 소는 i) 쌍방이 모두 사실혼관계의 유지에 동의하면서도 어느 일방의 사정 때문에 동시에 혼인신고가 불가능한 경우, ii) 부부의 일방은 사실혼의 해소를 원하는데 타방은 그렇지 않은 경우로서, 특히 자(子)가 있는 때에 준정에 의한 혼인 중의 자로 하기 위한 것과 장래 타방의 사망시 배우자상속권을 확보하기 위한 경우에 그 실효성이 있을 것이다. 따라서 사실혼관계가 사실상 파탄되어 있다면 확인청구가 인용된다고 하더라도 당사자 사이의 실질적 결합을 강제할 수 없는 한계를 지닌다.

3. 혼인의사존재의 확인기준 시

사실혼존재확인청구가 인용되기 위한 혼인의사는 사실심 구두변론종결시까지 존재하여야 한다. 왜냐하면 그 전에 일방에 의하여 사실혼이 해소되어 버리면 사실상 혼인관계존재확인청구는 손해배상청구와 상관없이 이유 없어 기각되기 때문이다. 다만 준정과 사망 시 배우자 상속권 확보의 경우 혼인의사의 존재는 사실혼의 성립 당시를 기준으로 해야 할 것이다(참고: 서울고법 1971.11.30, 71르33).

4. 사실혼의 해소와 과거의 사실혼관계존부확인청구

사실혼의 해소 후 사실혼관계존재확인청구는 원칙적으로 허용되지 않는다(대판 1977.3.22, 75므28). 다만, 일방당사자가 사망한 후 현재적 또는 잠재적 법적 분쟁을 일거에 해결하는 유효·적절한 수단이 될 수 있는 경우에는 생존당사자가 검사를 상대로 확인의 소를 제기할 수 있다고 보는 것이 다수설과 판례의 태도이다(대판 1983.3.8, 81므76; 대판 1995.11.14, 95므694: 친생자관계존부확인청구에 관한 제865조와 인지청구에 관한 제863조의 유추적용). 그러나 확정판결을 받았다고 하더라도 사망자와의 혼인은 인정되지 않기 때문에 혼인신고는 수리될 수 없고, 따라서 생존하는 당사자가 단순히 혼인신고를 하기 위한 목적만으로는 사망자와의 과거의 사실혼관계존재확인을 구할 소의 이익이 없다(대결 1991.8.13, 91스6).

판례

일방당사자의 사망과 사실혼관계존재확인청구

사실혼관계에 있던 당사자 일방이 사망하였더라도, 현재적 또는 잠재적 법적 분쟁을 일거에 해결하는 유효·적절한 수단이 될 수 있는 한, 그 사실혼관계존부확인청구에는 확인의 이익이 인정되고, 이러한 경우 친생자관계존부확인청구에 관한 민법 제865조와 인지청구에 관한 민법 제863조의 규정을 유추적용 하여, 생존 당사자는 그 사망을 안 날로부터 1년 내(민법개정으로 2년 내)에 검사를 상대로 과거의 사실혼관계에 대한 존부확인청구를 할 수 있다고 보아야 한다(대판 1995.3.28, 94므1447).

5. 소송계속 중 제3자와 한 혼인신고의 효력

사실상 혼인관계존재확인의 소가 진행되는 동안 피청구인이 타인과 한 혼인신고의 효력이 문제된다. 신의칙이나 공서양속 위반을 들어 이를 무효로 보는 견해가 있지만(박병호), 판례는 청구인이 피청구인을 상대로 한 사실혼관계확인청구 소송이 승소로 확정되었다고 하더라도 그에 기하여 혼인신고를 하지 아니한 이상 민법 제810조 소정의 중혼이 될 수 없고, 따라서 제816조가 규정한 혼인의 취소사유도 되지 않는다고 한다(대판 1973.1.16, 72므25).

6. 혼인신고의 절차와 성질

사실상 혼인관계존재확인의 판결이 확정되면 청구인은 재판의 확정일로부터 1월 이내에 재판서의 등본 및 확정증명서를 첨부하여 혼인신고를 하여야 한다(가족관계등록법 제72조). 판례는 이를 창설적 신고로 보지만(대판 1973.1.16, 72므25), 학설은 보고적 신고로 본다.

[사례풀이 10]

사안에서 A가 취득할 가능성이 있는 재산은 유족연금, 은행예금, 손해배상금이다. 순차적으로 이들에 대한 권리관계를 살펴보면 다음과 같다.

우선 연금에 관하여 보면, 사립학교교직원연금법 제36조는 「급여를 받을 유족의 순위는 재산상속의 순위에 의한다」고 하면서, 같은 법 제2조 제1항 2호 가목에서는 「유족 중 배우자는 사실상 혼인관계에 있던 자를 포함한다」고 규정하고 있다. 따라서 A는 사실혼관계존재확인판결을 받아 연금을 수령할 수 있을 것인데, B가 사망한 상태에서 사실혼관계존재확인판결이 가능한 것인지가 문제이다. 판례는 이에 대하여 '일반적으로 과거의 법률관계는 확인의 소의 대상이 될 수 없으나, 혼인·입양과 같은 신분관계나 회사의 설립, 주주총회의 결의무효, 취소와 같은 사단적 관계, 행정처분과 같은 행정관계와 같이 그것을 전제로 하여 수많은 법률관계가 발생하고 그에 관하여 일일이 개별적으로 확인을 구하는 번잡한 절차를 반복하는 것보다 과거의 법률관계 그 자체의 확인을 구하는 편이 관련된 분쟁을 일거에 해결하는 유효적절한 수단일 수 있는 경우에는 예외적으로 확인의 이익이 인정된다. 따라서 사실혼관계에 있던 당사자 일방이 사망하였더라도, 현재적 또는 잠재적 법적 분쟁을 일거에 해결하는 유효적절한 수단이 될 수 있는 한, 그 사실혼관계존부확인청구에는 확인의 이익이 인정되고, 이러한 경우 친생자관계존부확인청구에 관한 민법 제865조와 인지청구에 관한 민법 제863조의 규정을 유추적용하여, 생존당사자는 그 사망을 안 날로부터 1년 내에 검사를 상대로 과거의 사실혼관계에 대한 존부확인청구를 할 수 있다'고 한다(대판 1995.3.28, 94므1447). 따라서 A는 사실혼관계존재확인판결을 받아서 연금을 청구할 수 있다.

교통사고로 인한 사망으로 보험회사가 지급하는 사망보험금과 사망한 B명의의 예금은 상속의 대상이고 사실혼관계의 배우자는 상속인에 포함되지 않는다. 따라서 사실혼관계존재확인판결을 받는다 하더라도 B는 보험금과 예금에 대한 권리를 갖지 못한다(사실혼관계존재확인판결을 가지고 혼인신고도 할 수 없다: 대결 1991.8.13, 91스6). 다만 A는 특별연고자로서 민법 제1057조의2에 의하여 상속재산의 전부 또는 일부를 분여받을 수는 있을 것이다.

제4장 부모와 자·후견·친족·부양

민법상 친자관계에는 자연의 혈연관계에 있는 친자관계(친생자)와 법률상 친자관계가 의제되는 법정친자관계(양자)가 있다.

《민법상의 친자관계》

	친 생 자					양자(養子)
	혼인 중의 출생자(혼생자)			혼인 외의 출생자(혼외자)		
	출생에 의한 혼생자		준정에 의한 혼생자	인지된 혼외자	인지되지 않은 혼외자(婚外子)	
	추정을 받는 혼생자	추정을 받지 않는 혼생자				
요건	혼인성립일로부터 200일 후-혼인종료일로부터 300일 내	혼인성립일로부터 200일 전 출생한 부(夫)의 자(子)	혼인 외의 출생자라도 부모가 혼인한 때에는 그때로부터 혼생자로 본다.	혼외자가 임의인지나 강제인지를 받을 것	사실혼·무효혼·사통(私通)·첩 관계 등으로부터 출생한 인지받지 못한 자, 친생부인의 소에 의하여 적출성이 부인된 자	자연적 친자관계에 있지 아니한 자 사이에 법적 친자관계를 유지
효과	요건이 엄격한 친생부인의 소에 의하여 친생자가 아님을 주장하여야 함	친생자관계부존재확인의 소에 의하여 친생부인	모가 혼인한 때로부터 혼인 중의 출생자의 신분을 획득	친자관계에 따른 법적 지위 부여(친권, 부양, 상속), 출생시에 소급, 다만 제3자의 권리를 해하지 못함		입양한 때부터 친자관계 발생

상속	부에 대한 상속권이 있다.		부에 대한 상속권이 없다.	혼인 중의 자와 동일
친권	부모공동 친권	부모의 협의로 친권자를 결정	모(母)의 단독 친권	혼인 중의 자와 동일

제 1 절 친생자

모자관계는 포태와 분만이라고 하는 자연적 사실에 의하여 확정되므로 출생신고나 인지가 필요 없다(대판 1967.10.4, 67다1791; 대판 1997.2.14, 96므738). 민법은 모의 인지(제855조)나 모를 상대로 한 인지청구(제863조)를 규정하고 있으나, 이러한 민법의 규정은 기아(棄兒)가 성장하여 생모를 찾는 경우처럼 모자관계가 불분명한 특수한 경우에 모자관계의 확인을 구하는 확인의 소일 뿐이다(대판 1967.10.4, 67다1791. 이에 비하여 아버지에 대한 인지청구는 형성의 소이다).

부자관계도 자연적 관계이지만 모자관계와는 달리 일정한 요건을 갖추어야 법률상 친자관계가 성립한다. 민법은 부자관계를 혼인 중의 출생자, 혼인 외의 출생자로 크게 나누어 규율하고 있다.

I 혼인 중의 출생자(또는 혼생자)

법률상 혼인관계가 있는 부모 사이에서 출생한 자(子)가 혼인 중의 출생자(혼생자: 婚生子)이다. 혼생자에는 출생한 때부터 혼생자인 생래적 혼생자와 준정에 의한 혼생자가 있다. 생래적 혼생자는 다시 친생추정을 받는 혼생자와 그렇지 않은 혼생자로 분류할 수 있다.

1. 친생추정을 받는 혼생자

제844조(부의 친생자추정)
① 처가 혼인 중 포태한 자는 부의 자로 추정한다.
② 혼인성립의 날로부터 2백일 후 또는 혼인관계 종료의 날로부터 3백일 내에 출생한 자는 혼인 중에 포태한 것으로 추정한다.

(1) 친생추정을 받는 혼생자의 요건

① 친생추정을 받는 혼생자(婚生子)가 되려면 부와 모가 법률상 혼인관계에 있어야 하고, 그 사이에 태어난 자는 혼인성립의 날로부터 200일 후 또는 혼인관계종료의 날로부터 300일 내에 출생한 자이어야 한다. 여기서 혼인성립의 날이란 부부가 혼인식을 하고 사실상 동거를 하면서 실질적으로 부부생활을 시작한 때이다. 물론 혼인신고를 하지 않으면 이는 단지 사실혼에 불과하게 되는데, 사실혼 관계에서 태어난 자는 친생추정을 받는 혼생자가 될 수 없고 부모의 혼인신고 또는 사실혼관계존부확인판결에 의한 혼인신고로 준정에 의한 혼생자가 될 수 있을 뿐이다. 혼인관계의 종료일은 이혼신고를 기준으로 한다. 한편 헌법재판소는 제844조 제2항 중 "혼인관계종료의 날로부터 300일 내에 출생한 자"에 관한 부분이 헌법에 합치되지 아니하나, 친생추정의 공백상태를 고려하여 입법자의 개선입법이 이루어질 때까지 잠정적으로 적용하기로 결정하였다(헌재결 2015.4.30, 2013헌마623).

판례

제844조 제2항 중 "혼인관계종료의 날로부터 300일 내에 출생한 자"의 헌법불합치

혼인 종료 후 300일 내에 출생한 자녀가 전남편의 친생자가 아님이 명백하고, 전남편이 친생추정을 원하지도 않으며, 생부가 그 자를 인지하려는 경우에도, 그 자녀는 전남편의 친생자로 추정되어 가족관계등록부에 전남편의 친생자로 등록되고, 이는 엄격한 친생부인의 소를 통해서만 번복될 수 있다. 그 결과 제844조 제2항은 이혼한 모와 전남편이 새로운 가정을 꾸리는 데 부담이 되고, 자녀와 생부가 진실한 혈연관계를 회복하는 데 장애가 되고 있다. 이러한 내용의 민법 규정 제844조 제2항은 입법형성의 한계를 벗어나 모가 가정생활과 신분관계에서 누려야 할 인격권, 혼인과 가족생활에 관한 기본권을 침해한다. 그런데 심판대상조항을 위헌으로 선언하면 친생추정의 효력이 즉시 상실되어 혼인 종료 후 300일 이내에 출생한 자의 법적 지위에 공백이 발생할 우려가 있고, 심판대상조항의 위헌상태를 어떤 기준과 요건에 따라 개선할 것인지는 원칙적으로 입법자의 형성재량에 속하므로, 헌법불합치결정을 선고하되 입법자의 개선입법이 있을 때까지 계속적용을 명한다(헌재결 2015.4.30, 2013헌마623).

② 子에 대한 출생신고가 이루어져야 한다. 다만, 제844조에서 말하는 출생은 '가족관계등록부에 신고된 출생일'이 아니라 '실제 출생한 때'이므로, 가족관계등록부상의 子의 출생연월일은 가족관계등록법 제104조에 의한 정정이 가능하다(대결 2012.4.13, 2011스160 참고).

(2) 친생추정의 효과

친생추정을 받는 자는 친생부인의 소에 의하지 않는 한 반대의 입증만으로는 그 추정이 번복되지 않고(대판 2000.8.22, 2000므292), 그에 대한 친자관계부존재확인청구나 인지도 허용되지 않는다.

(3) 친생추정의 한계

외관상 부자관계가 없음이 명백함에도 불구하고 부에 의한 포태의 가능성 유무와 상관없이 제844조에 의하여 출생한 자의 포태기간을 오로지 가족관계등록부에 의하여 형식적·획일적으로 정하고, 엄격한 요건하에 친생부인의 소에 의하여 친생자임을 부인해야 하는 것은 일반인의 법감정에 반한다. 따라서 친생추정을 받는 혼생자라 할지라도 부의 자가 아님이 명백하다면 부의 친생자로서의 추정이 미치지 않는다고 보아야 한다.

판례도 과거에는 「친생추정을 받는 혼생자는 오직 친생부인의 소로 확정판결을 받아야 친생부인이 가능하다」(대판 1968.2.27, 67므34)고 하였으나, 그 이후 「동서의 결여로 처가 부의 자를 포태할 수 없는 것이 외관상 명백한 사정이 있는 경우에는 친생추정이 미치지 않고 친생자관계존부확인의 소의 제기가 가능하다」(대판[전원합의체] 1983.7.12, 82므59)고 하고 있다. 판례는 동서의 결여정도와 관련하여 「부가 다른 여자와 부첩관계를 맺고 처와 별거하고 있었어도 1년에 한번 정도로 찾아와 만났다면 객관적으로 명백할 정도로 동서를 결여한 때에 해당하지 아니한다」(대판 1990.12.11, 90므637)고 본다.

부(夫)에 의한 포태가능성이 없는 경우로는 자(子)의 포태기간(胞胎期間) 중에 부가 행방불명 또는 생사불명인 때, 부가 입대 중, 재감 중, 입원 중 또는 외국체재 등으로 부재 중인 때, 혼인이 파탄하여 사실상 이혼상태로 별거 중인 때 등을 들 수 있을 것이다.

참고 친생추정이 미치지 않는 범위에 관한 학설

① 무제한설: 법률상 혼인 중의 여자가 자식을 출산하면 어떤 예외도 없이 친생추정을 받는다는 견해(과거 판례의 견해)

② 외관적 제한설: 처가 부(夫)에 의하여 포태하는 것이 불가능한 사정이란 포태기간 중의 동거의 결여라고 하는 외관상 명백한 사실에 한정하여야 한다고 한다(박병호). 이러한 견해에 의하면 부자(父子)의 혈연의 진실을 명백히 하려는 인정을 무시할 수는 없지만, 민법에 있어서의 친생추정과 부인제도의 취지가 가정의 평화보호에 있

는 것을 생각할 때에 가정의 평화나 부부의 개인적 내부사정에 개입하면서까지 친생추정의 제외범위를 확대시키는 것은 곤란하다고 한다. 따라서 이 견해에 의하면 부가 생식불능이거나 부와 자 사이의 혈액형이 배치되는 경우에는 친생추정이 미치는 것을 원칙으로 하고, 다만 당사자나 관계인의 동의가 있는 경우에 한하여 추정이 미치지 않는다고 한다(박병호; 대판[전원합의체] 1983.7.12, 82므59).

③ 실질적 제한설: 가정의 평화와 혈연진실주의와의 조화를 꾀하여야 하는 관점에서, 이미 지켜야 할 가정이 붕괴되고 있는 경우에는 원칙적으로 혈연주의를 우선시켜서, 친생부인소송의 제소기간 경과 후에도, 또 모(母)의 부(夫) 이외의 자(者)도 유효하게 친생자관계부존재확인의 소를 제기할 수 있다고 한다. 이 견해에 따르면 친생부인의 소에 의할 것인가 또는 친생자관계부존재확인의 소(訴)에 의할 것인가는 그때 그때의 상황에 따라 결정된다고 한다(김주수).

판례

친생자 추정과 친자관계의 부인

1. 처가 부의 자를 포태할 수 없음이 외관상 명백한 경우 부가 그 출생자의 친자관계를 부인하는 방법

[다수의견] 친생자추정에 관한 민법 제844조는 부부가 동거하여 처가 부의 자를 포태할 수 있는 상태에서 자를 포태한 경우에 적용되는 것이고, 부부의 한 쪽이 장기간에 걸쳐 해외에 나가 있거나 사실상의 이혼으로 부부가 별거하고 있는 경우 등 동서의 결여로 처가 부의 자를 포태할 수 없는 것이 외관상 명백한 사정이 있는 경우에는 그 추정이 미치지 아니한다 할 것이어서 친자관계부존재확인소송을 제기할 수 있다고 할 것이다.

[소수의견] 부부 간의 정절의무는 그 가정의 평화와 가족제도의 유지에 필수 불가결한 것이며, 따라서 혼인중에 포태한 자는 당연히 그 부의 자일 수밖에 없는 것이므로 민법은 이를 일률적으로 부의 자로 추정하고 남편이 그 가정의 파탄에 불구하고 그 가정의 비밀을 들추면서까지 부자관계를 부인하는 경우에는 친생부인의 소에 의하여 위 추정을 번복하고 신분관계 질서의 신속한 안정을 위하여 이와 같은 친생부인의 소제기에 제척기간을 정하고 있는 터이므로 이 친생부인의 소에서 추정을 번복하는 사실을 증명하여 이 추정을 뒤집을 수가 있는 것이니 이 민법 제844조의 명문에 반하면서까지 이를 제한적으로 해석하여야 할 이유가 없다((대판[전원합의체] 1983.7.12, 82므59): 이 판례는 과거 별거 중에 출생한 자에게도 친생추정이 미친다고 판결했던 종전의 판례(무제한설: 대판 1968.2.27, 67므34; 대판 1975.7.22, 75다65)를 변경하여 제한설을 취한데 그 의의가 있다. 이 판결 이후 대법원은 계속하여 같은 취지로 판시하고 있다(대판 1997.2.25, 96므1663 등)).

2. 부적법한 친생자관계부존재확인의 심판의 효력과 친생자추정의 효력
친생부인의 소의 방법에 따라야 할 것을 부적법한 친생자관계부존재확인의 소의 방법에 의한 부적법한 청구일지라도 법원이 그 잘못을 간과하고 청구를 받아들여 친생자관계가 존재하지 않는다는 확인의 심판을 선고하고 그 심판이 확정된 이상 이 심판이 당연무효라고 할 수는 없는 것이며, 구 인사소송법(1990.12.31. 법률 제4300호 가사소송법에 의하여 폐지) 제35조, 제32조에 의하여 위 확정심판의 기판력은 제3자에게도 미친다고 할 것이어서 위 심판의 확정으로 누구도 소송상으로나 소송 외에서 친생자임을 주장할 수 없게 되었고 위 확정심판의 기판력과 충돌되는 친생자로서의 추정의 효력은 소멸한다(대판 1992.7.24, 91므566).

2. 친생추정을 받지 않는 혼생자

민법 제844조 제2항의 친생추정기간이 아닌 때에 태어나거나(혼인이 성립한 날로부터 200일이 되기 전에 출생한 夫의 子) 외관상 부자관계가 없음이 명백한 경우 등이다. 이 경우에 친자관계를 다툴 때는 친생부인의 소가 아닌 친생자관계부존재확인의 소에 의하여 친생자임을 부정할 수 있다. 주의할 것은 혼인신고 전에 사실혼관계가 선행하여 그 출생이 사실혼성립의 날로부터 200일 후인 경우에는 친생자의 추정을 받는다고 보기 때문에, 이러한 자(子)는 친생부인의 소에 의하지 않는 한 친생자임을 부인할 수 없다는 점이다.

3. 부모의 혼인신고에 의한 혼생자(혼인에 의한 준정)

제855조
② 혼인 외의 출생자는 그 부모가 혼인한 때에는 그때로부터 혼인 중의 출생자로 본다.

(1) 준정(準正)의 의의

법률상 혼인관계가 없는 부모 사이에 출생한 자가 그 부모의 혼인을 원인으로 하여 혼인 중 출생자의 신분을 취득하는 것을 준정이라 한다.

(2) 준정의 종류

준정의 종류에는 혼인에 의한 준정(민법은 이것만을 규정하고 있다), 혼인 중의 준정, 혼인해소 후의 준정, 사망자에 대한 준정이 있다.

① 혼인에 의한 준정

혼인 전에 출생하여 부로부터 인지를 받고 있던 자는 부모의 혼인에 의하여 준정이 된다(제855조).

② 혼인 중의 준정

인지받지 못한 혼외자가 그 부모의 혼인 후 인지됨으로써 준정이 된다.

③ 혼인해소 후의 준정

혼인 전의 출생자가 부모의 혼인 중에 인지되지 않고 있다가 부모의 혼인이 해소되거나 취소된 후에 인지되면 준정이 된다.

④ 사망자에 대한 준정

사망한 혼외자에게 직계비속이 있는 경우에는 인지할 수 있는데(제857조), 사망한 자를 인지한 후 그 부모가 혼인한 경우, 인지된 혼인 외의 자가 직계비속을 남기고 사망한 후 그 부모가 혼인한 경우, 직계비속 있는 사망한 자를 그 부모의 혼인 중에 인지한 경우 등의 준정을 말한다.

(3) 준정의 효과

① 부모가 혼인한 때로부터 혼인 중의 출생자로 된다(제855조 제2항). 인지와는 달리 자녀출생 시까지 그 효력이 소급하는 것은 아니다.

② 준정에 의한 혼생자는 친생추정을 받지 못하므로 친자관계에 대해 다툼이 생기면 제3자가 이를 다툴 때 친생자관계존부확인의 소에 의한다.

4. 부(父)를 정하는 소(訴)

제845조(법원에 의한 부의 결정)
재혼한 여자가 해산한 경우에 제844조의 규정에 의하여 그 자의 부를 정할 수 없는 때에는 법원이 당사자의 청구에 의하여 이를 정한다.

(1) 의 의

재혼한 여자가 해산한 경우에 친생자추정의 중복이 생길 수 있다(예컨대 자 출생의 날이 후혼성립의 날로부터 200일 후이고 전혼 종료의 날로부터 300일 내인 경우). 이러한 경우 제844조의 규정에 의하여 그 자의 부를 정할 수 없는 때에는 (가정)법원이 당사자의 청구에 의하여 이를 정한다(제845조). 중혼의 경우에도 친생추정의 경합이 발생할 수 있다. 명문의 규정은 없지만 이 경우에도 당사자는 부를 정하는 소를 제기할 수 있을 것이다.

부를 정하는 소는 형성의 소로서 조정을 거쳐서 재판하며(가소법 제2조 제1항 나류 5호; 제50조), 그 당사자·소송절차·관할에 관하여는 가사소송법(제26조, 제27조)이 규정하고 있다.

(2) 부를 정하는 소를 제기할 수 있는 자

자, 모, 모의 배우자 또는 모의 전배우자이다(가소법 제27조 제1항).

(3) 소의 상대방

소의 상대방은 소를 누가 제기하는가에 따라 달라질 수 있다.

① 자(子)가 소를 제기한 경우 　모, 모의 배우자 및 모의 전배우자가 소의 상대방이다(가소법 제27조 제2항 전단).

② 모가 소를 제기한 경우 　모의 배우자 및 모의 전배우자가 소의 상대방이다(가소법 제27조 제2항 후단).

③ 모의 배우자 또는 모의 전배우자가 소를 제기한 경우 　모 및 전배우자 또는 모 및 배우자가 소의 상대방이다(가소법 제27조 제3항).

④ 상대방이 될 사람 중 일부가 사망한 경우 　생존자가, 모두 사망한 때에는 검사가 소의 상대방이 된다(가소법 제27조 제4항). ①, ②, ③ 어느 경우에나 피고가 복수이므로 필수적 공동소송관계에 있다.

5. 친생부인(親生否認)의 소(訴)

제846조(자의 친생부인)

부부의 일방은 제844조의 경우에 그 자가 친생자임을 부인하는 소를 제기할 수 있다.

제847조(친생부인의 소)

① 친생부인의 소(訴)는 부(夫) 또는 처(妻)가 다른 일방 또는 자(子)를 상대로 하여 그 사유가 있음을 안 날부터 2년 내에 이를 제기하여야 한다.

② 제1항의 경우에 상대방이 될 자가 모두 사망한 때에는 그 사망을 안 날부터 2년 내에 검사를 상대로 하여 친생부인의 소를 제기할 수 있다.

제848조(성년후견과 친생부인의 소)

① 남편이나 아내가 피성년후견인인 경우에는 그의 성년후견인이 성년후견감독인의 동의를 받아 친생부인의 소를 제기할 수 있다. 성년후견감독인이 없거나 동의할 수 없을 때에는 가정법원에 그 동의를 갈음하는 허가를 청구할 수 있다.

② 제1항의 경우 성년후견인이 친생부인의 소를 제기하지 아니하는 경우에는 피성년후견인

은 성년후견종료의 심판이 있은 날부터 2년 내에 친생부인의 소를 제기할 수 있다.

제849조(자 사망 후의 친생부인)
자가 사망한 후에도 그 직계비속이 있는 때에는 그 모를 상대로, 모가 없으면 검사를 상대로 하여 부인의 소를 제기할 수 있다.

제850조(유언에 의한 친생부인)
부(夫) 또는 처(妻)가 유언으로 부인의 의사를 표시한 때에는 유언집행자는 친생부인의 소를 제기하여야 한다.

제851조(부의 자 출생 전 사망 등과 친생부인)
부(夫)가 자(子)의 출생 전에 사망하거나 부(夫) 또는 처(妻)가 제847조 제1항의 기간 내에 사망한 때에는 부(夫) 또는 처(妻)의 직계존속이나 직계비속에 한하여 그 사망을 안 날부터 2년 내에 친생부인의 소를 제기할 수 있다.

제852조(친생부인권의 소멸)
자(子)의 출생 후에 친생자임을 승인한 자는 다시 친생부인의 소를 제기하지 못한다.

제854조(사기, 강박으로 인한 승인의 취소)
제852조의 승인이 사기 또는 강박으로 인한 때에는 이를 취소할 수 있다.

사례 11

갑(甲)은 을(乙), 병(丙) 두 자녀가 있다. 그런데 갑은 병이 친자식이 아님을 알게 되었다. 친생부인의 소를 제기하기 전에 갑은 사망을 하고 상속이 이루어졌다. 갑이 사망한 후 을은 병에 대하여 상속회복청구를 할 수 있는가?

---

(1) 친생부인(親生否認)의 소(訴)의 의미

민법 제844조의 친생추정을 받는 자(子)의 부자관계를 부정하기 위한 유일한 방법은 친생부인의 소를 제기하는 것이다(대판 2000.8.22, 2000므292). 친생추정을 받는 자에 대하여 친생자관계존부확인의 소나 인지청구, 임의인지, 별소 등에서 그 선결문제로 친생부인을 주장하는 것은 모두 적법하지 않다.

(2) 소(訴)의 방식

친생부인의 방법은 우선 가정법원에 조정을 신청하여야 하지만(가소법 제2조 제1항 나류 6호; 제50조), 조정의 성립만으로 친생부인의 효력이 생기는 것은 아니고(가소법 제59조 제2항 단서; 대판 1968.2.27, 67므34), 최종적으로 가정법원의 판결이 있어야 한다. 또한 친생부인의 소를 제기하려면 출생신고가 이루어졌어야 하지만, 이러한 출생신고가 친생자에 대한 승인으로 되는 것은 아니다(제852조 비교).

(3) 소(訴)의 당사자와 제척기간(除斥期間)

① 부인권자(否認權者)

친생추정을 받는 혼생자(제844조)에 대하여 부(夫) 또는 처(妻)가 친생부인의 소를 제기할 수 있다(제846조: 子는 부인권이 없다).

예외적으로, i) 남편이나 아내가 피성년후견인인 경우에는 그의 성년후견인이 성년후견감독인의 동의를 받아 친생부인의 소를 제기할 수 있고(제848조 제1항 1문), 성년후견감독인이 없거나 동의할 수 없을 때에는 가정법원에 그 동의를 갈음하는 허가를 청구할 수 있다(제848조 제1항 2문). 성년후견인이 소제기를 하지 아니한 경우, 피성년후견인은 성년후견종료의 심판이 있은 날로부터 2년 내에 친생부인의 소를 제기할 수 있다(제848조 제2항). ii) 부 또는 처가 유언으로 부인의 의사를 표시한 경우에는 유언집행자가 부인의 소를 제기하여야 한다(제850조). iii) 부(夫)가 자(子)의 출생 전에 사망하거나(제851조), 부 또는 처가 제847조 제1항의 기간 내(친생부인의 사유 있음을 안 날로부터 2년 내)에 사망한 때에는 부 또는 처의 직계존속이나 직계비속에 한하여 그 사망을 안 날부터 2년 내에 친생부인의 소를 제기할 수 있다(제851조).

② 소(訴)의 상대방

친생부인의 소는 부 또는 처가 다른 일방 또는 자(子)를 상대로 제기할 수 있다(제847조 제1항. 대판 2014.12.11, 2013므4591: 자의 생모에 한정되고, 법률상 부와 재혼한 처는 포함되지 않는다). 상대방이 될 자가 모두 사망한 때에는 그 사망을 안 날부터 2년 내에 검사를 상대로 하여 친생부인의 소를 제기할 수 있다(제847조 제2항). 자가 사망한 후라도 그 직계비속이 있는 때에는 그 모를 상대로, 모가 없으면 검사를 상대로 소를 제기할 수 있다(제849조).

(4) 부인판결(否認判決)의 효력

부 또는 처의 부인의 주장이 판결에 의하여 확정되면 자(子)는 처(모)의 혼인외의 출생자가 되고(형성적 효력), 친생부(親生父)는 인지를 할 수 있다. 친생부인 확정판결은 제3자에 대해서도 효력을 가진다(가소법 제21조). 그 이전에는 제3자는 선결문제로서도 부의 자가 아님을 주장할 수 없다(대판 1975.7.22, 75다65).

(5) 부인권(否認權)의 소멸

① 제소기간의 도과 그 사유 있음을 안 날부터 2년 내에 제기하여야 하

므로(제847조 제1항), 안 날로부터 2년이 경과하면 부인권은 소멸한다. '그 사유 있음을 안 날'이란 '부(夫)의 자(子)가 아님을 안 날'로 해석된다.

② 친생자 승인 자(子)의 출생 후에 친생자(親生子)임을 승인한 자는 다시 친생부인의 소를 제기하지 못한다(제852조). 다만, 이러한 승인이 사기 또는 강박으로 이루어진 때에는 이를 취소할 수 있다(제854조).

[사례풀이 11]

친생추정을 받는 혼생자(제844조)에 대하여 친생부인을 할 수 있는 자는 원칙적으로 부(夫) 또는 처(妻)이다. 그러나 예외적으로 친생부인권자인 부 또는 처가 친생부인의 사유 있음을 안 날로부터 2년 내에 사망한 때에는 부 또는 처의 직계존속이나 직계비속에 한하여 그 사망을 안 날부터 2년 내에 친생부인의 소를 제기할 수 있다(제851조). 사안에서 갑이 특별히 친생부인의 유언을 하였다면 유언집행자가 친생부인의 소를 제기할 수 있겠지만, 그렇지 않다면 을은 직계비속으로서 친생부인의 소를 제기할 수 있고 확정판결을 얻은 후 이를 근거로 병에 대하여 상속회복청구권을 행사할 수 있다.

Ⅱ 혼인 외의 출생자(혼외자)

사례 12

A를 상대로 B녀는 C가 A의 子임을 인지(認知)하라는 소를 제기하였다. B가 C를 포태(胞胎)한 기간 중에 A와 B가 부부관계를 가졌다는 점, C의 혈액형이 A의 子로 인정될 수 있다는 점이 잠정적으로 확인되었다. 그러나 A는 B가 포태기간에 D남과도 성관계를 가졌다고 주장한다.

(1) 만일 위의 경우에 A가 C를 인지하기는 곤란하지만 그 대신 15세까지 C의 양육비로 1,000만 원을 B에게 주는 대가로 인지의 소가 취하되었다면, 그 후에 B 또는 C는 인지의 소를 다시 제기할 수 있는가?

(2) A는 C를 인지하였는데, 나중에 C는 A의 자(子)가 아님이 판명되었다. A는 인지를 부정할 수 있는가? 만일 A가 C와 혈연관계가 없음을 알고 C를 인지하였다면 어떻게 되는가?

[논 점]

1. 인지청구의 소
2. 인지청구권의 포기를 내용으로 하는 합의
3. 인지자의 인지취소의 소와 인지무효의 소

사실혼관계·무효혼관계(제855조 제1항 후단)·사통(私通)관계·부첩(夫妾)관계 등

법률혼관계가 없는 자들 사이에서 출생한 자(子), 혼인 중의 출생자 중 판결에 의하여 친생부인 또는 친생자관계부존재가 확인된 자는 혼외자이다(주의: 혼인이 취소되더라도 이미 출생한 자는 혼인 중의 자이다. 제824조).

1. 혼외자(婚外子)의 법적 지위와 인지

(1) 모자관계는 인지가 없더라도 당연히 성립하지만 부자관계는 부의 인지에 의해서만 성립한다. 부에 의하여 인지를 받지 못한 혼외자는 법적으로 부가 없는 상태가 된다. 부의 인지를 받지 않은 혼외자는 모와의 사이에서만 친자관계가 생기므로 모의 혈족과 친족·부양·상속관계가 생길 뿐이다. 만약 모도 알 수 없는 자는 법원의 허가를 얻어 성과 본을 창설해야 한다(제781조).

(2) 혼외자가 혼인 중의 출생자가 되는 방법에는 준정(準正)과 입양이 있다. 즉, 부모의 혼인과 부의 인지가 갖추어지거나 준정 입양에 의한 법정친자관계가 있어야 혼인 중의 자가 된다.

(3) 인지에 의한 부자관계의 성립

인지란 혼외자와 그 부 또는 모 사이에 법률상의 친자관계를 형성하는 것을 말한다. 인지에는 인지자의 자유로운 의사에 따른 임의인지와 재판에 의한 강제인지가 있다. 우리 민법은 강제인지를 광범위하게 인정하면서 임의인지의 경우 피인지자의 의사를 묻지 않고, 부자관계의 인지에 형성적 효력을 인정하고 있다.

2. 의사표시에 의한 인지(임의인지)

(1) 인지자(認知者)

제855조(인지)

① 혼인 외의 출생자는 그 생부나 생모가 이를 인지할 수 있다. 부모의 혼인이 무효인 때에는 출생자는 혼인 외의 출생자로 본다.

② …

제856조(피성년후견인의 인지)

아버지가 피성년후견인인 경우에는 성년후견인의 동의를 받아 인지할 수 있다.

생부(生父)나 생모(生母)는 혼인 외에 출생한 자를 인지할 수 있다(제855조 제1

항 전문). 생모가 혼외자를 인지하는 경우는 기아 등의 특별한 경우이므로 그것을 제외하고는 인지 없이 모자관계가 성립한다. 따라서 일반적으로 인지는 부(父)가 혼외 자(子)를 자기의 자로서 승인하는 것으로 볼 수 있다. 인지는 사실을 승인하는 신분행위로서 인지능력이 있으면 단독으로 할 수 있는데, 의사능력이 없는 피성년후견인의 경우 인지능력도 없다고 보아야 하므로 후견인의 동의를 얻어 인지할 수 있다(제856조). 유언에 의해 인지를 할 경우 유언능력(제1061조)이 있어야 하고 유언집행자가 이를 신고하여야 한다(제859조 제2항; 가족관계등록법 제59조).

(2) 피인지자(被認知者)

第857조(사망자의 인지)

자가 사망한 후에도 그 직계비속이 있는 때에는 이를 인지할 수 있다.

第858조(포태 중인 자의 인지)

부는 포태 중에 있는 자에 대하여도 이를 인지할 수 있다.

원칙적으로 피인지자가 사망한 경우 임의인지는 불가능하다. 만약 피인지자가 사망한 후에도 인지가 가능하다면 사망한 피인지자의 재산상속만을 노린 인지의 가능성을 배제할 수 없기 때문이다. 그러나 사망한 피인지자에게 직계비속이 있다면 사망한 자에 대해서도 인지가 가능하다(제857조). 그리고 포태 중인 자(子)에 대하여도 인지할 수 있다(제858조. 태아는 권리능력이 없지만 피인자로 인정된다).

(3) 인지할 수 없는 경우

타인의 친생추정을 받는 자(친생부인의 소에 의하지 않는 한 인지는 물론 친생자관계존부확인의 소도 불가하다), 친생추정을 받지 않으나 타인의 혼생자로 신고되어 있는 자(이 경우 친생자관계부존재확인의 소로 부자관계를 부인한 후 인지 가능), 타인이 인지한 자(인지 무효 또는 이의의 소로 부자관계를 단절한 후 가능)에 대해서는 인지할 수 없다.

(4) 인지의 방식과 효력

第859조(인지의 효력발생)

① 인지는 「가족관계의 등록 등에 관한 법률」의 정하는 바에 의하여 신고함으로써 그 효력이 생긴다.

② 인지는 유언으로도 이를 할 수 있다. 이 경우에는 유언집행자가 이를 신고하여야 한다.

① 임의인지의 방식에는 인지신고에 의한 것(제859조 제1항)과 유언에 의한 것(제859조 제2항)이 있다. 전자는 가족관계등록법이 정한 바에 의하여 신고함으로써 그 효력이 발생하므로 창설적 신고이다. 반면에 유언에 의한 인지는 유언의 효력이 생긴 때, 즉 유언자가 사망한 때에 발생하므로(제1073조 제1항), 인지자의 사망 후 유언집행자의 신고(제859조 제2항)는 보고적 신고이다(강제인지판결에 의한 신고도 마찬가지로 보고적 신고이다).

② 출생신고가 되어 있지 않은 혼외자에 대하여, 부모가 혼인 후 마치 혼인 중의 출생자인 것처럼 출생신고를 하더라도 인지의 효력이 있다(가족관계등록법 제57조: 명문규정이 있기 전 이미 판례에 의하여 확립된 무효행위의 전환법리이다). 다만, 인지의 효력이 있는 것이지만 신고 자체는 출생신고이기 때문에 인지된 자의 친자관계를 다툴 때에는 인지이의의 소가 아니라 친생자관계부존재확인의 소를 제기하여야 한다(대판 1993.7.27, 91므306).

③ 인지신고는 인지자, 즉 부(父)가 하여야 하기 때문에 생모가 출생신고하여 가족관계등록부에 부의 자(子)로 등재되어 있더라도 부자관계는 발생하지 않는다(대판 1984.9.25, 84므73).

④ 임의인지의 효력

第860條(인지의 소급효)
인지는 그 자의 출생 시로 소급하여 효력이 생긴다. 그러나 제3자의 취득한 권리를 해하지 못한다.

인지신고로 피인지자는 출생 시에 소급하여 자로 인정된다. 부가 생존하는 동안에 인지를 한 경우 그 소급효로 인하여 제3자와 이해관계가 충돌하는 경우가 거의 없겠지만 유언으로 인한 인지의 경우는 제3자의 권리와 충돌할 수 있다. 그러한 경우 인지의 소급효는 제3자의 권리를 해하지 못한다(자세한 것은 강제인지의 효력 참고).

(5) 임의인지의 효력을 다투는 방법

이에 관하여 민법은 인지취소의 소(제861조)와 인지이의의 소(제862조)를, 가사소송법은 인지무효의 소(가소법 제2조 제1항 가류 3호, 제28조, 제23조, 제24조)를 규정하고 있다.

① 인지취소(認知取消)

第861條(인지의 취소)
사기, 강박 또는 중대한 착오로 인하여 인지를 한 때에는 사기나 착오를 안 날 또는 강박을 면한 날로부터 6월 내에 가정법원에 그 취소를 청구할 수 있다.

인지자는 일단 인지한 이상 인지를 취소할 수 없다. 그러나 인지가 사기·강박 또는 중대한 착오로 인하여 행하여진 때에는 사기나 착오를 안 날 또는 강박을 면한 날로부터 6월 내에 가정법원에 그 취소를 청구할 수 있다(제861조). 인지를 취소하려면 먼저 가정법원에 조정을 신청하여야 한다(가소법 제2조 제1항 나류사건 7호). 취소의 효과는 소급한다(제141조).

② 인지이의(認知異議)

第862條(인지에 대한 이의의 소)
자 기타 이해관계인은 인지의 신고 있음을 안 날로부터 1년 내에 인지에 대한 이의의 소를 제기할 수 있다.

㉮ 강제인지는 재심에 의하여 확정판결을 취소하지 않는 한 인지의 효력을 다시 소멸시킬 수 없으므로(대판 1981.6.23, 80므109), 인지에 대한 이의는 임의인지만을 대상으로 한다. 임의인지는 인지자의 자유의사에 따르고 피인지자 등의 의사는 문제되지 않기 때문에, 인지가 피인지자 기타 이해관계인의 의사에 반하는 것이라는 사유로 인지이의의 소를 제기할 수는 없다. 따라서 인지자의 인지신고가 실체관계에 부합하지 않는 경우, 예를 들면 인지신고를 무단으로 한 경우 등의 이유만이 피인지자나 이해관계인(실질적인 부 등)의 인지이의 사유가 될 수 있다.

㉯ 자(子) 기타 이해관계인은 인지의 신고가 있음을 안 날로부터 1 년 내에 인지에 대한 이의의 소를 제기할 수 있다(제862조. 인지자는 인지에 대한 이의의 소를 제기할 수 없고, 인지무효의 소를 제기할 수 있을 뿐이다). 인지이의의 소를 제기하기 전에 법원에 조정을 신청하여야 한다(가소법 제2조 제1항 나류사건 9호, 제50조). 인지이의의 상대방은 부(父)이고, 관할법원은 상대방의 보통재판적소재지 가정법원이며, 전속관할이다(가소법 제26조 제2항, 제28조, 제24조).

㉰ 부 또는 모가 사망한 때에는 그 사망을 안 날로부터 2년 내에 검사를 상대로 하여 인지에 대한 이의의 소를 제기할 수 있다(제864조).

③ 인지무효

㉮ 인지무효(認知無效)에 대한 민법규정은 없다. 다수 학설은 인지무효사유

로서, 인지신고 당시 인지자가 의사능력을 결한 경우, 인지자의 의사에 의하지 않고 인지신고가 된 경우, 인지가 사실에 반하는 경우(친생자가 아닌 자에 대한 인지신고. 대판 1992.10.23, 92다29399 참고) 등을 들고 있다.

㉯ 인지무효의 소의 당사자는 혼인·이혼무효의 소와 유사하다(가소법 제28조, 제23조, 제24조). 인지무효의 소는 제척기간이 없으며, 관할은 인지취소의 경우와 같다(가소법 제26조 제1항). 인지무효의 소의 성질은 확인의 소이므로(무효원인이 있는 인지는 당연무효) 무효의 소가 아니라고 하더라도 누구나 어떤 방법으로든지 무효를 주장할 수 있다(대판 1992.10.23, 92다29399. 따라서 다른 소에서 선결문제로 주장하는 것도 가능하다). 가사소송법에 소의 제기권자로 규정된 자는 그러한 신분관계에 의하여 당연히 확인의 이익이 인정된다는 취지일 뿐이므로(대판 1991.5.28, 90므347), 다른 사람도 확인의 이익이 있다는 것을 스스로 증명하여 소를 제기할 수 있다.

참고 인지무효(認知無效)의 소(訴)와 인지이의(認知異議)의 소(訴)의 차이점

인지무효의 소와 인지이의 소는 인지의 무효를 주장하는 점에서는 본질적으로 같지만 다음과 같은 차이점이 있다.

가사소송법상 무효의 소는 가류사항이고 이의의 소는 나류사항인 점, 무효의 소의 제기권자는 인지자 자신을 포함하여 피인지자와 4촌 이내의 친족이지만 인지의의 소는 인지자가 제외되고 자 기타 이해관계인(진실에 반하는 인지가 존재하기 때문에 불이익을 입을 수 있는 모든 사람)이라는 점, 인지무효는 재판사항이고 인지이의는 조정사항이라는 점, 인지무효의 소는 제척기간이 없는 데 비하여 이의의 소는 1년의 제척기간이 있다는 점에 차이가 있다(실질적으로 제기권자와 제척기간에서 차이점이 있지만, 이 두 개의 소는 본질적으로 인지를 무효로 하는 확인의 소라고 할 것이다).

3. 강제인지(强制認知: 인지청구의 소)

제863조(인지청구의 소)
자와 그 직계비속 또는 그 법정대리인은 부 또는 모를 상대로 하여 인지청구의 소를 제기할 수 있다.

제864조(부모의 사망과 인지청구의 소)
제862조 및 제863조의 경우에 부 또는 모가 사망한 때에는 그 사망을 안 날로부터 2년 내에 검사를 상대로 하여 인지에 대한 이의 또는 인지청구의 소를 제기할 수 있다.

(1) 소의 의의와 성질

부 또는 모가 임의로 인지하지 않을 때는 일정한 자의 청구에 의하여 가정법원에 조정 또는 재판으로 인지를 강제할 수 있다(제863조). 인지청구의 소는 가사소송법상 나류 사건으로서(가소법 제9조) 소(訴)에 의하여 선고된 판결은 제3자에 대하여 효력이 있고(가소법 제21조), 재심에 의하여 확정판결을 취소하지 않는 한 인지의 효력을 복멸시킬 수 없다(대판 1981.6.23, 80므109. 따라서 인지에 대한 이의는 임의인지에서만 가능). 나아가 인지의 소의 확정판결에 부와 자 사이에 친자관계가 창설된 이상 친생자관계부존재확인의 소를 제기할 수도 없다(대판 2015.6.11, 2014므8217). 인지는 사실상 친자관계의 존재를 확인하여 판결로써 비로소 법률상의 친자관계를 창설하기 때문에 형성의 소로 보아야 할 것이다. 다만 모에 대한 인지청구는 확인의 소이다(대판 1967.10.4, 67다1791).

(2) 인지청구권의 포기

인지청구권은 본인의 일신전속적인 신분관계상의 권리로서 포기할 수도 없으며 포기하였더라도 그 효력이 발생하지 않는다. 따라서 모(母)가 인지청구권을 포기하더라도 그 효력은 본인인 자(子)에게 미칠 수 없으며(대판 1982.3.9, 81다10), 생모가 포기하기로 하는 재판상의 화해가 이루어졌더라도 효력이 없다(대판 1987.1.20, 85므70; 대판 1999.10.8, 98므1698). 또한 실효의 법리나 신의칙이 적용되지도 않는다(대판 2001.11.27, 2001므1353).

판례

임의인지무효확인심판의 기판력

생부의 인지 없이 생모에 의해 임의로 생부의 친생자로 출생신고되었다는 것을 이유로 한 인지무효확인의 확정심판의 기판력은 생부의 출생신고에 의한 임의인지가 무효라는 점에 한하여 발생할 뿐이고, 생부와 자(子) 사이에 친생자관계가 존재하는지의 여부에 미치는 것은 아니다. 따라서 그 확정심판의 효력은 자(子)와 생부 사이에 친생자관계가 존재함을 전제로 하여 재판상 인지를 구하는 청구에는 미치지 아니한다(대판 1999.10.8, 98므1698).

(3) 인지청구의 당사자

소를 제기할 수 있는 자는 부(父)의 혼외자, 그 혼외자의 직계비속, 또는 그 법정대리인이다. 피청구인은 부 또는 모이고 부모가 사망한 때에는 검사를 상대로 소를 제기할 수 있다(제864조).

① 혼생자라고 하더라도 동서의 결여로 모가 부에 의하여 포태할 수 없음이 객관적으로 명백하거나, 생부모가 가족관계등록부상의 부모와 다른 사실이 객관적으로 명백한 경우에는 친생추정을 받지 아니하므로, 그 자(子)는 친생부인의 소를 거치지 않더라도 생부를 상대로 인지청구를 할 수 있다(대판 2000.1.28, 99므1817).

② 생부가 아닌 사람에 의하여 임의인지된 경우, 생부를 상대로 인지청구의 소를 제기하고 그 소송에서 선결문제로 그 임의인지의 무효를 주장할 수도 있다(물론 생부가 그 임의인지에 대하여 인지무효의 소를 제기할 수도 있다).

(4) 조정에 의한 인지

인지청구사건은 조정의 대상이 되므로(가소법 제2조 제1항 나류사건 9호, 제50조), 조정신청을 먼저 하여야 한다. 조정이 성립되면 재판상 화해와 동일한 효력이 발생하고 인지신고(보고적 신고)를 함으로써 친자관계가 성립한다. 조정이 성립하지 않으면 소송절차가 개시된다.

(5) 관할 및 제척기간

인지청구의 소는 부 또는 모의 보통재판적 소재지 가정법원의 전속관할에 속한다(가소법 제26조 제2항). 부가 생존하는 한 제척기간이 없다. 부 또는 모가 사망하여 검사를 상대로 소를 제기할 때에는 그 사망사실을 안 날로부터 2년 내에 하여야 한다(제864조). 인지청구의 소 또는 친생자관계존부확인의 소에서 제척기간의 기산점이 되는 '사망을 안 날'은 사망이라는 객관적 사실을 아는 것을 의미하고, 사망자와 친생자관계에 있다는 사실까지 알아야 하는 것은 아니다(대판 2015.2.12, 2014므4871). 자가 미성년자인 경우에는 부의 사망사실을 안 후 인지청구를 단독으로 할 수 있는 소송능력이 생겨야 비로소 제척기간이 진행된다고 할 것이다(판례는 의사능력이 있는 상태에서 그 사망사실을 안 날로부터 제척기간을 기산한다(대판 1977.6.24, 77므7)고 하였으나, 이는 미성년자의 독자적인 소송능력을 인정하는 특별규정이 있었던 구 가사심판법을 전제로 한 것이고, 현재 이와 같은 규정이 없는 상태에서는 소송능력을 기준으로 하여야 할 것이다).

(6) 부자관계의 증명

① 부성 추정

법원은 직권조사에 의해서 자유로운 심증에 기초하여 판단한다(대판 1985.11.26,

85므8; 대판 2002.6.14, 2001므1537). 판례는 i) 모의 포태시기에 부와 모의 성적 교섭이 있고, ii) 자와 부 사이에 혈액형상의 배치가 없으면 부성을 추정한다(대판 1986.7.22, 86므63).

② 수검명령

i) 가정법원은 당사자 또는 관계인 사이의 혈족관계의 존부를 확정할 필요가 있는 경우에 다른 증거조사에 의하여 심증을 얻지 못한 때에는 검사를 받을 자의 건강과 인격의 존엄을 해하지 아니하는 범위 안에서, 당사자 또는 관계인에게 혈액채취에 의한 혈액형의 검사 등 유전인자의 검사, 기타 상당하다고 인정되는 방법에 의한 검사를 받을 것을 명할 수 있다(가소법 제29조 제1항). ii) 정당한 이유없이 이 명령에 위반한 때에는 100만 원 이하의 과태료에 처할 수 있고, 제재를 받은 후에도 수검명령에 위반한 때에는 감치처분을 할 수 있다(가소법 제67조 제1항·제2항).

판례

인지소송의 법적 성격과 증명방법

1. 인지소송과 직권탐지주의

인지소송은 부와 자 사이에 사실상의 친자관계의 존재를 확정하고 법률상의 친자관계를 창설함을 목적으로 하는 소송으로서 친족·상속법상 중대한 영향을 미치는 인륜의 근본에 관한 것이고 공익에도 관련되는 중요한 것이기 때문에, 이 소송에서는 당사자의 처분권주의를 제한하고 직권주의를 채용하고 있는 것이므로 당사자의 입증이 충분하지 못할 때에는 가능한 한 직권으로 사실조사 및 필요한 증거조사를 하여야 한다(대판 1985.11.26, 85므8).

2. 친자관계의 증명방법

혈연상의 친자관계의 증명은, 부와 친모 사이의 정교관계의 존재 여부, 다른 남자와의 정교의 가능성이 존재하는지의 여부, 부가 자를 자기의 자로 믿은 것을 추측하게 하는 언동이 존재하는지의 여부, 부와 자 사이에 인류학적 검사나 혈액형검사 또는 유전자검사를 한 결과 친자관계를 배제하거나 긍정하는 요소가 있는지의 여부 등 주요사실의 존재나 부존재를 추인시키는 간접사실을 통하여 경험칙에 의한 사실상의 추정에 의하여 주요사실을 추인하는 간접증명의 방법에 의할 수밖에 없는데, 여기에서 혈액형검사나 유전자검사 등 과학적 증명방법이 그 전제로 하는 사실이 모두 진실임이 증명되고 그 추론의 방법이 과학적으로 정당하여 오류의 가능성이 전무하거나 무시할 정도로 극소한 것으로 인정되는 경우라면 그와 같은 증명방법은 가장 유력한 간접증명의 방법이 된다. 호적부의 기재사항은 이를 번복할 만한 명백한 반증이 없는 한 진실에 부합되는 것으로 추정이 된다고 할 것이지만, 이는 일반적인 법률관계에 있어서의 친족관계나 사망사실 등의 추정에 관한 것이고, 상염색체유전자좌 감정방법에 의하여 과학적으로 어떤 사실을 증명함에 있어서 감정의 전제되는 사실에 관하여 호적부의 추정력을 적용할 수는 없으며, 따라서 이와 같은 경우 그 전제되는 사실이 진실하다는 점에 대하여는 그 감정방법을 원용하는 당사자가 이를 증명하여야 한다(대판 2002.6.14, 2001므1537).

---

(7) 재판의 확정

인지의 재판이 확정된 경우에 소를 제기한 사람은 재판의 확정일로부터 1월 이내에 재판서의 등본 및 확정증명서를 첨부하여 신고서에 그 취지와 재판확정일을 기재하여 신고하여야 한다(가족관계등록법 제58조 제1항·제2항).

(8) 인지의 효과

① 소급효

제860조(인지의 소급효)
인지는 그 자의 출생 시에 소급하여 효력이 생긴다. 그러나 제3자의 취득한 권리를 해하지 못한다.

임의인지의 경우에는 인지신고가 수리되거나 유언자의 사망에 의하여, 강제인지의 경우에는 인지판결이 확정된 때에, 부와 혼외자 사이의 법률상의 친자관계가 출생 시에 소급하여 발생하고(제860조), 소에 의하여 선고된 판결은 제3자에 대하여 효력이 있다(가소법 제21조). 그러나 제3자가 이미 취득한 권리를 해하지 못한다(제860조 단서).

② 부 양

인지의 효력은 출생 시에 소급하므로 자(子)는 출생한 때부터 부양받을 권리가 있다. 부양은 부모가 자력(資力)에 따라 분담하는 것이 원칙이다. 부모의 일방이 자의 출생부터 인지 시까지 일방적으로 부양하였다면 그에 따른 과거의 부양료를 다른 일방에게 청구할 수 있는가? 과거 판례는 부정적이었으나(대판 1981.5.26, 80다2515; 대판 1967.2.21, 65므5). 현재는 전액이 아닌 상당한 가액의 범위 내에서 구상을 인정하고 있다(대결[전원합의체] 1994.5.13, 92스21: 자세한 내용은 부양 참조).

③ 상 속

인지로써 피인지자는 출생 시로 소급하여 상속권을 갖는다. 그러나 제3자가 이미 취득한 권리를 해하지 못한다(제860조 단서). 인지 전에 이미 생부의 사망으로 상속이 개시된 후인 경우 그 상속분을 어떻게 처리할 것인가?

㉮ 후순위 상속권자들(피상속인의 직계존속이나 형제자매)이 상속한 경우 이들은 제860조에서 말하는 제3자가 아니기 때문에 인지를 받은 상속인에게 상속분을 반환하여야 한다(대판 1993.3.12, 92다48512). 다만 채무자가 후순위상속권자에게 변제한 후에 피인지자가 그 이행을 청구하더라도 그 변제는 채권의 준점유자에 대한 변제로서 유효하다(대판 1995.1.24, 93다32200). 이러한 경우 피인지자는 후순위상속권자(표현상속권자)에게 부당이득반환청구권을 행사할 수 있을 뿐이다.

㉯ 상속분이 다른 공동상속인에 의하여 이미 분할 또는 제3자에게 처분된 경우, 피인지자는 그 상속분에 상당한 가액의 지급을 다른 공동상속인에게 청구할 권리를 갖는다(제1014조).

판례

인지 후의 상속권과 제3자의 범위

혼인 외의 출생자가 부의 사망 후에 인지의 소에 의하여 친생자로 인지받은 경우, 피인지자보다 후순위상속인인 피상속인의 직계존속 또는 형제 자매 등은 피인지자의 출현과 함께 자신이 취득한 상속권을 소급하여 잃게 되는 것으로 보아야 하고, 그것이 민법 제860조 단서의 규정에 따라 인지의 소급효 제한에 의하여 보호받게 되는 제3자의 기득권에 포함된다고는 볼 수 없다. 따라서 후순위상속인이 위 인지판결의 확정 전에 위 망인의 손해배상청구권을 승계취득하였음을 전제로 그 손해배상문제에 관한 합의를 하였다 하여도, 이는 상속권 없는 자가 한 상속재산에 관한 약정이어서 적법한 상속권자에 대하여는 아무런 효력을 미칠 수 없고, 손해배상채무를 부담하는 자가 민법 제860조 단서에서 말하는 상속재산인 위 망인의 손해배상채권의 처분에 의하여 새로이 권리를 취득한 제3자로도 볼 수 없다(대판 1993.3.12, 92다48512).

④ 형법상 친족상도례

인지로 인하여 출생 시부터 친자관계가 인정되므로 인지 전에 범행이 있었더라도 친족상도례의 적용에 의하여 범죄가 성립하지 않을 수 있다.

⑤ 친권의 행사

생부의 인지를 받기 전에는 생모가 친권자이지만(제909조 제1항), 생부의 인지를 받게 되면 부모의 협의로 친권을 행사할 자를 정하고 협의를 할 수 없거나 협의가 이루어지지 않을 경우에는 당사자의 청구에 의하여 가정법원이 결정한다(제909조 제4항).

⑥ 이혼 시 자의 양육책임에 관한 제837조와 이혼 시 면접교섭권에 관한 민법 제837조의2 규정은 인지에 준용된다(제864조의2).

[사례풀이 12]

A에 대한 B(또는 C)의 인지청구의 소(訴)에 있어서 입증(證明)과 부정(不貞)의 항변(抗辯)이 문제된다. 제863조는 인지의 소에 관하여 그 요건사실이나 그 입증방법·정도에 관하여 규정하고 있지 않기 때문에 인지를 인정하기 위한 입증방법이 제시되어야 한다. 사례에서는 B가 C를 포태한 기간에 A가 B와 관계하였다는 점과, C의 혈액형이 A의 자로 인정될 수 있다는 점에서 C는 A의 자로 추정된다. 이러한 추정이 성립하였을 때, 피청구인(A)측에서 B가 포태기간 중 다른 남자인 D와 성적(性的) 교섭이 있었음을 주장하는 경우는 어떻게 되는가? 판례는 모(母)의 직업 내지 지위와 관련하여 정하는 것이 경험칙에 합당하다고 한다(대판 2002.6.14, 2001므1537 참조). 따라서 사례의 경우 모인 B가 평범한 보통의 모인 이상 C는 A의 자(子)로 추정되고, A는 추정을 뒤집을(번복할) 만한 반증을 제시한지 않는 한 A의 부정의 항변은 부인된다.

설문 (1)은 인지청구권의 포기를 내용으로 하는 계약이 유효한지의 문제이다. 이는 강제인지제도의 취지를 고려하고, 또한 인지청구권의 포기계약이 무효인 경우 사후의 법적 처리를 어떻게 할 것인가를 다루어야 한다. 판례는 인지청구권을 신분관계상의 권리이자 일신전속권이라 하고, 모가 한 인지청구권의 포기는 본인인 자에게 미칠 수 없으며, 생모가 인지청구권을 포기하기로 하는 재판상의 화해가 이루어졌더라도 효력이 없다고 한다(대판 1999.10.8, 98므1698; 대판 1987.1.20, 85므70). 따라서 A와 B 사이에서 이루어진 인지청구권의 포기를 내용으로 하는 계약은 강행법규위반의 계약으로서 무효이며, 급여한 재산 등(사례의 경우 양육비 1천만 원)은 불법원인급여가 되어 반환청구할 수 없다고 보아야 한다(제746조 본문). 그리고 다시 인지청구를 하여 그것이 인용 확정된 경우에는 인지의 효력은 소급하므로(제860조) 자 C는 출생한 때로부터 부양받을 권리가 있다. 부모가 자력에 따라 분담해야 함에도 불구하고 인지 때까지 모 B만이 C를 부양하였다면 B는 A에 대하여 부당이득반환청구권을 갖는다(대결[전원합의체] 1994.5.13, 92스21).

설문 (2)와 관련하여 인지자가 중대한 착오로 인하여 인지한 때에는 착오를 안 날로부터 6월 내에 법원의 허가를 얻어 이를 취소할 수 있다(제861조; 가소법 제2조 제1항 나류). 그러나 인지자가 C와 혈연관계가 없음을 알았음에도 불구하고 인지하였다면 A는 인지취소의 소를 구할 수 없고, 인지이의(認知異議)의 소(訴) 또는 인지무효(認知無效)의 소(訴)로써 이를 다투어야 한다. 그런데 인지이의의 소는 자 기타 이해관계인만이 제기할 수 있고, 인지자 자신은 여기에 포함되지 않는다(제862조 참조). 가사소송법은 이러한 이의의 소 이외에 따로 무효의 소를 규정하고 있으므로(동법 제2조 제1항 가류, 제28조에 의한 제23조의 준용), 인지자는 무효의 소를 제기할 수 있다. 따라서 사례에 있어서 인지에 의해 상속권이 침해당하는 자, 인지자의 처, 인지자의 형제자매 등의 이해관계인은 인지무효의 소나, 또는 제862조에 기한 이의의 소로써 인지를 부정할 수 있다. 그리고 인지자 자신은 인지무효의 소로써 인지를 부정할 수 있다. 결국 A 또는 이해관계인은 임의인지(任意認知)를 부정할 수 있다고 해석된다.

4. 친생자관계존부확인(親生子關係存否確認)의 소

제865조(다른 사유를 원인으로 하는 친생자관계존부확인의 소)

① 제845조, 제846조, 제848조, 제850조, 제851조, 제862조와 제863조의 규정에 의하여 소를 제기할 수 있는 자는 다른 사유를 원인으로 하여 친생자관계존부의 확인의 소를 제기할 수 있다.

② 제1항의 경우에 당사자 일방이 사망한 때에는 그 사망을 안 날로부터 2년 내에 검사를 상대로 하여 소를 제기할 수 있다.

사례 13

A는 갑(甲)남과 을(乙)녀의 동거 중에 태어났다. A가 태어난 지 얼마 되지 않아 갑(甲)이 교통사고로 사망하게 되었다. 그런데 갑(甲)의 모(母)는 갑(甲)과 A 사이의 친자관계를 부인하고 있다. 이들의 법률관계는?

[논 점]

1. 사실상 친족관계에 있는 자의 생명침해로 인한 손해배상금의 상속 여부
2. 친자관계존부확인의 소의 요건과 친자관계의 증명

(1) 의 의

예를 들어 부첩관계에서 출생한 자를 마치 법률혼 사이의 처로부터 출생한 자로 출생신고를 한 경우, (과거 호적편제의 편의상) 친부모가 아닌 사람을 친부모로 등재한 경우, 어린 아이를 데려다 키우면서 친생자로 입적시키거나 출생신고를 한 경우와 같이 친자관계가 없는 경우에는(이러한 경우 친자관계가 생길 수 없으므로 누구나 어떤 방법으로든지 친생자관계의 부존재를 주장할 수 있지만 신고기재의 강한 추정력을 뒤집기 위해서 엄격한 절차가 필요), 확정판결을 받아(친생자관계에 관한 가족관계등록부를 법원의 허가만으로 정정하는 것은 허용되지 않는다) 가족관계등록부를 바로잡을 수 있다. 이러한 소송이 바로 친생자관계존부확인의 소이다(제865조; 가소법 제2조 제1항 가류 4). 친생자관계존부확인의 소는 대부분이 부존재의 확인을 구하는 소이다. 친생자관계의 존재를 확인하는 소는 거의 없다. 모(母)는 분만

의 사실로서 모자관계를 인정받고 부와의 관계는 인지로 해결되기 때문이다.

(2) 소(訴)의 특징

기존의 친생자관계를 판결로써 소멸시키거나 또는 새로 친생자관계를 발생시키는 것을 목적으로 하는 형성의 소인 부(父)를 정하는 소(제845조), 친생부인의 소(제847조), (임의)인지이의의 소(제862조) 인지청구의 소(제863조)와는 달리 특정인 사이의 법률상 친생자관계존부(親生子關係存否)의 확인을 구하는 소(訴)로서 기존의 법률관계의 존부를 주장하는 소이기 때문에 형성의 소와의 관계에서 보충적인 성질을 가진다(보충적인 성질을 가진다고 하지만 확인의 소의 판결이 확정된 이후에는 친생추정이나 인지 등에 의한 신분관계가 부정되는 결과가 된다는 점에 유의할 필요가 있다). 친자관계존부확인의 소는 친족법상 중대한 영향을 미치고 공익에도 관련되므로 직권주의가 관철된다. 따라서 법원은 당사자의 증명이 충분하지 못할 때에는 가능한 한 직권으로라도 필요한 사실조사 및 증거조사를 하여야 한다(대판 2010.2.25, 2009므4198).

(3) 소송물(訴訟物)

친생자관계존부확인의 소의 소송물은 친자관계 그 자체이고, 그것은 친생부인의 소, 부를 정하는 소, 인지이의의 소, 인지청구의 소의 목적과 다른 사유이어야 한다(제865조).

① 친생추정을 받는 혼생자의 경우

이러한 경우에는 친생부인의 소를 제기하여야 하고 친생자관계부존재확인의 소의 제기는 부적법하다(대판 1984.9.25, 84므84). 다만 친생추정기간의 출생자라고 하더라도 동서의 결여로 처가 부의 자를 포태할 수 없는 것이 외관상 명백한 경우에는 그 추정이 미치지 아니하므로 친자관계부존재확인소송을 제기할 수 있다(대판[전원합의체] 1983.7.12, 82므59).

② 친생추정이 미치지 않는 혼생자의 경우

이러한 경우가 친자관계부존재확인의 소가 가장 적절하게 이용될 수 있는 경우이다. 예를 들어 출생신고가 허위로 이루어진 것이기 때문에 부모와 자 사이에 가족관계등록부상의 혼생친자관계가 존재하지 않는 경우, 민법 제844조의 친생추정을 받지 않는 혼인 중의 자와의 친자관계를 다투는 경우가 전형적인 예라 할 수 있다.

③ 혼인 외의 출생자

혼인 외 출생자와의 부자관계는 인지에 의해서만 발생한다. 부가 사망한 경우 인지청구는 그 사망을 안 날로부터 2년 내에 검사를 상대로 청구해야 한다. 따라서 생모가 혼인 외 출생자를 상대로 혼인 외 출생자와 사망한 부 사이의 친생자관계존부확인의 소를 제기하는 것은 부적법하다(대판 1997.2.14, 96므738). 한편, 가족관계등록부상 모가 진정하지 않은 경우에 친생자관계부존재확인의 소를 제기할 수 있다(이는 혼인 외 출생자에 국한되지 않고, 혼인 중의 출생자인 경우에도 마찬가지이다).

④ 허위의 출생신고와 친생자관계부존재확인의 소

㉮ 친생자출생신고가 허위라고 하더라도 당사자 사이에 양친자관계를 창설하려는 명백한 의사가 있고, 기타 입양의 실질적 성립요건이 모두 구비된 경우에 입양의 효력이 있다(통설: 대판[전원합의체] 1977.7.26, 77다492; 대판 1990.7.27, 89므1108).

㉯ 허위의 친생자 출생신고가 입양의 효력을 갖는 경우, 양친 부부 중 일방이 사망한 후 생존하는 다른 일방이 사망한 일방과 양자 사이의 양친자관계의 해소를 위해 재판상 파양에 갈음하는 친생자관계부존재확인의 소를 제기하는 것은 허용되지 않지만, 생존한 일방과 자와의 사이에 파양에 의하여 그 양친자관계를 해소할 필요가 있는 등 특별한 사정이 존재하는 경우라면 허용된다(대판[전원합의체] 2001.5.24, 2000므1493). 그러나 입양의 효력이 있음에도 불구하고 잘못하여 친생자관계부존재확인의 소가 인용된 경우에는 그 기판력으로 말미암아 입양의 효력을 주장할 수 없고 친생자관계는 부인된다(대판 1993.2.23, 92다51969).

⑤ 인지무효의 소와의 관계

인지신고에 의하지 아니하고 출생신고에 의하여 인지의 효력이 발생한 경우에 친생자관계를 다투기 위해서는 인지이의나 인지무효의 소가 아닌 친생자관계부존재확인소송(親生子關係不存在確認訴訟)을 제기하여야 한다(대판 1993.7.27, 91므306: 인지이의나 인지무효는 인지신고에 의하여 발생한 신분관계를 부정하기 위한 것이기 때문).

판례

인지의 효력을 부정하는 방법

1. 허위의 친생자출생신고와 친생자관계부존재확인

당사자가 양친자관계를 창설할 의사로 친생자출생신고를 하고 거기에 입양의 실질적 요건이 모두 구비되어 있다면 그 형식에 다소 잘못이 있더라도 입양의 효력이 발생하고, 양친자관계는 파양에 의하여 해소될 수 있는 점을 제외하고는 법률적으로 친생자관계와 똑같은 내용을 갖게 되므로 이 경우의 허위의 친생자출생신고는 법률상의 친자관계인 양친자관계를 공시하는 입양신고의 기능을 발휘하게 되는 것이며, 이와 같은 경우 파양에 의하여 그 양친자관계를 해소할 필요가 있는 등 특별한 사정이 없는 한 그 호적(등록부) 기재 자체를 말소하여 법률상 친자관계의 존재를 부인하게 하는 친생자관계부존재확인청구는 허용될 수 없는 것이다(대판[전원합의체] 2001. 5.24, 2000므1493).

2. 출생신고에 의한 인지와 친생자관계의 부인

인지에 대한 이의의 소 또는 인지무효의 소는 민법 제855조 제1항, 호적법 제60조의 규정에 의하여 생부 또는 생모가 인지신고를 함으로써 혼인 외의 자를 인지한 경우에 그 효력을 다투기 위한 소송이며, 위 각 법조에 의한 인지신고에 의함이 없이 일반 출생신고에 의하여 호적부상 등재된 친자관계를 다투기 위하여는 위의 각 소송과는 별도로 민법 제865조가 규정하고 있는 친생자관계부존재확인의 소에 의하여야 할 것인바, (구) 호적법 제62조에 부가 혼인 외의 자에 대하여 친생자출생신고를 한 때에는 그 신고는 인지의 효력이 있는 것으로 규정되어 있으나, 그 신고가 인지신고가 아니라 출생신고인 이상 그와 같은 신고로 인한 친자관계의 외관을 배제하고자 하는 때에도 인지에 관련된 소송이 아니라 친생자관계부존재확인의 소를 제기하여야 한다(대판 1993.7.27, 91므306).

3. 부적법한 친생자관계부존재확인의 소와 기판력

당사자 사이에 양친자관계를 창설하려는 명백한 의사가 있고 기타 입양의 실질적 성립요건이 모두 구비된 경우 입양신고 대신 친생자출생신고가 있다면 형식에 다소 잘못이 있더라도 입양의 효력이 인정되지만, 그 후 당사자간에 친생자관계부존재확인의 확정판결이 있는 경우에는 그 확정일 이후부터는 양친자관계의 존재를 주장할 수 없다(대판 1993.2.23, 92다51969).

(4) 당사자적격

① 소를 제기할 수 있는 자(원고적격)

부(父)를 정하는 소(제845조), 친생부인의 소(제846조, 제848조, 제850조, 제851조), 인지이의(제862조)·인지청구(제863조)의 소를 제기할 수 있는 자(제865조 제1항)이다. 즉 당사자와 그 법정대리인, 유언집행자, 직계존·비속, 기타 이해관계인이다. 여기서 이해관계인이란 친생자관계존부확인의 소의 확정판결에 의하여 권리를 얻거나 의무를 면하게 되는 등 법률상 직접적인 이해관계가 있는 제3자를 가리킨다고 해석된다. 예를 들어 을(乙)이 병(丙)과 법률상 혼인한 일이 없는데, 가족관계등록부상 을의 혼인 외의 자로 출생신고가 된 갑(甲)의 부모란에 병이 갑의 모(母)로 기재되어 있는 경우, 을은 갑과 자신 사이의 친생자관계존부확인을 구할 수는 있어도, 갑과 병 사이의 친생자관계존부확인을 구할 수 있는 이해관계인이라고 할 수는 없다(대판 1990.7.13, 90므88).

친족이 이해관계인에 포함되는지에 대하여 부정하는 견해(박병호; 과거 판례: 대판 1966.7.26, 66므11 등)가 있지만, 다수설과 현재의 판례는 제777조 소정의 친족은 특별한 사정이 없는 한 그와 같은 신분관계를 가졌다는 사실만으로 당연히 친생자관계존부확인의 소를 제기할 이익이 있다(대판[전원합의체] 1981.10.13, 80므60)고 한다.

② 소제기의 상대방(피고적격)

혼인무효소송과 같이(가소법 제28조, 제24조) 당사자 일방만이 원고인 때에는 상대방만이 피고가 되고, 제3자가 원고인 경우에는 당사자 쌍방이 필수적으로 공동소송인으로서 피고가 되며(대결 1983.9.15, 83즈2), 상대방이 될 자의 일부가 사망하면 그 나머지 사람이, 전부 사망하면 검사를 상대로 소를 제기할 수 있다고 해석된다(대판 2004.2.12, 2003므2503).

판례

친생자관계존부 확인소송 중 당사자의 사망과 소송수계

당초에는 원래의 피고적격자를 상대로 친생자관계존부 확인소송을 제기하였으나 소송계속 중 피고가 사망한 경우 원고의 수계신청이 있으면 검사로 하여금 사망한 피고의 지위를 수계하게 하여야 한다. 그러나 그 경우에도 가사소송법 제16조 제2항을 유추적용하여 원고는 피고가 사망한 때로부터 6개월 이내에 수계신청을 하여야 하고, 그 기간 내에 수계신청을 하지 않으면 그 소송절차는 종료된다고 보아야 한다. 이와 같은 법리는 친생자관계존부 확인소송 계속 중 피고에 대하여 실종선고가 확정되어 피고가 사망한 것으로 간주되는 경우에도 마찬가지로 적용된다. 그리고 친생자관계존부 확인소송의 계속 중 피고에 대하여 실종선고가 확정된 경우 원고는 실종선고기간이 만료한 때가 아닌 실종선고가 확정된 때로부터 6개월 이내에 위와 같은 수계신청을 하여야 한다(대판 2014.9.4, 2013므4201).

(5) 제척기간

친생자관계존부확인의 소는 정해진 제척기간이 없으므로 확인의 이익이 있는 한 언제든지 소를 제기할 수 있지만(친생부인의 소는 제척기간이 존재한다), 당사자 중 일방이 사망한 경우 그 사망사실을 안 날로부터 2년 안에 검사를 상대로 소를 제기하여야 한다(제865조 제2항). 이해관계인이 소를 제기하는 경우 상대방이 될 자가 전부 사망하면 당사자 쌍방 모두가 사망한 사실을 안 날로부터 2년 내에 소를 제기할 수 있다고 해석된다(대판 2004.2.12, 2003므2503).

(6) 친생자관계존부확인의 소의 효력

친생자관계존부확인의 소가 확정되면 부모와 자 사이의 친생자관계는 존재하거나 부존재하게 된다. 이 판결은 제3자에게도 효력을 미친다(가소법 제21조). 판결이 확정되면 소를 제기한 자는 확정일로부터 1월 내에 가족관계등록부정정을 신청하고(가족관계등록법 제107조), 이로써 등록부에 등록 또는 말소가 이루어진다. 친생자관계의 부존재가 확인된 자(子)가 가족관계등록부에서 말소되는 경우 그 자의 부 또는 모가 출생신고 또는 인지를 함으로써 다른 등록부에 등록하게 된다(대결 2000.4.10, 98스30 참고).

판례

친생자관계존부확인판결의 기판력이 미치는 범위

친생자관계부존재확인청구사건에서 이 사건 인지청구사건 청구인과 소외 망 甲 간에는 친생자 관계가 없는데도 친생자관계가 있는 것처럼 가족관계등록부상 기재되어 있다는 이유를 들어 이해관계 있는 소외 乙이 청구인을 상대로 친생자관계부존재확인의 소를 제기하여 그 친생자관계부존재의 판결이 확정된 바 있다 하더라도 동 판결의 기판력은 이 사건 인지청구에는 미치지 아니한다(대판 1982.12.14, 82므46).

《친생자관계존부확인의 소와 친생부인의 소의 비교》

	친생자관계존부확인의 소	친생부인의 소
성질	확인의 소	형성의 소
대상	① 친생추정을 받지 않는 자 ② 친생추정이 미치지 않는 혼인 중의 자 ③ 허위의 출생신고로 인해서 가족관계등록부상의 부모와 자 사이에 혼생친자관계가 존재하지 않는 경우 ④ 인지에 의한 친자관계가 존재하고 그 인지의 유효를 주장할 때	친생추정을 받는 자

	⑤ 혼외 자와 생모 사이의 모자관계	
제소권자	부, 부의 후견인, 부의 유언집행자, 부의 직계존속 및 직계비속, 모, 자, 자의 직계비속 또는 그 법정대리인, 이해관계인(친족이 당연히 포함되는지에 대해 긍정설과 부정설이 대립)	① 부 또는 처 ② 피성년후견인인 때=후견인 ③ 유언으로 부인의 의사를 표시한 때=유언집행자 ④ 사망한 때=부 또는 처의 직계존·비속
상대방	상대방으로 제기된 자, 즉 부·모·자녀(사망 시 검사)	다른 일방 또는 자(사망 시 검사)
제소기간	제한이 없다	그 사유 있음을 안 날로부터 2년 내
소송절차	조정전치주의 제한이 없음(가소법 제2조 제1항 가류 4호)	① 조정을 거쳐야 하나(가소법 제2조 제1항 나류, 제50조 제1항) 조정성립만으로 친생부인의 효력은 발생 안 됨(가소법 제59조 제2항 단서; 판례) ② 소제기 위해 부 또는 모는 출생신고해야 한다(가족관계등록법 제47조)

5. 인공수정과 대리모

인공수정에는 ① 부(夫)의 정자를 처에게 인공수정시키는 방법(AIH), ② 부 이외의 남성의 정자를 처에게 인공수정시키는 것(AID), ③ 부의 정자를 처 이외의 여성에게 인공수정시키는 것, ④ 부의 정자와 처의 난자를 체외수정하여 그 수정란을 처 이외의 여성에게 이식시키는 것 등이 있다.

(1) 인공수정에 의한 자(子)의 출생과 법적 문제

인공수정이란 자연적 성행위가 아닌 인위적인 시술에 의하여 수태(受胎)를 하게 하는 것으로 인공수정에 의하여 태어난 자에 대한 법적 문제를 다음과 같이 분류하여 논의할 수 있을 것이다.

① AIH(Artificial Insemination with Husband's Semen)

부의 정자를 처에게 인공수정시키는 방법으로 이러한 시술의 허용 여부가 논란이 되지만, 시술에 의하여 출생한 자는 보통의 자(子)와 동일하므로 특별한 법적 문제가 발생하지 않는다. 즉, 출생한 자는 친생자로 추정되고 출산에 의하여 모자관계는 당연히 발생하는 것으로 된다. 그리고 부가 사망한 후에 냉동보존되었던 부의 정액을 사용하여 인공수정(人工受精)된 후 태어난 자라고 하더라도 특별한 사정이 없는 한 친생추정을 부인할 것은 아니다.

② AID(Artificial Insemination with Donor's Semen)

부 이외의 남성의 정자를 처에게 인공수정시키는 방법으로서 부의 동의하에 이루어진 것이라면 자는 친생추정을 받는 혼인 중의 자로 보아야 한다. 따라서 이러한 경우 부가 제기한 친생자관계부존재확인의 소의 청구는 부당하다(자의 출생 후에 부가 부인권을 행사하는 것은 신의칙에 반하고, 인공수정자를 보호하기 위해서도 부의 부인권행사는 부정되어야 한다)(서울가법 1983.7.15, 82므5134; 서울고법 1986.6.9, 86르53). 문제는 부의 동의가 없는 경우이다. 이 경우 부는 친생부인의 소를 제기할 수 있으며, 친생자추정을 받지 않거나 추정이 미치지 않는 자일 경우에는 이해관계인이 친생자관계부존재확인의 소를 제기할 수 있다고 보아야 한다. 친생부인된 경우 정액제공자에 대한 강제인지를 인정할 것인가에 대하여 논란이 있을 수 있으나, 단지 일정한 대가를 받고 정액을 제공한 경우에 강제인지를 인정한다는 것은 법감정에 부합하지 않는다.

(2) 대리모의 법적 문제

대리모를 일반적으로 허용할 수는 없겠지만, 자를 원함에도 불구하고 자를 낳지 못하는 부모들이 대리모와의 합의를 통해 자를 출산하는 것을 무조건 배척하는 것도 타당하지 못하다. 대리모계약의 유·무효를 떠나 대리모를 통하여 태어난 자는 부와의 친생자관계가 추정되지 아니하고, 대리모가 법률상 모가 된다는 것이 일반적인 견해이다(이에 대한 입법의 필요성이 제기된다).

① 대리모계약이 유효하다고 보면, 입양과 같은 방법에 의하여 대리모의 자가 의뢰부부의 친자로서 법률상 지위를 가질 수 있을 것이고, 대리모가 자의 인도를 거절하는 경우에는 의뢰부부에게 자의 인도청구권이 인정되고 소송을 통하여 강제집행도 가능하다고 보아야 한다.

② 대리모계약이 선량한 풍속 기타 사회질서에 반하는 법률행위(제103조)로서 무효가 된다고 한다면, 대리모의 자와 대리모 사이에는 분만을 매개로 한 모자관계가 성립한다. 대리모가 혼인 중이라면 대리모의 부는 친생부인권을 갖는다고 보아야 한다. 대리모계약의 무효로 인하여 대리모는 자를 인도할 의무를 부담하지 않고, 의뢰부부(정자와 난자를 제공한 부부)는 대리모계약에 따른 자

의 인도를 청구할 수 없을 것이다.

[사례풀이 13]

1. 갑(甲)의 사망으로 인한 손해배상금에 대한 권리관계

법률혼 배우자는 생명침해에 의한 손해배상청구권을 상속받지만(통설), 사실혼 배우자는 상속권이 없다(통설). 통설에 따르면 을은 갑의 사망으로 인한 일실이익 등에 대하여 유족으로서 손해배상금을 상속받을 수 없다. 다만 을은 사실혼관계라는 것을 증명하여 민법 제752조를 근거로 자신의 정신적 고통에 대한 위자료를 청구할 수 있다(대판 1962.4.26, 62다72).

2. A의 권리–상속권

갑과 을의 관계가 단순한 동거관계이든, 사실혼관계이든 간에 A는 혼외자이다. A가 갑의 사망으로 상속을 받으려면 부(父) 갑의 인지가 있어야 한다. 갑이 인지를 하지 못하고 사망하였다면 생모인 을은 A의 법정대리인으로서 갑의 사망사실을 안 날로부터 2년 내에 검사를 상대로 인지청구를 하여야 한다(제864조).

3. A의 권리–갑의 생명침해에 기한 제752조의 정신적 손해배상청구권

갑이 교통사고로 사망한 데 대하여 인지가 없는 상태에서 A는 제752조에 기한 손해배상청구권을 행사할 수 있는가? 판례는 제752조에서 말하는 친족관계는 가족관계등록부상의 친족관계만이 아니고 가족관계등록부에 등록되지 아니한 사실상의 친족관계에 있는 경우도 포함된다고 한다. 따라서 A와 을의 사실혼이 인정되고 A가 인지는 받지 않았지만 갑의 자로서 함께 생활했다는 사실 등이 증명된다면, 친생자관계존부확인의 소를 거치지 않더라도 제752조에 기한 손해배상을 청구할 수 있다고 볼 것이다(대판 1966.6.28, 66다493).

4. 모(母)의 인지이의(認知異議) 내지 친자관계부존재확인의 소(訴)

A에 대하여 갑의 인지가 있음에도 불구하고 갑의 모가 A가 갑의 자가 아님을 주장하여 손해배상금의 상속을 부정하고자 한다면, 갑의 모는 인지에 대한 이의(異議)의 소를 제기하거나(제862조), A와 갑 사이에 친자관계가 없다는 친자관계부존재확인의 소를 제기할 수 있다(제865조. 대판 1993.7.27, 91므306). 어떠한 경우이든 갑과 A 사이의 친자관계가 부존재한다는 것에 대한 증명책임은 갑의 모(母)에게 있다.

갑의 자로 등재된 가족관계등록부의 추정력과 관련하여 A가 갑의 자로 등재된 경우 이를 번복할 만한 명백한 반증이 없는 한 이 기재사항은 진실에 부합된 것으로 추정된다. 다만, 상염색체유전자 감정방법에 의하여 과학적으로 어떤 사실을 증명함에 있어서 감정의 전제되는 사실에 관하여 가족관계등록부의 추정력을 적용할 수는 없으며, 이 경우 그 전제되는 사실이 진실하다는 점에 대하여는 그 감정방법을 원용하는 당사자인 A의 법정대리인 을이 이를 증명하여 한다(대판 2002.

6.14, 2001므1537).

제 2 절 양 자

Ⅰ 민법상 양자제도의 변화

1. 가(家)를 위한 양자제도의 불식

(1) 이성양자(異姓養子)의 인정과 엄격한 소목지서(昭穆之序)의 완화

과거 19~20세기 초 관습에서는 양자는 양친과 동성동본의 혈족관계이어야 하고, 양자가 자(子)와 같은 항렬에 있어야 했다. 그러나 1940.2.11.부터는 사후양자가 아닌 한 이성의 자도 양자로 할 수 있게 되었고(조선민사령 제11조의2: 그 동안 대법원판례에서는 이성양자가 가능하게 된 것을 현행민법 시행 이후라고 하였으나, 이미 조선민사령에 의해서 이성양자가 가능한 점을 들어 그 동안의 판례들의 잘못된 점을 지적하고 이를 변경하였다: 대판[전원합의체] 1994.5.24, 93므119), 특히 현행 민법에서는 존속과 연장자가 아니라면 동성동본에 상관없이 양자가 가능하게 되었다.

(2) 사후양자(死後養子) · 유언양자(遺言養子) · 서양자(婿養子)제도의 폐지

호주상속제 아래에서 호주가 사망한 경우 그 직계비속이 없는 때와 폐가 또는 무후가(無後家)를 부흥하고자 할 때 이용하던 사후양자제도, 유언으로 양자를 하는 것이 가능하던 유언양자제도, 사위가 동시에 양자가 되는 서양자제도를 각각 폐지함으로써 가(家)를 위한 양자제도를 상당 부분 불식하였다(1990년 민법 개정에서 사후양자에 관한 제867, 제868조, 제879조, 제890조, 유언양자에 관한 제880조, 서양자에 관한 제876조 삭제).

2. 친양자제도의 도입(복지형·완전양자제도로 진입)

입양을 통하여 친생부모와의 관계를 단절하고 양자가 양친부모의 완전한 자가 되도록 하는 친양자제도를 도입하였다. 2005년 도입된 친양자제도는 기존의 양자제도를 그대로 유지하면서도 친양자와 양친부모 사이를 친생자처럼 더욱 긴밀히 하여 친양자의 복리를 도모하고자 한 것이다. 이를 위하여 개정민법에서는 친양자가 친생부모 등과의 친족관계를 확실하게 종료시키고, 양부모와의 친족관계만을 가지며 양친의 성과 본을 따르도록 하여 완전양자에 가까운 입법을 마련하였다(다만 친양자 파양이 인정된다는 점에서 완전양자제도로서는 아직도 불완전하다).

이로써 우리나라의 양자제도 체계는 민법상의 보통양자제도(기존의 일반 양자제도)와 친양자제도, 입양특례법상 입양제도(18세 미만의 보호를 필요로 하는 아동 입양제도)로 3분할 수 있을 것이다.

3. 입양아의 복리를 위해 입양과 파양제도의 개선

2012년 2월에는 미성년자 입양 시 미성년자의 복리를 위하여 다음과 같이 민법을 개정하여 2013년 7월 1일부터 시행하도록 하였다. 즉 미성년자를 입양할 때에는 가정법원의 허가를 받도록 하고, 미성년자에 대한 파양은 재판으로만 할 수 있도록 하며, 부모의 소재를 알 수 없는 등의 경우에는 부모의 동의 없이도 입양이 가능하게 하는 등 입양제도를 개선하고, 친양자 입양 가능 연령을 현행 15세 미만에서 미성년자로 현실에 맞게 완화하였다.

(1) 미성년자 입양에 대한 가정법원의 허가제 도입 등(제867조 신설 및 제898조)

(2) 부모의 동의 없이 양자가 될 수 있는 방안 마련(제870조, 제871조 및 제908조의2 제2항)

(3) 친양자 입양 가능 연령 완화(제908조의2 제1항 2호)

오랜 공동생활을 통해 계부모와 계자녀 사이에 사실상의 친자관계가 형성된 재혼 가정의 경우 연령 제한으로 인하여 친양자 입양을 하지 못하는 사례가 있었다. 이에 개정민법은 친양자 입양의 연령 제한을 완화하여 친양자가 될 수 있도록 하였다.

Ⅱ 보통양자

사례 14

A는 결혼을 한 후 친정부모님이 모두 사망하고 10세의 어린 동생이 한 명 남았다. A는 남편 B와 함께 어린 동생을 맡아서 양육하고 있는데 그들 사이에는 아이가 없어 그 어린 동생을 양자로 하려고 한다. 어떻게 하면 되는가?

[논 점]

입양의 요건과 절차

1. 입양의 요건

(1) 당사자들 사이에 입양합의가 있을 것

제883조(입양무효의 원인)

입양은 다음 각 호의 경우에는 무효로 한다.

1. 당사자 간에 입양의 합의가 없는 때
2. …

양친이 될 자와 양자 사이에 합의가 없는 입양은 무효이다. 따라서 가장입양(대판 1995.9.29, 94므1553·1560(반소); 대판 2004.4.9, 2003므2411), 의사무능력, 상대방에 대한 착오(동일성의 착오로 인한 입양), 당사자들이 모르는 사이에 제3자가 한 입양 등은 무효이다. 입양의 의사는 그 성질상 조건이나 기한을 붙일 수 없고, 입양신고서가 수리될 때까지 존재하여야 한다.

피한정후견인은 의사능력이 있기 때문에 양친이나 양자가 될 수 있지만, 피성년후견인은 의사능력이 회복되지 않는 한 입양이 불가능하다고 해석된다. 민법은 13세 미만의 경우 법정대리인(부모 또는 후견인)의 대락(代諾)을 요구하고 있으므로 13세 이상인 자는 입양을 결정할 의사능력이 있다고 보아야 한다. 13세 미만이면서 의사능력이 있는 경우, 예컨대 입양이 싫다고 하는 만 12세의 조카를 법정대리인(후견인)인 삼촌이 타인에게 억지로 입양시키려 하는 경우가 문제될 수 있다. 현행법상 13세 미만은 대락으로 입양이 가능하기 때문에 후견인인 삼촌은 가정법원의 허가를 얻어 입양을 시킬 수 있다고 해석된다(실질적으로 이러한 일이 일어나기는 어려울 것이다).

판례

가장입양의 효력

1. 처벌을 면하기 위한 가장입양

고소사건으로 인한 처벌 등을 모면하게 할 목적으로 가장입양한 것일 뿐 당사자 사이에 양친자로서의 신분적 생활관계를 형성한다는 의사합치가 없었던 것이라면, 입양합의는 무효이다(대판 1995.9.29, 94므1553·1560).

2. 가장입양의 무효

진실로 양자로 입양할 의사 없이 다른 사람의 호적부로 전적할 때까지 잠정적으로 양자로 입양하는 것처럼 가장하는 입양신고를 함으로써 이루어진 입양은 입양의 합의가 없는 무효이다(대판 2004.4.9, 2003므2411).

---

(2) 양친에 관한 요건

① 양친이 되는 사람은 성년자이어야 한다(제866조)

제866조(입양을 할 능력)

성년이 된 사람은 입양(入養)을 할 수 있다.

제884조(입양 취소의 원인)

① 입양이 다음 각호의 어느 하나에 해당하는 경우에는 가정법원에 그 취소를 청구할 수 있다.

1. 제866조, 제869조 제1항, 같은 조 제3항 제2호, 제870조 제1항, 제871조 제1항, 제873조 제1항, 제874조를 위반한 경우
2. …

제885조(입양취소청구권자)

양부모, 양자와 그 법정대리인 또는 직계혈족은 제866조를 위반한 입양의 취소를 청구할 수 있다.

제889조(입양취소청구권의 소멸)

양부모가 성년이 되면 제866조를 위반한 입양의 취소를 청구하지 못한다.

성년의제(제826조의2)의 경우 양친이 될 수 있다는 견해(김용한)와 이를 부정하는 견해(김주수)가 대립한다. 성년의제의 취지가 혼인한 미성년자의 독립성을 보장하기 위한 것이라는 점과 입양 될 자의 복지를 고려할 때 부정하는 것이 타당하다. 미성년자가 양자를 하였을 때(제884조 제1항, 제866조)에는, 양부모·양자와 그 법정대리인 또는 직계혈족이 취소를 청구할 수 있다(제885조). 그러나 양친이 성년에 달한 후에는 취소를 청구하지 못한다(제889조).

② 피성년후견인의 경우

제873조(피성년후견인의 입양)

① 피성년후견인은 성년후견인의 동의를 받아 입양을 할 수 있고 양자가 될 수 있다.

② 피성년후견인이 입양을 하거나 양자가 되는 경우에는 제867조를 준용한다.

③ 가정법원은 성년후견인이 정당한 이유 없이 제1항에 따른 동의를 거부하거나 피성년후견인의 부모가 정당한 이유 없이 제871조 제1항에 따른 동의를 거부하는 경우에 그 동의가 없어도 입양을 허가할 수 있다. 이 경우 가정법원은 성년후견인 또는 부모를 심문하여야 한다.

第893조(입양취소청구권의 소멸)
성년후견개시의 심판이 취소된 후 3개월이 지나면 제873조 제1항을 위반한 입양의 취소를 청구하지 못한다.

피성년후견자가 양친이(또는 양자가) 되는 경우 후견인의 동의를 얻어야 한다(제873조). 앞에서도 언급하였듯이 피성년후견인은 단독으로 입양할 수 없고 의사능력이 회복되어 후견인의 동의를 얻어서 양친 또는 양자가 될 수 있다고 해석된다. 이 규정에 위반한 때에는 피성년후견인 또는 후견인이 취소를 청구할 수 있다. 성년후견개시의 심판이 취소된 후 3개월이 지나면 취소를 청구하지 못한다(제893조).

③ 배우자 있는 자가 양자를 할 때

第874조(부부의 공동입양 등)
① 배우자가 있는 사람은 배우자와 공동으로 입양하여야 한다.
② …

第883조(입양무효의 원인)
다음 각 호의 어느 하나에 해당하는 입양은 무효이다.
1. 당사자 사이에 입양의 합의가 없는 경우
2. …

第884조(입양취소의 원인)
① 입양이 다음 각 호의 어느 하나에 해당하는 경우에는 가정법원에 그 취소를 청구할 수 있다.
1. 제866조, 제869조 제1항, 같은 조 제3항 제2호, 제870조 제1항, 제871조 제1항, 제873조 제1항, 제874조를 위반한 경우

第888조(입양취소청구권자)
배우자는 제874조를 위반한 입양의 취소를 청구할 수 있다.

배우자 있는 자가 양자를 할 때는 배우자와 공동으로 하여야 한다(제874조). 판례는 배우자의 부재 기타 사유로 인하여 공동으로 할 수 없는 때에 해당하는 경우를 제외하고는 부부는 공동입양의 요건을 갖추어야 한다고한다(대판 1998.5.26, 97므25). 다만, 배우자의 전혼 중에 출생한 혼인 중의 자(가봉자나 계모자 관계)를 입양하고자 할 때에는 친생자 관계가 없는 배우자 일방이 단독으로 입양할 수 있다(가족관계등록예규 130조; 김주수·김상용). 부부공동입양을 위반한 경우 동의를 하지 아니한 배우자와 양자 사이의 입양은 무효가 되고(제883조 1호), 입양의 의사표시를 한 배우자와의 양자관계에 대해서도 다른 배우자가 그 입

양을 취소할 수 있다(제884조 1호, 제888조). 취소권은 그 사유 있음을 안 날로부터 6개월, 또는 그 사유가 있은 날로부터 1년을 경과하면 소멸한다(제894조).

판례

공동입양의 요건과 효력

1. **일방이 부부 쌍방 명의로 한 입양신고의 효력**

처가 있는 자가 입양을 함에 있어서 혼자만의 의사로 부부 쌍방 명의의 입양신고를 하여 수리된 경우, 처와 양자가 될 자 사이에서는 입양의 일반요건 중 하나인 당사자간의 입양합의가 없으므로 입양이 무효가 되는 것이지만, 처가 있는 자와 양자가 될 자 사이에서는 입양의 일반요건을 모두 갖추었어도 부부 공동입양의 요건을 갖추지 못하였으므로 처가 그 입양의 취소를 청구할 수 있으나, 그 취소가 이루어지지 않는 한 그들 사이의 입양은 유효하게 존속하는 것이고, 당사자가 양친자관계를 창설할 의사로 친생자출생신고를 하고, 거기에 입양의 실질적 요건이 모두 구비되어 있다면 그 형식에 다소 잘못이 있더라도 입양의 효력이 발생하고, 양친자관계는 파양에 의하여 해소될 수 있는 점을 제외하고는 법률적으로 친생자관계와 똑같은 내용을 갖게 되므로, 이 경우의 허위의 친생자출생신고는 법률상의 친자관계인 양친자관계를 공시하는 입양신고의 기능을 발휘하게 된다(대판 2006.1.12, 2005도8427).

2. **재혼 당시 처의 친생자를 재혼당사자들의 혼인 중의 친생자로 출생신고한 경우 입양의 효력**

피청구인들의 생부가 이미 사망한 상태에서 피청구인들의 생모와 재혼한 계부가 당시 7세, 4세에 불과한 피청구인들을 친자식처럼 기르기로 합의하고 친생자로 출생신고하였다면, 그 의사 속에는 법률상 친자관계 이상의 관계를 맺으려는 의사, 적어도 양친자관계를 창설하려는 의사가 당연히 포함되었다고 볼 수 있고, 그 의사는 위 출생신고에 의하여 확실하게 표시되었으며, 친자적인 공동생활 관계가 지속됨으로써 더 확고하게 보증되었다고 할 것이므로, 입양당사자 사이에 입양의사의 합치가 있고, 입양의 다른 실질적 요건도 갖추어진 것으로 보이는 이 사건에 있어서 위 출생신고는 형식에 있어 다소 잘못이 있더라도 입양신고로서의 기능을 발휘한다고 할 것이어서 계부와 피청구인들 사이에는 양친자관계가 존재한다(대판 1990.7.27, 89므1108).

(3) 양자에 관한 요건

① 양자가 될 사람이 13세 미만인 경우

제867조(미성년자의 입양에 대한 가정법원의 허가)

① 미성년자를 입양하려는 사람은 가정법원의 허가를 받아야 한다.

② 가정법원은 양자가 될 미성년자의 복리를 위하여 그 양육 상황, 입양의 동기, 양부모(養父母)의 양육능력, 그 밖의 사정을 고려하여 제1항에 따른 입양의 허가를 하지 아니할 수 있다.

제869조(입양의 의사표시)

① 양자가 될 사람이 13세 이상의 미성년자인 경우에는 법정대리인의 동의를 받아 입양을 승낙한다.

② 양자가 될 사람이 13세 미만인 경우에는 법정대리인이 그를 갈음하여 입양을 승낙한다.

③ 가정법원은 다음 각 호의 어느 하나에 해당하는 경우에는 제1항에 따른 동의 또는 제2항에 따른 승낙이 없더라도 제867조 제1항에 따른 입양의 허가를 할 수 있다.

1. 법정대리인이 정당한 이유 없이 동의 또는 승낙을 거부하는 경우. 다만, 법정대리인이 친권자인 경우에는 제870조 제2항의 사유가 있어야 한다.
2. 법정대리인의 소재를 알 수 없는 등의 사유로 동의 또는 승낙을 받을 수 없는 경우

④ 제3항 제1호의 경우 가정법원은 법정대리인을 심문하여야 한다.

⑤ 제1항에 따른 동의 또는 제2항에 따른 승낙은 제867조 제1항에 따른 입양의 허가가 있기 전까지 철회할 수 있다.

제883조(입양무효의 원인)

다음 각 호의 어느 하나에 해당하는 입양은 무효이다.

1. 당사자 사이에 입양의 합의가 없는 경우
2. 제867조 제1항(제873조 제2항에 따라 준용되는 경우를 포함한다), 제869조 제2항, 제877조를 위반한 경우

양자가 될 사람이 13세 미만인 경우에는, 법정대리인(친권자 또는 후견인)이 그에 갈음하여 입양의 승낙을 하고(제869조 제2항) 가정법원의 허가를 받아야 한다(제867조). 재산관리권을 상실한 친권자라도 입양대락권이 있지만, 재산관리권만을 가지는 후견인(제946조: 재산관리에 한정된 후견)은 입양대락권이 없다. 법정대리인의 입양대락이 없으면 입양은 무효이다(제883조 2호). 한편, 법정대리인이 승낙을 거부하거나 법정대리인의 소재를 알 수 없는 등의 사유로 입양대락을 받을 수 없는 경우에는 가정법원은 직권으로 입양을 허가할 수 있다(제869조 제3항). 다만, 전자의 경우에는 법정대리인을 심문하여야 한다(제869조 제4항). 여기서 법정대리인이 친권자(부모)인 경우에는 부모가 3년 이상 자녀에 대한 부양의무를 이행하지 아니하거나 자녀를 학대 또는 유기하는 등 자녀의 복리를 현저히 해친 경우에만 가정법원의 직권개입에 의한 입양허가가 가능하다(제870조 제2항). 부모가 동의나 승낙을 조건으로 금전적 대가를 요구하는 사례와 같이 양육의사와 능력이 없는 부모가 자녀를 학대하거나 유기한 경우 또는 부모의 행방이 묘연한 경우 개정 전 법으로는 이에 적절하게 대처하는 게 힘들었다. 따라서 미성년자가 적합한 가정환경에서 양육될 수 있도록 가정법원의 필수적 관여가 자녀의 복리를 위하여 필요하다는 요청에 따라 위와 같이 법이 개정된

것이다.

② 양자가 될 사람이 만 13세 이상이고 성년에 달하지 못한 경우

제870조(미성년자 입양에 대한 부모의 동의)

① 양자가 될 미성년자는 부모의 동의를 받아야 한다. 다만, 다음 각 호의 어느 하나에 해당하는 경우에는 그러하지 아니하다.

1. 부모가 제869조 제1항에 따른 동의를 하거나 같은 조 제2항에 따른 승낙을 한 경우
2. 부모가 친권상실의 선고를 받은 경우
3. 부모의 소재를 알 수 없는 등의 사유로 동의를 받을 수 없는 경우

② 가정법원은 다음 각 호의 어느 하나에 해당하는 사유가 있는 경우에는 부모가 동의를 거부하더라도 제867조 제1항에 따른 입양의 허가를 할 수 있다. 이 경우 가정법원은 부모를 심문하여야 한다.

1. 부모가 3년 이상 자녀에 대한 부양의무를 이행하지 아니한 경우
2. 부모가 자녀를 학대 또는 유기(遺棄)하거나 그 밖에 자녀의 복리를 현저히 해친 경우

③ 제1항에 따른 동의는 제867조 제1항에 따른 입양의 허가가 있기 전까지 철회할 수 있다.

제886조(입양취소청구권자)

양자나 동의권자는 제869조 제1항, 같은 조 제3항 제2호, 제870조 제1항을 위반한 입양의 취소를 청구할 수 있고, 동의권자는 제871조 제1항을 위반한 입양의 취소를 청구할 수 있다.

제894조(입양취소청구권의 소멸)

제869조 제1항, 같은 조 제3항 제2호, 제870조 제1항, 제871조 제1항, 제873조 제1항, 제874조를 위반한 입양은 그 사유가 있음을 안 날부터 6개월, 그 사유가 있었던 날부터 1년이 지나면 그 취소를 청구하지 못한다.

양자가 될 사람이 13세 이상의 미성년자인 경우에는, 부모 또는 후견인의 동의를 얻고(제870조, 제869조 제1항) 가정법원의 허가를 받아야 한다(제867조). 이 규정에 위반한 때에는 양자 또는 동의권자가 취소를 청구할 수 있다(제886조). 이러한 취소청구권은 그 취소사유가 있음을 안 날로부터 6개월, 그 취소사유가 있었던 날로부터 1년이 경과하면 소멸한다(제894조).

한편 부모가 친권상실의 선고를 받은 경우, 부모의 소재를 알 수 없는 등의 사유로 동의를 받을 수 없는 경우(제870조 제1항 2호·3호)에는 동의 없이 가정법원의 허가만으로 입양을 할 수 있다. 나아가 법원은 부모가 3년 이상 자녀에 대한 부양의무를 이행하지 아니하거나 자녀를 학대 또는 유기(遺棄)하는 등으로 자녀의 복리를 현저히 해친 경우에는 부모가 입양을 거부하더라도 부모를 심문한 후 직권으로 입양을 허가할 수 있다(제870조 제2항).

③ 양자가 될 사람이 성년인 경우

제871조(성년자 입양에 대한 부모의 동의)

① 양자가 될 사람이 성년인 경우에는 부모의 동의를 받아야 한다. 다만, 부모의 소재를 알 수 없는 등의 사유로 동의를 받을 수 없는 경우에는 그러하지 아니하다.

② 가정법원은 부모가 정당한 이유 없이 동의를 거부하는 경우에 양부모가 될 사람이나 양자가 될 사람의 청구에 따라 부모의 동의를 갈음하는 심판을 할 수 있다. 이 경우 가정법원은 부모를 심문하여야 한다.

제886조(입양취소청구권자)

… , 동의권자는 제871조 제1항을 위반한 입양의 취소를 청구할 수 있다.

제894조(입양취소청구권의 소멸)

제869조 제1항, 같은 조 제3항 제2호, 제870조 제1항, 제871조 제1항, 제873조 제1항, 제874조를 위반한 입양은 그 사유가 있음을 안 날부터 6개월, 그 사유가 있었던 날부터 1년이 지나면 그 취소를 청구하지 못한다.

양자가 될 사람이 성년인 경우에도 부모의 소재를 알 수 없는 등의 사유가 없는 한 부모의 동의를 받아야 한다(제871조 본문). 부모가 정당한 이유 없이 동의를 거부하는 경우, 양부모가 될 사람이나 양자가 될 사람의 청구에 따라 가정법원은 부모를 심문하고 부모의 동의에 갈음하는 심판을 할 수 있다(제871조 제2항).

민법 제871조는 성년자의 신분행위에 동의를 요하는 유일한 경우이다. 이 규정을 위반한 입양은 동의권자가 취소를 청구할 수 있다(제886조). 이러한 취소청구권은 취소사유가 있음을 안 날로부터 6개월, 취소사유가 생긴 날로부터 1년을 경과하면 취소권은 소멸한다(제894조).

④ 피성년후견인이 양자가 되는 경우

제873조(피성년후견인의 입양)

① 피성년후견인은 성년후견인의 동의를 받아 입양을 할 수 있고 양자가 될 수 있다.

② 피성년후견인이 입양을 하거나 양자가 되는 경우에는 제867조를 준용한다.

③ 가정법원은 성년후견인이 정당한 이유 없이 제1항에 따른 동의를 거부하거나 피성년후견인의 부모가 정당한 이유 없이 제871조 제1항에 따른 동의를 거부하는 경우에 그 동의가 없어도 입양을 허가할 수 있다. 이 경우 가정법원은 성년후견인 또는 부모를 심문하여야 한다.

제887조(입양취소청구권자)

피성년후견인이나 성년후견인은 제873조 제1항을 위반한 입양의 취소를 청구할 수 있다.

제893조(입양취소청구권의 소멸)

성년후견개시의 심판이 취소된 후 3개월이 지나면 제873조 제1항을 위반한 입양의 취소를 청구하지 못한다.

피성년후견인은 성년후견인의 동의 및 가정법원의 허가를 받아 양자가 될 수 있다(제873조 제1항·제2항). 만약 성년후견인이나 피성년후견인의 부모가 정당한 이유 없이 동의를 거부한다고 하더라도 가정법원은 성년후견인 또는 부모를 심문하고 입양을 허가할 수 있다(제873조 제3항). 이 규정에 위반된 경우 피성년후견인이나 성년후견인은 입양의 취소를 청구할 수 있다(제887조). 이러한 취소청구권은 성년후견개시의 심판이 취소된 후 3개월이 지나면 소멸한다(제893조).

⑤ 배우자 있는 사람이 양자가 될 경우

제874조(부부의 공동입양 등)

① …

② 배우자가 있는 사람은 그 배우자의 동의를 받아야만 양자가 될 수 있다.

제888조(입양취소청구권자)

배우자는 제874조를 위반한 입양의 취소를 청구할 수 있다.

제894조(입양취소청구권의 소멸)

…, 제874조를 위반한 입양은 그 사유가 있음을 안 날부터 6개월, 그 사유가 있었던 날부터 1년이 지나면 그 취소를 청구하지 못한다.

배우자가 양자가 되려면 다른 일방의 동의를 얻어야 한다(제874조). 이 규정에 위반한 경우 배우자는 입양의 취소를 청구할 수 있다(제888조). 이러한 취소청구권은 그 사유가 있음을 안 날부터 6개월, 그 사유가 있었던 날부터 1년이 지나면 소멸한다(제894조). 일방이 동의를 할 수 없는 사정이 있을 경우에는 그 일방의 동의가 없더라도 양자가 될 수 있다고 해석된다(반대견해 있음).

⑥ 연장자 양자의 금지

제877조(입양의 금지)

존속이나 연장자를 입양할 수 없다.

제883조(입양 무효의 원인)

다음 각 호의 어느 하나에 해당하는 입양은 무효이다.

1. …
2. …. 제877조를 위반한 경우

양자는 양친의 존속 또는 연장자가 아니어야 한다(제877조). 판례는 사후양자가 소목지서(昭穆之序: 자의 항렬에 있어야 하는 서열)에 어긋나기 때문에 종래의 관습에 어긋난다고 하여도 공서양속에 위배되어 무효라고 할 수는 없다고 한다(대판 1991.5.28, 90므347). 따라서 양자가 양친과 형제 항렬 또는 손자 항렬에 있거나, 동갑이라도 상관없다.

(4) 기타의 요건

제867조(미성년자의 입양에 대한 가정법원의 허가)
① 미성년자를 입양하려는 사람은 가정법원의 허가를 받아야 한다.
② 가정법원은 양자가 될 미성년자의 복리를 위하여 그 양육 상황, 입양의 동기, 양부모(養父母)의 양육능력, 그 밖의 사정을 고려하여 제1항에 따른 입양의 허가를 하지 아니할 수 있다.

제884조(입양 취소의 원인)
① 입양이 다음 각 호의 어느 하나에 해당하는 경우에는 가정법원에 그 취소를 청구할 수 있다.
1. …
2. 입양 당시 양부모와 양자 중 어느 한쪽에게 악질이나 그 밖에 중대한 사유가 있음을 알지 못한 경우
3. 사기 또는 강박으로 인하여 입양의 의사표시를 한 경우
② 입양 취소에 관하여는 제867조 제2항을 준용한다.

제896조(입양 취소 청구권의 소멸)
제884조 제1항 제2호에 해당하는 사유가 있는 입양은 양부모와 양자 중 어느 한 쪽이 그 사유가 있음을 안 날부터 6개월이 지나면 그 취소를 청구하지 못한다.

제897조(준용규정)
입양의 무효 또는 취소에 따른 손해배상책임에 관하여는 제806조를 준용하고, 사기 또는 강박으로 인한 입양 취소 청구권의 소멸에 관하여는 제823조를 준용하며, 입양취소의 효력에 관하여는 제824조를 준용한다.

① 미성년자를 입양하려는 사람은 가정법원의 허가를 받아야 한다(제867조 제1항). 가정법원은 양자가 될 미성년자의 복리를 위하여 그 양육 상황, 입양의 동기, 양부모(養父母)의 양육능력, 그 밖의 사정을 고려하여 제1항에 따른 입양의 허가를 하지 아니할 수 있다(제867조 제2항). 이 규정은 그 동안 미성년자의 입양(入養)과 파양(罷養)이 시·읍·면의 장에 대한 신고만으로 가능하기 때문에 아동학대의 습벽이 있는 사람 등도 손쉽게 입양을 할 수 있었던 폐해를 방지하고자 마련된 것이다.

② 입양 당시에 양부모와 양자 중 어느 한쪽에게 악질(惡疾)이나 그 밖에 중대한 사유가 있음을 알지 못한 경우(제884조 제1항 2호), 사기·강박으로 인하여 입양의 의사표시를 한 경우(제884조 제1항 3호)에는 가정법원에 취소를 청구할 수 있다(제884조 제1항). 악질이나 기타 중대한 사유로 인한 취소청구권은 양부모와 양자 중 어느 한 쪽이 그 사유가 있음을 안 날부터 6개월이 지나면 소멸

한다(제896조). 사기 또는 강박으로 인한 취소의 경우 그 취소청구권은 사기를 안 날로부터 또는 강박을 면한 날로부터 3개월이 지나면 취소를 청구하지 못한다(제897조, 제823조).

판례

입양의 취소를 구하는 의미에서 친생자관계부존재확인을 구할 수 있는지 여부

부(父) 을이 병을 입양의 의사로 친생자출생신고를 한 것이 아니라는 취지로 자(子) 갑이 다툰 사안에서, 민법 제884조 3호가 규정하는 '사기 또는 강박으로 인하여 입양의 의사표시를 한 때'의 입양취소는 그 성질상 그 입양의 의사를 표시한 자에 한하여 원고적격이 있고, 사기를 안 날 또는 강박을 면한 날로부터 3개월을 경과한 때에는 그 취소를 청구하지 못하며(민법 제897조, 제823조), 입양의 취소의 효력은 기왕에 소급하지 않는바(민법 제897조, 제824조), 그 원인 사유 및 효력 등에 있어서 친생자관계존부확인의 소와는 구별되는 것이므로, 갑이 입양의 취소를 구하는 의미에서 친생자관계부존재확인을 구할 수는 없다(대판 2010.3.11, 2009므4099).

(5) 입양 신고

제878조(입양의 성립)

입양은 「가족관계의 등록 등에 관한 법률」에서 정한 바에 따라 신고함으로써 그 효력이 생긴다.

제881조(입양 신고의 심사)

제866조, 제867조, 제869조부터 제871조까지, 제873조, 제874조, 제877조, 그 밖의 법령을 위반하지 아니한 입양 신고는 수리하여야 한다.

제882조(외국에서의 입양 신고)

외국에서 입양 신고를 하는 경우에는 제814조를 준용한다.

입양은 가족관계등록법이 정한 바에 의하여 당사자 쌍방과 성년자인 증인 2인이 연서한 서면으로 신고함으로써 그 효력이 생긴다(제878조; 가족관계등록법 제61조). 이는 창설적 신고이다(친양자입양의 경우는 보고적 신고). 입양신고는 실질적 요건과 기타 법령에 위반함이 없을 때에는 이를 수리하여야 한다(제881조). 재외국민 사이의 입양은 그 외국에 주재하는 대사, 공사 또는 영사에게 신고할 수 있다(제882조, 제814조 제1항의 준용). 신고를 수리한 대사, 공사 또는 영사는 지체없이 그 신고서류를 본국의 재외국민 가족관계등록사무소에 송부하여야 한다(제882조, 제814조 제2항의 준용). 입양 신고절차에 흠이 있더라도 입양이 무효가 되는 것은 아니다(대판 1983.5.3, 82므3896).

① 허위의 친생자 출생 신고의 문제

당사자 사이에 양친자관계를 성립시키려는 의사가 있고 기타 입양의 실질적 요건을 구비한 경우에는 입양의 효력이 인정된다(대판[전원합의체] 1977.7.26, 77다492: 대법원은 한때 입양의 요식행위성을 이유로 입양의 효력을 부정한 적이 있었다; 대판 1967.7.18, 67다1004). 또한 무효인 친생자 출생신고 당시에 갖추어져 있지 않았던 입양의 실질적 요건이 차후에 충족된 경우에도 소급적으로 입양의 효력이 발생한다. 또한, 양자가 허위의 출생자신고에 의한 입양이어서 입양이 무효임을 알면서 15세(민법 개정으로 13세)가 된 후에도 아무런 이의를 제기하지 않았다면 묵시적으로 추인한 것으로 본다(대판 1990.3.9, 89므389; 대판 1997.7.11, 96므1151 참고). 그러나 당사자 간에 무효인 신고행위에 상응하는 신분관계가 실질적으로 형성되어 있지 아니한 경우에는 무효인 신분행위에 대한 추인의 의사표시만으로 그 무효행위의 효력을 인정할 수 없을 것이다(대판 1991.12.27, 91므30; 대판 2000.6.9, 99므1633· 1640; 대판 2004.11.11, 2004므1484).

② 허위의 출생신고와 친생자관계부존재확인의 소

허위의 출생신고에 의한 입양이 위와 같이 유효한 경우 양부모나 양자 또는 제3자가 친생자관계부존재확인의 소를 제기한 때에는 확인의 이익이 없으므로 청구를 각하하여야 하고(대판 1990.7.27, 89므1108; 대판[전원합의체] 1994.5.24, 93므119), 입양의 취소를 구하는 의미에서 친생자관계부존재확인을 구할 수도 없다(대판 2010.3.11, 2009므4099). 한편, 파양사유가 있다고 하더라도 당사자 간 협의상 파양의 신고가 있거나 재판상 파양의 판결이 있기 전에는 파양의 효력이 생길 수 없으나(대판 1989.10.27, 89므440), 파양사유가 있는 경우에는 그 당사자에게 확인의 이익을 인정할 수 있고, 일단 친생자관계부존재확인판결이 확정되면 그 확정일 이후부터는 양친자관계의 존재를 주장할 수 없다(대판 1993.2.23, 92다51969; 김주수·김상용).

판례

허위의 출생신고와 입양의 효력

1. 생부가 사망한 후 재혼한 생모의 친생자를 계부가 친생자로 허위출생신고 한 경우 입양의 효력

내연의 처가 데려온 자식을 자기의 친생자로 출생신고한 것만으로는 입양의 의사로 볼 수 없다(대판 1984.5.15, 84므4). 그러나 입양당사자 사이에 입양의사의 합치가 있고, 입양의 다른 실질적 요건도 갖추어진바, 출생신고는 형식에 있어 다소 잘못이 있

더라도 입양신고로서의 기능을 발휘한다고 할 것이어서(대판[전원합의체] 1977.7.26, 77다492), 계부와 피청구인들 사이에는 양친자관계가 존재한다고 할 것이고, 양친자관계를 해소할 필요가 있는 등의 특별한 사정이 없는 한 그 호적기재 자체를 말소하여 법률상 친자관계의 존재를 부당하게 하는 이 사건 친생자관계부존재확인청구는 확인의 이익이 없어 부적법하다(대판 1990.7.27, 89므1108. 이 판례는 입양의 의사에 대한 입증의 정도를 크게 완화하여 입양의사를 인정한데 그 의의가 있다).

2. 친생자 아닌 자를 내연남의 호적에 자신을 생모로 혼외자 출생신고를 한 경우 양친자관계

호적상 모로 기재되어 있는 자가 자신의 호적에 호적상의 자를 친생자로 출생신고를 한 것이 아니라 자신과 내연관계에 있는 남자로 하여금 그의 호적에 자신을 생모로 하는 혼인 외의 자로 출생신고를 하게 한 때에는, 설사 호적상의 모와 호적상의 자 사이에 다른 입양의 실질적 요건이 구비되었다 하더라도 이로써 호적상의 모와 호적상의 자 사이에 양친자관계가 성립된 것이라고는 볼 수 없다. 왜냐하면, 이러한 경우 호적상의 부와 호적상의 자 사이에 입양의 실질적 요건이 갖추어지지 않았다면 호적상 부가 호적상 자를 혼인 외의 자로 출생신고를 한 것은 아무런 효력이 없는 것이어서 그 출생신고에 관한 호적상의 기재는 두 사람 사이의 친생자관계부존재를 확인하는 판결에 의하여 말소되어야 하므로, 이처럼 무효인 호적상 부의 출생신고에 기하여 호적상의 모와 호적상의 자 사이에서만 양친자관계를 인정할 수는 없고, 호적상의 부와 호적상의 자 사이에 입양의 실질적 요건이 갖추어진 경우라 하더라도 우리 민법이 부부공동입양의 원칙을 채택하고 있는 점에 비추어 보면, 법률상 부부가 아닌 사람들이 공동으로 양부모가 되는 것은 허용될 수 없다고 보아야 하기 때문이다(대판 1995.1.24, 93므1242).

---

2. 입양의 효력

(1) 양자와 양부모 사이에 법정혈족관계의 발생

제772조 (양자와의 친계와 촌수)

① 양자와 양부모 및 그 혈족, 인척 사이의 친계와 촌수는 입양한 때로부터 혼인 중의 출생자와 동일한 것으로 본다.

② 양자의 배우자, 직계비속과 그 배우자는 전항의 양자의 친계를 기준으로 하여 촌수를 정한다.

제882조의2(입양의 효력)

① 양자는 입양된 때부터 양부모의 친생자와 같은 지위를 가진다.

② 양자의 입양 전의 친족관계는 존속한다.

양자는 입양된 때부터 양부모의 친생자와 같은 지위를 가진다(제882조 제1항).

양자와 양부모 및 그 혈족, 인척 사이의 친계와 촌수는 입양한 때로부터 혼인 중의 출생자와 동일한 것으로 본다(제772조 제1항). 양자의 배우자, 직계비속과 그 배우자는 양자의 친계를 기준으로 하여 촌수를 정한다(제772조 제2항). 따라서 양자와 양부모 및 그 혈족 사이에는 서로 부양·상속관계가 생기고, 양자가 미성년자인 경우에는 친생부모의 친권을 벗어나서 양부모의 친권에 따른다(제909조 제1항·제5항).

(2) 종래의 친족관계유지(이 점에서 보통양자는 친양자와 본질적으로 구분된다)

양자의 종래의 친족관계에는 영향이 없다(제882조 제2항). 다시 말하면 친생부모와의 친자관계는 아무 변화가 일어나지 않는다. 따라서 양자는 생부모의 재산에 대하여 상속권을 갖는다.

(3) 이성양자(異姓養子)의 성(姓)

이성양자의 성에 관하여 민법상 명문의 규정이 없다. 원칙적으로 성변경을 강제할 필요는 없을 것이다. 다만, 자(子)의 성(姓) 변경제도(제781조 제1항)의 취지에 비추어 양부모와 양자가 함께 원한다면 제781조를 적용하여 성변경이 가능하다 해야 할 것이다(양부모 또는 자의 청구에 의하여 법원의 허가를 받는 절차는 필요).

(4) 양부모(養父母) 이혼 후의 양모자(養母子)관계

부부공동입양제가 되어 처도 부와 마찬가지로 입양 당사자가 되기 때문에 양부모가 이혼하였다고 하여 양모를 양부와 다르게 취급하여 양모자관계만 소멸한다고 볼 수는 없다(대판[전원합의체] 2001.5.24, 2000므1493).

3. 입양의 무효 또는 취소의 소

입양의 성립이나 해소과정은 혼인과 비슷하기 때문에 소송과정도 비슷하다. 따라서 혼인 또는 이혼의 무효나 취소 및 재판상 이혼소송은 입양의 무효나 취소의 소와 그 성격이 같다고 할 수 있다(자세한 것은 혼인·이혼의 무효 또는 취소의 소 참고).

(1) 입양요건에서 정한 입양무효원인이 있는 입양은 무효이다. 입양무효의 성질은 혼인의 무효와 마찬가지로 당연무효이다. 따라서 당사자와 제3자는 판결이 없더라도 다른 소송에서 그 입양이 무효라고 주장하여 그것을 그 소(訴)

에 있어서의 주장의 한 근거로 할 수 있는 동시에, 일정한 자는 입양무효확인의 소를 제기할 수 있으며 (가소법 제2조 제1항 가류), 이에 기초한 판결의 효력은 제3자에게도 미친다(가소법 제21조). 입양무효확인청구의 당사자적격은 그 심판청구 당시에 존재하면 족하고 입양신고 당시에도 존재함을 요하지 않는다(대판 1985.12.10, 85므28).

(2) 입양 취소원인이 있는 경우에는 특정의 취소청구권자가 가정법원에 우선 조정을 신청하여야 한다(가소법 제2조 제1항 나류 10호; 제50조). 입양취소의 효력은 기왕에 소급하지 않는다(제897조, 제824조).

《취소청구의 원인과 취소권자 및 취소청구기간》

취소원인	취소권자	취소청구기간
미성년자가 양친이 되었을 때: 제884조 제1항 1호	양부모, 양자와 그 법정대리인 또는 직계혈족(제885조)	양친이 성년에 달하기 이전(제889조)
양자가 될 성년자가 부모의 동의를 얻지 않은 때(제884조 제1항 1호)	동의권자	사유 있음을 안 날로부터 6개월, 사유 있은 날로부터 1년 이내(제894조)
만 13세 이상의 미성년자인 양자가 동의권자의 동의를 얻지 않았을 때(제884조 제1항 1호, 제869조 제1항)	양자, 동의권자(제886조)	양자가 성년에 달한 후 3월 이내 혹은 사망하기 이전(제891조)
피성년후견인이 동의를 얻지 않은 경우	피성년후견인, 성년후견인(제887조).	성년후견개시의 심판이 취소된 후 3개월(제893조).
배우자가 단독으로 양자를 하거나 동의 없이 양자가 된 때(제874조)	배우자(제888조)	그 사유가 있음을 안 날부터 6개월, 그 사유가 있었던 날부터 1년(제894조).
악질 등 중대한 사유가 있을 때(제844조 제1항 2호)	양부모와 양자	그 사유가 있음을 안 날부터 6개월(제896조)이 지나면 취소를 청구하지 못한다
사기·강박으로 인하여 입양의 의사표시를 한 때(제884조 제1항 3호)	피사기자, 피강박자	사기를 안 날로부터 또는 강박을 면한 날로부터 3개월(제897조, 823조).

(3) 입양의 무효와 취소의 효과

제897조(준용규정)
입양의 무효 또는 취소에 따른 손해배상책임에 관하여는 제806조를 준용하고, 사기 또는 강박으로 인한 입양취소청구권의 소멸에 관하여는 제823조를 준용하며, 입양취소의 효력에 관하여는 제824조를 준용한다.

① 신분상 효과

무효인 입양은 처음부터 성립되지 않는 입양으로서 누구나 그 불성립을 주장할 수 있으며, 취소된 입양의 효력은 입양성립일에 소급하지 아니한다(제897조, 제824조). 입양으로 인하여 발생한 친족관계는 소멸한다(제776조).

② 손해배상청구권

입양이 무효 또는 취소된 경우에는 당사자는 과실 있는 상대방에 대하여 손해배상청구를 할 수 있으며, 그 청구권은 원칙적으로 양도 또는 승계할 수 없다(제897조, 제806조).

4. 파 양

양친자관계는 당사자의 사망에 의해서 해소되는 것이 아니라 파양(罷養)에 의해서만 해소된다. 입양에 의하여 양자와 양친 및 양친의 친족과도 친족관계가 발생하기 때문이다. 파양은 협의에 의한 파양과 재판에 의한 파양이 있다.

(1) 협의에 의한 파양

제898조(협의상 파양)
양부모와 양자는 협의하여 파양(罷養)할 수 있다. 다만, 양자가 미성년자 또는 피성년후견인인 경우에는 그러하지 아니하다.

제902조(피성년후견인의 협의상 파양)
피성년후견인인 양부모는 성년후견인의 동의를 받아 파양을 협의할 수 있다.

제903조(파양신고의 심사)
제898조, 제902조, 그 밖의 법령을 위반하지 아니한 파양신고는 수리하여야 한다.

제904조(준용규정)
사기 또는 강박으로 인한 파양취소청구권의 소멸에 관하여는 제823조를 준용하고, 협의상 파양의 성립에 관하여는 제878조를 준용한다.

① 파양요건

㉮ 양부모와 양자 사이에 파양의사의 합치가 있어야 한다(제898조). 파양

의사에는 조건과 기한을 붙일 수 없고, 가장파양(假裝罷養)은 무효이다.

㉯ 양자가 미성년자이거나 피성년후견인인 경우에는 의사합치가 있더라도 파양의 효력이 생기지 않는다(제898조 단서). 미성년자 파양은 양자의 복지를 위하여 재판상 파양사유가 충족된 경우에 한하여 파양이 가능하도록 하였다.

㉰ 피성년후견인이 파양하는 경우에, 피성년후견인인 양부모는 성년후견인의 동의를 받아 파양을 협의할 수 있도록 하였다(제902조).

㉱ 협의상 파양의 당사자인 양친이 부부인 경우 민법에 규정이 없지만 입양과 마찬가지로 배우자의 사망이나 부재 기타 사유로 인하여 공동으로 할 수 없는 때에 해당하는 경우를 제외하고는, 부부는 공동파양의 요건을 갖추어야 한다고 새겨야 할 것이다(제874조 참조; 대판 1998.5.26, 97므25 참고).

㉲ 협의상 파양은 가족관계등록법이 정한 바에 의하여 신고함으로써 그 효력이 생긴다(제904조, 제878조: 창설적 신고). 담당공무원은 그 파양이 제898조 내지 제902조 기타의 법령에 위반하는지의 여부를 확인한 후 위반사항이 없으면 이를 수리하여야 한다(제903조).

판례

양친의 사망과 파양에 갈음하는 친생자관계존부확인청구가 가능한지 여부

부부의 공동입양원칙의 규정(제874조 제1항) 취지에 비추어 보면 부부공동파양원칙이 적용될 수 있다고는 하나, 양부가 사망한 때에는 양모는 단독으로 양자와 협의상 또는 재판상 파양을 할 수 있으되 이는 양부와 양자 사이의 양친자관계에 영향을 미칠 수 없는 것이고, 또 양모가 사망한 양부에 갈음하거나 또는 양부를 위하여 파양을 할 수는 없다고 할 것이다. 따라서 친생자부존재확인을 구하는 청구에 있어서 입양의 효력은 있으나 재판상 파양 사유가 있어 양친자관계를 해소할 필요성이 있는 이른바 재판상 파양에 갈음하는 친생자관계부존재확인청구에 관하여도 마찬가지라고 할 것이다. 왜냐하면 양친자관계는 파양에 의하여 해소될 수 있는 점을 제외하고는 친생자관계와 똑같은 내용을 갖게 되는데, 진실에 부합하지 않는 친생자로서의 호적기재가 법률상의 친자관계인 양친자관계를 공시하는 효력을 갖게 되었고 사망한 양부와 양자 사이의 이러한 양친자관계는 해소할 방법이 없으므로 그 호적기재 자체를 말소하여 법률상 친자관계를 부인하게 하는 친생자관계존부확인청구는 허용될 수 없는 것이기 때문이다(대판 2001.8.21, 99므2230).

② 협의에 의한 파양의 무효와 취소

㉮ 협의에 의한 파양에 있어서 그 무효와 취소의 이론은 혼인·협의이혼·입양 등에 있어서와 그 구조가 같다.

㈏ 사기·강박으로 인한 파양취소권은 사기를 안 날 또는 강박을 면한 날로부터 3월 이내에 행사하지 않으면 안 된다(제904조, 제823조). 취소의 효과는 소급한다. 파양의 취소는 나유 가사소송사건이다(가소법 제2조 제1항).

(2) 재판에 의한 파양

제905조(재판상 파양의 원인)

양부모, 양자 또는 제906조에 따른 청구권자는 다음 각 호의 어느 하나에 해당하는 경우에는 가정법원에 파양을 청구할 수 있다.

1. 양부모가 양자를 학대 또는 유기하거나 그 밖에 양자의 복리를 현저히 해친 경우
2. 양부모가 양자로부터 심히 부당한 대우를 받은 경우
3. 양부모나 양자의 생사가 3년 이상 분명하지 아니한 경우
4. 그 밖에 양친자관계를 계속하기 어려운 중대한 사유가 있는 경우

제906조(파양청구권자)

① 양자가 13세 미만인 경우에는 제869조 제2항에 따른 승낙을 한 사람이 양자를 갈음하여 파양을 청구할 수 있다. 다만, 파양을 청구할 수 있는 사람이 없는 경우에는 제777조에 따른 양자의 친족이나 이해관계인이 가정법원의 허가를 받아 파양을 청구할 수 있다.

② 양자가 13세 이상의 미성년자인 경우에는 제870조 제1항에 따른 동의를 한 부모의 동의를 받아 파양을 청구할 수 있다. 다만, 부모가 사망하거나 그 밖의 사유로 동의할 수 없는 경우에는 동의 없이 파양을 청구할 수 있다.

③ 양부모나 양자가 피성년후견인인 경우에는 성년후견인의 동의를 받아 파양을 청구할 수 있다.

④ 검사는 미성년자나 피성년후견인인 양자를 위하여 파양을 청구할 수 있다.

제907조(파양청구권의 소멸)

파양청구권자는 제905조 제1호·제2호·제4호의 사유가 있음을 안 날부터 6개월, 그 사유가 있었던 날부터 3년이 지나면 파양을 청구할 수 없다.

① 의 의

재판에 의한 파양은 법률에 정하여진 파양원인이 있는 경우에, 당사자의 일방이 타방을 상대로 소를 제기하여 법원의 판결로 성립하는 파양이다. 재판에 의한 파양은 가사소송법 나류 사건이기 때문에(가소법 제2조 제1항), 조정절차가 선행되며, 조정이 성립하지 않으면 판결에 의하여 파양의 효력이 생긴다(가소법 제12조; 민소법 제205조). 조정이 성립하거나 파양재판이 확정되면 소를 제기한 자는 재판확정일로부터 1개월 내에 신고하여야 한다(가족관계등록법 제66조, 제58조: 보고적 신고).

② 재판에 의한 파양의 원인

민법은 친자적 공동생활의무에 위반하는 사유를 파양원인으로 법정하는 유책주의와 양친자관계를 계속하기 어려운 사유를 파양원인으로 법정하는 목적주의를 병행하고 있다. 민법이 정하고 있는 파양원인은 ⅰ) 양부모가 양자를 학대 또는 유기하거나 그 밖에 양자의 복리를 현저히 해친 경우(제905조 1호), ⅱ) 양부모가 양자로부터 심히 부당한 대우를 받은 경우(제905조 2호), ⅲ) 양부모나 양자의 생사가 3년 이상 분명하지 아니한 경우(제905조 3호), ⅳ) 그 밖에 양친자관계를 계속하기 어려운 중대한 사유가 있는 경우(제905조 4호)이다. 4호의 파양원인은 목적주의에 의한 상대적 파양원인으로서, 여기에서 말하는 「중대한 사유」란, 예를 들면 다른 일방이 반인륜적 범죄행위를 저지르거나 또는 살아 있으면서 의도적으로 가출하여 수년 동안 왕래가 없는 경우가 이에 해당한다고 할 수 있다.

③ 파양청구소송의 당사자

파양소송의 당사자는 양친과 양자에 국한되고 제3자의 소송제기는 허용되지 않는다(대판 1970.5.26, 68므31). 그러나 ⅰ) 13세 미만인 양자가 재판상 파양을 하는 경우에는 입양대락을 한 사람(제869조 제2항)이 양자를 갈음하여 파양을 청구할 수 있다(제906조 제1항 본문). 다만, 파양을 청구할 수 있는 사람이 없는 경우에는 제777조(친족의 범위)에 따른 양자의 친족이나 이해관계인이 가정법원의 허가를 받아 파양을 청구할 수 있다(제906조 제1항 단서). ⅱ) 양자가 13세 이상의 미성년자인 경우에는 제870조(미성년자 입양에 대한 부모의 동의) 제1항에 따른 동의를 한 부모의 동의를 받아 파양을 청구할 수 있다. 다만, 부모가 사망하거나 그 밖의 사유로 동의할 수 없는 경우에는 동의 없이 파양을 청구할 수 있다(제906조 제2항 단서). ⅲ) 양부모나 양자가 피성년후견인인 경우에는 성년후견인의 동의를 받아 파양을 청구할 수 있다(제906조 제3항). ⅳ) 검사는 미성년자나 피성년후견인인 양자를 위하여 파양을 청구할 수 있다.

양부모가 부부인 경우 파양도 공동으로 하여야 할 것이나 양부모 중 일방이 사망하거나 양부모가 이혼한 때에는 그렇지 아니하다(대판 2001.8.21, 99므2230).

청구의 상대방과 관련하여 양자는 양부모 모두에게 청구하거나 아니면 양부모 중 한 명에게 파양을 청구할 수도 있다(서울가법 1992.4.23, 91드63419: 양부모 모두에게).

④ 파양청구권의 소멸

제905조의 파양원인 중 생사불명에 의한 파양의 소는 언제든지 제기할 수 있으나, 1호, 2호, 4호의 경우에는 그 사유가 있음을 안 날로부터 6개월, 그 사유가 있었던 날부터 3년이 지나면 파양을 청구할 수 없다(제907조).

(3) 파양의 효과

제908조(준용규정)
재판상 파양에 따른 손해배상책임에 관하여는 제806조를 준용한다.

① 협의파양과 재판상 파양에 공통한 효과

파양에 의하여 입양으로 인한 친족관계는 소멸한다(제776조). 양자가 미성년자이면 친생부모의 친권이 부활한다.

② 재판상 파양에만 인정되는 효과

당사자 일방은 과실 있는 상대방에 대하여 이로 인하여 발생한 손해의 배상을 청구할 수 있다(제908조, 제806조; 가소법 제2조 제1항 다류 3호). 양부모 중 일방이 사망하고 생존한 양부모가 재판상 파양을 청구한 경우, 그 효과가 사망한 양부모와 양자 사이에도 미치는가? 판례는 이를 부정한다(대판 2001.8.21, 99므2230). 따라서 생존한 양친에게 파양을 당했다고 하더라도 사망한 양친의 양자로서 재산을 그대로 상속한다.

판례

생존한 양모가 양자를 상대로 한 재판상 파양의 효력
양친이 부부인 경우 파양을 할 때에도 부부가 공동으로 하여야 한다고 해석할 여지가 없지 아니하나(양자가 미성년자인 경우에는 양자제도를 둔 취지에 비추어 그와 같이 해석하여야 할 필요성이 크다), 그렇게 해석한다고 하더라도 양친 부부 중 일방이 사망하거나 또는 양친이 이혼한 때에는 부부의 공동파양의 원칙이 적용될 여지가 없다고 할 것이고, 따라서 양부가 사망한 때에는 양모는 단독으로 양자와 협의상 또는 재판상 파양을 할 수 있으되 이는 양부와 양자 사이의 양친자관계에 영향을 미칠 수 없는 것이고, 또 양모가 사망한 양부에 갈음하거나 또는 양부를 위하여 파양을 할 수는 없다고 할 것이며, 이는 친생자부존재확인을 구하는 청구에 있어서 입양의 효력은 있으나 재판상 파양 사유가 있어 양친자관계를 해소할 필요성이 있는 이른바 재판상 파양에 갈음하는 친생자관계부존재확인청구에 관하여도 마찬가지라고 할 것이다(대판 2001.8.21, 99므2230).

(4) 양친자관계존부확인의 소

가사소송법이 정하고 있지 않지만, 입양무효사유나 협의상 파양의 무효사유 이외의 사유에 기하여 양친자라는 신분관계의 존재 또는 부존재의 확인을 구하는 소(訴)도 소의 이익이 있는 한 가능하다고 할 것이다(대판 1993.7.16, 92므372). 이 소송은 친생자관계존부확인의 소에 준하여 양친자 중 일방이 다른 일방을 상대방으로 하여 소를 제기하여야 하고, 피고로 되어야 할 자가 사망한 경우에는 그 사망사실을 안 날로부터 2년 안에 검사를 상대로 소를 제기할 수 있을 것이다(제865조 제2항 유추적용).

[사례풀이 14]

자신의 친동생이라고 하더라도 입양은 가능하다. 그런데 양자가 될 자가 13세 미만이므로 법정대리인, 즉 친권자 또는 후견인이 그에 갈음하여 승낙을 하여야 하고(제869조), 가정법원의 허가를 얻어야 한다(제867조 제1항). 그리고 남편 B와 공동으로 입양하여야 한다(제874조 제1항). 따라서 A는 B와 함께 가정법원의 허가를 얻어 동생을 양자로 들일 수 있다.

Ⅲ 친양자

제908조의7(친양자 입양의 취소·파양의 효력)

① 친양자 입양이 취소되거나 파양된 때에는 친양자 관계는 소멸하고 입양 전의 친족관계는 부활한다.

② 제1항의 경우에 친양자 입양의 취소의 효력은 소급하지 아니한다.

제908조의8(준용규정)

친양자에 관하여 이 관에 특별한 규정이 있는 경우를 제외하고는 그 성질에 반하지 아니하는 범위 안에서 양자에 관한 규정을 준용한다.

1. 도입배경

우리 사회에서 입양을 원하는 부모들은 입양의 사실이 외부로 알려지는 것을 꺼리면서 입양아를 자기의 친생자로 보이게 하려는 경향이 강하다. 허위의 친생자 출생신고를 하는 것은 이 같은 경향의 반영이었다. 또한 민법 제781조 제6항에 근거하여 양부의 성과 본을 따를 수 있다고 하더라도, 양자라는 사실이 신분적(또는 호적)에 공시되기 때문에 입양에 대한 거부감 극복에 많은 한계가 있었다. 이에 완전양자성격을 갖는 친양자제도(親養子制度)를 도입하여 이러한 문제점들을 바로잡고자 한 것이다.

2. 친양자제도의 특징

친양자제도의 특징은 다음과 같다. 첫째, 양친과 양자를 친생자관계로 보아 친양자는 부부의 혼인 중의 출생자가 되고(제908조의2 제1항), 양친의 성과 본을 따른다(제781조 제1항). 둘째, 종전의 친족관계는 친양자의 근친혼제한규정을 제외하고는 완전히 소멸한다(제908조의2 제2항). 셋째, 친양자입양은 가정법원의 허가를 받아야 성립한다(제908조의2 제3항).

3. 보통양자규정과의 관계

친양자에 관하여 친양자에 관한 특별한 규정이 있는 경우를 제외하고는 그 성질에 반하지 아니하는 범위 안에서 양자에 관한 규정을 준용한다(제908조의8).

(1) 특별규정에 의한 적용

보통양자에 대한 규정 중 입양의 무효(제883조), 입양의 취소(제884조), 협의파양(제898조), 재판상 파양(제905조)은 그 적용이 배제된다(그 대신 제908조의4, 제908조의5 적용).

(2) 친양자의 성질에 반하는 보통양자 규정의 배제

양자를 할 능력(제866조), 13세 미만자의 입양승낙(제869조), 미성년자 입양의 동의(제870조), 성년자 입양의 동의(제871조), 피성년후견인의 입양(제873조), 부부의 공동입양(제874조), 입양신고(제878조, 제881조, 제882조) 등을 들 수 있다.

4. 성립요건

제908조의2(친양자 입양의 요건 등)

① 친양자(親養子)를 입양하려는 사람은 다음 각 호의 요건을 갖추어 가정법원에 친양자 입양을 청구하여야 한다.

1. 3년 이상 혼인 중인 부부로서 공동으로 입양할 것. 다만, 1년 이상 혼인 중인 부부의 한쪽이 그 배우자의 친생자를 친양자로 하는 경우에는 그러하지 아니하다.
2. 친양자가 될 사람이 미성년자일 것

3. 친양자가 될 사람의 친생부모가 친양자 입양에 동의할 것. 다만, 부모가 친권상실의 선고를 받거나 소재를 알 수 없거나 그 밖의 사유로 동의할 수 없는 경우에는 그러하지 아니하다.
4. 친양자가 될 사람이 13세 이상인 경우에는 법정대리인의 동의를 받아 입양을 승낙할 것
5. 친양자가 될 사람이 13세 미만인 경우에는 법정대리인이 그를 갈음하여 입양을 승낙할 것
② 가정법원은 다음 각호의 어느 하나에 해당하는 경우에는 제1항 제3호·제4호에 따른 동의 또는 같은 항 제5호에 따른 승낙이 없어도 제1항의 청구를 인용할 수 있다. 이 경우 가정법원은 동의권자 또는 승낙권자를 심문하여야 한다.
1. 법정대리인이 정당한 이유 없이 동의 또는 승낙을 거부하는 경우. 다만, 법정대리인이 친권자인 경우에는 제2호 또는 제3호의 사유가 있어야 한다.
2. 친생부모가 자신에게 책임이 있는 사유로 3년 이상 자녀에 대한 부양의무를 이행하지 아니하고 면접교섭을 하지 아니한 경우
3. 친생부모가 자녀를 학대 또는 유기하거나 그 밖에 자녀의 복리를 현저히 해친 경우
③ 가정법원은 친양자가 될 사람의 복리를 위하여 그 양육상황, 친양자 입양의 동기, 양부모의 양육능력, 그 밖의 사정을 고려하여 친양자 입양이 적당하지 아니하다고 인정하는 경우에는 제1항의 청구를 기각할 수 있다.

친양자(親養子)관계가 성립하려면 다음과 같은 요건을 갖추어 가정법원에 친양자 입양을 청구하고(제908조의2 제1항), 가정법원의 인용결정을 받아야 한다.

(1) 3년 이상 혼인 중인 부부로서 공동으로 입양할 것

① 여기서 혼인 중이란 법률혼만을 의미하고 사실혼은 해당하지 않는다. 3년 이상 혼인 중이란 3년 이상 실질적인 혼인생활의 지속을 의미한다고 보아야 한다. 왜냐하면 친양자제도가 가정의 평화를 전제로 친양자의 복지를 강화하는 데 중요한 의의가 있고, 또한 공동입양이 가능하기 위해서는 부부가 혼인생활을 유지할 정도는 되어야 하기 때문이다.

② 다만, 1년 이상 혼인 중인 부부의 한쪽이 그 배우자의 친생자를 친양자로 하는 경우에는 그러하지 아니하다(제908조의2 제1항 1호 단서). 부부 한쪽은 이미 친생부모관계에 있기 때문에 1년 정도의 기간이면 공동생활을 하면서 다른 한쪽이 친양자관계를 형성할지 여부를 판단할 수 있는 충분한 기간이 되기 때문이다.

(2) 친양자가 될 사람이 미성년자일 것(제908조의2 제1항 2호)

개정 전에는 15세 미만을 요건으로 하였으나 15세 이상인 미성년자의 경우에도 부모가 재혼한 경우 친양자 입양의 필요성이 크다는 이유로 범위가 확대

되었다.

(3) 친생부모의 동의

친양자가 될 사람의 친생부모가 친양자 입양에 동의하여야 한다(제908조의2 제1항 3호 본문). 다만, 부모가 친권상실의 선고를 받거나 소재를 알 수 없거나 그 밖의 사유로 동의할 수 없는 경우에는 그러하지 아니하다(제908조의2 제1항 3호 단서). 친권자나 양육자가 아니라고 하더라도 친생부모인 이상 동의가 있어야 한다. 왜냐하면 그 동의로써 입양 전 자의 친족관계는 종료되기 때문이다. 만약 자(子)가 혼인 외의 자로서 생부(生父)의 동의를 받지 않고 있다면 생모의 동의만으로 충분하다.

(4) 친양자가 될 사람이 13세 이상인 경우에는 법정대리인의 동의, 13세 미만인 경우에는 법정대리인이 그를 갈음하여 입양을 승낙할 것(제908조의2 제1항 4호 · 5호)

친생부모가 법정대리인인 경우, 부모의 동의는 결국 법정대리인으로서 동의를 하거나 아니면 친양자에 갈음하여 승낙하는 것과 같다. 친생부모가 법정대리인이 아닌 경우 또는 부모가 친권상실선고를 받았거나 사망 기타의 사유로 후견인이 법정대리인인 때에는 후견인이 동의 또는 입양승낙을 하여야 한다.

(5) 가정법원의 직권에 의한 인용

가정법원은 제908조의2 제1항 3호·4호에 따른 동의 또는 같은 항 5호에 따른 승낙이 없어도, 법정대리인이 정당한 이유 없이 동의 또는 승낙을 거부하면 제1항의 청구를 인용할 수 있다(제908조의2 제2항 1문). 이 경우 가정법원은 동의권자 또는 승낙권자를 심문하여야 한다(제908조의2 제2항 2문). 그런데 친생부모가 법정대리인인 경우에는 자신에게 책임이 있는 사유로 3년 이상 자녀에 대한 부양의무를 이행하지 아니하고 면접교섭을 하지 아니하거나, 자녀를 학대 또는 유기하거나 그 밖에 자녀의 복리를 현저히 해친 경우에만 가정법원은 직권에 의해 친생자입양청구를 인용할 수 있다(제908조의2 제2항 1호·2호).

(6) 가정법원의 청구기각

가정법원은 친양자가 될 사람의 복리를 위하여 그 양육상황, 친양자 입양의 동기, 양부모의 양육능력, 그 밖의 사정을 고려하여 친양자 입양이 적당하지 아니하다고 인정하는 경우에는 제1항의 청구를 기각할 수 있다(제908조의2 제3항: 이 규정은 사적 계약에 의해 성립하는 보통양자와 친양자를 구별하게 하는 중요한 기준의 하나가 된다).

5. 친양자의 효력

제908조의3(친양자 입양의 효력)

① 친양자는 부부의 혼인 중 출생자로 본다.

② 친양자의 입양 전의 친족관계는 제908조의2 제1항의 청구에 의한 친양자 입양이 확정된 때에 종료한다. 다만, 부부의 일방이 그 배우자의 친생자를 단독으로 입양한 경우에 있어서의 배우자 및 그 친족과 친생자 간의 친족관계는 그러하지 아니하다.

친양자는 입양에 의하여 양부모의 친생자가 되고 양부모의 친권에 복종하게 된다는 점에서 보통양자와 같다. 그러나 보통양자는 종래의 친족관계가 그대로 유지된다는 점, 이성양자의 성과 본에 관하여 민법상 명문의 규정이 없고 원칙적으로 성은 변경되지 않는다고 해석된다는 점, 보통양자에 관한 규정 중 많은 부분이 친양자에는 적용되지 않는다는 점에서 친양자와 차이가 난다.

(1) 혼인 중의 출생자신분 취득

친양자는 양친부모의 혼인 중의 출생자신분을 갖게 되고(제908조의3 제1항), 양부의 성과 본을 따르게 되며(제781조 제1항) 양친부모가 친양자의 친권자가 된다(제909조 제1항).

(2) 입양 전 친족관계의 종료

친양자 입양에 대한 가정법원 인용결정이 확정되면 입양 전 친족관계는 종료된다(제908조의3 제2항). 다만, 부부 일방이 그 배우자의 친생자를 단독으로 입양한 경우에 있어서의 배우자 및 그 친족과 친생자 간의 친족관계는 그러하지 아니하다(제908조의3 제2항 단서). 또한, 친양자가 성립한 후에는 친생부와의 관계는 소멸되므로 친부의 인지는 불가능하고, 친생추정되는 자에 대해서 친생부인을 할 수도 없다.

이러한 친족관계의 소멸은 장래에 향하여만 그 효력이 발생한다고 해석된다. 친족관계가 종료된다고 하더라도 생물학적인 혈족관계까지 소멸하는 것은 아니므로 종전의 혈족과의 근친혼금지규정의 효력은 그대로 계속해서 발생한다.

(3) 입양신고

가정법원의 친양자 입양 청구인용 재판이 확정되면 청구인은 재판확정일로부터 1월 내에 입양 신고서에 재판확정일을 기재하고 재판의 등본 및 확정증명서를 첨부하여 입양신고를 하여야 한다(가족관계등록법 제67조, 제61조: 보고적 신고). 신고서에는 양부의 성과 본에 따른 친양자의 성과 본, 그리고 아울러 이름도 기재하여야 하는데, 양친의 희망에 따라 새로운 이름도 가정법원의 허가를 받아 가능하다고 해석된다. 종전의 가족관계등록부에서 친양자는 입양을 사유로 말소되고 양친의 등록부에는 그냥 자(子)로만 기재되게 된다(양친의 등록부에서 친양자의 과거 등록기록을 추적할 수 없지만, 구 등록부에서 신 등록부로의 추적은 가능—말소사유가 사망이 아니기 때문).

6. 친양자 입양의 취소 등

제908조의4(친양자 입양의 취소 등)

① 친양자로 될 사람의 친생(親生)의 아버지 또는 어머니는 자신에게 책임이 없는 사유로 인하여 제908조의2 제1항 제3호 단서에 따른 동의를 할 수 없었던 경우에 친양자 입양의 사실을 안 날부터 6개월 안에 가정법원에 친양자 입양의 취소를 청구할 수 있다.

② 친양자 입양에 관하여는 제883조, 제884조를 적용하지 아니한다.

제908조의7(친양자 입양의 취소·파양의 효력)

① 친양자 입양이 취소되거나 파양된 때에는 친양자관계는 소멸하고 입양 전의 친족관계는 부활한다.

② 제1항의 경우에 친양자 입양의 취소의 효력은 소급하지 아니한다.

(1) 보통양자의 입양 취소규정의 배제

친양자는 가정법원의 심판에 의하기 때문에 보통양자의 입양 취소에 관한 규정인 민법 제883조 및 제884조의 규정은 친양자 입양에 관하여 이를 적용하지 아니한다.

(2) 취소사유

친양자가 될 자의 친생의 부 또는 모는 자신에게 책임이 없는 사유로 인하여 친양자 입양의 동의(제908조의2 제1항 3호 단서의 규정에 의한 동의)를 할 수 없었던 경우에는, 친양자 입양의 사실을 안 날부터 6월 내에 가정법원에 친양자 입양의 취소를 청구할 수 있다. 예를 들어 자(子)가 미아가 되거나 유괴된 경우를 들 수 있을 것이다.

(3) 가정법원의 결정

친생부(親生父)나 친생모(親生母)로부터 친양자 입양 취소청구를 받은 가정법원은 친양자가 될 자의 복리를 위하여 그 양육상황, 친양자 입양의 동기, 양친의 양육능력 그 밖의 사정을 고려하여 입양 취소가 적당하지 아니하다고 인정되는 경우에는 입양 취소청구를 기각할 수 있다(제908조의6에 의한 제908조의2 제2항 준용).

(4) 취소의 효력

취소판결이 확정되면 친양자관계는 소멸하고 입양 전의 친족관계는 부활한다(제908조의7 제1항). 따라서 친양자는 친생의 부 또는 모의 성과 입양 전의 가족관계등록부의 기록이 회복된다. 미성년자인 경우 친생부모의 친권에 따르게 된다. 취소의 효력은 소급하지 아니한다(제908조의7 제2항).

7. 친양자의 파양

제908조의5(친양자의 파양)

① 양친, 친양자, 친생의 부 또는 모나 검사는 다음 각 호의 어느 하나의 사유가 있는 경우에는 가정법원에 친양자의 파양(罷養)을 청구할 수 있다.

1. 양친이 친양자를 학대 또는 유기(遺棄)하거나 그 밖에 친양자의 복리를 현저히 해하는 때
2. 친양자의 양친에 대한 패륜(悖倫)행위로 인하여 친양자관계를 유지시킬 수 없게 된 때

② 제898조 및 제905조의 규정은 친양자의 파양에 관하여 이를 적용하지 아니한다.

제908조의6(준용규정)

제908조의2 제3항은 친양자 입양의 취소 또는 제908조의5 제1항 제2호에 따른 파양의 청구에 관하여 이를 준용한다.

(1) 보통양자의 파양(罷養)에 관한 규정의 배제

친양자란 마치 친생부모와 친생자 사이와 같은 동일한 혈연관계를 발생시키는 것을 그 목적으로 하므로, 협의상 파양(제888조)과 재판상 파양(제905조)의 규정은 배제되고 원칙적으로 파양은 인정되지 않는다(제908조의5 제2항). 그러나 다음과 같은 예외가 인정된다.

(2) 친양자 파양의 요건

① 양친이 친양자를 학대 또는 유기(遺棄)하거나 그 밖에 친양자의 복리를 현저히 해하는 때

친양자의 복리를 현저히 해하는 경우란 양친의 친양자에 대한 태도, 양육능력과 환경, 경제적 상태, 파양 이후의 상황 등을 종합적으로 고려하여 판단하여야 할 것이다.

② 친양자의 양친에 대한 패륜(悖倫)행위로 인하여 친양자관계를 유지시킬 수 없게 된 때

③ 양친, 친양자, 친생의 부 또는 모나 검사의 가정법원에 대한 친양자파양의 청구

④ 가정법원의 결정

가정법원이 자의 복리를 위하여 파양을 결정하면 친양자관계는 소멸된다. 그러나 파양사유가 있더라도 가정법원은 친양자로 될 자의 복리를 위하여 그 양육상황, 친양자 입양의 동기, 양친의 양육능력 그 밖의 사정을 고려하여 친양자 입양이 적당하지 아니하다고 인정되는 경우에는 파양청구를 기각할 수 있다(제908조의6에 의한 제908조의2 제2항 준용).

(3) 파양의 효력

친양자 파양의 효력은 친양자 취소와 같다.

제 3 절 친 권

사례 15

B의 생모 A는 간통으로 인하여 B의 생부 C에 의하여 파혼당하였다. 미성년자인 B는 부모(생부 C와 계모 E)의 반대에도 불구하고 A의 동의를 얻어 D와 결혼하고자 하였다. B의 결혼을 적극 찬성하던 A는 교통사고로 사망하였다.

(1) B의 혼인관계와 A에 대한 상속관계는 어떻게 되는가?

(2) 생전에 A는 B의 이름으로 아파트를 장만하였는데 C는 사업자금 때문에 아파트에 근저당을 설정하였다. 그리고 C는 상업고등학교를 졸업한 B가 취직할 회사에 대신 근로계약

을 체결하고 임금도 C 자신의 계좌로 입금시키려고 한다. 이들의 법률관계는 어떻게 되는가?

[논 점]

1. 친권상실의 효과
2. 이해상반행위
3. 법정대리권의 한계

I 친권의 의의

1. 개념과 성질

친권(親權)은 미성년인 자(子)에 대한 부모의 권리를 말한다. 친권은 자에 대한 지배권이 아닌 자를 보호하고 양육할 의무를 누구에게도 방해받지 않고 행사할 수 있는 권리이다. 다시 말해서 친권은 자를 보호·감독하고 양육할 의무적 성격을 갖는 권리이다.

2. 민법규정의 변화

(1) 1990년 민법개정

① 민법 제909조

부모의 의견이 일치하지 않는 경우에 부(父)가 단독으로 친권을 행사하도록 하던 것을 당사자의 청구에 의하여 가정법원이 정하도록 하였다.

② 민법 제920조의2

부모의 일방이 공동명의를 사용하여 자(子)를 대리하거나 자의 법률행위에 동의한 때에 그 행위의 효력을 인정(제3자를 보호하기 위하여 신설)

③ 민법 제912조와 제917조의 삭제

적모서자관계와 계모자관계가 삭제되었다. 따라서 적모(嫡母)와 계모(繼母)는 부(夫)의 혼인 외의 출생자와 전처(前妻)의 출생자에 대하여 친권자가 될 수 없기 때문에 제912조와 제917조를 삭제하였는데, 제917조는 이미 사문화된 조문이었다.

(2) 2005년 민법개정

① 권위적인 표현인 "친권에 복종한다"를 "친권에 따른다"로 바꾸었다(제909조, 제910조, 제921조 제2항).

② 혼인의 취소, 재판상 이혼 또는 인지청구의 소의 경우 가정법원이 직권으로 친권자를 정할 수 있도록 하고, 자의 복리를 위하여 필요한 경우에는 4촌 이내의 친족의 청구에 의하여 가정법원이 다른 일방으로 친권자를 변경할 수 있도록(제909조 제5항·제6항 신설) 하는 등 자의 복리를 위하여 가정법원의 직권주의를 강화하였다.

③ 친권을 행사함에 있어서는 자의 복리를 우선적으로 고려하여야 한다는 규정을 신설하였다(제912조).

(3) 2007년 민법개정

인지 및 이혼의 경우에 가정법원이 직권에 의하여 친권자를 지정할 수 있도록 하였다(제909조 4항).

(4) 2011년 민법개정

단독 친권자가 사망하거나 친권 상실 등으로 친권을 행사할 수 없는 경우, 입양 취소, 파양 또는 양부모 사망의 경우에 가정법원에 의하여 친권자를 지정하거나 후견이 개시되도록 하여(제909조의2, 제927조의2) 부적격의 부 또는 모가 당연히 친권자가 됨으로써 미성년자의 복리에 악영향을 미치는 것을 방지하고, 단독 친권자가 유언으로 미성년자의 후견인을 지정한 경우에도 가정법원에 의하여 친권자를 지정할 수 있게 하여 미성년자의 복리 증진을 도모하였다. 또한 가정법원이 친권자를 지정함에 있어서는 자의 복리를 우선적으로 고려하도록 하였다(제912조 제2항).

(5) 2014년 민법개정

부모의 학대나 개인적 신념 등으로 자녀의 생명, 신체 등에 위해가 발생하는 경우에 친권을 일정기간 제한하거나 친권의 일부만을 제한하는 제도 등을 마련하여 구체적인 사안에 따라 필요 최소한도의 친권 제한 조치가 가능하도록 하였다(제922조의2, 제924조, 제924조의2 등).

Ⅱ UN아동협약

1. UN아동협약의 체결과 비준

아동에게 각별한 보호를 제공하여야 할 필요성은 1924년 아동권리에 관한 제네바선언과 1959년 11월 20일 총회에서 채택된 아동권리선언에 명시되어 있으며, 세계인권선언, 시민적 및 정치적 권리에 관한 국제규약(특히 제23조와 제24조), 경제적, 사회적 및 문화적 권리에 관한 국제협약(특히 제10조) 및 아동의 복지와 관련된 전문기구와 국제기구의 규정 및 관련문서에서 인정되어 오다가 1989년 UN국제협약이 체결되기에 이르렀다.

한국은 UN아동협약을 1991년에 비준하였다. 18세 미만에게 적용되는 아동협약은 아동의 고유권과 아동의 일반적 인권으로 나뉜다. 아동고유권으로는 부모를 알고 부모의 보호를 받을 권리(제7조), 부모와 별거당하지 않을 권리(제9조), 부모와의 만남을 유지하기 위한 출입국의 권리(제10조), 의사를 표명할 수 있는 권리(제12조), 부모로부터 1차적으로 양육받고 국가로부터 후원을 받을 권리(제18조), 부모 등의 학대로부터의 보호(제19조), 가족이 없는 아동이 보호받을 권리(제20조), 입양 시 보호받을 권리(제21조) 등을 들 수 있다.

2. 협약의 구성과 이행보장

협약은 전문, 아동의 정의와 일반원칙, 아동의 구체적인 권리에 관한 제1부(제1조~41조), 체약국과 유엔과의 관계, 홍보 및 이행에 관한 제2부(제42조~제45조), 비준절차에 관한 제3부(제46조~제54조)로 구성되어 있다.

3. 협약과 민법과의 관계

협약 당사국은 모든 조치에 있어서 아동의 이익과 권리 및 보호를 최우선적으로 고려하여야 한다(동협약 제3조). 민법도 이러한 협약의 정신을 반영하여 부모의 이혼 등의 경우에 자의 복리를 위하여 가정법원의 직권개입을 강화하고, 친권을 행사함에 있어서 자(子)의 복리를 최우선적으로 고려할 것을 명문화하고 있다(제837조, 제909조).

Ⅲ 친권관계

1. 친권자의 지정

제909조(친권자)

① 부모는 미성년자인 자의 친권자가 된다. 양자의 경우에는 양부모(養父母)가 친권자가 된다.

② 친권은 부모가 혼인 중인 때에는 부모가 공동으로 이를 행사한다. 그러나 부모의 의견이 일치하지 아니하는 경우에는 당사자의 청구에 의하여 가정법원이 이를 정한다.

③ 부모의 일방이 친권을 행사할 수 없을 때에는 다른 일방이 이를 행사한다.

④ 혼인 외의 자가 인지된 경우와 부모가 이혼하는 경우에는 부모의 협의로 친권자를 정하여야 하고, 협의할 수 없거나 협의가 이루어지지 아니하는 경우에는 가정법원은 직권으로 또는 당사자의 청구에 따라 친권자를 지정하여야 한다. 다만, 부모의 협의가 자(子)의 복리에 반하는 경우에는 가정법원은 보정을 명하거나 직권으로 친권자를 정한다.

⑤ 가정법원은 혼인의 취소, 재판상 이혼 또는 인지청구의 소의 경우에는 직권으로 친권자를 정한다.

⑥ 가정법원은 자의 복리를 위하여 필요하다고 인정되는 경우에는 자의 4촌 이내의 친족의 청구에 의하여 정하여진 친권자를 다른 일방으로 변경할 수 있다.

(1) 혼인 중의 자(子)에 대한 친권자

부모는 미성년자인 자의 친권자가 되고, 양자의 경우에는 양부모(養父母)가 친권자가 된다(제909조 제1항). 부모가 혼인 중인 때에는 부모가 공동으로 친권을 행사하고(제909조 제2항), 부모의 의견이 일치하지 아니하는 경우에는 당사자의 청구에 의하여 가정법원이 이를 정하는데(제909조 제2항 단서), 이 경우에는 청구인이 아닌 다른 일방을 절차에 참가하게 하여야 한다(가소규 제64조). 부모의 일방이 친권을 행사할 수 없는 때에는 다른 일방이 이를 행사한다(제909조 제3항).

① 친권을 「공동으로 행사한다」 함은 부모의 의견이 일치하여 친권을 행사하는 것을 말한다(행위 자체가 부모 쌍방의 명의로 되어야 하는 것은 아니다). 부모의 일방이 타방의 동의를 얻지 않고 단독명의로 자(子)를 대리하거나 동의한 경우 무권대리행위가 되거나 동의의 효력이 발생하지 않는다(표현대리의 성립 여부는 다른 문제). 부모의 일방이 공동명의로 자를 대리하거나 자(子)의 법률행위에 동의하는 경우가 있을 수 있다. 이러한 경우 타방의 동의 여부가 무제될 수 있는데 민법은 제3자를 보호하는 차원에서 타방의 의사에 반하는 때에도 그 효력이 발생하지만, 상대방이 악의인 때에는 법률행위의 효력이 생기지 않는다는

특별규정(제920조의2)을 두고 있다.

② 「친권을 행사할 수 없는 때」라 함은 사실상 행사불능(장기여행·생사나 행방의 불명·중병·심신상실·수감 등), 법률상의 행사불능(친권행사금지가처분·친권상실선고·관리권상실선고·대리권의 사퇴·관리권의 사퇴 등) 양쪽을 다 포함한다.

③ 양부모가 사망한 경우 후견이 개시되고, 파양이 된 경우에는 생친(生親)이 친권자가 된다(친양자의 경우에도 마찬가지이다).

④ 미성년자인 자녀가 있는 경우의 성별정정

혼인 중에 있거나 미성년자인 자녀가 있는 부부의 일방이 성전환을 한 경우 전환된 성으로 가족관계등록부상의 성별란 정정을 신청할 수 있는가? 판례는 배우자나 미성년자인 자녀의 법적 지위와 그에 대한 사회적 인식에 곤란을 초래하는 것까지 허용할 수는 없으므로, 현재 혼인 중에 있거나 미성년자인 자녀를 둔 성전환자의 성별정정은 허용되지 않는다고 한다(대결[전원합의체] 2011.9.2, 2009스117).

판례

혼인 중에 있거나 미성년자인 자녀를 둔 자의 등록부상 성별정정

[다수의견] 성전환수술에 의하여 출생 시의 성과 다른 반대의 성으로 성전환이 이미 이루어졌고, 정신과 등 의학적 측면에서도 이미 전환된 성으로 인식되고 있다면, 전환된 성으로 개인적 행동과 사회적 활동을 하는 데에까지 법이 관여할 방법은 없다. 그러나 성전환자가 혼인 중에 있거나 미성년자인 자녀가 있는 경우에는, 가족관계등록부에 기재된 성별을 정정하여, 배우자나 미성년자인 자녀의 법적 지위와 그에 대한 사회적 인식에 곤란을 초래하는 것까지 허용할 수는 없으므로, 현재 혼인 중에 있거나 미성년자인 자녀를 둔 성전환자의 성별정정은 허용되지 않는다.

[대법관 양창수, 대법관 이인복의 반대의견] 미성년자인 자녀가 있다는 사정은 이와 더불어 그 자녀의 연령과 취학 여부, 부모의 성별정정에 대한 자녀의 이해나 동의 여부, 자녀에 대한 보호·교양·부양의 모습과 정도, 기타 가정환경 등 제반사정과 함께 그 성전환자가 사회통념상 전환된 성을 가진 자로서 인식될 수 있는지 여부를 결정하는 여러 가지 요소들의 일부로 포섭하여 법원이 구체적 사안에 따라 성별정정의 허가 여부를 결정하면 충분하고, 미성년자인 자녀가 있다는 사정을 성별정정의 독자적인 소극적 요건으로 설정할 것이 아니다.

[대법관 박시환, 대법관 김지형, 대법관 전수안의 반대의견] 미성년자인 자녀가 있는 성전환자의 경우 성별정정을 허용할 것인지는 입법정책의 문제에 속하는 것이고, 나아가 이미 부모의 전환된 성에 따라 자연스러운 가족관계가 형성된 경우 등에서는 성별정정을 허용하지 않는 것이 오히려 미성년자의 복리에 장애가 될 수 있다. 한편 다수의

견이 과거의 혼인사실을 이유로 성별정정이 제한되는 것은 아니라고 본 점에 대하여는 견해를 같이 하나, 현재 혼인 중에 있다는 사정을 성별정정의 독자적인 소극적 요건으로 보는 데에는 찬성할 수 없다. 혼인 중에 있다고 하더라도, 성별정정신청 당시 그 혼인관계의 실질적 해소 여부와 그 사유, 혼인관계의 실질적 해소로부터 경과한 기간, 실질적으로 해소된 혼인관계의 부활가능성 등 제반사정을 종합적으로 고려하여 가족관계등록부상의 성별란 정정이 신분관계에 혼란을 줄 염려가 있는지를 가리고 그에 따라 성별정정 여부를 결정하면 충분하다(대결[전원합의체] 2011.9.2, 2009스117).

---

(2) 혼외자가 임의인지된 경우와 부모가 협의이혼한 경우의 친권자

이러한 경우에는 부모의 협의로 친권자를 정하여야 하고, 협의할 수 없거나 협의가 이루어지지 아니하는 경우에는 가정법원이 직권으로 또는 당사자의 청구에 따라 친권자를 지정하여야 한다(제909조 제4항; 가소법 제2조 제1항 마류 5호). 다만, 부모의 협의가 자(子)의 복리에 반하는 경우에는 가정법원은 보정을 명하거나 직권으로 친권자를 정한다(제909조 제4항).

① 혼인 외의 출생자는 생모의 단독친권에 따르게 된다(이 경우 생모는 혼외자와 동일 등록부에 있을 것을 요하지 아니한다: 대판 1981.9.8, 80다3271). 생부가 인지하게 된 경우(생부라고 하더라도 인지가 없다면 친권자가 될 수 없다: 대판 1982.4.13, 81므85), 기존의 친권자인 생모와 임의인지를 한 생부가 서로 합의하여 친권자를 결정하여야 하는데, 협의할 수 없거나 협의가 이루어지지 않을 경우에는 가정법원은 직권으로 또는 당사자의 청구에 따라 친권자를 지정하여야 한다(지정청구강제주의). 가정법원이 제909조 제4항에 따라 친권자를 정한 때에는 부모는 1개월 이내에 그 사실을 신고하여야 한다. 부모 중 일방이 신고하는 경우에는 그 사실을 증명하는 서면을 첨부하여야 한다(가족관계등록법 제79조).

㉮ 인지 후 가정법원의 친권자 결정 이전까지의 친권자 　부모가 서로 사실혼에 있거나 동거하고 있는 경우에는 크게 문제될 것이 없으나, 부모가 서로 동거하고 있지 않은 경우에 문제될 여지가 많다. 이러한 경우에는 해석상 제909조 제2항의 규정에 의하여 인지한 부와 생모 쌍방이 공동친권자가 된다고 보아야 할 것이다.

㉯ 생부의 인지 후 단독친권자로 지정된 자가 사망한 경우의 친권자 　판례의 태도(대판 1994.4.29, 94다1302)에 비추어 보면 생존친이 친권자가 된다고 볼 수 있으나 이러한 해석은 민법 제928조의 규정에 모순된다. 따라서 이러한

경우에는 민법 제928조의 규정에 따라 후견이 개시되어 생존친이 후견인이 되고(제932조), 생존친이 친권자가 되기를 원한다면 제909조 제4항 후단을 준용하여 가정법원에 친권자 변경을 청구할 수 있다고 해석할 것이다. 이렇게 해석하는 것이 생존친에 의한 친권남용(부모로서 면접교섭, 양육비지급의 의무 등을 전혀 이행하지 않았던 부모에게 아무런 검증절차도 없이 자동적으로 친권을 부활시키는 것은 자녀의 복리에 적합하지 않을 수 있음: 이혼—자녀양육책임 참고)의 방지기능(제950조)과 생존친의 권리보호(생존친이 후견인 되는 것을 원하지 않는다면 가정법원의 허가를 얻어 사퇴할 수 있다: 제939조)에 보다 충실할 수 있을 것이다.

② 부모가 협의이혼한 경우의 친권자

협의이혼의 경우 이혼신고서에 친권을 행사할 자가 이미 정해진 때에는 이를 기재하도록 하고 있다(가족관계등록법 제74조 3호). 협의이혼 후 친권자가 결정되지 않은 상태에서 가정법원의 결정이 있기 전까지는 해석상 제909조 제2항의 규정에 의하여 부모 쌍방이 공동친권자가 된다고 보아야 할 것이다. 이혼 후 단독친권자가 사망한 경우에는 인지 후 단독친권자가 사망한 경우와 마찬가지로 해석할 것이다.

(3) 혼인의 취소, 재판상 이혼 또는 인지청구의 소의 경우의 친권자

가정법원이 직권으로 친권자를 정한다(제909조 제5항). 이러한 경우 보통 자의 복리보다는 부모의 감정과 이해를 중심으로 친권자가 결정되는 경우가 많은 것이 현실이므로, 제9차 개정민법(2005.3.31)에서는 자의 복리를 위하여 가정법원이 직권으로 친권자를 결정하도록 한 것이다.

판례

친권자와 양육자의 지정의 판단기준 및 친권과 양육권의 분리가능성

(1) 부모가 이혼하는 경우에 부모 중에서 미성년인 자의 친권을 가지는 사람 및 양육자를 정함에 있어서는, 미성년인 자의 성별과 연령, 그에 대한 부모의 애정과 양육의사의 유무는 물론, 양육에 필요한 경제적 능력의 유무, 부 또는 모와 미성년인 자 사이의 친밀도, 미성년인 자의 의사 등의 모든 요소를 종합적으로 고려하여 미성년인 자의 성장과 복지에 가장 도움이 되고 적합한 방향으로 판단하여야 한다.

(2) 민법 제837조, 제909조 제4항, 가사소송법 제2조 제1항 제2호 나목의 3) 및 5) 등이 부부의 이혼 후 그 자의 친권자와 그 양육에 관한 사항을 각기 다른 조항에서 규정하고 있는 점 등에 비추어 보면, 이혼 후 부모와 자녀의 관계에 있어서 친권과 양육권이 항상 같은 사람에게 돌아가야 하는 것은 아니며, 이혼 후 자에 대한 양육권이 부모 중

어느 일방에, 친권이 다른 일방에 또는 부모에 공동으로 귀속되는 것으로 정하는 것은, 비록 신중한 판단이 필요하다고 하더라도, 일정한 기준을 충족하는 한 허용된다고 할 것이다(대판 2012.4.13, 2011므4719).

(4) 혼인한 미성년자

혼인한 미성년자는 성년의제에 의하여 친권에서 벗어난다(제826조의2).

2. 친권자의 변경

가정법원은 자의 복리를 위하여 필요하다고 인정되는 경우에는 자의 4촌 이내의 친족의 청구에 의하여 정하여진 친권자를 다른 일방으로 변경할 수 있다(제909조 제6항. 종전에는 부모의 협의에 의하여 친권자를 변경하거나 협의가 없는 경우 당사자의 청구에 의하여 가정법원이 친권자를 변경할 수 있도록 하였으나, 개정민법에 의하여 친권자 변경은 오로지 가정법원의 직권 또는 심판에 의해서만 하도록 하였다). 이러한 친권자의 변경은 실질적으로 인지·이혼·혼인의 취소 또는 무효에 의하여 정해진 친권자를 변경하는 것을 의미한다.

3. 자의 친권의 대행

제910조(자의 친권의 대행)
친권자는 그 친권에 따르는 자에 갈음하여 그 자에 대한 친권을 행사한다.
제948조(미성년자의 친권의 대행)
① 후견인은 피후견인에 갈음하여 그 자에 대한 친권을 행사한다.
② 전항의 친권행사에는 후견인의 임무에 관한 규정을 준용한다.

친권자는 그 친권에 따르는 자에 갈음하여 그 자에 대한 친권을 행사한다(제910조). 예를 들어, 부모가 미성년자이거나 피성년후견인인 경우에는, 그 부모가 친권을 행사할 수 없고 친권대행에 의하여 그 제한능력자인 부모의 법정대리인(친권자나 후견인)이 친권을 대행한다고 보아야 할 것이다(제910조, 제948조). 혼인에 의한 성년의제로 인해, 친권대행제도는 부모가 사실혼관계의 미성년자인 경우에 의미가 있다. 또한 친권대행자가 있다면, 원칙적으로 그 자를 위한 후견은 개시되지 않는다.

4. 친권행사의 기준

제912조(친권행사의 기준)
친권을 행사함에 있어서는 자의 복리를 우선적으로 고려하여야 한다.

친권을 행사함에 있어서는 자의 복리를 우선적으로 고려하여야 한다(제912조). 2005년에 새로 신설된 이 규정은 친권행사의 기준이 될 뿐 아니라 이혼이나 혼외자의 인지 후 친권자를 정할 때, 양육에 관한 사항을 정할 때, 면접교섭권을 제한하거나 배제할 때 판단기준이 된다.

Ⅳ 친권의 효력

친권(親權)의 효력(效力)은 자의 보호나 양육과 같은 비재산적 사항에 대한 것과 자(子)의 재산에 관한 것으로 나뉜다.

1. 비재산적 사항에 대한 친권

제913조(보호, 교양의 권리의무)
친권자는 자를 보호하고 교양할 권리의무가 있다.
제914조(거소지정권)
자는 친권자의 지정한 장소에 거주하여야 한다.
제915조(징계권)
친권자는 그 자를 보호 또는 교양하기 위하여 필요한 징계를 할 수 있고 법원의 허가를 얻어 감화 또는 교정기관에 위탁할 수 있다.

(1) 보호 · 교양을 위한 친권

친권자는 자를 보호하고 교양할 권리의무가 있다(제913조).

① 보호 · 교양에 필요한 비용의 부담

친권자가 아니더라도 부모는 자에 대한 부양의무를 부담하므로, 자를 보호하고 양육하는 데 필요한 비용은 당사자 사이에 특별한 약정이 없으면 부부의 공동생활에 필요한 비용부담원칙(제833조)이 적용되어, 부부가 서로 공동으로 부담한다고 할 수 있다.

② 자의 불법행위에 대한 책임

자가 제3자에게 불법행위를 한 경우는 두 가지로 구분하여야 한다. 먼저, 그 자에게 책임능력이 없는 경우에는 친권자가 손해배상의 책임을 진다(제755조, 제753조, 제750조). 이 경우, 친권자가 손해배상의 책임을 면하기 위해서는, 자신이 감독의무를 해태하지 않았음을 증명하여야 한다. 다음으로, 그 자에게 책임능력이 있는 경우에는 친권자의 손해배상책임이 인정되지 않아야 하나, 판례는 미성년의 자에게 배상능력이 없는 경우에 피해자를 보다 두텁게 보호하기 위하여 친권자의 손해배상책임을 인정하고 있다. 다만, 과거 판례는 제755조를 근거로 하여 감독의무자인 친권자의 손해배상책임을 인정하였으나(대판 1984. 7.10, 84다카474), 변경된 판례는 일반조항인 제750조를 근거로 하여 친권자의 손해배상책임을 인정한다(대판[전원합의체] 1994.2.8, 93다13605). 변경된 판례에 의할 경우, 피해자가 친권자의 감독의무 해태를 증명하여야 한다.

(2) 거소지정권

자는 친권자가 지정한 장소에 거주하여야 한다. 친권자가 자를 보호·양육하는 목적을 넘어서 거소(居所)를 지정할 경우 친권남용(親權濫用)이 될 수 있다.

(3) 징계권(懲戒權)

친권자 자신이 필요한 징계를 하는 경우도 있고, 가정법원의 허가를 얻어 감화 또는 교정기관에 위탁(제915조)하는 경우도 있다. 징계의 방법과 정도는 건전한 사회상식의 범위 내의 것이어야 하고 그 한계를 넘으면 형법상 폭행·상해·감금·협박죄에 해당하고, 친권상실(親權喪失)의 사유(제924조)가 될 수도 있다.

(4) 자의 인도청구권(引渡請求權)

의사능력이 없는 자가 억류되어 있거나, 자가 의사능력에 반하여 억류되어 있는 경우에 문제된다. 특히 부모가 이혼하고 모가 자를 양육하고 있으나 부에게 친권이 있는 경우에, 부가 모에게 자의 인도를 청구하는 경우가 문제이다. 판례는 친권남용이 아닌 한 친권자는 자의 복리에 반하지 않는 범위 내에서 자의 인도를 청구할 수 있다(대판 1970.11.30, 70므28)고 한다.

판례

친권자 및 양육자 변경지정청구를 인용하는 경우에 상대방의 유아인도 청구의 처리방법

자녀를 사실상 양육하고 있는 청구인은 사건본인의 친권자 및 양육자를 청구인으로 변경·지정하여 달라는 본심판청구를 하고 상대방은 기존 양육자의 지위에서 청구인에 대하여 유아인 사건본인의 인도를 구하는 반심판청구를 하는 사안에서, 법원이 본심판청구와 반심판청구를 함께 심리한 다음 그 본심판청구를 인용하는 것이 타당하다고 판단하는 경우에, 법원이 후견적 입장에서 합목적적인 재량에 의하여 사건을 처리하는 가사비송사건의 일반적 성격과 '자녀의 복리'를 최우선적으로 고려하는 양육처분에 관한 가사비송사건의 특성 등에 비추어 볼 때 이와 같이 본심판에 의하여 형성될 새로운 법률관계를 전제로 하여 이와 양립되기 어려운 반심판청구는 이를 기각함이 상당하다(대결 2006.4.17, 2005스18·19).

(5) 신분행위의 대리와 동의권

① 민법이나 가사소송법상 규정에 의한 신분행위 대리권

신분행위의 대리는 원칙적으로 금지되나 예외적으로 친권자가 자를 위하여 대리권을 행사해야 할 경우가 있을 수 있다(법정대리). 예를 들어 민법의 특별규정으로 인지청구의 소의 제기(제863조), 미성년자가 양친이 되는 입양에 대한 취소청구(제885조), 동의 없는 미성년자의 입양에 대한 취소청구(제886조), 13세 미만자의 대락입양(제869조)이나 대락파양(제899조), 파양소송의 제기(제906조), 상속의 승인(제1019조) 또는 포기(제1020조) 등을 들 수 있다. 가사소송법상의 규정으로는 친권자의 법정대리인으로서 혼인무효의 소(가소법 제23조), 인지무효의 소(가소법 제28조, 제23조), 입양무효 및 파양무효의 소(제31조, 제23조) 등을 제기할 수 있다.

② 동의권

가족법상 동의권은 일반적으로 친권자가 아닌 부모의 지위에서 인정되는 것이다. 예컨대 약혼이나 혼인에 관한 동의권(제801조, 제808조), 입양에 관한 동의권(제871조) 등이 그것이다.

2. 자(子)의 재산에 관한 친권의 내용

(1) 재산관리권(財産管理權)

제916조(자의 특유재산과 그 관리)
자가 자기의 명의로 취득한 재산은 그 특유재산으로 하고 법정대리인인 친권자가 이를 관리한다.

제918조(제삼자가 무상으로 자에게 수여한 재산의 관리)
① 무상으로 자에게 재산을 수여한 제삼자가 친권자의 관리에 반대하는 의사를 표시한 때에는 친권자는 그 재산을 관리하지 못한다.

② 전항의 경우에 제삼자가 그 재산관리인을 지정하지 아니한 때에는 법원은 재산의 수여를 받은 자 또는 제777조의 규정에 의한 친족의 청구에 의하여 관리인을 선임한다.
③ 제삼자의 지정한 관리인의 권한이 소멸하거나 관리인을 개임할 필요 있는 경우에 제삼자가 다시 관리인을 지정하지 아니한 때에도 전항과 같다.
④ 제24조 제1항, 제2항, 제4항, 제25조 전단 및 제26조 제1항, 제2항의 규정은 전 2항의 경우에 준용한다.

제919조(위임에 관한 규정의 준용)
제691조, 제692조의 규정은 전 3조의 재산관리에 준용한다.

제922조(친권자의 주의의무)
친권자가 그 자에 대한 법률행위의 대리권 또는 재산관리권을 행사함에는 자기의 재산에 관한 행위와 동일한 주의를 하여야 한다.

① 자의 특유재산에 대한 관리

자의 특유재산이란 자가 상속이나 유증으로 취득하였거나 자기의 노력으로 얻은 재산을 말한다. 재산의 관리란 재산의 보존·이용·개량을 목적으로 하는 행위이다. 따라서 처분행위는 원칙적으로 허용되지 않는다. 다만 관리목적에 필요한 한도 안에서의 처분행위(부패가 예상되거나 객관적으로 목적물의 가격하락이 예상되는 경우)는 허용된다고 해석된다.

② 재산관리상의 주의의무

친권자가 그 자에 대한 재산관리권을 행사함에는 친권자 자기의 재산에 관한 행위와 동일한 주의를 하여야 한다(제922조). 즉, 친권자의 재산관리에 관한 주의의무는 선량한 관리자의 주의의무보다 낮다고 볼 수 있다. 부적당한 관리는 경우에 따라 대리권과 재산관리권의 상실원인이 된다(제925조).

③ 제3자의 무상증여와 제3자에 의한 관리권의 배제

무상으로 자에게 재산을 수여한 제3자가 친권자의 관리에 반대하는 의사를 표시한 때에는 친권자는 그 재산을 관리하지 못한다(제918조 제1항). 이러한 경우에는 제3자가 재산관리인을 지정하여야 하는데 제3자가 그 재산관리인을 지정하지 아니한 때에는 법원은 재산의 수여를 받은 자 또는 제777조의 규정에 의한 친족의 청구에 의하여 관리인을 선임한다(제918조 제2항). 제3자가 지정한 관리인의 권한이 소멸하거나 관리인을 개임할 필요가 있음에도 제3자가 다시 관리인을 지정하지 아니한 때에도 마찬가지이다(제918조 제3항). 관리인의 직무, 권한, 담보제공, 보수에 관하여는 부재자재산관리인의 규정이 준용된다(제918조 제4항, 제24조 제1항·제2항·제4항, 제25조 전단, 제26조 제1항·제2항). 권한이 소멸한 때에는 위임종료에 관한 규정이 준용된다(제919조, 제691조, 제692조).

(2) 재산상 행위의 대리(代理)와 동의(同意) 및 허가권(許可權)

제911조(미성년자인 자의 법정대리인)
친권을 행사하는 부 또는 모는 미성년자인 자의 법정대리인이 된다.

제920조(자의 재산에 관한 친권자의 대리권)
법정대리인인 친권자는 자의 재산에 관한 법률행위에 대하여 그 자를 대리한다. 그러나 그 자의 행위를 목적으로 하는 채무를 부담할 경우에는 본인의 동의를 얻어야 한다.

제920조의2(공동친권자의 일방이 공동명의로 한 행위의 효력)
부모가 공동으로 친권을 행사하는 경우 부모의 일방이 공동명의로 자를 대리하거나 자의 법률행위에 동의한 때에는 다른 일방의 의사에 반하는 때에도 그 효력이 있다. 그러나 상대방이 악의인 때에는 그러하지 아니한다.

① 친권자는 법정대리인으로서 자녀의 재산에 관한 법률행위에 대하여 그 자녀를 대리한다(제911조, 제920조). 친권자의 대리행위는 법률에 특별한 규정이 없는 한 재산행위에 국한된다. 재산행위라도 친권자가 관리권을 갖지 않는 재산, 즉 친권자가 자에게 처분을 허락한 재산(제6조), 영업을 허락한 경우의 영업재산(제8조), 제3자가 무상으로 자에게 수여하여 친권자의 관리를 배제한 재산(제918조 단서) 등에 대해서는 친권자의 대리권이 인정되지 않는다.

② 친권자의 대리행위가 자의 행위를 목적으로 하는 채무를 부담하는 경우에는 자의 동의를 얻어야 한다(제920조 단서. 후견의 경우도 동일하다. 제949조 제1항). 동의 없이 친권자가 법률행위를 하면 그것은 무권대리가 된다. 그런데 상대방에게 자의 동의를 얻은 것으로 믿을 만한 정당한 이유가 있을 때에는 권한을 넘은 표현대리가 성립하는가? 이 문제는 제950조와 연관되어 학설 및 판례가 대립한다.

㉮ 긍정설·판례 상대방에게 자(子)의 동의를 얻은 것으로 믿을 만한 정당한 이유가 있을 때에는 권한을 넘은 표현대리(表見代理)가 성립하고, 또한 법정대리인의 권한이 후견감독인의 동의를 요하는 경우(제950조)에, 법정대리인이 그 동의 없이 대리행위를 한 때에도 제126조의 표현대리가 적용된다고 한다. 판례도 마찬가지이다(대판 1968.8.30, 68다1051).

판례

친권자의 대리행위와 표현대리
친권자인 부(父)가 미성년자의 인장과 그 소유부동산에 관한 권리증을 그 미성년자의 친권자가 아닌 처(妻)에게 보관시켜 그 처가 그 부동산을 담보로 제공한 경우에는 특별한 사정이 없는 한 표현대리행위가 된다(대판 1968.8.30, 68다1051).

㈏ 제한능력자의 법정대리인에 대해서까지 제126조의 표현대리를 인정한다면 제한능력자를 보호하려는 제한능력제도의 취지에 반하므로 제126조의 표현대리를 인정해서는 안 된다고 하는 견해에 따르면, 제950조(법정대리권과 대리권의 제한)뿐만 아니라 제920조(자의 재산에 관한 친권자의 대리권)의 경우에도 표현대리가 적용되지 않는다고 한다(이영준, 민법총칙; 고상룡, 민법총칙).

③ 친권자의 대리권에 대해서는 근로기준법의 제한이 있다. 친권자는 미성년자인 자를 대리하여 근로계약을 체결할 수 없다(근기법 제67조 제1항). 따라서 미성년자인 근로자는 친권자의 동의를 얻어 직접 근로계약을 체결해야 한다. 미성년자는 독자적으로 임금을 청구할 수 있으므로(근기법 제68조), 특별한 사정이 있는 경우를 제외하고는 친권자가 자(子)를 대리하여 임금을 청구할 수 없다.

④ 친권 또는 대리권의 남용

친권자가 사리(私利)를 꾀할 목적으로 대리권을 남용한 경우 그 대리행위의 효력에는 원칙적으로 영향이 없으므로, 자는 무방비상태에서 손해를 입게 된다. 따라서 이러한 경우에 제3자가 그 사정을 알았거나 알 수 있었을 때에는 제107조 제1항 단서의 취지를 유추하여 대리행위의 효력을 부인하자고 하는 견해가 있다(김주수·김상용). 판례는 친권자의 대리행위가 친권남용이 될 경우에는 그 효과가 자에게 미치지 않는다고 한다(대판 1981.10.13, 81다649).

판례

이해상반행위와 친권남용

1. 딸과 공동상속한 토지의 증여와 친권남용

미성년인 자(子)의 재산에 대한 친권자의 처분행위가 친권의 남용에 해당하는지 여부는 상고이유의 주장처럼 처분재산의 상실이라고 하는 객관적·편면적 관점에서만 판단할 것은 아니고, 그 처분을 둘러싼 친권자와 자 사이의 이해상반 여부, 위 처분과 관련한 이해당사자들 사이의 이해관계의 조율 기타 그 처분에 이르기까지의 경위와 관련 이해당사자들의 입장과 의사 등 주관적, 객관적 사정들을 합하여 종합적인 관점에서 예외적으로 친권의 남용에 해당한다고 볼 만한 사정이 적극적으로 입증되어야 한다. 이 사건 토지가 명의신탁된 것이었을 가능성이 있다는 점 등을 고려할 때, 친권자(망인의 처)가 미성년자인 딸과 공동으로 상속받은 토지를 망인의 형에게 증여한 행위가 친권의 남용에 해당하는 것은 아니다(대판 2009.1.30, 2008다73731).

2. 이해상반행위에는 해당되지 않지만 친권남용으로 효력이 부정된 사례

친권자가 미성년자의 강력한 반대에도 불구하고 그 친권자의 다른 아들(미성년자의 이복형제)에게 위 미성년자 소유의 부동산을 증여한 행위(대판 1981.10.13, 81다649): 이 사안은 미성년자의 이복형제가 성년자이므로 이해상반행위에 해당하지는 않지만 친권남용으로서 미성년자에게 효력이 미치지 않는다고 본 판례이다.

3. 이해상반행위와 등기의 추정력

전 등기명의인이 미성년자이고 당해 부동산을 친권자에게 증여하는 행위가 이해상반행위라 하더라도 일단 친권자에게 이전등기가 경료된 경우, 위 이전등기가 위조된 등기신청서류에 의하여 마쳐졌거나 미성년자에게 친권자와 사이에 직접 증여계약을 맺을 만한 의사능력이 없는 사람이었다는 등의 특별한 사정이 없는 한, 미성년자가 친권자와 사이에 직접 증여계약을 체결하였으며 그에 관하여 필요한 유효요건이 모두 갖추어진 것이라고 추정하는 것이 옳고, 위 증여계약은 가사 적법한 법정대리인의 동의가 없었다고 하더라도 무효가 아니라 취소할 수 있는 것에 불과하다(대판 2002.2.5, 2001다72029).

⑤ 재산상 행위의 동의 및 허가권

친권자는 미성년자의 재산상의 행위에 대하여 동의권을 갖는다(제5조~제8조). 친권자인 법정대리인의 동의 없이 미성년자가 재산상의 법률행위를 한 경우에 친권자는 이를 취소할 수 있다(제5조 제2항).

또한 친권자는 법정대리인으로서 미성년자에게 특정한 영업을 허락할 수 있다(제8조 제1항). 친권자는 영업의 허락을 취소 또는 제한할 수 있으나, 이로써 선의의 제3자에게 대항하지 못한다(제8조 제2항).

⑥ 공동친권자의 일방이 공동명의로 한 행위

부모가 공동으로 친권을 행사하는 경우 부모의 일방이 공동명의로 자를 대리하거나 자의 법률행위에 동의한 때에는 다른 일방의 의사에 반하는 때에도 그 효력이 있다(제920조의2). 그러나 상대방이 악의인 때에는 그러하지 아니한다(제920조의2 단서). 여기서 상대방의 악의는 과실을 포함한다고 보아야 한다(선의·무과실의 상대방보호). 상대방의 악의·과실에 대한 입증책임은 행위의 무효를 주장하는 자가 부담해야 한다(통설).

(3) 친권자의 재산수익권(財産受益權)

第923條(재산관리의 계산)

① 법정대리인인 친권자의 권한이 소멸한 때에는 그 자의 재산에 대한 관리의 계산을 하여

야 한다.
② 전항의 경우에 그 자의 재산으로부터 수취한 과실은 그 자의 양육, 재산관리의 비용과 상계한 것으로 본다. 그러나 무상으로 자에게 재산을 수여한 제3자가 반대의 의사를 표시한 때에는 그 재산에 관하여는 그러하지 아니하다

3. 이해상반행위에 대한 친권의 제한

제921조(친권자와 그 자간 또는 수인의 자간의 이해상반행위)
① 법정대리인인 친권자와 그 자 사이에 이해상반되는 행위를 함에는 친권자는 법원에 그 자의 특별대리인의 선임을 청구하여야 한다.
② 법정대리인인 친권자가 그 친권에 따르는 수인의 자 사이에 이해상반되는 행위를 함에는 법원에 그 자 일방의 특별대리인의 선임을 청구하여야 한다.

(1) 이해상반행위의 의미

이해상반행위란 법정대리인인 친권자와 그 자녀 사이에 이해가 상반되는 행위를 친권자가 행하는 경우, 또는 그 친권에 복종하는 수인의 자 사이에 이해가 상반되는 행위를 친권자가 행하는 경우를 말한다.

판례

이해상반행위의 의미
민법 제921조에서 말하는 이해상반행위라 함은 친권자인 부와 미성년자인 자가 각각 당사자 일방이 되어서 하는 법률행위뿐만 아니라 친권자를 위해서는 이익이 미성년자를 위해서는 불이익이 되는 행위도 포함된다고 해석함이 상당하다(대판 1971.7.27, 71다1113).

(2) 특별대리인의 선임

법정대리인인 친권자와 그 자 사이에 이해상반되는 행위를 함에는 친권자는 법원에 그 자의 특별대리인의 선임을 청구하여야 한다(제921조). 친권자가 그 친권에 따르는 수인의 자 사이에 이해상반되는 행위를 함에는 법원에 그 자 일방의 특별대리인을 선임하여야 한다(제921조 제2항. 각각의 자마다 특별대리인을 선임하여야 한다: 대판 2001.6.29, 2001다28299).

(3) 이해상반행위의 기준

① 판단기준

법정대리인인 친권자의 대리행위가 이해상반행위인지 여부는 그 행위 자체를 객관적으로 관찰하여 판단하여야 할 것이지 그 행위의 동기나 연유를 고려하여 판단할 것은 아니다(형식적 판단설: 다수설과 판례. 대판 1993.4.13, 92다54524; 대판 2002.1.11, 2001다65960. 이에 대하여 형식 여하를 불문하고 행위의 의도나 목적·동기·행위·효과 등을 고려하여 광범위하게 이해상반행위를 인정하자는 견해도 있다: 실질적 판단설).

판례

이해상반행위의 판단기준

친권자인 모가 자신이 연대보증한 차용금 채무의 담보로 자신과 자의 공유인 토지 중 자신의 공유지분에 관하여는 공유지분권자로서, 자의 공유지분에 관하여는 그 법정대리인의 자격으로 각각 근저당권설정계약을 체결한 경우, 위 채권의 만족을 얻기 위하여 채권자가 위 토지 중 자의 공유지분에 관한 저당권의 실행을 선택한 때에는, 그 경매대금이 변제에 충당되는 한도에 있어서 모의 책임이 경감되고, 또한 채권자가 모에 대한 연대보증책임의 추구를 선택하여 변제를 받은 때에는, 모는 채권자를 대위하여 위 토지 중 자의 공유지분에 대한 저당권을 실행할 수 있는 것으로 되는바, 위와 같이 친권자인 모와 자 사이에 이해의 충돌이 발생할 수 있는 것이, 친권자인 모가 한 행위 자체의 외형상 객관적으로 당연히 예상되는 것이어서, 모가 자를 대리하여 위 토지 중 자의 공유지분에 관하여 위 근저당권설정계약을 체결한 행위는 이해상반행위로서 무효라고 보아야 한다(대판 2002.1.11, 2001다65960).

② 구체적 사례

㉮ 이해상반행위에 해당하는 경우 자(子)의 재산관리에 관한 포괄적 위임을 받은 부가 자신의 채무지급을 위하여 자를 대리하여 공동명의로 어음을 발행한 행위(대판 1971.2.23, 70다2916), 친권자가 자기의 채무를 위하여 미성년자인 자의 부동산을 담보로 제공한 행위(대판 1971.7.27, 71다1113), 친권자가 친권에 따르는 미성년인 자의 일방을 위하여 다른 미성년인 자 소유의 부동산에 저당권을 설정하는 행위(대판 1976.3.9, 75다2340), 친권자인 모가 자기의 연대보증채무의 담보로 자기와 자의 공유인 토지 중 자의 공유지분에 관하여 법정대리인 자격으로 근저당권을 설정하는 행위(대판 2002.1.11, 2001다65960), 양모가 미성년의 양자를 상대로 소유권이전등기청구소를 제기하는 행위(대판 1991.4.12, 90다17491), 친권자인 모가 공동상속인으로서 미성년자를 대리하여 상속재산분할협의를 하는 행위(대판 1993.3.9, 92다18481; 대판 2001.6.29, 2001다28299), 모가 미성년

인 자를 대리하여 자의 상속지분을 제3자에게 명의신탁하였다가 그 지분을 모 자신의 명의로 이전한 경우(대판 2013.1.24, 2010두27189) 등이다.

㈏ 이해상반행위에 해당하지 않는 경우　친권자인 모가 자기 오빠인 제3자에 대한 채무의 담보로 미성년자인 자의 부동산에 근저당권을 설정한 행위(대판 1991.11.26, 91다32466. 모 자신의 채무를 위한 것이 아니므로), 친권자인 모가 자신이 대표이사로 있는 주식회사의 채무보증을 위하여 자신과 미성년인 자의 공유재산을 담보로 제공한 행위(대판 1996.11.22, 96다10270), 그 밖에도 자녀를 대리하여 근저당설정계약을 체결하여 그 등기를 하는 행위, 친권자가 자녀를 수증자로 하는 단순한 증여계약에 자녀를 대리하여 수증의 의사표시를 하는 행위, 성년인 자와 미성년인 자 사이의 이해가 상반되는 행위를 친권자가 미성년인 자를 대리해서 하는 것(대판 1989.9.12, 88다카28044), 법정대리인인 친권자가 부동산을 미성년인 자에게 명의신탁하는 것(대판 1998.4.10, 97다4005) 등이다.

(4) 이해상반행위의 효과

특별대리인을 선임하지 않은 친권자의 대리행위는 무권대리로서 본인의 추인이 있거나 상대방으로부터 표현대리라는 주장 내지 입증이 없는 한 자에게 그 효력이 미치지 않는다(대판 1964.8.31, 63다547; 대판 2013.1.24, 2010두27189). 추인에 의한 유효는 추인하는 자가 미성년자임을 고려하여 제한적으로 해석하여야 할 것이다.

판례

이해상반행위의 법률관계

1. 이해상반행위는 아니지만 친권남용으로 효력이 부정된 사례

법정대리인인 친권자가 그 자인 원고(미성년자)소유의 이 건 부동산을 그 장남인 피고에게 증여할 당시 원고는 이미 19년 5개월 남짓하여 수개월이 지나면 성년이 될 나이에 있었고, 원고가 위 처분행위를 강력히 반대하였으며, 위 처분행위도 원고를 위한 것이 아니라 그 장남인 피고만을 위한 것으로서 위 처분행위로 원고는 아무런 대가도 지급받지 못한 점 등이 인정되므로, 원고의 법정대리인인 친권자가 이 건 부동산을 피고에게 증여한 행위는, 당시 피고가 이미 성년에 달하여 소위 이해상반행위에는 해당하지 않으나, 친권의 남용에 의한 것이라 할 것이므로 위 행위의 효과는 원고에게 미치지 아니한다(대판 1981.10.13, 81다649: 이 사안은 미성년자의 이복형제가 성년자이므로 이해상반행위에 해당하지는 않지만, 친권남용으로서 미성년자에게 효력이 미치지 않는다고 본 사례).

2. 이해상반행위와 등기의 추정력

전 등기명의인이 미성년자이고 당해 부동산을 친권자에게 증여하는 행위가 이해상반행위라 하더라도 일단 친권자에게 이전등기가 경료된 이상, 특별한 사정이 없는 한, 그 이전등기에 관하여 필요한 절차를 적법하게 거친 것으로 추정된다. 따라서 이해상반행위를 함에 있어서 특별한 대리인의 선임을 결하였다는 이유로 원인무효에 의한 말소등기를 주장하는 것은 받아들일 수 없다(대판 2002.2.5, 2001다72029).

3. 공동상속재산 분할협의가 민법 제921조에서 정한 '이해상반행위'에 해당하는지 여부 및 공동상속인인 친권자가 수인의 미성년자 법정대리인으로서 상속재산 분할협의를 한 경우, 그 상속재산 분할협의 전체가 무효인지 여부

상속재산에 대하여 소유의 범위를 정하는 내용의 공동상속재산 분할협의는 그 행위의 객관적 성질상 상속인 상호간 이해의 대립이 생길 우려가 없다고 볼 만한 특별한 사정이 없는 한 민법 제921조의 이해상반되는 행위에 해당한다. 그리고 피상속인의 사망으로 인하여 1차 상속이 개시되고 그 1차 상속인 중 1인이 다시 사망하여 2차 상속이 개시된 후 1차 상속의 상속인들과 2차 상속의 상속인들이 1차 상속의 상속재산에 관하여 분할협의를 하는 경우에 2차 상속인 중에 수인의 미성년자가 있다면 이들 미성년자 각자마다 특별대리인을 선임하여 각 특별대리인이 각 미성년자를 대리하여 상속재산 분할협의를 하여야 하고, 만약 2차 상속의 공동상속인인 친권자가 수인의 미성년자 법정대리인으로서 상속재산 분할협의를 한다면 이는 민법 제921조에 위배되는 것이며, 이러한 대리행위에 의하여 성립된 상속재산 분할협의는 피대리자 전원에 의한 추인이 없는 한 전체가 무효이다(대판 2011.3.10, 2007다17482).

4. 특별대리인 선임이 없는 이해상반행위의 효력

친권자가 미성년자와 이행상반되는 행위를 특별대리인에 의하지 않고 한 경우에는 특별한 사정이 없는 한 그 행위는 무효이다(대판 2013.1.24, 2010두27189).

---

4. 친권자의 동의를 갈음하는 법원의 재판

제922조의2(친권자의 동의를 갈음하는 재판)

가정법원은 친권자의 동의가 필요한 행위에 대하여 친권자가 정당한 이유 없이 동의하지 아니함으로써 자녀의 생명, 신체 또는 재산에 중대한 손해가 발생할 위험이 있는 경우에는 자녀, 자녀의 친족, 검사 또는 지방자치단체의 장의 청구에 의하여 친권자의 동의를 갈음하는 재판을 할 수 있다.

위 규정은 2014년에 신설된 규정으로 부모의 학대나 개인적 신념 등으로 자녀의 생명·신체 등에 위해가 발생하는 경우에 친권을 일정한 기간 동안 제한하거나 친권의 일부만을 제한함으로써 자녀의 생명·신체·건강 등을 보호하

기 위한 친권제한조치이다. 이 규정이 마련되기 전까지는 위와 같은 상황에서 친권의 상실 선고 외에는 활용할 수 있는 제도가 없어 자녀의 권리보호에 미흡하다는 지적이 있었다.

(1) 친권자의 동의가 필요한 행위

친권자의 동의는 대부분 부모인 친권자가 법정대리인으로서 하는 동의를 의미한다. 따라서 친권자가 아닌 부모로서 하는 동의(약혼·혼인의 동의, 입양의 동의)는 재판으로 갈음할 수 없다.

(2) 친권자가 정당한 이유 없이 동의하지 아니한 경우

"정당한 이유 없이"란 동의가 필요한 시점을 기준으로 판단되어야 하고 그에 대한 증명책임은 친권자에게 있다고 보아야 한다. 따라서 친권자는 동의하지 않은 이유에 대하여 상당한 이유를 증명하지 못하면 재판으로 동의를 갈음할 수 있다.

(3) 자녀의 생명, 신체 또는 재산에 중대한 손해가 발생할 위험

보호법익은 자녀의 생명, 신체 또는 재산에 중대한 손해가 발생할 위험이다. 따라서 손해가 현실적으로 발생하지 않았다고 하더라도 손해발생의 위험이 있다고 판단될 경우에는 동의에 갈음할 수 있다. 위험을 판단하는 기준은 매우 구체적이어야 하고 특정된 위험이 상당한 수준으로 충분히 예상된 경우에 국한된다고 할 것이다. 그렇지 않으면 친권자의 친권이 침해될 수 있기 때문이다. 예를 들어 자녀의 생명이 위독함에도 친권자가 경제적 이유를 이유로 시술에 동의하지 않는 경우에는 구체적이고 특정된 위험이 있다고 볼 수 있다.

V 친권의 상실 · 정지 · 제한

1. 친권의 소멸

(1) 절대적 소멸

자가 사망하거나(실종선고 포함) 성년자가 된 때, 또는 혼인한 때(제826조의2) 친권은 절대적으로 소멸한다.

(2) 상대적 소멸

① 친권자의 사망(실종선고 포함), 자의 입양(제909조 제1항 2문), 자를 인지한 부가 친권자로 정해진 때(제909조 제4항), 이혼·혼인무효·혼인취소 후 부모 중 일방이 친권자가 된 때(제909조 제4항·제5항), 입양무효·입양취소·파양(제786조), 친권자가 협의나 심판으로 변경된 때(제909조 제4항), 친권자가 친권상실의 선고를 받았을 때(제924조), 친권자가 친권을 행사할 수 없게 된 때(친권자가 성년후견개시 심판을 받은 때, 행방불명된 때 등)에 친권은 상대적으로 소멸한다.

② 친권자가 대리권 또는 관리권을 사퇴하였을 경우(제927조 제1항), 친권은 소멸하지 않는다고 해석된다. 다른 신분행위에 대해서 여전히 친권을 행사할 수 있기 때문이다.

2. 친권의 상실

제924조(친권의 상실 또는 일시 정지의 선고)

① 가정법원은 부 또는 모가 친권을 남용하여 자녀의 복리를 현저히 해치거나 해칠 우려가 있는 경우에는 자녀, 자녀의 친족, 검사 또는 지방자치단체의 장의 청구에 의하여 그 친권의 상실 또는 일시 정지를 선고할 수 있다.

② 가정법원은 친권의 일시 정지를 선고할 때에는 자녀의 상태, 양육상황, 그 밖의 사정을 고려하여 그 기간을 정하여야 한다. 이 경우 그 기간은 2년을 넘을 수 없다.

③ 가정법원은 자녀의 복리를 위하여 친권의 일시 정지 기간의 연장이 필요하다고 인정하는 경우에는 자녀, 자녀의 친족, 검사, 지방자치단체의 장, 미성년후견인 또는 미성년후견감독인의 청구에 의하여 2년의 범위에서 그 기간을 한 차례만 연장할 수 있다.

제925조의2(친권 상실 선고 등의 판단 기준)

① 제924조에 따른 친권 상실의 선고는 같은 조에 따른 친권의 일시 정지, 제924조의2에 따른 친권의 일부 제한, 제925조에 따른 대리권·재산관리권의 상실 선고 또는 그 밖의 다른 조치에 의해서는 자녀의 복리를 충분히 보호할 수 없는 경우에만 할 수 있다.

민법 제924조의 규정 외에도 「아동·청소년의 성보호에 관한 법률」과 「아동복지법」에서는 친권상실선고에 관한 특별규정을 두고 있다(아래 참고).

(1) 친권상실 요건

민법은 '친권의 남용(濫用)', '자녀의 복리를 현저하게 해치거나 해칠 우려', '자녀, 자녀의 친족, 검사 또는 지방자치단체의 장의 청구'를 친권상실(또는 일시 정지)의 요건으로 규정하고 있다.

① 친권의 남용이란 자의 복리에 반하여 자를 양육하거나 자의 재산을 관리하는 등 친권을 부당하게 행사하는 것을 말한다. 예컨대 자에 대한 신체적·정신적 학대, 구타나 감금 등의 과도한 징계, 자의 유일한 재산을 무상으로 제3자에게 무상으로 증여하거나(대판 1997.1.24, 96다43928) 염가로 처분하는 행위 등이 이에 해당한다.

② 자녀의 복리를 현저하게 해치거나 해칠 우려

개정 전에는 현저한 비행 기타 중대한 사유가 있을 때라고 규정하고 있던 것을 자의 복리를 기준으로 요건을 바꾸었다. 자의 복리를 현저하게 해치거나 해칠 우려에 대한 판단은 친권자의 친권행사를 기준으로 해서 자의 정신적·신체적 상황, 자의 재산, 자와 친권자 사이의 이해상반행위, 친권남용의 여부, 부양이나 교육, 기타 자에게 중요한 영향을 미칠 수 있는 상황 등을 종합적으로 고려하여 실질적으로 평가하여야 한다.

예를 들어 친권자가 방탕·습관적인 도박·성적(性的) 방종 등에 의해서 자에게 좋지 않은 영향을 주고 있다고 하더라도, 그러한 행위가 자의 복리를 현저하게 해치는 것은 아니라고 판단될 경우 친권상실이 인정되지 않는다.

③ 보충적인 최후의 수단

친권상실의 선고는 친권의 일시정지, 친권의 일부제한, 대리권·재산관리권의 상실 선고 또는 그 밖의 다른 조치에 의해서는 자녀의 복리를 충분히 보호할 수 없는 경우에만 할 수 있다(제925조의2 제1항).

판례

친권상실선고에 있어 고려하여야 할 요소

친권자에게 간통 등의 비행이 있어 자녀들의 정서나 교육 등에 악영향을 줄 여지가 있다 하더라도 친권의 대상인 자녀의 나이나 건강상태를 비롯하여 관계인들이 처해 있는 여러 구체적 사정을 고려하여 비행을 저지른 친권자를 대신하여 다른 사람으로 하여금 친권을 행사하거나 후견을 하게 하는 것이 자녀의 복리를 위하여 보다 낫다고 인정되는 경우가 아니라면 섣불리 친권상실을 인정하여서는 안 된다(대결 1993.3.4, 93스3).

(2) 청구권자

자녀, 자녀의 친족, 검사 또는 지방자치단체의 장은 친권상실선고를 청구하여야 한다. 자녀의 친족은 민법 제777조의 규정에 의한 자(子)의 친족범위(배우자, 4촌 이내의 인척, 8촌 이내의 혈족) 내 이어야 할 것이다.

(3) 조정전치주의와 선고 전의 처분

친권상실선고를 청구하기 전에 조정을 신청하여야 하는데(가소법 제50조), 조정의 성립만으로는 친권상실의 효과가 생기지 않는다(가소법 제59조 제2항 단서). 친권 또는 법률행위의 대리권 및 재산관리권의 상실에 관한 심판청구 또는 조정의 신청이 있는 경우에, 가정법원·조정위원회 또는 조정담당판사는 필요하다고 인정되는 때에는 직권 또는 당사자의 신청에 의하여 상대방 기타 관계인에 대하여 현상을 변경하거나 물건을 처분하는 행위의 금지를 명할 수 있고, 사건에 관련된 재산의 보존을 위한 처분, 관계인의 감호와 양육을 위한 처분 등 적당하다고 인정되는 처분을 할 수 있다(가소법 제62조 제1항). 여기에는 친권자의 직무집행을 정지시키거나 그 대행자를 선임하는 것도 포함된다고 해석된다. 이러한 처분은 집행력을 가지지 않으나(가소법 제62조 제5항), 이에 위반하면 과태료의 제재를 받는다(가소법 제67조 제1항).

(4) 친권상실의 효과

제925조의3(부모의 권리와 의무)
제924조와 제924조의2, 제925조에 따라 친권의 상실, 일시 정지, 일부 제한 또는 대리권과 재산관리권의 상실이 선고된 경우에도 부모의 자녀에 대한 그 밖의 권리와 의무는 변경되지 아니한다.

① 친권상실선고 심판이 확정되면 친권을 상실한다. 즉, 자녀를 보호·교양하고 자녀의 재산을 관리할 권능을 상실하며, 자녀의 신분상 내지 재산상 행위의 대리권도 상실한다.

② 공동친권자 중 1인이 친권을 상실한 경우에는 나머지 1인이 단독친권자가 되고(제909조 제3항), 부모가 모두 친권을 상실한 경우에는 그 자를 위하여 후견인을 선임하게 된다(제928조).

③ 부모와 자식 사이의 직계혈족으로서 발생되는 권리(특히 혼인동의권이 문제됨)도 소멸하는가?

2014년 개정법에서는 "친권 등의 상실이 선고된 경우에도 부모의 자녀에 대한 그 밖의 권리와 의무는 변경되지 아니한다."고 규정한다(제925조의3). 개정 전에도 일부 학설은 친권을 상실한 경우일지라도 구체적으로 부모와 자녀 간의 직계혈족으로서 발생된 권리들, 예컨대 혼인동의권, 직계혈족 간 부양의 권리의무(제974조 1호), 상속관계(제1000조, 제1001조, 제1112조) 등에 대하여는 아무런 영향을 미치지 않는다고 하였다(박동섭; 박병호; 이경희).

그런데 이러한 민법개정은 문제가 있다. 가령 자를 학대한 부 또는 모가 여전히 혼인동의권 등을 갖는다면 그것은 자의 복리에 심각한 침해가 될 수 있다. 따라서 혼인동의권, 부양의 권리의무, 상속관계를 따로 나누어서 살펴야 한다. 혼인동의권은 실질적으로 친권의 작용으로 보아야 하기 때문에 자의 복리를 심각하게 침해한 친권상실자에게는 혼인동의권을 주지 않도록 하는 것이 바람직하다.

반면에 직계혈족 간 부양의 권리의무(제974조 1호)와 관련해서 친권을 상실한 부모라고 하더라도 자를 부양할 의무가 면제되는 것은 아니라는 점(미성년자가 친권상실자인 부모를 부양할 상황도 배제할 수는 없지만, 이는 부모와 자 사이의 민사상의 부양문제가 아닌 사회복지행정의 문제임), 상속관계와 관련해서는 부모의 재산을 상속받을 권리는 인정된다는 점(친권상실자가 자의 재산을 상속하는 경우라고 하더라도 상속결격사유에 의한 배제가 가능하다는 점)에서 부모 또는 직계혈족으로서의 권리와 의무를 인정하되, 그것도 자의 복리를 해치지 않는 한도에서 인정된다고 제한해석하여야 할 것이다. 그렇지 않으면 친권의 상실, 일시정지 및 일부제한에 관한 규정들의 의미는 퇴색할 것이다.

3. 친권의 일시정지

친권을 박탈하지 않고 친권을 일정기간 제한할 필요가 제기될 때 가정법원은 청구권자의 청구에 의해서 친권을 일시적으로 정지시킬 수 있다. 2014년 새로이 신설된 친권일시정지제도는 친권자의 동의를 갈음하는 재판제도를 보충하는 역할을 한다(제925조의2 제2항).

(1) 친권의 일시정지 요건과 보충성

친권의 일시정지 요건은 친권의 상실요건과 동일하다. 다만, 이 제도는 동의를 갈음하는 재판 그 밖의 다른 조치에 의해서는 자녀의 복리를 충분히 보호할 수 없는 경우에만 활용될 수 있다(제925조의2 제2항). 가령 자녀의 질병이 위중하여 치료가 절대적으로 필요함에도 부모가 종교 등의 이유로 진료를 거부하는 경우 가정법원은 친권자의 동의를 갈음하는 재판으로 자녀를 보호할 수 있지만, 그럼에도 불구하고 부모가 친권자로서 의료계약을 해지하게 되면 법원의 조치는 무의미해진다. 이러한 경우 친권박탈까지는 아니더라도 친권의 일시적 정지를 통하여 문제를 해결할 수 있는 것이다.

(2) 친권 일시정지의 기간과 효과

① 가정법원은 자녀의 상태, 양육상황, 그 밖의 사정을 고려하여 2년이 넘지 않는 기간 범위 내에서 친권의 일시정지를 선고해야 한다(제924조 제2항). 다만, 자녀의 복리를 위하여 친권의 일시정지 기간의 연장이 필요하다고 인정하는 경우에는 자녀, 자녀의 친족, 검사, 지방자치단체의 장, 미성년후견인 또는 미성년후견감독인의 청구에 의하여 2년의 범위에서 그 기간을 한 차례만 연장할 수 있다(제924조 제3항).

② 친권의 일시정지 선고로 친권자의 친권은 정지기간 동안 일시적으로 정지된다. 친권의 일시정지는 친권상실 또는 제한에 영향을 미치지 않기 때문에 그러한 사유가 발생하면 친권상실이나 제한도 가능하다고 해석된다.

4. 친권의 일부제한

제924조의2(친권의 일부 제한의 선고)
가정법원은 거소의 지정이나 징계, 그 밖의 신상에 관한 결정 등 특정한 사항에 관하여 친권자가 친권을 행사하는 것이 곤란하거나 부적당한 사유가 있어 자녀의 복리를 해치거나 해칠 우려가 있는 경우에는 자녀, 자녀의 친족, 검사 또는 지방자치단체의 장의 청구에 의하여 구체적인 범위를 정하여 친권의 일부 제한을 선고할 수 있다.

(1) 친권 일부제한의 의의

친권자의 동의를 갈음하는 재판제도로는 해결할 수 없는 사안이지만 친권을 전부 상실시킬 필요가 없는 특정한 사항에 관하여, 친권 중 일부를 제한함으로써 자의 생명과 건강 및 복리를 효율적으로 보호하는데 그 의의가 있다. 가령 친권자가 종교 등의 이유로 자에게 필요한 치료나 조치를 못하게 하는 경우 그 부분에 관한 친권만을 제한함으로써 자의 복리를 꾀하는 한편 친권의 과잉규제 위험으로부터도 벗어날 수 있다.

(2) 친권 일부제한선고의 요건

① 특정한 사항(거소의 지정이나 징계, 그 밖의 신상에 관한 결정 등)에 관하여 친권자가 친권을 행사하는 것이 곤란하거나 부적당한 사유가 존재할 것

② 특정한 사항에 관한 친권행사가 자녀의 복리를 해치거나 해칠 우려

③ 자녀, 자녀의 친족, 검사 또는 지방자치단체의 장의 청구(청구 전에 먼저 조정을 청구해야 함: 가소법 제2조 1항 마류, 제50조)

④ 가정법원이 친권의 일부를 제한하여 선고할 때에 구체적인 범위를 정하여야 한다(제924조의2).

⑤ 친권의 일부제한은 동의를 갈음하는 재판 그 밖의 다른 조치에 의해서는 자녀의 복리를 충분히 보호할 수 없는 경우에만 할 수 있다(제925조의2 제2항: 보충성).

(3) 친권 일부제한 선고의 효과

가정법원의 친권 일부제한 선고가 있으면 친권자는 그 특정한 사항에 대하여 친권을 행사하지 못한다. 친권의 일부제한이 선고된 경우에도 부모의 자녀에 대한 그 밖의 권리와 의무는 변경되지 아니한다(제925조의3).

5. 대리권 · 관리권의 상실

제925조(대리권, 재산관리권 상실의 선고)

가정법원은 법정대리인인 친권자가 부적당한 관리로 인하여 자녀의 재산을 위태롭게 한 경우에는 자녀의 친족, 검사 또는 지방자치단체의 장의 청구에 의하여 그 법률행위의 대리권과 재산관리권의 상실을 선고할 수 있다.

(1) 대리권 · 관리권의 상실선고의 요건

① 법정대리인인 친권자가 부적당한 관리로 인하여 자녀의 재산을 위태롭게 할 것

② 자녀의 친족, 검사 또는 지방자치단체의 장의 청구

여기서 친족의 범위는 민법 제777조의 규정에 의한 자의 친족이라고 해석된다.

③ 대리권·관리권의 상실선고의 청구 전에 조정을 청구(가소법 제2조 1항 마류, 제50조)

(2) 대리권 · 관리권 상실의 효과

i) 친권의 일부 제한, ii) 공동친권자 중 1인이 법률행위의 대리권 또는 재산관리권을 상실하면 신분상 행위에 대해서는 친권을 공동으로 행사하나 대리

권·재산관리권은 다른 1인이 단독행사하고, 단독친권자가 그 대리권·관리권을 상실했을 때는 이에 해당하는 법률행위의 대리 및 재산관리를 위하여 후견이 개시된다(제928조). 대리권과 관리권의 상실은 친권의 일부가 상실되는 효과를 갖는다. 대리권과 재산관리권의 상실이 선고된 경우에도 부모의 자녀에 대한 그 밖의 권리와 의무는 변경되지 아니한다(제925조의3).

(3) 청구권의 포기

제924조나 제925조의 규정에 의한 친권상실이나 대리권·관리권 상실을 청구할 수 있는 자가 그런 청구권을 포기하는 것을 내용으로 하는 계약은 공서양속에 반하므로 무효이다(대판 1977.6.7, 76므34).

6. 실권회복

제926조(실권회복의 선고)

가정법원은 제924조, 제924조의2 또는 제925조에 따른 선고의 원인이 소멸된 경우에는 본인, 자녀, 자녀의 친족, 검사 또는 지방자치단체의 장의 청구에 의하여 실권의 회복을 선고할 수 있다.

실권회복(失權回復)이란 친권의 상실·일시정지·일부제한, 대리권·관리권의 상실선고에 의하여 실권된 친권자의 권한이 그 실권 원인이 소멸된 것을 이유로 다시 회복되는 것을 의미한다. 실권회복은 본인, 자녀, 자녀의 친족, 검사 또는 지방자치단체의 장이 청구할 수 있다(제926조). 실권회복선고의 심판이 확정되면 친권자는 권한을 회복하고, 후견이 개시되어 있는 경우에는 후견은 종료된다. 실권회복은 조정대상이기 때문에 심판청구 전에 조정을 신청하여야 한다(가소법 제50조).

7. 대리권 · 관리권의 사퇴와 그 회복

제927조(대리권, 관리권의 사퇴와 회복)

① 법정대리인인 친권자는 정당한 사유가 있는 때에는 법원의 허가를 얻어 그 법률행위의 대리권과 재산관리권을 사퇴할 수 있다.

② 전항의 사유가 소멸한 때에는 그 친권자는 법원의 허가를 얻어 사퇴한 권리를 회복할 수 있다.

(1) 대리권 · 관리권의 사퇴와 친권

부모가 친권을 일반적으로 포기하거나 사퇴하는 것은 인정되지 않지만, 친권자는 정당한 사유가 있는 경우에 한하여 가정법원의 허가를 얻어 대리권과 재산관리권을 사퇴할 수 있다(제927조 제1항). 정당한 사유로서는 재산관리능력의 상실, 장기간의 부재, 객관적으로 법정대리인의 역할을 수행할 수 없는 상황을 들 수 있다.

(2) 사퇴의 효과

공동친권자의 일방이 대리권·관리권을 사퇴하면 다른 일방이 단독친권자가 된다. 공동친권자 쌍방이 대리권·관리권을 사퇴하거나 단독친권자가 사망한 경우에는 후견이 개시된다.

(3) 대리권 · 관리권의 회복

대리권·관리권을 사퇴한 친권자는 그 사퇴사유가 소멸하면 가정법원의 허가를 얻어서 사퇴한 권리를 회복할 수 있다(제927조 제2항).

8. 친권의 상실, 일시정지 또는 일부제한과 친권자의 지정

제927조의2(친권의 상실, 일시 정지 또는 일부 제한과 친권자의 지정 등)
① 제909조 제4항부터 제6항까지의 규정에 따라 단독 친권자가 된 부 또는 모, 양부모(친양자의 양부모를 제외한다) 쌍방에게 다음 각 호의 어느 하나에 해당하는 사유가 있는 경우에는 제909조의2 제1항 및 제3항부터 제5항까지의 규정을 준용한다. 다만, 제1호의3·제2호 및 제3호의 경우 새로 정하여진 친권자 또는 미성년후견인의 임무는 제한된 친권의 범위에 속하는 행위에 한정된다.
1. 제924조에 따른 친권상실의 선고가 있는 경우
1의2. 제924조에 따른 친권 일시 정지의 선고가 있는 경우
1의3. 제924조의2에 따른 친권 일부 제한의 선고가 있는 경우
2. 제925조에 따른 대리권과 재산관리권 상실의 선고가 있는 경우
3. 제927조 제1항에 따라 대리권과 재산관리권을 사퇴한 경우
4. 소재불명 등 친권을 행사할 수 없는 중대한 사유가 있는 경우
② 가정법원은 제1항에 따라 친권자가 지정되거나 미성년후견인이 선임된 후 단독 친권자이었던 부 또는 모, 양부모 일방 또는 쌍방에게 다음 각 호의 어느 하나에 해당하는 사유가 있는 경우에는 그 부모 일방 또는 쌍방, 미성년자, 미성년자의 친족의 청구에 의하여 친권자를 새로 지정할 수 있다.
1. 제926조에 따라 실권의 회복이 선고된 경우

2. 제927조 제2항에 따라 사퇴한 권리를 회복한 경우
3. 소재불명이던 부 또는 모가 발견되는 등 친권을 행사할 수 있게 된 경우

(1) 인지·이혼·혼인의 취소·친권자 변경 등(제909조 제4항부터 제6항까지의 규정)에 의한 단독친권 후에 그 친권자에게 친권의 상실·일시정지·일부제한, 대리권과 재산관리권의 상실이나 사퇴, 기타 친권을 행사할 수 없는 중대한 사유가 있는 경우에는 제909조의2 제1항 및 제3항부터 제5항까지의 규정을 준용한다(제927조의2 제1항 본문).

(2) 가정법원은 제927조의2 제1항에 따라 친권자가 지정되거나 미성년후견인이 선임된 후 단독 친권자이었던 부 또는 모, 양부모 일방 또는 쌍방이 제926조에 따라 실권의 회복이 선고되거나, 제927조 제2항에 따라 사퇴한 권리를 회복한 경우 또는 소재불명이던 부 또는 모가 발견되는 등 친권을 행사할 수 있게 된 경우에는 그 부모 일방 또는 쌍방, 미성년자, 미성년자의 친족의 청구에 의하여 친권자를 새로 지정할 수 있다(제927조의2 제2항).

[사례풀이 15]

(1) 미성년자 B가 혼인을 하려면 부모의 동의를 얻어야 한다(제808조). 동의를 얻지 않은 혼인은 취소할 수 있을 뿐만 아니라 혼인신고서류가 수리되지 못함으로써 법률혼의 효력이 발생하지 않게 된다. 부모 중 일방이 친권을 상실한 경우에 혼인동의권도 상실되는가? 이에 관하여는 긍정설과 부정설이 대립한다. 제925조의3에도 불구하고, 친권상실제도가 미성년자를 보호하기 위한 제도임을 생각할 때 친권상실자는 원칙적으로 혼인동의권도 상실한다고 보아야 할 것이다. 사안에서 A의 간통은 친권상실선고의 원인인 현저한 비행에 해당된다고 볼 수 있다. 이러한 비행으로 인하여 B에 대한 A의 친권행사가 제대로 이루어질 수 없게 되어 B의 불행이 초래되는 경우 법원의 친권상실에 의하여 A의 친권은 상실될 수 있다. 따라서 친권상실과 함께 혼인동의권도 상실된다고 보는 긍정설에 따르면 A는 B의 혼인에 대한 동의권을 갖지 못한다. 그리고 이 문제와는 별개로 협의상 이혼이나 재판상 이혼 시 당사자 중 일방만이 친권을 갖기로 한 경우 타방은 자녀에 대한 혼인동의권마저 박탈되는가? 이를 긍정하면 친권을 갖지 못한 이혼 당사자는 혼인동의권을 행사할 수 없다. 즉, 사안에서 만약 A가 현저한 비행이 아닌 협의상 이혼한 경우라 할지라도 친권을 갖지 못하면 결국 A의 혼인동의권도 상실된다. 사안과 같은 경우 B는 친권자인 C(친부)의 동의를 얻지 못하는 한 적법한 혼인을 할 수 없다(계모 E는 단순한 인척관계에 불과하기 때문에 친권자가 아니다. 따라서 E의 동의 여부는 문제되지 않는다). 상속관계에 있어서는 A의 친권이 상실되더라도

직계혈족관계로서 발생되는 상속에는 아무런 영향이 미치지 않으며, 따라서 B는 A의 재산에 대하여 상속권을 갖는다(그런데 사실상 자에 대한 친권을 상실하고 나아가 아무런 생활관계가 존재하지 않는 자들 사이에서 단지 혈연관계가 있다는 이유만으로 피상속인의 재산을 그 자가 상속한다는 것은 문제이다).

(2) C가 B소유의 아파트에 근저당권을 설정할 수 있는가? 무상으로 자에게 재산을 수여한 생모 A가 친권자의 관리에 반대하는 의사를 표시한 때에는 친권자는 그 재산을 관리하지 못한다(제918조). 사안에서는 그러한 의사표시가 없었으므로 법정대리인인 C가 그 부동산을 관리할 수 있다.

C는 B의 친권자로서 B의 법률행위에 대한 법정대리권을 갖지만 그 대리행위가 자와 이해가 상반될 경우에는 대리행위의 효력이 자에게 미치지 않는다. 친권자 C는 자기의 채무를 위하여 미성년자인 자의 부동산을 담보로 제공하였다. 이러한 친권자의 대리행위는 자와 이해상반된 행위로서 본인의 추인이 있거나 상대방으로부터 표현대리라는 주장 내지 입증이 없는 한 자에게 그 효력이 미치지 않는 무권대리이다(대판 1964.8.31, 63다547).

(3) 친권자 C는 미성년자인 B를 대리하여 근로계약을 체결할 수 없다(근기법 제65조 제1항). C는 B의 동의를 얻어 직접 근로계약을 체결해야 한다. 또한 C는 독자적으로 임금을 청구할 수 있으므로(근기법 제66조), 특별한 사정을 제외하고는 친권자 C는 B를 대리하여 임금을 받을 수 없다.

제4절 후 견

I 후견제도 개요

1. 후견제도의 의의

후견제도(後見制度)는 사적자치의 보충으로서 연령 또는 정신 등의 이유로 재산상·신분상의 법률행위를 정상적으로 하기 힘든 자를 보호하기 위한 제도이다.

이에는 크게 친권자가 없거나 기타의 사유로 친권에 의한 보호를 받지 못하는 미성년자후견과 정신상의 장애 등으로 보호할 필요성이 있는 자를 보호하기 위한 성년후견제도로 나누어 볼 수 있다. 후견제도는 가족관계의 측면(친권의 연장)과 재산관계의 측면(정신적 장애 등으로 정상적인 법률행위를 할 수 없는 성년에 대한 후견)을 동시에 갖고 있는 제도이다. 따라서 민법은 위임(委任)과 친권에 관한 규정을 후견인에게 준용한다(제956조).

2. 후견제도의 변화

2011년 3월(2013년 7.1. 시행) 민법개정으로 행위능력제도와 후견제도에 큰 변화가 생겼다. 개정민법에서는 한정치산자·금치산자제도를 폐지하고 성년후견제도를 신설하였다. 개정된 법률의 주요내용으로는 성년 연령의 하향(제4조), 성년후견·한정후견·특정후견제도의 도입(제9조, 제12조 및 제14조의2), 제한능력자의 능력 확대(제10조, 제13조 및 제14조의2), 후견을 받는 사람의 복리, 치료행위, 주거의 자유 등에 관한 신상보호 규정의 도입(제947조 및 제947조의2 신설), 복수(複數)·법인(法人) 후견 도입 및 동의권·대리권의 범위에 대한 개별적 결정(제930조 및 제938조, 제959조의4 및 제959조의11 신설), 후견감독인제도의 도입(제940조의2부터 제940조의7까지, 제959조의5 및 제959조의10 신설), 후견계약 제도의 도입(제959조의14부터 제959조의20까지 신설), 제3자 보호를 위한 성년후견등기공시제도(제959조의15, 제959조의19, 제959조의 20)를 들 수 있다.

3. 2013년 개정된 후견제도의 특징

2013년 개정된 후견제도의 특징은 피후견인의 자기결정권을 존중하면서 피후견인의 복지를 실현하는데 필요한 규정들을 마련한 점이다. 피후견인의 자기결정권을 최대한 반영하기 위한 내용으로는, 성년후견개시 심판 때 본인의사의 고려(제9조 제2항), 일용품 구입 등 일상생활에 필요하면서 그 대가가 과도하지 아니한 법률행위에 대한 자기결정권 존중(제10조 제4항), 성년후견인 선임시 피성년후견인의 의사존중(제936조 제4항), 성년후견인 사무처리시 피성년후견인의 복리와 의사를 존중(제947조), 피성년후견인 본인 신상에 관한 단독 결정(제947조의2) 등을 들 수 있다. 피후견인의 복리를 고려한 규정으로는 법인의 성년후견인 자격(제930조 제3항), 가정법원의 직권에 의한 성년후견인 선임(제936조 제1항: 친족이 아닌 제3후견인의 활성화 기대), 지방자치단체장의 청구에 의한 성년후견인 선임(제936조 제2항), 성년후견감독인 선임(제940조의4), 가정법원의 허락에 의한 치료목적의 격리수용(제947조의2 제2항), 신상(주거 등)이나 신체에 중요한 영향을 미치는 의료행위에 대한 가정법원의 허가(제947조의2 제4항·제5항) 등을 들 수 있다.

Ⅱ 미성년후견

1. 미성년자 후견개시의 원인

제928조(미성년자에 대한 후견의 개시)
미성년자에게 친권자가 없거나 친권자가 법률행위의 대리권과 재산관리권을 행사할 수 없는 경우에는 미성년후견인을 두어야 한다.

(1) 미성년자(未成年者)에 대하여 친권자(親權者)가 없을 때

친권자가 없는 때란 단독친권자가 ⅰ) 사망하였을 때, ⅱ) 친권상실선고를 받은 때, ⅲ) 단독친권자가 성년후견개시심판을 받은 때 등이다. 단독친권자가 심신상실·행방불명 등의 사유로 사실상 친권을 행사할 수 없는 경우에도 친권자가 없는 때에 해당한다고 해석된다(대판 1956.8.11, 4289민상289). 다만, 친권대행자(제910조)가 있는 때에는 후견이 개시되지 않는다.

(2) 친권자가 법률행위의 대리권(代理權) 및 재산관리권(財産管理權)을 행사할 수 없을 때

친권자가 대리권과 재산관리권을 상실하였거나(제925조) 사퇴한 경우(제927조)에도 후견이 개시되는데, 이 때에는 후견인의 권한이 재산에 관한 것에 한정된다(제946조).

2. 후견개시의 신고

취임일로부터 1개월 이내에 해야 한다(가족관계등록법 제80조). 유언에 의하여 후견인을 지정한 경우에는 지정에 관한 유언서, 그 등본 또는 유언녹음을 기재한 서면을 신고서에 첨부하여야 하며, 후견인선임의 재판이 있을 경우에는 재판의 등본을 신고서에 첨부하여야 한다(동법 제82조). 후견개시신고는 보고적 신고에 불과하므로 후순위자가 후견인으로 등재되어 있다고 하더라도 후견인이 되는 것은 아니다(대결 1991.4.4, 90스3).

3. 미성년후견인의 수와 순위

제930조(후견인의 수와 자격)
① 미성년후견인의 수(數)는 한 명으로 한다.
② 성년후견인은 피성년후견인의 신상과 재산에 관한 모든 사정을 고려하여 여러 명을 둘

수 있다.
③ 법인도 성년후견인이 될 수 있다.

(1) 후견인(後見人)의 수

미성년후견인은 1인으로 하고(제930조 제1항), 자연인에 한한다.

(2) 후견인의 순위

① 지정후견인

미성년자에게 친권을 행사하는 부모는 유언으로 미성년후견인을 지정할 수 있다(제931조). 후견인의 지정은 반드시 유언으로 하여야 하므로 민법상 엄격한 유언의 방식규정을 따르지 않는 지정은 무효가 될 수 있다.

미성년후견인이 지정된 경우라도 가정법원은 미성년자의 복리를 위하여 필요하면 생존하는 부 또는 모, 미성년자의 청구에 의하여 후견을 종료하고 생존하는 부 또는 모를 친권자로 지정할 수 있다(제931조 제2항). 법률행위의 대리권과 재산관리권 없는 친권자(친권상실, 대리권·관리권만을 상실한 친권자, 친권을 사퇴한 자, 성년후견개시심판을 받은 부모)는 그 지정을 할 수 없다(제931조 제1항 단서).

유언 등에 의하여 지정된 후견인은 취임한 날로부터 1개월 이내에 지정에 관한 유언서 그 등본 또는 유언녹음을 기재한 서면을 신고서에 첨부하여 후견개시신고를 하여야 한다(가족관계등록법 제80조, 제82조).

② 선임후견인

지정된 미성년후견인이 없거나 또는 미성년후견인이 없게 된 경우에 가정법원은 직권으로 또는 미성년자, 친족, 이해관계인, 검사, 지방자치단체의 장의 청구에 의하여 미성년후견인을 선임한다(제932조 제1항; 아동복지법 제19조 제1항). 또한 친권상실의 선고나 대리권 및 재산관리권 상실의 선고에 따라 미성년후견인을 선임할 필요가 있는 경우에 가정법원은 직권으로 미성년후견인을 선임한다(제932조 제2항). 그리고 친권자가 대리권 및 재산관리권을 사퇴한 경우에는 지체없이 가정법원에 미성년후견인의 선임을 청구하여야 한다(제932조 제3항). 후견인이 해당 아동을 학대하는 등 현저한 비행을 저지른 경우에, 시·도지사, 시장·군수·구청장, 아동복지전담기관의 장, 아동복지시설의 장, 학교의 장 또는 검사는 해당 아동의 의견을 존중하여 후견인 변경을 법원에 청구하여야 한다(아동복지법 제19조 제3항).

재판에 의하여 선임된 후견인은 취임한 날로부터 1개월 이내에 재판서의 등본을 신고서에 첨부하여 후견개시신고를 하여야 한다(가족관계등록법 제80조 제1항, 82조 제2항).

4. 후견인의 결격 · 사퇴 · 선임

(1) 후견인의 결격(缺格)

피후견인의 이해와 양립할 수 없을 정도로 이해가 상반되거나 객관적으로 후견할 능력이 없는 자는 후견인의 자격이 결여된 것이다. 그러한 결격자로는 1) 미성년자, 2) 피성년후견인, 피한정후견인, 피특정후견인, 피임의후견인, 3) 회생절차개시결정 또는 파산선고를 받은 자, 4) 자격정지 이상의 형의 선고를 받고 그 형기(刑期) 중에 있는 사람, 5) 법원에서 해임된 법정대리인, 6) 법원에서 해임된 성년후견인, 한정후견인, 특정후견인, 임의후견인과 그 감독인, 7) 행방이 불분명한 사람, 8) 피후견인을 상대로 소송을 하였거나 하고 있는 자 또는 그 배우자와 직계혈족, 9) 외국인(가사예규 제184조) 등이다(제937조). 결격자를 유언으로 지정하거나 가정법원이 선임하더라도 이는 무효이다.

(2) 후견인의 사임(辭任)

복리적 임무상 후견인은 임의로 사퇴할 수 없고, 정당한 사유가 있는 경우에 가정법원의 허가를 받아 사임할 수 있다(제939조 1문). 이 경우 그 후견인은 사임청구와 동시에 가정법원에 새로운 후견인의 선임을 청구하여야 한다(제939조 2문). 만약 후견인의 사임청구에도 불구하고 법원의 허가가 없어 후견인이 임무를 수행하지 않는다면 후견인을 변경할 수 있다(제940조).

(3) 후견인의 변경(變更)

① 후견인이 피후견인에 대하여 부정이나 비행을 저지르는 경우, 과거에는 후견인을 해임하고 그 이후 뚜렷한 대책이 없는 경우가 많았다. 이에 피후견인의 복지에 적합한 제3자가 후견인이 될 수 있도록 법을 개정하였다. 즉, 가정법원은 피후견인의 복리를 위하여 후견인을 변경할 필요가 있다고 인정되는 경우 후견인을 변경할 수 있다(제940조).

② 후견인변경은 가정법원의 직권으로 또는 피후견인, 친족, 후견감독인, 검사, 지방자치단체의 장의 청구에 의하여 할 수 있다(제940조).

법원이 직권으로 후견인을 변경을 할 수 있도록 한 것은 가까운 친족이 아니더라도 후견인으로 적합한 자를 선임함으로써, 피후견인과 생활을 같이 하지 않는, 후견인으로서 부적절한 친족이 후견인이 되는 현상과 또 그것을 막기 위해 후견인해임심판 내지 변경을 재차 구하는 불합리한 점을 개선하기 위한 것이다.

③ 아동·청소년대상 성범죄 사건의 가해자가 피해아동·청소년의 친권자나 후견인인 경우에 그 사건을 수사하는 검사는 법원에 후견인 변경 결정을 청구할 수 있다(아동·청소년의 성보호에 관한 법률 제23조 제1항).

5. 후견인의 임무

후견인은 피후견인(被後見人)의 법정대리인으로서 피후견인을 보호·감독하는데 필요한 임무를 수행하면서 그에 따르는 신분상·재산상의 권한을 갖고 의무를 부담한다.

(1) 피후견인의 재산 조사와 그 목록작성

후견이 개시되면 후견인은 취임 후 지체없이 피후견인의 재산을 조사하여 2개월 내에 그 목록을 작성하여야 한다(제941조 제1항 본문). 그러나 정당한 사유가 있는 때에는 가정법원의 허가를 얻어 그 기간을 연장할 수 있다(제941조 제1항 단서; 가소법 제2조 제1항 라류). 재산목록의 작성을 완료하기까지는 긴급히 필요한 경우가 아니면 그 재산에 관한 권한을 행사하지 못한다(제943조 본문). 이를 위반한 후견인의 행위는 무권대리(無權代理)로 피후견인에게 효력이 없다. 다만, 이러한 대리권의 제한은 선의의 제3자에게 대항하지 못한다(제943조 단서). 재산조사와 목록작성은 후견감독인이 있는 경우에 후견감독인의 참여가 없으면 효력이 없다(제941조 제2항).

판례

재산목록 작성 전의 후견인의 권한

제943조는 재산목록의 작성이 끝날 때까지 후견인의 권한행사를 제한하는 규정으로서 이에 위반한 후견인의 행위는 무권대리행위에 해당한다고 할 것이고, 위 조문에서의 긴급 필요한 경우란 재산목록의 작성 전에 이를 하지 않으면 피후견인의 신상 또는 재산에 관하여 후일 이를 회복하기 어려운 불이익을 가져오게 할 경우를 말하는 것이다(대판 1997.11.28, 97도1368).

(2) 후견감독인에 대한 채권 · 채무의 제시

후견인과 피후견인 사이에 채권·채무의 관계가 있고 후견감독인이 있는 경우에는, 후견인은 재산목록의 작성을 완료하기 전에 그 내용을 후견감독인에게 제시하여야 한다(제942조 제1항). 후견인이 피후견인에 대한 채권이 있음을 알고도 제1항에 따른 제시를 게을리한 경우에는 그 채권을 포기한 것으로 본다(제942조 제2항). 후견인의 취임 후에 피후견인이 포괄적 재산을 취득한 경우에도 후견인은 그 재산목록을 작성하는 등 동일한 의무를 부담한다(제944조).

(3) 미성년자의 가족관계에 관한 권한

① 보호 · 교양 등에 관한 사항

미성년자후견인은 미성년자인 피후견인의 보호·교양(제913조), 거소지정(居所指定)(제914조), 징계(懲戒)(제915조)와 관련하여 친권자와 동일한 권리와 의무가 있다(제945조 본문). 그러나 ⅰ) 친권자가 정한 교양방법 또는 거소를 변경하는 경우, ⅱ) 피후견인을 감화 또는 교정기관에 위탁하는 경우, ⅲ) 친권자가 허락한 영업을 취소 또는 제한할 경우에는 미성년후견감독인의 동의를 받아야 한다(제945조 단서). 보호와 양육에 필요한 비용은 후견인이 아닌 부양의무자가 부담한다.

② 신분행위의 대리권과 동의권

후견인은 피후견인의 혼인적령미달 혼인에 대한 취소(제817조), 인지청구(認知請求)의 소(제863조), 입양의 대락 및 취소(제869조, 제899조, 제885조, 제886조), 상속의 승인 및 포기(제1019조, 제1020조), 각종 가사소송(가소법 제23조, 제28조, 제31조) 등을 대리한다. 그리고 미성년자의 약혼(제802조), 혼인(제808조 제1항), 입양(제871조), 파양(제900조) 등에 관해 동의할 권한을 갖는다.

③ 친권의 대행

미성년자가 출산한 경우, 미성년후견인은 미성년자를 갈음하여 그 자(子)에 대한 친권을 행사한다(제948조 제1항).

(4) 피후견인의 재산에 관한 권한

① 재산관리권(財産管理權)과 대리권(代理權)

후견인은 피후견인의 법정대리인이 되어(제938조), 피후견인의 재산을 관리하고 그 재산에 관한 법률행위에 대하여 피후견인을 대리한다(제949조 제2항). 다만 피후견인의 행위를 목적으로 하는 채무를 부담할 경우에는 본인의 동의를 얻어야 한다(제949조 제2항, 제920조 단서).

㉮ 자기재산에 관한 행위와 동일한 주의를 요하는 친권자와는 달리 후견인은 재임 중 피후견인의 재산을 선량한 관리자의 주의의무를 가지고 관리하여야 한다(제956조에 의한 제681조의 준용).

㉯ 미성년자의 친권자가 법률행위의 대리권과 재산관리권에 관하여 친권을 행사할 수 없는 때에는, 후견인의 임무는 미성년자의 재산상의 행위에 한하며(제946조), 이 경우의 미성년자의 신분상 행위에 관하여는 친권자가 계속해서 친권을 행사하게 된다.

㉰ 제3자가 후견인의 관리에 반대하는 의사를 표시하여 피후견인에게 무상수여한 재산에 관하여서는 재산관리권이 없다(제956조에 의한 제918조 준용).

② 동의권(同意權)

피후견인이 의사능력을 가질 때에는 동의를 주어 스스로 법률행위를 하도록 할 수 있다(제5조, 제6조, 제7조).

③ 후견감독인의 동의를 얻어야 하는 경우

미성년자의 영업에 관한 행위, 금전을 빌리는 행위, 의무만을 부담하는 행위, 부동산 또는 중요한 재산에 관한 권리의 득실변경을 목적으로 하는 행위, 소송행위, 상속의 승인·한정승인 또는 포기 및 상속재산의 분할에 관한 협의에 대해 동의하거나 또는 대리할 때 후견감독인이 있으면 그의 동의를 받아야 한다(제950조 제1항). 후견감독인의 동의가 필요한 법률행위를 후견인이 후견감독인의 동의 없이 하였을 때에는 피후견인 또는 후견감독인이 그 행위를 취소할 수 있다(제950조 제3항).

후견감독인의 동의가 필요한 행위에 대하여 후견감독인이 피후견인의 이익이 침해될 우려가 있음에도 동의를 하지 아니하는 경우에는 가정법원은 후견인의 청구에 의하여 후견감독인의 동의를 갈음하는 허가를 할 수 있다(제950조 제2항).

판례

후견인의 대리권과 동의권 제한

1. 후견인의 대리행위와 친족회의 동의

갑(甲)과 그의 생모인 을(乙)이 병(丙)과의 사이에 계쟁부동산 지분에 관하여 민형사상의 이의를 제기하지 않기로 하는 약정을 하였더라도 약정 당시 갑은 미성년자로서 행위무능력자이고, 을은 이미 재혼하여 친권을 상실한 자였다면 설사 을이 갑에 대한 후견인의 지위에서 피후견인인 갑의 위 부동산 지분에 관한 권리의 득실변경을 목적으로 하는 행위를 동의하거나 대리한 취지로 위 부제소합의를 하게 된 것이더라도 이에 관하여 친족회의 동의를 얻지 못한 이상 갑이 성년에 달한 후 3년 이내에 위 부제소합의를 취소한 것은 적법하다(대판 1989.10.10, 89다카1602).

2. 후견인이 친족회의 동의 없이 한 소송행위의 효력과 보정

한정치산자의 후견인이 한정치산자의 이름으로 소송을 제기하는 등의 소송행위를 함에는 친족회의 동의를 얻어야 하며 친족회의 동의를 얻지 아니한 채 제소하여 사실심의 변론종결 시까지 그 동의가 보정되지 아니하였다면 그 제소 등 일련의 소송행위는 그에 필요한 수권이 흠결된 법정대리인에 의한 것으로서 절차적 안정이 요구되는 소송행위의 성격상 민법 제950조 제2항의 규정에도 불구하고 무효이다. 그리고 한정치산자의 법정대리인의 소송행위에 필요한 친족회의 동의는 보정되면 행위 시에 소급하여 그의 효력이 생기고 그 보정은 상고심에서도 할 수 있다(대판 2001.7.27, 2001다5937).

---

(5) 후견인의 보수청구권(報酬請求權)

법원은 후견인의 청구에 의하여 피후견인의 재산상태 등을 참작하여 피후견인의 재산으로 보수를 수여할 수 있다(제955조).

6. 후견감독인

개정민법에서는 후견인을 감독하는 후견감독인제도를 신설하였다. 그 동안 후견감독기능을 하던 친족회를 폐지하고 그 대신 가정법원이 사안에 따라 후견감독인을 개별적으로 선임할 수 있도록 함으로써 후견인의 임무 해태, 권한 남용에 대한 실질적인 견제가 가능하도록 한 것이다.

(1) 지정에 의한 후견감독인의 선임

미성년후견인을 지정할 수 있는 사람은 유언으로 미성년후견감독인을 지정할 수 있다(제940조의2).

(2) 가정법원에 의한 선임

지정된 미성년후견감독인이 없는 경우 가정법원은 필요하다고 인정하면 직

권으로 또는 미성년자, 친족, 미성년후견인, 검사, 지방자치단체의 장의 청구에 의하여 미성년후견감독인을 선임할 수 있다(제940조의3 제1항). 가정법원은 미성년후견감독인이 사망, 결격, 그 밖의 사유로 없게 된 경우에는 직권으로 또는 미성년자, 친족, 미성년후견인, 검사, 지방자치단체의 장의 청구에 의하여 미성년후견감독인을 선임한다(제940조의3 제2항).

(3) 후견감독인의 임무

① 후견인의 임무 수행에 관한 보고와 재산목록의 제출을 요구하고 피후견인의 재산상황을 조사할 수 있다(제953조).

② 후견감독인은 후견인의 사무를 감독하며, 후견인이 없는 경우 지체 없이 가정법원에 후견인의 선임을 청구하여야 한다(제940조의6 제1항). 후견감독인은 피후견인의 신상이나 재산에 대하여 급박한 사정이 있는 경우 그의 보호를 위하여 필요한 행위 또는 처분을 할 수 있다(제2항). 후견인과 피후견인 사이에 이해가 상반되는 행위에 관하여는 후견감독인이 피후견인을 대리한다(제3항). 후견감독인에 대하여는 위임(제681조, 제691조, 제692조)과 후견인(제930조, 제936조 제3항·제4항), 제937조, 제939조, 제940조, 제947조의2, 제949조의2, 제955조, 제955조의2에 관한 규정이 준용된다(제940조의7).

③ 후견인의 업무 중 일정한 사항에 대한 동의[예를 들어 미성년자를 대리하는 미성년후견인의 소송행위나 상속의 한정승인 등에 대한 동의(제950조 제1항)].

(4) 후견감독인의 결격

피후견인의 배우자, 직계혈족 및 형제자매, 생계를 같이 하는 피후견인의 직계혈족의 배우자, 배우자의 직계혈족 및 배우자의 형제자매는 후견감독인이 될 수 없다(제940조의5).

7. 후견감독기관으로서의 가정법원

새로 도입된 후견제도의 가장 큰 특징 중에 하나가 가정법원의 감독기능이 강화되고 직권개입이 많아졌다는 사실이다. 즉, 가정법원은 미성년·성년후견인의 선임(제932조, 제936조), 성년후견인의 대리권의 범위결정과 변경(제938조), 후견인의 사임허가(제939조), 후견인의 변경(제940조), 후견감독인의 선임 또는 추가선임(제936조 제3항, 제940조의3, 제940조의4, 제940조의7), 후견감독인의 사임허가

(제939조, 제940조의7), 후견감독인의 변경(제940조, 제940조의7), 재산조사와 목록작성의 연장허가(제941조 제1항 단서), 피성년후견인의 신상격리에 대한 허가(제947조의2 제2항), 피성년후견인에 대한 위험한 의료행위에 대한 허가(제947조의2 제4항), 피성년후견인의 거주 건물이나 대지의 매도 등에 대한 허가(제947조의2 제5항), 성년후견인이 여러 명인 경우 권한의 행사 등에 대한 결정 또는 변경·취소(제949조의2 제1항·제2항), 후견감독인이 있는 경우의 각종 권한(제940조의7, 제947조의2 제3항~제5항, 제949조의2), 후견임무수행에 필요한 처분명령(제954조), 후견인 또는 후견감독인에 대한 보수수여(제940조의7, 제955조), 후견사무종료 시 관리계산기간의 연장허가(제957조 제1항 단서) 등의 내용으로 감독기능을 수행한다. 만약 후견사무가 급속히 증가한다면 가정법원의 부담이 과대해지면서 감독기능을 다하는 일이 곤란해질 가능성도 배제할 수 없다.

8. 후견의 종료

(1) 절대적 종료와 상대적 종료

절대적 종료란 후견의 필요성이 없어져 후견관계 그 자체가 소멸해버리는 것을 말한다. 그 사유로는 피후견인의 사망, 피후견인인 미성년자의 혼인에 의한 성년의제(成年擬制) 또는 성년(만19세)도달, 친권자에 대한 성년후견·한정후견 선고의 취소, 친권상실선고의 취소, 미성년자의 인지·입양 등으로 친권자가 새로 생긴 경우 등을 들 수 있다. 이에 대하여 상대적 종료란 후견 그 자체는 종료하지 않으나, 지금까지의 후견인이 후견관계에서 이탈하는 것, 다시 말해서 피후견인의 후견의 필요성은 존속되나 후견인의 사망·실종선고·결격·사퇴·해임, 부부의 일방이 후견인인 경우 혼인의 취소 등으로 당해 후견인이 후견업무에서 물러나는 경우이다.

(2) 종료 후의 청산

① 관리의 계산

후견인의 임무가 종료한 때에는 후견인 또는 그 상속인은 1개월 내에 피후견인의 재산에 관한 계산을 하여야 한다(제957조 제1항 본문). 그러나 정당한 사유가 있는 때에는 가정법원의 허가를 얻어 그 기간을 연장할 수 있다(제957조 제1항 단서). 이러한 관리계산은 후견감독인이 있는 경우 그의 참여가 없으면 효력이 없다(제957조 제2항).

② 이자의 부가 및 손해배상

후견인이 피후견인에게 지급할 금액이나 피후견인이 후견인에게 지급할 금액에는 계산종료의 날로부터 이자를 부가하여야 한다(제958조 제1항). 후견인이 자기를 위하여 피후견인의 금전을 소비한 때에는, 그 소비한 날로부터 이자를 부가하고 피후견인에게 손해가 있으면 이를 배상하여야 한다(제958조 제2항).

(3) 후견종료 후의 긴급처리

후견종료(後見終了)의 경우에 급박한 사정이 있는 때에는 후견인, 그 상속인이나 법정대리인은 피후견인, 그 상속인이나 법정대리인이 그 후견사무를 처리할 수 있을 때까지 그 사무의 처리를 계속하여야 한다(제959조, 제691조).

(4) 후견종료의 신고

후견인은 후견종료의 신고를 가족관계등록법이 정한 바에 따라서 후견종료 시로부터 1개월 이내에 하여야 한다(동법 제83조). 미성년자가 성년에 달하여 후견이 종료되는 경우에는 신고가 필요없고, 가족관계등록담당관이 직권으로 후견종료사유를 기록하여야 한다(동법 제83조 단서).

Ⅲ 성년후견

1. 성년후견의 개시

(1) 성년후견개시 대상

질병, 장애, 노령, 그 밖의 사유로 인한 정신적 제약으로 사무를 처리할 능력이 지속적으로 결여된 사람이 성년후견개시의 대상이 된다.

질병, 장애, 노령과 같은 신체적인 원인들은 정신적 제약을 가져오는 예시적인 내용들로 보아야 한다. 사무처리를 지속적으로 할 수 없을 정도의 정신적 제약을 어떻게 판단해야 하는가? 의사 등 전문가의 의견을 종합하여 판단하여야겠지만, 어느 정도의 정신적 제약이 있어야 성년후견개시의 대상이 되는지는 일률적으로 정하기 힘들다. 일반적으로는 심신의 장애로 의사능력이 없을 정도의 상태를 의미한다고 볼 수 있다. 일시적으로 의사능력상태를 회복하더라도 전반적으로 의사무능력상태가 지속되는 경우에는 성년후견 대상이 될 수 있을 것이다. 신체적 원인 등으로 인하여 사무처리능력의 지속적인 결여가 있는 경우에도 성년후견이 가능한가? 신체적 장애로 인하여 사무처리나 의사표시에 지속적인 어려움을 겪을 수 있겠지만, 후견제도가 자기결정권을 존중하는 제도라는 점에서 정신적 장애가 아닌 이상 신체적 장애가 있더라도 위임 등의 계약을 통하여 충분히 해결될 수 있다는 점을 고려한다면, 신체적 장애만으로는 성년후견개시 대상이 될 수 없다고 해야 할 것이다.

(2) 성년후견개시심판의 청구

성년후견개시의 심판은 본인, 배우자, 4촌 이내의 친족, 미성년후견인, 미성년후견감독인, 한정후견인, 한정후견감독인, 특정후견인, 특정후견감독인, 검사 또는 지방자치단체의 장의 청구에 의하여 이루어진다(제9조 제1항). 본인이 직접 청구를 하기 위해서는 의사능력이 있어야 한다. 본인이 미성년자이거나 피한정후견인과 같은 제한능력자인 경우에도 의사능력만 있으면 성년후견심판을 청구할 수 있다고 보아야 할 것이다. 개정민법에서는 무연고자 등의 보호를 위하여 검사뿐만 아니라 지방자치단체의 장도 청구권자에 포함시켰다.

(3) 성년후견개시의 심판

제929조(성년후견심판에 의한 후견의 개시)
가정법원의 성년후견개시심판이 있는 경우에는 그 심판을 받은 사람의 성년후견인을 두어야 한다.

개정 전 가사소송법에서 라류 가사비송사건심판은 사건관계인을 심문하지 않고 할 수 있었다(개정 전 가소법 제2조 제1항 라류사건, 제45조). 이로 인해 본인의 의사를 고려하지 않고 심판이 진행되는 문제점이 있었다. 이에 개정 가사소송법에서는 본인과 피성년후견인의 자기결정권을 존중하는 맥락에서 성년후견개시심판을 할 때 본인의 의사를 고려하도록 하였다(가소법 제45조의3 제1항 1호·제2항·제3항). 후견개시심판이 있는 경우에는 그 심판을 받은 사람의 성년후견인을 두어야 한다(제929조). 성년후견인은 피성년후견인의 신상과 재산에 관한 모든 사정을 고려하여 여러 명을 둘 수 있고(제930조 제2항), 법인도 성년후견인이 될 수 있다(동조 제3항). 성년후견이 개시되면 피성년후견인은 행위능력을 상실하게 되고, 원칙적으로 후견인의 대리를 통하지 아니하면 그 법률행위를 취소할 수 있다(제10조 제1항). 다만, 가정법원은 취소할 수 없는 피성년후견인의 법률행위의 범위를 정할 수 있고(제10조 제2항), 그 외에도 일용품의 구입 등 일상생활에 필요하고 그 대가가 과도하지 아니한 법률행위는 성년후견인이 취소할 수 없다(제10조 제4항). 피성년후견인의 정신능력은 수시로 변할 수 있으므로 본인의 자기결정권을 고려하여, 가정법원은 본인, 배우자, 4촌 이내의 친족, 성년후견인, 성년후견감독인, 검사 또는 지방자치단체의 장의 청구에 의하여 제10조 제2항의 법률행위의 범위를 변경할 수 있다(제10조 제3항).

2. 성년후견인의 선임과 사퇴 및 변경

(1) 후견인의 선임

가정법원이 후견개시심판을 하는 때에는 직권으로 성년후견인을 선임하여야 한다(제929조, 제936조 제1항). 가정법원은 성년후견인이 사망, 결격, 그 밖의 사유로 없게 된 경우에도 직권으로 또는 피성년후견인, 친족, 이해관계인, 검사, 지방자치단체의 장의 청구에 의하여 성년후견인을 선임하여야 하고(제936조 제2항), 성년후견인이 선임된 경우에도 필요하다고 인정하면 직권으로 또는 제936조 제2항의 청구권자나 성년후견인의 청구에 의하여 추가로 성년후견인을 선임할 수 있다(제936조 제3항). 가정법원이 성년후견인을 선임할 때에는 피성년후견인의 의사를 존중하여야 하며, 그 밖에 피성년후견인의 건강, 생활관계, 재산상황, 성년후견인이 될 사람의 직업과 경험, 피성년후견인과의 이해관계의 유무(법인이 성년후견인이 될 때에는 사업의 종류와 내용, 법인이나 그 대표자와 피성년후견인 사이의 이해관계의 유무를 말한다) 등의 사정도 고려하여야 한다(제936조 제4항).

(2) 후견인의 결격, 사퇴, 변경

성년후견인의 결격, 사퇴, 변경과 관련된 내용은 미성년후견의 경우와 동일하다(제937조, 제939조, 제940조).

3. 성년후견인의 권한과 임무

피후견인의 재산 조사와 그 목록작성, 피후견인의 재산에 관한 권한, 후견인감독인에 대한 채권·채무의 제시 등과 관련한 성년후견인의 권한과 임무는 미성년후견의 경우와 동일하다(제941조 내지 제944조). 후견인은 복리에 반하지 아니하는 한 피성년후견인의 의사를 최대한 존중하면서 업무를 처리하여야 한다

(이에 반하는 경우 후견인 변경사유가 됨: 제940조 제1항). 만약 피후견인의 업무가 부적절하거나 피성년후견인의 복리에 부합하지 않는 등의 경우에 가정법원은 직권으로 또는 피후견인, 후견감독인, 제777조에 따른 친족, 그 밖의 이해관계인, 검사, 지방자치단체의 장의 청구에 의하여 피후견인의 재산상황을 조사하고, 후견인에게 재산관리 등 후견임무 수행에 관하여 필요한 처분을 명할 수 있다(제954조). 피성년후견인의 신상과 인격에 관한 성년후견인의 권한을 정리하면 다음과 같다.

(1) 피성년후견인의 신상에 관한 결정

제947조의2(피성년후견인의 신상결정 등)

① 피성년후견인은 자신의 신상에 관하여 그의 상태가 허락하는 범위에서 단독으로 결정한다.

② 성년후견인이 피성년후견인을 치료 등의 목적으로 정신병원이나 그 밖의 다른 장소에 격리하려는 경우에는 가정법원의 허가를 받아야 한다.

③ 피성년후견인의 신체를 침해하는 의료행위에 대하여 피성년후견인이 동의할 수 없는 경우에는 성년후견인이 그를 대신하여 동의할 수 있다.

④ 제3항의 경우 피성년후견인이 의료행위의 직접적인 결과로 사망하거나 상당한 장애를 입을 위험이 있을 때에는 가정법원의 허가를 받아야 한다. 다만, 허가절차로 의료행위가 지체되어 피성년후견인의 생명에 위험을 초래하거나 심신상의 중대한 장애를 초래할 때에는 사후에 허가를 청구할 수 있다.

⑤ 성년후견인이 피성년후견인을 대리하여 피성년후견인이 거주하고 있는 건물 또는 그 대지에 대하여 매도, 임대, 전세권 설정, 저당권 설정, 임대차의 해지, 전세권의 소멸, 그 밖에 이에 준하는 행위를 하는 경우에는 가정법원의 허가를 받아야 한다.

피성년후견인의 '신상에 관한 결정'이란 피성년후견인의 신체·정신에 관한 결정을 의미한다고 해석된다. 예를 들어 피성년후견인에 대한 의료행위, 개호, 치료, 또는 정신적 치료를 위한 격리, 교육, 감호 등에 관한 결정을 의미한다고 볼 수 있다. 개정민법 제947조의2는 신상에 관한 결정은 피성년후견인 스스로 하는 것을 원칙으로 하되 정신적 치료를 위한 격리나 위험한 의료행위, 피성년후견인의 주거와 관련된 중요한 재산적 법률행위에는 가정법원의 허가를 받도록 함으로써 후견의 남용에 대한 가정법원의 견제역할을 부여하고 있다(제947조의2 제5항에서 열거하고 있는 내용들이 피성년후견인의 신상에 관한 사항인가는 의문이다). 그런데 가정법원의 허가가 이러한 열거적 내용들에 한정된다고 볼 것인가가 문제이다. 해석론의 한계상 가정법원의 허가대상을 위 규정내용 외에 확장하는 것은 타당하지 않다. 다만, 위에서 열거한 내용들 외에도 신체의 완전성이나 사생활에 중대한 침해가 될 수 있는 사항들에 대해서는 성년후견인의 개입요건을 엄격히 하는 게 필요하다 하겠다.

(2) 신분행위 등에 대한 동의권

후견인은 피후견인에 대하여 약혼(제802조), 혼인(제808조 제2항), 협의이혼(제835조 제2항, 제808조 제2항), 인지(제856조), 파양(제902조)에 대하여 동의할 수 있고, 신체침해적 의료행위에 대하여 피후견인이 동의할 수 없는 상황에서 대신하여 동의할 수 있다(제947조의2 제3항).

(3) 신분행위 등에 관한 대리권

미성년후견인과 마찬가지로 성년후견인도 동의 없는 피성년후견인의 혼인에 대한 취소(제817조), 인지청구(認知請求)의 소(제863조), 입양의 대락 및 취소(제869조, 제899조, 제885조, 제886조), 상속의 승인 및 포기(제1019조, 제1020조), 각종 가사소송(가소법 제23조, 제28조, 제31조) 등을 대리한다.

(4) 재산관리권(財産管理權)과 대리권(代理權)

성년후견인이 피성년후견인의 재산을 관리하고 대리하는 권한은 미성년후견인과 동일하다. 즉, 성년후견인은 피성년후견인의 법정대리인이 되어(제938조 제1항), 선량한 관리자의 주의로써(제951조, 제681조) 피성년후견인의 재산을 관리하고 그 재산에 관한 법률행위에 대하여 피후견인을 대리한다(제949조 제1항). 다만, 미성년후견인과 달리 가정법원은 성년후견인의 법정대리권의 범위를 한정하여 정할 수 있고(제938조 제2항), 여기서 정한 법정대리인의 권한의 범위가 적절하지 아니하게 된 경우에 본인, 배우자, 4촌 이내의 친족, 성년후견인, 성년후견감독인, 검사 또는 지방자치단체의 장의 청구에 의하여 그 범위를 변경할 수 있다(제938조 제4항). 그리고 미성년후견인과는 달리 성년후견인은 재산상의 행위에 대한 동의권이 없다.

(5) 성년후견인의 권한의 제한

성년후견인의 권한은 미성년후견인의 권한과 대체로 일치하므로 그에 대한 제한도 미성년후견인과 비슷하다. 예를 들어 제3자의 무상증여 시 관리권의 제한(제956조에 의한 제918조의 준용), 이해상반행위 시 특별대리인의 선임(제921조 제1

항·제2항. 후견감독인이 없는 경우에 한함), 채무부담행위에 대한 피후견인의 동의(제949조 제2항에 의한 제920조 단서의 준용), 재산목록 작성 전 권한제한(제943조 본문), 일정한 사항에 대한 후견감독인의 동의(제950조 제1항 1호~6호) 등이다. 그러나 법률행위취소에 대한 가정법원의 제한(제10조 제2항), 일상생활의 법률행위에 대한 취소권의 제한(제10조 제4항), 격리수용에 대한 가정법원의 허가(제947조의2 제2항), 위험한 의료행위의 동의에 대한 가정법원의 허가(제947조의2 제4항), 거주부동산의 매도에 대한 가정법원의 허가(제947조의2 제5항) 등에서 미성년후견인의 권한제한과는 차이가 있다.

4. 성년후견감독인

제940조의4(성년후견감독인의 선임)
① 가정법원은 필요하다고 인정하면 직권으로 또는 피성년후견인, 친족, 성년후견인, 검사, 지방자치단체의 장의 청구에 의하여 성년후견감독인을 선임할 수 있다.
② 가정법원은 성년후견감독인이 사망, 결격, 그 밖의 사유로 없게 된 경우에는 직권으로 또는 피성년후견인, 친족, 성년후견인, 검사, 지방자치단체의 장의 청구에 의하여 성년후견감독인을 선임한다.

성년후견감독인의 권한과 임무 등에 관한 내용은 미성년후견감독인의 경우와 동일하다.

Ⅳ 한정후견

1. 한정후견의 개시

(1) 한정후견개시의 원인

한정후견은 질병, 장애, 노령, 그 밖의 사유로 인한 정신적 제약으로 사무를 처리할 능력이 부족한 사람에 대하여 이루어진다(제12조 제1항). '사무를 처리할 능력이 부족한' 경우란 성년후견 이용자보다 경미한 정신적 제약상태를 의미한다고 볼 수 있다. 개정 전 민법상 한정치산자가 포괄적으로 행위능력이 제한되었다고 한다면, 개정민법상 한정후견인은 필요한 한도 내에서만 행위능력이 제한된다는 점에서 차이가 있다.

(2) 한정후견의 청구와 개시심판

가정법원은 본인, 배우자, 4촌 이내의 친족, 미성년후견인, 미성년후견감독인, 성년후견인, 성년후견감독인, 특정후견인, 특정후견감독인, 검사 또는 지방자치단체의 장의 청구에 의하여 한정후견개시의 심판을 한다(제12조 제1항). 본인이 청구권자가 될 수 있도록 한 것은 피성년후견인이라도 의사능력이 지속적으로 충분히 유지되고 있다면 한정후견을 청구할 수 있도록 하는 것이 본인의 인격과 복리에 합당하기 때문이다. '성년후견인과 성년후견감독인'이 청구권자가 될 수 있도록 한 것은 피성년후견인의 정신적 상태가 호전된 경우 쉽게 한정후견으로 변경시킬 수 있도록 하기 위한 것이라고 볼 수 있다. 가정법원은 한정후견개시의 심판을 할 때 본인의 의사를 고려하여야 한다(제12조 제2항, 제9조 제2항).

(3) 한정후견개시심판의 효과

① 가정법원의 한정후견개시의 심판이 있는 경우에는 그 심판을 받은 사람의 한정후견인을 두어야 하는데(제959조의2), 한정후견인은 가정법원이 직권으로 선임한다(제959조의3 제1항). 한정후견인에 대하여는 제930조(후견인의 수와 자격) 제2항·제3항, 제936조(성년후견인의 선임) 제2항부터 제4항까지, 제937조(후견인의 결격사유), 제939조(후견인의 사임), 제940조(후견인의 변경) 및 제949조의3(이해상반행위)을 준용한다(제959조의3 제2항).

② 가정법원은 한정피후견인의 법률행위 중 후견인의 동의를 받아야 하는 행위의 범위를 정하여야 한다(제13조 제1항). 동의를 받아야 하는 행위의 범위 내에서만 행위능력이 제한된다는 점에서 기존의 포괄적으로 행위능력이 제한되었던 한정치산제도와는 차이가 있다. 한정후견인의 동의가 필요한 법률행위를 피한정후견인이 한정후견인의 동의 없이 하였을 때에는 그 법률행위를 취소할 수 있다(제13조 제4항 본문). 다만, 일용품의 구입 등 일상생활에 필요하고 그 대가가 과도하지 아니한 법률행위에 대하여는 그러하지 아니하다(제13조 제4항).

2. 한정후견인의 권한과 임무

(1) 동의권

한정후견인은 가정법원이 정한 일정한 범위의 피한정후견인의 행위에 대하여 동의권을 갖고(제13조 제1항), 한정후견인의 동의를 필요로 하는 행위에 대하여 한정후견인이 피한정후견인의 이익이 침해될 염려가 있음에도 그 동의를 하지 아니하는 때에는 가정법원은 피한정후견인의 청구에 의하여 한정후견인의 동의를 갈음하는 허가를 할 수 있다(제13조 제3항). 그리고 가정법원은 본인, 배우자, 4촌 이내의 친족, 한정후견인, 한정후견감독인, 검사 또는 지방자치단체의 장의 청구에 의하여 제13조 제1항에 따른 한정후견인의 동의를 받아야만 할 수 있는 행위의 범위를 변경할 수 있다.

(2) 대리권

성년후견에 있어서는 성년후견인은 당연히 법정대리인이 되며 주로 법정대리권의 행사를 통하여 임무를 수행(제10조, 제938조)하는 반면, 한정후견의 경우에는 대리권보다는 주로 동의권의 행사에 의하여 한정후견임무가 수행되고 또한 한정후견인은 가정법원의 심판에 의하여 부여된 대리권한을 갖는다는 점(제959조의4 제1항)에서 차이가 있다.

(3) 한정후견사무

성년후견인과 마찬가지로 한정후견인도 피한정후견인의 재산을 관리하고, 때에 따라서는 신상을 보호하는 데 필요한 사무를 하게 된다. 따라서 성년후견인의 권한과 임무에 관한 규정들이 한정후견에도 많이 준용된다. 즉, 한정후견의 사무에는 제681조(수임인의 선관의무), 제920조 단서(자의 재산에 관한 친권자의 대리권), 제947조(피성년후견인의 복리와 의사존중), 제947조의2(피성년후견인의 신상결정), 제949조(재산관리권과 대리권), 제949조의2(성년후견인이 여러 명인 경우 권한의 행사), 제949조의3(이해상반행위), 제950조(후견감독인의 동의를 필요로 하는 행위)부터 제955조(후견인에 대한 보수)까지 및 제955조의2(지출금액의 예정과 사무비용)를 준용한다(제959조의6).

3. 한정후견인의 임무의 종료

한정후견개시의 원인이 소멸된 경우에는 가정법원은 본인, 배우자, 4촌 이내의 친족, 한정후견인, 한정후견감독인, 검사 또는 지방자치단체의 장의 청구에 의하여 한정후견종료의 심판을 한다(제14조). 한정후견인의 임무가 종료한 경우에 관하여는 제691조, 제692조, 제957조 및 제958조를 준용한다(제959조의7).

4. 한정후견인감독인

가정법원은 필요하다고 인정하면 직권으로 또는 피한정후견인, 친족, 한정후견인, 검사, 지방자치단체의 장의 청구에 의하여 한정후견감독인을 선임할 수 있다(제959조의5 제1항).

법인 또는 복수의 후견감독인을 들 수 있으며(제930조 제2항·제3항), 후견감독인의 선임·결격사유·직무·사임·변경도 성년후견감독인과 같다(제930조 제2항·제3항, 제936조 제3항·제4항, 제937조, 제939조, 제940조, 제940조의3 제2항, 제940조의5). 또한 후견인의 사무를 감독하고, 후견인 부재 시 가정법원에 후견인선임을 청구하여야 하며, 피후견인과 후견인 사이에 이해상반된 행위에 대하여는 피후견인을 대리한다(제959조의5 제2항, 제940조의6).

수임인의 선관의무, 위임종료시의 긴급처리, 위임종료의 대항요건, 피성년후견인의 신상결정 중 일부규정, 복수성년후견인 경우 권한행사, 후견인에 대한 보수·비용에 관한 규정(제681조, 제691조, 제692조, 제947조의2 제3항부터 제5항까지, 제949조의2, 제955조 및 제955조의2)이 한정후견감독인에게도 준용된다.

V 특정후견

1. 특정후견개시

(1) 특정후견개시의 원인

질병, 장애, 노령, 그 밖의 사유로 인한 정신적 제약으로 일시적 후원 또는 특정한 사무에 관한 후원이 필요한 사람에 대하여 특정후견을 청구할 수 있다(제14조의2 제1항).

특정후견은 피후견인의 자기결정권을 최대한 보장하기 위해 일시적 보호 또는 특정한 사무에 한정된 보호를 목적으로 한다는 점에서, 계속적 보호를 목적으로 하는 성년후견 또는 한정후견과는 다르다고 할 수 있다. 따라서 특정후견은 본인의 의사에 반하여 할 수 없으며(제14조의2 제2항), 후견의 기간 또는 사무의 범위를 정하여야 한다(제14조의2 제3항). 정신적 능력을 기준으로 피성년후견인이나 피한정후견인과 피특정후견인을 구별할 수 있는가? 입법 당시의 상황을 보면 지적능력이 약간 떨어진다고 하더라도 일상적인 생활에는 큰 지장이 없는 자가 광범위한 범위에서 후견을 받는 것보다 재산처분 등과 같이 중요하고 어려운 법률문제에 국한하여 일시적으로 도움을 받도록 함으로써 자기결정권이 최대한 보장되도록 하는 것이 특정후견제도의 취지였다고 판단된다. 그렇다면 정신능력을 기준으로 특정후견을 분리하는 것이 일견 타당해 보인다. 그러나 특정후견이 그보다는 일시적인 정신적 장애를 위해서 이용된다는 측면을 강조한다면, 성년후견이나 한정후견과의 차이는 시간적 지속성의 상대적 차이에 불과하다. 그리고 일시적 장애가 있더라도 그러한 장애로 인하여 대부분의 법률행위를 정상적으로 할 수 없다고 본다면 피성년후견인과 굳이 구별해야 할 이유도 없다.

생각건대 특정후견제도를 통해서 달성하려고 하는 피특정후견인의 보호에 대한 요청이 그리 많지 않을 것이라는 점과, 설혹 그러한 수요가 있더라도 그러한 부분은 후견계약이나 임의대리 또는 위임을 통해서 충분히 이루어질 수 있다고 본다면 특정후견을 별도로 인정할 필요가 있는가는 의문이다.

(2) 특정후견의 청구와 개시심판

가정법원은 본인, 배우자, 4촌 이내의 친족, 미성년후견인, 미성년후견감독인, 검사 또는 지방자치단체의 장의 청구에 의하여 특정후견의 심판을 한다(제14조 제1항). 성년후견인, 성년후견감독인, 한정후견인, 한정후견감독인이 청구권자에서 배제된 것은, 성년후견이나 한정후견이 특정후견과 병존시킬 필요성이 별로 없고 피특정후견인이나 피한정후견인의 정신적 제약이 호전될 경우가 그렇게 많지 않기 때문으로 생각된다. 가정법원은 특정후견의 심판을 할 때에 특정후견에 따른 보호조치로서 피특정후견인의 후원을 위하여 필요한 처분을 명할 수 있고(제959조의8), 특정후견인을 선임할 수 있다(제959조의9). 제959조의8 규정은 후견인을 선임하지 않고서도 가정법원이 재산관리나 신상문제에 직접 개입하여 피특정후견인을 위한 조치를 취할 수 있다는데 의의가 있다.

2. 특정후견개시심판의 효과

특정후견이 개시되더라도 피특정후견인은 후원적 성격이 강한 특정된 범위의 법률행위를 제외하고는 유효한 법률행위를 할 수 있다. 선임된 특정후견인은 피특정후견인을 위하여 여러 가지 조언 등을 할 것이지만, 피특정후견인을 대리하기 위해서는 심판을 통하여 가정법원으로부터 기간이나 범위를 정하여 대리권을 수여받아야 한다(제959조의11 제1항). 이 때 가정법원은 특정후견인의 대리권 행사에 가정법원이나 특정후견감독인의 동의를 받도록 명할 수 있다(제959조의11 제2항).

3. 특정후견인의 사무

특정후견감독인에 대하여는 제681조(수임인의 선관의무), 제920조(자의 재산에 관한 친권자의 대리권) 단서, 제947조(피성년후견인의 복리와 의사존중), 제949조의2(성년후견인이 여러 명인 경우 권한의 행사 등), 제953조(후견감독인의 후견사무의 감독)부터 제955조(후견인에 대한 보수)까지 및 제955조의2(지출금액의 예정과 사무비용)를 준용한다(제959조의12).

4. 특정후견인의 임무의 종료

특정후견인의 임무가 종료된 경우에 관하여는 제691조(위임종료 시의 긴급처리), 제692조(위임종료의 대항요건), 제957조(후견사무종료와 관리의 계산) 및 제958조(이자의 부가와 금전소비에 대한 책임)를 준용한다(제959조의13).

5. 특정후견감독인

가정법원은 필요하다고 인정하면 직권으로 또는 피특정후견인, 친족, 특정후견인, 검사, 지방자치단체의 장의 청구에 의하여 특정후견감독인을 선임할 수 있다(제959조의10 제1항). 특정후견감독인에 대하여는 제681조(수임인의 선관의무), 제691조(위임종료 시의 긴급처리), 제692조(위임종료의 대항요건), 제930조(후견인의 수와 자격) 제2항·제3항, 제936조(성년후견인의 선임) 제3항·제4항, 제937조(후견인의 결격사유), 제939조(후견인의 사임), 제940조(후견인의 변경), 제940조의5(후견감독인의 결격사유), 제940조의6(후견감독인의 직무), 제949조의2(성년후견인이 여러 명인 경우 권한의 행사 등), 제955조(후견인에 대한 보수) 및 제955조의2(지출금액의 예정과 사무비용)를 준용한다(제959조의10 제2항).

Ⅵ 후견계약(임의후견)

1. 후견계약의 의의

후견계약은 질병, 장애, 노령, 그 밖의 사유로 인한 정신적 제약으로 사무를 처리할 능력이 부족한 상황에 있거나 부족하게 될 상황에 대비하여 자신의 재산관리 및 신상보호에 관한 사무의 전부 또는 일부를 다른 자에게 위탁하고 그 위탁사무에 관하여 대리권을 수여하는 것을 내용으로 한다(제959조의14 제1항).

2. 후견계약의 체결방법과 효력

후견계약은 공정증서로 체결하여야 하는데(제959조의14 제2항), 가정법원의 후견개시심판만으로 후견이 개시되는 법정후견과 달리 후견계약에서는 공정증서로 체결된 후견계약은 등기되어야 하고(제959조의15 제1항), 공시 이후 가정법원이 임의후견감독인을 선임한 때부터 후견계약의 효력이 발생한다(제959조의14 제3항). 가정법원, 임의후견인, 임의후견감독인 등은 후견계약을 이행·운영할 때 본인의 의사를 최대한 존중하여야 한다(제959조의14 제4항). 임의후견인은 위임계약상의 선량한 관리자의 주의의무를 부담한다(제681조).

3. 임의후견감독인

(1) 임의후견감독인의 선임

후견계약이 효력을 발생하려면 임의후견감독인이 선임되어야 한다(제959조의14 제3항). 가정법원은 후견계약이 등기되어 있고, 본인이 사무를 처리할 능력이 부족한 상황에 있다고 인정할 때에는 본인, 배우자, 4촌 이내의 친족, 임의후견인, 검사 또는 지방자치단체의 장의 청구에 의하여 임의후견감독인을 선임한다(제959조의15 제1항). 이 경우 본인이 아닌 자의 청구에 의하여 가정법원이 임의후견감독인을 선임할 때에는 미리 본인의 동의를 받아야 한다. 다만, 본인이 의사를 표시할 수 없는 때에는 그러하지 아니하다(제959조의15 제2항). 가정법원은 임의후견감독인이 없게 된 경우에는 직권으로 또는 본인, 친족, 임의후견인,

검사 또는 지방자치단체의 장의 청구에 의하여 임의후견감독인을 선임한다(제959조의15 제3항). 또한 가정법원은 임의후견임감독인이 선임된 경우에도 필요하다고 인정하면 직권으로 또는 제3항의 청구권자의 청구에 의하여 임의후견감독인을 추가로 선임할 수 있다(제959조15의 제4항). 임의후견감독인에 대하여는 제940조의5(후견감독인의 결격사유)를 준용한다(제959조의15의 제5항).

(2) 후견감독인의 직무 등

후견감독인은 후견인의 사무를 감독하며, 후견인이 없는 경우 지체없이 가정법원에 후견인의 선임을 청구하여야 한다(제959조의16 제1항). 가정법원은 필요하다고 인정하면 임의후견감독인에게 감독사무에 관한 보고를 요구할 수 있고 임의후견인의 사무 또는 본인의 재산상황에 대한 조사를 명하거나 그 밖에 임의후견감독인의 직무에 관하여 필요한 처분을 명할 수 있다(동조 제2항). 임의후견감독인에 대하여는 제940조의6(후견감독인의 직무) 제2항·제3항, 제940조의7(위임 및 후견인 규정의 준용) 및 제953조(후견감독인의 후견사무의 감독)를 준용한다(동조 제3항).

4. 임의후견개시의 제한 등

(1) 임의후견인의 결격사유

임의후견인에게 제937조에서 정한 결격사유가 있거나 또는 임의후견인이 현저한 비행을 하거나 후견계약에서 정한 임무에 적합하지 아니한 사유가 있는 자인 경우에는 가정법원은 임의후견감독인을 선임하지 아니한다(제959조의17 제1항). 임의후견감독인을 선임하지 않으면 후견계약의 효력이 발생하지 않게 된다. 제937조에서 정한 결격사유란 임의후견인이 ① 미성년자, ② 피성년후견인, 피한정후견인, 피특정후견인, 피임의후견인, ③ 회생절차개시결정 또는 파산선고를 받은 자, ④ 자격정지 이상의 형의 선고를 받고 그 형기(刑期) 중에 있는 사람, ⑤ 법원에서 해임된 법정대리인, ⑥ 법원에서 해임된 성년후견인, 한정후견인, 특정후견인, 임의후견인과 그 감독인, ⑦ 행방이 불분명한 사람, ⑧ 피후견인을 상대로 소송을 하였거나 하고 있는 자 또는 그 배우자와 직계혈족인 자를 말한다.

(2) 임의후견인의 해임

임의후견감독인을 선임한 이후 임의후견인이 현저한 비행을 하거나 그 밖에 그 임무에 적합하지 아니한 사유가 있게 된 경우에는 가정법원은 임의후견감독인, 본인, 친족, 검사 또는 지방자치단체의 장의 청구에 의하여 임의후견인을 해임할 수 있다(제959조의17 제2항). 임의후견인이 해임된 경우에도 후견계약은 그 효력이 상실되어 임의후견개시가 종료된다.

5. 후견계약의 종료

임의후견감독인의 선임 전에는 본인 또는 임의후견인은 언제든지 공증인의 인증을 받은 서면으로 후견계약의 의사표시를 철회할 수 있다(제959조의18 제1항). 임의후견감독인의 선임 이후에는 본인 또는 임의후견인은 정당한 사유가 있는 때에만 가정법원의 허가를 받아 후견계약을 종료할 수 있다(동조 제2항). 임의후견인의 대리권 소멸은 등기하지 아니하면 선의의 제3자에게 대항할 수 없다(제959조의19).

6. 후견계약과 법정후견과의 관계

후견계약이 등기되어 있는 경우에는 가정법원은 본인의 이익을 위하여 특별히 필요할 때에만 임의후견인 또는 임의후견감독인의 청구에 의하여 성년후견, 한정후견 또는 특정후견의 심판을 할 수 있다. 이 경우 후견계약은 본인이 성년후견 또는 한정후견 개시의 심판을 받은 때 종료된다(제959조의20 제1항). 본인이 피성년후견인, 피한정후견인 또는 피특정후견인인 경우에 가정법원은 임의후견감독인을 선임함에 있어서 종전의 성년후견, 한정후견 또는 특정후견의 종료 심판을 하여야 한다. 다만, 성년후견 또는 한정후견 조치의 계속이 본인의 이익을 위하여 특별히 필요하다고 인정하면 가정법원은 임의후견감독인을 선임하지 아니한다(제959조의20 제2항).

제 5 절 부 양

사례 16

B의 형인 A는 아버지가 사망할 당시 어머니를 모시는 조건으로 유산의 90%를 물려 받았다. 그런데 A는 방탕한 생활로 상속받은 재산을 탕진하였다. 그래서 B는 어머니를 모시고 부양하고 있다. 그런데 A는 B에게 자신의 생활비를 원조해 줄 것을 부탁하였다. B는 A에게 생활비를 지급할 의무가 있는가?

[논 점]

친족부양의 요건

Ⅰ 부양제도의 의의

1. 국가적 의미의 부양 · 공적 의미의 부양

사회보장 등에 관한 헌법 제34조에 기초하여 국가는 적극적인 생존권보장의 법적 장치로써 국민기초생활보장법, 사회보장기본법, 노인복지법, 각종 보험법 등의 국가적 부양제도(扶養制度)를 마련하고 있다.

국민기초생활보장법에 의하면 부양의무자가 없거나 부양의무자가 있어도 부양능력이 없는 경우에 비로소 생계급여 수급권자에 해당되며(동법 제8조 제2항), 부양의무자의 부양과 기타 다른 법령에 의한 보호가 생활보장법에 의한 부양보호보다 우선하도록 되어 있으므로(동법 제3조 제2항) 민법상의 부양의무는 1차적인 것이고, 국가적 부양은 2차적·보충적인 것이다.

2. 민법상의 부양 · 사적 의미의 부양

사적(私的) 부양제도에 있어서는 ⅰ) 「자기가 사는 권리는 다른 사람을 부양할 권리에 우선한다」는 원칙이 적용되지 않는 부모와 자식 및 부부 사이의 1차적 부양과, ⅱ) 누구든지 자기의 생활을 희생하면서까지 타인을 부양할 의무는 없고 남으면 도와주라고 하는 사회보장적 의미를 가진 친족 간의 2차적 부양으로 구별할 수 있다.

현대에 이르러 넓은 의미의 친족부양의 관념은 희박해지고 좁은 범위의 가족부양의 관계만이 존속되고 있는데, 민법은 부부 사이의 부양과 협조의무를

제826조 제1항에 따로 규정함으로써 일반 친족부양(제974조)과 구별하고 있다 (부모의 미성숙자녀에 대한 부양의무에 관하여는 특별히 규정하지 않고 친권자의 보호·교양의 권리의무에 포함시키고 있는데(제913조), 이는 부부 사이에 관한 규정과의 균형상 타당하지 못하다는 것이 일반적 지적이다).

Ⅱ 부양청구권

1. 청구권의 발생

제975조(부양의무와 생활능력)
부양의 의무는 부양을 받을 자가 자기의 자력 또는 근로에 의하여 생활을 유지할 수 없는 경우에 한하여 이를 이행할 책임이 있다.

부양청구권이 발생하려면 부양청구권자는 자기의 자력(資力) 또는 근로에 의하여 생활을 유지할 수 없어야 하고(제975조), 부양의무자는 자기의 생활을 꾸려나갈 자력과 요부양자(要扶養者)의 생활을 도와줄 경제적 능력을 갖추어야 한다.

그런데 이러한 부양의 필요성과 가능성 요건은 부양의무를 1차적 부양과 2차적 부양으로 나누는 입장에서 볼 때, 2차적 부양의무에만 해당하는 것이라 할 수 있다.

2. 청구권의 내용

부양의 내용은 주로 경제적인 부조를 중심으로 하면서 기타 동거, 양육, 간호, 장례에 이르기까지 포괄적인 부조행위를 의미한다고 보아야 할 것이다.

3. 부양청구권의 일신전속성

제979조(부양청구권처분의 금지)
부양을 받을 권리는 이를 처분하지 못한다.

부양청구권은 친족권의 일종이며 일정한 신분관계를 바탕으로 인정되는 일신전속적 권리로서 일반 재산권과는 다르다. 따라서 그 성질상 ⅰ) 채권담보를 위하여 입질(入質)할 수 없고(제346조), ⅱ) 청구권자의 채권자가 압류(押留)하거나 대위권(代位權)에 의하여 대위청구 및 대위수령 할 수 없고(제404조 제1항 단서; 민사집행법 제246조 제1항 1호), ⅲ) 장래에 대하여 포기하거나 타인에게 양도할 수 없고(제979조, 제449조 제1항 단서 참조), ⅳ) 상계할 수 없고(제497조 이하), ⅴ) 상속재산에 포함되지 않는다(제1005조 단서).

Ⅲ 부양의 당사자

1. 부양당사자의 범위

제974조(부양의무)
다음 각 호의 친족은 서로 부양의 의무가 있다.
1. 직계혈족 및 그 배우자 간
2. 삭제<1990.1.13.>
3. 기타 친족 간(생계를 같이 하는 경우에 한한다).

(1) 친자 간의 부양

친자간(親子間)의 부양에 관한 민법상의 근거로서는 부모와 미성숙자녀 사이는 친권에 관한 민법 제913조(1차적 부양의무의 관계)를, 부모와 성년자녀 사이는 제974조(2차적 부양의무 관계)를 드는 것이 다수설이다. 그런데 제913조는 친권자의 자(子)에 대한 부양의무를 규율하는 것으로서 노부모에 대한 자식의 부양의무를 부과할 수 없기 때문에, 제974조에서 친자 상호간의 부양의무를 도출하자는 의견이 있다(이은영). 판례는 「부모가 성년의 자녀에 대하여 직계혈족으로서 민법 제974조 제1호, 제975조에 따라 부담하는 부양의무는 부양의무자가 자기의 사회적 지위에 상응하는 생활을 하면서 생활에 여유가 있음을 전제로 하여 부양을 받을 자가 자력 또는 근로에 의하여 생활을 유지할 수 없는 경우에 한하여 그의 생활을 지원하는 것을 내용으로 하는 제2차 부양의무이다(대판 2012.12.27, 2011다96932)」고 한다.

판례

혈족 간의 부양의무
외국에 이민을 가 있어 주택에 입주하지 않으면 안 될 급박한 사정이 없는 딸이 고령과 지병으로 고통을 겪고 있는 상태에서 달리 마땅한 거처도 없는 아버지와 그를 부양하면서 동거하고 있는 남동생을 상대로 자기 소유 주택의 명도 및 퇴거를 청구하는 행위가 인륜에 반하는 행위로서 권리남용에 해당한다(대판 1998.6.12, 96다52670).

(2) 부부 사이의 부양

배우자 사이에는 상호적인 부양의무가 있다. 그 근거규정으로는 i) 제826조를 드는 견해(김주수)와, ii) 제974조를 드는 견해(이은영)가 있다.

판례

부부 간의 상호부양의무에 있어 이행청구 전 과거의 부양료에 대한 청구

민법 제826조 제1항에 규정된 부부 간의 상호부양의무는 부부의 일방에게 부양을 받을 필요가 생겼을 때 당연히 발생하는 것이기는 하지만, 과거의 부양료에 관하여는 부양을 받을 자가 부양의무자에게 부양의무의 이행을 청구하였음에도 불구하고 부양의무자가 부양의무를 이행하지 아니함으로써 이행지체에 빠진 이후의 것에 대하여만 부양료의 지급을 청구할 수 있을 뿐, 부양의무자가 부양의무의 이행을 청구받기 이전의 부양료의 지급은 청구할 수 없다고 보는 것이 부양의무의 성질이나 형평의 관념에 합치된다(대판 1991.10.8, 90므781·798; 대결 2008.6.12, 2005스50).

(3) 친족 사이의 부양

생계를 같이 하는 경우에 한한다. 따라서 형제자매라 하더라도 생계를 같이 하지 않으면 부양의무가 없다. 이때의 부양은 2차적 부양으로서 부양의무자가 그의 사회적 지위에 상응하는 생활정도를 낮추지 않고 부양할 만한 여유가 있을 때에 부양책임을 진다.

판례

배우자의 사망과 시부모에 대한 부양

부부의 일방이 사망하여도 그 부모 등 직계혈족과 생존한 상대방 사이의 친족관계는 그대로 유지되나, 그들 사이의 관계는 민법 제974조 제1호의 '직계혈족 및 그 배우자 간'에 해당한다고 볼 수 없다. 따라서 배우자 일방이 사망하면 재혼하지 않았더라도 사망한 배우자의 부모와 생계를 같이 하는 경우에 한하여 부양의무가 인정된다(대결 2013.8.30, 2013스96).

(4) 제1차 부양의무자와 제2차 부양의무자의 관계

제1차 부양의무와 제2차 부양의무는 의무이행의 정도뿐만 아니라 의무이행의 순위도 의미하는 것이므로, 제2차 부양의무자는 제1차 부양의무자보다 후순위로 부양의무를 부담한다. 따라서 제1차 부양의무자와 제2차 부양의무자가 동시에 존재하는 경우에 제1차 부양의무자는 특별한 사정이 없는 한 제2차 부양의무자에 우선하여 부양의무를 부담하므로, 제2차 부양의무자가 부양받을 자를 부양한 경우에는 소요된 비용을 제1차 부양의무자에 대하여 상환청구할 수 있다(대판 2012.12.27, 2011다96932).

2. 부양당사자의 순위

제976조(부양의 순위)

① 부양의 의무 있는 자가 수인인 경우에 부양을 할 자의 순위에 관하여 당사자 간에 협정이 없는 때에는 법원은 당사자의 청구에 의하여 이를 정한다. 부양을 받을 권리자가 수인인 경우에 부양의무자의 자력이 그 전원을 부양할 수 없는 때에도 같다.

② 전항의 경우에 법원은 수인의 부양의무자 또는 권리자를 선정할 수 있다.

제978조(부양관계의 변경 또는 취소)

부양을 할 자 또는 부양을 받을 자의 순위, 부양의 정도 또는 방법에 관한 당사자의 협정이나 법원의 판결이 있은 후 이에 관한 사정변경이 있는 때에는 법원은 당사자의 청구에 의하여 그 협정이나 판결을 취소 또는 변경할 수 있다.

(1) 부양의무자가 수인인 경우

동순위의 부양의무자가 수인인 경우, i) 당사자 사이의 협정에 의하여 부양할 자의 순위를 정하고, ii) 당사자 사이에 협정이 성립되지 않거나 불가능한 때에는 당사자의 청구에 의하여 가정법원이 그 순위를 정한다(제976조 제1항). 가정법원이 부양할 자를 정하는 경우에는 조정전치주의(調停前置主義)가 적용된다(제976조; 가소법 제2조 제1항 마류사건). 가정법원은 수인의 부양의무자를 공동의 부양의무자로 선정할 수도 있다(제976조 제2항).

(2) 부양권리자가 수인인 경우

부양을 필요로 하는 자가가 수인인 경우에 부양의무자의 자력이 그 전원을 부양할 수 없는 때에는 i) 당사자의 협정, ii) 협정이 안 될 때에는 가정법원이 부양을 받을 권리자의 순위를 정한다(제976조 제1항 후단). 가정법원은 수인의 부양권리자를 선정할 수 있다(제976조 제2항).

(3) 순위의 변경 또는 취소

사정변경이 있는 경우에는 추후 당사자의 청구에 의하여 그 순위에 관한 협정이나 조정·심판을 취소·변경할 수 있다(제978조; 가소법 제2조 제1항 마류사건 8호).

Ⅳ 부양의 정도와 방법

제977조(부양의 정도, 방법)
부양의 정도 또는 방법에 관하여 당사자 간에 협정이 없는 때에는 법원은 당사자의 청구에 의하여 부양을 받을 자의 생활정도와 부양의무자의 자력 기타 제반사정을 참작하여 이를 정한다.

1. 부양의 정도

원칙적으로 ⅰ) 당사자의 협정에 의하고, ⅱ) 협정이 없는 때에는 당사자의 청구에 의하여 가정법원이 이를 정하는데, 요부양자의 생활정도와 부양의무자의 자력 기타 제반사정을 참작하여 정한다(제977조). 여기서 제반사정이란 친족관계의 종류와 원근, 당사자의 생활상태나 과거의 교제관계, 생활곤궁에 빠진 원인 등을 의미한다고 할 수 있다. 구체적으로 판례는 부양의 정도를 의식주에 필요한 비용, 의료비, 최소한도의 문화비, 오락비, 교제비와 보통의 교육비 등이 이에 해당한다고 한다(대판 1986.6.10, 86므46). 반면에 자녀의 혼인비용에 대하여 부모는 부담의무를 갖지 않는 것이므로 자녀는 부모에 대하여 혼인비용을 양육비로서 청구할 수 없다고 한다(대판 1979.6.12, 79다249).

2. 부양의 방법

부양의 구체적인 방법은 대체로 동거부양과 금전급부부양으로 나눌 수 있다. 동거부양은 동거할 자의 의향, 부양의무가 발생하기까지의 경위, 주거 및 생활문제 등을 고려하여 정하게 된다. 금전급부부양은 매월 정기금의 형식으로 지급되는 것이 원칙이다. 금전의 급부는 부양의 성질상 항상 선불이어야 한다고 본다.

3. 부양의무불이행에 대한 조치

법원은 원칙적으로 담보를 제공하게 하지 않고 가집행(假執行)을 할 수 있음을 선고하고(가소법 제42조), 신속한 이행을 요하는 경우에는 임시로 필요한 사전처분을 할 수 있다(가소법 제62조). 부양의무자가 심판에서 정한 방법에 따라 이행하지 않을 때에는 당사자의 신청에 의하여 일정한 기간 내에 그 의무를 이행할 것을 명하는 것과 함께 과태료를 부과할 수도 있다(가소법 제64조 제1항,

제67조).

V 부양료의 구상청구(求償請求)

1. 과거의 부양료

부양료에 관하여 미리 협의나 심판이 없는 경우, 자녀를 양육한 일방이 상대방에 대하여 과거의 부양료를 청구할 수 있는가가 문제될 수 있다.

(1) 부양료채권의 발생시기

① 부양청구시설

부양료청구 시에 비로소 부양의무가 발생하여 부양료채권의 이행기가 도래한다고 한다.

② 부양요건성립시설

부양료청구 여부와 관계없이 부양의 필요성과 가능성이 충족되면 부양의무가 발행한다고 한다(이은영).

(2) 과거의 부양료청구 가능성

(자의 부양에 대한) 과거의 부양료에 대한 청구가 가능한가에 대하여 학설은 이를 인정하고 있는 데(김주수) 반하여, 판례는 이를 부정하다가(대판 1991.10.8, 90므781), 전원합의체판결로 이를 변경하였다(대결[전원합의체] 1994.5.13, 92스21). 다만, 부부 간의 부양에 있어서는 부양을 받을 자가 부양의무자에게 부양의무의 이행을 청구하였음에도 불구하고 부양의무자가 부양의무를 이행하지 아니함으로써 이행지체에 빠진 이후의 것에 대하여만 부양료의 지급을 청구할 수 있을 뿐, 부양의무자가 부양의무의 이행을 청구받기 이전의 부양료의 지급은 청구할 수 없다(대결 2008.6.12, 2005스50).

① 부정설의 논거(대결[전원합의체] 1994.5.13, 92스21의 소수의견)

㉮ 부양료채권은 청구한 때부터 발생하므로 과거의 부양의무는 존재하지 않는다.

㉯ 부양의무는 정기채무로서 부양이 필요한 당시 이행되지 않으면 소멸하는 것이다.

㉰ 자녀를 양육하는 책임은 부모 각자의 고유책임으로서 어떤 사정으로 일방이 혼자 양육했더라도 다른 일방의 양육책임을 대신 이행하는 것이 아니다.

② 긍정설의 논거(다수설, 대결[전원합의체] 1994.5.13, 92스21의 다수의견)

㉮ 부양료채권은 부양요건성립 시부터 발생한다.

㉯ 부양료를 출연한 자의 경제적 부담이 그 출연으로 계속해서 존재할 수 있다.

㉰ 「과거」의 양육비에 관한 결정도 제837조 2항의 '양육에 관한 처분'에 해당한다.

판례

과거의 양육비에 대한 구상청구

1. 과거 양육비에 대한 청구가능성

어떠한 사정으로 인하여 부모 중 어느 한 쪽만이 자녀를 양육하게 된 경우에, 그와 같은 일방에 의한 양육이 그 양육자의 일방적이고 이기적인 목적이나 동기에서 비롯한 것이라거나 자녀의 이익을 위하여 도움이 되지 아니하거나 그 양육비를 상대방에게 부담시키는 것이 오히려 형평에 어긋나게 되는 등 특별한 사정이 있는 경우를 제외하고는, 양육하는 일방은 상대방에 대하여 현재 및 장래에 있어서의 양육비 중 적정금액의 분담을 청구할 수 있음은 물론이고, 부모의 자녀 양육의무는 특별한 사정이 없는 한 자녀의 출생과 동시에 발생하는 것이므로 과거의 양육비에 대하여도 상대방이 분담함이 상당하다고 인정되는 경우에는 그 비용의 상환을 청구할 수 있다(다수의견: 대결[전원합의체] 1994.5.13, 92스21).

2. 과거 양육비의 법적 성질과 소멸시효

당사자의 협의 또는 가정법원의 심판에 의하여 구체적인 지급청구권으로서 성립하기 전에는 과거의 양육비에 관한 권리는 양육자가 그 권리를 행사할 수 있는 재산권에 해당한다고 할 수 없고, 따라서 이에 대하여는 소멸시효가 진행할 여지가 없다(대결 2011.7.29, 2008스67).

(3) 과거의 양육비의 분담범위를 정하는 기준

① 부양료이행청구 이후 장래양육비와 동일한 기준에서 정할 필요는 없다. 왜냐하면 일방 양육자가 양육비를 청구하기 이전의 과거의 양육비 모두를 상대방에게 부담시키게 되면, 상대방은 예상하지 못하였던 양육비를 일시에 부담하게 되어 지나치게 가혹하며 신의성실의 원칙이나 형평에 어긋날 수 있기 때문이다(대결[전원합의체] 1994.5.13, 92스21).

② 이와 같은 경우에는, 부모 한 쪽이 자녀를 양육하게 된 경위와 그에 소요된 비용의 액수, 그 상대방이 부양의무를 인식한 것인지 여부와 그 시기, 그것이 양육에 소요된 통상의 생활비인지 아니면 이례적이고 불가피하게 소요된 다액의 특별한 비용(치료비 등)인지 여부와 당사자들의 재산상황이나 경제적 능력과 부담의 형평성 등 여러 사정을 고려하여 적절하다고 인정되는 범위에서 분담정도를 정할 수 있다(대결[전원합의체] 1994.5.13, 92스21 참고).

2. 제3자의 부양료구상청구

부양의무 없는 제3자가 부양을 필요로 하는 자에 대하여 부양을 한 경우에 부양의무자에게 구상을 청구할 수 있는가? 제3자는 법률상 의무 없이 부양의무자의 사무를 대신 처리해 준 것이 되므로 사무관리(제739조)에 해당하여 비용상환을 청구할 수 있다(김주수·김상용; 이은영). 다만, 제3자가 혼외자를 부양한 후 실부에게 그 비용상환을 청구할 수 있으려면, 실부가 혼외자를 인지하였어야 하고(대판 1981.5.26, 80다2515 참고), 부부 간 부양의무를 이행하지 않은 부부의 일방에 대하여 상대방의 친족이 구하는 부양료의 상환청구는 민사소송사건에 해당한다(대판 2012.12.27, 2011다96932 참고).

3. 부양의무자 간의 구상청구

이혼할 때 부모의 일방이 양육하고 타방은 양육비를 지급하기로 협정한 경우에는 그 협정범위 내에서 과거의 양육비를 청구할 수 있음은 물론이고, 친권자라도 양육권을 부당히 간섭하거나 변경할 수 없다(대판 1985.2.26, 84므86). 그런데 공동부담의 협정 없이 1인의 의무자가 모든 부양의무를 이행한 후 다른 의무자에게 분담부분의 부양료를 구상청구할 수 있는가? 협정 등에 의해 의무자로 지정되지 않으면 현실적 의무를 지지 않으므로 구상청구를 할 수 없다는 견해(김주수·김상용)가 있지만, 자녀의 출생과 동시에 양육의무를 인정하여 구상청구를 긍정하는 것이 타당하다고 생각된다(대결[전원합의체] 1994.5.13, 92스21 참고).

판례

부양료청구권의 침해를 이유로 채권자취소권을 행사하는 경우, 제척기간의 기산일

부양의무를 이행한 1인이 다른 부양의무자에 대하여 이미 지출한 과거 부양료의 지급을 구하는 권리는 당사자의 협의 또는 가정법원의 심판 확정에 의하여 비로소 구체적이고 독립한 재산적 권리로 성립하게 되지만, 부양료청구권의 침해를 이유로 채권자취소권을 행사하는 경우의 제척기간은 부양료청구권이 구체적인 권리로서 성립한 시기가 아니라 민법 제406조 제2항이 정한 '취소원인을 안 날' 또는 '법률행위가 있은 날'로부터 진행한다(대판 2015.1.29, 2013다79870).

[사례풀이 16]

부모가 미성년자녀에 대하여 부양하는 것은 친권에 관한 민법 제913조(1차적 부양의무의 관계)가 근거규정이고, 배우자 사이의 상호 부양의무의 근거규정으로는 제826조 또는 제974조를 들 수 있다. 친족 간에는 민법 제974조에서 '친족인 직계혈족 및 그 배우자 사이, 기타 생계를 같이 하는 친족 사이에는 부양의무가 있다(소위 2차적 부양의무관계)'고 규정하고 있으므로 형제 사이에도 부양의무가 발생할 수 있을 것이다. 부양의 정도는 자신의 사회적 지위나 신분에 상응하는 생활을 하고 남는 여유로 상대방을 부양하면 충분한 것이며, 자신의 사회적 지위나 신분에 상응하는 생활정도를 희생하면서까지 상대방을 부양할 의무는 없다. 사안에서 B는 A와 생계를 같이 하지 않는다면 B는 A에 대하여 부양의무가 없을 것이다. 설혹 생계를 같이 한다고 하여도 A의 과실로 인하여 B의 부양을 필요로 하는 상태에 놓였으므로 A는 B에게 부양청구를 할 수 없다. 그런데 B가 최저생활도 할 수 없는 경우에는 그 범위 내에서 A가 부양능력이 있는 때에 한하여 부양청구를 할 수도 있겠지만, A는 어머니를 부양할 조건으로 부(父)로부터 물려받은 유산을 전부 탕진함으로써 자신의 책임을 다하지 못하는 등의 과실이 너무 크므로 B를 상대로 부양청구를 할 수 없을 것이다.

제 2 편 상 속 법

제1장 상 속

제1절 총 론

I 상속제도의 의의

사례 17

피상속인 갑은 7천만 원의 재산을 남기고 사망하였다. 갑의 유족으로는 배우자 을, 자녀 A, B, C가 있다. 갑은 생전에 A에게 아파트(2억 원)를 증여하였다.

(1) 갑이 사망 당시 아무런 유언 없이 사망하였을 때 각 상속인들의 상속분은 어떻게 되고 생전에 증여한 재산(A의 특별수익분)과의 관계는?

(2) 현행 상속법이 견지하고 있는 상속제도의 유형을 유언상속주의(또는 지정상속주의)라고 보는 입장의 논거를 이들의 상속과정을 가지고 설명한다면?

[논 점]

지정상속제와 법정상속제의 특징

1. 상속의 개념

(1) 재산에 관한 포괄적 승계

민법상 상속(相續)이란 피상속인이 사망한 때로부터 상속인이 피상속인의 재산에 관한 포괄적 권리의무를 승계하는 것을 말한다(제997조, 제1005조). 현행민법은 원칙적으로 포괄승계주의를 전제로 하면서 법정상속을 가미하고 있다. 즉, 포괄적 유증자도 상속인과 동일한 권리와 의무를 갖기 때문에(제1078조) 실질적으로 유언상속의 효과를 거두고 있다고 할 수 있을 것이다.

(2) 상속 · 유증 · 증여

(법정)상속은 사망이라고 하는 사실에 의하여 피상속인의 재산이 상속인에게 포괄적으로 승계되는 것을 말한다. 이에 비하여 유증은 피상속인의 유언(단독행위)에 의하여 피상속인의 재산이 수유자에게 이전되는 것을 의미하고, 증여는

생전에 증여계약에 의해 증여자의 재산이 수증자에게 이전하는 것을 의미한다.

2. 상속에 관한 입법주의

재산상속에 관해서는 강제보존주의(强制保存主義: 가족세습재산제), 강제분할주의(强制分割主義: 유류분제도), 유언주의(遺言主義: 영국의 유언자유제) 등이 있고, 상속의 주체에 따라 1인상속(단독상속)과 공동상속이 있다. 상속인의 결정에는 법정상속(法定相續)과 유언상속(遺言相續)의 방법이 있다.

(1) 대륙법계

채권·채무를 포함하는 상속재산 전체가 상속에 의하여 법률상 당연히 상속인에게 이전하여 상속인이 그 주체로 되는 포괄승계(包括承繼)의 관념을 기초로 구성되어 있다.

(2) 영미법계

영미법계의 상속(Inheritance)은 일반적으로 유언(Will)에 의한 유증(Testation. donation by death=사인증여도 포함)이 보통이다. 상속인이 사망하면 신탁(Trust)을 통하여 유산이 피상속인에게 이전되는 형식을 취한다. 유산은 먼저 인격대표자(人格代表者: Personal representative)가 포괄승계하여 상속채무 등을 청산한 후에, 잔여재산이 있으면 이를 수증자 또는 법정상속인에게 분할하여 인도하도록 되어 있다. 따라서 상속인이 상속채무에 대하여 직접 책임을 지는 일이 없을 뿐만 아니라 분할·인도를 받기 전에는 수증자나 상속인은 유산을 처분할 수 없도록 되어 있다.

(3) 현행민법

우리나라의 관습은 피상속인의 의사를 중심으로 하는 포괄적 승계주의(증여 또는 유언승계주의)를 오랫동안 유지해오고 있다. 현행민법은 이러한 현실을 감안하여 포괄적 승계주의를 밑바탕으로 해서 법정상속주의를 가미하고 있다고 평가할 수 있다. 다시 말해서 당사자의 의사가 존재하면 당사자의 의사를 최우선으로 하되, 혈연과 생활공동체를 고려하여 증여나 유증에서 배제된 가족에게 유류분을 배려함으로써 포괄적 승계주의의 단점을 보완하고 있다. 따라서 현행민법은 피상속인의 증여나 유증의사가 존재하지 않는 경우를 대비한 규정들, 즉 상속인의 결정, 상속분의 배분, 상속인 중 상속재산에 기여한 자에 대한 기여분의 정산, 사실상 피상속인을 돌본 자에 대한 재산분여 등 피상속인의 상속의사 결여를 대비한 규정들을 마련하고 있는 것이다.

3. 현행민법 시행 이후 상속법의 변화과정과 그 특징

(1) 재산상속

개정 전 민법에 있던 호주상속 내지 호주승계라는 개념을 폐지함으로써 상속법은 순수한 재산상속법이 되었다.

(2) 적서(嫡庶)에 대한 상속분의 균등취급(均等取扱)

혼인 중의 출생자와 혼인 외의 출생자의 상속분에 대하여 차등을 두고 있지 않다. 이에 대해서는 일부다처제(一夫多妻制)를 조장한다는 비판이 있다.

(3) 상속인범위의 축소

1990년 개정 전 민법은 재산상속인의 범위를 8촌 이내의 방계혈족까지 확대하고 있었으나 개정민법은 4촌 이내의 방계혈족으로 축소시켰다.

《상속인범위의 변화과정》

	상속인의 범위
구 민법	재산상속에 있어서 동일가적내(同一家籍內)의 직계비속, 배우자, 직계존속, 호주
민법제정 당시	동일가적내(同一家籍內)의 유무(有無)와 상관없이 직계비속, 배우자, 직계존속, 형제자매, 8촌(寸) 이내의 방계혈족
1990년 개정민법	배우자, 직계비속, 직계존속, 형제자매, 4촌(寸) 이내의 방계혈족

(4) 여자상속권의 확립

혼인을 한 여자에 대하여 상속분의 차등을 없애고 다른 상속인과 평등하게 하였으며, 부(夫)의 상속분을 처의 상속분과 동등하게 하여 상속분에 있어서 불평등을 해소하였다(제1009조).

(5) 기여분제도(寄與分制度: 제1008조의2)와 재산분여제도(財産分與制度: 제1057조의2)의 신설

1990년 개정된 민법은, 피상속인의 재산의 유지나 증가에 대하여 특별히 기여하였거나 피상속인을 부양한 자가 있는 경우에 그 자에게 그 기여한 만큼의 재산을 가산하여 상속분을 인정하는 기여분제도와 상속인이 없는 경우에 피상속인과 생계를 같이 하였거나 피상속인을 요양·간호를 한 자 또는 기타 피상속인과 특별한 연고가 있었던 자에게 상속재산의 전부나 일부를 나누어 주는 특별연고자에 대한 분여제도를 두고 있다.

(6) 유류분제도(遺留分制度: 제1112조～제1118조)

1977년 민법개정을 통하여 유류분제도를 인정하고 있다.

[사례풀이 17]

(1) 상속재산의 범위 = 200(생전증여) +70(상속개시 당시 피상속인의 재산) = 270이다. 을(乙) : A : B : C 각자의 상속분은 1.5 : 1 : 1 : 1이므로 각각 90 : 60 : 60 : 60이다. A는 증여받은 금액이 자신의 상속분을 초과하므로 상속에서 제외된다. 따라서 나머지 상속인들인 을 : B : C가 각각 30 : 20 : 20(천만 원)으로 상속하게 되는데 이들 각자의 상속액은 각자의 유류분액에 미치지 못한다. 즉, 이들 각자의 유류분 액수는 법정상속분 × 1/2이므로 4500 : 3000 : 3000(만 원)이고 전체 유류분 총액은 1억 5백만 원이다. 따라서 A는 유류분 총액에서 현재의 상속재산 7천만 원을 뺀 금액인 3천 5백만 원을 반환하여야 한다. 이리하여 을과 B, C는 각각 1억 5백만 원 × (3/7 : 2/7 : 2/7)을 받게 된다.

(2) 현행 상속법이 유언상속주의를 기반으로 하고 있다는 논거

① 생전증여나 유증분(특별수익분)이 수증자나 수유자의 법정상속분에 부족하면 잔여분을 상속받게 하고(제1008조), 증여나 유증분이 법정상속분을 훨씬 초과하더라도 반환하지 않는다는 점은 우리 법제가 피상속인의 의사를 최대한 반영하고 있다고 해석된다. 생전증여분이 법정상속분을 훨씬 초과하는 경우 법정상속분 계산 시 처음부터 그 수증자를 제외하고 잔존 상속인들만으로 법정상속분을 계산하고, 또한 유류분에 부족이 생기면 생전증여된 것에서 그 부족한 부분을 보충하는 방식으로 상속분을 분배는 것도 유언상속주의(또는 지정상속주의)를 전제로 하는 것이라고 보아야 할 것이다.

② 특별수익의 반환과 관련하여 현실적 재산의 반환(재산권의 변동)을 의미하는 것이 아니라 특별수익을 감안하여 정산한다는 의미로 보는 것은 피상속인의 생전증여나 유증의 의사를 최대한 반영하는 것이다. 만약 엄밀한 의미에서 법정상속

제라고 한다면 특별수익분으로서 생전증여 중 상속재산에 포함되는 증여재산과 그렇지 않은 재산을 엄밀하게 구분하는 규정을 마련했어야 한다. 그런데 상속법 규정에서는 이를 찾을 수 없고 법원의 판단과 해석에 맡겨져 있다. 이는 우리 상속법제가 유언상속주의를 기반으로 하고 있기 때문이다.

③ 유류분의 반환을 가지고 법정상속제라고 주장하는 논거가 있으나 유류분제도는 유언상속주의로 인해 피상속인의 가족이 경제적으로 어려움에 처할 수 있는 사정을 고려하여 이를 보완하고 있다고 보아야 한다. 그렇다면 오히려 유류분규정들은 유언상속주의를 전제로 하고 있다고 보는 것이 타당하다.

Ⅱ 상속의 종류와 대상

1. 상속의 종류

(1) 신분상속(身分相續)·재산상속(財産相續)

호주(戶主)나 제주(祭主) 등의 일정한 신분을 승계하는 것을 목적으로 하는 상속형태가 신분상속이고, 재산관계를 승계의 대상으로 하는 상속형태가 재산상속이다. 민법은 신분상속을 폐지하고 실질적으로 재산상속만을 규정하고 있다(다만, 제사주재 및 분묘의 관리 등과 관련한 신분상속의 흔적은 남아 있다).

(2) 생전상속(生前相續)·사망상속(死亡相續)

상속개시를 피상속인의 생존 시에 행하게 하느냐, 사망 시에 하느냐에 따른 구분이다. 호주제가 폐지된 현행민법은 실질적으로 사망상속만을 인정하고 있다.

(3) 법정상속(法定相續)과 유언상속(遺言相續)

상속인이 될 자의 범위나 순위, 상속인의 상속분 등이 법률상 정해져 있는 상속형태가 법정상속이고, 피상속인의 유언에 의하여 상속인이나 상속분 등이 지정되는 상속형태가 유언상속이다. 유언상속을 지정상속이라고 하는데 우리 민법은 유언상속에 관한 규정이 없다. 다만, 민법은 포괄적 유증을 받은 자에 대하여 상속인과 동일한 권리·의무가 있다고 규정(제1078조)하고 있을 뿐이다. 이 규정의 의미에 대하여 다수설은 포괄적 유증을 상속의 의미로 해석하는 반면, 소수설은 유언에 의한 상속인의 지정 등에 관한 민법규정이 없음을 이유로 유언상속을 부인한다. 상속개념에 대한 이러한 견해 차이에 따라 구체적인 상속분의 산정결과가 달라진다(자세한 것은 상속분 참고).

(4) 단독상속(單獨相續) · 공동상속(共同相續)

상속인의 단·복수에 의한 구별이다. 민법은 재산상속에 있어서 공동상속제를 채택하고 있다(호주제가 인정되던 개정 전 민법은 호주승계에 있어서는 단독상속제를 채택하고 있었다).

(5) 강제상속(强制相續) · 임의상속(任意相續)

상속인의 상속포기를 허용하지 않음으로써 상속을 강제하는 것이 강제상속이고, 상속인의 상속포기를 인정하는 것이 임의상속이다. 우리 민법은 강제상속을 인정하지 않는다.

(6) 균분상속(均分相續) · 불균분상속(不均分相續)

각 공동상속인에게 귀속하는 비율이 평등한 경우의 상속이 균분상속이고, 비율이 평등하지 않은 경우의 상속이 불균분상속이다. 우리 민법은 균분상속을 원칙으로 하되 배우자에게는 5할을 가산하고 있다.

2. 상속의 대상과 범위

상속의 대상이나 범위와 관련해서는 상속의 객체(물권, 채권, 채무, 기타 법률상의 지위)가 될 수 있는 것과 될 수 없는 것을 구분하는 문제와 피상속인이 생전에 증여한 재산이나 유증한 재산이 있을 경우 이를 상속재산에 포함시킬지 여부와 공동상속인들 사이에 상속분을 확정할 때 이를 어떻게 반영할 것인가가 중요하다.

(1) 상속이 가능한 객체(자세한 내용은 상속의 효과에서 언급한다)

상속의 대상이 되는 재산적 요소로 상속재산을 들 수 있다. 상속재산이란 상속인이 피상속인으로부터 승계하게 될 재산법상의 객체로서, 예를 들어 부동산, 동산, 지적재산권, 기타의 권리 등과 같은 적극적인 재산뿐만 아니라 소극적인 재산(예: 채무나 의무)도 상속재산에 포함된다. 재산법상의 권리와 의무의 경우에도 일신전속성이 강한 것은 상속성이 부정된다(제1005조 단서. 예를 들어 인적 결합이 강한 근로자의 지위, 대리관계, 조합원의 지위, 신원보증 등). 또한 신분적 요소들, 가령 인격권이나 친족법상의 권리·의무는 일신전속성이 강하므로 상속성이 부정된다.

(2) 생전증여 내지 유증한 재산

생전에 증여한 재산이나 유증재산도 상속재산에 포함되는가? 학설에 따라 견해 차이는 있지만, 다수설과 판례에 따르면 상속재산이란 피상속인이 사망한 때 남아있는 재산을 의미하므로 포괄적 유증은 당연히 상속재산 속에 포함되지만 생전에 증여한 재산은 이에 포함되지 않는다. 생전증여는 공동상속의 경우 상속인의 구체적 상속분이나 유류분을 산정할 때에 고려된다.

참고 예

피상속인 갑이 생전에 직계비속인 공동상속인 을에게 부동산을 증여한 후(을의 명의로 등기를 완료) 3년 뒤 현금성 자산 2억 원을 남기고 사망하면서 그 2억 원 중 직계비속인 다른 공동상속인 병에게 1억 원을 유증한 경우 피상속인의 상속재산은 2억 원이다. 즉, 여기서 생전증여한 부동산은 상속재산에 포함되지 않는다. 다만 그 부동산은 공동상속인 간의 상속분의 산정과 유류분의 산정 시에 고려된다. 예를 들어 그 부동산의 가액이 7억이라고 한다면 을과 병 각자의 상속분은 다음과 같다.

상속재산 중 을의 상속분 = (생전증여한 부동산의 가액 + 상속재산가액) × 1/2 - 생전증여받은 부동산의 가액 = 생전증여액이 상속분을 초과하므로 상속재산 중 을의 상속분은 0이다(다수설과 판례는 병의 유류분을 침해하는 한도에서 반환하면 충분하고 그 외 초과분의 반환을 부정한다).

상속재산 중 병의 상속분 = (생전증여한 부동산의 가액 + 상속재산가액) × 1/2 - 유증받은 금액 = 3억 5천이다. 이는 상속재산에 못 미치므로 상속재산 2억 모두를 상속한다(여기서 유증은 무의미). 그런데 병의 유류분권(생전증여한 부동산의 가액 + 상속재산가액) × 1/2 × 1/2 = 2억 2천 5백인데 병이 받은 상속재산 2억 원이 유류분에 미치지 못하므로 을은 2천 5백만 원을 병에게 반환하여야 한다(유류분을 반환하고 그의 상속분 4억 5천만 원을 초과한 2억 2천 5백만 원은 반환할 필요가 없다고 하는 것이 다수설과 판례의 태도이다).

참고 생전증여와 기여분과의 관계

이해의 폭을 넓히기 위해서 다음과 같은 것을 생각해 보자.

위 사안에서 만약 병이 그 부동산을 마련하는데 50% 기여한 사실이 증명되었다면 어떻게 되는가? 기여분은 상속재산에서 공제하여야 함과 동시에 이는 상속재산에서 유증을 공제한 액을 넘지 못하는데(제1008조의2 제3항), 상속재산이 기여분액보다 부족하기 때문에 결국 병은 상속재산의 한도에서 상속하고 유류분을 주장할 수밖에 없다.

Ⅲ 상속의 개시

1. 상속의 개시원인

제997조(상속개시의 원인) 상속은 사망으로 인하여 개시된다.

민법은 재산상속에 있어서 사망을 상속의 개시원인으로 하였다(제997조). 여기서 말하는 사망이란 사실상의 사망뿐만 아니라 실종선고·부재선고·인정사망에 의한 사망을 포함한다.

2. 상속개시의 시기

상속개시(相續開始)의 시기를 확정하는 것은 a) 상속인의 자격·범위·순위·능력을 결정하는 기준, b) 상속회복청구권(제999조), 재산분리청구권(제1045조), 유류분반환청구권(제1117조) 등 상속에 관한 소권(訴權)과 청구권의 소멸시효·제척기간(除斥期間)의 기산점, c) 상속과 유언의 효력발생(제997조, 제1073조), 상속재산 또는 유류분의 산정기준이 된다.

(1) 사실상 사망

자연적 사망시기의 확정은 의사의 진단으로 행해지는 것이 보통이고(가족관계등록법 제84조 참조), 호흡과 심장의 고동이 영구적으로 정지된 순간(심장정지설)이 사망시기이다. 주의할 것은 가족관계등록부상의 사망신고는 보고적 신고에 불과하고 추정적 효력만이 주어진다는 점이다. 그리고 동시위난(同時危難)에 의한 사망, 예를 들어 부자(父子)가 함께 수난·화재 등으로 말미암아 사망한 경우와 같이 2인 이상이 동일한 위난으로 사망하여 사실상의 사망시기를 증명하는 것이 불가능한 경우에 민법은 동시에 사망한 것으로 추정한다(제30조). 동시사망의 추정을 받는 경우에는 사망자 상호간에는 상속이 개시되지 않는다.

(2) 실종선고에 의한 사망

실종선고를 받은 자는 실종기간이 만료한 때에 사망한 것으로 본다(제28조. 상속세부과와 관련하여서는 실종선고일을 상속개시일로 본다는 점을 주의: 상속세법 제1조 단서). 보통실종은 생존이 확인된 최후 소식 시로부터 5년의 기간이 만료한 때(제27조 제1항), 특별실종의 경우는 위난 종료 시로부터 1년의 기간이 만료한 때(제27조 제2항)에 사망한 것으로 본다.

참고 실종선고 취소의 효과와 상속재산의 반환법리

실종선고가 취소되면 실종선고는 실효되는데, 상속받은 자가 선의인 경우에는 그 받은 이익이 현존하는 한도에서 재산을 반환해야 한다. 그러나 그가 악의인 경우에는 받은 이익에 이자를 붙여서 반환하고 손해가 있으면 배상해야 한다(제29조 제2항). 다만 실종선고 후 그 취소가 이루어지기 전에 선의로 한 상속재산의 처분행위는 선고가 취소되어도 그대로 유효하다(제29조 제1항).

(3) 부재선고에 의한 사망

부재선고 등에 관한 특별조치법에 의하여 부재선고를 받은 자는 실종선고를 받은 것으로 되어(부재선고법 제4조) 부재선고의 심판절차가 확정되는 때에 상속이 개시된다.

(4) 인정사망(認定死亡)

수난·화재·홍수 기타 사변으로 인하여 사망한 것은 확실한데 시체가 발견되지 않는 경우, 이를 조사한 관공서가 사망지의 시·읍·면의 장에게 사망보고를 한 때가 가족관계등록부에 기재되면(가족관계등록법 제87조 참조) 등록부에 기재된 그 사망일에 사망한 것으로 추정된다.

3. 상속개시의 장소

제998조(상속개시의 장소) 상속은 피상속인의 주소지에서 개시한다.

상속개시의 장소는 피상속인의 주소지인데(제998조), 피상속인의 주소를 알 수 없는 경우 또는 국내에 주소를 가지지 않는 경우에는 국내에 있는 거소(居所)를(제19조, 제20조), 거소도 알 수 없는 경우 사망지(死亡地)를 상속개시의 장소로 보는 것이 타당하다. 그리고 피상속인의 주소가 두 곳 이상 있는 경우에는 최후의 주소지를 상속개시의 장소로 보는 것이 타당하다(스위스민법 제538조 참조). 상속개시장소를 정하는 것은 상속사건(민소법 제22조; 가소법 제3조 제1항), 상속재산에 관한 파산사건(채무자회생법 제3조 제5항)에 관한 재판관할을 확정하는 데 필요하다.

4. 상속비용

상속에 관한 비용은 상속재산 중에서 지급된다(제998조의2). 상속에 관한 비용에는 청산비용(조세·공과금·소송비용·재산목록작성비용·유언집행비용·감정·평가 등), 관리비용(제1022조), 경매비용(제1037조) 등이 있다(장례비용도 이에 포함시키는 것이 타당). 이 규정(제998조의2)은 한정승인, 상속포기, 상속재산의 파산, 재산분리 등의 경우에 실익이 있다. 특히 상속인이 수인(數人)인 때에는 누가 어떤 비율로 비용을 부담하느냐를 해결하는 데 실익이 있을 것이다.

5. 상속세

사례 18

갑은 죽기 전에 유언으로 아들 A(23세)에게 10억 5천만 원(상속개시 당시 시가) 상당의 토지를 증여할 것을 남기고 사망하였다. 유족으로는 갑의 처와 딸 B(18세)가 있다. A에게 유증한 재산 외에도 갑이 남긴 상속재산으로는 주택(시가 2억 8천만 원)과 채무 1천 5백만 원이 있다. 증빙서류 있는 장례비용으로 3백만 원, 각종 공과금 2백만 원이라고 가정하고 유족들이 부담할 세금은 얼마나 되는지 세액계산의 과정을 간단하게 기술하면 어떻게 되는가?

[논 점]

상속세 계산법

(1) 개 념

상속세란 피상속인의 사망으로 상속인이 상속받은 상속재산(사인증여와 유증, 연고자에 분여된 재산)에 대하여 부과하는 세금을 말한다.

(2) 상속세납세의무자

납세의무자에는 상속을 원인으로 재산을 물려받는 상속인과 유언 또는 증여계약 후 증여자의 사망으로 재산을 취득하는 수유자, 특별연고자 등이 있다(생전에 이미 증여가 이루어진 경우에는 증여세의 대상이 된다. 상속·증여세법 제2조).

(3) 과세표준

과세의 대상이 되는 상속재산(상속·증여세법 제1조)이 결정되면 과세표준에 따라 산출세액이 결정된다.

《상속세 및 증여세법 제26조》

과세표준	1억 원 이하	1억 원 초과 5억 원 이하	5억 원 초과 10억 원 이하	10억 원 초과 30억 원 이하	30억 원 초과
세율	10%	1억 원을 초과한 금액의 20% + 1천만 원	5억 원을 초과한 금액의 30% + 9천만 원	10억 원을 초과한 금액의 40% + 2억 4천만 원	30억 원을 초과하는 금액의 50% + 10억 4천만 원

(4) 상속세액의 계산

산출되는 상속세액은 상속세 과세표준에 세율을 곱한 다음 여기에서 누진공제액을 빼서 계산한다. 상속세 과세표준은 상속세 과세가액에서 상속공제액과 감정평가수수료를 각각 제외하여 결정된다(상속·증여세법 제25조).

상속세 과세가액은 상속개시일 현재 시가로 계산된 상속재산에 추정상속재산가액(상속개시 전 피상속인이 처분하였거나 부담한 채무)과 상속개시 전 증여재산가액(상속개시일 전 10년 이내에 피상속인이 상속인에게 증여한 재산가액 및 5년 이내에 피상속인이 상속인이 아닌 자에게 증여한 재산가액 등)을 더한 다음 여기에서 비과세 재산가액(금양임야, 묘토, 지정문화재 등)과 공과금·장례비용·채무액을 뺀 금액이다(상속·증여세법 제13조, 제14조).

참고 상속세액의 산출

산출세액 = (상속세 과세표준 × 세율) - 누진공제액

상속세 과세표준 = 상속세 과세가액 - (상속공제 + 감정평가수수료)

상속세 과세가액 = (상속재산 + 추정 상속재산가액 + 상속개시전 증여재산가액) - (비과세 재산가액 - 공과금·장례비용·채무액 - 과세가액 불산입재산)

[사례풀이 18]

(1) 상속세 과세가액

유족들이 부담할 상속세를 계산하기 위해서는 피상속인 사망 당시 존재하는 상속재산 + 유증이나 증여된 재산(특별수익: 10년 이내, 제3자 증여: 5년 이내)에서 채무, 장례비용, 공과금을 제한 상속세 과세가액을 확정하여야 한다. 사안에서 유족들이 부담할 상속과세가액은 다음과 같다.

(상속재산 13억 3천만 원) - (채무 1천 5백만 원 + 장례비용 5백만 원(최소 5백만 원) + 공과금 2백만 원)

상속세 과세가액: 13억 8백만 원-----①

(2) 상속과세표준의 결정

상속과세표준은 상속세 과세가액에서 각종 공제금액과 감정평가수수료를 제한 금액이다.

② 기초공제금(상속·증여세법 제18조): 2억 원

③ 배우자상속공제(동법 제19조 제3항): 5억 원

④ 기타 인적공제(동법 제20조): 7천만 원

▷자녀공제: 6천만 원(자녀 1인당 3천만 원)

▷미성년자공제: 1천만 원(연간 5백만 원 × 18세 자녀의 20세까지 기간 2년)

⑤ 일괄공제: 5억 원(② + ④한 공제액이 5억 원보다 적을 경우 일괄공제 5억 적용 가능)

⑥ 과세표준세액: 3억 8백만 원(①-③-⑤선택, 일괄공제 유리)

(3) 산출세액

산출세액은 과세표준세액에 세율을 곱하고 여기에서 누진공제액을 뺀 금액다.

⑦ 산출세액: 5천 1백 6십만 원(3억 8백만 원 × 세율 20% - 누진공제 1천만 원)

(4) 납부할 세액

결국 유족이 납부할 세액은 4천 6백 4십 4만 원 정도로 계산된다.

⑧ 납부할 상속세액: 4천 6백 4십 4만 원(자진신고 시 ⑦의 10% 공제)

판례

법정 신고기간 내에 상속세 과세표준신고를 하지 않아 가산세를 부담하게 된 공동상속인들 사이의 책임

공동상속인이 법정 신고기간 내에 상속세과세표준신고를 하지 아니하여 상속세 외에 가산세가 부과된 경우 각자가 받을 상속재산 비율에 따라 연대하여 그 가산세를 납부할 의무를 부담한다. 따라서 무상으로 한 세무사 갑의 잘못된 세무상담으로 을이 법정 신고기간 내에 상속세과세표준신고를 하지 않아 공동상속인 을과 병이 상속세와 가산세 부과처분을 받게 되자 을이 갑을 상대로 가산세 전액의 손해배상을 구한 사안에서, 갑에게 을이 입은 손해를 배상할 책임이 인정되지만, 을이 병과 연대하여 가산세를 납부할 의무를 부담하게 되었다는 사정만으로 병의 상속인별 부담 세액 부분에 관하여까지 을의 재산상 손해가 현실적으로 발생하였다고 단정할 수 없다(대판 2013.9.12, 2011다87655).

Ⅳ 상속권의 침해와 상속회복청구권

제999조(상속회복청구권)

① 상속권이 참칭상속권자로 인하여 침해된 때에는 상속권자 또는 그 법정대리인은 상속회복의 소를 제기할 수 있다.

② 제1항의 상속회복청구권은 그 침해를 안 날부터 3년, 상속권의 침해행위가 있은 날부터 10년을 경과하면 소멸된다.

사례 19

A·B 부부에게는 가족관계등록부상 자(子) C·D가 있다. 그런데 C는 E녀의 자로서 생후 바로 E와 A·B 간의 합의에 따라 A·B의 친생자(親生子)로 출생신고되어 있다. B에 이어 A가 사망한 다음 D는 A 소유명의의 부동산을 D의 단독명의(單獨名義)로 상속등기(相續登記)를 끝내고 또 이것을 F에게 매각하여 이전등기(移轉登記)까지 경료했다. 이 밖에 이렇다 할 만한 유산이 없다고 할 경우에 C·D·F 간의 법률관계는 어떻게 되는가?

[논 점]

1. 참칭상속인
2. 상속회복청구의 소

[판 례]

1. 대판[전원합의체] 1977.7.26, 77다492: 입양신고에 갈음하여 적출자로 출생신고를 한 경우에 입양의 실질적 성립요건이 모두 구비되어 있다면 입양의 효력이 인정된다.
2. 대판[전원합의체] 1981.1.27, 79다854: 진정상속인이 참칭상속인으로부터 상속재산을 양수한 제3자를 상대로 등기말소청구를 하는 경우에도 상속회복청구권의 단기의 제척기간이 적용된다(이 판결로 대판 1959.10.29, 4292민상136; 대판 1977.11.22, 77다1744 판결 폐기).

1. 상속회복청구권(相續回復請求權)의 의의

(1) 상속권의 침해

상속권은 상속재산에 대한 포괄적인 법률상의 지위를 의미하므로 상속권의 침해란 그 포괄적인 법률상의 지위를 침해하는 것을 의미한다.

일부 견해에 따르면 상속권은 피상속인의 상속재산에 대한 권리이고, 이는 피상속인의 사망과 동시에 발생하는 권리로 파악한다. 그러나 상속권을 피상속인의 사망 이후로 제한하여 해석할 필요가 있는지 의문이다. 왜냐하면 상속개시 전에도 일정한 결격사유가 없으면 상속권을 상실당하지 않기 때문이다(제1004조). 다시 말해서 피상속인이 사망하기 전에 상속결격자가 되어 상속받을 수 없는 경우가 있을 수 있는데, 이는 피상속인이 사망하기 전에 이미 상속권을 전제로 한 것이라고 해석된다.

또한 유증이나 사인증여도 넓은 의미의 상속이라고 보는 이상 피상속인이 사망하기 전에 유증이나 사인증여계약이 존재하면 이에 따른 일정한 법률상의 지위가 있을 수 있기 때문이다. 예를 들어 수증자나 사인증여에 따른 수유자가 있음에도 불구하고 참칭상속인이 피상속인의 사망 전후로 상속재산을 침해하는 경우 그 침해에 대한 방해배제 또는 방해제거청구권을 유증기대자자나 수증기대자로부터 박탈할 필요는 없기 때문이다.

(2) 상속회복청구의 소

상속권자 또는 그 법정대리인은 상속권이 침해된 때에는 참칭상속인을 상대로 상속회복의 소를 제기할 수 있다(제999조 제1항). 즉 상속회복청구권은 진정한 상속인이 그 상속권의 내용실현을 방해하고 있는 참칭상속인 또는 그 참칭상속인으로부터 상속재산을 취득한 제3취득자에 대하여 상속권을 주장함으로써 그 방해의 배제와 상속재산의 회복을 청구할 수 있는 권리이다. 피상속인이 사망함과 동시에 상속인은 상속을 원인으로 한 소유권이전등기를 하지 않더라도 소유권을 승계하기 때문에(제187조), 상속권이 침해받는다고 하더라도 소유권에 기한 물권적 청구권을 행사할 수 있을 것이다. 그럼에도 불구하고 민법이 상속회복청구권을 따로 규정한 이유는 상속인을 보호한다는 측면과 상속으로 인한 권리관계를 조속히 확정함으로써 거래안전을 꾀하자는 데 있다. 즉, ⅰ) 상속재산을 일일이 열거하지 않고 침해자에 대하여 일괄하여 회복청구를 할 수 있다는 점과, ⅱ) 상속인이 개개의 상속재산을 파악하기 어려운 점을 감안하여 상속인의 입증책임을 경감시키는 점은 상속인의 보호를 염두에 둔 것이다. 반면, 참칭상속인이 상속재산에 대해서 한 관리·처분이 무효라고 해서 진정상속인이 언제까지나 그 반환을 청구할 수 있도록 하는 것은, 포괄적 승계를 본질로 하는 상속의 성질상 개개의 상속재산에 대한 권리확정을 불확실하게 할 위험이 있고 나아가 참칭상속인과 거래한 제3자의 이익을 해칠 우려가 있으므로, 제척기간(제999조 제2항: 상속권 침해를 안 날로부터 3년, 침해행위가 있은 날로부터 10년)을 정함으로써 조속한 권리관계의 안정을 기하도록 한 것이다.

참고 단기제척기간의 문제점

첫째, 법률규정에 의하여 등기 없이 취득한 물권 중 상속인의 부동산물권만이 기간제한을 받는다는 것은 이론적 모순이다.

둘째, 상속회복청구권의 단기제척기간과 참칭상속인의 상속재산상의 취득시효가 따로 진행된다고 본다면, 참칭상속인이나 전득자는 상속회복청구권의 제척기간과 취득시효기간을 각각 주장하여 보다 유리한 것을 원용함으로써 진정상속인이 불리하게 된다.

2. 상속회복청구권의 성질

(1) 학 설

상속회복청구권의 성질에 관하여 학설은 크게 세 가지로 나뉜다.

① 상속자격확정설

상속회복청구권은 상속인의 자격을 확정하는 권리로서 소송법상 상속확인의 소이고, 제999조가 정한 단기제척기간이 경과하더라도 개별적 물권적 청구가 가능하다고 한다(박영식, 민사판례연구 Ⅲ).

② 독립권리설(포괄적 청구권설)

상속회복청구권은 개별적 물권적 청구권과 독립된 별개의 권리이고, 따라서 각 청구권들은 서로 경합하므로 상속회복청구권의 제척기간이 경과하더라도 개별적 물권적 청구권을 행사할 수 있다고 본다(곽윤직, 상속법; 박병호). 다만 참칭상속인에 대한 물권적 청구권의 행사에 대해서도 상속회복청구권의 제척기간의 적용을 받는 것으로 하되, 참침상속인의 범위를 좁게 해석함으로써 제척기간의 적용을 받지 않는 진정상속인의 물권에 기한 청구 가능성을 열어놓고 있는 견해도 있다(박병호).

③ 집합권리설(개별청구권설)

상속회복청구권은 단일·독립한 청구권이 아니라 상속재산을 구성하는 개개의 재산에 관하여 생기는 개별적 청구권(점유권이나 소유권에 기한 반환청구권, 소유권이전등기말소청구권, 부당이득반환청구권 등)의 집합에 불과하다고 보며, 상속재산의 포괄승계의 원칙 때문에 편의상 한 개의 청구권으로 구성되어 있다고 본다. 상속권을 침해한 참칭상속인을 상대로 상속을 원인으로 상속재산의 반환을 청구하는 이상 청구원인 여하를 불문하고 민법 제999조의 단기제척기간이 적용되고, 물권적 청구권과의 경합을 부정한다(법조경합. 김주수).

(2) 판 례

현재의 판례는 집합권리설에 가깝다. 즉, 과거의 판례는 상속회복청구권 외에도 진정상속인에게 물권에 기한 상속재산의 반환을 인정함으로써(대판 1959.10.29, 4292민상136; 대판 1977.11.22, 77다1744 등) 제999조의 단기제척기간을 사실상 무의미하게 만들었으나, 현재의 판례는 일관되게, 소유권에 기한 반환청구 내지 등기말소청구라 할지라도 청구원인이 상속에 기하는 한, 그 청구는 모두 제999조의 단기제척기간이 적용되는 상속회복청구권에 해당한다고 하고 있다(대판 1978.12.13, 78다1811; 대판[전원합의체] 1981.1.27, 79다854; 대판[전원합의체] 1991.12.24, 90다5740; 대판 1994.10.21, 94다18249; 대판 2007.11.29, 2005두10743).

판례

민법 제999조 상속회복청구권 법적 성질과 적용범위

1. **진정상속임을 전제로 한 다른 상속인에 대한 소유권말소청구소송의 법적 성질**
   재산상속에 관하여 진정한 상속인임을 전제로 그 상속으로 인한 소유권 또는 지분 등 재산권의 귀속을 주장하여 상속재산인 부동산에 관한 등기의 말소 등을 청구하는 경우에는 청구원인을 불문하고 민법 제999조 소정의 상속회복청구의 소라고 해석하여야 하므로 민법 제982조 제2항 소정의 제척기간의 적용이 있다(대판 1978.12.13, 78다1811; 대판[전원합의체] 1991.12.24, 90다5740).
2. **상속회복청구의 성질과 소의 상대방**
   진정상속인이 참칭상속인 또는 그로부터 상속재산을 양수한 제3자를 상대로 상속재산인 부동산에 관한 등기의 말소 등을 구하는 경우에 그 소유권 또는 지분권의 귀속원인을 상속으로 주장하고 있는 이상 청구원인 여하에 불구하고 이는 민법 제999조 소정의 상속회복청구의 소라고 해석하여야 할 것이므로 단기제척기간의 적용이 있다(대판[전원합의체] 1981.1.27, 79다854).
3. **협의분할의 무효를 원인으로 하는 다른 공동상속인의 소유권이전등기 말소등기청구의 소가 상속회복청구의 소에 해당하는지 여부**
   공동상속인 중 1인이 협의분할에 의한 상속을 원인으로 하여 상속부동산에 관한 소유권이전등기를 마친 경우에, 협의분할이 다른 공동상속인의 동의 없이 이루어진 것이어서 무효라는 이유로 다른 공동상속인이 위 등기의 말소를 청구하는 소는 상속회복청구의 소에 해당한다(대판 2011.3.10, 2007다17482).

3. 상속회복청구권자

(1) 청구권자의 범위

상속회복청구권자는 상속권자 또는 그 법정대리인이다(제999조). 진정상속인으로부터 상속분을 양도받은 포괄승계인(제1011조)은 상속인에 준하여 상속회복청구권이 있다고 볼 수 있으나, 상속재산의 특정승계인은 상속회복청구권자로 될 수 없다(왜냐하면 특정승계인은 상속인의 지위를 승계하는 것이 아니라 단지 특정상속재산에 대한 재산권만을 승계한 것이기 때문이다).

진정상속인의 사망으로 상속회복청구권이 그 상속인에게 승계될 수 있는가? 상속회복청구권은 재산적 성격이 짙으므로 승계를 긍정하는 견해(김용한)가 있지만, 상속인 고유의 권리로 보는 것이 다수설이다(곽윤직; 김주수; 박병호). 다수설에 따를 경우 상속회복청구권의 제척기간의 기산점은 사망한 진정상속인의 상속인을 기준으로 계산된다.

(2) 상속개시 후 피인지자 등

상속개시 후의 인지(認知) 또는 재판(친자관계존재확인의 소, 파양무효의 소, 이혼무효의 소, 부(父)를 정하는 소)의 확정에 의하여 공동상속인이 된 자도 참칭상속인에 대하여 상속회복청구의 소를 제기할 수 있다. 소수설은 피인지자(被認知者)나 기타 재판이 확정된 자는 진정한 공동상속인으로서 상속재산의 분할 전이면 분할에 참가할 수 있고, 분할 후에 재판이 확정된 경우에는 가액지급을 청구할 수 있으며 이는 상속재산분할청구권의 일종으로 본다(박병호). 그러나 통설은 이를 상속회복청구권으로 보아 상속회복청구권의 소멸에 관한 단기제척기간(短期除斥期間)이 적용된다고 한다. 판례도 같은 태도를 취한다(대판 1978.12.13, 78다1811). 상속재산이 이미 분할되었거나 처분된 후라면 그 상속분에 상당한 가액의 지급을 청구할 수 있다(제1014조).

4. 상속회복청구의 소의 상대방

상속회복청구의 소의 상대방은 참칭상속인이나 참칭상속인으로부터 상속재산을 취득한 제3취득자이다. 그런데 참칭상속인의 범주를 어떻게 확정할 것인가는 어려운 문제이다. 이는 상속회복청구권의 성질을 어떻게 볼 것인지 나아가 상속회복청구의 범위를 확대하여 해석할 것인지 여부에 따라 달라지게 되고, 제척기간의 적용 여부와 연결된다. 참칭상속인의 범위를 아주 좁게 해석하는 견해에 따르면, 참칭상속인이란 '정당한 상속인이 아님에도 재산상속인임을 신뢰케 하는 외관을 갖추고 있는 자가 상속인이라고 참칭하여 상속재산의 전부 또는 일부를 점유하는 경우를 말한다'고 한다(곽종석, "상속회복의 소", 판례연구 8집, 523면 이하. 이러한 제한해석을 통하여 진정상속인이 상속회복청구권이 아닌 소유권에 기하여 재산권을 회복할 수 있도록 해야 한다고 한다).

그러나 통설과 판례에 따르면, 참칭상속인이란 '정당한 상속권이 없음에도 재산상속인임을 신뢰케 하는 외관을 갖추거나, 상속인이라고 참칭하면서 상속재산의 전부 또는 일부를 점유함으로써 진정한 상속인의 재산상속권을 침해하는 자'를 말한다(대판 1991.2.22, 90다카19470; 대판 1998.3.27, 96다37398). '재산상속인임을 신뢰케 하는 외관을 갖춘 자'에 해당하거나, '상속인이라고 참칭하면서 상속재산의 전부 또는 일부를 점유함으로써 진정한 상속인의 재산상속권을 침해하는 자'에 해당하면 충분하고, 그의 선의·악의 또는 과실의 유무를 불문한다(단, 공동상속인과 관련해서는 예외가 있다. 대판 1997.1.21, 96다4688 참고).

(1) 재산상속인임을 신뢰케 하는 외관을 갖춘 자

예를 들어 무효인 혼인이나 인지 또는 허위친생자출생신고가 된 경우처럼 가족관계등록부 등 공부상 상속인으로 기재되거나 상속을 원인으로 경료된 등기 등을 갖추고 있는 경우를 말한다.

판례

상속회복청구의 소의 상대방

1. 미등기부동산의 참칭상속인

상속재산인 미등기부동산을 임의로 매도한 자가 아무 근거 없이 피상속인의 호적에 호주상속신고를 한 것으로 기재되어 있으나, 상속재산인 미등기부동산에 관하여 상속인이라고 참칭하면서 등기를 마치거나 점유를 한 바가 없고, 또한 피상속인의 호적에 의하더라도 피상속인의 시동생의 손자로서 피상속인의 법정상속인에 해당할 여지가 없어 그 유산에 대하여 상속권이 없음이 명백한 경우, 그 자를 상속회복청구의 상대방이 되는 참칭상속인에 해당한다고 볼 수 없다(대판 1998.3.27, 96다37398. 이 판례는 상속회복청구권이 제척기간의 경과로 인하여 소멸한 경우 상속재산이 누구에게 귀속되는지에 관하여 종전의 판례의 입장을 보다 명확히 하였고, 상속재산이 미등기부동산인 경우 참칭상속인에 해당하기 위한 기준을 구체적으로 제시하였다는 점에 그 의의가 있다).

2. 진정상속인 및 참칭상속인이 주장하는 피상속인이 서로 다른 사람인 경우

상속회복청구의 소는 진정상속인과 참칭상속인이 주장하는 그 피상속인이 동일인임을 요하는 것이므로, 진정상속인이 주장하는 피상속인과 참칭상속인이 주장하는 피상속인이 다른 사람인 경우에는 진정상속인의 청구원인이 상속에 의하여 소유권을 취득하였음을 전제로 한다고 하더라도 이를 상속회복청구의 소라고 할 수 없다(대판 1995.7.11, 95다9945).

3. 족보상 자로 등재된 자가 참칭상속인에 해당하는지 여부

피상속인의 집에서 양육하고 족보에 그의 아들로 등재하였으나 법률상의 입양절차를 밟지 아니하고 있던 중 피상속인의 내외가 사망하자 족보상 등재된 자가 피상속인의 사후양자로 선정된 것처럼 피상속인의 호적부에 사후양자입양신고를 하였다가 이에 대한 무효심판이 확정되어 위 호적기재가 말소되었는바, 사후양자로 등재된 자가 피상속인의 양자로 행세하면서 피상속인 소유의 미등기부동산을 타에 임의로 처분하였다면 이는 유산상속권이 없는 처분이 명백하므로 족보상 자(子)로 등재된 자는 참칭상속인이 될 수 없고 그의 상속재산처분행위가 재산상속권침해에 해당되지도 아니한다(대판 1987.7.21, 86다카2952).

---

(2) 재산상속인임을 신뢰케 하는 외관을 갖추지 못하면서 상속인이라고 참칭하고 상속재산의 전부 또는 일부를 점유하고 있는 자

참칭상속인의 범위를 좁게 해석하는 제한해석에 따르면(박병호, "상속회복청구의 피고적격", 민사판례연구 Ⅷ; 유정주, "재산상속회복청구권과 참칭상속인", 대법원 판례해설 통권 8호; 곽종석, "상속회복의 소", 판례연구(부산판례연구회) 8집; 오세율, "상속회복청구권과 관련한 몇 가지 문제점의 검토", 판례연구(대구지방법원판례연구회) 3집; 오창수, "상속회복청구권과 제척기간", 판례월보 258호; 이기중, "상속회복의 소", 판례연구(부산판례연구회) 3집 등), 이러한 자에 대한 소는 회복청구의 소가 아니기 때문에 제999조의 제척기간이 적용되지 않고 소유권에 기한 등기말소 또는 반환청구가 인정된다. 그러나 통설과 판례에 따르면 상속재산이 부동산인 경우 등기를 하지 아니하더라도 점유만 하면 참칭상속인이 될 수 있다.

(3) 상속권을 주장하지 않고 상속재산을 점유하는 자와 특정의 권원(權原)을 주장하여 상속재산을 점유하는 자

이러한 유형에 해당하는 자들이 상속회복청구의 상대방적격을 갖는가에 대해서는 긍정설(김주수)과 부정설(박병호)이 있다. 판례는 부정하는 태도를 취한다(대판 1982.1.26, 81다851). 이 경우, 권원의 판단은 등기부의 등기원인을 기준으로

한다(대판 1997.1.21, 96다4688: 보증서 및 확인서를 갖추어 부동산등기특별조치법에 의해 등기하면서 등기원인을 매매로 하여 기재하였는데, 그 보증서 및 확인서에는 '상속'이라고 기재되었던 사건).

부정설	예컨대 무효인 매매에 의하여 피상속인으로부터 상속재산을 취득했다고 하는 자의 경우에는 상속권을 주장하고 있는 것이 아니라 상대방이 권한 없이 상속재산을 점유하고 있는지 여부가 문제이므로 이 경우는 통상적인 재산권침해에 해당한다. 따라서 그러한 자에게까지 단기제척기간에 의한 보호를 할 이유가 없으므로 상대방적격이 없다고 보아야 한다.
긍정설	우리 민법상의 상속회복청구권의 근거를 진정상속인의 상속재산의 회복이라는 점에서 구한다면, 표현상속이나 참칭의 유무는 문제가 아니고, 상속재산이 정당한 권원자에게 귀속하고 있는가만이 문제된다. 따라서 상속권을 다투지 않고 단순히 자기의 점유하에 있는 재산이 상속재산에 속하지 않는 것만을 주장하는 자도 또한 상속회복청구의 상대방이 된다고 보아야 한다.
판례	공동상속인인 피고가 피상속인의 생전에 당해 토지를 매수한 사실이 없음에도 그런 사유가 있음을 이유로 임야소유권이전등기 등에 관한 특별조치법에 의한 이전등기를 경료하였으니 공동상속인인 원고가 그 등기무효를 청구원인으로 하여 공동상속인인 피고에 대하여 등기말소청구를 하는 것은 상속을 원인으로 하는 것이 아니므로 상속회복청구의 소가 아니다(대판 1982.1.26, 81다851·852; 김주수·김상용 교과서에서는 이 부분을 다른 상속인의 상속분을 침해하는 공동상속인 문제로 취급하고 있다).

(4) 다른 공동상속인의 지분을 침해하는 공동상속인의 문제

참칭상속인에는 상속권이 전혀 없이 재산상속인임을 신뢰케 하는 외관을 갖춘 자뿐만 아니라 다른 상속인의 상속분을 침해하는 공동상속인도 포함된다고 보는 것이 다수설과 판례의 태도이다(곽윤직; 김주수; 대판 1985.7.23, 83다632; 대판 [전원합의체] 1991.12.24, 90다5740; 대판 1997.1.21, 96다4688 등). 즉, 자신의 지분을 초과하는 부분에 대해서까지 재산상속인임을 신뢰케 하는 외관을 갖추고 있다는 점에서 참칭상속인이라고 보는 것이다. 따라서 다른 상속인의 상속분을 침해한다는 사실을 알지 못하는(선의인) 공동상속인은 참칭상속인이 아니다(대판 1997.1.21, 96다4688 등: 다른 참칭상속인의 경우에 선의·악의 또는 과실의 유무를 불문하는 것과 대조된다. 이 문제와 관련하여 선의·악의를 불문하고 상속회복의 대상이 되어야 한다고 보는 견해가 있다. 이경희).

판례

공동상속인에 의한 상속권의 침해

1. 공동상속인이 참칭상속인이 되는 경우

상속재산인 부동산에 관하여 공동상속인 중 1인 명의로 소유권이전등기가 경료된 경우 그 등기가 상속을 원인으로 경료된 것이라면 등기명의인의 의사와 무관하게 경료된 것이라는 등의 특별한 사정이 없는 한 그 등기명의인은 재산상속인임을 신뢰케 하는 외관을 갖추고 있는 자로서 참칭상속인에 해당된다(대판 1997.1.21, 96다4688).

2. 공동상속인들 사이에서 증여나 매매를 원인으로 한 등기이전의 말소를 구하는 소가 상속회복청구인지 여부

공동상속인 중 1인이 구 부동산소유권이전등기 등에 관한 특별조치법에 의하여 매매 또는 증여를 원인으로 한 이전등기를 경료한 경우, 그 등기명의인은 참칭상속인이 아니며 그 말소를 구하는 소도 상속회복청구의 소에 해당하지 않는다(대판 2008.6.26, 2007다7898).

3. 상속등기에 갈음하여 특조법에 따라 이전된 소유권이전등기의 무효를 이유로 다른 공동상속인들이 그 말소등기를 청구하는 경우

공동상속인 중 1인이 상속등기에 갈음하여 구 부동산소유권 이전등기 등에 관한 특별조치법에 따라 그 명의의 소유권이전등기를 경료한 경우에 그 이전등의 무효를 이유로 다른 공동상속인이 그 등기의 말소를 청구하는 소는 상속회복청구의 소에 해당한다(대판 2010.1.14, 2009다41199).

4. 상속을 포기한 공동상속인이 상속등기의 명의인에 포함된 경우 그가 참칭상속인에 해당하는지 여부

상속을 원인으로 하는 등기가 명의인의 의사에 기하지 않고 제3자에 의하여 상속참칭의 의도와 무관하게 이루어진 것일 때에는 위 등기명의인을 상속회복청구의 소에서 말하는 참칭상속인이라고 할 수 없다. 그리고 수인의 상속인이 부동산을 공동으로 상속하는 경우 그와 같이 공동상속을 받은 사람 중 한 사람이 공유물의 보존행위로서 공동상속인 모두를 위하여 상속등기를 신청하는 것도 가능하므로, 부동산에 관한 상속등기의 명의인에 상속을 포기한 공동상속인이 포함되어 있다고 하더라도 상속을 포기한 공동상속인 명의의 지분등기가 그의 신청에 기한 것으로서 상속 참칭의 의도를 가지고 한 것이라고 쉽게 단정하여서는 아니 된다(대판 2012.5.24, 2010다33392).

참고 **참칭상속인에 공동상속인을 포함하는 다수설과 판례에 대한 비판**

다수설에 대하여 진정공동상속인 사이에는 상속자격에 의문의 여지가 없으므로 그들 사이의 침해분쟁은 상속회복청구가 아닌 통상의 상속등기의 말소청구, 공유지분확인,

분할의 무효를 전제로 하는 재분할청구 등에 의해서 권리를 행사하게 함으로써 해결하는 것이 타당하다고 하는 견해(박병호)가 있다. 이론적으로 볼 때, 공동상속인들 사이의 상속재산과 관련된 분쟁은 상속분의 다툼이지 상속자격 자체를 다투는 것은 아니며, 민법이 상속회복청구의 소(訴)에 단기제척기간을 규정한 것은 참칭상속인이 상속권을 참칭하여 상속재산을 침해하는 경우에 진정상속인이 서둘러서 참칭상속인 내지 제3취득자로부터 상속재산을 회복하게 함으로써 권리관계의 안정을 기하고자 하는 데 있으므로, 참칭상속인의 범주는 상속자격이 전혀 없는 자로 한정하여야 하고 상속회복청구의 소의 상대방도 그러한 참칭상속인과 그로부터 상속재산을 전득한 자에 한정하는 것이 단기제척기간을 정한 상속회복청구권의 규정취지에 부합한다고 생각된다.

(5) 참칭상속인으로부터 상속재산을 전득한 제3취득자

상속회복청구의 상대방으로 인정하는 데 다툼이 없다(통설: 곽윤직, 상속법; 김주수; 대판[전원합의체] 1981.1.27, 79다854). 다만 참칭상속인의 범위에서 다른 상속인의 상속분을 침해하는 공동상속인을 제외하는 견해에 따르면, 공동상속인으로부터 상속재산을 취득한 제3자는 상속회복청구의 상대방이 아니며, 따라서 그러한 제3자에 대한 재산반환청구소송도 단기제척기간의 적용을 받지 않고 민사소송법상 이행의 소인 상속회복의 소와 달리 가사소송법 제2조 다류 가사소송사건이라고 한다(박병호). 판례는 처음에는 이를 부정(대판 1977.11.22, 77다1744)하다가 긍정하는 방향으로 그 태도를 바꾸었다(대판[전원합의체] 1981.1.27, 79다854).

판례

참칭상속인에 대한 해석

1. 전득자에 대한 상속회복청구를 인정하는 이유

   상속회복청구의 단기제척기간이 참칭상속인에게만 적용되고 참칭상속인으로부터 상속재산을 양수한 제3자에게는 인정되지 않는다면 거래관계의 조기안정을 의도하는 단기의 제척기간이 무의미하게 될 뿐만 아니라, 참칭상속인에 대한 관계에 있어서는 제척기간의 경과로 참칭상속인이 상속재산상의 정당한 권원을 취득했다고 보면서, 같은 재산상속인으로부터 상속재산의 일부를 전득한 제3자는 진정상속인의 물권적 청구권을 감수하여야 한다는 이론적 모순이 생기게 된다(대판[전원합의체] 1981.1.27, 79다854).

2. 상속재산을 점유하지 않은 무허가건물대장상 건물주가 참칭상속인에 해당하는지 여부

   무허가건물대장에 건물주로 등재된다고 하여 소유권을 취득하는 것이 아닐 뿐만 아니라 권리자로 추정되는 효력도 없는 것이므로, 참칭상속인 또는 그로부터 무허가건

물을 양수한 자가 무허가건물대장에 건물주로 기재되어 있다고 하여 이를 상속회복청구의 소에 있어 상속권이 참칭상속인에 의하여 침해된 때에 해당한다고 볼 수 없다(대판 1998.6.26, 97다48937).

---

5. 상속회복청구권의 행사와 그 효과

(1) 행 사

① 행사의 방법

㉮ 상속회복청구권은 반드시 재판상 행사하여야 할 필요는 없다(통설). 다만, 판례는 상속회복청구권의 행사기간을 제소기간으로 보므로(대판 1993.2.26, 92다3083 참고), 재판상 행사를 전제한다고 보인다.

㉯ 소송의 관할은 일반법원이다(민소법 제20조). 즉, 민사소송으로서 이행의 소이며 가족관계에 관한 소송을 경료하지 않아도 된다.

② 증명책임(證明責任)

㉮ 상속회복을 청구하는 상속인은 자기가 상속권을 가지는 사실과 목적물이 상속개시 당시 피상속인의 점유 아래 있은 사실뿐만 아니라, 참칭상속인에 의하여 그의 재산상속권이 침해되었음을 주장·증명하여야 한다(대판 2011.7.28, 2009다64635).

㉯ 상대방은 상속재산에 관한 특정의 권원이 있음에 대하여 증명책임을 부담한다.

(2) 행사의 효과

① 참칭상속인(僭稱相續人)에 대한 효과

㉮ 상속재산의 반환: 원고승소의 판결이 확정되면 참칭상속인은 그가 점유하는 상속재산을 진정상속인에게 반환하여야 한다. 진정상속인이 다수인 경우에는 이들 상속인의 상속분에 따라 반환해야 한다. 상속에서 제외된 상속인이 청구한 경우에는 반대로 상속분을 침해한 공동상속인의 상속분에 따라 반환한다.

㉯ 반환범위: 이에 관하여는 학설이 나뉜다.

ⓐ 제1설: 참칭상속인이 악의이면 취득한 재산의 전부를 반환해야 하는

동시에 과실과 사용이득에 대해서도 반환의무를 지지만(제201조 제2항), 선의인 경우에는 실종선고(失踪宣告) 취소의 경우에 준하여 그 받은 이익이 현존하는 한도에서 반환할 의무가 있다고 해석한다(김주수·김상용).

ⓑ 제2설: 참칭상속인이 악의이건 선의이건 취득한 재산의 전부를 반환하여야 함은 물론 과실이나 사용이득도 상속재산에 속하므로 반환하여야 한다. 이와 같이 이 청구권은 소유물반환청구권과 다른데 선의자보호의 필요성이 있기는 하나, 우리 법이 진정상속인 보호를 위한 제도라고 볼 수 있으므로 이렇게 새기는 것이 합리적이라고 한다(박병호).

생각건대, 피상속인의 사후에 인지된 자의 가액반환청구소송에서 부당이득반환법리의 유추적용을 배제하고 피인지자에 대한 인식 여부에 상관없이 가액반환을 명한 판례(대판 1993.8.24, 93다12)에 비추어 본다면, 후자의 견해가 타당하다.

② 제3자에 대한 효과

㉮ 참칭상속인으로부터 상속재산을 양수한 제3자: 참칭상속인으로부터 제3자가 양수한 재산이 동산·지시채권·무기명채권·지명소지인출급채권 또는 유가증권이면 선의취득에 의하여 보호되나, 부동산의 경우에는 비록 상속등기가 있더라도 보호되지 않는다(등기공신력의 부재).

㉯ 공동상속인으로부터 상속재산을 양수한 제3자: 공동상속인은 무권리자가 아니기 때문에 공동상속인으로부터 상속재산을 양수한 제3자는 동산을 취득한 경우에도 선의취득에 의하여 보호될 수 없다.

학설은 민법 제1015조 단서를 적용하는 방법을 제시하고 있다. 이 견해에 따르면, 만약 진정상속인이 상속회복청구를 하려면 우선 상속재산의 분할을 하여 당해 상속재산의 취득자를 정하여야 하는데, 제1015조가 상속재산의 분할은 상속개시 시에 소급하여 그 효력이 발생하지만 제3자의 권리는 해하지 못한다고 하고 있으므로, 결국 소급효의 제한으로 제3자는 동산·부동산할 것 없이 유효하게 권리를 취득할 수 있다는 것이다. 그런데 이러한 해석방법에 의하면 제3자는 보호되지만 다른 한편 제외된 공동상속인의 이익은 전혀 무시되고, 그렇다고 하여 모든 공동상속인이 제3자에게 상속회복청구를 한다는 것도 타당하지 못하므로 입법적으로 해결할 수밖에 없다는 견해가 제기되고 있다(김주수·김상용).

(3) 참칭상속인에 대한 채무의 변제

제3자가 채권자인 진정상속인에게 해야 할 변제를 참칭상속인에게 한 경우, 그 변제는 채권의 준점유자에 대한 변제(제470조)가 된다.

6. 상속회복청구권의 소멸

(1) 제척기간(除斥期間)의 경과에 의한 소멸

① 상속회복청구권은 그 침해를 안 날부터 3년, 상속권의 침해행위가 있은 날부터 10년을 경과하면 소멸된다(제999조). 이 기간은 제소기간으로 볼 것이므로, 상속회복청구의 소에 있어서는 법원이 제척기간의 준수 여부에 관하여 직권으로 조사한 후 기간도과 후에 제기된 소는 부적법한 소로서 흠결을 보정할 수 없으므로 각하하여야 한다(대판 1993.2.26, 92다3083).

② '상속권을 침해당한 사실을 안 날'이란 자기가 진정상속인임을 알고(예컨대, 강제인지판결의 확정일) 상속에서 제외된 사실을 안 때를 가리킨다(대판 1981.2.10, 79다2052; 헌재결 2004.4.29, 2003헌바5). '상속권의 침해행위가 있은 날'이란 참칭상속인이 상속재산을 점유하거나 상속재산인 부동산에 대하여 상속등기나 소유권이전등기 등의 행위를 한 날을 의미한다(대판 2009.10.15, 2009다42321).

③ 상속재산의 일부에 대해서만 제소하여 제척기간을 준수하였다 하여 청구의 목적물로 하지 아니한 상속재산에 대해서도 제척기간을 준수한 것으로는 볼 수 없고(대판 1980.4.22, 79다2141), 제척기간의 준수 여부는 상속회복청구의 상대방 별로 각각 판단하여야 한다(대판 2009.10.15, 2009다42321 참고).

④ 상속회복청구권이 제척기간의 경과로 소멸하게 되면 상속인은 상속권을 상실하게 되고, 그 반사적 효과로서 참칭상속인이 상속이 개시된 때로 소급하여 상속재산에 대한 정당한 권리(소유권 또는 상속인으로서의 지위)를 취득한다(통설. 대판 1994.3.25, 93다57155).

(2) 상속회복청구권의 포기

진정상속인은 상속회복청구권을 자유로이 포기할 수도 있다. 다만, 상속이 개시되기 전에 상속인으로 될 자(추정상속인)가 사전에 포기할 수는 없다.

[사례풀이 19]

우리나라의 학설과 판례는 허위의 친생자출생신고에 있어서 양 당사자 간에 양친자 관계를 성립시키려는 의사가 있고 기타 입양의 실질적 요건을 구비한 경우에는 입양의 효력을 인정하고 있다. 사례에서 만일 A·B가 허위의 친생자출생신고는 무효라는 것을 알았었더라면 입양신고를 했었을 것이기 때문에, A·B와 C 사이에는 양친자 관계가 발생하였을 것이라고 할 수 있고(제138조: 무효행위의 전환), C는 D와 함께 A의 사망으로 공동상속인이 된다. C·D는 공동상속인으로서 각자의 상속분에 응하여 피상속인의 권리의무를 승계하나(제1007조), 분할을 할 때까지는 상속재산을 공유로 한다(제1006조). 또한 A소유의 부동산에 대해서는 A의 사망으로 공동상속인인 C·D가 등기 없이 부동산의 소유권을 상속하게 된다(제187조). 공동상속인 D가 자신의 단독명의로 상속등기를 끝내고 이를 F에 매각하였기 때문에 D는 C의 상속분을 침해하였다. 통설과 판례에 따르면 D로부터 상속재산을 취득한 제3자 F에 대하여 C는 소유권반환 내지 등기말소 등의 청구를 할 수 있으나, 청구원인이 상속에 기하는 한 이는 상속회복청구의 소라고 한다(대판[전원합의체] 1981.1.27, 79다854). 따라서 C의 청구는 상속권의 침해를 안 날로부터 3년, 침해행위가 있은 날로부터 10년이 경과하면 소멸한다.

제2절 상속인

I 상속인의 의의와 상속능력

1. 상속인의 의의

상속인이란 피상속인의 재산상의 법적 지위를 포괄적으로 승계한 자를 말한다. 상속인을 엄밀하게 구분하면 포괄적 수유자(受遺者)나 수증자(受贈者), 그리고 법정상속인(法定相續人)으로 세분할 수 있다. 그리고 상속인은 단순히 상속인이 될 수 있는 자격을 갖는 자와 구별된다. 예를 들어 부모와 배우자(B), 그리고 자(子)(C)를 둔 A가 사망한 경우, A의 상속인은 B·C이고 A의 부모는 상속인이 될 수 있는 가능성을 갖는 자에 불과하고 상속인은 아니다. 포괄적 수유자나 수증자는 피상속인의 의사에 따른 포괄적 승계인이고 법정상속인은 아니다.

2. 법정상속인의 범위

민법상 법정상속인이 될 수 있는 범위는 피상속인의 배우자·직계비속·직계존속·형제자매·4촌 이내의 방계혈족이다. 상속인의 범위에 있는 자가 없고, 특별연고자의 재산분여청구(財産分與請求)도 없는 경우 상속재산은 국가에 귀속한다(제1057조의2, 제1058조).

판례

현행민법 시행 전에 재산상속에 관한 관습

현행민법의 시행 전에 있어서 호주 아닌 가족의 사망으로 인한 재산상속은 그 직계비속이 평등하게 공동상속하며, 그 직계비속이 피상속인과 동일 호적 내에 있지 않는 여자일 경우에는 상속권이 없으며, 서출자녀는 적출자녀의 반을 상속하는 것이 우리나라의 관습이었다(대판 1991.2.22, 90다15679; 대판 2009.3.26, 2006다55692·55708). 비평: 판례가 우리나라의 관습이라고 하는 시기는 일제강점기부터의 관습이라고 보아야 한다. 더군다나 그 관습이라는 것도 전통에 기한 관습이 아니라 일제에 의해 강제로 이식된 관습을 의미한다. 왜냐하면 일제강점기부터 호적법과 호주제가 시행되었기 때문이다. 그 전에는 민적법이 있었고 또한 고려시대나 조선시대에 출가한 여자의 상속권이 아예 배제되는 것이 관습이었다는 것도 확실히 증명되지 않았다.

3. 상속능력

법정상속인이 될 수 있는 자격을 가진 자는 자연인에 한정된다. 그러나 법인도 수유자나 수증자가 될 수 있으므로(제1078조) 실질적 의미에서 상속능력이 있는 효과가 나온다.

4. 태아의 상속능력

제1000조(상속의 순위) ③ 태아는 상속순위에 관하여는 이미 출생한 것으로 본다.

민법은 태아(胎兒)의 권리능력을 원칙적으로 인정하지 않는다(제3조 참고). 다만, 민법은 태아를 보호하기 위하여 불법행위에 의한 손해배상청구(제762조), 재산상속(제1000조 제3항), 대습상속(제1001조), 유증(제1064조)의 경우에 태아의 권리능력을 인정한다. 또한 사인증여(死因贈與)에는 유증의 규정이 준용되므로(제562조) 사인증여에 대해서도 태아의 권리능력이 의제된다고 볼 수 있다.

'이미 출생한 것으로 본다'고 규정한 예외적인 규정들(민법 제1000조 제3항 포함)에 대한 해석(태아의 권리능력 취득시기 등)을 둘러싸고 학설이 나뉜다.

(1) 해제조건설(解除條件說)

태아는 이미 출생한 것으로 보고 개별사항의 범위 내에서 제한된 권리능력을 갖는다고 한다(다수설). 태아를 위한 법정대리제도가 없는 현행민법이지만 이러한 예외적인 경우에는 법정대리의 규정이 태아에게 적용된다고 본다. 태아가 살아서 출생하지 아니한 경우에(즉, 해제조건이 성취할 때)는 소급하여 권리능력이 소멸한다(다수설). 해제조건설은 태아의 보호에 유리하지만, 상대방에게 불측의 손해를 줄 우려가 있다는 단점이 있다.

(2) 정지조건설(停止條件說)

태아로 있는 동안에는 권리능력이 없지만 살아서 출생하는 경우에 권리능력을 취득하고, 그 권리능력 취득의 효과가 문제의 시점까지 소급한다고 한다(판례와 소수설). 정지조건설에 따르면 태아가 사산(死産)하더라도 타인에게 불측의 손해를 줄 우려는 없지만, 태아가 취득 또는 상속할 재산을 출생 전에는 보존·관리할 수 없다(대판 1976.9.14, 74다1365).

(3) 평 가

현대 의학의 발달로 낙태를 원하지 않는 이상 태아가 사망할 확률은 지극히 낮다. 또한 출산율이 급격히 저하되고 위법적인 낙태가 성행하는 현실을 감안한다면 태아를 두텁게 보호할 수 있는 해제조건설이 타당하다. 다만, 태아로 있는 동안 발생할 수 있는 복잡한 법률문제들(태아의 포태시기, 부(夫)가 불분명할 경우, 사산될 경우 등)을 해결할 수 있는 보다 상세한 입법이 필요하리라 생각한다.

Ⅱ 법정상속순위

민법은 혈족의 순위를 다음과 같이 정하고(제1000조), 배우자는 항상 상속인으로 됨을 명백히 하고 있다(제1003조).

제1000조(상속의 순위) ① 상속에 있어서는 다음 순위로 상속인이 된다.
1. 피상속인의 직계비속
2. 피상속인의 직계존속
3. 피상속인의 형제자매
4. 피상속인의 4촌 이내의 방계혈족

② 전항의 경우에 동순위의 상속인이 수인인 때에는 최근친을 선순위로 하고 동친 등의 상속인이 수인인 때에는 공동상속인이 된다.

제1003조(배우자의 상속순위)

① 피상속인의 배우자는 제1000조 제1항 1호와 2호의 규정에 의한 상속인이 있는 경우에는 그 상속인과 동순위로 공동상속인이 되고 그 상속인이 없는 때에는 단독상속인이 된다.

② 제1001조의 경우에 상속개시 전에 사망 또는 결격된 자의 배우자는 동조의 규정에 의한 상속인과 동순위로 공동상속인이 되고 그 상속인이 없는 때에는 단독상속인이 된다.

1. 제1순위

피상속인의 직계비속과 배우자가 1순위 상속인이 된다.

(1) 직계비속이 수인이 있는 경우에 촌수가 같으면 동순위로 공동상속인이 되고(제1000조 제2항 전단), 촌수가 다르면 촌수가 가까운 직계비속이 먼저 상속인이 된다(제1000조 제2항 후단).

(2) 직계혈족은 자연혈족(親生子)·법정혈족(養子), 혼인 중의 출생자·혼인 외의 출생자, 기혼·미혼을 차별하지 않고 동순위로 상속인이 된다. 단, 계모자(繼母子) 사이와 적모서자(嫡母庶子) 사이, 계부와 가봉자 사이에는 별도로 입양이 이루어지지 않는 한 상속권이 없다. 또한 양자는 양부모와 친생부모 모두의 상속인이 되나(대결 1995.1.20, 94마535), 친양자는 친생부모의 상속인이 될 수 없다.

(3) 태아는 상속순위에 관하여는 이미 출생한 것으로 본다(제1000조 제3항).

2. 제2순위

피상속인의 직계비속이 없으면 직계존속이 다음 순위로 상속인이 된다(2순위 상속인). 직계존속이 수인인 경우에 촌수가 같으면 동순위로 공동상속인이 되고(예를 들어 조부모·외조부모 모두 생존하는 경우 공동상속인이 된다), 촌수를 달리하면 최근친(最近親)이 먼저 상속인이 된다(제1000조 제2항. 증조부모와 조부모 중 조부모가 상속인). 직계존속이면 부계(父系)·모계(母系)를 불문하며 또한 이혼한 부모 모두 자에 대한 상속권이 있다.

3. 제3순위

피상속인의 배우자, 직계비속, 직계존속이 없으면 다음 순위로 피상속인의 형제자매가 상속인이 된다(제3순위). 부계·모계를 불문한다. 자연혈족·법정혈족,

부계·모계 여부와 상관없이 모두 제3순위 상속인이다. 예를 들어 부가 다르고 모가 같은 동복형제자매나, 모가 다르고 부가 같은 이복형제자매들 사이는 모두 제3순위 상속인이다(대판 1997.11.28, 96다5421).

4. 제4순위

피상속인의 4촌 이내의 방계혈족. 예를 들어 3촌 관계인 백숙부·고모·외숙부·이모·이질 및 4촌 관계인 종형제자매·고종형제자매·외종형제자매·이종형제자매이다.

판례

구 관습상 호주인 양자의 사망으로 양가가 절가된 경우, 양자가 양부로부터 상속받은 재산의 귀속관계

구 관습에 의하면 호주상속을 위하여 다른 가의 양자로 된 자가 호주인 양부의 사망으로 호주권과 그 재산을 상속한 후 기혼인 상태에서 호주상속할 남자 없이 사망하였고 그 가(家)에 여호주로 될 자가 없거나 여호주로 된 자가 사망하거나 혼인하였음에도 상당한 기간이 지나도록 사후양자가 선정되지 않아 절가된 경우, 동일 가적 내의 가족도 없으면 양자가 양부로부터 상속받은 재산은 양부를 매개로 하여 새로이 정해진 촌수에 따른 최근친자에게 귀속된다(대판 2009.1.30, 2006다77456·77463·77470).

5. 배우자상속권

(1) 법률상 배우자

배우자는 피상속인의 직계비속과 동순위로 공동상속인이 되고, 직계비속이 없는 경우에는 피상속인의 직계존속과 동순위로 공동상속인이 되며, 피상속인의 직계비속도 직계존속도 없는 경우에는 단독상속인이 된다(제1003조 제1항). 이혼소송의 계속 중에 원고가 사망하면 이혼청구권은 상속의 대상이 아니어서(一身專屬權) 소송수계를 할 수 없으므로(대판 1982.10.12, 81므53), 생존배우자는 유책배우자라 할지라도 상속권이 있다. 중혼이거나 사망 후 혼인취소(대판 1996.12.23, 95다48308)의 경우에도 상속권이 인정되지만 혼인무효의 경우에는 상속권이 없다.

(2) 사실혼 배우자

사실혼의 배우자는 부(夫) 또는 처(妻)로서의 상속권이 인정되지 않는다(대판

1999.5.11, 99두1540). 다만 사실혼의 배우자는 상속인이 없는 경우에 특별연고자로서 상속재산에 대한 분여청구권을 갖는다(제1057조의2).

Ⅲ 대습상속(代襲相續)

제1001조(대습상속)
전조 제1항 1호와 3호의 규정에 의하여 상속인이 될 직계비속 또는 형제자매가 상속개시 전에 사망하거나 결격자가 된 경우에 그 직계비속이 있는 때에는 그 직계비속이 사망하거나 결격된 자의 순위에 갈음하여 상속인이 된다.

제1003조(배우자의 상속순위)
① …
② 제1001조의 경우에 상속개시 전에 사망 또는 결격된 자의 배우자는 동조의 규정에 의한 상속인과 동순위로 공동상속인이 되고 그 상속인이 없는 때에는 단독상속인이 된다.

사례 20

1. A는 딸 C와 하와이 여행을 갔다가 비행기추락 사고로 사망하였다.
   (1) 만약 A가 배우자나 직계존속도 없고 단지 형제들과 C의 배우자가 있을 뿐이라면 A의 재산은 누가 상속하는가?
   (2) (1)에서 만약 A의 모가 살아 있다면 어떻게 되는가?
2. 갑(甲)과 을(乙)은 X의 자이다. 갑의 슬하에는 A와 B가 있고 을의 슬하에는 C가 있다. X는 상속재산 9천만 원을 남기고 사망하였다.
   (1) X가 사망하기 전에 이미 갑과 을이 사망한 경우 X의 손자녀들의 상속분은?
   (2) X가 사망하기 전에 갑은 상속포기를 하였고 을은 이미 사망한 경우 손자녀들의 상속 관계는?

[논 점]

1. 상속순위와 상속인의 확정
2. 상속개시시기와 동시사망추정의 효력

1. 대습상속의 의의

대습상속이란 상속인이 될 직계비속 또는 형제자매가 상속개시 전에 사망하거나 결격자가 된 경우에 그 직계비속이나 배우자가 있는 때에는 그 직계비속이나 배우자가 사망하거나 결격된 자(者)의 순위에 갈음하여 상속인이 되는 것을 말한다(제1001조, 제1003조 제2항).

2. 대습상속의 성질

대습상속의 성질에 관하여 대습상속인은 피대습자의 권리를 승계한다는 승계설이 있지만, 이미 결격되거나 사망한 자를 대위(代位)한다는 것은 불가능하기 때문에 법률의 규정이 대습상속인에게 부여한 고유한 권리라고 해석된다(통설).

3. 대습상속의 요건

(1) 대습원인

상속인이 될 자인 피대습자(피상속인의 직계비속이나 형제자매)가 상속개시 전에 사망하거나 결격자가 되어야 한다(제1001조, 제1003조 제2항). 그런데 우리 민법이 대습상속의 요건에 상속포기를 포함시키지 않은 것은 입법상의 불비라 판단된다. 대습상속을 대습자의 고유권이라고 새긴다면 포기의 경우에도 마땅히 대습상속을 인정하여야 할 것이다(곽윤직; 박병호; 이경희).

(2) 사 망

사망에는 자연사망, 실종선고, 인정사망 등이 포함될 뿐만 아니라 동시사망(同時死亡)도 포함된다고 해석된다(대판 2001.3.9, 99다13157).

(3) 대습상속인은 피대습자의 직계비속이나 배우자이어야 하고, 상속인의 자격을 잃어서는 안 된다. 따라서 피상속인이 사망하기 전에 재혼한 피대습자의 배우자는 대습상속인이 될 수 없다. 한편, 태아는 직계비속으로서 대습상속권이 인정된다(제1000조 제3항 참조).

(4) 상속권 상실 후의 직계비속 또는 배우자

상속권을 상실할 당시에 대습자의 직계비속이거나 배우자는 문제가 없지만, 상속권 상실 후에 직계비속이 생기거나 배우자가 된 경우에는 문제이다.

① 상속권 상실 후의 직계비속

피대습자가 사망할 당시에 배우자가 포태(胞胎)되었는지 여부를 알 수 있으므로 상속개시 시에 포태되지 않은 경우에는 대습을 인정할 여지가 없다. 또한 피대습자가 결격자가 된 이후 피대습자의 직계비속이 상속개시 시에만 존재하면 대습상속을 인정할 수 있겠지만(당연히 태아는 대습능력이 있다. 제1000조 제3항 유추적용), 상속개시 시에도 존재하지 않는 미래의 대습자란 법률상 불확정한 것이므로 이를 인정할 수 없을 것이다.

② 상속권 상실 후의 배우자

피대습자가 결격자가 된 이후에 배우자가 되었더라도 상속개시 시에 배우자의 지위에 있다면 대습상속을 부정할 필요가 없을 것이다. 결격사유는 피대습자에게 있는 것이지 대습자에게 있는 것이 아니기 때문이다(어여쁜 며느리나 사위를 상속에서 배제할 이유가 없다).

판례

대습상속규정의 적용범위

1. 동시사망과 대습상속

상속인이 될 직계비속이나 형제자매(피대습자)의 직계비속 또는 배우자(대습자)는 피대습자가 상속개시 전에 사망한 경우에는 대습상속을 하고, 피대습자가 상속개시 후에 사망한 경우에는 피대습자를 거쳐 피상속인의 재산을 본위상속을 하므로 두 경우 모두 상속을 하는데, 만일 피대습자가 피상속인의 사망, 즉 상속개시와 동시에 사망한 것으로 추정되는 경우에만 그 직계비속 또는 배우자가 본위상속과 대습상속의 어느 쪽도 하지 못하게 된다면 동시사망 추정 이외의 경우에 비하여 현저히 불공평하고 불합리한 것이라 할 것이고, 이는 앞서 본 대습상속제도 및 동시사망 추정규정의 입법취지에도 반하는 것이므로, 민법 제1001조의 '상속인이 될 직계비속이 상속개시 전에 사망한 경우'에는 '상속인이 될 직계비속이 상속개시와 동시에 사망한 것으로 추정되는 경우'도 포함하는 것으로 합목적적으로 해석함이 상당하다(대판 2001.3.9, 99다13157).

2. 피대습자의 배우자가 다시 피대습자로서의 지위를 가질 수 있는지의 여부

상속인이 될 자(사망자 또는 결격자)의 배우자는 민법 제1003조에 의하여 대습상속인이 될 수는 있으나, 피대습자(사망자 또는 결격자)의 배우자가 대습상속의 상속개시 전에 사망하거나 결격자가 된 경우, 그 배우자에게 다시 피대습자로서의 지위가 인정될 수는 없다(대판 1999.7.9, 98다64318·64325. 사망한 계부의 부(父)가 사망하기 전 모가 사망하더라도 그 모의 자는 피상속인인 계부의 부를 대습상속할 수 없다).

4. 대습상속의 효과

제1010조(대습상속분)
① 제1001조의 규정에 의하여 사망 또는 결격된 자에 갈음하여 상속인이 된 자의 상속분은 사망 또는 결격된 자의 상속분에 의한다.
② 전항의 경우에 사망 또는 결격된 자의 직계비속이 수인인 때에는 그 상속분은 사망 또는 결격된 자의 상속분의 한도에서 제1009조의 규정에 의하여 이를 정한다. 제1003조 제2항의 경우에도 또한 같다.

(1) 본위상속설(本位相續說)과 대습상속설(代襲相續說)

대습상속의 본질을 상속개시 당시 대습자가 피상속인과 자신의 관계에서 상속한다고 보는 견해가 본위상속설이고, 대습자가 피대습자의 지위에서 상속한다고 보는 견해가 대습상속설이다.

(2) 각 학설에 따른 구체적인 결론의 타당성

조부(祖父) 갑과 그의 손자녀들 X, Y, Z가 있고, 그 손자녀들이 모두 한 형제자매라면 본위상속설이든 대습상속설이든 차이가 없다. 그러나 이들이 사촌 간이면 문제가 다르다. X, Y의 부(父)가 A이고 Z의 부(父)는 B인데 A와 B가 상속개시 전에 이미 상속권을 상실하였다고 가정하자. 본위상속설에 따르면 X, Y, Z의 상속분은 모두 1/3으로 동일하지만, 대습상속설에 따르면 X, Y는 각각 1/4(1/2×1/2)인 반면 Z는 1/2이다. 생각건대 대습상속설이 타당하다. 왜냐하면 제1010조 규정취지도 그렇거니와 A에게 배우자가 있다고 가정할 때 본위상속설에 따르면 A의 배우자는 상속에서 배제되는 결과가 나오는데 이는 타당하지 못하다(본위상속설에 따르게 되면, 갑의 사망 당시 상속인은 X, Y, Z이고 A의 배우자는 갑과 인척관계에 불과하기 때문에 상속권이 없다).

[사례풀이 20]

1. 문 1에 관하여

(1) A가 먼저 사망하였다는 사실이 증명되면 A의 상속인은 C이지만 C는 이미 사망하였으므로 C의 배우자인 B가 A의 재산을 상속하게 될 것이다. 그러나 만약 C가 먼저 사망하였다면 C의 배우자 B는 민법 제1003조 제2항에 따라 대습상속인으로서 A의 재산을 상속받게 된다. 동시사망인 경우 A와 C 사이에는 상속이 일어나지 않고 A의 직계존비속이 없는 경우이므로, A의 형제들이 상속인이 되는 것이 아닌

가라고 생각할 수도 있을 것이다. 그러나 동시사망으로 추정될 경우라도 판례는 민법 제1003조 제2항의 요건, 즉 A의 사망 전에 C가 사망하여야 C의 배우자가 대습상속할 수 있다는 요건을 완화하여, A의 사망과 동시에 C가 사망한 경우에도 대습상속을 인정할 수 있다고 판시하고 있다(대판 2001.3.9, 99다13157).

(2) A가 C보다 먼저 사망한 경우 A의 모는 C의 직계존속으로서 C의 배우자와 함께 각각 1 : 1.5의 비율로 상속인이 된다. C가 먼저 사망하거나 A와 C가 동시사망한 것으로 추정된 경우 위 판례에서 살핀 것처럼 C의 배우자인 B가 제1003조 제2항에 의해 단독으로 대습상속한다(이 경우 A의 모는 전혀 상속권이 없다). 이러한 결론이 타당한지는 매우 의문이다.

2. 문 2에 관하여

(1) 만약 갑 또는 을의 배우자가 있으면 대습상속한다는 점에는 이견이 없다. 그러나 갑 또는 을의 배우자가 없다면 대습상속의 본질을 본위상속(비대습상속설 또는 고유승계설)으로 볼 것인가 아니면 대습상속(대위승계설)으로 볼 것인가에 따라 결론이 달라진다. 본위상속설(다수설)에 따르면, A, B, C는 모두 X의 손자녀로서 직접 상속인이 되어 각자 1/3의 균등비율로 상속인이 된다. 그러나 대습상속설(소수설과 판례)에 따르면, 손자녀들은 각자 그들의 부모인 갑과 을을 상속하기 때문에 상속분이 서로 다르다. 갑의 자인 A와 B는 갑의 상속분인 4천 5백만원의 절반씩을 상속하는 반면에 C는 을의 상속분인 4천 5백만 원을 상속한다. 만약 을이 살아 있으면 갑의 자녀는 대습상속하는데, 을이 사망하는 순간 A, B, C의 상속이 본위상속으로 변환된다는 점에서 본위상속설은 이론의 일관성이 없다 하겠다.

(2) 상속개시 전에 상속포기를 할 수 없다는 견해에 따르면, 상속인은 갑과 C(을의 대습자)이다. 상속개시 후 갑이 상속포기를 하게 되면 C가 단독상속한다(A와 B는 상속인이 되지 못한다). 이에 비하여 상속포기도 대습상속의 사유가 될 수 있다고 주장하는 견해에 따르면, 상속개시 후 갑의 상속포기가 있다고 하더라도 A와 B는 C와 함께 대습상속한다.

Ⅳ 상속인의 결격

제1004조(상속인의 결격사유)
다음 각 호의 어느 하나에 해당한 자는 상속인이 되지 못한다.
1. 고의로 직계존속, 피상속인, 그 배우자 또는 상속의 선순위나 동순위에 있는 자를 살해하거나 살해하려 한 자
2. 고의로 직계존속, 피상속인과 그 배우자에게 상해를 가하여 사망에 이르게 한 자
3. 사기 또는 강박으로 피상속인의 상속에 관한 유언 또는 유언의 철회를 방해한 자

4. 사기 또는 강박으로 피상속인의 상속에 관한 유언을 하게 한 자
5. 피상속인의 상속에 관한 유언서를 위조·변조·파기 또는 은닉한 자

1. 의 미

피상속인과 상속인 사이의 도덕적, 경제적 결합관계를 깨뜨리는 비행이 있는 상속인에게 상속권을 인정해서는 안 될 것이다. 상속결격(相續缺格)이란 피상속인의 상속재산의 승계를 부정할 만한 법정사유가 상속인에게 발생하였을 때 재판상의 선언을 기다리지 않고 법률상 당연히 그 상속인이 피상속인을 상속하는 자격을 상실하는 것을 말한다.

2. 상속결격의 사유

민법 제1004조는 상속결격사유로서 다음의 다섯 가지를 열거하고 있다.

(1) 고의로 직계존속 · 피상속인과 그 배우자 또는 상속의 선순위자나 동순위자를 살해하거나 살해하려고 한 경우(제1004조).

여기서 말하는 고의는 미필적 고의를 포함한다. 살인죄인 한 기수·미수를 불문하고 살인의 예비·음모 또는 자살의 교사(敎唆)·방조(幇助)도 이에 해당한다(자살의 교사나 방조는 상속결격사유가 아니라고 하는 견해: 이경희). 상속결격사유로서 살해의 고의 이외에 상속에 유리하다는 인식은 요하지 아니한다(대판 1992.5.22, 92다2127). 상속의 동순위자 또는 선순위자인 태아를 낙태시킨 자도 결격자가 될 수 있는가에 대해서, 판례는 이를 긍정한다(대판 1992.5.22, 92다2127). 학설은 살해의 의미를 낙태에까지 확대적용할 필요가 없다는 견해(이경희), 판례처럼 동순위 또는 선순위인 태아를 낙태시킨 행위만 있으면 낙태자의 상속순위에 대한 인식을 묻지 않고 결격자로 보자는 견해(김주수·김상용; 박병호)가 있다. 생각건대 태아의 상태가 3개월 미만이고 재산상속에 있어서 유리하게 된다는 인식 없이 오로지 장차 태어날 아기의 장래에 대한 우려 등에 기인하여 태아를 낙태한 자를 상속결격자로 보는 것은 타당하지 않다.

(2) 고의로 직계존속 · 피상속인과 그 배우자에게 상해를 가하여 사망에 이르게 한 경우(제1004조 2호).

상속의 선순위나 동순위자를 상해치사한 자라고 하더라도 상속결격자가 되

지 아니한다는 점에서 1호와 다르다.

(3) 사기 · 강박으로 피상속인의 상속에 관한 유언 또는 그 철회를 방해하거나 또는 유언을 하게 한 경우(제1004조 3호·4호)

여기는 유언자를 기망이나 공포에 빠뜨리려고 하는 고의와 자기에게 상속을 유리하게 하려고 하거나 또는 불리하게 되는 것을 면하려는 이중의 고의를 요한다고 보아야 한다(통설. 유언의 결과 기망자 혹은 강박자의 유·불리는 요건이 아니라고 보는 견해- 양수산).

(4) 피상속인의 상속에 관한 유언서를 위조 · 변조 · 파기 또는 은닉한 경우(제1004조 5호)

판례

유언서의 은닉

상속인의 결격사유의 하나로 규정하고 있는 민법 제1004조 제5호 소정의 '상속에 관한 유언서를 은닉한 자'라 함은 유언서의 소재를 불명하게 하여 그 발견을 방해하는 일체의 행위를 한 자를 의미하는 것이므로, 단지 공동상속인들 사이에 그 내용이 널리 알려진 유언서에 관하여 피상속인이 사망한 지 6개월이 경과한 시점에서 비로소 그 존재를 주장하였다고 하여 이를 두고 유언서의 은닉에 해당한다고 볼 수 없다(대판 1998.6.12, 97다38510).

3. 상속결격의 효과

(1) 상속결격자는 피상속인에 대하여 상속인이 될 수 없으며, 동시에 수증결격자도 되므로(제1064조) 유증을 받을 수도 없다.

(2) 상속개시 후 상속결격사유가 생긴 때에는 상속개시 시에 소급하여 상속인의 자격을 상실한다. 따라서 결격자가 상속재산을 선의·무과실의 제3자에게 양도한 경우에도 그 양도행위는 처음부터 당연무효이며, 선의취득의 보호를 받지 않는 한 제3자는 아무런 권리도 취득하지 못한다.

(3) 결격의 효과는 결격자의 일신에만 그치므로 결격자의 직계비속이나 배우자가 대습상속하는 데는 지장이 없다.

(4) 피상속인이 상속결격자를 용서하여 결격효과를 소멸시킬 수 있느냐에 관하여 학설이 나뉜다.

① 긍정설 피상속인이 결격자에 대하여 생전증여를 하는 것이 가능하므

로 용서를 전혀 허용하지 않는다는 것은 실제에 있어서는 무의미할 것이다. 따라서 결격은 어디까지나 상대적 협동관계의 파기를 전제로 하므로 그 협동관계의 부활(용서)이 있으면 결격의 효과를 소멸시켜도 무방하다고 한다(곽윤직; 박병호; 이경희).

② 부정설 결격의 효과는 법률상 당연히 생기는 것이며, 민법도 결격자의 상속회복에 관하여 아무런 규정을 두고 있지 않으므로, 피상속인이 상속결격자에 대하여 결격의 용서를 하거나 결격의 효과를 취소 또는 면제하는 것은 허용되지 않는다고 한다(김용한; 김주수·김상용; 정광현).

제 3 절 상속의 효과

사례 21

다음과 같은 사실들이 있다.

ㄱ. A는 처(B)와 자(C)를 두고 장기간 단신으로 해외근무를 나갔다.

ㄴ. B는 생활이 곤란하여 A의 대리인으로서 A소유의 토지를 D에게 매각하고 대금을 수령하였다.

ㄷ. C는 같은 토지를 '최근에 父로부터 증여받은 것이다'라고 말하면서 E와 매매계약을 체결하였다.

ㄹ. B는 A로부터 받아둔 권리증·인감 등을 사용하여 같은 토지를 D의 명의로 소유권이전등기를 해주었다.

ㅁ. B와 C는 실화로 함께 사망하였다.

ㅂ. C는 A의 근무지로 가서 A와 여행 도중 사고로 A와 함께 사망하였다.

ㅅ. A가 사망한 후 유산분할 협의의 결과 위 토지를 B가 취득하는 것으로 하였으나, 그것이 미등기되어 있는 사이에 C는 공동상속에 의한 공동명의의 등기를 하고, 자기의 지분권에 관하여 E에게 이전등기를 하였다.

(1) ㄱ-ㄴ-ㄷ-ㄹ-ㅁ으로 사실이 진행된 경우 A, D, E 사이의 법률관계는?

(2) ㄱ-ㄴ-ㄷ-ㄹ-ㅂ으로 사실이 진행된 경우 B, D, E 사이의 법률관계는?

(3) ㄱ-ㄷ-ㅅ으로 사실이 진행된 경우 B, C, E 사이의 법률관계는?

[논 점]

1. 일상가사대리와 표현대리

2. 무권대리와 상속
3. 타인 물건의 매매와 상속
4. 유산분할과 등기

[관련판례]

1. 日最判 1962.4.2; 日最判 1971.7.3
2. 日最判 1971.1.26

I 재산의 포괄적 승계

제1005조(상속과 포괄적 권리의무의 승계)
상속인은 상속개시된 때로부터 피상속인의 재산에 관한 포괄적 권리의무를 승계한다. 그러나 피상속인의 일신에 전속한 것은 그러하지 아니하다.

1. 상속개시 후의 상속재산의 귀속

상속이 개시된 때로부터 피상속인의 재산은 특별한 절차 없이 상속인의 재산이 된다. 예를 들어 상속재산이 부동산인 경우는 등기 없이 상속인에게 물권이 귀속되고(제187조), 동산인 경우는 직접적인 점유의 이전이 없더라도 상속인이 물권을 당연 승계한다. 또한 채권 등 다른 기타의 재산권도 특별한 권리양도의 형식 없이 당연히 상속인에게 이전한다.

만약 상속권이 없는 자가 무단으로 개별적인 재산권을 침해하고 있다면 소유권에 기한 물권적 청구권을 행사할 수 있다. 나아가 그러한 침해가 상속인의 포괄적인 법적 지위를 침해한 것이라면 상속인은 상속권에 기한 상속회복청구권을 행사할 수 있다.

2. 승계되지 않는 권리와 의무

(1) 인격권이나 친족법상의 권리·의무와 같이 일신전속성이 강한 권리는 상속되지 않는다(부양청구권 등). 다만, 신분이라는 것을 전제로 하는 친족법상의 권리·의무라고 하더라도 재산적인 성격이 강한 것은 상속된다(상속의 승인 또는 포기를 하는 권리, 기여분, 공동상속인 중 1인이 상속재산의 분할 전에 상속분을 양도한 경우에 다른 공동상속인의 상속분양수권 등).

(2) 재산법상 권리와 의무의 경우에도 일신전속성이 강한 것은 상속성이 부정된다. 예를 들어 채권·채무의 성질이 승계가 불가능한 경우(개인의 전문성을 요하는 채권·채무, 인적 결합이 강한 근로자의 지위, 신원보증, 조합원의 지위) 등이 그렇다.

Ⅱ 상속재산의 범위

상속재산(相續財産)의 범위와 관련해서 상속 여부가 문제되는 것들을 구체적으로 설명하면 다음과 같다.

1. 형성권(形成權)이나 무체재산권(無體財産權)

피상속인이 현실적으로 행사할 수 있는 형성권(취소권·해제권·해지권·환매권·채권자취소권·예약완결권 등)도 상속된다. 저작권 중 저작재산권은 상속이 되지만 저작인격권은 상속의 대상이 아니다. 특허권·실용신안권·의장권·상표권과 같은 산업재산권은 양도나 처분금지 또는 제한이 있다고 하더라도 원칙적으로 상속이 가능하다. 광업권·어업권 등도 원칙적으로 상속되지만, 공동광업권자의 지위는 조합계약에서 그 지위를 상속인이 승계하기로 약정하지 않은 이상, 상속인에게 승계되지 않는다(대판 1981.7.28, 81다145).

2. 물 권

물권(物權)은 원칙적으로 전부 상속된다. 부동산물권의 득실변경은 등기를 하여야 그 효력이 발생하나(제186조), 상속으로 인한 부동산물권의 취득은 등기를 필요로 하지 않는다(제187조 본문). 동산물권도 인도(引渡)를 요하지 않고 상속인에게 당연히 이전되는 것으로 본다.

(1) 소유권의 상속과 관련된 문제

① 농 지

농지도 당연히 상속되지만 이농에 따른 제한(농지법 제7조 제2항: 대통령령이 정하는 기간 이상 농업경영을 한 후 이농하는 자는 이농 당시의 소유농지 중에서 1만제곱미터 이내의 것에 한하여 이를 소유할 수 있다)과 농지로 이용하지 않는 데 따른 제한(농지법 제10조 제1항 1호 소유 농지를 자연재해 등 대통령령으로 정하는 정당한 사유 없이 자기의 농업경영에 이용하지 아니하거나 이용하지 아니하게 되었다고 시장·군수·구청장이 인정한 경우 그 사유가 발생한 날부터 1년 이내에 해당 농지를 처분하여야 한다) 등이 따른다.

② 유 해

유해(遺骸)는 당연히 상속인의 소유에 속하지만(피상속인의 소유에 속하지 않으므로 상속되는 것은 아니다) 공동상속인의 공유에 속하는 것이 아니라, 제사를 주재하는 자의 소유에 속한다고 보아야 할 것이다(대판[전원합의체] 2008.11.20, 2007다27670).

③ 합유지분

합유인 부동산의 경우 합유지분(合有持分)은 상속되지 않는다(대판 1994.2.25, 93다39225).

(2) 점유권의 상속과 관련된 문제

① 점유의 이전

점유권도 상속인에게 상속된다(제193조). 현실의 인도 등의 직접적인 점유 이전이 없더라도 상속인이 사실상 지배하고 있다고 인정된다면 점유가 인정된다.

② 점유의 성질 및 하자의 승계

예를 들어 취득시효에 있어서 피상속인의 점유가 타주점유이거나 과실있는 점유인 경우 상속인은 자신만의 점유를 분리 주장할 수 있는가? 상속인의 선택에 맡기자는 주장도 있지만(이경희), 판례는 상속에 의하여 점유권을 취득한 경우에는 상속인은 새로운 권원에 의하여 자기 고유의 점유를 시작하지 않는 한, 피상속인의 점유의 성질과 하자를 떠나 자기만의 점유를 주장할 수 없다(대판 1992.9.22, 92다 22602·22619; 대판 1995.2.10, 94다22651)고 한다. 상속인에게 이전되는 점유권에 관하여는 민법 제1009조 이하에 규정된 상속분에 관한 규정은 적용되지 않는다(대판 1962.10.11, 62다460).

판례

상속에 의한 점유의 승계

상속에 의하여 점유권을 취득한 경우에는 상속인은 새로운 권원에 의하여 자기의 고유의 점유를 개시하지 않는 한 피상속인의 점유를 떠나 자신만의 점유를 주장할 수 없다고 할 것이므로, 등기부시효취득을 주장하는 당사자가 그의 부의 사망으로 토지에 대한 점유권을 상속에 의하여 취득하였고, 그의 부 역시 조부의 사망으로 그 토지에 대한 점유권을 상속에 의하여 취득한 것이라면, 특별한 사정이 없는 한 그 당사자나 그의 부는 새로운 권원에 의하여 그 점유를 개시한 것이라고 볼 수는 없다 할 것이어서 결국 그 당사자는 그의 조부가 그 토지에 대한 점유를 개시한 때에 과실이 없었음을 주장 입증하여야 한다(대판 1995.2.10, 94다22651).

3. 채 권

일신전속적(一身專屬的)인 것을 제외한 채권(債權)은 원칙적으로 상속의 대상이 된다.

(1) 채권 일반

채권자가 변경됨으로써 이행의 내용이 변경되는 것, 채권·채무의 성질상 승계가 불가능한 경우(주로 하는 채무—특수한 운동학습채권 등) 등은 상속성이 없다.

(2) 생명보험금

① 보험계약자인 피상속인이 자신을 피보험자 및 수익자로 한 경우의 생명보험금(生命保險金)은 상속재산이다.

② 피상속인이 피보험자이고 보험수익자를 특정상속인으로만 표시한 때에는 생명보험금은 피보험자의 사망 시에 그 상속인의 고유재산이 되며 상속재산에 속하지 않는다(대판 2001.12.24, 2001다65755). 또한 보험수익자를 막연하게 '상속인'이라고만 지정한 경우나(대판 2001.12.28, 2000다31502), 보험수익자가 지정되지 않은 경우(대판 2004.7.9, 2003다29463)에는 보험금청구권은 상속재산이 아니며, 생명보험계약자가 제3자를 피보험자로 하고 자신을 보험수익자로 한 경우에도 보험금청구권은 상속재산이 아니다(대판 2007.11.30, 2005두5529). 따라서 이 경우에는, 상속인이 상속을 포기하더라도 보험금을 수령할 수 있다.

③ 보험수익자인 제3자가 피보험자보다 먼저 사망한 경우, 보험계약자인 피상속인이 수익자를 다시 지정하기 전에 사망하였다면 제3자인 수익자의 상속인이 보험수익자가 되고(상법 제733조), 생명보험금은 상속재산이 아니다.

판례

보험수익자가 지정되지 않은 상해보험금이 상속재산인지의 여부

보험수익자의 지정에 관한 상법 제733조는 상법 제739조에 의하여 상해보험에도 준용되므로, 결국 상해의 결과로 사망한 때에 사망보험금이 지급되는 상해보험에 있어서 보험수익자가 지정되어 있지 않아 위 법률규정에 의하여 피보험자의 상속인이 보험수익자가 되는 경우에도 보험수익자인 상속인의 보험금청구권은 상속재산이 아니라 상속인의 고유재산으로 보아야 한다(대판 2004.7.9, 2003다29463).

(3) 손해배상청구권

당사자 사이에서 또는 재판에서 확정된 통상의 손해배상청구권은 상속의 대상이 된다. 문제가 될 수 있는 것을 구체적으로 설명하면 다음과 같다.

① 신분법상의 원인(이혼, 약혼해제, 파양 등)으로 인한 위자료청구권은 당사자 간에 이미 그 배상에 관한 계약이 성립되거나 소를 제기한 경우가 아니면 상속되지 않는다(제806조 제3항, 제843조). 신체·자유·명예의 침해로 인한 위자료청구권은 이미 청구의 의사표시가 행하여져 재산권이 된 것은 상속된다.

판례

이혼위자료청구권의 상속성

이혼위자료청구권은 원칙적으로 일신전속적 권리로서 양도나 상속 등 승계가 되지 아니하나 이는 행사상 일신전속권이고 귀속상 일신전속권은 아니라 할 것인바, 그 청구권자가 위자료의 지급을 구하는 소송을 제기함으로써 청구권을 행사할 의사가 외부적 객관적으로 명백하게 된 이상 양도나 상속 등 승계가 가능하다(대판 1993.5.27, 92므143).

② 생명침해로 인한 재산상의 손해 및 정신적 손해의 배상청구권의 상속 여부에 대해서 학설은 대립한다.

㉮ 상속긍정설 피해자의 재산상의 손해인 일실이익(逸失利益)에 대한 손해배상청구권이든, 정신적 고통으로 인한 위자료청구권이든 간에 손해배상청구권은 일단 사망자에게 귀속되었다가 상속인에게 승계된다(곽윤직, 74면; 김용한, 350면). 판례 또한 상속긍정설의 입장이다(대판 1966.10.18, 66다1335; 대판 1970.2.24, 69다2160 참고).

㉯ 상속부정설 사망자의 위자료청구권 또는 명예훼손이나 신체상해로 인한 위자료청구권은 피해자 본인에게 지급되어야 할 일신전속권이므로 상속인에게 상속되지 않는다(김주수·김상용; 이은영, 채권각론). 다만, 피해자가 생전에 위자료의 배상청구를 한 때에는 그것이 금전채권으로 구체화되었으므로 상속재산에 포함된다. 생명침해의 경우에 민법 제752조는 사망자의 위자료청구권의 상속이 부인되는 것을 전제로, 사망자의 정신적 고통에 관해 근친자에게 위자료청구권을 부여하려는 취지라고 한다. 그러나 근친자는 자신이 불법행위의 피해

자임을 주장하여 자신이 받은 정신적 고통을 민법 제751조에 의하여 별도로 그 배상을 청구할 수 있다고 한다(김주수·김상용).

판례

생명침해로 인한 손해배상청구권의 상속

피해자가 정신적 손해의 배상청구권을 포기하거나 면제하였다고 볼 수 있는 특별한 사정이 없는 한 생전에 청구의 의사표시를 할 필요 없이 원칙적으로 상속된다(대판 1966.10.18, 66다1335; 대판 1970.2.24, 69다2160). 특히 즉시사망의 경우 치명상을 받은 때에도 원인행위와 사망 사이에 이론상시간적 간격이 인정된다고 하는 이론구성을 취하고 있다(대판 1971.3.9, 70다3031).

(4) 산업재해보상보험금 등

그 근거가 유족에게 직접 지급한다는 사용자와 피용자 사이의 제3자를 위한 계약에 준하는 사망퇴직금이나 산업재해보상보험금은 각각의 규정에 의하여 수급권자를 정한 것이므로 상속재산이 아니며 수급권자의 고유권한에 속한다(대판 2006.2.23, 2005두11845). 그러나 피상속인에게 지급될 일반적인 퇴직금·퇴직수당·공로금·연금(유족연금 등은 제외) 또는 이와 유사한 급여의 경우 피상속인의 사망으로 인하여 지급되는 것이라면 상속재산으로 본다(상속세 및 증여세법 제10조).

판례

산업재해보상보험법에 기한 보험금여의 성격과 상속재산

산업재배보상보험법 등에 기한 유족급여의 수급권자는 상속인으로서가 아니라 이들 규정에 의하여 직접 자기의 고유의 권리로서 유족급여를 받을 권리를 취득한 것이므로 그 유족급여의 수급권은 업무상 재해로 인하여 사망한 근로자의 상속재산에 포함되지 아니한다(대판 2006.2.23, 2005두11845; 대판 2009.5.21, 2008다13104).

4. 재산적 의무

(1) 채무 기타 재산적 의무도 일반적으로 상속된다. 예를 들어 재산적 의무의 성격이 강한 과징금은 상속된다. 그러나 형벌의 일종인 벌금이나 과료, 몰수나 추징금납부의무 등은 상속을 부정하는 것이 타당하다(대판 1999.5.14, 99두35. 견해의 대립 있음).

(2) 보증채무는 주채무자와 보증인 사이의 신뢰관계에 기초하고 주채무에

수반하여 그 성질이 지배되기 때문에 상속성의 유무는 개별적으로 검토하지 않으면 안 된다. 예컨대, 통상적인 보증채무나 보증한도액이 정해진 계속적 보증에서의 보증인의 지위(대판 1999.6.22, 99다19322·19339), 신원보증인 또는 무제한적 근보증인의 사망 전에 신원보증계약(대판 1967.4.18, 66다2240; 대판 1972.2.29, 71다2747)이나 무제한적 근보증계약(대판 2001.6.12, 2000다47187)을 기초로 이미 발생한 보증채무는 상속된다. 그러나 신원보증이나 보증한도액이 정해지지 않은 계속적 보증채무에 있어서 보증인의 지위는 그 상속성이 부정된다(대판 2003.12.26, 2003다30784).

5. 계약상 및 법률상의 지위

(1) 계약상의 지위

① 일신전속성이 강한 계약

당사자 간에 신뢰성이 강한 위임계약이나 고용계약 등은 상속되지 않는다.

② 임대차(賃貸借)

임차권은 재산적 가치를 갖는 채권으로서 상속재산에 포함되어 상속인에게 승계된다(대판 1966.9.20, 66다1203). 그런데 주택임차권에 관해서는 주택임대차보호법이 일정범위의 사람에게 주거권을 확보해주면서 그 승계권을 보장하고 있다. 즉, 임차인이 사망한 경우 상속권자가 없거나, 있더라도 그 주택에서 가정공동생활을 하고 있지 않은 때에는 사실상의 혼인관계에 있는 자 등이 임차인의 권리와 의무를 승계한다(주임보법 제9조 제1항·제2항 참조: 상속인이 없는 경우의 임차인의 권리·의무를 승계하는 경우에 관해서는 제1057조의2 비교 참조). 이 경우에 임대차관계에서 생긴 채권·채무는 임차인의 권리·의무를 승계한 자에게 귀속한다(주임보법 제9조 제4항).

③ 제3자에 대한 피상속인의 등기협력의무

제3자에게 피상속인이 부동산을 양도하고 등기하고 있지 않는 동안에 상속이 개시되면, 그 제3자에 대한 피상속인의 등기협력의무를 상속인이 승계한다. 공동상속의 경우 등기이전의무는 각 상속인들이 지분범위 내에서 이를 승계한다(공동상속인들의 분할채무: 대판 1979.2.27, 78다2281. 따라서 상속재산 협의분할로 1인이 단독상속하고 등기까지 마쳤다면 다른 공동상속인들은 등기이전의무가 없다: 대판 1991.8.27, 90다8237).

(2) 대리인의 지위

대리인의 지위는 상속되지 않는다(제127조 2호). 본인의 지위는 민법상의 것은 상속되지 않으나(제127조 1호), 상법상의 것은 상속된다(상법 제50조). 그런데 사망 시까지 발생한 본인 또는 대리인의 권리·의무는 상속인에게 상속되는데, 무권대리행위의 효과는 어떻게 되는가가 문제된다.

① 무권대리인이 본인을 단독상속하는 경우

본인을 상속한 무권대리인에게 추인거절권을 인정하는 것은 신의칙에 반하므로 이 경우의 무권대리는 유효하다고 보는 것이 타당하다(다수설).

② 무권대리인이 본인을 공동으로 상속하는 경우

본인의 추인권이나 추인거절권은 공동상속인 전원에게 승계되기 때문에 다른 공동상속인 전원의 추인 등이 없는 경우 무권대리행위는 무효이고, 무권대리인의 상속분의 범위 내에서만 유효하다.

③ 본인이 무권대리인을 단독 또는 공동상속한 경우

본인은 무권대리행위에 대한 추인을 거절할 수도 있지만, 그러한 경우 무권대리 상대방에 대하여 계약의 이행 또는 손해배상책임(제135조)을 단독으로 또는 공동으로 상속하게 된다고 보아야 할 것이다.

(3) 사원권(社員權)

단체의 성질에 따라 다르다. 합자회사의 유한책임사원의 사원권(상법 제283조)과 주식회사의 주주권(상법 제335조) 등은 상속이 인정되고, 무한책임사원(상법 제269조), 민법상 사단법인의 사원의 지위(제56조), 조합원의 지위(제717조) 등은 상속이 인정되지 않는다.

(4) 소송상의 지위

소송은 당사자의 사망에 의하여 중단된다(민소법 제233조 제1항 전단). 소송물이 일신전속적인 성격이 아닌 한 상속인 등은 소송절차를 수계(受繼)하여 소송을 계속할 수 있다(민소법 제233조 제1항 후단; 가소법 제16조). 다만, 상속인이 소송절차를 수계할 경우, 상속을 포기할 수 있는 동안에는 소송절차를 수계할 수 없다(민소법 제233조 제2항). 소송대리인이 있는 경우에는 소송절차가 중단되지 않는다(민소법 제238조).

6. 부양청구권과 재산분할청구권

일신전속적인 부양청구권(扶養請求權)은 상속성이 없다. 이혼 시 재산분할청구권(財産分割請求權)이 상속의 대상이 되느냐는 경우를 나누어서 살펴보아야 한다. 이혼 후 피상속인인 당사자 일방이 사망한 경우라면 부양적 요소를 제외한 재산분할청구권은 상속된다고 볼 수 있다. 다만, 이혼소송 과정에서 당사자 일방이 사망한 경우 이혼소송의 종료와 함께 재산분할청구권도 소멸한다(대판 1994.10.28, 94므246·253).

7. 제사용 재산의 승계

제1008조의3(분묘 등의 승계)
분묘에 속한 1정보 이내의 금양임야와 600평 이내의 묘토인 농지, 족보와 제구의 소유권은 제사를 주재하는 자가 이를 승계한다.

금양임야(禁養林野)란 벌목을 금지하고 나무를 기르는 임야를 말한다. 금양임야는 제사주재자에게 단독승계되므로 상속재산 분할의 대상이 되지 않는다(대판 2012.9.13, 2011스145).

'묘토(墓土)인 농지'는 그 수익으로서 분묘의 관리와 제사(祭祀)의 비용에 충당되는 농지를 말하며, 단지 그 토지상에 분묘가 설치되어 있다는 사정만으로는 묘토인 농지에 해당한다고 할 수 없다(대판 2006.7.4, 2005다45452). 한편, 상속개시 당시에 묘토가 없다가 상속개시 이후 분묘가 조성된 경우에는 제사용 재산이 아니다. 족보(族譜)란 일가의 역사를 표시하고 가계의 연속을 명확히 하는 책부(冊簿)를 일컫는다. 제구(祭具)는 조상의 제사에 사용되는 도구이다.

(1) 제사주재자의 결정

제사주재자(祭祀主宰者)는 공동상속인들 사이의 협의에 의해 정하되, 협의가 이루어지지 않는 경우에는 제사주재자의 지위를 유지할 수 없는 특별한 사정이 있지 않은 한 피상속인의 장남(장남이 이미 사망한 경우에는 장남의 아들, 즉 장손자)이 제사주재자가 되고, 공동상속인들 중 아들이 없는 경우에는 피상속인의 장녀가 제사주재자가 된다(대판[전원합의체] 2008.11.20, 2007다27270. 이 판결 선고일 이전에 제사용 재산의 승계가 이루어진 경우에는 특별한 사정이 없는 한 종손이 제사주재자가 되고, 종손이 절손된 경우에는 차순위 종손에게 승계된다: 대판 2009.5.14, 2009다1092).

(2) 제사용 재산에 대한 특칙

제사용 재산은 생전승계가 가능하고, 상속포기 시에도 승계할 수 있으며, 민사집행법상 압류가 금지된다(민집법 제195조 8호·9호). 제사용 재산은 특별재산이므로 상속분이나 유류분의 산정에 있어서 상속재산에 포함되지 않는다(즉, 일반 상속재산에 관한 공동균분의 법리가 적용되지 않는다: 대판[전원합의체] 2008.11.20, 2007다27270. 본질적으로는 상속에 속하므로 상속회복청구권의 단기제척기간이 적용된다: 대판 2006.7.4, 2005다45452).

판례

제사용재산의 승계

1. 제사주재자의 결정방법

현행민법에서는 '제사를 주재하는 자'가 제사용 재산을 승계한다고만 규정하고 있을 뿐 그것이 누구이거나 어떻게 정하는지에 관하여는 아무런 규정을 두고 있지 않다. 이에 관하여 종래 대법원은, 공동상속인 중 종손이 있다면 그에게 제사를 주재하는 자의 지위를 유지할 수 없는 특별한 사정이 있는 경우를 제외하고는 통상 종손이 제사주재자가 된다고 판시하여 왔다(대판 1997.11.25, 97누7820; 대판 1997.11.28, 96누18069; 대판 2004.1.16, 2001다79037). (그러나) 우리 사회구성원들의 생활양식과 각종 법률 및 제도가 변화함에 따라 상속인들 간의 협의와 무관하게 적장자가 우선적으로 제사를 승계해야 한다는 종래의 관습은, 가족구성원인 상속인들의 자율적인 의사를 무시하는 것이고 적서 간에 차별을 두는 것이어서 개인의 존엄과 평등을 기초로 한 변화된 가족제도에 원칙적으로 부합하지 않게 되었고, 이에 대한 우리 사회구성원들의 법적 확신 역시 상당 부분 약화되었으므로, 더 이상 관습 내지 관습법으로서의 효력을 유지할 수 없게 되었으며, 그러한 관습에 터잡은 종래의 대법원 판결들 역시 더 이상 판례법으로서의 효력을 유지할 수 없게 되었다고 봄이 상당하다. (따라서) 제사주재자는 우선적으로 망인의 공동상속인들 사이의 협의에 의해 정해져야 하되, 협의가 이루어지지 않는 경우에는 제사주재자의 지위를 유지할 수 없는 특별한 사정이 있지 않은 한 망인의 장남(장남이 이미 사망한 경우에는 장남의 아들, 즉 장손자)이 제사주재자가 되고, 공동상속인들 중 아들이 없는 경우에는 망인의 장녀가 제사주재자가 된다(대판[전원합의체] 2008.11.20, 2007다27270. 어떤 경우에 제사주재자의 지위를 유지할 수 없는 특별한 사정이 있다고 볼 것인지에 관하여는, 제사제도가 관습에 바탕을 둔 것이므로 관습을 고려하되, 여기에서의 관습은 과거의 관습이 아니라 사회의 변화에 따라 새롭게 형성되어 계속되고 있는 현재의 관습을 말하므로 우리 사회를 지배하는 기본적 이념이나 사회질서의 변화와 그에 따라 새롭게 형성되는 관습을 고려해야 할 것인바, 중대한 질병, 심한 낭비와 방탕한 생활, 장기간의 외국 거주, 생계가 곤란할 정도의 심각한 경제적 궁핍, 평소 부모를 학대하거나 심한 모욕 또는 위해를 가하는 행위, 선조의 분묘에 대한 수호·관리를 하지 않거나 제사를 거부하는 행위, 합리적인 이유 없이 부모의 유지(遺志) 내지 유훈(遺訓)에 현저히 반하는 행위 등으로 인하여 정상적으로 제사를 주재할 의사나 능력이 없다고 인정되는 경우가 이에 해당하는 것으로 봄이 상당하다: 동 판례).

2. **종손(제사주재자)의 제사에 대한 관리상태와 임야의 현황으로 보아 금양임야로 보기 어렵다고 한 사례**

사망한 부의 명의로 된 임야(면적은 8,331㎡)가 그 지상에는 장남(종손(제사주재자): 원고)의 증조부와 조부, 부 등의 분묘가 있는바, 위 임야의 일대가 이미 개발되어 임야의 양측은 도로에 면해 있고 주변에는 인가와 공장이 들어섰으며 부 등의 분묘는 도로와의 경계 부분에 있다. 장남과 그 동생 등은 관할 군청의 지원에 따라 원래 식재되어 있던 나무들을 베고 잣나무를 심기도 하였다. 장남은 종손(제사주재자)이지만 부의 생존 시에 가정불화 등을 이유로 선대의 제사 및 부의 부양을 소홀히 하여 동생들과 분쟁을 일으켜 왔으며 막내아들(피고들 중 1인)이 부의 임종 시까지 그를 모시고 살다가 현재도 부의 영정을 보관하고 있다. 이와 같은 임야의 현황과 종손(제사주재자)의 관리상태에 비추어 볼 때 위 임야의 일부에 선조들의 분묘가 존재한다고 할지라도 위 임야가 전체적으로 선조의 분묘를 수호하기 위하여 벌목을 금지하고 나무를 기르는 임야로서 민법 제1008조의3이 정한 금양임야라고 인정하기 어렵고 따라서 부의 사후 몇 달도 되지 않아 자신의 단독소유권을 주장하는 장남의 주장은 부당하다(대판 2004.1.16, 2001다79037).

3. **망인의 유체·유골의 승계권자**

사람의 유체·유골은 매장·관리·제사·공양의 대상이 될 수 있는 유체물로서, 분묘에 안치되어 있는 선조의 유체·유골은 민법 제1008조의3 소정의 제사용 재산인 분묘와 함께 그 제사주재자에게 승계되고, 피상속인 자신의 유체·유골 역시 위 제사용 재산에 준하여 그 제사주재자에게 승계된다(대판[전원합의체] 2008.11.20, 2007다27270).

4. **제사용 재산의 승계가 본질적으로 상속에 해당하는지의 여부**

제사용 재산은 일반상속재산과는 구분되는 특별재산으로서 대외적인 관계뿐만 아니라 상속인 상호간의 대내적인 관계에서도 구 민법상의 호주상속인이 단독으로 그 소유권을 승계하는 것이나, 위 규정에 의한 승계를 상속과는 완전히 별개의 제도라고 볼 것이 아니라 본질적으로 상속에 속하는 것으로서 일가의 제사를 계속할 수 있게 하기 위하여 상속에 있어서의 한 특례를 규정한 것으로 보는 것이 상당하다. 따라서 그에 관하여 일반상속재산과는 다소 다른 특별재산으로서의 취급을 할 부분이 있다 하더라도, 상속을 원인으로 한 권리·의무관계를 조속히 확정시키고자 하는 상속회복청구권의 제척기간제도의 취지까지 그 적용을 배제하여야 할 아무런 이유가 없다(대판 2006.7.4, 2005다45452).

5. **상속개시 이후 조성된 분묘의 성격**

피상속인의 사망 당시 그 소유인 토지에 아무런 분묘가 설치되어 있지 아니한 이상

위 토지는 상속재산으로서 상속인들에게 귀속하는 것이고, 피상속인의 사망 후 상속재산인 토지에 피상속인의 분묘를 설치하였다고 하여 그 분묘기지면적에 해당하는 토지 부분의 소유권이 구 민법 제996조에 의한 제사용 재산으로서 호주상속인에게 단독 승계되는 것은 아니다(대결 2008.10.27, 2006스140).

8. 장례비 · 부조금 · 유족급여

장례비(葬禮費)는 상속비용(대판 2003.11.14, 2003다30968)으로서 소극적인 상속재산에 포함되어 상속분의 산정 시 고려되어야 한다. 사람이 사망한 경우 조문객 등이 보내는 조의금이나 부조금(扶助金)은 유족에 대한 증여로서 우선 장례비용에 충당하고, 남는 것은 특별한 다른 사정이 없는 한 공동상속인들이 각자의 상속분에 따라 권리를 취득한다(대판 1992.8.18, 92다2998). 유족급여(遺族給與)는 법률에 의한 유족 고유의 권리이므로 상속재산에 포함되지 않는다.

9. 채권 · 채무의 혼동

채권자와 채무자 사이에 상속이 이루어지면 그 채권과 채무는 혼동(混同)으로 소멸하는 것이 원칙이다(제507조 참조). 다만, 예외적으로 한정승인 또는 재산분리가 되거나 기타 특별한 사정이 있는 경우에는 혼동으로 채권이 소멸하지 않는 경우가 있다. 예를 들어 자동차손해배상책임에서 상속인이 피상속인의 보험계약상의 지위를 모두 상속하는데, 문제는 교통사고의 가해자와 피해자 사이에 상속에 의한 혼동이 생기는가이다. 가해자가 피해자를 상속하는 등의 특수한 사정이 없는 한 혼동으로 소멸하지 않는다고 보아야 한다(대판 1995.5.12, 93다48373; 대판 1995.7.14, 94다36698). 왜냐하면 자동차손해배상책임보험의 보험자는 상속에 의한 채권·채무의 혼동 그 자체와는 무관한 제3자일뿐 아니라, 이미 자신의 보상의무에 대한 대가인 보험료까지 받고 있는 처지여서 교통사고의 가해자와 피해자 사이에 상속에 의한 혼동이 생긴다는 우연한 사정에 의하여 자기의 보상책임을 면할 만한 합리적인 이유가 없기 때문이다.

판례

상속채권과 채무

1. 배상의무자와 권리자가 모두 사망하여 제3자가 이를 모두 상속하는 경우

자동차 책임보험의 약관에 의하여 피해자가 보험회사에 대하여 직접 보험금의 지급

청구를 할 수 있는 이른바 직접청구권이 수반되는 경우에는 가해자가 피해자의 상속인이 되는 등 특별한 경우를 제외하고는 그 직접청구권의 전제가 되는 자동차손해배상보장법 제3조에 의한 피해자의 운행자에 대한 손해배상청구권은 상속에 의한 혼동에 의하여 소멸되지 아니한다고 보아야 한다. 따라서 가령 형제자매 중 1인(보험계약자)이 보험회사(보험금지급의무자)와 자동차손해배상책임보험계약을 체결하고 계약기간 중 피보험차량으로 자신의 과실로 교통사고를 일으켜 형제 또는 자매들이 모두 사망하고 부모가 가해자의 손해배상의무와 피해자의 손해배상청구권을 모두 상속한 경우 부모의 보험회사에 대한 책임보험금의 직접청구권이 혼동으로 소멸하는 것은 아니다(대판 1995.5.12, 93다48373; 대판 1995.7.14, 94다36698).

2. 가해자인 모와 보험계약상 배상의무자인 부가 피해자인 자를 상속한 경우

피보험차량의 소유자인 피고의 처의 과실로 발생한 교통사고로 인하여 자가 사망한 경우, 모가 상속받은 손해배상채권은 혼동으로 소멸하는 반면 피고(부)는 구 자동차손해배상보장법 제3조에 따라 피해자에 대한 배상책임을 부담하는 자동차의 운행자에 불과하므로 사고에 대한 과책이 없는 이상, 비록 피고에게 위 사고로 인한 손해배상채권과 손해배상채무가 함께 귀속된다 하더라도, 보험회사에 대한 직접청구권의 전제가 되기 때문에 혼동으로 소멸하지 않고, 따라서 피고는 직접청구권을 행사할 수 있다(대판 2003.1.10, 2000다41653·41600). 만약 위 사안에서 가해자인 모와 운행자인 부가 피해자인 자를 공동상속한 후 모가 상속을 포기한 경우에는 어떻게 되는가? 가해자가 피해자를 상속하는 경우 손해배상채권·채무는 혼동으로 소멸하지만 가해자가 적법하게 상속을 포기하면 그 소급효로 인하여 위 손해배상청구권과 직접청구권은 소급하여 소멸하지 않았던 것으로 되어 다른 상속인에게 귀속되고, 그 결과 '가해자가 피해자의 상속인이 되는 등 특별한 경우'에 해당하지 않게 되므로 위 손해배상청구권과 이를 전제로 하는 직접청구권은 소멸하지 않고 따라서 단독상속한 부는 보험자에 대하여 손해배상액 전액을 청구할 수 있다고 해석된다.

[사례풀이 21]

1. 문 (1)에 관하여

가) A, B, D의 법률관계: 표현대리가 되지 않는 한 B의 행위는 무권대리가 되고, B의 사망에 의해 본인 A가 무권대리인의 지위를 상속하게 된다. 사례에서는 B와 C의 사망 선후가 명확하지 않으므로 동시사망추정에 의해 A만이 B의 상속인이 된다. A가 추인을 거절하더라도 형평이나 신의칙에 반하지 아니하므로 본인은 추인을 거절할 수 있으나, 무권대리인 B가 생전에 상대방에 대하여 제135조의 손해배상책임을 지고 있었을 경우에는 이 책임은 당연히 상속된다(김주수·김상용, 540면). 결국 D는 A에 대하여 손해배상책임을 물을 수 있을 것이다.

나) A, C, E 사이의 법률관계: C와 E 사이의 매매계약은 타인 물건의 매매(제569조)이다. C가 사망하였으나 B와 C가 동시사망추정을 받으므로 A만이 상속인이 된다. 타인 물건을 매도한 매도인 C의 지위를 본인이 상속한 경우에도 무권대리인의 지위의 상속의 경우와 같이 취급된다. 따라서 E는 A에게 제570조의 담보책임을 물을 수 있다. 즉, E가 선의인 때에는 계약을 해제하면서 손해배상책임을 물을 수 있고, 악의인 때에는 해제권만을 행사할 수 있다.

다) D, E 사이의 법률관계: A가 추인을 D와 E 양자에게 한 경우, 등기를 하고 있는 D가 대항력을 갖는다.

2. 문 (2)에 관하여

가) 표현대리가 인정되지 않는 한 무권대리인 B는 본인으로서의 지위도 상속에 의하여 함께 보유하게 된다. 그런데 이 경우에 본인으로서 B의 추인거절권을 인정하는 것은 신의칙상 불합리하다(금반언의 원칙). 따라서 B는 추인거절권을 가질 수 없고, D, B 사이의 계약관계는 유효하다고 보아야 한다.

나) B(=A), C, E 사이의 법률관계: 문 (1)에서 설명한 타인 권리 매매에 관한 설명 참고.

다) D, E 사이의 법률관계: A의 권리를 승계한 B가 C의 E에 대한 처분을 허락했다 할지라도 결국 등기를 한 D가 권리를 갖는다.

3. 문 (3)에 관하여

채권자가 분할협의 전에 나타난 경우에는 제1015조 단서에 의한 보호를 주장할 수 있으나, 제3자 보호 요건으로서 등기를 요한다고 해석하는 한, 등기 전에 분할이 이루어진 경우에는 보호를 받을 수 없을 것이다.

Ⅲ 공동상속

제1006조(공동상속과 재산의 공유)
상속인이 수인인 때에는 상속재산은 그 공유로 한다.

제1007조(공동상속인의 권리의무 승계)
공동상속인은 각자의 상속분에 응하여 피상속인의 권리의무를 승계한다.

1. 의 의

공동상속인은 각자의 상속분에 의하여 피상속인의 권리의무를 승계하나(제

1007조), 분할을 할 때까지는 상속재산을 공유한다(제1006조).

2. 성 질

민법 제1006조에 규정된 '…상속재산은 그 공유로 한다'의 해석을 놓고 학설이 나뉜다.

(1) 합유설(合有說)

상속재산의 공유는 개개의 상속재산의 공유가 아니라 상속재산 전체에 대하여 상속분에 따라서 권리·의무를 가지는 데 불과하고, 공동상속인은 전상속재산에 대하여 가지는 상속분은 처분할 수 있지만(제1011조) 개개의 재산에 대한 지분은 처분할 수 없다고 한다. 그리고 채권·채무는 분할될 때까지는 공동상속인에게 연대적으로 귀속하게 된다고 해석한다(이근식·한봉희; 박병호). 그 근거로서는 ⅰ) 공동상속인들은 혈연관계에 의하여 결합된 조합체인 점, ⅱ) 상속재산에는 물권·채권·채무·사원권·공업소유권이 포함되므로 합유로 되는 조합재산과 유사한 점, ⅲ) 공유물의 분할에는 소급효가 없으나 상속재산분할에는 소급효가 있는 점(제1015조), ⅳ) 공유이론에 따르면 가분채권인 경우 당연히 분할되는데 제1017조에서는 채권도 상속재산분할의 대상이라는 규정을 굳이 두고 있는 점 등을 들고 있다.

(2) 공유설(共有說)

상속재산분할의 소급효는 제3자의 권리를 해하지 못한다는 제1015조 단서는 지분처분의 자유를 전제로 한 규정이다. 즉, 각자 개개의 상속재산에 대하여 상속분에 따라 물권적 지분을 가지고 그 지분을 양도할 수 있음과 동시에, 지분에 저당권·용익물권 등을 설정하는 것도 무방하다. 개개의 채권·채무가 불가분의 것이면 공유관계가 생기나, 가분적이면 당연히 공동상속인 사이에 분할된다(다수설). 판례도 공동상속인들은 그 공동상속재산에 관하여 저마다의 지분권을 갖고 있으므로, 공동상속인들을 필요적 공동소송인으로 삼아야 할 이유가 없다(대판 1964.12.29, 64다1054; 대판 1996.2.9, 94다61649)고 함으로써 공유설에 입각하고 있다고 볼 수 있다.

3. 채권 · 채무의 공동상속

(1) 불가분채권 · 채무

상속된 불가분채권(不可分債權)은 공동상속인 전원에게 귀속하고, 공동상속인들은 공동으로 또는 단독으로 공동상속인 모두를 위해서 전액을 이행청구할 수 있으며 수령한 급부는 분배해야 한다(제409조 참조). 상속된 불가분채무(不可分債務)에 대해서 공동상속인 각자는 채무 전부에 대한 이행책임을 부담한다(제411조, 제414조 참조).

(2) 가분채권 · 채무

① 공유설

i) 상속되는 가분채권·채무는 공동상속인 사이에서 분할되어 각 공동상속인은 분할채권을 취득한다고 해석한다(분할채권관계설: 곽윤직). 금전채권·채무와 같이 급부의 내용이 가분인 채권·채무가 공동상속된 경우, 상속개시와 동시에 당연히 법정상속분에 따라 공동상속인에게 분할되어 귀속되고, 상속재산 분할의 대상이 되지 않는다(대판 1997.6.24, 97다8809).

그런데 예를 들어 상속채권이 가분채권인 경우 채권자인 공동상속인의 입장은 괜찮다고 하지만, 채무자가 상속인의 1인에게 그 상속분을 초과하여 변제한 경우, 다른 공동상속인에게 대항할 수 없게 되어 채무자는 불이익을 보게 된다. 이러한 문제점을 해결하기 위해서 상속재산의 분할에 관한 민법의 취지로 보아(제1009조, 제1017조), 분할 전까지 채권은 공동상속인에게 공동불가분적으로 귀속한다고 해석하는 것이 타당하고, 가분채무의 경우에도 채권자를 보호하기 위하여 공동상속인이 불가분채무 내지 연대책임을 부담한다는 견해가 있다(분할채권관계수정설: 김주수·김상용).

② 합유설

상속한 채권이 가분채권이라 할지라도 상속재산에 귀속된다고 본다. 상속재산에 귀속되어 합유재산을 구성한다고 하지만 상속재산은 독립한 재단이 아니므로, 형식적으로는 불가분채권의 경우와 같이 공동상속인 전원에게 귀속하며 상속개시와 동시에 당연히 분할되지 않는 것이다. 수령한 급부는 상속재산에 포함되고 상속재산분할의 대상으로 된다. 가분채무의 경우에도 가분채권과 마찬가지로 채무는 각 상속인 사이에 분할되지 않고 하나의 채무로서 상속재산,

즉 공동상속인 전원에게 불가분적으로 귀속하게 된다. 그리고 상속재산의 하나의 요소로 된 이 채무는 분할대상으로 된다. 다만 상속재산분할의 결과 공동상속인이 각자 분할채무를 부담하는 것으로 되지만, 그것은 대내관계에서 부담부분으로 분할된다는 뜻이고, 그 공동상속인 사이(즉, 채무자 사이)에서 채권자의 동의를 얻지 않고 자유의사로 분할하는 것은 허용될 수 없으므로 채권자에 대하여는 불가분채무를 부담한다고 한다(불가분채권관계설: 박병호).

(3) 연대채무

연대채무(連帶債務)는 그 급부가 성질상 불가분적인 것으로 보아야 하기 때문에 각 공동상속인은 본래의 채무에 있어서와 같이 연대채무를 부담한다.

4. 공동상속재산의 관리 및 이용 · 처분

(1) 공동관리

상속재산이 공동상속인들에게 분할되기 전에는 공동관리되고 제262조 이하의 공유(共有) 및 합유(合有)에 관한 규정을 유추적용하게 된다.

판례

공동상속재산에 대한 관리

치매에 걸린 피상속인으로부터 상속재산을 전부 증여받은 공동상속인이 공유물 전부에 관하여 소유권이전등기를 경료한 경우에도, 다른 상속인은 공유물에 관한 보존행위로서 등기명의인의 상속분을 제외한 나머지 공유지분 전부에 관하여 그 소유권이전등기의 말소등기절차를 이행할 것을 청구할 수 있다(대판 1982.3.9, 81다464). 그러나 또 다른 공동상속인이 그러한 증여를 유효하다고 주장하는 경우에는 또 다른 공유자들 사이의 이해와 충돌된 것으로 보아 그 행사는 보존행위로 될 수 없다(대판 2015.1.29, 2014다49425).

(2) 상속재산의 이용 및 처분

상속재산(相續財産)은 공동상속인 전원의 동의 또는 수권 없이 단독으로 처분할 수 없다(제264조, 제272조). 그러나 각 공동상속인은 개개의 상속재산에 대하여 각자의 상속분의 범위 내에서 단독으로 처분할 수 있으며(제1015조 단서), 상속재산 전체에 대해 갖고 있는 상속분을 일체로서 처분할 수 있다(제1011조 전단 참조).

(3) 공동상속재산에 관한 소송의 당사자

① 상속재산 중의 개개 재산에 관한 소송이 행해지는 경우, 즉 제3자에 대해서 개개 재산의 인도, 방해배제, 등기의 이전·말소청구, 소유권확인청구를 구하거나 반대로 제3자가 이러한 청구를 해온 경우에, i) 특정재산에 관한 공동소유관계 자체가 소송대상이면 상속인 전원이 당사자로 되어야 하는 필수적 공동소송이며(대판 1957.5.2, 4289민상379; 대판 2007.8.24, 2006다40980), ii) 그 재산상의 각자의 지분권만이 소송대상이면, 각 상속인은 개개 물건상의 자기지분을 처분할 수 있으므로 각 상속인만이 당사자로 되고 기판력도 그 자에게만 미친다(대판 1965.5.18, 65다279). 즉, 공동상속인 1인이 자신의 지분의 확인을 구하거나(대판 2010.2.25, 2008다96963·96970), 공유자의 1인이 보존행위로서 등기말소 또는 인도를 청구하거나(대판 1969.3.4, 69다21), 공유자를 상대로 한 등기말소청구나 건물철거소송(대판 1993.2.23, 92다49218)은 필수적 공동소송이 아니다.

② 상속재산 전체에 대한 권리로서 상속분권(상속분은 전상속재산에 대한 관념적·분량적 일부를 가리킨다)이 인정되므로 상속재산 전체를 둘러싼 소송이 있을 수 있다. 즉, 상속인 중 1인은 단독으로 제3자인 상속분권 양수인을 상대로 하여 상속분권의 양도 또는 양수(제1011조)의 존부 내지 그 효력을 다툴 수 있으며, 이 경우에는 판결의 기판력은 다른 상속인에게 미치지 않는다.

③ 상속인들 사이에서 이루어지는 상속재산분할심판청구(대판 1978.1.17, 77다1977; 대결 2002.1.23, 99스49)나 기여분결정청구(가소법규칙 제110조)는 필수적 공동소송이다.

판례

공동상속재산의 관리와 이용 및 처분

1. 주택공급계약 청약권을 공동상속한 경우 그 행사방법

(예를 들어) 택지개발예정지구 내의 이주자택지 공급대상자가 사망하여 공동상속인들이 이주자택지에 관한 공급계약을 체결할 수 있는 청약권을 공동상속한 경우 공동상속인들이 그 상속지분비율에 따라 피상속인의 청약권을 준공유하게 되며, 공동상속인들은 단독으로 청약권 전부는 물론 그 상속지분에 관하여도 이를 행사할 수 없고, 그 청약권을 준공유하고 있는 공동상속인들 전원이 공동으로만 이를 행사할 수 있는 것이므로 위 청약권에 기하여 청약의 의사표시를 하고, 그에 대한 승낙의 의사표시를 구하는 소송은 청약권의 준공유자 전원이 원고가 되어야 하는 고유필수적 공동소송이다(대판 2003.12.26, 2003다11738).

2. 공동상속인들 사이의 상속재산 확인의 소

공동상속인 사이에 어떤 재산이 피상속인의 상속재산에 속하는지 여부에 관하여 다툼이 있어 일부 공동상속인이 다른 공동상속인을 상대로 그 재산이 상속재산임의 확인을 구하는 소를 제기한 경우, 이는 그 재산이 현재 공동상속인들의 상속재산분할 전 공유관계에 있음의 확인을 구하는 소송으로서, 그 승소확정판결에 의하여 그 재산이 상속재산분할의 대상이라는 점이 확정되어 상속재산분할심판 절차 또는 분할심판이 확정된 후에 다시 그 재산이 상속재산분할의 대상이라는 점에 대하여 다툴 수 없게 되고, 그 결과 공동상속인 간의 상속재산분할의 대상인지 여부에 관한 분쟁을 종국적으로 해결할 수 있으므로 확인의 이익이 있다(대판 2007.8.24, 2006다40980).

3. 공동상속재산의 관리에 따른 공동상속인들 사이의 법적 지위

공동상속인들 중 일부가 상속재산분할협의가 되지 아니한 채 거액의 상속세를 납부하여야 할 상황이 되자, 상속재산분할협의가 될 때까지 상속재산에 속하는 부동산의 관리를 위하여 임시로 갑 등을 관리인으로 선임하는 내용의 결의 및 공동상속인들 중 일부의 출연금과 상속재산에 속하는 부동산의 담보대출 등을 통하여 상속세를 납부하고 상속재산분할협의가 되면 분할된 상속재산으로 정산하는 내용의 합의를 한 사안에서, 위 결의 및 합의의 당사자들이 상호 출자하여 공동으로 사업을 경영할 것을 약정하였다고 볼 수 없고 또한 이를 주장하지 않는데도 대표관리인을 비롯한 일정한 공동상속인들의 관계를 조합관계로 보는 것은 위법하다(대판 2012.8.17, 2011다80005).

Ⅳ 상속분(相續分)

제1009조(법정상속분)

① 동순위의 상속인이 수인인 때에는 그 상속분은 균분으로 한다.

② 피상속인의 배우자의 상속분은 직계비속과 공동으로 상속하는 때에는 직계비속의 상속분의 5할을 가산하고, 직계존속과 공동으로 상속하는 때에는 직계존속의 상속분의 5할을 가산한다.

제1010조(대습상속분)

① 제1001조의 규정에 의하여 사망 또는 결격된 자에 갈음하여 상속인이 된 자의 상속분은 사망 또는 결격된 자의 상속분에 의한다.

② 전항의 경우에 사망 또는 결격된 자의 직계비속이 수인인 때에는 그 상속분은 사망 또는 결격된 자의 상속분의 한도에서 제1009조의 규정에 의하여 이를 정한다. 제1003조 제2항의 경우에도 또한 같다.

1. 상속분의 의의

상속분(相續分)이란 각 공동상속인이 상속재산에 대해서 갖는 권리의무의 법정비율(제1007조 참조)을 의미한다. 예를 들어 피상속인의 배우자: 피상속인의 직계비속 = 1.5 : 1 또는 = 3/5 : 2/5와 같이 표시된다. 각 상속인이 받을 구체적 법정상속재산가액은 적극·소극의 모든 상속재산에 각자의 상속분을 곱하여 산정하게 된다.

2. 상속분의 결정

사례 22

4천 3백만 원의 재산을 남기고 부가 사망하였다. 유족으로 처·장남·장녀·차남이 있다. 부가 생전에 장남에게 혼인을 위한 증여로서 2백만 원을, 분가한 차남에게 유증으로 1백만 원을 각각 주었을 경우, 미혼인 장녀의 구체적인 상속가액은 얼마인가?

[논 점]

1. 상속분
2. 특별수익자와 상속분의 구체적 산정

피상속인의 의사에 의하여 상속분을 결정하는 것을 지정상속분이라 하고, 법률의 규정에 의하여 상속분이 정하여지는 것을 법정상속분이라고 한다.

(1) 지정상속분(指定相續分: 유언상속분)

피상속인은 유언에 의하여 포괄적 유증을 할 수 있으며(제1074조), 포괄적 유증을 받은 자는 재산상속인과 동일한 권리·의무가 있다(제1078조). 포괄적 유증은 상속인의 일부 또는 전부에 대해서뿐만 아니라 제3자에 대해서도 할 수 있다. 우리 민법은 지정상속 또는 유언상속에 대해서 포괄적인 규정만 두고 있을 뿐 자세한 규정을 마련해 놓고 있지 않은데, 그 이유는 우리 전래의 관습이 피상속인의 의사에 따른 상속, 예를 들어 생전증여(生前贈與)나 사인증여(死因贈與), 유증(遺贈)을 실질적인 상속의 의미로 폭넓게 인정하고 가능한 한 의사자치에 간섭하지 않으려는 데서 연유한다고 볼 수 있다.

(2) 법정상속분(法定相續分)

피상속인이 공동상속인의 상속분을 지정하지 않았을 때에는 그 상속분은 민법이 규정한 바(제1009조, 제1010조)에 따른다.

① 균분상속(均分相續)의 원칙

동순위의 상속인이 수인인 때에는 그 상속분은 균분으로 한다(제1009조 제1항). 1990년의 민법 개정으로 상속분이 평등하게 수정된 것이다.

② 배우자의 상속분

피상속인의 배우자의 상속분은 직계비속과 공동으로 상속하는 때에는 직계비속의 상속분의 5할을 가산하고, 피상속인의 직계존속과 공동으로 상속하는 때에는 직계존속의 상속분의 5할을 가산한다(제1009조 제2항).

③ 대습상속분(代襲相續分)

대습상속인의 상속분은 피대습상속인의 상속분에 따른다(제1010조 제1항).

※ 상속총액을 100으로 한 구체적인 상속분율의 계산				
부(夫)가 사망한 경우	처 1.5 3/9×100	장남 1 2/9×100	장녀 1 2/9×100	차남 1 2/9×100
혼인한 장남이 사망한 경우	부 1 2/7×100	모 1 2/7×100	처 1.5 3/7×100	
대습상속의 경우 (부의 사망)	모 1.5 3/9×100	장남 1 - 사망, 대습 처(1.5) = 2/9×100 3/5 자(1) = 2/9×100 2/5	장녀 1 2/9×100	차남 1 2/9×100
대습상속의 경우 (모의 사망)	부 1.5 3/9×100	장남 1 2/9×100	장녀 1 - 사망, 대습 부(1.5) = 2/9×100 3/5 자(1) = 2/9×100 2/5	차남 1 2/9×100
처(妻)가 사망한 경우	부 1.5 3/9×100	장남 1 2/9×100	장녀 1 2/9×100	차남 1 2/9×100

[사례풀이 22]

공동상속인 중에 생전증여나 유증을 받은 특별수익자가 있을 경우 구체적 상속분의 산정은 다음과 같다(제1008조 참조). 즉, (현존하는 상속재산의 가액+생전증여)×공동상속인의 상속비율-특별수익자의 생전증여와 유증의 가액=상속분잔액(구체적인 상속분). 설문의 경우 법정상속비율은 처 : 장남 : 장녀 : 차남=1.5 : 1 : 1 : 1=3/9 : 2/9 : 2/9 : 2/9이므로, 상속이익은 다음과 같다(대판 1995.3.10, 94다16571 참고).

상속인	비율	공동상속인의 상속분(구체적인 상속분)	상속이익
처	3/9	(4300+200)×3/9 - 0=1500	1500+0=1500
장남	2/9	(4300+200)×2/9 - 200=800	800+200=1000
장녀	2/9	(4300+200)×2/9 - 0=1000	1000+0=1000
차남	2/9	(4300+200)×2/9 - 100=900	900+100=1000

3. 특별수익자가 있는 경우의 상속분

제1008조(특별수익자의 상속분)

공동상속인 중에 피상속인으로부터 재산의 증여 또는 유증을 받은 자가 있는 경우에 그 수증재산이 자기의 상속분에 달하지 못한 때에는 그 부족한 부분의 한도에서 상속분이 있다.

사례 23

갑(甲)은 시가 6억 원의 부동산을 남기고 사망하였다. 그의 상속인으로는 부인 을(乙)과 장남 A, 차남 B, 장녀 C가 있었다. 갑(甲)은 사망하기 6개월 전에 장녀에게 교육비로 1억 원을 증여한 사실이 있었다. 갑은 사망 당시 부채가 3억 원에 이르고 있었다. 차남인 B는 상속을 포기하였다. 이 경우 각자의 상속분가액은 얼마인가?

[논 점]

1. 민법 제1008조의 규정 취지

2. 특별수익자가 있는 경우 상속분의 산정

[관련판례]

대판 1995.3.10, 94다16571(본문 참고)

(1) 특별수익자(特別受益者)의 상속분의 의의

민법 제1008조는 공동상속인 중에 피상속인으로부터 재산의 증여 또는 유증을 받은 특별수익자가 있는 경우에 공동상속인들 사이의 공평을 기하기 위하여 그 수증재산을 상속분의 선급으로 다루어 구체적인 상속분을 산정함에 있어 이를 참작하도록 하려는데 규정취지가 있다(대판 1998.12.8, 97므513·520, 97스12). 따라서 상속결격사유가 발생한 이후에 결격된 자가 피상속인에게서 직접 증여를 받은 경우, 그 수익은 특별수익에 해당하지 않는다(대결 2015.7.17, 2014스206).

(2) 특별수익분의 반환의무자

① 공동상속인

i) 반환의무를 부담하게 되는 수증자(受贈者)는 상속을 승인한 공동상속인이며, 상속을 포기한 자는 다른 공동상속인의 유류분을 침해하지 않는 한 반환의무를 부담하지 않는다. 공동상속인의 직계비속·배우자·직계존속이 증여나 유증을 받은 경우에는 공동상속인이 반환의무를 부담하지 아니한다. 그러나 증여 또는 유증의 경위, 증여나 유증된 물건의 가치·성질, 수증자와 관계된 상속인이 실제 받은 이익 등을 고려하여, 실질적으로 피상속인으로부터 상속인에게 직접 증여된 것과 다르지 않다고 인정되는 경우에는 상속인의 직계비속·배우자·직계존속 등에게 이루어진 증여나 유증도 특별수익으로서 이를 고려할 수 있다(대결 2007.8.28, 2006스3·4). ii) 다만, 대습상속에 의하여 공동상속인이 된 자는 반환의무를 부담한다고 보아야 공평한 결과가 된다. 대습상속의 경우에 피대습자가 피상속인으로부터 증여나 유증을 받았을 때에도 대습상속인이 피대습자의 특별수익을 통하여 현실적으로 경제적 이익을 받고 있는 한, 대습상속인은 피대습자의 특별이익을 반환할 의무가 있다.

② 포괄적 수유자

법정상속인이 아닌 포괄적 수유자(受遺者)는 피상속인으로부터 받은 유증재산을 반환할 필요가 없으나, 공동상속인으로서 포괄적 유증을 받은 자와 제2순위 이하의 자로서 포괄적 유증을 받은 후에 선순위상속인 전원의 상속포기 또는 결격으로 인하여 공동상속인으로 된 경우에는 특별수익을 반환해야 된다.

(3) 특별수익의 범위

① 생전증여

민법에 규정이 없기 때문에 어떠한 생전증여(生前贈與)가 특별수익에 해당하는지는 피상속인의 생전의 자산·수입·생활수준·가정상황 등을 참작하고 공동상속인들 사이의 형평을 고려하여, 당해 생전증여가 장차 상속인으로 될 자에게 돌아갈 상속재산 중에 그의 몫의 일부를 미리 주는 것이라고 볼 수 있는 경우라면 특별수익재산에 포함된다(대판 1998.12.8, 97므513· 520, 97스12). 참고로 일본민법은 '혼인·입양을 위하여, 혹은 생계의 자본으로서 증여받은 재산'을 특별수익재산으로 본다(일본민법 제903조). 혼인을 위하여 혹은 생계의 자본으로서 받은 것은 전형적인 증여가 될 것이다. 공동상속인의 특별한 기여의 대가로 증여·유증을 했다면, 그것은 기여분으로 평가되고 여기의 증여·유증에 포함되지 않는다.

② 유 증

유증(遺贈)은 그 목적을 불문하고 반환의 대상이 된다. 생명보험금청구권은, 그것이 상속인의 고유재산으로 평가되는 경우에는 유증 내지 사인증여에 준하므로 특별수익재산에 포함된다고 보아야 할 것이다. 사망퇴직금은 그것을 공동상속인의 한 사람이 받은 경우에는 유증에 해당한다.

(4) 특별수익의 평가시기와 방법

① 특별수익으로서 반환되는 것은 현물이 아니라 계산상의 가액이 되므로 증여가액의 평가시기를 언제로 하는가가 문제이다. 이행 시(독일민법 제2055조 2항)·상속개시 시(스위스민법 제630조)·분할 시(프랑스민법 제868조)를 생각할 수 있는데, 통설은 상속개시 시를 기준 시로 하고 있다(대결 1997.3.21, 96스62 참고. 다만 분할에 따른 청산액 산정은 분할 시를 기준으로 한다).

② 수증자의 행위에 의한 증여물의 멸실·변경이 있는 때에는 상속개시 시의 시가로 평가한다(분할시설에 따르면, 분할 시의 시가로 평가).

③ 금전증여의 경우에도 상속개시 시의 시가로 환산·평가해야 한다. 왜냐하면 부동산과 같이 시세가 하락하지 않는 물건을 증여받은 자와 금전과 같이 그 가치가 하락하는 물건을 증여받은 자 사이의 공평을 유지하기 위해서이다.

(5) 공동상속인 간의 상속채무

특별수익자가 있는 경우에도 공동상속인 간의 상속채무는 원칙적으로 법정상속분(제1009조)에 따라 승계한다(즉, 상속채무는 함께 공제하는 것이 아니라 각 법정상속분비율로 승계한다. 유류분산정과는 다르다는 점을 주의). 제1008조는 적극재산에 대해서만 적용된다(대판 1995.3.10, 94다16571).

(6) 특별수익자가 있는 경우의 구체적 상속분의 산정

① 상속재산분배액 = (상속재산의 가액 + 생전증여) × 법정상속분율 - (생전증여 + 유증)

② 피상속인으로부터 물려받은 재산총액 = 상속재산 분배액 + 생전증여 또는 유증

판례

특별수익자가 있는 경우의 상속재산범위와 그 분여방법

공동상속인 중에 특별수익자가 있는 경우의 구체적인 상속분의 산정을 위하여는, 피상속인이 상속개시 당시에 가지고 있던 재산의 가액에 생전증여의 가액을 가산한 후, 이 가액에 각 공동상속인별로 법정상속분율을 곱하여 산출된 상속분의 가액으로부터 특별수익자의 수증재산인 증여 또는 유증의 가액을 공제하는 계산방법에 의하여 할 것이고, 여기서 이러한 계산의 기초가 되는 '피상속인이 상속개시 당시에 가지고 있던 재산의 가액'은 상속재산 가운데 적극재산의 전액을 가리키는 것으로 보아야 옳다(대판 1995.3.10, 94다16571).

판례

평생 헌신한 배우자가 피상속인으로부터 받은 생전증여를 특별수익에서 제외할 수 있는지 여부

생전증여를 받은 상속인이 배우자로서 일생 동안 피상속인의 반려가 되어 그와 함께 가정공동체를 형성하고 이를 토대로 서로 헌신하며 가족의 경제적 기반인 재산을 획득·유지하고 자녀들에게 양육과 지원을 계속해 온 경우, 생전증여에는 위와 같은 배우자의 기여나 노력에 대한 보상 내지 평가, 실질적 공동재산의 청산, 배우자 여생에 대한 부양의무 이행 등의 의미도 함께 담겨 있다고 봄이 타당하므로 그러한 한도 내에서는 생전증여를 특별수익에서 제외하더라도 자녀인 공동상속인들과의 관계에서 공평을 해친다고 말할 수 없다(대판 2011.12.8, 2010다66644).

[사례풀이 23]

우선 전체 상속재산을 산정해야 한다. 전체 상속재산은 현재 남아 있는 재산가액 6억 원에 상속인에게 증여한 1억 원을 합한 7억 원이다. 그리고 B는 상속포기를 하였기 때문에 대습상속자가 없는 한 처음부터 상속인에서 배제하고 계산한다. 특히 주의할 것은 상속분가액을 계산할 때 적극재산에서 소극재산을 뺀 것에 각자의 법정상속분을 곱해서는 안 된다는 점이다(대판 1995.3.10, 94다16571 참고).

이를 기초로 각자의 상속액을 계산하면 다음과 같다. 배우자 을(乙)의 상속분가액은 [(6억 원+1억 원)×3/7]인데, 여기서 피상속인의 부채([3억 원×3/7])를 뺀 것이 을(乙)의 구체적 상속분가액이 된다. A의 상속분가액은 [(6억 원+1억 원)×2/7]인데, 여기서

피상속인의 부채([3억 원×2/7])를 뺀 것(약 1억 1천 4백만 원)이다. C의 상속분가액은 [(6억 원+1억 원)×2/7]인데, 여기서 위와 마찬가지로 피상속인의 부채([3억 원×2/7]) (약 8천 6백)를 뺀 다음 여기서 다시 생전에 증여받은 1억 원을 빼고 남은 액(약 1천 4백)이 구체적인 C의 상속분가액이 된다.

4. 기여자가 있을 때의 상속분

제1008조의2(기여분)

① 공동상속인 중에 상당한 기간 동거·간호 그 밖의 방법으로 피상속인을 특별히 부양하거나 피상속인의 재산의 유지 또는 증가에 특별히 기여한 자가 있을 때에는 상속개시 당시의 피상속인의 재산가액에서 공동상속인의 협의로 정한 그 자의 기여분을 공제한 것을 상속재산으로 보고 제1009조 및 제1010조에 의하여 산정한 상속분에 기여분을 가산한 액으로써 그 자의 상속분으로 한다.<개정 2005.3.31.>

② 제1항의 협의가 되지 아니하거나 협의할 수 없는 때에는 가정법원은 제1항에 규정된 기여자의 청구에 의하여 기여의 시기·방법 및 정도와 상속재산의 액 기타의 사정을 참작하여 기여분을 정한다.

③ 기여분은 상속이 개시된 때의 피상속인의 재산가액에서 유증의 가액을 공제한 액을 넘지 못한다.

④ 제2항의 규정에 의한 청구는 제1013조 제2항의 규정에 의한 청구가 있을 경우 또는 제1014조에 규정하는 경우에 할 수 있다.

(1) 기여분제도의 의의

기여분제도(寄與分制度)는 공동상속인 가운데 상당한 기간 동거·간호, 그 밖의 방법으로 피상속인을 특별히 부양하거나 피상속인의 재산의 유지 또는 증가에 특별히 기여한 자가 있을 때, 상속분 산정에 그러한 특별한 기여나 부양 등을 고려하는 제도를 말한다(대결 2014.11.25, 2012스156). 상속개시 당시의 피상속인의 재산가액에서 공동상속인의 협의 또는 가정법원의 심판으로 정한 그 자의 기여분을 공제한 것을 상속재산으로 보고, 제1009조(법정상속분) 및 제1010조(대습상속분)에 의하여 산정한 상속분에 기여분을 가산한 액을 가지고 그의 상속분으로 하는 것이다(제1008조의2).

(2) 기여분권리자의 범위

공동상속인이어야 하기 때문에 설혹 피상속인의 재산의 유지 또는 증가에 기여했더라도 공동상속인이 아닌 자는 기여분을 청구할 수 없다(사실혼의 배우자, 포괄적 수증자, 상속결격자, 상속포기자 등). 대습상속인은 피대습자의 기여도 주장할 수 있다.

(3) 기여의 내용과 정도

① 동거나 간호 등으로 피상속인을 특별히 부양한 사실

부모를 모시고 살면서 간호하거나 요양케 하는 등 부모를 부양한 자손에게는 상속재산분할에 있어서 그의 상속분에다 부양기여분을 명확히 평가·귀속시킴으로써 부모에 대한 부양을 제도적으로 강화하기 위하여 생긴 규정이다. 이는 현행법이 공동상속인인 자녀의 상속분을 균등화한 것에 대응한 것이라고 풀이된다. 기여분을 정하는 데 있어서는 생활비, 치료비, 간병비, 요양에 들어간 실질적인 금액 등을 구체적으로 평가하는 것 외에도 부양 공동상속인이나 다른 공동상속인들의 재산적 상황, 부모에 대한 태도 등을 종합적으로 고려하는 것이 필요하다.

판례

기여분의 인정요건

성년인 자(子)가 부양의무의 존부나 그 순위에 구애됨이 없이 스스로 장기간 그 부모와 동거하면서 생계유지의 수준을 넘는 부양자 자신과 같은 생활수준을 유지하는 부양을 한 경우에는 부양의 시기·방법 및 정도의 면에서 각기 특별한 부양이 된다고 보아 기여분을 인정함이 상당하다(대판 1998.12.8, 97므513·520, 97스12).

② 재산의 유지 · 증가에 대한 기여

예를 들어 수인의 아들 가운데 한 사람이 무상으로 부(父)의 사업을 위하여 장기간 노무를 제공한 경우이다. 그러나 배우자의 가사노동에 의한 기여는 특별한 기여로 보기 어렵다(배우자는 부부로서 상호협력할 의무가 있기 때문이다).

③ 특별한 정도

본래의 상속분에 따른 분할이 기여자에게 명백히 불공평한 경우를 뜻한다. 특별성 결정을 위한 비교대상은 통상의 가족관행이 아닌, 다른 공동상속인이다.

(4) 기여분의 결정

① 결정절차

기여분(寄與分)은 먼저 공동상속인의 협의로 정하고(제1008조의2 제1항), 협의가 되지 않거나 불가능한 경우에는 가정법원이 기여자의 청구에 의하여 정한다(제

1008조의2 제2항; 가소법 제2조 제1항 마류 4호). 기여분의 결정은 가정법원의 조정사항이다(가소법 제50조). 기여분의 결정은 상속재산분할의 전제가 되므로 상속재산분할심판이 진행되는 가운데 기여분결정의 심판청구를 별도로 하거나(제1008조의2 제4항, 제1013조 제2항, 제1014조), 상속재산분할심판청구와 기여분결정심판청구를 동시에 할 수도 있다. 기여분결정청구사건은 상속재산분할청구사건에 병합하여 심리·재판한 다음, 1개의 심판으로 하여야 한다(가소규 제112조 제2항·제3항). 상속재산분할 후에 상속개시 후의 인지 또는 재판의 확정에 의하여 공동상속인이 된 자가 그 상속분에 상당한 가액의 지급청구를 하는 경우에도 기여분의 결정청구를 할 수 있다(대결 1999.8.24, 99스28 참고).

② 기여분의 산정방법과 상속분의 산정

기여분은 기여의 시기·방법·정도와 상속재산의 액 기타의 사정을 참작하여 정하여야 한다(제1008조의2 제2항). ⅰ) 상속개시 당시의 피상속인의 상속재산가액에서 위와 같이 정해진 기여분을 공제한 것을 상속재산으로 보고, 민법 제1009조 및 제1010조의 규정에 의하여 산정한 상속분에 기여분을 가산한 액으로써 기여상속인의 상속분으로 한다(제1008조의2 제1항). ⅱ) 공동상속인 중에 기여상속인과 특별수익자가 병존하는 경우에는, 먼저 기여분을 확정하여 기여분을 공제한 나머지를 상속재산으로 정한 다음, 이 상속재산을 기초로 하여 특별수익자의 상속분을 산정한다(다수설. 소수설로 특별수익을 먼저 가산한 후에 기여분을 공제하고 상속분을 계산하는 동시적용설 있음).

(5) 기여분의 승계와 포기

공동상속인의 협의 또는 심판에 의하여 기여분이 결정된 후에 그 기여분은 상속분과 함께 상속·양도가 가능하지만, 공동상속인의 협의 또는 심판에 의하여 구체적으로 결정되기 전에도 기여분이 상속분과 함께 상속·양도가 가능한지가 문제된다. 기여분이 협의나 심판에 의하여 결정되기 전에 이를 양도하여 양수인이 된 자가 공동상속인의 기여분을 주장하는 것은 타당하지 않다. 그러나 기여분의 상속은 결정 전에 이를 인정해도 무방할 것으로 판단된다(다수설). 상속개시 후에 상속포기가 가능한 것처럼(제1019조 제1항 본문) 기여분의 포기도 가능하다고 해석된다.

(6) 기여분과 유증 또는 유언과의 관계

기여분은 상속이 개시된 때의 피상속인의 재산가액에서 유증의 가액을 공제한 액을 넘지 못한다(제1008조의2 제3항 유증 우선). 예를 들어 상속재산 1억 원 중에 타인에게 7천만 원을 유증하면 기여분은 3천만 원을 넘지 못한다. 피상속인이 기여분을 지정하는 유언은 법률상 효력이 없다. 기여분지정은 법정유언사항이 아니기 때문이다.

(7) 기여분과 유류분과의 관계

유증은 기여분에 우선하고(제1008조의2 제3항) 유류분(遺留分)은 유증에 우선하지만(제1115조), 기여분은 유류분과 아무런 관계가 없다. 그러므로 기여분의 가액이 상속재산의 7~8할이 되는 경우에도 유류분에 대한 침해가 되지 않는다. 기여분은 상속인이 상속재산의 유지와 증가에 특별히 기여하였거나 피상속인을 특별히 부양한 경우에 상속분의 산정에 있어서 그 기여분을 가산함으로써 상속인 사이의 공평을 기하기 위하여 마련된 제도이고, 유류분은 피상속인이 상속재산의 일정부분을 자유롭게 처분할 수 없게 제한하여 상속인에게 일정비율의 상속분을 확보케 함으로써 상속인을 보호하기 위해 마련된 제도이기 때문이다.

판례

기여분 결정청구와 유류분반환청구

기여분은 상속재산분할의 전제문제로서의 성격을 갖는 것이므로 상속재산분할의 청구나 조정신청이 있는 경우에 한하여 기여분결정청구를 할 수 있고, 다만 예외적으로 상속재산분할 후에라도 피인지자나 재판의 확정에 의하여 공동상속인이 된 자의 상속분에 상당한 가액의 지급청구가 있는 경우에는 기여분의 결정청구를 할 수 있다고 해석되며, 상속재산분할의 심판청구가 없음에도 단지 유류분반환청구가 있다는 사유만으로는 기여분결정청구가 허용된다고 볼 것은 아니다(대결 1999.8.24, 99스28). (한편) 민법 소정의 방식에 따라 기여분이 결정되기 전에는 유류분반환청구소송에서 피고가 된 기여상속인은 상속재산 중 자신의 기여분을 공제할 것을 항변으로 주장할 수 없다(대판 1994.10.14, 94다8334).

5. 상속분의 양도와 양수권

제1011조(공동상속분의 양수)

① 공동상속인 중에 그 상속분을 제3자에게 양도한 자가 있는 때에는 다른 공동상속인은 그 가액과 양도비용을 상환하고 그 상속분을 양수할 수 있다.

② 전항의 권리는 그 사유를 안 날로부터 3월, 그 사유 있은 날로부터 1년 내에 행사하여야 한다.

(1) 상속분의 양도

공동상속인은 상속개시 후 상속재산이 분할되기 전이라도 상속분을 자유로이 양도할 수 있다(제1011조 제1항). 이때 상속분이란 소극재산까지 포함하는 상속재산 전부에 관하여 공동상속인이 가지는 포괄적인 상속인의 지위이기 때문에 개별재산을 양도하는 것은 이에 해당하지 않는다(대판 2006.3.24, 2006다2179). 상속분의 양도는 유상이든 무상이든 상관없다. 양도에는 특정한 방식이 필요 없으며, 구술 또는 서면 중 어느 방법으로 해도 상관없다.

① 상속분의 일부양도 허용 여부

상속인의 포괄적 지위에 대한 일부양도를 허용하게 되면 사실상 개별재산의 양도와 구별이 매우 곤란해지고 그렇게 되면 공동상속인의 양수권제도는 의미가 퇴색된다. 따라서 양수권제도를 존치하는 이상 일부양도를 허용하지 않는 것이 바람직하다.

② 양수인의 법적 지위

양수인은 상속인의 지위를 그대로 승계하므로 상속재산분할에 참가하고, 양수받은 상속분이 침해된 경우에는 상속회복청구권을 행사할 수도 있다.

(2) 양도된 상속분의 양수권

공동상속인 중에 그 상속분을 제3자에게 양도한 자가 있는 때에는 다른 공동상속인은 그 가액과 양도비용을 상환하고 그 상속분을 양수할 수 있다(제1011조 제1항). 이 규정의 취지는 공동상속인이 분할 전에 각자의 상속분을 타인에게 양도하는 것은 자유라 하더라도, 그것을 무조건 허용하는 경우에는 제3자가 상속재산의 분할에 참가하게 되어 다른 공동상속인에게 중대한 영향을 미칠 염려가 있으므로 이러한 사태를 피하고자 하는 데 있다.

그런데 이 규정은 가(家)중심적인 가산(家産) 옹호의 제도이고 이용가능성도 적으므로 폐지하자는 견해가 있다(김주수·김상용).

판례

민법 제1011조 제1항에 규정된 '상속분의 양도'의 의미

'상속분의 양도'란 상속재산분할 전에 적극재산과 소극재산을 모두 포함한 상속재산 전부에 관하여 공동상속인이 가지는 포괄적 상속분, 즉 상속인 지위의 양도를 의미하므로, 상속재산을 구성하는 개개의 물건 또는 권리에 대한 개개의 물권적 양도는 이에 해당하지 아니한다. 따라서 공동상속인 중 일부가 상속재산인 임야 중 자신들의 상속지분을 양도한 경우, 이는 민법 제1011조 제1항에 규정된 '상속분의 양도'에 해당하지 아니하고 상속받은 임야에 관한 공유지분을 양도한 것에 불과하여, 다른 공동상속인에게 민법 제1011조 제1항에 규정된 상속분 양수권이 있다고 볼 수 없다(대판 2006.3.24, 2006다2179).

---

① 양수권 행사의 요건

공동상속인 이외의 제3자에 대한 양도가 상속재산분할 전에 있는 경우에 양수권(還收權)을 행사할 수 있다(포괄적 수증자를 양수권자로 보는 견해도 있다: 박병호).

② 양수권 행사의 성질

양수권은 상속분의 양수인(또는 전득자)에 대한 일방적인 의사표시로 효과가 발생하는 형성권(形成權)이다

③ 양수가액 비용의 제공

양수 시 상속분의 가액과 양도비용을 상환해야 하는데, 그 가액은 '양수 당시의 시가'이다.

④ 양수권의 제척기간

양수권은 그 사유를 안 날(양도사실을 안 날)로부터 3월, 그 사유가 있은 날(양도가 있었던 날)로부터 1년 내에 행사하여야 한다(제1011조 제2항). 이 기간은 제척기간(除斥期間)이다.

⑤ 양수 효과

양수권의 행사에 의하여 제3자에게 양도된 상속분은 양도인 외의 공동상속인 전부에게 그 상속분에 따라 귀속된다. 그 양수권 행사에 사용한 상속분의 가액과 비용도 상속분에 따라 공동상속인이 부담한다.

V 상속재산의 분할

사례 24

피상속인 X는 부동산과 은행예금을 남기고 사망하였다. 상속인으로는 X의 처 Y, 장남 A, 출가한 장녀 B, 차녀 C가 있다. 장남 A가 Y를 모시고 있다는 이유로 Y와 C는 자신들의 상속지

분을 A에게 양보하겠다고 하였으나, 출가한 장녀 B는 자신의 법정상속분보다도 훨씬 많은 상속지분을 요구하면서 협의분할에 응하지 않고 있으며, 법정상속비율에 따른 상속지분등기에도 협력하지 않고 있다. A가 상속재산을 분할하고 상속등기 등을 할 수 있는 방법은 무엇인가?

[논 점]

1. 상속재산분할방법
2. 공동상속등기와 상속

---

1. 상속재산분할의 의의와 요건

(1) 의 의

상속개시 이후 공동상속인 사이의 공동상속관계를 종료하고 각 공동상속인의 상속분을 일정한 분배절차에 따라 단독소유로 확정하는 것을 의미한다.

(2) 요 건

제1012조(유언에 의한 분할방법의 지정, 분할금지)
피상속인은 유언으로 … 상속개시의 날로부터 5년을 초과하지 아니하는 기간 내의 그 분할을 금지할 수 있다.

① 공동상속관계에 있는 공동상속인의 확정

상속재산분할이 이루어지려면 공유관계에 있는 공동상속인들이 확정되어야 한다. 만약 공동상속인 중 1인 또는 수인이 상속의 승인 또는 포기를 하지 않고 있다면, 그 기간 동안에는 상속재산분할이 불가능하므로, 상속의 승인·포기의 고려기간이 경과된 후에 분할하여야 한다(그 기간이 경과되기 전에 분할하였다면 이는 단순승인으로 간주된다). 또한 한정승인이나 재산분리청구가 있는 경우에도 청산을 해야 하므로 상속재산의 분할이 불가능하다. 그러나 판례는 한정승인에 따른 청산절차가 종료하기 전이라도 상속재산분할청구가 가능하다고 한다(대결 2014.7.25, 2011스226 참고).

② 분할금지가 없어야 한다

분할금지는 상속개시의 날로부터 5년을 초과하지 않는 기간 내에서 피상속인의 유언으로 할 수 있고(제1012조 후단), 공동상속인 간의 전원합의로 5년 이내의 기간을 정하여 할 수도 있다(제268조 제2항). 기간의 정함이 없거나 5년을 초과하는 약정을 하거나 또는 피상속인이 그렇게 유언한 경우는 5년으로 약정하거나 유언한 것으로 본다. 일부분할금지의 경우에는 금지되지 않은 다른 부분에 대하여는 상속재산분할을 하여도 상관없다.

판례

한정승인에 따른 청산절차와 상속재산분할청구

우리 민법이 한정승인 절차가 상속재산분할 절차보다 선행하여야 한다는 명문의 규정을 두고 있지 않고, 공동상속인들 중 일부가 한정승인을 하였다고 하여 상속재산분할이 불가능하다거나 분할로 인하여 공동상속인들 사이에 불공평이 발생한다고 보기 어려우며, 상속재산분할의 대상이 되는 상속재산의 범위에 관하여 공동상속인들 사이에 분쟁이 있을 경우에는 한정승인에 따른 청산절차가 제대로 이루어지지 못할 우려가 있는데 그럴 때에는 상속재산분할청구 절차를 통하여 분할의 대상이 되는 상속재산의 범위를 한꺼번에 확정하는 것이 상속채권자의 보호나 청산절차의 신속한 진행을 위하여 필요하다는 점 등을 고려하면, 한정승인에 따른 청산절차가 종료되지 않은 경우에도 상속재산분할청구가 가능하다(대결 2014.7.25, 2011스226).

2. 분할청구권자와 상속인의 확정

제1014조(분할 후의 피인지자 등의 청구권)

상속개시 후의 인지 또는 재판의 확정에 의하여 공동상속인이 된 자가 상속재산의 분할을 청구할 경우에 다른 공동상속인이 이미 분할 기타 처분을 한 때에는 그 상속분에 상당한 가액의 지급을 청구할 권리가 있다.

(1) 분할청구권자(分割請求權者)

상속을 승인한 공동상속인뿐만 아니라, 포괄적 수유자도 상속재산의 분할을 청구할 수 있다(제1078조). 그리고 공동상속인의 상속인, 상속분을 양도받은 제3자에게도 분할청구권이 있고, 상속인의 채권자도 상속인을 대위(代位)하여 분할청구권(제404조)을 행사할 수 있다.

(2) 상속인의 확정

상속인이 누구인지는 대개 가족관계등록부의 기재에 의하여 명백히 알 수 있으나 분명하지 않은 경우도 생길 수 있다.

① 태 아

태아가 살아서 출생하면 제1014조에 의하여 인지된 자에 준해서 가액지급을 해주면 되므로(유추적용) 언제든지 분할할 수 있다고 할 수도 있으나, 특별한 사정이 없는 한 태아가 출생할 때까지 상속인의 수가 확정되지 않은 것을 이유로 분할심판을 연기하여야 할 것이다(김주수·김상용; 박병호).

② 행방불명 또는 생사불명자

상속인이 상속개시 당시부터 행방불명인 경우에는 부재자재산관리인을 선임하고(제22조) 분할하여야 유효하다. 생사불명의 상태가 일정기간 계속한 때에는 실종선고의 절차를 밟아야 할 것이다. 예를 들어 딸이 북한에 있어 생사불명이라는 이유만으로 이를 제외해서는 안 되며(대판 1982.12.28, 81다451·453), 이 경우에는 부재선고에 관한 특별조치법에 의한 부재선고절차를 밟아야 한다.

③ 상속인지위의 소멸이 다투어지고 있는 경우

예컨대, 상속결격·친생부인·친자관계부존재확인·인지무효·혼인무효·입양무효 등의 소가 계속 중인 경우로서, 재판의 확정을 기다려서 분할함이 타당하다. 그러나 그 전에 분할할 수도 있는데, 만약 분할 후에 당사자가 상속인에서 배제되면 그 지분을 다른 공동상속인들이 재분배하게 된다. 이때 적용되는 법리는 현물분할일 경우는 점유자와 회복자에 관한 규정을 적용하고, 가액반환일 경우는 부당이득법리가 아닌 제1014조의 규정에 의해서 해결이 이루어진다.

④ 상속인지위의 발생이 다투어지고 있는 경우

예컨대, 피상속인의 사후에 인지의 소가 제기된 경우, 이혼무효 또는 파양무효의 소가 계속 중인 경우, 부를 정하는 소가 제기되고 있는 경우이다. 이때 상속인신분의 발생을 다투고 있는 자는 가족관계등록부상 상속인이 아니므로 그를 제외하고 분할할 수 있다. 이러한 자들이 나중에 상속인으로 확정되더라도 분할은 여전히 유효하고, 가액으로 상환될 뿐이다.

3. 상속재산의 확정과 평가

상속재산의 확정과 평가는 상속인들이 할 수도 있고 감정인을 선임하여 할 수도 있다. 분할을 위한 평가시기는 분할 시(대결 1997.3.21, 96스62; 서울가법 1985.8.19, 83드6029)를 표준으로 하는 것이 상속개시 시와 분할 시의 가격변동을 조정할 수 있어 합리적이다. 다만, 판례는 상속개시 후의 인지 등에 의하여 공동상속인이 된 자가 자신의 상속분에 해당하는 가액을 청구하는 경우(제1014조), 상속재산의 평가는 그 청구소송의 사실심 변론종결 시의 시가를 기준으로 산정하고 있다(대판 2002.11.26, 2002므1398). 유언으로 재단법인을 설립한 때에는 유언자의 사망 시부터 법인에게 귀속하므로 그 출연재산은 상속재산에 포함되지 않는다(대판 1984.9.11, 83누578).

판례

상속재산의 평가와 산정

1. 상속재산의 평가

공동상속인 중에 피상속인으로부터 재산의 증여 또는 유증 등의 특별수익을 받은 자가 있는 경우에는 이러한 특별수익을 고려하여 상속인별로 고유의 법정상속분을 수정하여 구체적인 상속분을 산정하게 되는데, 이러한 구체적 상속분을 산정함에 있어서는 상속개시시를 기준으로 상속재산과 특별수익재산을 평가하여 이를 기초로 하여야 할 것이고, 다만 법원이 실제로 상속재산분할을 함에 있어 분할의 대상이 된 상속재산 중 특정의 재산을 1인 및 수인의 상속인의 소유로 하고, 그의 상속분과 그 특정의 재산의 가액과의 차액을 현금으로 정산할 것을 명하는 방법(소위 대상분할의 방법)을 취하는 경우에는, 분할의 대상이 되는 재산을 그 분할 시를 기준으로 하여 재평가하여 그 평가액에 의하여 정산을 하여야 한다(대결 1997.3.21, 96스62).

2. 유언에 의한 재단법인설립과 상속재산과의 관계

유언으로 재단법인을 설립한 경우 그 출연재산은 출연자의 사망 시에 소급하여 재단법인에 귀속되므로 상속재산에 포함되지 않으며, 설령 출연자의 상속인이 이를 사용수익하였다 하여도 상속세법 시행령 제3조의2 제7항 제7호에 의하여 증여세의 부과대상이 됨은 모르되 상속재산으로 전환된다고 볼 근거는 없다(대판 1984.9.11, 83누578).

3. 상속세법상 과세를 위한 비상장주식의 평가기준일

법인의 비상장주식을 보충적 평가방법에 의하여 평가하는 경우 구 상속세 및 증여세법 시행령(1998.12.31. 대통령령 제15971호로 개정되기 전의 것) 제55조 제1항은 "제54조 제1항의 규정에 의한 순자산가액은 평가기준일 현재 당해 법인의 자산을 이 법의 규정에 의하여 평가한 가액에서 부채를 차감한 가액으로 한다"고 규정하고 있는데, 상속세 및 증여세법 제60조 제1항에 의하면, 여기에서 말하는 '평가기준일'이란 상속개시일 또는 증여일을 의미하므로, 비상장법인의 주식 1주당 가액을 보충적 평가방법에 의하여 평가하는 경우에 그 기초가 되는 순자산가액은 상속개시일 또는 증여일 현재의 가액에 의하여 산정하여야 한다(대판 2009.1.30, 2006두14049).

4. 사해행위 판단에 있어서 상속재산분할과 금전채무의 평가

금전채무와 같이 급부의 내용이 가분인 채무가 공동상속된 경우 이는 상속개시와 동시에 당연히 법정상속분에 따라 공동상속인에게 분할되어 귀속되는 것이므로 상속재산 분할의 대상이 될 여지가 없으므로(대판 1997.6.24, 97다8809 참조), 특별수익

자인 채무자의 상속재산 분할협의가 사해행위에 해당하는지를 판단함에 있어서도 위와 같은 방법으로 계산한 구체적 상속분을 기준으로 그 재산분할결과가 일반 채권자의 공동담보를 감소하게 하였는지 평가하여야 하고, 채무자가 상속한 금전채무를 구체적 상속분 산정에 포함할 것은 아니다(대판 2014.7.10, 2012다26633).

4. 분할방법

제1012조(유언에 의한 분할방법의 지정, 분할금지)
피상속인은 유언으로 상속재산의 분할방법을 정하거나 이를 정할 것을 제삼자에게 위탁할 수 있고 상속개시의 날로부터 5년을 초과하지 아니하는 기간 내의 그 분할을 금지할 수 있다.
제1013조(협의에 의한 분할)
① 전조의 경우 외에는 공동상속인은 언제든지 그 협의에 의하여 상속재산을 분할할 수 있다.

(1) 유언에 의한 분할

피상속인은 유언으로 상속재산의 분할방법을 정하거나, 이를 정할 것을 제3자에게 위탁할 수 있다.

(2) 협의에 의한 분할

유언에 의한 분할지정이 없거나 무효인 경우에는 공동상속인은 언제든지 협의에 의하여 상속재산을 분할할 수 있다(제1013조 제1항). 피상속인의 생전행위에 의한 분할방법의 지정은 그 효력이 없어 상속인들이 피상속인의 의사에 구속되지 않는다(대판 2001.6.29, 2001다28299). 또한 공동상속인 사이의 상속지분의 양도는 공동상속인 전원의 약정에 기한 경우, 이를 상속재산의 협의분할의 취지로 한 것으로 볼 수도 있다(대판 1995.9.15, 94다23067).

① 협의에 참가하여야 할 자

분할의 협의는 공동상속인 사이에서 행하여지는 일종의 계약이므로 공동상속인 전원이 참여하여야 한다.

㉮ 포괄적 수유자 포괄적 수유자는 공동상속인과 동일한 자격으로 분할에 참가한다(제1078조).

㉯ 분할 전 상속분의 양수인 분할 전 상속분의 양수인은 다른 공동상속인으로부터 양수권(제1011조)의 행사를 받지 않는 한, 분할의 협의에 참가할 수 있다.

㉰ 상속인인 태아　i) 정지조건설(판례 및 소수설의 입장)을 따르는 경우에는 상속재산분할의 협의에서 태아는 당연히 제외된다. ii) 해제조건설(다수설)을 따르는 경우에는 태아도 그 법정대리인을 통하여 상속재산분할의 협의에 참가할 수 있다. 그러나 이 견해는 이론적으로만 가능하고 실제적으로는 그 절차를 밟는 방법이 인정되지 않기 때문에, 현실적으로는 태아의 출생 시까지 상속재산분할의 협의를 중지하고 기다리는 것이 바람직하다(김주수·김상용).

② 협의의 방법

분할협의는 공동상속인 전원이 참여하여야 하므로 일부 상속인만으로 한 협의분할은 무효라고 할 것이나(대판 1995.4.7, 93다54736), 반드시 한 자리에서 이루어질 필요는 없고 순차적으로 이루어질 수도 있으며(대판 2001.11.27, 2000두9731), 상속인 중 한 사람이 만든 분할 원안을 다른 상속인이 후에 돌아가며 승인하여도 무방하다(대판 2004.10.28, 2003다65438·65445). 상속인 중에 미성년자와 친권자가 있는 경우에는 그들 사이에 분할협의 시 이해관계가 상반되므로 미성년자를 위한 특별대리인의 선임이 필요하다(제921조).

판례

상속분할의 법률관계

1. 이해상반행위에 해당하는 상속분할협의의 효과
   상속재산에 대하여 그 소유의 범위를 정하는 내용의 공동상속재산 분할협의는 민법 제921조 소정의 이해상반되는 행위에 해당하므로 미성년자 각자마다 특별대리인을 선임하여 그 각 특별대리인이 각 미성년자인 자를 대리하여 상속재산분할의 협의를 하여야 하고, 만약 친권자가 수인의 미성년자의 법정대리인으로서 상속재산분할협의를 한 것이라면 이는 민법 제921조에 위반된 것으로서 이러한 대리행위에 의하여 성립된 상속재산분할협의는 적법한 추인이 없는 한 무효이다(대판 1993.4.13, 92다54524; 대판 1994.9.9, 94다6680; 대판 2001.6.29, 2001다28299).
2. 상속포기 기간 경과 후에 한 상속포기 신고의 효력
   상속재산을 공동상속인 1인에게 상속시킬 방편으로 나머지 상속인들이 한 상속포기 신고가 민법 제1019조 제1항 소정의 기간을 경과한 후에 신고된 것이어서 상속포기로서의 효력이 없다고 하더라도, 공동상속인들 사이에서는 1인이 고유의 상속분을 초과하여 상속재산 전부를 취득하고 나머지 상속인들은 이를 전혀 취득하지 않기로 하는 내용의 상속재산에 관한 협의분할이 이루어진 것으로 보아야 한다(대판 1996.3.26, 95다45545·45552·45569).

③ 상속재산분할의 대상

피상속인이 남겨놓은 재산의 전부이다. 채권·채무가 모두 분할의 대상이 될 수 있다. 공동상속인은 다른 상속인이 분할로 인하여 취득한 채권에 대하여 담보책임을 부담한다(제1017조). 금전채무와 같이 급부의 내용이 가분인 채무가 공동상속된 경우, 이는 상속개시와 동시에 당연히 법정상속분에 따라 공동상속인에게 분할되어 귀속되는 것이므로, 상속재산분할의 대상이 될 여지가 없다. 그러나 협의에 의하여 채무를 분할(채무인수)한 경우에 다른 상속인이 채무의 전부 또는 일부를 면하기 위하여는 상속채권자가 이를 승낙해야 할 것이다(제454조 참조). 따라서 공동상속인 사이에서 상속채권자의 동의 없이 행하여진 상속채무의 면책적 인수는 상속채권자에게 대항할 수 없다(대판 1997.6.24, 97다8809 참고).

판례

상속재산분할의 대상이 될 수 없는 상속채무에 대한 제1015조의 적용 여부

상속재산분할의 대상이 될 수 없는 상속채무에 관하여 공동상속인들 사이에 분할의 협의가 있는 경우라면 이러한 협의는 민법 제1013조에서 말하는 상속재산의 협의분할에 해당하는 것은 아니지만, 위 분할의 협의에 따라 공동상속인 중의 1인이 법정상속분을 초과하여 채무를 부담하기로 하는 약정은 면책적 채무인수의 실질을 가진다고 할 것이어서, 채권자에 대한 관계에서 위 약정에 의하여 다른 공동상속인이 법정상속분에 따른 채무의 일부 또는 전부를 면하기 위하여는 민법 제454조의 규정에 따른 채권자의 승낙을 필요로 하고, 여기에 상속재산분할의 소급효를 규정하고 있는 민법 제1015조가 적용될 여지는 전혀 없다(대판 1997.6.24, 97다8809).

④ 협의의 내용

㉮ 분할의 기준　　협의분할은 상속인 전원의 합의에 의한 것이므로 분할로 인하여 각자가 취득한 가액이 어떠한 비율로 되건 상관없다. 분할결과 각자의 취득분과 그 구체적 상속비율 사이에 차이가 현저하더라도 그것을 서로 양해하고 있는 경우에는, 특별한 사정이 없는 한 그 분할약정에 따라 상속개시 시에 피상속인으로부터 상속재산을 직접 승계한 것으로 본다(대판 1985.10.8, 85누70).

판례

협의분할과 상속재산의 취득

공동상속인 상호간에 상속재산에 관하여 민법 제1013조의 규정에 의한 협의분할이 이루어짐으로써 공동상속인 중 1인이 고유의 상속분을 초과하는 재산을 취득하게 되었다고 하여도, 이는 상속개시 당시에 피상속인으로부터 승계받은 것으로 보아야 하고 다른 공동상속인으로부터 증여받은 것으로 볼 것은 아니다(대판 1985.10.8, 85누70).

㉯ 구체적인 협의분할방법　　분할방법에는, 예컨대 A와 B가 X, Y재산을 분할할 경우 현물분할(X는 A에게, Y는 B에게), 환가분할(X, Y를 환가하여 분배), 가격배상의 방법에 의한 분할(X, Y를 A가 취득하고 B에게는 가액의 절반을 줌), 경매분할의 방법이 있으며, 어느 방법에 의하건 상속재산 전체를 총체적으로 파악해서 분할하는 것이므로 상관없다.

⑤ 협의의 효과

협의의 내용과 방법에 따라 상속재산은 공동상속인 각자에게 귀속되며, 부동산의 경우에는 제186조에 따라 등기하여야 한다. 한편, 공동상속인 사이에 상속재산분할의 협의가 없는 경우, 상속재산에 속하는 개별 재산에 관하여 민법 제268조의 규정에 따라 공유물분할청구의 소를 제기하는 것은 허용되지 않는다(대판 2015.8.13, 2015다18367).

(3) 조정 또는 심판에 의한 분할

① 분할청구와 조정(調停)

공동상속인 사이에서 분할의 협의가 성립되지 않은 때에는 각 공동상속인은 가정법원에 분할을 청구할 수 있고(제1013조 제2항에 의한 제269조의 준용), 상속인 중의 1인 또는 수인(數人)이 나머지 상속인 전원을 상대방으로 하여 청구하여야 한다(가소규 제110조). 이 경우에 각 공동상속인은 먼저 조정을 신청하여야 한다(가소법 제2조 제1항 마류; 제50조).

② 심판분할(審判分割)

가정법원이 분할하는 경우에도 상속재산의 확정과 평가, 상속인의 확정 등 분할의 전제를 확정하여야 한다. 가정법원은 제1심 심리종결 시까지 분할이 청구된 모든 상속재산에 대하여 동시에 분할의 심판을 하여야 하고, 분할의 대상이 된 상속재산 중 특정의 재산을 1인 또는 수인의 상속인의 소유로 하고, 그의 상속분 및 기여분과 그 특정의 재산의 가액의 차액을 현금으로 정산할 것을 명할 수 있으며, 금전의 지급, 물건의 인도, 등기 기타 의무의 이행을 동시에 명할 수 있다(가소규 제115조, 제97조). 이해관계인은 상속재산 분할절차에 참가할 수 있다(가소법 제37조; 가소규 제114조).

판례

법원의 심판에 의한 상속재산 분할방법

상속재산 분할방법은 상속재산의 종류 및 성격, 상속인들의 의사, 상속인들 간의 관계, 상속재산의 이용관계, 상속인의 직업·나이·심신상태, 상속재산분할로 인한 분쟁 재발의 우려 등 여러 사정을 고려하여 법원이 후견적 재량에 의하여 결정할 수 있다(대결 2014.11.25, 2012스156).

5. 상속재산분할협의의 무효 · 취소 · 해제

(1) 분할무효와 취소

상속 무자격자가 분할협의에 참가한 경우이거나, 공동상속인 중 일부가 협의에서 제외된 경우에는 분할협의무효의 원인이 되며, 이때에는 상속회복청구가 아닌 분할무효확인 및 재분할을 청구할 수 있다(가소법 제2조 마류). 분할협의의 의사표시에 하자가 있는 경우에는 표의자는 의사표시의 취소나 무효를 주장할 수 있으며, 따라서 분할은 없었던 것으로 된다(그러나 대판 1987.3.10, 85므80은 상속회복청구로 보는 듯하다). 분할협의가 무효로 되거나 취소된 경우 분할에 의하여 동산을 취득한 제3자는 선의취득으로 보호될 수 있으나(제249조), 부동산인 경우에는 그러하지 아니하다. 다만, 부동산을 처분한 공동상속인의 지분범위 내에서 그 취득이 유효하므로(대판 1965.8.24, 65다1086), 다른 공동상속인은 자기의 지분범위 내에서 무효를 주장할 수 있고, 그 주장은 상속회복청구가 아니라 통상의 물권적 청구권의 행사에 의해서 실현해야 할 것이다(상속회복청구로 보자는 견해도 있음: 김주수·김상용). 상속재산의 분할협의는 사해행위취소권 행사의 대상이 될 수 있다(대판 2001.2.9, 2000다51797; 대판 2008.3.13, 2007다73765).

판례

이해상반행위에 해당하는 상속분할협의가 무효인 경우 그 무효의 범위

피상속인의 사망으로 인하여 1차 상속이 개시된 후 그 1차 상속인 중 1인이 사망하여 2차 상속이 개시되었는데, 2차 상속의 공동상속인 중 1인이 친권자로서 다른 공동상속인인 수인의 미성년자를 대리하여 1차 상속재산에 관하여 1차 상속의 공동상속인들과 상속재산 분할협의를 체결한 사안에서, 강행법규인 민법 제921조에 위배되는 위 상속재산 분할협의에 참가한 1차 상속의 공동상속인 중 1인이 그 상속재산 분할협의가 무효라고 주장하는 것이 모순행위금지의 원칙이나 신의칙에 반하는 것이라고 할 수 없고,

민법 제921조에 의하여 무효가 되는 것은 위 상속재산 분할협의 전체이며, 2차 상속의 공동상속인 사이의 상속재산 분할협의에 한정되는 것이 아니다(대판 2011.3.10, 2007다17482).

(2) 상속재산분할협의의 합의해제

상속재산분할협의는 공동상속인들 사이에 이루어지는 일종의 계약으로서, 공동상속인들은 이미 이루어진 상속재산분할협의의 전부 또는 일부를 전원의 합의에 의하여 해제한 다음 다시 새로운 분할협의를 할 수 있다(대판 2004.7.8, 2002다73203). 상속재산분할협의가 합의해제되면 그 협의에 따른 이행으로 변동이 생겼던 물권은 당연히 그 분할협의가 없었던 원상태로 복귀하지만, 민법 제548조 1항 단서의 규정상 이러한 합의해제를 가지고 분할협의를 기초로 이미 등기·인도를 마친 제3자의 권리를 해하지는 못한다(대판 2004.7.8, 2002다73203).

6. 상속재산분할의 효과

제1015조(분할의 소급효)
상속재산의 분할은 상속개시된 때에 소급하여 그 효력이 있다. 그러나 제삼자의 권리를 해하지 못한다.

(1) 분할의 소급효

상속재산의 분할은 상속이 개시된 때에 소급하여 그 효력이 생긴다(제1015조). 즉, 상속재산을 피상속인으로부터 상속인들 각자가 직접 상속하는 것이 되어, 그 재산에 대해서 상속인들의 공유상태는 존재하지 않았던 것으로 된다(결국 분할이란 상속개시 시에 단독소유가 존재한다는 것을 선언한다는 의미에서 이러한 입법주의를 선언주의라고 부른다. 판례는 소급효의 의미를 상속인들 간의 증여로 보지 않고 피상속인으로부터의 직접승계로 본다: 대판 1985.10.8, 85누70; 대판 1992.3.27, 91누7729). 이는 공유물의 분할이 분할을 한 때부터 그 효력이 생기는 것과 비교된다. 분할의 소급효(遡及效)는 현물분할(現物分割), 즉 상속재산 그 자체를 취득한 경우에만 인정되는 것이며, 상속재산 자체를 취득하지 않고 대상(代償)으로 상속재산에 갈음한 것을 취득한 경우에는 소급효가 생기지 않는다. 합의분할행위는 상속재산의 처분행위로 법정단순승인사유가 되어 취소사유가 없는 한 이를 취소할 수 없고, 또한 상속포기를 하더라도 그 효력이 발생하지 않는다(대판 1983.6.28, 82도2421).

(2) 소급효에 따른 제3자 보호

상속재산분할의 소급효는 제3자의 권리를 침해할 수 없다(제1015조 단서). 제3자는 상속재산분할 전에 이해관계를 맺은 특별승계인으로서(상속분의 양수인 등 포괄승계인은 보호받는 제3자가 아니다), 그의 선의·악의는 묻지 않는다. 제3자가 권리를 주장하기 위해서는 권리변동의 효력발생요건(제186조, 제187조)과 대항요건(제450조)을 갖추어야 한다. 따라서 상속인 중 1인으로부터 토지를 매수하였을 뿐 소유권이전등기를 경료하지 아니한 자나 그 상속인들은 민법 제1015조 단서의 "제3자"에 해당하지 않는다(대판 1992.11.24, 92다31514).

판례

상속부동산이 처분된 후 상속인 중 1인이 단독 등기한 경우의 법률관계

1. 피상속인이 타인에게 매도한(이전등기를 안한) 부동산을 공동으로 상속한 상속인이 다른 상속인의 상속지분을 매수하거나 증여받아 자기 앞으로 위 상속지분에 관한 이전등기를 마친 경우, 특별한 사정이 없는 한 이는 상속재산분할협의가 아니라 증여나 매매에 의한 승계이다(대판 1979.2.27, 78다2281). 따라서 지분이전등기의 원인이 증여가 아니라 실질적으로 공동상속인들의 상속재산분할협의를 원인으로 하여 마쳐진 것이라는 점에 대하여 피고에게 증명책임이 있다. 따라서 이를 증명하지 못하는 한 다른 상속인들로부터 양수한 지분승계는 상속분할협의가 아니므로 매도인(피상속인)의 이전등기의무를 당연히 승계한다고 할 수 없다(대판 2015.11.26, 2015다206584: 위 사안은 다음과 같다. 피상속인 갑이 생전에 분쟁 대상이 된 토지를 자신의 종중인 을에게 매도하였다(소유권이전등기 미경료). 을은 위 토지를 병에게 임대하고 있었는데 갑의 상속인들 중 A는 다른 상속인들의 지분 5/6를 증여 또는 매매를 통하여 인수하고 등기를 완료한 상태이었다. 이에 A는 종중 을에게 토지 소유권에 기하여 물권적 청구권을 행사하고 부당이득반환을 청구한 사안이다. 이에 원심은 상속인들의 지분승계를 상속재산분할협의로 보고 원고인 A의 청구를 부인하였으나 대법원은 A의 상속분 1/6에 대해서는 A가 종중에게 소유권이전등기를 이행할 의무가 있으나 나머지 부분은 이를 부인하고 원심을 파기환송하였다).
2. 공동상속인 중 1인이 제3자에게 상속 부동산을 매도한 뒤 그 앞으로 소유권이전등기가 경료되기 전에 그 매도인과 다른 공동상속인들 간에 그 부동산을 매도인 외의 다른 상속인 1인의 소유로 하는 내용의 상속재산 협의분할이 이루어져 그 앞으로 소유권이전등기를 한 경우에, 그 상속재산 협의분할은 상속개시된 때에 소급하여 효력이 발생하고 등기를 경료하지 아니한 제3자는 민법 제1015조 단서 소정의 소급효가 제한되는 제3자에 해당하지 아니하는바, 이 경우 상속재산 협의분할로 부동산을 단독으로 상속한 자가 협의분할 이전에 공동상속인 중 1인이 그 부동산을 제3자에게 매도한 사실을 알면서도 상속재산 협의분할을 하였을 뿐 아니라, 그 매도인의

배임행위(또는 배신행위)를 유인·교사하거나 이에 협력하는 등 적극적으로 가담한 경우에는 그 상속재산 협의분할 중 그 매도인의 법정상속분에 관한 부분은 민법 제103조 소정의 반사회질서의 법률행위에 해당한다(대판 1996.4.26, 95다54426·54433).

(3) 분할 후의 피인지자 등의 청구

피상속인의 사망 후 혼인 외의 출생자가 인지되는 경우 인지의 효력은 출생시에 소급하므로(제860조), 피인지자(被認知者)도 당연히 상속개시 당시부터 상속인이 된다. 그리고 재판의 확정에 의하여 공동상속인이 된 자도 위와 마찬가지로 상속개시 당시부터 당연히 공동상속인이었던 것으로 된다.

① 공동상속인의 분할과 재분할청구의 가능성

인지(認知) 또는 재판의 확정 이전에 이미 다른 공동상속인이 분할 기타 처분을 한 경우에는 분할을 다시 할 것인가? 재분할은 제3자에게 해를 줄 염려가 크고, 인지의 소급효는 제3자의 권리를 해하지 못하므로(제860조 단서), 이러한 경우에 한해서는 분할의 효력을 그대로 유지할 수밖에 없을 것이다. 피인지자의 상속권은 제1014조에 의해서 실현될 수 있다.

② 가액지급의 청구

제1014조의 가액지급청구권의 본질은 i) 상속회복청구권의 일종이므로 제999조 2항 소정의 제척기간에 걸린다고 보고, 그 관할은 일반법원이 된다는 것이 통설과 판례이다(김주수·김상용; 대판 1981.2.10, 79다2052; 대판 1982.9.28, 80므20). ii) 이에 대하여 상속회복청구권이 아니라 상속재산분할청구권의 일종으로서 가정법원의 관할(가소규 제2조)로 되어야 한다는 견해도 있다(곽윤직; 박병호). 판례는 소송에 의한 지급청구에 있어서 가액산정을 사실심 변론종결 당시를 기준으로 한다(대판 1993.8.24, 93다12; 대판 2002.11.26, 2002므1398). 가액반환범위는 다른 공동상속인들의 선의나 악의에 좌우되지 않고 또한 부당이득법리가 유추적용되지도 않는다(대판 1993.8.24, 93다12).

판례

민법 제1014조에 대한 해석

1. 민법 제1014조에 의한 피인지자 등의 상속분상당가액지급청구권의 성질

민법 제1014조에 의한 피인지자 등의 상속분상당가액지급청구권은 그 성질상 상속회복청구권의 일종이므로 같은 법 제999조 제2항에 정한 제척기간이 적용되고, 같은

항에서 3년의 제척기간의 기산일로 규정한 '그 침해를 안 날'이라 함은 피인지자가 자신이 진정상속인 사실과 자신이 상속에서 제외된 사실을 안 때를 가리키는 것으로 혼인 외의 자가 법원의 인지판결 확정으로 공동상속인이 된 때에는 그 인지판결이 확정된 날에 상속권이 침해되었음을 알았다고 할 것이다(대판 2007.7.26, 2006므2757·2764).

2. 상속재산으로부터 나온 과실에 대한 반환

인지 전에 공동상속인들에 의해 이미 분할되거나 처분된 상속재산은 이를 분할받은 공동상속인이나 공동상속인들의 처분행위에 의해 이를 양수한 자에게 그 소유권이 확정적으로 귀속되는 것이며, 그 후 그 상속재산으로부터 발생하는 과실은 상속개시 당시 존재하지 않았던 것이어서 이를 상속재산에 해당한다 할 수 없고, 상속재산의 소유권을 취득한 자(분할받은 공동상속인 또는 공동상속인들로부터 양수한 자)가 민법 제102조에 따라 그 과실을 수취할 권능도 보유한다고 할 것이며, 민법 제1014조도 '이미 분할 내지 처분된 상속재산' 중 피인지자의 상속분에 상당한 가액의 지급청구권만을 규정하고 있을 뿐 '이미 분할 내지 처분된 상속재산으로부터 발생한 과실'에 대해서는 별도의 규정을 두지 않고 있으므로, 결국 민법 제1014조에 의한 상속분상당가액지급청구에 있어 상속재산으로부터 발생한 과실은 그 가액산정 대상에 포함된다고 할 수 없다(대판 2007.7.26, 2006므2757·2764; 대판 2007.7.26, 2006다83796).

(4) 후순위상속인의 분할 기타 처분의 무효

인지 또는 재판의 확정에 의하여 선순위상속인이 된 자보다 후순위상속인인 직계존속이 배우자와 공동상속인으로서, 혹은 직계존속이 후순위상속인으로서 상속재산을 상속하여 분할하고 있는 경우에는 어떻게 처리할 것인가?

① 피인지자보다 후순위상속인의 상속권은 제860조 단서에 따라 인지의 소급효 제한으로 보호받는 제3자의 기득권에 포함되지 않고, 후순위상속인은 제1014조의 공동상속인에 포함되지 않는 표현상속인이다(다수설. 대판 1974.2.26, 72다1739). 표현상속인이 참여한 상속재산의 분할은 상속권 없는 자의 분할로서 무효이고 피인지자는 상속회복청구를 할 수 있다. 이때 거래의 안전을 위해 제1014조를 유추하여 가액지급청구권만을 인정하자는 견해가 있다(김주수·김상용).

② 후순위상속인이 제3자에게 이미 상속재산을 처분하거나 채권을 추심한 경우에는 그 거래의 상대방은 선의취득법리나 채권의 준점유자에 대한 변제(제470조) 등에 의하여 보호받을 수 있다(통설, 판례).

(5) 분할등기

분할이 끝나면 분할등기(分割登記)를 하여야 한다. 등기원인이 발생한 후에 등기권리자 또는 등기의무자에 대하여 상속이 있는 경우에는 상속인이 그 등기를 신청할 수 있다(부등법 제27조). 이에 따라 상속인이 등기를 신청하는 경우에는 가족관계등록에 관한 정보 등 상속의 사실을 증명하는 정보를 첨부정보로서 등기소에 제공하여야 한다(부동산등기규칙 제49조). 그리고 협의분할에 의한 상속등기를 방문신청하는 경우에는 상속인 전원의 인감증명을 제출하여야 한다(부동산등기규칙 제60조 제1항 6호. 그 증명 서면을 공동상속인 전원의 인감증명이 첨부된 분할협의서로만 제한하는 취지는 아님을 주의: 대결 2004.9.3, 2004마599).

판례

협의분할에 의한 상속등기에 관하여 확정판결이 등기원인을 증명하는 서면으로 제출된 경우, 상속을 증명함에 족한 서면에 해당하는지

확정판결이 공동상속인 전원이 당사자가 된 소송에서 선고된 것이라면 그 판결문은 상속재산의 협의분할에 관하여 공동상속인 전원의 의사합치가 있었다는 점을 객관적으로 명확히 증명하는 서면에 해당한다고 볼 수 있다. 그러나 위 확정판결이 공동상속인 중 일부만이 당사자가 된 소송에서 선고된 것이라면 그 판결문은 상속재산의 협의분할에 관하여 공동상속인 전원의 의사합치가 있었다는 점을 객관적으로 명확히 증명하는 서면에 해당한다고 볼 수 없으므로, 등기관은 상속을 증명함에 족한 서면을 제출하지 않았음을 이유로 부동산등기법 제55조 제8호에 의하여 등기신청을 각하하여야 한다(대결 2004.9.3, 2004마599).

7. 공동상속인의 담보책임

제1016조(공동상속인의 담보책임)
공동상속인은 다른 공동상속인이 분할로 인하여 취득한 재산에 대하여 그 상속분에 응하여 매도인과 같은 담보책임이 있다.

제1017조(상속채무자의 자력에 대한 담보책임)
① 공동상속인은 다른 상속인이 분할로 인하여 취득한 채권에 대하여 분할 당시의 채무자의 자력을 담보한다.
② 변제기에 달하지 아니한 채권이나 정지조건 있는 채권에 대하여는 변제를 청구할 수 있는 때의 채무자의 자력을 담보한다.

제1018조(무자력 공동상속인의 담보책임의 분담)
담보책임 있는 공동상속인 중에 상환의 자력이 없는 자가 있는 때에는 그 부담부분은 구상권자와 자력 있는 다른 공동상속인이 그 상속분에 응하여 분담한다. 그러나 구상권자의 과실로 인하여 상환을 받지 못한 때에는 다른 공동상속인에게 분담을 청구하지 못한다.

(1) 매도인과 동일한 담보책임

공동상속인은 다른 공동상속인이 분할로 인하여 취득한 재산에 대하여 그 상속분에 응하여 매도인(賣渡人)과 같은 담보책임(擔保責任)이 있다(제1016조). 예를 들어, 분할의 목적물에 하자(瑕疵)가 있는 경우에는 그것을 취득한 공동상속인은 다른 공동상속인에 대하여 손해배상을 청구할 수 있는 이외에, 그 하자 때문에 분할계약의 목적을 달성할 수 없는 때에는 계약을 해제할 수 있다.

(2) 상속채무자의 자력에 대한 담보책임

분할에 의하여 채권을 취득한 공동상속인이 채무자의 무자력(無資力)으로 인하여 그 채권을 회수할 수 없을 경우에는, 다른 공동상속인이 그 상속분에 응하여 분할 당시의 채무자의 자력을 담보한다(제1017조 제1항). 변제기에 달하지 않은 채권이나 정지조건 있는 채권에 대하여는 변제를 청구할 수 있는 때의 채무자의 자력을 담보한다(제1017조 제2항).

(3) 무자력 공동상속인의 담보책임의 분담

담보책임이 있는 공동상속인 중에 상환의 자력이 없는 자가 있는 때에는 그 부담부분은 구상권자(求償權者)와 자력이 있는 다른 공동상속인이 그 상속분에 응하여 분담한다(제1018조 본문). 그러나 구상권자의 과실로 인하여 상환을 받지 못한 때에는 다른 공동상속인에게 분담을 청구하지 못한다(제1018조 단서).

[사례풀이 24]

상속재산의 분할이란 공동상속인 간의 공유관계를 종료시키고 공동상속인들의 상속분을 확정하는 일종의 청산행위이다. 상속재산을 분할하는 방법은 유언에 의한 분할, 협의분할, 법원에 의한 심판분할이 있다. 사례에서 특별히 피상속인이 분할방법이나 분할금지에 대한 유언을 하지 않았다면, 언제든지 협의분할을 할 수 있다(제1013조). 협의는 공동상속인 전원의 동의가 있어야 한다. 판례도 '상속재산의 협의분할은 공동상속인 간의 일종의 계약으로서 공동상속인 전원이 참여하여야 하고 일부 상속인만으로 한 협의분할은 무효'라고 하였다(대판 1995.4.7, 93다54736). 협의분할이 이루어지지 않은 경우 각 공동상속인은 먼저 가정법원에 조정을 신청하고(가소법 제2조 제1항 마류), 조정이 성립하지 않으면 심판을 청구하여 심판분할을 하게 된다. 심판분할은 현물분할을 원칙으로 하지만 현물분할이 불가능하거나 가치가 현저하게 감소하는 경우, 환가나 경매에 의하여 분할할 수 있을 것이다.

사례에서 B가 협의분할에 응하지 않고 있는 상황이므로, 부동산에 관하여 A의 상속분에 따른 법정지분등기를 신청하거나 아니면 A가 자신의 지분을 단독으로 청구할 수 있는가를 검토하여야 한다. A가 자신의 상속지분만에 관한 상속등기를 단독으로 신청할 수는 없고, 상속인 전원의 법정상속분에 따른 공동상속등기를 신청할 수 있다.

제4절 상속의 승인과 포기

사례 25

부(父) 갑이 사망한 후 1년 뒤 채권자들이 찾아와서 채무를 상환할 것을 재촉하자 집안의 종손(宗孫)인 A는 알아본 뒤 연락을 주겠다고 답하였다. A는 공동상속인들을 모아 회의를 하였는데 차남 B와 장녀 C는 한정승인을 하였고 차녀 D는 상속포기를 한 상태였다. 사업을 하던 갑은 X에게 1억 원, Y에게 2억 원의 채무를 부담하고 있었고 그 외에도 알 수 없는 채무가 더 있음이 예상되었다. 한편 A는 부가 사망한 후 갑에게 3억 원을 빌려준 친척 Z에게 2억 원을 우선변제하여 주었다. 이들의 법률관계는 어떻게 되는가?

[논 점]

1. 상속의 승인과 포기
2. 특별한정승인
3. 채권자에 대한 변제
4. 부당변제에 대한 책임

Ⅰ 서 설

1. 의 의

(1) 상속의 승인(承認)이란 상속의 개시에 의하여 피상속인에게 속하였던 재산상의 모든 권리·의무가 상속인에게 귀속되는 효과(제1005조)를 인정하는 것을 말한다. 이 권리·의무의 귀속을 전면적으로 승인한다면 단순승인(單純承認)이 되고, 제한적으로 승인한다면 한정승인(限定承認)이 된다.

(2) 상속의 포기(拋棄)란 상속개시에 의하여 발생하는 효과를 상속개시 시에 소급하여 소멸시키는 의사표시를 말한다.

(3) 상속법은 상속인이 알 수 없는 사이에 피상속인의 과다한 채무를 당연 포괄승계(當然包括承繼)하는 것을 방지하기 위하여 '상속의 개시를 안 날로부터 3개월 이내'에 승인·포기를 하도록 하고(제1019조), 그 기간 내에 결정하지 않으면 단순승인을 한 것으로 보도록 하였다(제1026조 2호). 또한 상속인이 상속재산의 전부 또는 일부를 처분하였을 때와 한정승인 또는 포기를 한 후에 배신행위를 한 때에는 단순승인을 한 것으로 본다(제1026조 1호·3호).

2. 승인 · 포기 행위의 성질

(1) 승인과 포기는 상대방 없는 일방적 의사표시의 단독행위(單獨行爲)로서 조건이나 기한을 붙이지 못한다. 한정승인과 상속의 포기는 가정법원에 대한 신고를 요하는 요식행위이다(제1030조, 제1041조).

(2) 상속의 승인 또는 포기에는 재산상의 행위능력을 필요로 하므로 상속인이 제한능력자인 경우에는 법정대리인이 이에 갈음할 수 있으며(제1020조. 법정대리인이 공동상속인인 경우 특별대리인을 선임하여야 한다: 대판 1993.3.9, 92다18481; 대판 2012.3.15, 2012다440), 임의대리인도 위임(委任)에 의하여 상속인을 대리하여 승인 또는 포기를 할 수 있다(대결 1965.5.31, 64스10).

(3) 승인 또는 포기는 상속개시 후에 상속인에게 부여되는 일신전속권이므로 채권자대위권(제404조)이나 채권자취소권(제406조)의 목적이 될 수 없다. 따라서 상속채권자나 상속인의 채권자는 재산분리신청(제1045조)에 의해 보호받을 수 있을 뿐이다.

(4) 상속의 승인 또는 포기는 상속재산에 대하여 포괄적으로 하여야 하며, 특정재산에 대하여 선택적으로 할 수 없다.

3. 승인 · 포기의 기간

제1019조(승인, 포기의 기간)

① 상속인은 상속개시 있음을 안 날로부터 3월 내에 단순승인이나 한정승인 또는 포기를 할 수 있다. 그러나 그 기간은 이해관계인 또는 검사의 청구에 의하여 가정법원이 이를 연장할 수 있다.

② 상속인은 제1항의 승인 또는 포기를 하기 전에 상속재산을 조사할 수 있다.<개정

2002.1.14.>

③ 제1항의 규정에 불구하고 상속인은 상속채무가 상속재산을 초과하는 사실을 중대한 과실 없이 제1항의 기간 내에 알지 못하고 단순승인(제1026조 제1호 및 제2호의 규정에 의하여 단순 승인한 것으로 보는 경우를 포함한다)을 한 경우에는 그 사실을 안 날부터 3월 내에 한정승인을 할 수 있다.<신설 2002.1.14>

제1020조(제한능력자의 승인·포기의 기간)

상속인이 제한능력자인 경우에는 제1019조 제1항의 기간은 그의 친권자 또는 후견인이 상속이 개시된 것을 안 날부터 기산(起算)한다.

제1021조(승인, 포기 기간의 계산에 관한 특칙)

상속인이 승인이나 포기를 하지 아니하고 제1019조 제1항의 기간 내에 사망한 때에는 그의 상속인이 그 자기의 상속개시 있음을 안 날로부터 제1019조 제1항의 기간을 기산한다.

(1) 3개월의 고려기간

상속인은 상속인이 상속개시가 있음을 안 날로부터 3월 내에 상속의 승인 또는 포기를 하여야 한다(제1019조 제1항 본문). 상속인이 이 기간 내에 적극적인 승인을 하지 않고 기간이 경과하면 단순승인이 된다(제1026조 2호).

① 기간의 기산점

고려기간의 기산점(起算點)이 되는 '상속개시 있음을 안 날'이란 상속개시의 사실과 자기가 상속인이 되었다는 사실을 안 날로 해석된다(대결 1991.6.11, 91스1). 상속재산이나 상속채무의 존재, 상속재산의 유무, 상속포기제도를 알아야만 하는 것은 아니다(대결 1991.6.11, 91스1). 사실의 오인 또는 법률의 무지로 인하여 자기가 상속인이 되었다는 사실을 알지 못한 경우에는 고려기간은 진행하지 않는다(대결 1988.8.25, 88스10·13). 또한, 제1순위 상속인이 전부 상속을 포기하여 제2순위 상속인으로 되는 경우, 제2순위 상속인은 제1순위 상속인 전원이 상속을 포기한 결과 자기가 상속인이 되었다는 사실을 안 날로부터 3개월 간의 고려기간을 갖게 된다(대판 2005.7.22, 2003다43681; 대판 2006.2.10, 2004다33865·33872). 따라서 상속인이 수인인 경우에는 각 상속인마다 별도로 고려기간이 진행한다.

판례

상속개시 있음을 안 날의 의미

(1) 민법 제1019조 제1항 소정의 '상속개시 있음을 안 날'이라 함은 상속개시의 원인이 되는 사실의 발생을 앎으로써 자기가 상속인이 되었음을 안 날을 말하는 것이므로,

상속재산 또는 상속채무의 존재를 알아야만 위 고려기간이 진행되는 것은 아니라고 할 것이다(대결 1991.6.11, 91스1).

(2) 통상적인 상속의 경우에는 상속인이 상속개시의 원인사실을 앎으로써 그가 상속인이 된 사실까지도 알았다고 보는 것이 합리적이나, 종국적으로 상속인이 누구인지를 가리는 과정에 사실상 또는 법률상의 어려운 문제가 있어 상속개시의 원인사실을 아는 것만으로는 바로 자신의 상속인이 된 사실까지 알기 어려운 특별한 사정이 존재하는 때에는 상속개시의 원인사실뿐 아니라 더 나아가 그로써 자신의 상속인이 된 사실을 안 날이 언제인지까지도 심리·규명하여야 한다. 따라서 일반인의 입장에서 피상속인의 처와 자녀가 상속을 포기한 경우 피상속인의 손자녀가 이로써 자신들이 상속인이 되었다는 사실까지 안다는 것은 오히려 이례에 속한다고 할 것이므로 이와 같은 과정에 의해 피상속인의 손자녀가 상속인이 된 경우에는 상속인이 상속개시의 원인사실을 아는 것만으로 자신이 상속인이 된 사실을 알기 어려운 특별한 사정이 있다고 할 것이다(대판 2005.7.22, 2003다43681; 대판 2013.6.14, 2013다15869).

(3) 일반인의 입장에서 피상속인의 처와 자녀, 부모가 상속을 포기한 경우 피상속인의 형제자매가 이로써 자신들이 상속인이 되었다는 사실까지 안다는 것은 이례에 속하므로 이와 같은 과정을 거쳐 피상속인의 형제자매가 상속인이 된 경우에는 상속인이 상속개시의 원인사실을 아는 것만으로 자신이 상속인이 된 사실을 알기 어려운 특별한 사정이 있다고 보는 것이 상당하다. 따라서 이러한 때에는 법원으로서는 '상속개시 있음을 안 날'을 확정함에 있어 상속개시의 원인사실뿐 아니라 더 나아가 그로써 자신의 상속인이 된 사실을 안 날이 언제인지까지도 심리·규명하여야 마땅하다(대판 2012.10.11, 2012다59367).

---

② 고려기간의 연장

민법은 이해관계인 또는 검사의 청구에 의하여 가정법원이 3월의 기간을 연장할 수 있도록 규정하고 있다(제1019조 제1항 단서; 가소법 제2조 제1항 라류). 이 기간 중에 당사자가 책임질 수 없는 사유로 인하여 기간연장의 청구를 할 수 없는 경우에는, 그 사유가 없어진 후 2주일 내에 한하여 연장청구를 할 수 있다(가소법 제12조; 비송법 제10조; 민소법 제173조).

③ 상속인은 승인 또는 포기를 하기 전에 상속재산을 조사할 수 있다(제1019조 제2항).

(2) 특별한정승인기간(特別限定承認期間)

제1019조 제1항의 규정에도 불구하고 상속인은 상속채무가 상속재산을 초과하는 사실을 중대한 과실 없이 제1항의 고려기간 내에 알지 못하고 단순승인

(제1026조 1호 및 2호에 의하여 단순승인한 것으로 보는 경우를 포함)을 한 경우에는 그 사실을 안 날로부터 3월 내에 한정승인을 할 수 있다(제1019조 제3항). 상속채무가 상속재산을 초과하는 사실을 중대한 과실로 알지 못한다 함은 '상속인이 조금만 주의를 기울였다면 상속채무가 상속재산을 초과한다는 사실을 알 수 있었음에도 이를 게을리 함으로써 그러한 사실을 알지 못한 것'을 의미하고, 상속인이 상속채무가 상속재산을 초과하는 사실을 중대한 과실 없이 승인기간 내에 알지 못하였다는 점에 대한 증명책임은 상속인에게 있다(대판 2010.6.10, 2010다7904).

(3) 일반인의 입장에서 피상속인의 처와 자녀, 부모가 상속을 포기한 경우 피상속인의 형제자매가 이로써 자신들이 상속인이 되었다는 사실까지 안다는 것은 이례에 속하므로, 이와 같은 과정을 거쳐 피상속인의 형제자매가 상속인이 된 경우에는 상속인이 상속개시의 원인사실을 아는 것만으로 자신이 상속인이 된 사실을 알기 어려운 특별한 사정이 있다고 보는 것이 상당하다. 따라서 이러한 때에는 법원으로서는 '상속개시 있음을 안 날'을 확정함에 있어 상속개시의 원인사실뿐 아니라 더 나아가 그로써 자신의 상속인이 된 사실을 안 날이 언제인지까지도 심리·규명하여야 마땅하다(대판 2012.10.11, 2012다59367).

판례

특별한정승인기간

1. 부칙 제3항의 위헌성(헌재결 2004.1.29, 2002헌가22)

(1) 위 부칙 제3항은 1998년 헌재 결정 이후 개정민법 시행 전까지 특별한정승인의 요건을 갖추었으나 위와 같은 법적 공백에 직면하게 된 상속인뿐만 아니라, 위 결정 당시 이미 구 민법규정에 의하여 단순승인이 의제되었지만 중대한 과실 없이 고려기간 내에 상속채무초과사실을 알지 못하여 상속채무초과사실을 안 날로부터 개정민법 시행 후와 동일하게 3월이 경과하지 않은 상속인까지 위 경과규정에 포함되어야 할 것이다.

(2) 청구인들과 같이 위 5월 27일 전에 상속개시 있음을 알았으나 위 일자 이후 상속채무초과사실을 안 상속인과 이 사건 법률조항이 정하는 상속인은, 상속개시 있음을 안 날의 차이로 인하여 위 결정 당시 구 민법규정에 의하여 이미 단순승인 의제되었는지의 여부를 달리 한다 하더라도, 위 결정 당시 상속법률관계가 상속인의 귀책사유로 또는 그 의사에 의하여 확정된 것이 아닌 상태에서, 한정승인에 관한 법적 규율의 공백을 맞게 되었다는 점에서 동일하다. 그렇다면 이 사건 법률조항이 청구인들과 같은 상속인을 특별한정승인의 소급적용의 범위에서 제외한 것은, 합리적이지

않은 기준으로 서로 동일한 대상을 달리 취급하는 것으로서 평등의 원칙에 위반된다(헌법불합치결정).

(3) 즉, 위 조항의 위헌성은 특별한정승인의 소급적용의 범위에 1998년 5월 27일 전에 상속개시 있음을 알았으나 위 일자 이후에 상속채무초과사실을 안 상속인을 포함하지 않은 차별의 점에 있다. 따라서 입법자는 위 5월 27일 전에 상속개시 있음을 알았으나 위 일자 이후에 상속채무초과사실을 안 상속인도 소급적으로 특별한정승인을 할 수 있는 범위에 포함시켜 위헌적 상태를 제거할 의무가 있으며, 법적용기관은 개선입법이 있을 때까지 계속된 절차를 중지하고 입법자의 입법개선을 기다려 개정된 법률을 적용하여야 한다.

2. 개정민법 시행 이후의 특별한정승인과 그 고려기간

개정민법 시행 이후에 상속채무 초과 사실을 안 상속인을 구제하지 않는 것은 평등의 원칙에 위배된다는 점, 개정민법 부칙 제1항이 '이 법은 공포한 날로부터 시행한다'고 규정하고 있기는 하지만, 상속인이 중대한 과실 없이 상속채무 초과 사실을 알게 된 것이 개정민법 시행 후일 경우에는 그 상속개시가 개정민법 시행 전에 있었다고 하더라도 개정민법 시행 후에 제1019조 제3항의 특별한정승인의 요건을 갖춘 것으로 볼 수 있는 점, 개정민법 부칙 제2항의 경과규정이 개정민법의 소급효를 제한하고는 있으나, 상속인이 상속개시 있음을 안 날이 1998.5.27 이후인 경우에는 개정민법 부칙 제2항의 경과규정이 적용될 여지는 없다는 점 등에 비추어 볼 때, 상속인이 1998.5.27 이후 상속개시 있음을 알게 되었음에도 개정민법 시행 이후에야 중대한 과실 없이 상속채무 초과 사실을 알게 된 경우에는 개정민법 제1019조 제3항의 규정에 따라 3개월 내에 한정승인을 할 수 있다고 해석함이 상당할 것이다(대판 2005.4.14, 2004다56912; 대판 2006.1.12, 2003다28880; 대결 2006.1.24, 2002스54).

3. 상속재산 협의분할을 통해 이미 상속재산을 처분한 상속인이 민법 제1019조 제3항에 의하여 한정승인을 할 수 있는지의 여부

민법 제1019조 제3항은 상속채무 초과 사실을 중대한 과실 없이 민법 제1019조 제1항의 기간 내에 알지 못하고 단순승인을 한 경우뿐만 아니라 민법 제1026조 제1호 및 제2호의 규정에 의하여 단순승인을 한 것으로 간주되는 경우에도 상속채무 초과 사실을 안 날로부터 3월 내에 한정승인을 할 수 있다고 규정하고 있으므로, 설사 상속인들이 상속재산 협의분할을 통해 이미 상속재산을 처분한 바 있다고 하더라도 상속인들은 여전히 민법 제1019조 제3항의 규정에 의하여 한정승인을 할 수 있다고 할 것이고, 따라서 위 협의분할 때문에 이 사건 심판이 한정승인으로서 효력이 없다고 할 수는 없다(대판 2006.1.26, 2003다29562).

4. 상속채무가 상속재산을 초과하는 사실을 중대한 과실 없이 알지 못하였는지 여부

피상속인을 상대로 한 손해배상청구소송의 제1, 2심에서 모두 소멸시효 완성을 이유로 원고 패소 판결이 선고된 후 상고심 계속 중에 피상속인이 사망함으로써 상속인들이 소송을 수계한 경우에, 상고심에서 위 소멸시효 항변이 신의성실의 원칙에 반하여 권리남용에 해당함을 이유로 원고 승소 취지의 파기환송 판결이 선고되었다고 하여 위 소송수계일 무렵부터 위 파기환송 판결선고일까지 사이에 상속인들이 위 원고의 채권이 존재하거나 상속채무가 상속재산을 초과하는 사실을 알았다거나 또는 조금만 주의를 기울였다면 이를 알 수 있었음에도 이를 게을리한 '중대한 과실'로 그러한 사실을 알지 못하였다고 볼 수는 없다(대판 2010.6.10, 2010다7904).

---

(4) 3월의 기간의 기산점에 관한 특칙

상속인이 제한능력자인 경우에는 그 법정대리인이 상속개시 있음을 안 날로부터 기산(起算)하게 된다(제1020조). 상속인이 승인이나 포기를 하지 않고 위의 3월의 기간 내에 사망한 때에는, 그의 상속인이 자기의 상속개시가 있음을 안 날로부터 3월을 기산하게 된다(제1021조).

4. 승인 · 포기 전의 상속재산

제1022조(상속재산의 관리)

상속인은 그 고유재산에 대하는 것과 동일한 주의로 상속재산을 관리하여야 한다. 그러나 단순승인 또는 포기한 때에는 그러하지 아니하다.

제1023조(상속재산보존에 필요한 처분)

① 법원은 이해관계인 또는 검사의 청구에 의하여 상속재산의 보존에 필요한 처분을 명할 수 있다.

② 법원이 재산관리인을 선임한 경우에는 제24조 내지 제26조의 규정을 준용한다.

(1) 상속인의 상속재산관리의무

상속인은 상속의 승인 또는 포기를 하기까지 고유재산에 대한 것과 동일한 주의로써 상속재산을 관리하여야 한다(제1022조 본문). 그리고 관리의무는 그 상속을 단순승인 또는 포기할 때까지만 계속하는 것이 원칙이다(제1022조 단서). 그러나 한정승인을 한 경우에는 상속재산과 상속인의 고유재산이 각각 분리되므로 관리를 계속할 필요가 있다(제1031조).

(2) 가정법원의 관리처분

가정법원은 이해관계인 또는 공익의 대표자인 검사의 청구에 의하여 재산상속인의 관리의무와는 별도로 상속재산의 보존에 필요한 처분을 명할 수 있다(제1023조 제1항; 가소법 제2조 제1항 라류). 여기서 '이해관계인'이란 상속채권자, 공동상속인, 상속의 포기에 의하여 상속인이 될 자 등 널리 법률상 이해관계가 있는 자를 가리킨다. 또한 '보존에 필요한 처분'이란 상속인에게 재산을 관리시키는 것이 부적당한 경우에 제3자를 상속재산관리인으로 선임하는 것이나, 재산목록의 작성·제출, 상속재산의 환가 등을 가리킨다. 이러한 처분의 한 방법으로서 가정법원이 상속재산관리인을 선임한 경우에는 부재자를 위한 재산관리인에 관한 제24조 내지 제26조의 규정이 준용된다(제1023조 제2항). 그리고 고려기간 중에 하는 처분은 상속개시 후 그 고려기간이 경과되기 전에 한하여 청구할 수 있고, 그 심판에서 정한 처분의 효력은 심판청구를 할 수 있는 시간적 한계 시까지만 존속한다(대결 1999.6.10, 99므1).

(3) 변제거절권(辨濟拒絕權)

상속의 승인·포기 전에 상속인이 상속채권자로부터 청구를 받은 경우에 그 변제를 거절할 수 있는가? 상속인이 채권자의 청구에 응하여 처분행위를 한다면 단순승인을 한 것으로 보므로(제1026조 1호), 그러한 의제적 효과의 발생을 방지하려면 상속인이 변제를 거절할 수 있는 권한을 가지는 것으로 해석해야 한다는 것이 통설이다.

5. 승인 · 포기의 취소

제1024조(승인, 포기의 취소금지)
① 상속의 승인이나 포기는 제1019조 제1항의 기간 내에도 이를 취소하지 못한다.
② 전항의 규정은 총칙편의 규정에 의한 취소에 영향을 미치지 아니한다. 그러나 그 취소권은 추인할 수 있는 날로부터 3월, 승인 또는 포기한 날로부터 1년 내에 행사하지 아니하면 시효로 인하여 소멸된다.

(1) 승인 · 포기의 취소금지

유효하게 행하여진 상속의 승인과 포기에 대하여 그 철회(撤回)를 인정한다면, 이해관계인의 신뢰를 배반하게 되어 그들의 이익을 심하게 해칠 우려가 있으므로, 민법은 고려기간인 3월 내라 할지라도 그 취소를 허용하지 않는 것으로 규정하였다(제1024조 제1항).

(2) 승인 · 포기의 무효

민법규정은 없으나 의사무능력상태에서 이루어진 승인이나 포기, 통정허위표시에 의한 의사표시가 있는 경우에는 무효를 배제할 이유가 없다.

(3) 승인 · 포기의 취소

승인 또는 포기는 취소할 수 없으나 민법총칙편의 규정에 의하여 승인 또는 포기를 취소하는 데는 아무런 영향을 받지 않는다(제1024조 제2항 본문). 따라서 미성년자와 피성년후견인이 법정대리인의 동의 없이 한 경우(제5조, 제10조), 동의를 요하는 승인 또는 포기에 대하여 피한정후견인이 동의 없이 한 경우(제13조), 착오로 한 경우(제109조), 사기·강박에 의한 경우(제110조)에는 취소권자가 취소할 수 있다.

① 취소의 방식

한정승인 또는 포기의 취소는 한정승인 또는 포기의 신고를 수리한 가정법원에 대하여 취소의 신고를 하여야 하며, 그 신고가 이유 있다고 인정한 경우에는 가정법원이 취소신고를 수리하는 심판을 하여야 한다(가소법 제2조 제1항 라류; 가소규 제76조 제1항).

② 취소의 효과

상속의 승인과 포기에 관한 착오, 사기 또는 강박으로 인한 의사표시의 취소도 선의의 제3자에게 대항할 수 없는가? 학설은 제109조 제2항, 제110조 제3항의 민법총칙편 규정은 신분에 관한 법률행위에는 적용되지 않으므로, 상속인은 취소로써 선의의 제3자에게도 대항할 수 있다고 보는 것이 통설이나, 적용을 인정해야 한다는 소수설(곽윤직)도 있다.

③ 제척기간(除斥期間)

승인 또는 포기의 취소권은 추인(追認)할 수 있는 날로부터 3월, 승인 또는 포기한 날로부터 1년 내에 행사하지 않으면 소멸한다(제1024조 제2항 단서).

II 단순승인

1. 단순승인의 의의

피상속인의 상속재산에 대한 권리와 의무를 무제한·무조건으로 승계하는 것을 말한다. 단순승인의 의사표시는 별도의 신고를 요하지 않는 불요식행위이고 묵시적으로 가능하다.

2. 단순승인의 효과

제1025조(단순승인의 효과)
상속인이 단순승인을 한 때에는 제한 없이 피상속인의 권리의무를 승계한다.

단순승인을 하게 되면 상속인은 무제한으로 피상속인의 모든 재산상의 권리와 의무를 승계한다(제1025조). 상속인의 고유재산과 상속재산은 혼동되고, 상속재산에 대한 관리의무가 종료한다. 상속인은 상속채무에 대하여 무한책임을 진다. 단순승인의 효과가 확정되면 비록 그 후에 한정승인 또는 포기의 신고가 접수되더라도 무효이다.

3. 법정단순승인

제1026조(법정단순승인)
다음 각 호의 사유가 있는 경우에는 상속인이 단순승인을 한 것으로 본다.
1. 상속인이 상속재산에 대한 처분행위를 한 때
2. 상속인이 제1019조 제1항의 기간 내에 한정승인 또는 포기를 하지 아니한 때
3. 상속인이 한정승인 또는 포기를 한 후에 상속재산을 은닉하거나 부정소비하거나 고의로 재산목록에 기입하지 아니한 때

제1027조(법정단순승인의 예외)
상속인이 상속을 포기함으로 인하여 차순위 상속인이 상속을 승인한 때에는 전조 3호의 사유는 상속의 승인으로 보지 아니한다.

다음과 같은 사유가 있는 경우에는 상속인이 단순승인을 한 것으로 본다.

(1) 상속인이 상속재산에 대한 처분행위(處分行爲)를 한 때(제1026조 1호)

제1026조 1호에서 말하는 처분행위란 ⅰ) 상속재산의 일부에 대한 행위이건 전부에 대한 행위이건, 또는 사실행위이건 법률행위이건 묻지 않는다. 예를 들어, 상속인 중 1인이 다른 공동상속인과 협의하여 상속재산을 분할한 경우(대판 1983.6.28, 82도2421), 채권을 추심하여 변제받는 경우(대판 2010.4.29, 2009다84936) 등도 처분행위에 해당한다. 그러나 채권자대위권(債權者代位權)의 행사에 의하여 상속등기를 하거나(대결 1964.4.3, 63마54. 상속인이 자신의 이름으로 상속등기하는 것은 처분행위에 해당될 수 있다), 관리행위를 한 때(대판 1996.10.15, 96다23283)에는

처분행위가 아니기 때문에 단순승인으로 되지 않는다. ii) 상속개시 사실과 처분한 재산이 상속재산에 포함되는 재산이라는 사실을 알고 한 행위로서, 상속효과를 감수하려는 의사가 추단될 수 있는 정도에 이르러야 한다(객관적 재산가치가 경미한 재산처분은 제외). iii) 한정승인 또는 포기를 한 후에 상속재산을 처분하는 것은 부정소비(제1026조 3호)의 경우에만 법정단순승인이 된다(상속채권자나 다른 상속인에 대해서 손해배상책임을 지는 것은 별론. 대판 2004.3.12, 2003다63586). iv) 무효이거나 일정기간 내 취소(제1024조 제2항 단서 유추)된 처분이 아니어야 한다(반대견해 있음).

처분행위에 해당하는 경우	• 채권자에게 대물변제하기로 한 약정이 있었는데 상속인이 그 변제충당을 목적으로 부동산 등을 양도하는 것 • 채권의 추심, 영수행위 등 • 상속재산의 협의분할
처분행위에 해당하지 않는 경우	• 상속재산에서 상당한 장례비용의 지출 • 채권자를 해치지 않는 것으로서 타인에게 상속재산을 무상으로 사용하게 하는 것 등 • 단기 임대차에 제공하는 것

(2) 상속개시 있음을 안 날로부터 3월 내에 한정승인 또는 포기를 하지 않은 때(제1026조 2호)

민법 제1019조 제1항 단서 규정에 의하여 기간이 연장된 경우에는 연장된 기간이 도과한 때 단순승인한 것으로 본다. 상속인이 제한능력자인 경우에는 법정대리인을 기준으로 고려기간이 진행된다고 해석하여야 한다. 또한 제1026조 2호의 규정에도 불구하고 상속인이 중대한 과실 없이 상속채무가 상속재산을 초과하는 사실을 제1019조 제1항의 기간 내에 알지 못하고 고려기간이 진행된 경우에는 제1019조 제3항에 의하여 법정단순승인은 배제된다.

(3) 상속인이 한정승인 또는 포기를 한 후에 상속재산을 은닉(隱匿)하거나 부정소비하거나 고의(故意)로 재산목록에 기입하지 아니한 때(제1026조 3호)

i) 은닉이란 처분행위라기보다는 상속재산의 존재를 쉽게 알지 못하게 하는 것을 말한다(대판 2010.4.29, 2009다84936). ii) 상속재산의 부정소비라 함은 정당한 사유 없이 상속재산을 사용하여 없앰으로써 그 재산적 가치를 상실시키는 행위를 의미한다(대판 2004.3.12, 2003다63586). 따라서 상속인이 상속재산을 처

분하여 그 처분대금 전액을 우선변제권자에게 귀속시키는 행위(대판 2004.3.12, 2003다63586)나 위생상 사자(死者)의 옷, 이불, 간단한 소지품 등을 소각하는 것은 부정소비에 해당한다고 할 수 없다. iii) '고의로 재산목록에 기입하지 아니한 때'라는 것은 한정승인을 함에 있어 상속재산을 은닉하여 상속채권자를 사해할 의사로써 상속재산을 재산목록에 기입하지 않는 것을 의미한다(대판 2003.11.14, 2003다30968). 재산목록은 한정승인의 경우에만 문제된다. 한정승인한 공동상속인 중 일부가 부정행위를 한 때에는 한정승인에 따른 청산절차 후 남은 채무에 대해 그들의 고유재산으로써 책임을 진다. iv) 상속포기로 인하여 차순위상속인이 상속승인한 때에는 단순승인의제(單純承認擬制)는 배제된다(제1027조). 이는 차순위상속인의 상속선택권을 보호하기 위한 것이다.

Ⅲ 한정승인

1. 한정승인의 의의

한정승인이란 상속인이 상속으로 인하여 얻은 적극재산의 한도에서 피상속인의 채무와 유증을 변제하는 것을 조건으로 상속을 승인하는 것을 말한다(제1028조). 한정승인은 상속인이 피상속인의 재산 상태에 대해서 알지 못하는 경우 이용할 수 있는 상속승인 방식이다.

《한정승인과 단순승인의 차이》

한정승인	단순승인
• 상속받은 적극재산이 채무보다 적을 때, 상속재산의 범위에서만 채무를 변제하면 되고 초과액에 대하여는 변제책임을 지지 않는다 • 한정승인자의 상속재산은 자기고유재산과 구분되므로 한정승인자가 피상속인에 대하여 갖는 재산상 권리의무는 소멸하지 않는다	• 상속받은 적극재산이 채무보다 적을 때, 상속인이 상속재산 이외에 자기의 고유재산으로써 채무를 변제하여야 한다 • 상속개시 시부터 자기의 고유재산과 상속재산이 혼연일체가 되어, 피상속인에 대한 재산상의 권리·의무는 혼동으로 소멸한다

2. 한정승인의 효과

제1028조(한정승인의 효과)
상속인은 상속으로 인하여 취득할 재산의 한도에서 피상속인의 채무와 유증을 변제할 것을 조건으로 상속을 승인할 수 있다.

제1031조(한정승인과 재산상 권리의무의 불소멸)
상속인이 한정승인을 한 때에는 피상속인에 대한 상속인의 재산상 권리의무는 소멸하지 아니한다.

제1040조(공동상속재산과 그 관리인의 선임)
① …
② …
③ 제1022조, 제1032조 내지 전조의 규정은 전항의 관리인에 준용한다. 그러나 제1032조의 규정에 의하여 공고할 5일의 기간은 관리인이 그 선임을 안 날로부터 기산한다.

(1) 채무와 책임의 분리

상속인은 상속에 의하여 얻은 재산의 한도에서 피상속인의 채무와 유증의 변제를 하면 된다(물적 유한책임. 제1028조). 한정승인을 하더라도 채무는 전부 존속하므로 한정승인 전에 보증을 하거나 물상보증을 한 자는 채무의 전액에 대하여 책임을 진다.

(2) 상속재산과 고유재산의 분리

① 한정승인을 하면 피상속인에 대하여 가졌던 상속인의 재산상 권리·의무는 소멸하지 않고(제1031조), 상속재산과 상속인의 고유재산이 분리된다. 상속채권자가 상속재산의 청산절차에서 우선 변제를 받고 여기서 남은 재산은 한정승인한 상속인의 재산으로 귀속되며, 이 귀속된 재산에 대하여 상속인의 채권자는 변제를 받거나 집행할 수 있다.

② 한정승인자가 자신의 고유채권자를 위해 상속재산에 담보권을 설정한 경우에도 일반상속채권자가 담보권자에 우선하여 변제받을 수 있는가? 판례는 이를 부정한다.

판례

한정승인이 이루어진 경우 상속채권자가 상속재산에 관하여 한정승인자로부터 담보권을 취득한 고유채권자에 대하여 우선적 지위를 주장할 수 있는지 여부
법원이 한정승인신고를 수리하게 되면 피상속인의 채무에 대한 상속인의 책임은 상속재산으로 한정되고, 그 결과 상속채권자는 특별한 사정이 없는 한 상속인의 고유재산에 대하여 강제집행을 할 수 없다. 그런데 민법은 한정승인을 한 상속인(이하 '한정승인자'라 한다)에 관하여 그가 상속재산을 은닉하거나 부정소비한 경우 단순승인을 한 것으로 간주하는 것(제1026조 3호) 외에는 상속재산의 처분행위 자체를 직접적으로 제한하는 규정을 두고 있지 않기 때문에, 한정승인으로 발생하는 위와 같은 책임제한 효과로 인하여 한정승인자의 상속재산 처분행위가 당연히 제한된다고 할 수는 없다. 또한 민법은 한정승인자가 상속재산으로 상속채권자 등에게 변제하는 절차는 규정하고 있으나(제1032조 이하), 한정승인만으로 상속채권자에게 상속재산에 관하여 한정승인자로부터 물권을 취득한 제3자에 대하여 우선적 지위를 부여하는 규정은 두고 있지 않으며, 민법 제1045조 이하의 재산분리 제도와 달리 한정승인이 이루어진 상속재산임을 등기하여 제3자에 대항할 수 있게 하는 규정도 마련하고 있지 않다. 따라서 한정승인자로부터 상속재산에 관하여 저당권 등의 담보권을 취득한 사람과 상속채권자 사이의 우열관계는 민법상의 일반원칙에 따라야 하고, 상속채권자가 한정승인의 사유만으로 우선적 지위를 주장할 수는 없다. 그리고 이러한 이치는 한정승인자가 그 저당권 등의 피담보채무를 상속개시 전부터 부담하고 있었다고 하여 달리 볼 것이 아니다(대판[전원합의체] 2010.3.18, 2007다77781).

(3) 상속재산의 관리

고유재산에 대한 것과 동일한 주의로 상속재산을 관리하면 된다(제1022조, 제1040조 제3항). 한정승인자가 여러 명인 때에는 법원은 각 상속인 기타 이해관계인의 청구에 의하여 공동상속인 중에서 재산관리인을 선임할 수 있다(제1040조 제1항·제2항·제3항). 한편, 상속재산목록에 기재되었다면 상속재산의 처분도 가능하다(대판[전원합의체] 2010.3.18, 2007다77781. 이 경우, 은닉이나 부정소비에 해당하면 단순승인으로 의제될 수 있다).

판례

한정승인의 법률관계

1. 한정승인에 있어서 상속채무의 이행판결

   한정승인이 인정되는 경우에 상속재산이 없거나 그 상속재산이 상속채무의 변제에 부족하다고 하더라도 법원은 상속채무 전부에 대한 이행판결을 선고하되(채무 자체가 감축되는 것은 아니고), 다만, 상속인의 고유재산에 대한 강제집행력을 제한하기 위하여 이행판결의 주문에 상속재산의 한도에서만 집행할 수 있다는 취지를 명시하여야 한다(대판 2003.11.14, 2003다30968).

2. 한정승인 사실이 적법한 청구이의사유인지의 여부

채권자가 피상속인의 금전채무를 상속한 상속인을 상대로 그 상속채무의 이행을 구하여 제기한 소송에서 채무자가 한정승인 사실을 주장하지 않으면 책임의 범위는 현실적인 심판대상으로 등장하지 아니하여 주문에서는 물론 이유에서도 판단되지 않으므로 그에 관하여 기판력이 미치지 않는다. 그러므로 채무자가 한정승인을 하고도 채권자가 제기한 소송의 사실심 변론종결시까지 그 사실을 주장하지 아니하여 책임의 범위에 관한 유보가 없는 판결이 선고되어 확정되었다고 하더라도, 채무자는 그 후 위 한정승인 사실을 내세워 청구에 관한 이의의 소를 제기할 수 있다(대판 2006.10.13, 2006다23138).

3. 한정승인을 내용으로 하는 판결의 기판력

피상속인에 대한 채권에 관하여 채권자와 상속인 사이의 전소에서 상속인의 한정승인이 인정되어 상속재산의 한도에서 지급을 명하는 판결이 확정된 때에는 그 채권자가 상속인에 대하여 새로운 소에 의해 위 판결의 기초가 된 전소 사실심의 변론종결시 이전에 존재한 법정단순승인 등 한정승인과 양립할 수 없는 사실을 주장하여 위 채권에 대해 책임의 범위에 관한 유보가 없는 판결을 구하는 것은 허용되지 아니한다. 왜냐하면 전소의 소송물은 직접적으로는 채권(상속채무)의 존재 및 그 범위이지만 한정승인의 존재 및 효력도 이에 준하는 것으로서 심리·판단되었을 뿐만 아니라 한정승인이 인정된 때에는 주문에 책임의 범위에 관한 유보가 명시되므로 한정승인의 존재 및 효력에 대한 전소의 판단에 기판력에 준하는 효력이 있다고 해야 하기 때문이다(대판 2012.5.9, 2012다397).

---

3. 한정승인의 방식

제1029조(공동상속인의 한정승인)

상속인이 수인인 때에는 각 상속인은 그 상속분에 응하여 취득할 재산의 한도에서 그 상속분에 의한 피상속인의 채무와 유증을 변제할 것을 조건으로 상속을 승인할 수 있다.

제1030조(한정승인의 방식)

① 상속인이 한정승인을 함에는 제1019조 제1항 또는 제3항의 기간 내에 상속재산의 목록을 첨부하여 법원에 한정승인의 신고를 하여야 한다.

② 제1019조 제3항의 규정에 의하여 한정승인을 한 경우 상속재산 중 이미 처분한 재산이 있는 때에는 그 목록과 가액을 함께 제출하여야 한다.

(1) 상속개시 있음을 안 날로부터 3월 내에 상속재산의 목록을 첨부하여 가정법원에 한정승인의 신고를 하여야 한다(제1030조). 다만, 상속인이 중대한 과실없이 상속채무가 상속재산을 초과하는 사실을 알지 못하고 단순승인을 한

경우에는 그 사실을 안 날로부터 3월 내에 한정승인을 할 수 있는데(제1019조 제3항), 그 경우 상속재산 중 이미 처분한 재산이 있는 때에는 그 목록과 가액을 함께 제출하여야 한다(제1030조 제2항). 상속인이 이 재산목록을 작성하면서 일부 재산을 고의로 기입하지 않은 때에는 한정승인은 무효로 되고, 단순승인한 것으로 본다(제1026조 3호). 한정승인의 의사표시는 상속인(또는 대리인)이 가정법원에 서면으로 신고서를 제출하는 방식으로 하여야 하며 이러한 방식에 따르지 않는 한정승인은 무효이다. 요건을 갖추지 않은 신고서에 대해서는 각하하여야 하지만, 그 하자가 경미하여 보정(補正)이 가능한 때에는 보완을 명하여 추완(追完)된다면 유효하다고 할 수 있다(대결 1978.1.31, 76스3).

(2) 상속인이 수인인 때에는 각 상속인은 그 상속분에 응하여 취득할 재산의 한도에서 그 상속분에 응한 피상속인의 채무와 유증을 변제할 것을 조건으로 상속을 승인할 수 있다(제1029조).

(3) 상속재산에 대하여 파산선고가 있거나, 파산선고 전에 채무자를 위하여 상속개시가 있는 경우 채무자가 파산선고 후에 한 단순승인이나 포기는 파산재단에 대해서 한정승인의 효력이 생길 뿐이다(채무자회생법 제385조, 제386조, 제389조).

판례

한정승인신고의 수리 여부를 심판하는 가정법원이 실체적 요건을 문제삼아 한정승인신고를 불수리할 수 있는지의 여부

가정법원의 한정승인신고수리의 심판은 일응 한정승인의 요건을 구비한 것으로 인정한다는 것일 뿐 그 효력을 확정하는 것이 아니고 상속의 한정승인의 효력이 있는지의 여부의 최종적인 판단은 실체법에 따라 민사소송에서 결정될 문제이므로, 민법 제1019조 제3항에 의한 한정승인신고의 수리 여부를 심판하는 가정법원으로서는 그 신고가 형식적 요건을 구비한 이상 상속채무가 상속재산을 초과하였다거나 상속인이 중대한 과실 없이 이를 알지 못하였다는 등의 실체적 요건에 대하여는 이를 구비하지 아니하였음이 명백한 경우 외에는 이를 문제삼아 한정승인신고를 불수리할 수 없다(대결 2006.2.13, 2004스74).

4. 한정승인에 의한 청산절차

제1032조(채권자에 대한 공고, 최고)

① 한정승인자는 한정승인을 한 날로부터 5일 내에 일반상속채권자와 유증받은 자에 대하여 한정승인의 사실과 일정한 기간 내에 그 채권 또는 수증을 신고할 것을 공고하여야 한다.

그 기간은 2월 이상이어야 한다.

② 제88조 제2항, 제3항과 제89조의 규정은 전항의 경우에 준용한다.

제1033조(최고기간 중의 변제거절)

한정승인자는 전조 제1항의 기간만료 전에는 상속채권의 변제를 거절할 수 있다.

제1034조(배당변제)

① 한정승인자는 제1032조 제1항의 기간만료 후에 상속재산으로서 그 기간 내에 신고한 채권자와 한정승인자가 알고 있는 채권자에 대하여 각 채권액의 비율로 변제하여야 한다. 그러나 우선권 있는 채권자의 권리를 해하지 못한다.

② 제1019조 제3항의 규정에 의하여 한정승인을 한 경우에는 그 상속인은 상속재산 중에서 남아 있는 상속재산과 함께 이미 처분한 재산의 가액을 합하여 제1항의 변제를 하여야 한다. 다만, 한정승인을 하기 전에 상속채권자나 유증받은 자에 대하여 변제한 가액은 이미 처분한 재산의 가액에서 제외한다.

제1035조(변제기 전의 채무 등의 변제)

① 한정승인자는 변제기에 이르지 아니한 채권에 대하여도 전조의 규정에 의하여 변제하여야 한다.

② 조건 있는 채권이나 존속기간의 불확정한 채권은 법원의 선임한 감정인의 평가에 의하여 변제하여야 한다.

제1036조(수증자에의 변제)

한정승인자는 전 2조의 규정에 의하여 상속채권자에 대한 변제를 완료한 후가 아니면 유증받은 자에게 변제하지 못한다.

제1037조(상속재산의 경매)

전 3조의 규정에 의한 변제를 하기 위하여 상속재산의 전부나 일부를 매각할 필요가 있는 때에는 민사집행법에 의하여 경매하여야 한다.

제1039조(신고하지 않은 채권자 등)

제1032조 제1항의 기간 내에 신고하지 아니한 상속채권자 및 유증 받은 자로서 한정승인자가 알지 못한 자는 상속재산의 잔여가 있는 경우에 한하여 그 변제를 받을 수 있다. 그러나 상속재산에 대하여 특별담보권 있는 때에는 그러하지 아니하다.

제1040조(공동상속재산과 그 관리인의 선임)

① 상속인이 수인인 경우에는 법원은 각 상속인 기타 이해관계인의 청구에 의하여 공동상속인 중에서 상속재산관리인을 선임할 수 있다.

② 법원이 선임한 관리인은 공동상속인을 대표하여 상속재산의 관리와 채무의 변제에 관한 모든 행위를 할 권리의무가 있다.

③ 제1022조, 제1032조 내지 전조의 규정은 전항의 관리인에 준용한다. 그러나 제1032조의 규정에 의하여 공고할 5일의 기간은 관리인이 그 선임을 안 날로부터 기산한다.

(1) 채권자에 대한 공고와 최고

상속채권자와 유증을 받은 자에 대하여 한정승인을 하였다는 사실과 2월 이상을 넘는 일정한 기간 내에 그 채권 또는 수증을 신고할 것을, 한정승인을 한 날로부터 5일 내에 공고하여야 한다(제1032조 제1항). 공고방법과 최고(催告)에 관하여는 제88조 제2항·제3항과 제89조를 준용한다(제1032조 제2항).

(2) 변제의 순서와 방법

① 최고기간 중의 변제거절권

한정승인을 한 자는 채권신고기간이 만료되기 전에는 상속채권자와 유증받은 자에 대하여 상속채권의 변제를 거절할 수 있다(제1033조).

② 채권신고기간만료 후의 변제

㉮ 한정승인자는 채권신고 기간 내에 신고한 채권자와 신고하지 않았더라도 한정승인자가 알고 있는 채권자에 대하여 각 채권액의 비율에 따라 상속재산으로 배당변제를 하여야 한다(제1034조 제1항 본문). 제1019조 제3항의 규정에 의하여 한정승인을 한 경우에는 그 상속인은 상속재산 중에서 남아 있는 상속재산과 함께 이미 처분한 재산의 가액을 합하여 위(제1034조)의 변제를 하여야 한다. 다만, 한정승인을 하기 전에 상속채권자나 유증받은 자에 대하여 변제한 가액은 이미 처분한 재산의 가액에서 제외한다(제1034조 제2항).

㉯ 한정승인자는 변제기에 이르지 아니한 채권에 대하여도 제1034조에 의하여 변제하여야 한다(제1035조 제1항). 기한부·조건부 채권이나 존속기간이 불확정한 채권도 법원이 선임한 감정인의 평가에 의하여 변제하여야 한다(제1035조 제2항).

㉰ 우선권 있는 채권자, 일반 채권자, 유증받은 자의 순으로 변제를 해야 한다(제1034조 제1항 단서, 제1036조). 변제를 하기 위하여 상속재산의 전부나 일부를 매각할 필요가 있는 때에는 민사집행법에 의하여 경매하여야 한다(제1037조).

판례

상속부동산에 관한 담보권실행경매와 상속채권자의 배당요구

상속부동산에 관하여 민사집행법 제274조 제1항에 따른 형식적 경매절차가 진행된 것이 아니라 담보권 실행을 위한 경매절차가 진행된 경우에는 비록 한정승인 절차에서 상속채권자로 신고한 자라고 하더라도 집행권원을 얻어 그 경매절차에서 배당요구를 함으로써 일반채권자로서 배당받을 수 있다(대판 2010.6.24, 2010다14599).

③ 알지 못한 불신고자(不申告者)에 대한 변제

위와 같은 변제가 완료되고 상속재산의 잔여가 있는 경우에 변제한다(제1039조 본문). 그러나 상속재산에 대하여 특별담보권(질권·저당권 등)이 있는 때에는 그 담보가액의 한도 내에서 변제를 받는다(제1039조 단서).

5. 부당변제로 인한 책임

제1038조(부당변제 등으로 인한 책임)

① 한정승인자가 제1032조의 규정에 의한 공고나 최고를 해태하거나 제1033조 내지 제1036조의 규정에 위반하여 어느 상속채권자나 유증받은 자에게 변제함으로 인하여 다른 상속채권자나 유증받은 자에 대하여 변제할 수 없게 된 때에는 한정승인자는 그 손해를 배상하여야 한다. 제1019조 제3항의 규정에 의하여 한정승인을 한 경우 그 이전에 상속채무가 상속재산을 초과함을 알지 못한 데 과실이 있는 상속인이 상속채권자나 유증받은 자에게 변제한 때에도 또한 같다.

② 제1항 전단의 경우에 변제를 받지 못한 상속채권자나 유증받은 자는 그 사정을 알고 변제를 받은 상속채권자나 유증받은 자에 대하여 구상권을 행사할 수 있다. 제1019조 제3항의 규정에 의하여 한정승인을 한 경우 그 이전에 상속채무가 상속재산을 초과함을 알고 변제받은 상속채권자나 유증받은 자가 있는 때에도 또한 같다.<개정 2005.3.31.>

③ 제766조의 규정은 제1항 및 제2항의 경우에 준용한다.

(1) 한정승인자의 손해배상책임

한정승인자가 제1032조의 규정에 의한 공고나 최고를 게을리하거나, 그 기간이 만료하기 전에 변제하는 등으로 인하여 다른 상속채권자나 유증받은 자에 대하여 변제할 수 없게 된 때에는 이로 인하여 생긴 손해를 배상하여야 한다(제1038조 제1항 전단). 제1019조 제3항의 규정에 의하여 한정승인을 한 경우에는, 그 이전에 상속채무가 상속재산을 초과함을 알지 못한 데 과실이 있는 상속인이 상속채권자나 유증받은 자에게 변제한 때에도 또한 같다(제1038조 제1항 후단). 이 손해배상청구권은 '손해를 안 날로부터 3년, 변제의 날로부터 10년'을 경과하면 소멸한다(제1038조 제3항, 제766조).

(2) 악의의 상속채권자 · 수유자의 구상책임과 소멸시효(제1038조 제2항·제3항, 제766조).

한정승인자의 부당변제(不當辨濟)로 인하여 변제를 받지 못한 상속채권자나 유증받은 자는 그 사정을 알고 받은 상속채권자나 유증을 받은 자 또는 제1019조 제3항의 규정에 의하여 한정승인을 한 경우 그 이전에 상속채무가 상속재산을 초과함을 알고 변제받은 상속채권자나 유증받은 자에 대하여 구상권을 행사할 수 있는데(제1038조 제2항), 그 구상권에는 제766조의 소멸시효기간이 적용된다(제1038조 제3항, 제766조).

[사례풀이 25]

(1) 상속개시 후 3월 이내에 A는 상속을 포기하거나 단순승인을 할 수 있다. A는 1년이 넘도록 아무런 의사표시를 하지 않았으므로 상속을 단순승인한 것이다(제1019조 제1항, 제1026조 2호). 그런데 만약 A가 상속채무가 상속재산을 초과한다는 사실을 중대한 과실 없이 고려기간 내에 몰랐다면 그러한 사실을 안 날로부터 3월 내에 한정승인을 할 수 있다(제1019조 제3항). A는 상속재산 중 Z에게 변제를 하였기 때문에 그 목록과 가액을 적어서 함께 가정법원에 상속재산목록을 제출·신고하여야 한다(제1030조 제1항·제2항). A가 이 재산목록을 작성하면서 일부 재산을 고의로 기입하지 않은 때에는 한정승인은 무효로 되고, 단순승인한 것으로 본다(제1026조 3호).

(2) 상속인이 될 수 있는 D가 상속을 포기했기 때문에 갑의 상속인들은 A, B, C이다. 공동상속인들은 피상속인 갑의 채무에 대해서 상속분의 비율대로 채무를 부담한다. 다만, B와 C는 자신들이 상속받는 상속분의 한도 내에서만 채무를 부담하고(제1029조), A는 채무가 자신의 상속분을 초과한다고 하더라도 특별한정승인을 하지 않는 한 자신이 부담하여야 할 상속분에 비례하여 무한책임을 부담한다. 만약 공동상속인들이 변제하기도 전에 상속재산을 분할하였다면 법정단순승인이 되어 A, B, C 모두 법정단순승인자로서 채무를 부담하게 된다.

(3) 공동상속인들은 한정승인을 한 날로부터 5일 내에 피상속인 갑의 채권자들에게 한정승인을 하였다는 사실과 2월 이상을 넘는 일정한 기간 내에 그 채권을 신고할 것을 공고하여야 한다(제1032조 제1항). 공동상속인들은 채권자 X나 Y 이외에도 알고 있는 채권자에 대하여 각 채권액의 비율에 응하여 상속재산으로 배당변제를 하여야 한다(제1034조 제1항 본문). 그런데 만약 A가 제1019조 제3항의 규정에 의하여 한정승인을 한 경우에는 상속재산 중에서 남아 있는 상속재산과 함께 이미 처분한 재산의 가액을 합하여 위(제1034조)의 변제를 하여야 하는데, A가 한정승인을 하기 전에 Z에게 변제한 가액은 이미 처분한 재산의 가액에서 제외된

다(제1034조 제2항). 변제의 순서는 우선권 있는 채권자, 일반 채권자, 유증받은 자의 순이다(제1034조 제1항 단서, 제1036조). 신고를 하지 않은 채권자에 대해서는 위와 같은 변제가 완료되고 상속재산의 잔여가 있는 경우에 변제한다(제1039조 본문).

(4) 부당변제에 대한 책임

채권신고기간이 만료되기 전에 A가 Z에게 한 변제가 부당변제인가를 고려해야 한다. A가 제1019조 제3항의 규정에 의하여 한정승인을 하더라도 상속채무가 상속재산을 초과한다는 사실을 알고 있었거나 또는 그러한 사실을 알지 못한 데 과실이 있다면, 상속채권자 Z에게 변제를 한 것에 대해서 A는 X나 Y에게 손해배상을 하여야 한다(제1038조 제1항 후단). 만약 Z가 상속채무가 상속재산을 초과한다는 사실을 알고서(악의로) 부당변제를 받았다면 상속채권자 X나 Y는 Z에 대하여 구상권을 아울러 행사할 수도 있다(제1038조 제2항). 손해배상청구권은 '손해를 안 날로부터 3년, 변제의 날로부터 10년'을 경과하면 소멸한다(제1038조 제3항, 제766조). 구상권에는 제766조의 소멸시효기간이 적용된다(제1038조 제3항, 제766조).

Ⅳ 상속의 포기

1. 의 의

상속으로 인하여 생기는 모든 권리·의무의 승계를 부인하고 처음부터 상속인이 아니었던 효력을 생기게 하는 단독의 의사표시이다. 상속포기를 할 수 있는 자는 상속권이 있고 또 상속순위에 해당한 자에 한한다. 그러나 상속인이 제한능력자인 경우에는 법정대리인이 할 수 있다(제1020조 참고).

2. 포기의 방식

제1041조(포기의 방식)

상속인이 상속을 포기할 때에는 제1019조 제1항의 기간 내에 가정법원에 포기의 신고를 하여야 한다.

상속인이 상속을 포기(拋棄)할 때에는 이해관계인 또는 검사 등에 의하여 가정법원에 대한 기간연장의 청구가 없는 한, 상속이 개시된 것을 안 날로부터 3월 내에 가정법원에 포기의 신고를 하여야 한다(제1041조, 제1019조; 가소법 제2조 제1항 라류). 상속을 일단 포기하면 취소(取消)할 수 없다(제1024조). 상속포기는 창설적 신고이다. 상속포기는 재산목록을 첨부하거나 특정할 필요가 없기 때문에 포기 당시 첨부된 재산목록에 포함되지 않은 재산이라도 포기의 효력이 미친다(대판 1995.11.14, 95다27554). 그리고 포기기간이 경과한 후에 한 포기신고는 상속재산분할의 합의로 볼 수 있다(대판 1996.3.26, 95다45545·45552·45569).

판례

상속개시 전에 한 상속포기약정의 효력

유류분을 포함한 상속의 포기는 상속이 개시된 후 일정한 기간 내에만 가능하고 가정법원에 신고하는 등 일정한 절차와 방식을 따라야만 그 효력이 있으므로, 상속개시 전에 한 상속포기약정은 그와 같은 절차와 방식에 따르지 아니한 것으로 효력이 없고, 상속개시 후에 다시 그 상속권을 주장하더라도 신의칙에 반하지 않는다(대판 1998.7.24, 98다9021).

3. 포기의 효과

제1042조(포기의 소급효)

상속의 포기는 상속개시된 때에 소급하여 그 효력이 있다.

제1043조(포기한 상속재산의 귀속)

상속인이 수인인 경우에 어느 상속인이 상속을 포기한 때에는 그 상속분은 다른 상속인의 상속분의 비율로 그 상속인에게 귀속된다.

제1044조(포기한 상속재산의 관리계속의무)

① 상속을 포기한 자는 그 포기로 인하여 상속인이 된 자가 상속재산을 관리할 수 있을 때까지 그 재산의 관리를 계속하여야 한다.

② 제1022조와 제1023조의 규정은 전항의 재산관리에 준용한다.

(1) 포기의 소급효

포기자는 상속개시된 때부터 상속인이 아니었던 것으로 된다(제1042조). 예를 들어 상속포기로 인하여 집행채무자 적격이 없는 자를 집행채무자로 하여 이루어진 채권압류 및 전부명령은 무효이다(대판 2002.11.13, 2002다41602: 상속인이 포기의 사실을 들어 집행문부여 이의신청을 하기 전에 한 채권자의 압류라도 무효이다).

판례

상속포기의 효과

1. 피해자의 손해배상청구권을 상속한 가해자의 상속포기의 효과

피해자의 사망으로 상속이 개시되어 가해자가 피해자의 자신(가해자)에 대한 손해배

상청구권을 상속함으로써 그 손해배상청구권과 이를 전제로 하는 자동차손해배상보장법 제9조 제1항에 의한 보험자에 대한 직접청구권이 소멸하였다고 할지라도 가해자가 적법하게 상속을 포기하면 그 소급효로 인하여 위 손해배상청구권과 직접청구권은 소급하여 소멸하지 않았던 것으로 되어 다른 상속인에게 귀속되고, 그 결과 '가해자가 피해자의 상속인이 되는 등 특별한 경우'에 해당하지 않게 되므로 위 손해배상청구권과 이를 전제로 하는 직접청구권은 소멸하지 않는다(대판 2005.1.14, 2003다38573).

2. 상속포기를 사실심변론종결 시까지 주장하지 않는 경우 기판력

채무자가 한정승인을 하였으나 채권자가 제기한 소송의 사실심 변론종결 시까지 이를 주장하지 아니하는 바람에 책임의 범위에 관하여 아무런 유보 없는 판결이 선고·확정된 경우라 하더라도 채무자가 그 후 위 한정승인 사실을 내세워 청구에 관한 이의의 소를 제기하는 것이 허용되는 것은, 한정승인에 의한 책임의 제한은 상속채무의 존재 및 범위의 확정과는 관계없이 다만 판결의 집행 대상을 상속재산의 한도로 한정함으로써 판결의 집행력을 제한할 뿐으로, 채권자가 피상속인의 금전채무를 상속한 상속인을 상대로 그 상속채무의 이행을 구하여 제기한 소송에서 채무자가 한정승인 사실을 주장하지 않으면 책임의 범위는 현실적인 심판대상으로 등장하지 아니하여 주문에서는 물론 이유에서도 판단되지 않는 관계로 그에 관하여는 기판력이 미치지 않기 때문이다. 위와 같은 기판력에 의한 실권효 제한의 법리는 채무의 상속에 따른 책임의 제한 여부만이 문제되는 한정승인과 달리 상속에 의한 채무의 존재 자체가 문제되어 그에 관한 확정판결의 주문에 당연히 기판력이 미치게 되는 상속포기의 경우에는 적용될 수 없다(대판 2009.5.28, 2008다79876).

---

(2) 포기한 상속재산의 귀속

① 단독상속인이나 공동상속인 전원이 포기한 때에는 그 직계비속이 상속인으로 되고(대판 1995.4.7, 94다11835. 같은 취지의 판례로서 대판 1995.9.26, 95다27769. 채무자인 피상속인이 그의 처와 동시에 사망하고 제1순위 상속인인 자 전원이 상속을 포기한 경우, 상속을 포기한 자는 상속개시 시부터 상속인이 아니었던 것과 같은 지위에 놓이게 되므로 같은 순위의 다른 상속인이 없어 그 다음 근친 직계비속인 피상속인의 손들이 차순위의 본위상속인으로서 피상속인의 채무를 상속하게 된다), 직계비속이 없으면 법정상속순위에 따라 상속인이 결정된다. 피상속인의 배우자와 자녀 중 자녀 전부가 상속을 포기한 경우에는 배우자와 피상속인의 손자녀 또는 직계존속이 공동으로 상속인이 되고, 피상속인의 손자녀와 직계존속이 존재하지 아니하면 배우자가 단독으로 상속인이 된다(대판 2015.5.14, 2013다48852).

② 상속인이 수인인 경우에 어느 상속인이 상속을 포기한 때에는, 그 상속분은 다른 상속인의 상속분의 비율로 그 상속인에게 귀속된다(제1043조). 그런데 '다른 상속인의 상속분의 비율'에 대하여 해석상 의문이 있다.

㉮ 수인의 공동상속인 중 일부의 상속인이 포기한 경우에 포기한 상속인의 대습상속인이 그 상속재산을 상속할 수 있는가? 다수설은 대습상속은 '사망 또는 결격'의 경우에 한정되어 있고(제1001조), 포기자에 대한 대습상속을 인정하고 있는 입법례가 없다는 것을 이유로 그 직계비속이 대습상속을 할 수 없다고 본다(곽윤직; 김주수·김상용). 결격자의 직계비속은 대습상속할 수 있다는 것을 생각한다면 입법론상 인정하는 것이 바람직하다(박병호).

㉯ 혈족상속인이 포기한 경우에 피상속인의 배우자는 어떠한 영향을 받을 것인가? 여기에 대해서도 학설은 나뉜다. 예를 들어, 3인의 자(子)와 처(妻)를 남겨 놓고 사망한 사람의 재산이 9천만 원이고, 장남이 상속을 포기한 경우를 각 학설에 따라 설명하면 다음과 같다.

ⓐ 제1설 처의 상속분은 영향을 받지 않고 장남의 몫을 다른 2인의 자가 상속하게 된다. 따라서 차남과 삼남이 각각 3천만 원을 상속하게 된다(김용한).

ⓑ 제2설 장남이 포기한 2천만 원은 처의 상속분 3천만 원, 차남과 3남의 상속분 2천만 원의 비율에 비례하여 분배한다. 따라서 처가 3천+2천×3/7만 원, 차남과 3남이 각각 2천+2천×2/7만 원을 가지게 된다(정광현, 376~377면).

ⓒ 제3설 장남의 2천만 원에 대해서는 처음부터 장남이 없었던 것으로 하여 나머지 공동상속인들, 즉 처와 2인의 자가 법정상속분비율에 비례하여 처가 9천×3/7만 원, 차남과 3남이 각각 9천×2/7만 원을 상속하게 된다(곽윤직, 328면; 김주수·김상용, 630면; 박병호, 406면).

(3) 특정인을 위한 포기

공동상속인 중의 특정인에게 상속재산을 귀속하게 할 목적으로 상속을 포기할 수 있는가에 관하여 민법은 아무런 규정도 두지 않았다. 자기의 상속분을 특정인을 위하여 포기하는 것은 인정되지 않는다고 보아야 할 것이다. 상속분의 양도로써 그러한 목적달성이 가능하기 때문이다(제1011조).

(4) 상속재산분할(相續財産分割)의 경우

공동상속인이 상속재산을 분할하였다면 그 중 한 사람이 3월 내에 상속포기 신고를 하여 수리가 되었을지라도, 그 포기의 신고 전에 이미 분할에 참여한 것은 법정단순승인사유로서의 처분행위에 해당하므로(제1026조) 포기의 효력이 생기지 않는다(대판 1983.6.28, 82도2421).

판례

상속재산분할과 상속포기신고의 효력

공동재산상속인이 협의하여 상속재산을 분할한 때에는 민법 제1026조 1호에 규정된 상속재산에 대한 처분행위를 한 때에 해당되어 공동상속인은 단순승인을 한 것으로 보게 될 것이니, 이와 같은 상속승인이 있은 후에는 기간 내라 할지라도 이를 취소할 수 없는 것이므로(제1024조 참조), 공동상속인 중 1인이 가정법원에 상속포기신고를 하여, 이것이 수리되었다 하여도 포기의 효력이 생기지 아니한다(대판 1983.6.28, 82도2421).

(5) 포기한 상속재산의 관리계속의무

상속을 포기한 자는 그 포기로 인하여 상속인이 된 자가 상속재산을 관리할 수 있을 때까지 그 재산의 관리를 계속하여야 한다(제1044조). 이러한 경우에는 상속재산의 관리에 관한 규정(제1022조)과 상속재산보존에 필요한 처분에 관한 규정(제1023조)이 준용된다(제1044조 제2항).

4. 사실상의 상속포기

상속인 중 한 사람에게 상속재산을 집중시킬 경우 포기의 절차를 밟지 않고 특별수익증명서나 상속재산분할협의서에 의한 방법으로 상속분의 포기 내지 양도가 이루어진다.

제 5 절 재산의 분리

사례 26

A는 상당한 상속재산을 남기고 사망하였다. B는 A의 상속인으로서 생활이 문란하여 채무도 많고 낭비벽도 심하였다. A의 채권자 C는 A가 사망하기 전에 1억 원을 빌려주고 이를 증명

하는 영수증을 받아두었다. C는 B의 채무가 갈수록 늘어나자 자신의 채권회수가 불가능할 것에 대비하려고 한다. 어떻게 하면 되는가?

[논 점]

1. 상속재산분리의 의의
2. 상속재산분리의 절차와 효과

I 서 설

1. 재산분리제도의 의의

상속개시 후에 상속채권자나 유증받은 자 또는 상속인의 채권자의 청구에 의하여 상속재산과 상속인의 고유재산을 분리시키는 가정법원의 처분을 재산의 분리라고 한다. 이 제도의 취지는 피상속인 또는 상속인의 각각의 고유재산을 믿고 거래한 채권자가, 상속으로 인하여 양 재산이 혼합됨으로써 받게 될 불이익을 방지하려는 데 있다. 이러한 재산분리제도(財産分離制度)에는 크게 두 가지 유형이 있다. 하나는 상속채권자나 유증받은 자가 상속인의 채권자보다 우선하여 변제를 받을 수 있도록 하는 유형이고, 다른 하나는 상속인의 채권자에게도 재산분리의 청구를 인정함으로써 상속인의 고유재산에 대해서는 상속채권자나 유증받은 자보다 우선하여 상속인의 채권자가 변제받을 수 있도록 하는 것이다.

2. 다른 상속제도와의 관계

(1) 한정승인과의 관계

재산분리는 상속인의 단순승인으로 인한 상속재산과 상속인의 고유재산이 서로 섞이는 것을 방지하기 위한 것이므로, 한정승인을 한 경우에는 재산분리를 할 필요가 없다. 그러나 한정승인이 무효로 되는 경우라든가 법정단순승인으로 인정되는 경우, 또는 한정승인의 고려기간 중에는 재산분리를 할 필요가 있다.

(2) 상속포기와의 관계

재산분리의 청구가 있은 후, 상속인이 포기를 하면 재산분리절차는 정지된다. 이 경우에 새로 상속인이 된 자에 대하여 다시 재산분리의 청구를 할 수 있을 것이다.

(3) 상속인의 파산과의 관계

상속인에 대하여 파산선고가 있는 때에 상속인의 채권자의 채권은 고유재산에 대하여 상속채권자 또는 수유자의 채권보다 우선하며, 상속재산에 대하여는 상속채권자 또는 수유자의 채권이 상속인의 채권자의 채권보다 우선하므로(채무자회생법 제444조) 재산분리와 동일한 효력이 발생한다. 파산선고가 있는 경우에도 상속채권자 또는 수유자는 재산분리청구를 할 수 있으나, 파산종결의 결정이 있을 때까지 그 분리절차는 중지된다(채무자회생법 제346조).

Ⅱ 재산분리의 청구

제1045조(상속재산의 분리청구권)

① 상속채권자나 유증받은 자 또는 상속인의 채권자는 상속개시된 날로부터 3월 내에 상속재산과 상속인의 고유재산의 분리를 법원에 청구할 수 있다.

② 상속인이 상속의 승인이나 포기를 하지 아니한 동안은 전항의 기간경과 후에도 재산의 분리를 청구할 수 있다.

재산분리의 청구권자는 상속채권자, 유증받은 자, 상속인의 채권자(제1045조 제1항)이다. 여기서 포괄적으로 유증받은 자는 상속인과 동일한 지위에 있으므로 제외된다. 상대방은 상속인 또는 상속재산관리인·파산관재인·유언집행자 등이다. 청구기간은 상속이 개시된 날로부터 3월 내, 다만 상속인이 상속의 승인이나 포기를 하지 않은 동안은 3월이 경과하여도 재산분리가 허용된다(제1045조 제2항).

Ⅲ 재산분리의 절차

제1046조(분리명령과 채권자 등에 대한 공고, 최고)

① 법원이 전조의 청구에 의하여 재산의 분리를 명한 때에는 그 청구자는 5일 내에 일반상속채권자와 유증받은 자에 대하여 재산분리의 명령 있은 사실과 일정한 기간 내에 그 채권 또는 수증을 신고할 것을 공고하여야 한다. 그 기간은 2월 이상이어야 한다.

② 제88조 제2항, 제3항과 제89조의 규정은 전항의 경우에 준용한다.

1. 법원의 분리명령과 그 공고

법원은 재산의 분리청구가 이유 있는 때에는 재산분리를 명하고, 재산분리청구자는 법원의 분리명령 후 5일 내에 일반상속채권자와 유증받은 자에 대하여 재산분리의 명령이 있는 사실과 일정한 기간 내에 그 채권 또는 수증을 신고할 것을 공고하여야 한다(제1046조 제1항 전단). 그 기간은 2월 이상이어야 한다(제1046조 제1항 후단).

2. 공고절차와 최고

분리공고절차는 비영리법인의 해산규정을 준용한다(제1046조 제2항). 분리공고는 i) 법원의 등기사항의 공고와 같은 방법으로 하고(제88조 제3항 준용), ii) 상속채권자 및 유증받은 자가 소정 신고기간 내에 신고하지 않으면 배당가입에서 제외됨을 공고 중에 표시하여야 하며(제88조 제2항 준용), iii) 분리청구권자가 알고 있는 상속채권자 및 유증받은 자에 대하여는 각각 그 채권신고를 최고(催告)하여야 한다(제89조 전단 준용). 알고 있는 채권자는 청산(清算)으로부터 제외하지 못한다(제89조 후단).

Ⅳ 재산분리의 효과

1. 고유재산과의 분리

제1050조(재산분리와 권리의무의 불소멸)
재산분리의 명령이 있는 때에는 피상속인에 대한 상속인의 재산상 권리의무는 소멸하지 아니한다.

상속재산과 상속인의 고유재산이 아직 혼합되지 않은 경우에는 상속인은 그 상태를 유지하여야 하며, 이미 혼합된 경우에는 양 재산을 분리하여야 한다. 피상속인에 대한 상속인의 재산상 권리·의무는 소멸하지 않는다(제1050조).

2. 분리된 상속재산의 관리

제1047조(분리 후의 상속재산의 관리)
① 법원이 재산의 분리를 명한 때에는 상속재산의 관리에 관하여 필요한 처분을 명할 수 있다.

② 법원이 재산관리인을 선임한 경우에는 제24조 내지 제26조의 규정을 준용한다.

第1048條(분리 후의 상속인의 관리의무)

① 상속인이 단순승인을 한 후에도 재산분리의 명령이 있는 때에는 상속재산에 대하여 자기의 고유재산과 동일한 주의로 관리하여야 한다.

② 제683조 내지 제685조 및 제688조 제1항, 제2항의 규정은 전항의 재산관리에 준용한다.

(1) 상속재산관리처분

법원이 재산분리를 명한 때에는 상속재산의 관리에 관하여 필요한 처분을 명할 수 있다(제1047조 제1항; 가소법 제2조 제1항 라류). '관리에 관하여 필요한 처분'이란 재산관리인의 선임, 재산목록의 작성, 상속재산의 봉인, 파손하기 쉬운 물건의 환가 등을 말한다. 따라서 법원은 재산관리의 한 방법으로서 재산관리인을 선임할 수 있다. 법원이 재산관리인을 선임한 경우에는 제24조 내지 제26조의 규정을 준용한다(제1047조 제2항).

(2) 단순승인자에 의한 재산관리

단순승인을 한 상속인이 재산분리의 명령으로 인하여 재산관리를 할 때에는 상속재산에 대하여 자기의 고유재산과 동일한 주의로 관리하여야 한다(제1048조 제1항). 그리고 위임에 관한 제683조 내지 제685조 및 제688조 제1항·제2항의 규정이 준용된다(제1048조 제2항).

3. 재산분리의 대항요건

第1049條(재산분리의 대항요건)

재산의 분리는 상속재산인 부동산에 관하여는 이를 등기하지 아니하면 제3자에게 대항하지 못한다.

상속으로 인하여 취득한 부동산은 등기할 필요가 없으나, 재산이 분리된 경우에는 이를 등기하지 않으면 제3자에게 대항하지 못한다(제1049조). 상속재산에 대하여 권리를 취득한 제3자의 이익을 보호하고 거래의 안전을 꾀하기 위함이다. 여기서 제3자라 함은 상속인의 채권자뿐만 아니라 상속재산에 대하여 이해관계가 있는 모든 제3자를 포함한다. 동산에 관하여는 제3자가 제249조의 선의취득의 법리에 의해 보호된다.

4. 청산절차

제1051조(변제의 거절과 배당변제)

① 상속인은 제1045조 및 제1046조의 기간만료 전에는 상속채권자와 유증받은 자에 대하여 변제를 거절할 수 있다.

② 전항의 기간만료 후에 상속인은 상속재산으로써 재산분리의 청구 또는 그 기간 내에 신고한 상속채권자, 유증받은 자와 상속인이 알고 있는 상속채권자, 유증받은 자에 대하여 각 채권액 또는 수증액의 비율로 변제하여야 한다. 그러나 우선권 있는 채권자의 권리를 해하지 못한다.

③ 제1035조 내지 제1038조의 규정은 전항의 경우에 준용한다.

제1052조(고유재산으로부터의 변제)

① 전조의 규정에 의한 상속채권자와 유증받은 자는 상속재산으로써 전액의 변제를 받을 수 없는 경우에 한하여 상속인의 고유재산으로부터 그 변제를 받을 수 있다.

② 전항의 경우에 상속인의 채권자는 상속인의 고유재산으로부터 우선변제를 받을 권리가 있다.

(1) 최고기간(催告期間) 중의 변제거절권(辨濟拒絕權)

상속인은 상속재산의 분리청구기간(제1045조)과 상속채권자와 유증받은 자에 대한 공고기간(제1046조)이 만료하기 전에는 상속채권자와 유증받은 자에 대하여 변제를 거절할 수 있다(제1051조 제1항).

(2) 상속재산에 의한 변제

① 배당변제

재산분리의 청구기간과 상속채권자와 유증받은 자에 대한 공고기간이 만료한 후에는, 상속인은 상속재산으로써 재산의 분리를 청구하였거나 또는 그 기간 내에 신고한 상속채권자, 유증받은 자와 상속인이 알고 있는 상속채권자, 유증받은 자에 대하여 각 채권액 또는 수증액(受贈額)의 비율로 변제하여야 한다(제1051조 제2항 본문). 그러나 우선권 있는 채권자의 권리를 해하지 못한다(제1051조 제2항 단서).

② 변제기 전의 채권, 조건부채권의 변제

변제기 전의 채권에 대한 변제는 배당변제규정에 의하여 변제하여야 하며, 조건부채권 또는 존속기간이 불확정한 채권은 법원이 선임한 감정인의 평가에 의하여 변제하여야 한다(제1051조 제3항에 의한 제1035조 준용).

③ 수유자에 대한 변제

상속인은 상속채권자에 대한 배당변제, 변제기 전의 상속채권, 조건부채권에 대한 변제가 완료된 후가 아니면 수유자에게 변제하지 못한다(제1051조 제3항에 의한 제1036조의 준용). 즉, 상속채권자는 수유자보다 우선한다.

④ 변제를 위한 환가

변제를 하기 위해서 상속재산의 전부 또는 일부를 매각하여 환가할 필요가 있을 때에는 민사집행법에 의하여 경매하여야 한다(제1051조 제3항에 의한 제1037조 준용).

⑤ 부당변제로 인한 책임

상속인이 공고·최고를 해태하거나 최고기간만료 전의 변제 기타 변제절차 규정에 위반하여 변제함으로써, 다른 상속채권자나 수유자에 대하여 변제할 수 없게 된 때에는 상속인은 그 손해를 배상하여야 한다(제1051조 제3항에 의한 제1038조 제1항의 준용).

⑥ 변제를 받지 못한 자의 구상권

위의 경우에 변제를 받지 못한 상속채권자 또는 수유자는, 그 사정을 알고서 변제를 받은 상속채권자나 수유자에 대하여 구상권을 행사할 수 있다(제1051조 제3항에 의한 제1038조 제2항 준용).

(3) 고유재산으로부터의 변제

상속재산에 의하여 상속채권자와 유증받은 자가 채권의 전액의 변제를 받을 수 없는 경우에 한하여 상속인의 고유재산으로부터 변제를 받을 수 있다(제1052조 제1항). 상속인의 채권자는 상속인의 고유재산으로부터 우선변제를 받을 권리가 있다(제1052조 제2항).

[사례풀이 26]

피상속인의 사망과 동시에 피상속인의 상속재산과 상속인의 재산은 뒤섞이게 된다. 이러한 경우 피상속인의 채권자(상속채권자)와 상속인의 채권자는 서로의 이해관관계를 달리한다. 상속인의 고유재산이 채무초과이면 피상속인의 채권자가 불이익을 받게 되고, 반대로 피상속인의 상속재산이 채무초과이면 상속인의 채권자가 불이익을 받게 된다. 이에 민법은 피상속인과 상속인의 재산의 혼합으로 불이익을 받지 않도록 재산분리제도를 규정하고 있다(제1045조 제1항). 즉 상속채권자나 유증받은 자 또는 상속인의 채권자는 상속개시된 날로부터 3월 이내에 상속재산과 상속인의 고유재산의 분리를 청구할 수 있도록 하고 있다(물론 상속인이 상속의 승인이나 포기를 하지 않는 동안은 3월의 기간이 경과한 후에도 재산분리청구가 가능하다: 제1045조 제2항). 상속재산분리신청 후 분리신청심판이 인정되면, 청구권자는 5일 안에 일반상속채권자와 유증받은 자에 대하여 재산분리명령이 있다는 사실과 2월 이상의 기간을 정해놓고 그 정해진 기간 안에 채권 또는 유증받은 사실을 신고할 것을 공고하여야 한다(제1046조 제1항). 상속재산이 부동산인 경우 상속은 민법 제187조에 해당하므로 등기를 하지 않더라도 물권변동의 효력이 발생하지만, 이를 등기하지 아니하면 제3자에게 대항할 수 없다는 점을 주의하여야 한다(제1049조). 상속인은 상속재산분리청구기간과 상속채권자와 유증에 대한 공고기간(2월 이상)이 만료하기 전에는 상속채권자와 유증받은 자에 대하여 변제를 거절할 수 있다(제1051조 제1항). 기간만료 후에 상속채권자나 유증받은 자에 대하여 변제하여야 하는데, 만약 질권이나 저당권과 같은 우선권 있는 채권자에 대하여는 상속재산으로부터 우선변제를 하여야 한다(제1051조 제2항).

사례의 경우 채권자는 법원에 상속재산에 대한 분리청구를 한 후 그 절차에 따라 피상속인의 상속재산으로부터 상속인의 채권자보다 우선하여 채권의 변제를 받을 수 있다.

제 6 절 상속인의 부존재

I 서 설

1. 상속인부존재제도(相續人不存在制度)의 의의

상속개시 후 상속인의 존부가 불분명한 경우에는 상속인을 수색하기 위하여 일정한 절차가 필요할 뿐만 아니라, 상속재산의 최후의 귀속자인 국가를 위하여, 또는 상속채권자와 수유자 등의 이익을 위하여 상속재산에 대한 관리와 청산을 할 필요가 있다.

2. 상속인부존재의 범위

상속인의 존부가 분명하지 않은 경우로는 신원불명의 자(者)가 사망한 경우, 가족관계등록부상 상속인이 없는 경우, 또는 상속인이 전부 상속포기를 하여 상속인이 없는 경우 등이다. 사람의 신원관계는 반드시 가족관계등록부에 의해서만 확정되는 것은 아니다. 따라서 상속인을 수색(搜索)하여 상속인부존재를 확정함으로써 상속재산을 청산할 필요가 있다.

Ⅱ 상속재산의 관리와 청산

1. 상속재산의 관리

(1) 관리인의 선임

상속인의 존부가 분명하지 아니한 때에는, 가정법원은 민법 제777조에 의한 피상속인의 친족 기타 이해관계인 또는 검사의 청구에 의하여 상속재산관리인을 선임(選任)하고 지체없이 이를 공고하여야 한다(제1053조 제1항; 가소법 제2조 제1항 라류). 여기서 이해관계인이란 상속채권자, 수유자, 상속재산 위에 담보권을 가지는 자 등 상속재산에 대하여 법률상의 이해관계를 갖는 자를 말한다.

(2) 상속재산관리인의 권리와 의무

관리인은 원칙적으로 부재자를 위한 재산관리인과 비슷하므로 부재자를 위한 재산관리인에 관한 규정이 준용된다(제1053조 제2항에 의한 제24조, 제25조, 제26조의 준용). 상속재산관리인은 장래에 나타날 상속인 또는 포괄적 수유자의 법정대리인의 지위에 있게 되므로, 상속재산에 관한 소송에서 당사자적격이 인정된다(대판 1976.12.28, 76다797). 재산관리인은 상속채권자나 수유자의 청구가 있는 때에는 언제든지 상속재산의 목록을 제시하고 그 상황을 보고하여야 한다(제1054조). 상속인의 존재가 분명해진 경우, 관리인의 임무는 그 상속인이 상속의 승인을 한 때에 종료한다(제1055조 제1항). 이 경우에 관리인은 지체없이 그 상속인에 대하여 관리의 계산을 하여야 한다(제1055조 제2항).

판례

상속인이 불분명한 경우 피고적격

재산상속인의 존재가 분명하지 아니한 상속재산에 관한 소송에 있어서 정당한 피고는 법원에서 선임된 상속재산관리인이라 할 것이다(대판 1976.12.28, 76다797; 대판 2007.6.28, 2005다55879).

2. 상속인 없는 재산의 청산절차

(1) 청산공고(清算公告)

가정법원이 상속재산관리인의 선임을 공고한 날로부터 3월 이내에 상속인의 존부를 알 수 없는 때에는, 관리인은 지체없이 일반상속채권자와 유증(遺贈)받은 자에 대하여 2월 이상의 일정한 기간을 정하여 그 기간 내에 그 채권 또는 수증을 신고할 것을 공고하여야 한다(제1056조 제1항). 이러한 경우의 공고절차는 한정승인의 경우 또는 재산분리의 경우와 같이 비영리법인에 관한 규정이 준용된다. 즉, 공고에는 일반상속채권자 또는 유증받은 자가 소정기간 내에 신고하지 않으면 그 권리가 청산으로부터 제외된다는 것을 표시하여야 한다(제1056조 제2항에 의한 제88조 제2항 준용). 공고방법은 법원의 등기사항의 공고와 동일한 방법에 의하여야 한다(제1056조 제2항에 의한 제88조 제3항 준용). 관리인은 알고 있는 채권자와 유증받은 자에 대해서는 각각 그 채권과 유증액을 신고할 것을 최고하여야 하며, 그가 알고 있는 채권자와 유증받은 자는 청산에서 제외하지 못한다(제1056조 제2항에 의한 제89조 준용).

(2) 상속채무의 변제

상속재산관리인은 채권신고의 공고절차를 취한 후, 상속채권자와 유증받은 자에 대하여 한정승인의 경우와 동일한 방법으로 변제(辨濟)하여야 한다(제1056조 제2항에 의한 제1033조~제1039조 준용).

(3) 상속인수색의 공고

상속재산관리인선임에 관한 공고(제1053조 제1항)와 일반상속채권자와 유증받은 자에 대한 채권신고를 최고하는 공고기간이 경과하여도 상속인의 존부를 알 수 없는 때에는, 법원은 관리인의 청구에 의하여 상속인이 있으면 1년 이상의 일정한 기간 내에 그 권리를 주장할 것을 공고하여야 한다(제1057조: 특별연고자에 대한 분여제도를 고려하고 상속문제를 조속히 종결시키기 위하여 종래 2년을 2005년의 법 개정에서 1년으로 단축함).

Ⅲ 특별연고자에 대한 상속재산분여

1. 의의와 입법취지

특별연고자에 대한 분여(分與)제도는 상속인이 존재하지 않는 경우에 피상속인과 생계를 같이 한 자, 피상속인의 요양·간호에 노력한 자, 기타 피상속인과 특별한 연고가 있던 자의 청구가 있으면, 가정법원이 이들에 대하여 상속재산의 전부 또는 일부를 분여해 줄 수 있는(제1057조의2) 제도이다. 1990년 개정 전의 민법은 상속인 수색공고가 있은 후 공고기간 내에 상속권을 주장하는 자가 없는 때에는 상속재산을 국가에 귀속시켰다. 따라서 피상속인과 가까우면서도 법률상 상속권이 없는 위와 같은 특별연고자들이, 상속인이 없는 경우에까지 상속에서 제외되는 불합리한 면이 있었다. 현행민법은 이러한 점을 고려하여 특별연고자에 대한 상속재산의 분여를 인정하게 되었다.

2. 법적 성격

분여권은 실체법상의 권리로서, 가정법원의 심판은 분여권에 대한 확인과 분여액 결정의 의미를 갖는다(형성적 의미로 해석하는 견해도 있음: 김주수·김상용).

3. 재산분여의 요건

실질적으로 특별연고관계가 있어야 하고, 분여의 상당성이 인정되어야 한다. 또한 형식적으로는 가정법원에 분여의 청구를 하여야 한다(제1057조의 2 제1항). 당연한 전제로 상속인의 부존재가 확정되어야 한다.

(1) 특별연고관계가 있을 것

① 피상속인과 생계를 같이 하고 있던 자(者)

사실상의 배우자, 사실상의 양친과 양자, 미인지의 혼외자, 계모자 등 가족적 공동생계를 누리는 자 등이 해당될 수 있다.

② 피상속인을 요양 · 간호한 자

상속인이 아닌 친족, 지인(知人), 친구의 자녀, 이웃 등으로서 생계를 같이 하지는 않았으나, 피상속인을 돌보고 그 요양·간호에 특별히 힘을 기울인 자를 말한다.

③ 기타 피상속인과 특별한 연고가 있던 자

가정법원이 구체적으로 판단할 문제이나, 정신적·물질적으로 밀접한 관계가 있는 자로서 상속재산을 그 자에게 분여하는 것이 피상속인의 의사에 합치하는 것으로 볼 수 있을 정도로 특별한 관계에 있던 자를 뜻한다(박병호).

(2) 재산분여의 상당성이 있을 것

상당성 여부의 판단도 가정법원의 재량에 달려 있으나, 연고관계의 내용, 친밀도, 나이, 성별, 직업, 상속재산의 종류나 액수 등 일체의 사정이 참작될 수 있을 것이다.

(3) 재산분여의 청구가 있을 것

재산분여를 원하는 자는 제1057조의 기간이 만료된 후 2월 이내에 가정법원에 재산분여청구를 하여야 한다(제1057조의2 제2항).

4. 재산분여의 효과

재산분여의 청구가 인용되면 청구인에게 청산 후 잔존하는 상속재산의 전부 또는 일부가 분여된다. 상속인이 아니므로 상속채무 등은 승계되지 않는다.

5. 주택임차권승계(주택임대차보호법 제9조 제1항)

사실혼관계의 배우자에 대해 재산분여제도와 같은 의미를 갖는다. 다만 재산분여는 상속인이 존재하지 않아야 하지만, 주택임차권승계(住宅賃借權承繼)는 상속인이 존재하여도 가능하다는 점이 다르다.

Ⅳ 상속재산의 국가귀속

제1057조의2의 규정에 의하여 분여되지 아니한 상속재산은 국가에 귀속한다(제1058조 제1항). 국가귀속이 확정되면 재산관리인은 지체없이 국가에 대하여 관리의 계산을 하여야 한다(제1058조 제2항). 국가는 적극재산(무체재산권은 제외)만을 원시취득하고 채무는 부담하지 않는다. 국가에 귀속된 후에는 변제(辨濟)받지 못한 상속채권자나 유증을 받은 자라도 국가에 대하여 그 변제를 청구할 수 없다(제1059조). 다만, 보증인이 있는 경우에는 보증인에 대하여 변제청구가 가능하다.

제2장 유 언

제1절 총 설

I 유언제도

1. 유언제도의 의의

유언제도(遺言制度)는 사유재산제도에 기한 재산처분의 자유의 한 형태로서 발전해온 것이며, 유언자가 남긴 최종의 의사를 존중하고, 사후에 그 의사의 실현을 보장하기 위하여 인정되는 제도이다. 유언은 재산관계에 한정되지 않으나 대부분은 상속이나 유증에 관한 것이며, 신분상의 유언사항인 인지의 경우에도 대부분 물질적인 것, 즉 상속이나 부양의무와 관련해서 행해지는 경우가 대부분이다. 여기에서도 법률행위자유의 원칙과 마찬가지로 유언자유의 원칙이 확립되어 있다.

2. 유언의 의미와 법적 성질

(1) 유언(遺言)은 일정한 방식(요식성: 제1060조)에 따라 행하여지는 상대방 없는 단독행위로서 유언자의 사망과 동시에 법률효과가 발생한다. 엄격한 요식성을 갖추어야 하기 때문에 법률이 정한 유언방식에 위반하는 유언은 무효이다. 유언은 상대방 없는 단독행위이기 때문에, 가령 유증을 받을 자의 승낙은 물론 유증을 받을 자 등에 대한 의사표시도 요하지 않는다(다만, 유증을 받을 자는 유언의 효력이 발생한 후 그 효력을 받는 것을 거절할 수 있다: 제1074조 참조).

(2) 유언은 유언자 본인의 독립된 의사에 의하여 이루어져야 하기 때문에 대리가 허용되지 않는다. 따라서 제한능력자라 하더라도 법정대리인의 동의가 필요 없다(제1062조).

(3) 유언은 유언자가 사망하기 전까지는 유언에 따른 법률상의 권리취득이 불가능하며, 유언자는 언제든지 유언을 철회할 수 있다(제1108조~제1111조).

Ⅱ 유언법률주의와 유언능력(遺言能力)

1. 유언법정사항

법정사항(法定事項)에 한하여 유언이 가능하다. 따라서 이에 해당하지 않을 때는 무효이다. 민법이 인정하는 유언사항은 재단법인의 설립(제47조 제2항), 친생부인(제850조), 인지(제859조 제2항), 후견인지정(제931조), 미성년후견감독인의 지정(제940조의2), 상속재산분할방법의 지정 또는 위탁(제1012조 전단), 상속재산분할금지(제1012조 후단), 유언집행자의 지정 또는 위탁(제1093조), 유증(제1074조)이 있고, 이 밖에 신탁법에 의해 인정되는 신탁의 설정(신탁법 제2조) 등이 있다. 유언에 의한 입양(구 제880조)은 1990년의 민법개정으로 삭제되었다.

2. 유언능력

제1061조(유언적령)
만17세에 달하지 못한 자는 유언을 하지 못한다.
제1062조(제한능력자의 유언)
유언에 관하여는 제5조, 제10조 및 제13조를 적용하지 아니한다.
제1063조(피성년후견인의 유언능력)
① 피성년후견인은 그 의사능력이 회복된 때에 한하여 유언을 할 수 있다.
② 전항의 경우에는 의사가 심신회복의 상태를 유언서에 부기하고 서명날인하여야 한다.
제1064조(유언과 태아, 상속결격자)
제1000조 제3항, 제1004조의 규정은 수증자에 준용한다.

(1) 유언능력자(遺言能力者)

유언은 유언자의 진정한 의사표시를 그 본질적 구성요소로 하는 일신전속적 법률행위(法律行爲)이다. 유언에 관한 법체계의 궁극적인 취지는 사자(死者)의 최종의사를 존중하는 데 있으므로 유언을 하기 위해서는 의사능력이 있으면 충분한 것으로 본다. 따라서 제한능력자제도를 엄격히 적용하여 법정대리인에 의한 유언의 대리행위(代理行爲)를 인정한다거나, 유언의 효력이 발생한 후에 상속인 또는 법정대리인에게 취소권(取消權)을 부여한다면 이는 유언제도의 취지에 어긋나는 것이 될 것이다. 그리하여 민법은 만 17세에 달한 때로부터 유언을 할 수 있다고 규정하면서(제1061조), 제한능력자에 관한 규정(제5조, 제10조, 제13조)은 유언에 관해서는 이를 적용하지 않고 있다(제1062조). 그리고 피성년후견인이 의사능력을 회복한 때에 단독으로 유언을 하려면 의사가 심신회복의 상태를 유언서에 부기하고 서명·날인하여야 한다(제1063조). 법인에 대해서는 유언능력을 인정할 여지가 없다.

(2) 수유능력

수유자(受遺者)가 될 수 있는 능력을 의미하는 수유능력(受遺能力)은 의사능력의 존재를 전제로 하지 않으며, 권리능력자이면 된다는 점이 의사능력을 필요로 하는 유언능력과 다르다. 따라서 의사무능력자·법인·태아(제1064조에 의한 제1000조 제3항의 준용)도 권리능력의 주체인 한 수유자로 될 수 있다. 그러나 상속인으로서 결격사유에 해당하는 자는 수유능력이 없다(제1064조에 의한 제1004조 준용).

(3) 유언능력이 있어야 할 시기

유언은 다른 법률행위와 달라서 그 성립의 시기와 효력발생의 시기 사이에 시간적 간격이 있는 것이 보통이다. 따라서 유언능력이 유언의 성립 시에만 존재하면 되는가, 아니면 유언의 효력발생 시에도 존재해야 하는가 하는 것이 문제될 수 있다. 유언이 유언자의 사망 시에 그 효력이 확정되기는 하지만 일단 유언을 한 후에 그 유언을 철회할 수 있다는 점, 유언은 이를 취소하지 않는 한 효력이 있다는 점을 고려한다면 유언능력은 유언할 때에 있으면 충분하다고 판단된다. 따라서 유언성립 시에 유언능력자이었으나 그 후에 유언무능력자가 되더라도 유언의 효력에는 영향을 주지 않는다(유언무능력자가 한 유언은 후에 추인하더라도 효력이 없다).

제2절 유언의 방식

I 유언의 요식성과 증인

1. 유언의 요식성

제1060조(유언의 요식성)
유언은 본법의 정한 방식에 의하지 아니하면 효력이 생하지 아니한다.

제1065조(유언의 보통방식)
유언의 방식은 자필증서, 녹음, 공정증서, 비밀증서와 구수증서의 5종으로 한다.

표의자(表意者)의 진의를 명확히 하고 분쟁과 혼란을 피하기 위하여 유언은 민법이 정한 바에 의하지 아니하면 효력이 생기지 않는다(제1060조). 즉, 유언은 일정한 방식을 요구하며, 이 방식에 따르지 않는 유언은 유언자의 진정한 의사에 합치하더라도 무효이다(대판 2006.3.9, 2005다57899). 유언방식에 관하여 민법은 다섯 가지 방식에 의한 유언만을 인정하는 법정요식주의(法定要式主義)를 채택하고 있다(제1065조). 다만 이러한 법정요식주의에 대해서 민법은 부칙에 그 예외를 두고 있다(부칙 제26조). 즉, 민법시행일 전의 관습에 의한 유언이 민법에 규정한 방식에 적합하지 않은 경우라도, 유언자가 민법시행일로부터 유언의 효력 발생일까지 그 의사표시를 할 수 없는 상태에 있었을 때에는 효력을 잃지 않는다.

2. 유언에 관한 증인자격

제1072조(증인의 결격사유)
① 다음 각 호의 사항에 해당하는 자는 유언에 참여하는 증인이 되지 못한다.
1. 미성년자
2. 피성년후견인과 피한정후견인
3. 유언에 의하여 이익을 받을 자, 그 배우자와 직계혈족
② 공정증서에 의한 유언에는 공증인법에 의한 결격자는 증인이 되지 못한다.

(1) 증인의 결격사유

자필증서(自筆證書)에 의한 유언을 제외하고는 녹음(錄音)에 의한 유언, 공정증서(公正證書)에 의한 유언, 비밀증서(祕密證書)에 의한 유언, 구수증서(口授證書)에 의한 유언의 경우 모두 증인의 참여가 필요하다. 이러한 증인의 서명 또는 기명날인(記名捺印) 혹은 구술(口述)은 직접적으로 유언의 유효·무효를 판단하는 자료가 되므로 민법은 제1072조에 그 결격자에 관하여 규정하고 있다.

① 미성년자·피성년후견인·피한정후견인·유언에 의하여 이익을 받을 자 및 그 배우자와 직계혈족에 해당하는 자는 유언에 참여하는 증인이 되지 못한다(제1072조 제1항).

② 공정증서에 의한 유언의 경우 공증인법에 의한 결격자는 증인이 되지 못

한다(제1072조 제2항). 즉, 공증인결격자(공증인법 제13조), 미성년자, 서명할 수 없는 자, 촉탁사항(囑託事項)에 관하여 이해관계가 있는 자, 촉탁사항에 관하여 대리인 또는 보조인이었던 자, 공증인이나 촉탁인 또는 그 대리인의 배우자·친족·법정대리인·피용자 또는 동거인, 공증인의 보조자 등이 이에 해당한다(공증인법 제33조). 여기에 열거된 결격자는 한정적인 것으로 해석되므로, 이에 해당되지 않는 자는 누구라도 유언의 증인이 될 자격이 있다고 본다. 따라서 유언집행자는 증인으로서 참여할 수 있다(대판 1999.11.26, 97다57733).

(2) 결격자가 참여한 유언의 효력

유언의 증인으로서의 자격을 결여한 자가 참여한 유언은 그 유언 전체가 무효이다.

Ⅱ 유언방식의 종류

유언방식(遺言方式)의 종류에는 자필증서, 녹음, 공정증서, 비밀증서, 구수증서에 의한 유언이 있는데, 구수증서에 의한 유언은 그 실질에 있어서 다른 방식의 유언과 다르다(대판 1977.11.8, 76므15).

1. 자필증서에 의한 유언

제1066조(자필증서에 의한 유언)

① 자필증서에 의한 유언은 유언자가 그 전문과 연월일, 주소, 성명을 자서하고 날인하여야 한다.

② 전항의 증서에 문자의 삽입, 삭제 또는 변경을 함에는 유언자가 이를 자서하고 날인하여야 한다.

(1) 전문자서(全文自書)

자필증서에 의한 유언은 법률이 정한 사항을 자서(自書)하는 것이 절대적 요건이다. 따라서 타인에게 구수(口授)·필기(筆記)시킨 것이거나 타자나 복사한 것은 자필증서로 인정되지 않으므로 무효이다. 다만, 본문의 일부에 대하여 이러한 사정(타인에게 구수·필기시킨 것, 타이프라이터나 점자기를 사용한 것)이 있을 때에는 대서(代書) 등이 유언의 부수적·첨가적 부분에 그치는 한 유효한 것으로 보아야 할 것이다.

(2) 연월일의 자서

연월일(年月日)은 유언의 중요한 요건이라 할 수 있다. 왜냐하면 유언의 성립시기는 유언능력의 유무를 판단하는 기준시가 될 뿐만 아니라, 내용이 서로 저촉되는 복수의 유언증서가 있는 경우에 그 우열을 판단하는 기준이 되기 때문이다. 연월일의 자서가 2개 이상 있는 경우는 나중의 일자를 기준으로 하는 것이 타당하다.

연월일이 없는 유언서는 무효이다. 그런데 날짜의 기재가 없거나 불완전하더라도 유언장의 내용이나 혹은 외부적 사정에 비추어 유언의 성립시기를 확정할 수 있는 경우에는 유효하다고 해석된다(예를 들어 회갑날, 몇 회 생일날 등으로 표기해도 유효하다).

판례

1. 연·월만 기재하고 일의 기재가 없는 자필유언증서의 효력

자필유언증서의 연월일은 이를 작성한 날로서 유언능력의 유무를 판단하거나 다른 유언증서와 사이에 유언성립의 선후를 결정하는 기준일이 되므로 그 작성일을 특정할 수 있게 기재하여야 한다. 따라서 연·월만 기재하고 일의 기재가 없는 자필유언증서는 그 작성일을 특정할 수 없으므로 효력이 없다. '2002년 12월'이라고 작성의 연월만 기재되었을 뿐 정확한 작성일이 기재함이 없이 유언자가 자필유언증서에 2005.17. 발급받은 자신의 인감증명서를 첨부하고 그 인감증명서의 사용용도란에 '02-12-유언서 사실확인용'이라고 자서하였다 하더라도 민법 제1066조 제2항이 정한 방식에 따라 '2002년 12월' 중의 특정한 날이 그 작성일로 삽입되었거나 그 작성의 연월일을 '2005.5.17.'로 변경하였다고 볼 수 없으므로 위와 같은 자필유언증서는 유효하게 된다고 볼 수 없다(대판 2009.5.14, 2009다9768).

2. 주소가 없는 자필증서에 의한 유언의 효력

자필증서에 의한 유언에서 유언자가 주소를 자서하지 않았다면 이는 법정된 요건과 방식에 어긋난 유언으로서 그 효력을 부정하지 않을 수 없으며, 유언자의 특정에 지장이 없다고 하여 달리 볼 수 없다. 여기서 자서가 필요한 주소는 반드시 주민등록법에 의하여 등록된 곳일 필요는 없으나, 적어도 민법 제18조에서 정한 생활의 근거되는 곳으로서 다른 장소와 구별되는 정도의 표시를 갖추어야 한다(대판 2014.9.26, 2012다71688).

(3) 성명의 자서

성명(姓名)의 기재는 그 유언이 누구의 것인가를 알 수 있을 정도이면 족하다. 호(呼)나 자(字) 또는 예명 등을 사용해도 상관없다고 본다. 예를 들어, 서명 대신에 '父'라고만 자필서명된 경우에도, 그것에 의하여 유언자와 유언의 의사를 확인할 수 있는 한 유효하다고 할 수 있다.

(4) 날 인

날인(捺印)은 반드시 실인(實印)이거나 인감증명서상의 인감(印鑑)일 필요는 없고 무인(拇印)도 무방하며(대판 1998.6.12, 97다38510), 타인을 시켜서 날인하여도 유효하다고 본다. 날인은 유언문서에 유언자의 동일성 및 진의를 증명하기 위한 수단으로서 통상 문서작성자의 지인(指印)이 있으면 인장으로서의 날인과 동등하게 인정된다고 할 것이다. 성명의 자서와 날인은 모두 갖추어야 하는가? 판례는 성명의 자서와 날인을 모두 요구하고 있지만(대판 2006.9.8, 2006다25103·25110), 성명의 자서만으로도 유언자의 동일성을 확인할 수 있다면 날인이 없더라도 유언은 유효하다고 보는 것이 타당하다(다수설).

(5) 자필증서의 변경

자필증서에 문자를 삽입하거나 삭제 또는 변경하는 경우에는 유언자가 이를 자서하고 날인하여야 한다(제1066조 제2항).

판례

자필증서에 의한 유언의 요건과 효력

1. 자필증서에 의한 유언의 요건

민법 제1066조에서 규정하는 자필증서에 의한 유언은 유언자가 그 전문과 연월일, 주소 및 성명을 자서(自署)하는 것이 절대적 요건이므로 전자복사기를 이용하여 작성한 복사본은 이에 해당하지 아니하나, 주소를 쓴 자리가 반드시 유언 전문 및 성명이 기재된 지편이어야 하는 것은 아니고 유언서의 일부로 볼 수 있는 이상 그 전문을 담은 봉투에 기재하더라도 무방하며, 날인은 인장 대신에 무인에 의한 경우에도 유효하다. 그리고 자필증서에 의한 유언에 있어서 그 증서에 문자의 삽입, 삭제 또는 변경을 함에는 민법 제1066조 제2항의 규정에 따라 유언자가 이를 자서하고 날인하여야 하나, 자필증서 중 증서의 기재 자체에 의하더라도 명백한 오기를 정정한 것에 지나지 않는다면 설령 그 수정 방식이 위 법조항에 위배된다고 할지라도 유언자의 의사를 용이하게 확인할 수 있으므로 이러한 방식의 위배는 유언의 효력에 영향을 미치지 아니한다(대판 1998.6.12, 97다38510).

2. 유언자의 날인이 없는 유언장의 자필증서에 의한 유언으로서 효력

민법 제1065조 내지 제1070조가 유언의 방식을 엄격하게 규정한 것은 유언자의 진의를 명확히 하고 그로 인한 법적 분쟁과 혼란을 예방하기 위한 것이므로, 법정된 요건

과 방식에 어긋난 유언은 그것이 유언자의 진정한 의사에 합치하더라도 무효인바, 민법 제1066조 제1항은 "자필증서에 의한 유언은 유언자가 그 전문과 연월일, 주소, 성명을 자서하고 날인하여야 한다"고 규정하고 있으므로, 유언자의 날인이 없는 유언장은 자필증서에 의한 유언으로서의 효력이 없다(대판 2006.9.8, 2006다25103 · 25110).

2. 녹음에 의한 유언

제1067조(녹음에 의한 유언)
녹음에 의한 유언은 유언자가 유언의 취지, 그 성명과 연월일을 구술하고 이에 참여한 증인이 유언의 정확함과 그 성명을 구술하여야 한다.

(1) 의 의

녹음이란 음향이나 영상 등 복사매체를 이용하여 표현자의 표현을 기록하는 것을 의미한다. 녹음에는 아날로그 방식이나 디지털 방식 등 아무런 제한이 없다.

(2) 방 식

녹음유언을 하기 위하여는 유언자가 유언의 취지, 그 성명과 연월일을 구술(口述)하고 이에 참여한 증인이 유언의 정확함과 그 성명을 구술하여야 한다(제1067조). 피성년후견인이 의사능력이 회복되어 녹음에 의한 유언을 할 때에 의사는 심신회복의 상태를 녹음기에 구술하는 방법으로 확인해야 할 것이다.

(3) 증 인

녹음에 의한 유언의 경우 증인의 수에 대해서 규정이 없다. 해석상 1인이라는 견해(곽윤직)가 있지만 다른 방식의 유언에서와 마찬가지로 2인 이상의 증인을 요한다고 해석하는 것이 타당하다.

3. 공정증서에 의한 유언

제1068조(공정증서에 의한 유언)
공정증서에 의한 유언은 유언자가 증인 2인이 참여한 공증인의 면전에서 유언의 취지를 구수하고 공증인이 이를 필기 낭독하여 유언자와 증인이 그 정확함을 승인한 후 각자 서명 또는 기명날인하여야 한다.

(1) 공정증서에 의한 유언의 특징

공정증서에 의한 유언은 자기가 유언증서를 작성하지 않아도 할 수 있는 유언의 방식으로, 유언의 존재를 명확히 하고 내용의 진실성을 확보할 수 있다는 점이 특징이다.

(2) 요 건

① 증인(證人) 2인의 참여가 있어야 하고, 유언자가 공증인의 면전에서 유언의 취지를 구수(口授)하여야 한다.

판례

공정증서에 의한 유언의 요건과 효력

1. 공정증서에 의한 유언
   유언자가 의학상 소위 가면성(假眠性) 정신상태 하에서 공증인이 유언내용의 취지를 유언자에게 말하여 주고 '그렇소?' 하고 묻자, 유언자는 말하지 않고 고개만 끄덕거린 상황에서, 공증인의 사무원이 그 내용을 필기하고 이를 공증인이 낭독하는 방법으로 유언서가 작성되었다면, 이는 유언자가 구수한 것이라고 할 수 없으므로 무효이다(대판 1980.12.23, 80므18).
2. 증인과 자서가 결여된 공정증서에 의한 유언의 효력
   유언장에 대하여 공증사무실에서 인증을 받았으나 그 유언장이 증인 2명의 참여가 없고 자서된 것도 아니라면 공정증서에 의한 유언이나 자필증서에 의한 유언으로서의 방식이 결여되어 있으므로 유언으로서의 효력을 발생할 수 없다(대판 1994.12.22, 94다13695).
3. 민법 제1068조에서 규정하는 "유언취지의 구수"의 의미
   민법 제1068조 소정의 '공정증서에 의한 유언'에서 '유언취지의 구수'라고 함은 말로써 유언의 내용을 상대방에게 전달하는 것을 뜻하는 것이므로 이를 엄격하게 제한하여 해석하여야 하지만, 공증인이 유언자의 의사에 따라 유언의 취지를 작성하고 그 서면에 따라 유언자에게 질문을 하여 유언자의 진의를 확인한 다음 유언자에게 필기된 서면을 낭독하여 주었고, 유언자가 유언의 취지를 정확히 이해할 의사식별능력이 있고 유언의 내용이나 유언경위로 보아 유언 자체가 유언자의 진정한 의사에 기한 것으로 인정할 수 있는 경우에는, 위와 같은 '유언취지의 구수' 요건을 갖추었다고 보아야 한다. 따라서 공증변호사가 미리 작성하여 온 공정증서에 따라, 의식이 명료하고 언어소통에 지장이 없는 유언자에게 질문하여 유증의사를 확인하고 그 증서의 내용을 읽어주어 이의 여부도 확인한 다음 자필서명을 받은 경우, 위 공정증서에 의한 유언은 민법 제1068조에서 정한 요건을 모두 갖추었다(대판 2007.10.25, 2007다51550·

51567; 대판 2008.2.28, 2005다75019·7502 및 대판 2008.8.11, 2008다1712도 같은 취지).

4. **유언자란에 유언자가 아닌 다른 사람 이름이 들어간 공정증서유언의 효력**
유언자 성명란에 착오로 수유자의 명의가 새겨진 경우 설혹 그 유언서가 유언자의 진정한 의사에 의하여 작성되었음을 확인하는 판결이 선고되더라도 유언의 유·무효에 관한 권리관계 내지 법률적 지위의 불안이 제거될 수 없으니, 이 사건 문서진부확인의 소는 소의 이익이 없어 부적법하다(대구지법 2009.1.13, 2008나15092. 따라서 이러한 경우에는 공정증서에 의한 유언이 유효함을 이유로 상속인 내지 유언집행자를 상대로 하여 유언이 유효하다는 확인을 구하는 소 또는 유증을 원인으로 한 소유권이전등기절차의 이행을 구하는 소를 제기함이 상당하다).

② 공증인이 유언자의 구술을 필기하고, 이를 유언자와 증인 앞에서 낭독하여야 한다. 공증인이 미리 유언자가 작성한 문안을 받고 유언자가 구수하는 것을 들은 다음, 이것으로써 필기에 갈음하는 것과 같이 구술과 필기의 순서가 바뀌어도 상관없다고 본다. 필기는 공증인 자신이 반드시 할 필요는 없으며, 필생(筆生)에게 집필시켜도 무방하며, 반드시 유언자의 면전에서 할 필요는 없다고 본다. 공정증서는 국어로 작성되어야 한다(공증인법 제26조).

③ 유언자와 증인이 필기가 정확함을 승인한 후 각자가 서명 또는 기명날인하여야 한다. 공증인은 그 사무소에서 직무를 행하는 것이 원칙이지만(공증인법 제17조), 유언의 경우에는 그 적용이 없다(공증인법 제56조).

판례

1. **절차에 문제가 있는 공정증서에 의한 유언을 무효라고 한 사례**
공정증서에 기재된 내용과 같은 유언의 구수가 있었는지 강한 의심이 들고, 유언의 구수가 있었다고 하더라도 '공증인이 유언자의 구술을 필기해서 이를 유언자와 증인에게 낭독할 것'과 '유언자와 증인이 공증인의 필기가 정확함을 승인할 것'이라는 요건을 갖추지 못하였고, '유언자가 서명 또는 기명날인할 것'이라는 요건도 갖추지 못한 공정증서에 의한 유언은 무효이다(대판 2002.10.25, 2000다21802: 유언자가 미리 작성한 메모를 공증인에게 인편으로 전달하여 작성한 유언).

2. **공정증서에 의한 유언에서 공증인이나 촉탁인의 피용자 또는 공증인의 보조자의 증인 자격**
공증인이나 촉탁인의 피용자 또는 공증인의 보조자는 촉탁인이 증인으로 참여시킬 것을 청구한 경우를 제외하고는 공정증서에 의한 유언에서 증인도 될 수 없다(대결 2014.7.25, 2011스226).

4. 비밀증서에 의한 유언

제1069조(비밀증서에 의한 유언)
① 비밀증서에 의한 유언은 유언자가 필자의 성명을 기입한 증서를 엄봉날인하고 이를 2인 이상의 증인의 면전에 제출하여 자기의 유언서임을 표시한 후 그 봉서표면에 제출연월일을 기재하고 유언자와 증인이 각자 서명 또는 기명날인하여야 한다.
② 전항의 방식에 의한 유언봉서는 그 표면에 기재된 날로부터 5일 내에 공증인 또는 법원서기에게 제출하여 그 봉인상에 확정일자인을 받아야 한다.

제1071조(비밀증서에 의한 유언의 전환)
비밀증서에 의한 유언이 그 방식에 흠결이 있는 경우에 그 증서가 자필증서의 방식에 적합한 때에는 자필증서에 의한 유언으로 본다.

(1) 요 건

비밀증서에 의한 유언의 요건은 유언자가 필자의 성명을 기입한 증서를 엄봉(嚴封)·날인할 것, 엄봉한 날인증서를 2인 이상의 증인의 면전에 제출하여 자기의 유언임을 표시할 것, 봉서(封書)의 표면에 유언서의 제출연월일을 기재하고 유언자와 증인이 각자 서명 또는 기명날인할 것, 비밀증서에 의한 유언봉서는 그 표면에 기재된 날로부터 5일 내에 공증인 또는 가정법원 서기에게 제출하여 그 봉인상(封印上)에 확정일자인을 받을 것을 요한다(제1069조 제1항·제2항).

(2) 비밀증서에 의한 유언의 전환

그 방식에 흠결이 있는 경우에 자필증서의 방식에 적합한 때에는 자필증서에 의한 유언으로 본다(제1071조).

5. 구수증서에 의한 유언

제1070조(구수증서에 의한 유언)
① 구수증서에 의한 유언은 질병 기타 급박한 사유로 인하여 전 4조의 방식에 의할 수 없는 경우에 유언자가 2인 이상의 증인의 참여로 그 1인에게 유언의 취지를 구수하고 그 구수를 받은 자가 이를 필기 낭독하여 유언자의 증인이 그 정확함을 승인한 후 각자 서명 또는 기명날인하여야 한다.
② 전항의 방식에 의한 유언은 그 증인 또는 이해관계인이 급박한 사유의 종료한 날로부터 7일 내에 법원에 그 검인을 신청하여야 한다.
③ 제1063조 제2항의 규정은 구수증서에 의한 유언에 적용하지 아니한다.

(1) 의 의

구수란 일정한 사항을 말로 표현하여 전하는 것을 말한다. 구수에 의한 방식은 급박한 상황에 처한 유언자의 유언을 청취하는 방식이기 때문에 다른 유언절차가 불가능할 때 보충적으로 이루어진다. 구수증서에 의한 유언은 다른 보통방식의 유언과 달리 형식이 간단하고 그 실질이 다르므로 유언요건을 완화하여 해석하여야 한다(대판 1977.11.8, 76므15).

(2) 요 건

① 질병 기타 급박한 사유

구수증서에 의한 유언은 질병 기타 긴박한 사유로 인하여 위에서 말한 유언의 방식으로는 유언을 할 수 없는 특별한 경우에만 인정된다. 따라서 자필증서, 녹음, 공정증서 및 비밀증서의 방식에 의한 유언이 객관적으로 가능한 경우까지 구수증서에 의한 유언을 허용하여야 하는 것은 아니다(대판 1999.9.3, 98다17800).

② 구수방식

유언자가 2인 이상의 증인이 참여한 가운데 그 중 1인에게 유언의 취지를 구수하고, 구수를 받은 자가 이를 필기·낭독하여 유언자와 증인이 그 정확함을 승인한 후 각자 서명 또는 기명날인하여야 한다.

③ 검 인

이 방식에 의한 유언은 그 증인 또는 이해관계인이 급박한 사유가 종료한 날(판례는 특별한 사정이 없는 한 유언이 있은 날로 해석: 대결 1994.11.3, 94스16)로부터 7일 내에 법원에 그 검인을 신청하여야 하고(제1070조 제2항), 검인을 받지 못하면 구수증서에 의한 유언은 무효이다(대판 1992.7.14, 91다39719). 가정법원은 이 검인을 심판으로써 한다(가소법 제2조 제1항 라류). 여기서 이해관계인이라 함은 상속인 기타 검인에 의하여 직접 그 권리가 침해되었다고 객관적으로 인정되는 자를 말한다(대결 1990.2.9, 89스19).

④ 피성년후견인의 구수

피성년후견인이 구수증서에 의한 유언을 하는 경우에는 그 의사능력이 회복되어야 한다(제1063조 제1항). 여기서 의사가 심신회복의 상태를 유언증서에 부기하고 서명·날인할 필요는 없다(제1070조 제3항에 의한 제1063조 제2항의 적용배제).

판례

구수증서에 의한 유언의 요건

증인이 제3자에 의하여 미리 작성된, 유언의 취지가 적혀 있는 서면에 따라 유언자에게 질문을 하고 유언자가 동작이나 간략한 답변으로 긍정하는 방식은, 유언 당시 유언자의 의사능력이나 유언에 이르게 된 경위 등에 비추어 그 서면이 유언자의 진의에 따라 작성되었음이 분명하다고 인정되는 등의 특별한 사정이 없는 한 민법 제1070조 소정의 유언취지의 구수에 해당한다고 할 수 없으므로, 유언 당시에 자신의 의사를 제대로 말로 표현할 수 없는 유언자가 유언취지의 확인을 구하는 변호사의 질문에 대하여 고개를 끄덕이거나 '음', '어'라고 말한 것만으로는 민법 제1070조가 정한 유언의 취지를 구수한 것으로 볼 수 없다(대판 2006.3.9, 2005다57899).

제 3 절 유언의 효력

I 유언의 효력발생시기

제1073조(유언의 효력발생시기)

① 유언은 유언자가 사망한 때로부터 그 효력이 생긴다.

② 유언에 정지조건이 있는 경우에 그 조건이 유언자의 사망 후에 성취한 때에는 그 조건성취한 때로부터 유언의 효력이 생긴다.

1. 원 칙

유언은 유언증서를 작성한 시점에 성립하고 언제든지 철회할 수 있으며, 그 효력은 유언자가 사망한 때로부터 발생하는 것이 원칙이다(제1073조). 그러나 사망에 의한 효력발생이라는 원칙에는 예외가 있다. 조건·기한부 유언(條件·期限附遺言), 유언인지(遺言認知), 친생부인(親生否認), 재단법인(財團法人)의 설립행위(設立行爲) 등이 그것이다.

2. 조건 · 기한부 유언

(1) 정지조건이 있는 유언

유언에 정지조건(停止條件)이 있는 경우에 그 조건이 유언자의 사망 후에 성취된 때에는 그 조건이 성취된 때로부터 유언의 효력이 생긴다(제1073조 제2항). 이 규정은 정지조건의 효력(제147조 제1항)에 따른다는 것을 주의적으로 규정한 것에 불과하다(김주수·김상용; 박병호).

(2) 해제조건이 있는 유언

해제조건(解除條件)이 있는 유언의 경우 유언은 유언자가 사망한 때로부터 효력을 발생하고, 후일 조건이 성취되면 그때부터 효력을 상실한다. 그리고 정지조건부이든 해제조건부이든, 유언자가 조건성취의 효과를 성취 전에 소급시킬 의사를 표시한 때에는 그 의사에 따라야 한다(제147조 제3항).

(3) 기한부 유언

시기부(始期附) 유언은 기한이 도래한 때에 그 이행의 청구가 가능하다. 종기부(終期附) 유언은 유언자가 사망한 때로부터 그 효력을 발생하며 부가된 종기의 도래로 인하여 효력을 상실한다(제152조 제2항). 예컨대, 상속재산분할금지에 관한 유언은 5년 내의 종기부로 하여야 한다(제1012조 후단).

3. 유언인지(제859조 제2항)

(1) 유언으로 혼인외의 자(子)를 인지한 경우에는 유언집행자는 가족관계등록법이 정한 바에 의하여 그 취임일로부터 1월 이내에 인지신고(認知申告)를 하여야 한다(가족관계등록법 제59조). 인지의 효력은 혼인 외의 출생자의 출생 시로 소급한다(제860조).

(2) 유언에 의한 인지(제859조 제2항 전단)의 효력발생시기에 대해 가족관계등록법에 의해 신고한 때라고 보는 견해(정광현)가 있지만, 유언자가 사망한 때 효력을 발생하고, 신고는 보고적인 것에 지나지 않는다고 보는 것이 타당하다(다수설).

4. 친생부인

유언으로 친생부인(親生否認)을 할 수 있지만 유언의 의사표시만으로 친생부인의 효력이 발생하지는 않는다. 유언에 의한 친생부인은 유언집행자가 친생부인의 소를 제기하고(제850조), 그 확정판결에 의하여 친생관계가 소멸된다.

5. 재단법인 설립행위

유언으로 재단법인(財團法人)의 설립행위를 하는 경우 재단법인이 설립되는 것은 유언자의 사망이 아니라 유언집행자가 설립등기를 한 때이다(제33조). 재단법인이 설립되면 출연재산은 유언자가 사망한 때로 소급하여 그때부터 법인에게 귀속한다고 보는 것이 다수설이다(제48조).

Ⅱ 포괄유증(包括遺贈)

1. 유증의 의의와 종류

(1) 유증의 의의

유증은 유언자가 유언에 의하여 자기의 재산을 수유자에게 사후(死後)에 무상으로 양도할 것을 내용으로 하는 단독행위이다. 유증은 단독행위라는 점에서 계약인 사인증여(死因贈與)와 구별되지만, 사인행위라는 점 등에서 사인증여와 비슷하므로 유증에 관한 규정이 사인증여에도 준용된다(제562조). 다만, 유증에 관한 규정 중 능력(제1061조~제1063조), 방식(제1065조 이하), 승인과 포기(제1074조~제1077조) 등에 관한 규정은 사인증여에 준용되지 않는다. 유언에 의한 재단법인설립은 유증이 아니지만 유증과 흡사하므로 민법은 이 경우에 유증에 관한 규정을 준용하며(제47조 제2항), 출연재산은 유언의 효력이 발생한 때로부터 법인에 귀속하는 것으로 본다(제48조 제2항).

(2) 유증의 자유와 그 제한

유증은 상속재산의 자유처분을 인정하는 것이기 때문에 유언의 자유란 유증의 자유라고 할 수 있다. 따라서 이에 관한 민법규정은 유언자의 자유로운 의사결정을 우선시키고 있는 것으로 해석된다. 그 결과 유증에 관한 민법규정은 가족법상의 다른 강행규정과는 달리 임의규정인 경우가 많다(제1076조, 제1079조, 제1087조, 제1090조, 제1083조, 제1084조, 제1085조). 그러나 피상속인의 의사에 의한 상속재산의 처분이 무제한인 것은 아니다. 유류분에 관한 규정은 유증의 자유를 제한하는 중요한 제도 중 하나이다.

(3) 유증의 종류

유증은 특정유증(特定遺贈)과 포괄유증(包括遺贈)으로 나뉜다. 포괄유증은 적극·소극의 재산을 포괄하는 상속재산의 전부 또는 그 분수적 부분 내지 비율(예컨대, 상속재산의 70%)에 의한 유증을 의미한다. 특정유증은 하나하나의 재산상의 이익을 구체적으로 특정하여 유증의 내용으로 하는 것, 예컨대 어떤 부동산, 어떤 채권을 양도한다든가 하는 것 등이다. 이 밖에 조건있는 유증, 기한있는 유증 및 부담있는 유증과 그러한 조건, 기한 및 부담이 없는 단순유증(單純遺贈)이 있다.

2. 수유자와 유증의무자

제1064조(유언과 태아, 상속결격자)
제1000조 제3항, 제1004조의 규정은 수증자에 준용한다.

(1) 수유자(受遺者) (민법은 수증자 또는 유증받은 자라는 표현을 사용하는데 증여계약에서 증여를 받는 자의 개념으로 사용하는 수증자와의 혼동을 피하기 위해서 수유자라는 개념을 사용하기로 한다)

유증의 권리자이다. 수유자는 유증자와 친족관계에 있는 사람에 한정되지 않고, 권리능력자는 수유능력을 가지므로 자연인뿐만 아니라 법인도 유증을 받을 수 있다. 수유자는 원칙적으로 유언자의 사망 당시 생존하여야 한다(제1089조 제1항). 다만, 태아는 유증에 관해서는 이미 출생한 것으로 본다(제1064조, 제1003조 제3항). 또한 수유자는 상속결격자가 아니어야 한다(제1064조, 제1004조).

(2) 유증의무자(遺贈義務者)

(특정)유증에서 재산의 양도의무는 유언자의 사망 후에 집행되기 때문에 유언자는 의무자가 될 수 없으며, 따라서 별도로 유증의무자가 존재하게 된다. 상속인이나 유언집행자(제1101조), 포괄적 수유자(제1078조), 상속인 없는 재산의 관리인(제1053조, 제1056조)이 유증의무자가 된다.

(3) 유증의 공통적 효력

유증의 효력은 포괄적 유증인가 특정적 유증인가에 따라 그 내용이 각각 다르다(자세한 것은 다음 2, 3 참고). 다만, 효력발생시기에 관해서는 유증의 일반적 효력과 공통의 원칙을 가지고 있다. 즉, 유증이 단순유증인 경우에 그 효력은 유언자가 사망한 때부터 발생한다(제1073조). 수유자가 유언자의 사망 전에 사망한 경우에는 유증의 효력은 생기지 않는다(제1089조 제1항. 다만, 유언자의 사망 후 수유자가 사망한 경우에는 유증의 효력이 상실되지 않으므로, 수유자의 상속인이 이를 상속한다). 정지조건부 유증에 있어서도 수유자가 그 조건성취 전에 사망한 경우에는 유증의 효력은 생기지 않는다(제1089조 제2항). 유증의 효력이 생기지 아니하거나 수유자가 이를 포기한 때에는 유증의 목적인 재산은 상속인에게 귀속한다(제1090조 본문). 그러나 유언자가 유언으로 다른 의사를 표시한 때에는 그 의사에 따른다(제1090조 단서).

3. 포괄유증의 효력

(1) 재산상속인과 동일한 권리 · 의무

제1078조(포괄적 수증자의 권리의무)
포괄적 유증을 받은 자는 상속인과 동일한 권리의무가 있다.

포괄적 수유자는 재산상속인과 동일한 권리·의무가 있기 때문에(제1078조), i) 상속인과 마찬가지로 유언자의 일신전속적 권리를 제외하고는 유언자의 권리·의무를 포괄적으로 승계한다(제1005조). ii) 포괄적 수유자와 상속인이 있을 때, 혹은 포괄적 수유자만이 수인이 있을 때에, 이러한 자들 사이에는 공동상속인 사이에서의 공동상속관계와 동일한 관계가 발생하므로, 상속재산의 공유관계가 생기고(제1006조, 제1007조), 분할협의를 하게 된다(제1013조). iii) 유증목록에 유증자 명의의 일부 재산이 누락되어 있다고 해서 특정유증이 되는 것은 아니고, 유증의 경위, 유증자 소유 재산 중 유증목록에 포함된 재산의 가액 정도, 유증목록에서 제외된 재산의 소유권 이전과 사용용도, 유언공정증서의 표현 내용 등의 제반 사정을 고려하여 포괄유증으로 평가할 수 있다(서울고법 2004.9.16, 2004나9796). iv) 제1078조는 포괄적 사인증여에 준용되지 않는다(대판 1996.4.12, 94다37714·37721).

판례

포괄유증과 사인증여

1. 포괄적 사인증여는 낙성·불요식의 증여계약의 일종이고, 포괄유증은 엄격한 방식을 요하는 단독행위이며, 방식을 위배한 포괄유증은 대부분 포괄적 사인증여로 보여질 것인바, 포괄적 사인증여에 민법 제1078조가 준용된다면 양자의 효과는 동일

하게 되므로, 결과적으로 포괄유증에 엄격한 방식을 요하는 요식행위로 규정한 조항들은 무의미하게 된다. 따라서 민법 제1078조가 포괄적 사인증여에 준용된다고 하는 것은 사인증여의 성질에 반하므로 준용되지 아니한다고 해석함이 상당하다(대판 1996.4.12, 94다37714·37721).

2. 72세의 남자(망인)가 52세의 여자인 피고와 재혼한 지 8개월이 지나 부부 간의 증표로서 부동산의 소유명의를 이전해 달라는 요구에 따라 시가 2억 원 정도의 주택을 증여를 원인으로 하여 처에게 이전해 준 것은 두 사람의 결혼 당시의 나이, 결혼 전후의 부양관계, 결혼 경위 등 제반 사정에 비추어 볼 때, 이는 부동산을 명의신탁한 것이라기보다는 얼마 남지 않은 여생 동안 배우자로서 또한 보호자로서 남편이 외롭지 아니하게 애정을 가지고 혼인생활을 유지하고 남편을 부양해 줄 것을 조건으로 증여한 것이라고 봄이 상당하다(서울고법 2004.9.16, 2004나9796).

(2) 상속의 승인과 포기에 관한 규정의 준용

포괄유증의 승인과 포기에는 상속의 승인 또는 포기에 관한 제1019조 내지 제1044조의 규정이 적용되며, 유증의 승인·포기에 관한 제1074조 내지 제1077조는 특정유증에만 적용된다고 해석하는 것이 타당하다. 따라서 포괄유증의 승인과 포기는 제1019조의 기간 내에만 가능하고, 한정승인과 포기 시에는 가정법원에 신고하여야 한다(제1030조, 제1041조). 또한 무조건적 승인·포기만 가능하다.

(3) 제999조의 준용

상속인의 상속회복청구권 및 그 제척기간에 관한 민법 제999조는 포괄적 유증에도 유추적용된다(대판 2001.10.12, 2000다22942).

4. 상속과 포괄유증의 비교

(1) 상속과의 공통점

ⅰ) 상속재산을 포괄적으로 승계하고 유증자의 채무도 승계한다. ⅱ) 포괄적 수유자는 상속인 및 다른 포괄적 수유자가 있으면 이들과 상속재산공유 상태에 들어가며 이 상태는 상속재산분할로 해소된다. ⅲ) 승인 또는 포기할 수 있다(제1074조, 제1019조). ⅳ) 재산분리절차에서 상속인과 동일하게 취급되고, 결격사유도 동일하다.

(2) 상속과의 차이점

i) 상속능력이 인정되지 않는 법인도 수유능력을 갖는다. ii) 상속은 유류분권이 있으나, 포괄적 수유자에게는 유류분권이 없으므로 특정유증은 포괄유증에 우선한다. iii) 포괄유증에는 대습상속규정이 적용되지 않는다. 포괄적 수유자가 유언자보다 먼저 사망하면 포괄유증은 무효가 된다(제1089조 제1항). iv) 포괄적 수유자는 상속분의 양수권(제1011조 제1항)이 없다. v) 상속인이나 다른 포괄적 수유자가 상속이나 유증을 포기한 경우에도 포괄적 수유자가 받은 유증분은 고정되어 있으므로 증가하지 않는다(제1090조)(이견 있음). vi) 상속은 부관을 붙일 수 없으나, 포괄유증은 이를 붙일 수 있다.

Ⅲ 특정유증

1. 의 의

구체적인 재산을 목적으로 하는 유증을 말한다. 특정수유자(特定受遺者)는 특정의 재산권에 관하여 증여계약에 있어서의 수증자와 동일한 지위에 있다.

2. 효 과

(1) 유증목적물의 귀속시기(歸屬時期)

수유자는 유언의 효력발생으로 인하여 물권적 권리를 취득하는가 아니면 채권적 권리를 취득하는가? 포괄유증과 특정유증을 나누어 살펴보아야 한다.

① 포괄유증의 경우에는 수유자는 재산상속인과 동일한 권리·의무가 있으므로(제1078조), 유언의 효력발생과 동시에 상속재산 전부 또는 그 분수적 부분을 등기 또는 인도 없이 법률상 당연히 승계하며, 유증의무자에 의한 유증의 이행을 필요로 하지 않는다(물권적 효력: 제187조 참조).

② 특정유증의 경우에는 특정유증물은 상속재산으로서 일단 상속인에게 귀속되며, 수유자는 상속인에 대하여 유증의 이행을 청구할 수 있는 권리를 취득하는 데 지나지 않는다(채권적 효력: 대판 2003.5.27, 2000다73445). 즉, 특정의 재산권은 그 이행에 의하여 비로소 이전된다. 다만, 채무의 면제와 같이 의사표시만으로 효력을 발생하는 것은 물권적 효력이 있다. 특정유증의 채권적 효력의

근거로는 첫째, 물권변동에 있어서 형식주의를 취하는 점, 둘째, 한정승인과 재산분리의 경우 상속채권자에게 먼저 변제를 완료한 후가 아니면 수유자에게 변제하지 못하도록 하는 규정(제1036조, 제1051조 제3항)은 채권적 효력을 전제한 것이고, 셋째, 유증포기의 자유가 있으며 유증이 유류분권리자로부터 반환당하는 경우가 있기 때문이다(박병호).

판례

특정유증자의 법률상 지위

1. 포괄적 유증과 특정유증의 구별기준 및 특정유증 받은 자의 법률상 지위

상속재산에 대한 비율의 의미로 유증이 된 경우는 포괄적 유증, 그렇지 않은 경우는 특정유증이라고 할 수 있지만, 유언공정증서 등에 유증한 재산이 개별적으로 표시되었다는 사실만으로는 특정유증이라고 단정할 수는 없고(동지: 대판 1978.12.13, 78다1816), 상속재산이 모두 얼마나 되는지를 심리하여 다른 재산이 없다고 인정되는 경우에는 이를 포괄적 유증이라고 볼 수도 있다. 포괄적 유증을 받은 자는 민법 제187조에 의하여 법률상 당연히 유증받은 부동산의 소유권을 취득하게 되나, 특정유증을 받은 자는 유증의무자에게 유증을 이행할 것을 청구할 수 있는 채권을 취득할 뿐이므로, 특정유증을 받은 자는 유증받은 부동산의 소유권자가 아니어서 직접 진정한 등기명의의 회복을 원인으로 한 소유권이전등기를 구할 수 없다(대판 2003.5.27, 2000다73445).

2. 특정유증을 한 유증자가 사망한 경우 그의 소송상 지위의 당연승계인(=상속인) 및 특정유증을 받은 자가 이를 당연승계할 수 있는지 여부

유언자가 자신의 재산 전부 또는 전 재산의 비율적 일부가 아니라 단지 일부 재산을 특정하여 유증한 데 불과한 특정유증의 경우에는, 유증 목적인 재산은 일단 상속재산으로서 상속인에게 귀속되고 유증을 받은 자는 단지 유증의무자에 대하여 유증을 이행할 것을 청구할 수 있는 채권을 취득하게 될 뿐이므로, 유증자가 사망한 경우 그의 소송상 지위도 일단 상속인에게 당연승계되는 것이고 특정유증을 받은 자가 이를 당연승계할 여지는 없다(대판 2010.12.23, 2007다22859).

(2) 유증의무자와 수유자 사이의 권리 · 의무

① 유증이행청구권(遺贈履行請求權)

특정유증의 수유자는 유증의무자에게 유증의 내용을 이행할 것을 청구하거나 기타 유증목적물의 인도나 등기청구를 요구할 수 있다.

② 과실취득권(果實取得權)

제1079조(수증자의 과실취득권)
수증자는 유증의 이행을 청구할 수 있는 때로부터 그 목적물의 과실을 취득한다. 그러나 유언자가 유언으로 다른 의사를 표시한 때에는 그 의사에 의한다.

수유자는 유증의 이행을 청구할 수 있는 때로부터 그 목적물의 과실을 취득한다. 여기서 유증의 이행을 청구할 수 있는 때라 함은 단순유증의 경우에는 유언자의 사망 시, 정지조건부 유증의 경우에는 정지조건의 성취 시, 시기부 유증의 경우에는 시기가 도래한 때이다(다수설). 즉, 유증의무자가 이행청구를 받은 때가 아니다. 과실은 천연과실이건 법정과실이건 이를 묻지 않는다. 유언자가 유언으로 다른 의사를 표시한 때에는 그 의사에 의한다.

③ 비용상환청구권(費用償還請求權)

제1080조(과실수취비용의 상환청구권)
유증의무자가 유언자의 사망 후에 그 목적물의 과실을 취득하기 위하여 필요비를 지출한 때에는 그 과실의 가액의 한도에서 과실을 취득한 수증자에게 상환을 청구할 수 있다.

제1081조(유증의무자의 비용상환청구권)
유증의무자가 유증자의 사망 후에 그 목적물에 대하여 비용을 지출한 때에는 제325조의 규정을 준용한다.

㉮ 과실수취비용(果實收取費用)　유증의무자가 유언자의 사망 후에 그 목적물의 과실을 수취하기 위하여 필요비를 지출한 때에는 과실의 가액한도에서 과실을 수취한 수유자에게 상환을 청구할 수 있다(제1080조).

㉯ 비용상환청구권(費用償還請求權)　유증의무자가 유언자의 사망 후에 그 목적물에 대하여 필요비를 지출한 때에는 그 금액의 상환을 청구할 수 있으며, 유익비를 지출한 때에는 그 가액의 증가가 현존하는 경우에 한하여 수유자의 선택에 좇아 그 지출한 금액이나 증가액의 상환을 청구할 수 있다(제1081조, 제325조). 가정법원은 유익비에 대해서는 수유자의 청구에 의하여 상환기간의 유예를 허여(許與)할 수 있다.

④ 유증의무자의 담보책임

제1082조(불특정물 유증의무자의 담보책임)
① 불특정물을 유증의 목적으로 한 경우에는 유증의무자는 그 목적물에 대하여 매도인과 같은 담보책임이 있다.
② 전항의 경우에 목적물에 하자가 있는 때에는 유증의무자는 하자 없는 물건으로 인도하여야 한다.

제1085조(제3자의 권리의 목적인 물건 또는 권리의 유증)
유증의 목적인 물건이나 권리가 유언자의 사망 당시에 제3자의 권리의 목적인 경우에는 수증자는 유증의무자에 대하여 그 제3자의 권리를 소멸시킬 것을 청구하지 못한다.

제1086조(유언자가 다른 의사표시를 한 경우)
전 3조의 경우에 유언자가 유언으로 다른 의사를 표시한 때에는 그 의사에 의한다.

㉮ 불특정물(不特定物) 불특정물을 유증의 목적으로 한 경우에 유증의무자는 그 목적물에 대하여 매도인과 같은 담보책임(擔保責任)이 있다(제1082조 제1항). 그리고 그 목적물에 하자가 있는 때에는 유증의무자는 하자 없는 물건으로 인도하여야 한다(제1082조 제2항). 유증이 단독행위라는 점에서 매도인의 담보책임에서 인정되는 계약해제는 인정될 수 없고 손해배상청구권과 완전물급부청구권이 인정된다. 그 내용도 손해배상과 완전물급부를 선택해서 행사하는 것이 아니라 완전물의 급부를 우선해서 청구하여야 한다(제1082조 제2항. 이 점에서 제581조와 다르다). 유증목적물이 제3자의 소유에 속하는 등으로 인해 하자 없는 물건으로 인도할 수 없는 경우에는 유증의무자는 손해배상을 하여야 한다.

㉯ 제3자의 권리의 목적인 물건 또는 권리의 유증 유증목적물이 특정되었을 경우에는 유언자의 사망 당시의 현상대로 유증목적물을 인도하면 된다. 따라서 민법도 유증의 목적인 물건이나 권리가 유언자의 사망 당시에 제3자의 권리의 목적인 경우에는, 수유자는 유증의무자에 대하여 그 제3자의 권리를 소멸시킬 것을 청구하지 못한다(제1085조)고 규정하고 있다. 제3자의 권리는 유증의 목적과 양립하는 제한물권(制限物權)이나 임차권(賃借權) 등을 의미하고, 제3자의 권리가 유증목적물에 성립된 시기는 유언의 성립 전·후를 불문한다. 담보책임이 인정되지 않는 이와 같은 특정물 유증이라고 하더라도 유언자가 유언으로 다른 의사표시를 한 때에는 그 의사에 의한다(제1086조).

(3) 수유자의 유증에 기한 물상대위

제1083조(유증의 물상대위성)
유증자가 유증목적물의 멸실, 훼손 또는 점유의 침해로 인하여 제삼자에게 손해배상을 청구할 권리가 있는 때에는 그 권리를 유증의 목적으로 한 것으로 본다.

제1084조(채권의 유증의 물상대위성)
① 채권을 유증의 목적으로 한 경우에 유언자가 그 변제를 받은 물건이 상속재산 중에 있는 때에는 그 물건을 유증의 목적으로 한 것으로 본다.
② 전항의 채권이 금전을 목적으로 한 경우에는 그 변제받은 채권액에 상당한 금전이 상속재산 중에 없는 때에도 그 금액을 유증의 목적으로 한 것으로 본다.

① 유증목적물의 멸실 · 훼손으로 인한 물상대위성(物上代位性)

유증자가 유증목적물의 멸실·훼손 또는 점유의 침해로 인하여 제3자에게 손해배상을 청구할 권리가 있는 때에는 그 권리를 유증의 목적으로 한다(제1083조). 다만, 유언자가 유언으로 다른 의사표시를 한 때에는 그 의사에 의한다(제1086조). 여기서 멸실이란 목적물의 소멸뿐만이 아니라 법적인 의미에서 권리행사가 불가능한 객관적인 상태를 포함한다. 훼손도 객관적인 목적물가치의 손상은 물론 다른 물건과 부합·혼화·가공되는 경우 등을 포함한다. 멸실이나 훼손이 제3자의 불법행위에 기인하는 경우에는 손해배상청구권에 수유자의 권리가 미치고 불법적인 침해가 아닌 경우에는 수유자의 권리도 그에 따라 발생하는 보상청구권이나 합성물에 미친다고 해석된다. 점유의 침해로 인하여 소유권이 상실된 경우뿐만이 아니라 목적물의 반환청구를 할 수 있어도 동시에 손해배청구권이 인정되는 경우도 포함된다.

② 채권의 유증

㉮ 유언자의 생존 중에 채권이 변제수령에 의해 소멸하지 않은 경우에는 채권법의 일반원리와 유언자의 의사해석에 따른다.

㉯ 유언자가 생존 중에 채권의 변제를 수령하여 그 채권이 소멸된 경우, 그 변제를 받은 물건이 상속재산 중에 있는 때에는 그 물건을 유증의 목적으로 한 것으로 본다(제1084조 제1항). 그리고 그 채권이 금전을 목적으로 한 경우에는 그 변제받은 채권액에 상당한 금전이 상속재산 중에 없는 때에도 그 금액을 유증의 목적으로 한 것으로 본다(제1084조 제2항). 여기서도 유언자가 유언으로 다른 의사를 표시한 때에는 그에 의한다(제1086조).

(4) 상속재산에 속하지 않은 권리의 유증

제1087조(상속재산에 속하지 아니한 권리의 유증)

① 유언의 목적이 된 권리가 유언자의 사망 당시에 상속재산에 속하지 아니한 때에는 유언은 그 효력이 없다. 그러나 유언자가 자기의 사망 당시에 그 목적물이 상속재산에 속하지 아니한 경우에도 유언의 효력이 있게 할 의사인 때에는 유증의무자는 그 권리를 취득하여 수증자에게 이전할 의무가 있다.

② 전항 단서의 경우에 그 권리를 취득할 수 없거나 그 취득에 과다한 비용을 요할 때에는 그 가액으로 변상할 수 있다.

① 유증의 목적이 된 권리가 유언자의 사망 당시에 상속재산에 속하지 않은

때에는 그 유증은 효력이 없다(제1087조 제1항 본문). 유증목적물이 상속재산에 속하지 않는 경우는, 유증 당시에는 유언자의 소유에 속하였으나 상속개시 후 상속재산에 속하지 않는 경우와 유증 당시에도 유언자의 소유에 속하지 않는 경우의 두 가지가 있을 수 있다. 전자의 경우에는 사실상 유언의 철회에 해당하여 유언의 효력이 소멸하게 되므로 제1087조의 적용이 없다. 따라서 제1087조가 적용되는 경우는 후자이다.

② 유언자가 자기의 사망 당시에 그 목적물이 상속재산에 속하지 아니한 경우에도, 유언의 효력이 있게 할 의사가 있는 때에는 유증의무자는 그 권리를 취득하여 수유자에게 이전할 의무가 있다(제1087조 제1항 단서. 예컨대, 유언자가 자기에게 속하지 않는 부동산을 수유자에게 줄 것을 유언하고, 유증의무자에게 그 부동산을 매수하여 수유자에게 인도하도록 하였다면 이와 같은 유증도 유효하다). 따라서 유언의 유효·무효에 관해서는 구체적 사정과 유언자의 의사를 종합적으로 판단하여 결정하여야 한다. 그리고 유증의무자가 그 권리를 취득할 수 없거나, 그 취득에 과다한 비용을 요할 때에는 가액으로 변상할 수 있다(제1087조 제2항). 가액의 산정은 상속개시 시가 아니라 수유자가 변상을 청구한 때의 시가를 기준으로 하여야 한다(김주수·김상용; 이경희).

3. 특정유증의 승인과 포기

특정유증은 포괄유증과 성질이 다르므로, 상속의 승인과 포기의 규정이 그대로 적용되지 않는다. 민법은 특정유증의 승인과 포기에 관하여 별도의 규정(제1074~제1077조)을 두고 있다.

(1) 승인 · 포기의 자유

제1074조(유증의 승인, 포기)
① 유증을 받을 자는 유언자의 사망 후에 언제든지 유증을 승인 또는 포기할 수 있다.
② 전항의 승인이나 포기는 유언자의 사망한 때에 소급하여 그 효력이 있다.

유증은 그 자체가 완결된 법률행위이며 계약이 아니므로 수유자의 의사에 상관없이 당연히 효력이 발생하지만, 수유자의 의사에 반해서까지 권리취득을 강제하는 것은 불합리하다. 따라서 민법은 유증을 받을 자는 유언자의 사망 후에 언제든지 유증을 승인 또는 포기할 수 있다(제1074조 제1항)고 규정한다. 유언자의 사망 전에 하는 유증의 승인이나 포기는 의미가 없으므로 무효이다. 승인이나 포기의 방식은, 가정법원에 신고를 요구하는 포괄유증과는 달리 유증의무자나 유언집행자에 대한 의사표시만으로 충분하다. 포괄유증의 승인 또는 포기에 관하여는 상속의 승인과 포기가 준용되므로(제1078조, 제1019조 이하), 유증의 승인 또는 포기에 관한 제1074조 이하는 특정유증의 경우에 한하여 적용되는 것으로 해석하여야 한다. 따라서 특정유증의 포기에는 기간제한이 없고, 가정법원에 신고할 필요도 없으며, 일부에 대한 승인·포기도 가능하다. 특정유증의 승인이나 포기의 효력은 유언자가 사망한 때에 소급하여 효력이 있다(제1074조 제2항). 수유자가 포기하면 유증목적물은 유언에 달리 정한 바가 없는 한 상속인에게 귀속한다(제1090조).

(2) 유증의무자의 최고권(催告權)

제1077조(유증의무자의 최고권)

① 유증의무자나 이해관계인은 상당한 기간을 정하여 그 기간 내에 승인 또는 포기를 확답할 것을 수증자 또는 그 상속인에게 최고할 수 있다.

② 전항의 기간 내에 수증자 또는 상속인이 유증의무자에 대하여 최고에 대한 확답을 하지 아니한 때에는 유증을 승인한 것으로 본다.

① 의 의

특정수유자의 승인 또는 포기의 기간에 관한 민법규정이 없으므로 유증의무자나 이해관계인은 불안정한 법적 상태에 놓이게 된다. 이에 민법은 유증의무자나 이해관계인의 최고권(제1077조)을 규정하고 있다.

② 최고의 의사표시의 효력

유증의무자나 이해관계인은 상당한 기간을 정하여 그 기간 내에 승인 또는 포기를 확답할 것을 수유자 또는 그 상속인에게 최고할 수 있고(제1077조 제1항), 만약 그 기간 내에 수유자 또는 상속인이 유증의무자에 대하여 최고에 대한 확답을 하지 않은 때에는 유증을 승인한 것으로 본다(제1077조 제2항). 최고에 대한 확답의 의사표시의 효력발생은 의사표시를 발한 때에 발생한다고 해석된다.

최고는 수유자에게 도달함으로써 그 효력이 발생하고(제111조), 수유자가 제한능력자인 경우에는 그 법정대리인이 최고의 사실을 알지 못했다면 최고로써 수유자에게 대항할 수 없다(제112조).

(3) 수유자상속인(受遺者相續人)의 승인 · 포기

제1076조(수증자의 상속인의 승인, 포기)
수증자가 승인이나 포기를 하지 아니하고 사망한 때에는 그 상속인은 상속분의 한도에서 승인 또는 포기할 수 있다. 그러나 유언자가 유언으로 다른 의사를 표시한 때에는 그 의사에 의한다.

수유자가 승인이나 포기를 하지 않고 사망한 때에는 그 상속인은 상속분의 한도에서 승인 또는 포기를 할 수 있다(제1076조 본문). 그러나 유언자가 유언으로 다른 의사표시를 한 때에는 그 의사에 의한다(제1076조 단서).

(4) 승인 · 포기의 효력

제1075조(유증의 승인, 포기의 취소금지)
① 유증의 승인이나 포기는 취소하지 못한다.
② 제1024조 제2항의 규정은 유증의 승인과 포기에 준용한다.

① 유증의 승인이나 포기는 취소하지 못한다(제1075조 제1항). 일단 유효하게 표시된 유증의 승인이나 포기에 대해 취소를 허용하는 것은 이해관계인의 신뢰를 배반하고 불의의 손해를 일으킬 염려가 있기 때문이다. 다만 유증의 승인 또는 포기가 착오(錯誤) 또는 사기(詐欺)나 강박으로 인한 경우, 제한능력자가 단독으로 한 경우 등에는 이를 취소할 수 있고, 그 취소권은 추인할 수 있는 날로부터 3월, 승인 또는 포기한 날로부터 1년 내에 행사하여야 한다(제1075조 제2항, 제1024조 제2항).

② 포기된 유증의 목적물은 유언자가 유언으로써 별도의 의사를 표시하지 않는 한 상속인에게 귀속된다(제1090조).

Ⅳ 부담 있는 유증

제1088조(부담 있는 유증과 수증자의 책임)
① 부담 있는 유증을 받은 자는 유증의 목적의 가액을 초과하지 아니한 한도에서 부담한 의무를 이행할 책임이 있다.
② 유증의 목적의 가액이 한정승인 또는 재산분리로 인하여 감소된 때에는 수증자는 그 감소된 한도에서 부담할 의무를 면한다.

제1111조(부담 있는 유언의 취소)
부담 있는 유증을 받은 자가 그 부담의무를 이행하지 아니한 때에는 상속인 또는 유언집행자는 상당한 기간을 정하여 이행할 것을 최고하고 그 기간 내에 이행하지 아니한 때에는 법원에 유언의 취소를 청구할 수 있다. 그러나 제삼자의 이익을 해하지 못한다.

1. 서 설

(1) 의 의

부담(負擔) 있는 유증이란 유언자가 유언으로 수유자에 대하여 이익을 향수하게 하는 한편, 이와 함께 일정한 법률상의 의무를 부담시키는 유증이다. 예를 들면, 유언자가 수유자에게 어떤 이익을 주는 유언증서 중에 유언자 본인, 그 상속인 또는 제3자를 위하여 일정한 의무를 이행할 부담을 과하는 유증을 말한다. 부담 있는 유증은 포괄유증과 특정유증의 구별 없이 인정되며, 부담은 유증의 목적물과 전혀 관계없는 사항이라도 무방하다.

(2) 법적 성질

① 정지조건부 유증과의 관계

부담부 유증은 의무를 부담시킬 뿐이며, 유증의 효력을 발생 또는 소멸시키는 조건이 있는 유증이 아니다. 따라서 부담의 불이행이 있더라도 유증의 효력이 당연히 상실되지는 않는다. 이에 비해서 정지조건부 유증은 부담의 이행을 정지조건으로 하기 때문에 부담의 이행이라는 정지조건이 성취되면 유증의 효력이 소급적으로 발생한다는 점에서 부담부 유증과 다르다.

② 쌍무계약(雙務契約)에 관한 규정과의 관계

부담 있는 증여는 반대급부 있는 쌍무계약과 유사하게 규율되지만(제561조), 부담부 유증은 반대급부가 없는 단독행위이기 때문에 쌍무계약규정이 준용되지 않는다. 따라서 수유자가 그 부담을 이행하지 않고 유증의 이행을 청구한다고 하더라도 유증의무자는 이를 거절하지 못한다.

2. 부담의 내용과 그 무효

부담의 내용은 금전적 가치가 없어도 무방하지만 법률적 의무가 아닌 것, 예를 들어 "청빈하게 살아라", "웃어른들에게 항상 공경하라"와 같은 윤리적이거나 정신적인 내용은 부담이 아니다. 부담이 불능이거나 선량한 풍속 기타 사회질서에 반하는 사항을 목적으로 하는 것인 때에는 그 부담은 무효이다. 부담이 무효가 된다고 하더라도 유증 그 자체가 무효가 되는 것은 아니다. 다만 유언자가 부담이 무효라면 유증하지 않았을 것이라는 사실을 유증의무자가 증명하는 경우에는 그 유증은 무효라고 보는 것이 타당하다.

3. 부담 있는 유증의 효력

(1) 부담의 이행의무자

부담의 이행의무자는 수유자이다. 수유자가 승인을 하고 부담의무를 이행하지 않고 있는 동안에 사망한 때에는 그 상속인이 이행의무자이다.

(2) 부담의 이행청구권자

부담의 이행청구권자는 상속인·유언집행자·부담의 이행청구권자로 지정된 자 및 수익자이다.

(3) 부담 있는 유증을 받은 자의 책임범위

① 부담 있는 유증을 받은 자(者)는 유증의 목적의 가액을 초과하지 아니한 한도에서 부담한 의무를 이행할 책임이 있다(제1008조 제1항). 부담이 유증이익을 초과하더라도 유증 전체가 무효가 되는 것은 아니고, 부담부분이 유증이익을 초과하는 부분만이 무효로 된다고 해석된다.

② 유언자가 유언할 당시 유언으로 정한 유증재산이 유증의 이행 당시보다 부족한 경우가 발생할 수 있다. 예를 들어 상속채권자가 변제를 받은 후에야 유증을 받을 수 있고, 한정승인이나 재산분리로 유증목적재산은 상속재산의 한도 내로 한정되며 또한 유류분반환청구권의 행사로 유증의 목적재산이 감소할 수 있다. 수유자의 부담이 유증목적재산의 범위를 훨씬 초과함에도 이를 수유자에게 강제할 수는 없는 것이다. 이에 민법은 유증의 목적의 가액이 한정승인 또는 재산분리로 인하여 감소된 때에는 수유자는 그 감소된 한도에서 부담할 의무를 면한다(제1088조)고 정하고 있다.

4. 부담 있는 유증의 취소

(1) 의 의

부담 있는 유증을 받은 자가 그 부담의무를 이행하지 아니한 때에는 상속인 또는 유언집행자는 상당한 기간을 정하여 이행할 것을 최고하고, 그 기간 내에 이행하지 아니한 때에는 법원에 유언의 취소를 청구할 수 있다(제1111조 본문). 부담 있는 유증의 취소는 일반적인 민법총칙상의 취소와는 달리 그 취소원인이 부담의무의 불이행에 있다는 점에서 차이가 난다.

(2) 취소의 요건

부담 있는 유증을 취소하기 위해서는 수유자가 부담의무를 불이행하고, 그 불이행이 수유자의 귀책사유에 기한 것이며, 상속인이나 유언집행자가 상당기간을 정하여 이행을 최고하여야 한다. 상당한 기간의 여부는 유언자의 의사표시와 부담의 이행에 필요한 기간 등을 객관적으로 종합하여 판단하여 결정하는 것이 타당하다.

(3) 취소의 효과

가정법원이 취소를 결정하면 유증은 소급적으로 소멸하므로 유증의 목적물은 상속인에게 귀속하고, 청구권자는 수유자에 대하여 이미 이행된 유증목적물의 반환을 청구할 수 있다. 부담있는 유증의 취소는 제3자의 이익을 해하지 못한다(제1111조 단서).

제4절 유언의 집행

I 유언집행의 의의

유언의 내용 중에는 후견인의 지정(제931조), 상속재산의 분할금지(제1012조 후단)와 같이 그 실현을 위하여 특별한 행위를 필요로 하지 않는 경우도 있으나, 친생부인(제850조), 인지(제859조 제2항)와 같이 유언의 내용을 실현하기 위하여 집행을 필요로 하는 경우도 있다. 유언의 집행(執行)은 유언의 효력이 발생한 후 유언에 표시된 유언자의 의사를 실현하는 행위 혹은 절차를 가리킨다. 유언의 집행은 보통 상속인이 하는 경우가 많다. 유언의 집행은 유언자의 유언을 충실히 실행하는가가 중요하므로 유언집행자의 역할에 대해서 민법은 이에 관한 엄격한 규정을 두고 있다.

Ⅱ 유언집행의 준비절차

제1091조(유언증서, 녹음의 검인)
① 유언의 증서나 녹음을 보관한 자 또는 이를 발견한 자는 유언자의 사망 후 지체없이 법원에 제출하여 그 검인을 청구하여야 한다.
② 전항의 규정은 공정증서나 구수증서에 의한 유언에 적용하지 아니한다.
제1092조(유언증서의 개봉)
법원이 봉인된 유언증서를 개봉할 때에는 유언자의 상속인, 그 대리인 기타 이해관계인의 참여가 있어야 한다.

1. 유언의 검인

(1) 검인의 의의

유언의 증서나 녹음을 보관한 자 또는 이를 발견한 자(者)는, 유언자의 사망 후 지체없이 가정법원에 유언증서나 녹음을 제출하여 그 검인(檢印)을 청구하여야 한다(제1091조 제1항). 이러한 절차는 일종의 유언서에 대한 검증 내지 증거보전절차적 성격을 갖는다. 따라서 증거보전이 확실한 공정증서 유언이나 구수증서에 의한 유언에는 검인이 필요 없다(제1091조 제2항. 이해관계인에게 유언의 존재와 내용을 확인시키는 방법이 제도적으로 확립되기 전까지는 공정증서 유언의 경우에도 검인이 필요하다고 하는 견해. 이경희).

(2) 검인의 효력

유언증서에 대한 법원의 검인은 유언의 방식에 관한 사실을 조사함으로써 위조·변조를 방지하고 그 보존을 확실히 하기 위한 절차에 불과할 뿐 유언증서의 효력 여부를 심판하는 절차가 아니다(대판 1998.5.29, 97다38503). 검인청구된 유언서가 민법이 정한 방식에 따르지 아니한 것이라고 하더라도, 그 청구를 각하할 것이 아니라 가사소송규칙에 의하여 조서를 작성하여야 한다(가소규 제87조).

2. 유언서의 개봉

가정법원이 봉인된 유언증서를 개봉할 때에는 유언자의 상속인, 그 대리인 기타 이해관계인이 참여하여야 한다(제1092조). 개봉에 관하여는 조서를 작성하여야 하며(가소규 제87조), 출석하지 않은 상속인, 기타 유언의 내용에 관계있는 자에게 그 사실을 고지하여야 한다(가소규 제88조). 개봉절차를 거치지 않더라도 유언의 효력에 영향을 미치지 않는다. 개봉에 관한 비용은 상속재산의 부담으로 한다(가소규 제90조).

Ⅲ 유언집행자

1. 유언의 집행

친생부인이나 인지 등은 반드시 집행자를 두어 집행하여야 한다. 특정유증·재단법인의 설립·신탁 등은 상속인 자신도 집행할 수 있으므로, 별도로 유언자의 지정이나 위탁 내지 법원의 선임에 의한 집행자가 필요하지 않다.

2. 유언집행자의 결정

제1093조(유언집행자의 지정)
유언자는 유언으로 유언집행자를 지정할 수 있고 그 지정을 제3자에게 위탁할 수 있다.
제1094조(위탁에 의한 유언집행자의 지정)
① 전조의 위탁을 받은 제3자는 그 위탁 있음을 안 후 지체없이 유언집행자를 지정하여 상속인에게 통지하여야 하며 그 위탁을 사퇴할 때에는 이를 상속인에게 통지하여야 한다.
② 상속인 기타 이해관계인은 상당한 기간을 정하여 그 기간 내에 유언집행자를 지정할 것을 위탁받은 자에게 최고할 수 있다. 그 기간 내에 지정의 통지를 받지 못한 때에는 그 지정의 위탁을 사퇴한 것으로 본다.
제1095조(지정유언집행자가 없는 경우)
전 2조의 규정에 의하여 지정된 유언집행자가 없는 때에는 상속인이 유언집행자가 된다.
제1096조(법원에 의한 유언집행자의 선임)
① 유언집행자가 없거나 사망, 결격 기타 사유로 인하여 없게 된 때에는 법원은 이해관계인의 청구에 의하여 유언집행자를 선임하여야 한다.
② 법원이 유언집행자를 선임한 경우에는 그 임무에 관하여 필요한 처분을 명할 수 있다.
제1097조(유언집행자의 승낙, 사퇴)
① 지정에 의한 유언집행자는 유언자의 사망 후 지체없이 이를 승낙하거나 사퇴할 것을 상속인에게 통지하여야 한다.
② 선임에 의한 유언집행자는 선임의 통지를 받은 후 지체없이 이를 승낙하거나 사퇴할 것을 법원에 통지하여야 한다.
③ 상속인 기타 이해관계인은 상당한 기간을 정하여 그 기간 내에 승낙 여부를 확답할 것을 지정 또는 선임에 의한 유언집행자에게 최고할 수 있다. 그 기간 내에 최고에 대한 확답을

받지 못한 때에는 유언집행자가 그 취임을 승낙한 것으로 본다.

유언집행자(遺言執行者)는 수인이라도 무방하다. 유언집행자에는 지정유언집행자·법정유언집행자·선임유언집행자가 있다.

(1) 지정유언집행자

유언자는 유언으로 유언집행자를 지정하거나 그 지정을 제3자에게 위탁할 수 있다(제1093조). 지정을 위탁할 수 있는 제3자란 유언의 효력을 받는 법률관계 당사자가 아닌 자를 가리키므로 상속인과 수유자는 제3자로서 지정위탁을 받을 수 없다. 유언집행자지정의 위탁을 받은 자는 그 위탁 있음을 안 후 지체없이 유언집행자를 지정하여 상속인에게 통지하여야 하고, 위탁을 사퇴할 때에는 그 사실을 상속인에게 통지하여야 한다(제1094조 제1항). 상속인 기타 이해관계인은 상당한 기간을 정하여 그 기간 내에 유언집행자를 지정할 것을 위탁받은 자에게 최고할 수 있다(제1094조 제2항 전단). 그 기간 내에 지정의 통지를 받지 못한 때에는 그 지정의 위탁을 사퇴한 것으로 본다(제1094조 제2항 후단). 유언집행자로 지정된 자는 상속의 개시 후 지체없이 그 승낙 혹은 사퇴를 상속인에게 통지하여야 한다(제1097조 제1항). 상속인 기타 이해관계인은 상당한 기간을 정하여 그 기간 내에 승낙의 여부를 확답하도록 유언집행자에게 최고할 수 있고, 최고기간 내에 확답이 없으면 유언집행자가 그 취임을 승낙한 것으로 본다(제1097조 제3항).

판례

지정유언집행자가 해임된 이후 법원에 의하여 새로운 유언집행자가 선임되지 아니한 경우, 상속인의 원고적격이 인정되는지 여부

유증 등을 위하여 유언집행자가 지정되어 있다가 그 유언집행자가 사망·결격 기타 사유로 자격을 상실한 때에는 상속인이 있더라도 유언집행자를 선임하여야 하는 것이므로, 유언집행자가 해임된 이후 법원에 의하여 새로운 유언집행자가 선임되지 아니하였다고 하더라도 유언집행에 필요한 한도에서 상속인의 상속재산에 대한 처분권은 여전히 제한되며 그 제한 범위 내에서 상속인의 원고적격 역시 인정될 수 없다(대판 2010.10.28, 2009다20840).

(2) 법정유언집행자

유언집행자가 없는 경우에는 상속인이 유언집행자가 된다(제1095조). 이 규정은 상속인과 이해관계인과의 이해가 상반되는 경우에 이를 해결할 방법이 없는 문제점이 있다. 이에 이 규정을 삭제하고 선임유언집행자제도와 통합하는 입법론이 제기되고 있다(김주수·김상용; 박병호; 이경희).

(3) 선임유언집행자

유언집행자가 없거나, 사망, 결격 기타 사유로 인하여 없게 될 때에는 가정법원은 이해관계인의 청구에 의하여 유언집행자를 선임한다(제1096조 제1항). 법원이 유언집행자를 선임한 경우에는 그 임무에 관하여 필요한 처분을 명할 수 있다(제1096조 제2항). 유언집행자는 선임의 통지를 받은 후 지체없이 이를 승낙하거나 사퇴할 것을 법원에 통지하여야 하고(제1097조 제2항), 상속인 기타 이해관계인은 일정한 기간을 정하여 선임의 승낙 여부를 최고할 수 있으며, 최고기간 내에 확답이 없으면 그 취임을 승낙한 것으로 본다(제1097조 제3항).

3. 유언집행자의 결격

제1098조(유언집행자의 결격사유)
제한능력자와 파산선고를 받은 자는 유언집행자가 되지 못한다.

제한능력자와 파산선고를 받은 자는 집행자가 되지 못한다(제1098조). 집행자로 지정될 당시에는 제한능력자이었으나 취임 시에 능력자이면 집행자가 될 수 있다. 성년후견개시심판을 받지 않은 의사무능력자나 백치 등도, 명문의 규정은 없으나 유언집행자가 될 수 없다고 본다. 다만, 미성년자가 혼인으로 성년의제된 경우에는 자격이 있는 것으로 해석된다.

결격자를 유언집행자로 지정하면 그 지정은 무효가 되며, 유언집행자가 취임 후에 제한능력자가 된 때에는 유언집행자의 지위를 상실한다.

4. 유언집행자의 임무

제1099조(유언집행자의 임무착수)
유언집행자가 그 취임을 승낙한 때에는 지체없이 그 임무를 이행하여야 한다.

제1100조(재산목록작성)
① 유언이 재산에 관한 것인 때에는 지정 또는 선임에 의한 유언집행자는 지체없이 그 재산목록을 작성하여 상속인에게 교부하여야 한다.
② 상속인의 청구가 있는 때에는 전항의 재산목록작성에 상속인을 참여하게 하여야 한다.

제1101조(유언집행자의 권리의무)
유언집행자는 유증의 목적인 재산의 관리 기타 유언의 집행에 필요한 행위를 할 권리의무가 있다.

제1102조(공동유언집행)

유언집행자가 수인인 경우에는 임무의 집행은 그 과반수의 찬성으로써 결정한다. 그러나 보존행위는 각자가 이를 할 수 있다.

제1104조(유언집행자의 보수)

① 유언자가 유언으로 그 집행자의 보수를 정하지 아니한 경우에는 법원은 상속재산의 상황 기타 사정을 참작하여 지정 또는 선임에 의한 유언집행자의 보수를 정할 수 있다.

② 유언집행자가 보수를 받는 경우에는 제686조 제2항, 제3항의 규정을 준용한다.

제1107조(유언집행의 비용)

유언의 집행에 관한 비용은 상속재산 중에서 이를 지급한다.

(1) 재산목록의 작성

유언집행자는 취임 즉시(상속인의 청구가 있는 때에는 상속인의 참여 아래) 상속재산을 조사하고 재산목록을 작성하여 상속인에게 교부하여야 하고(제1100조), 상속인의 청구가 있는 때에는 그 재산목록 작성에 상속인을 참여시켜야 한다(제1100조 제2항).

(2) 유언집행자의 권리 · 의무의 범위

유언집행자는 유증의 목적인 재산의 관리 등 유언집행에 필요한 행위를 할 권리·의무가 있다(제1101조).

(3) 공동유언집행자

공동유언집행자는 그 과반수의 찬성으로 임무의 집행을 결정한다. 다만 보존행위는 각자가 할 수 있다(제1102조). 공동유언집행자 중 1인이라도 단독으로 유언집행자를 추가로 선임청구할 수 있다(대결 1987.9.29, 86스11).

판례

유증목적물에 대한 관리처분권과 지정된 유언집행자가 없는 경우 유증의무의 이행자

상속인이 유언집행자가 되는 경우를 포함하여 유언집행자가 수인인 경우에는, 유언집행자를 지정하거나 지정위탁한 유언자나 유언집행자를 선임한 법원에 의한 임무의 분장이 있었다는 등의 특별한 사정이 없는 한, 유증목적물에 대한 관리처분권은 유언의 본지에 따른 유언의 집행이라는 공동의 임무를 가진 수인의 유언집행자에게 합유적으로 귀속되고, 그 관리처분권 행사는 과반수의 찬성으로써 합일하여 결정하여야 하므로, 유언집행자가 수인인 경우 유언집행자에게 유증의무의 이행을 구하는 소송은 유언집행자 전원을 피고로 하는 고유필수적 공동소송으로 봄이 상당하다(대판 2011.6.24, 2009다8345).

(4) 보 수

유언자가 유언으로 정하지 않은 때에는 상속재산의 상황 기타 사정을 참작하여 지정 또는 선임유언집행자의 경우 그에 대한 보수를 가정법원이 결정한다(제1104조 제1항). 유언집행자는(기간으로 보수를 정한 경우가 아닌 한) 유언집행의 사무를 완료한 후가 아니면 보수를 청구할 수 없으나, 사무처리 도중에 귀책사유 없이 사무가 종료된 때에는 이미 처리한 사무비율로 보수를 청구할 수 있다(제1104조 제2항, 제686조 제2항·제3항).

(5) 유언집행의 비용

유언증서의 검인청구비용(제1091조), 상속재산목록작성(제1100조), 상속재산의 관리비용(제1101조), 유언집행자의 보수(제1104조), 권리이전을 위한 등기·등록비용, 유언의 집행에 관하여 생긴 소송비용 등과 같은 유언집행비용은 상속재산 중에서 이를 지급한다(제1107조).

판례

유언지술서 작성을 거부하면서 유언자의 자서와 날인의 진정성을 다투는 상속인들에 대하여 유언집행자가 취할 수 있는 조치

유언집행자로서는, 자필 유언증서상 유언자의 자서와 날인의 진정성을 다투는 상속인들이 유언 내용에 따른 등기신청에 관하여 이의가 없다는 진술서의 작성을 거절하는 경우에는 그 진술을 소로써 구할 것이 아니라, 상속인들을 상대로 유언효력확인의 소나 포괄적 수증자 지위 확인의 소 등을 제기하여 승소 확정판결을 받은 다음, 이를 부동산등기규칙 제46조 제1항 제1호 및 제5호의 첨부정보로 제출하여 유증을 원인으로 하는 소유권이전등기를 신청할 수 있다(대판 2014.2.13, 2011다74277).

5. 유언집행자 지위

제1103조(유언집행자의 지위)

① 지정 또는 선임에 의한 유언집행자는 상속인의 대리인으로 본다.

② 제681조 내지 제685조, 제687조, 제691조와 제692조의 규정은 유언집행자에 준용한다.

유언집행자의 법적 지위가 무엇인지에 대해서 논란이 있지만, 지정 또는 선임에 의한 유언집행자는 상속인의 대리인으로 본다(제1103조 제1항)는 규정과 유언집행인의 임무 등을 볼 때 유언집행자는 법률의 규정에 의하여 특별하게 그 지위가 부여된 상속인의 대리인으로 보아야 할 것이다. 유언집행자의 관리처분권 또는 상속인과의 법률관계에 대하여는 위임관계의 규정(제681조~제685조, 제687조, 제691조, 제692조)을 준용한다(제1103조 제2항). 따라서 유언집행자는 부득이한 사유가 있는 경우에 한하여 복대리인을 선임할 수 있다.

판례

유언집행자의 법적 지위

유언집행자는 유증의 목적인 재산의 관리 기타 유언의 집행에 필요한 모든 행위를 할 권리·의무가 있으므로, 유증 목적물에 관하여 경료된, 유언의 집행에 방해가 되는 다른 등기의 말소를 구하는 소송에 있어서는 유언집행자가 이른바 법정소송담당으로서 원고적격을 가진다고 할 것이고, 유언집행자는 유언의 집행에 필요한 범위 내에서는 상속인과 이해상반되는 사항에 관하여도 중립적 입장에서 직무를 수행하여야 하므로, 유언집행자가 있는 경우 그의 유언집행에 필요한 한도에서 상속인의 상속재산에 대한 처분권은 제한되며 그 제한 범위 내에서 상속인은 원고적격이 없다고 할 것이다. 민법 제1103조 제1항은 “지정 또는 선임에 의한 유언집행자는 상속인의 대리인으로 본다”고 규정하고 있으나, 이 조항은 유언집행자의 행위의 효과가 상속인에게 귀속함을 규정한 것이지, 유언집행자의 소송수행권과 별도로 상속인 본인의 소송수행권도 언제나 병존함을 규정한 것은 아니라고 해석된다(대판 2001.3.27, 2000다26920).

6. 유언집행자의 임무종료

제1105조(유언집행자의 사퇴)

지정 또는 선임에 의한 유언집행자는 정당한 사유 있는 때에는 법원의 허가를 얻어 그 임무를 사퇴할 수 있다.

제1106조(유언집행자의 해임)

지정 또는 선임에 의한 유언집행자에 그 임무를 해태하거나 적당하지 아니한 사유가 있는 때에는 법원은 상속인 기타 이해관계인의 청구에 의하여 유언집행자를 해임할 수 있다.

종료원인으로서 유언집행의 종료, 유언집행자의 사망, 결격사유의 발생, 사퇴(제1105조), 해임(제1106조)이 있다. 유언집행사무가 종료한 때에는 유언집행자는 상속인에게 지체없이 그 전말을 보고하여야 하고(제1103조 제2항, 제683조 후단), 유언집행사무가 종료한 경우 급박한 사정이 있는 때에는 유언집행자 또는 그 상속인은 유언자의 상속인이나 그 법정대리인이 상속사무를 처리할 수 있을 때까지 사무를 계속하여 처리하여야 한다. 이러한 경우에는 유언집행사무의 존속과 동일한 효력이 있다(제1103조 제2항, 제691조).

지정 또는 선임에 의한 유언집행자는 정당한 사유가 있는 때에는 법원의 허가를 얻어 그 임무를 사퇴할 수 있고(제1105조), 지정 또는 선임에 의한 유언집행자가 그 임무를 해태하거나 적당하지 아니한 사유가 있는 때에는 가정법원은 상속인 기타 이해관계인의 청구에 의하여 유언집행자를 해임할 수 있다(제1106조).

판례

유언집행자의 해임사유

유언집행자가 유언의 해석에 관하여 상속인과 의견을 달리한다거나 혹은 유언집행자가 유언집행에 방해되는 상태를 야기하고 있는 상속인을 상대로 유언의 충실한 집행을 위하여 자신의 직무권한 범위에서 가압류신청 또는 본안소송을 제기함으로써 일부 상속인들과 유언집행자 사이에 갈등이 초래되었다는 사정만으로 유언집행자의 해임사유가 있다고 할 수는 없다(대결 2011.10.27, 2011스108).

제5절 유언의 철회·무효·취소

제1108조(유언의 철회)

① 유언자는 언제든지 유언 또는 생전행위로써 유언의 전부나 일부를 철회할 수 있다.

② 유언자는 그 유언을 철회할 권리를 포기하지 못한다.

제1109조(유언의 저촉)

전후의 유언이 저촉되거나 유언 후의 생전행위가 유언과 저촉되는 경우에는 그 저촉된 부분의 전 유언은 이를 철회한 것으로 본다.

제1110조(파훼로 인한 유언의 철회)

유언자가 고의로 유언증서 또는 유증의 목적물을 파훼한 때에는 그 파훼한 부분에 관한 유언은 이를 철회한 것으로 본다.

제1111조(부담 있는 유언의 취소)

부담 있는 유증을 받은 자가 그 부담의무를 이행하지 아니한 때에는 상속인 또는 유언집행자는 상당한 기간을 정하여 이행할 것을 최고하고 그 기간 내에 이행하지 아니한 때에는 법원에 유언의 취소를 청구할 수 있다. 그러나 제3자의 이익을 해하지 못한다.

유언자는 유효한 유언을 한 후라도 생전에 언제든지 자유로이 유언의 전부 또는 일부를 철회할 수 있다(제1108조). 유언의 철회에 대하여 반드시 특별한 이유가 있어야 하는 것은 아니다. 또한 유언자의 의사표시가 없더라도 법률이 정하고 있는 요건에 해당하면 유언이 철회될 수 있다.

《유언의 취소와 철회의 차이점》

유언의 취소	유언의 철회
• 의사표시에 일정한 취소원인이 있어야 한다. • 유언의 취소는 유언자 이외의 자도 취소권이 있는 경우 유언을 취소할 수 있다. • 일부취소를 할 수 없다.	• 유언의 철회는 취소원인이 될 사유가 없더라도 할 수 있다. • 유언자 자신만이 단독으로 철회를 할 수 있다. • 유언의 철회는 전부 또는 일부에 대하여 임의로 할 수 있다.

I 방 식

유언의 철회(撤回)에는 유언자의 의사에 기한 임의철회와 유언자의 의사에 의하지 않는 법정철회가 있다.

1. 임의철회

유효하게 성립한 유언이라도 유언자는 언제든지 자유로이 유언의 전부 또는 일부를 철회할 수 있다(제1108조 제1항). 유언철회는 유언자 본인이 하여야 한다(타인이 유언자의 명의를 이용하여 임의로 유언의 목적인 특정재산에 관하여 처분행위를 하더라도 유언철회로서의 효력은 발생하지 않는다: 대판 1998.6.12, 97다38510). 철회는 반드시 유언으로 할 필요가 없으며 생전행위로도 가능하다. 유언자는 그 유언을 철회할 권리를 포기하지 못한다(제1108조 제2항).

2. 법정철회

(1) 전 유언과 후 유언이 저촉되거나 유언 후의 생전행위가 유언과 저촉되는 경우, 그 저촉된 부분의 전 유언은 철회한 것으로 본다(제1109조). 예를 들어 유언증서에서 유증하기로 한 재산을 유언자가 처분하면, 이는 그 재산에 관한 유언의 법정철회가 된다(그렇다고 다른 재산에 관한 유언까지 철회한 것으로는 볼 수 없

다: 대판 1998.5.29, 97다38503).

(2) 유언자가 유언증서 또는 유증의 목적물을 파손한 경우, 그 훼손한 부분에 관한 유언은 철회한 것으로 본다(제1110조). 유언자의 고의가 전제되는 것이기 때문에 단순히 유언증서가 그 성립 후에 멸실 또는 분실되었다는 사유만으로 유언이 실효되는 것은 아니다(이러한 경우 이해관계인은 유언증서의 내용을 증명하여 유언의 유효를 주장할 수 있다: 대판 1996.9.20, 96다21119).

Ⅱ 유언철회의 효과

1. 소급효

유언이 철회되면 그 유언은 처음부터 없었던 것으로 된다. 따라서 유언자가 사망하더라도 유언은 효력을 발생하지 않는다.

2. 사기 · 강박에 의한 철회의 효력

유언철회의 내용이 인지·입양과 같은 신분행위인 경우 인지취소나 입양취소의 규정이 유추적용될 수 있다. 유언철회의 내용이 재산적인 것을 내용으로 하는 경우에는 민법총칙의 일반원칙에 따라 취소할 수 있다.

Ⅲ 유언의 무효와 취소

1. 무 효

방식이 흠결된 유언, 유언무능력자, 즉 17세 미만자와 의사능력이 없는 자의 유언, 수유결격자에 대한 유언, 선량한 풍속 기타 사회질서나 강행규정에 위반하는 것을 내용으로 한 유언, 그리고 법정사항 이외의 사항을 내용으로 한 유언은 무효이다.

2. 취 소

유언내용의 중요부분에 착오가 있거나, 사기·강박에 의하여 유언이 이루어진 경우에는 그 유언은 취소될 수 있다.

제3장 유류분

제1절 총 설

I 유류분(遺留分)제도

1. 유류분권

(1) 개 념

상속이 개시되면 일정한 범위의 상속인이 피상속인의 재산의 일정한 비율을 확보할 수 있는 지위를 가지는데 이를 유류분권(遺留分權)이라 한다. 피상속인의 생전증여나 유증이 상속인의 유류분을 침해하는 경우 유류분을 침해당한 상속인은 유류분을 침해한 한도에서 수증자나 수유자에게 부족분의 반환을 요구할 수 있다(제1115조). 유류분권리자로서의 지위는 상속개시 전까지는 권리로서 적극적으로 주장할 수 있는 성질의 것이 아니다. 예컨대, 피상속인의 생전증여가 유류분권을 침해하는 것이 명백한 경우에도 피상속인의 생전에(상속개시 전에) 장래의 반환청구권을 보전하기 위하여 증여부동산에 가등기를 할 수는 없다.

(2) 법적 성질

유류분권은 일신전속권이 아니기 때문에 상속개시 후에는 유류분권의 상속과 양도도 가능하고 채권자대위권의 객체가 된다. 기여분은 유류분과 상관없기 때문에 기여분이 유류분을 침해하지는 않는다.

2. 유류분제도의 존재의의

개인의 사적 소유를 보장하는 헌법 아래에서 누구나 자기의 소유재산을 증여하거나 유증하는 자유를 가진다(재산처분의 자유). 그런데 이러한 자유를 무제한 허용한다면 상속재산의 전부가 타인에게 넘어가 상속인의 생활기반이 붕괴할 우려가 있고, 특히 상속인이 노령의 생존배우자이거나 미성숙한 자(子)인 경우, 피상속인이 사망한 날로부터 생활이 곤궁하게 되거나 부양받을 가능성을 잃게 된다. 또한 피상속인의 재산이라 하더라도 실질적으로는 상속인의 재산이 혼재해 있거나, 상속인이 재산형성에 협력한 경우도 있을 수 있다. 따라서 법질서는 유류분제도를 둠으로써 개인의 재산처분의 자유와 상속인의 보호라는 양 측면을 조화시키고 있는 것이다.

3. 민법상의 유류분제도

민법의 유류분제도는 개인재산처분의 자유·거래의 안전과 가족생활의 안정·가족재산의 공평한 분배라고 하는 서로 대립하는 요구의 타협·조정 위에서 이루어지고 있다. 따라서 다음과 같은 특징을 지니고 있다. i) 피상속인이 자유로이 처분할 수 있는 재산과 그렇지 않은 재산이 미리 구분되어 있거나 자유로 처분할 수 있는 비율이 정해져 있지 않고, ii) 생전의 피상속인의 재산처분이 상속개시 시에 유류분을 침해할 것이 분명한 경우에도 유류분을 가지는 추정상속인이 상속개시 전에 저지할 수 없으며, iii) 상속이 개시되더라도 유류분을 침해한 피상속인의 처분은 당연히 무효가 되지 아니하고, 상속인이 일정한 한도에서 피상속인이 한 유증·증여를 반환시키는 권리를 가질 뿐이다.

Ⅱ 유류분의 포기

유류분을 상속개시 전이나 후에 포기(拋棄)할 수 있는가? 이에 관한 민법상 명문의 규정은 없다.

1. 상속개시 전의 포기

상속인이 상속개시 전에 미리 유류분을 포기할 수 있는가? 통설과 판례는 (대판 1998.7.24, 98다9021; 대판 2011.4.28, 2010다29409) 상속개시 전의 유류분의 포기를 부정한다. 학설은 i) 상속권의 사전포기를 인정하지 않는 점, ii) 사전포기를 인정하면 피상속인이나 공동상속인의 위력(威力)에 의하여 유류분권리자가 포기를 강요당함으로써 유류분제도 자체의 존재의의를 상실할 수 있다는 점, iii) 배우자상속권의 확립과 자녀균분상속의 취지를 살린다는 의미에서 사전포기를 인정하지 않는 것이 타당하다는 점, iv) 유류권은 상속개시 전에는 일종의 기대권으로서 현실적으로 어떠한 권리를 가지는 것이 아니므로 그 포기의 대상이 없다는 점 등을 들어 사전포기를 부정한다.

판례

상속개시 전 유류분의 포기

유류분을 포함한 상속의 포기는 상속이 개시된 후 일정한 기간 내에만 가능하고 가정법원에 신고하는 등 일정한 절차와 방식을 따라야만 그 효력이 있으므로, 상속개시 전에 한 상속포기약정은 그와 같은 절차와 방식에 따르지 아니한 것으로 효력이 없다(대판 1998.7.24, 98다9021; 대판 2011.4.28, 2010다29409).

2. 상속개시 후의 포기

상속개시 후 유류분권은 구체적인 반환청구권으로 현실화된다. 이와 같이 구체화된 유류분반환청구권은, 법률행위자유의 원칙상 당사자가 자유로이 포기할 수 있다. 학설도 유류분반환청구권은 개인적 재산권이므로 이를 포기하는 것은 자유라고 한다.

3. 포기의 효과

민법상 명문의 규정은 없으나 유류분권을 포기하더라도 상속인의 지위는 상실하지 않는다. 유류분권리자가 유류분을 포기하면 처음부터 그 유류분권리자는 없었던 것으로 되고 유류분은 다시 산정된다고 보아야 할 것이다(이설 있음. 이경희).

제 2 절 유류분의 범위

사례 27

X에게는 상속인으로 자 A, B, C가 있는데, 자기의 재산 3억 원 중 상속개시 4년 전 A에게 1억 5천만 원을 주고, 상속개시 2년 전 내연의 처 Y에게 9천만 원을 주었다. X는 B와 C에게 그 후 증가된 재산을 주려고 하다가 사망하였는데, 남은 재산은 6천만 원뿐이었다. B와 C는 A 또는 Y에게 유류분에 기한 반환을 청구할 수 있는가?

[논 점]

1. 유류분 산정의 기초가 되는 재산과 반환대상이 되는 증여

Ⅰ 유류분권자

第1118条(준용규정)
제1001조, 제1008조, 제1010조의 규정은 유류분에 이를 준용한다.

1. 법정상속인

유류분권을 가지는 자는 피상속인의 직계비속·배우자·직계존속·형제자매이다(제1112조). 상속순위와 같이 선순위상속인이 있으면 후순위자는 유류분권이 없다. 예를 들어 같은 직계비속이라고 하더라도 피상속인과 1촌관계인 자(子)는 2촌관계인 손자(孫子)보다 선순위이므로 손자는 유류분권이 없다. 유류분은 법정상속권에 기초하고 있으므로, 상속권의 상실원인인 상속인의 결격·포기에 의하여 상속권을 잃은 자는 유류분권도 당연히 잃는다.

2. 태 아

태아는 출생을 조건으로 상속권이 있으므로, 마찬가지로 살아서 출생하면 유류분권을 갖는다(제1118조).

3. 대습상속인

대습상속인(代襲相續人)도 피대습자의 상속분의 범위 내에서 유류분을 갖는다(제1118조에 의한 제1001조, 제1010조의 준용).

Ⅱ 유류분의 내용

第1112조(유류분의 권리자와 유류분)
상속인의 유류분은 다음 각 호에 의한다.
1. 피상속인의 직계비속은 그 법정상속분의 2분의 1
2. 피상속인의 배우자는 그 법정상속분의 2분의 1
3. 피상속인의 직계존속은 그 법정상속분의 3분의 1

4. 피상속인의 형제자매는 그 법정상속분의 3분의 1

1. 보통상속의 경우

피상속인의 직계비속과 배우자는 법정상속분의 2분의 1이고, 직계존속과 형제자매는 법정상속분의 3분의 1이다(제1112조).

2. 대습상속의 경우

대습상속인도 유류분권을 갖는데(제1118조), 유류분액은 피대습자의 상속분을 기준으로 하여 유류분을 산정한다. 대습상속인이 수인인 때에는 피대습자의 유류분의 범위 내에서 제1009조 및 제1112조의 규정에 의하여 각 대습상속인의 상속분에 따라 산정하여야 할 것이다(이경희).

Ⅲ 유류분의 산정

제1113조(유류분의 산정)

① 유류분은 피상속인의 상속개시 시에 있어서 가진 재산의 가액에 증여재산의 가액을 가산하고 채무의 전액을 공제하여 이를 산정한다.

② 조건부의 권리 또는 존속기간이 불확정한 권리는 가정법원이 선임한 감정인의 평가에 의하여 그 가격을 정한다.

제1114조(산입될 증여)

증여는 상속개시 전의 1년 간에 행한 것에 한하여 제1113조의 규정에 의하여 그 가액을 산정한다. 당사자 쌍방이 유류분권리자에 손해를 가할 것을 알고 증여를 한 때에는 1년 전에 한 것도 같다.

1. 유류분산정의 기초가 되는 재산

유류분산정의 기초가 되는 재산이란 상속개시 시에 있어서 가진 재산의 가액에 증여재산의 가액을 가산하고 채무의 전액을 공제한 재산이다(제1113조 제1항). 재산평가의 방법은 상속분의 산정과 같지만, 조건부 권리 또는 존속기간이 불확정한 권리는 가정법원이 선임한 감정인의 평가에 의하여 그 가격을 정한다(제1113조 제2항).

(1) 상속개시 시에 가진 재산의 확정

① '상속개시 시에 가진 재산'이란 상속재산 중 적극재산을 의미한다. 다만 분묘(墳墓)에 속한 1정보 이내의 금양임야(분묘에 속하는 벌목을 금하는 임야)와 600평 이내의 묘토인 농지, 족보와 제구(祭具)의 소유권은 상속재산을 구성하지 않으므로 여기서 제외된다(제1008조의3). 제1113조 제1항에서의 증여재산은 상속개시 전에 이미 증여계약이 이행되어 소유권이 수유자에게 이전된 재산을 가리키고, 특별수익자에게 증여하기로 한 재산 중 아직 이행하지 아니한 재산은 상속개시 시에 가진 재산에 포함된다(대판 1996.8.20, 96다13682).

② 유증한 재산은 상속개시 시에 현존하는 재산으로 취급된다. 사인증여에 관해서 민법은 유증에 관한 규정을 준용하므로(제562조), 이것도 유증과 마찬가지로 취급된다(대판 2001.11.30, 2001다6947).

③ 기여분은 상속재산분할의 전제적 성격을 가지는 것으로서, 유류분과는 서로 관계가 없다. 따라서 유류분을 산정함에 있어 기여분을 공제할 수 없고, 기여분으로 유류분에 부족이 생겼다고 하여 기여분에 대하여 반환을 청구할 수도 없다(대판 2015.10.29, 2013다60753).

(2) 산입되는 증여재산(贈與財産)

① 상속개시 전 1년 간에 행한 증여는 모두 산입된다(제1114조 전문). 그리고 1년의 기간은 증여계약이 체결된 때(상속재산으로부터 떨어져 나가는 것이 확정된 때)를 기준으로 하며, 이행기나 실제 이행 시를 기준으로 하지 않는다(통설).

증여란 널리 모든 무상처분을 의미하며, 법인설립을 위한 출연행위, 무상의 채무면제 등도 이에 포함된다고 본다. 공동상속인이 상속재산 중에서 이미 증여받은 것에 대해서는 민법 제1114조의 적용이 배제된다. 다시 말하면 상속인의 특별수익분에 있어서는 1년 전에 증여받은 것이라도 모두 유류분산정을 위한 기초재산에 산입된다(제1118조에 의한 제1008조의 준용).

② 상속개시 1년 전의 증여라도 당사자 쌍방이 유류분권리자에게 손해를 가할 것을 알고 한 경우는 역시 산입의 대상이 된다(제1114조 후문). '손해를 가할 것을 알고'라 함은 고의로 증여한 경우에 한하지 않고, 객관적으로 유류분권리자에게 손해를 가할 가능성이 있다는 사실을 알고 있으면 그것으로 충분하다. 이에 대해, 판례는, 당사자 쌍방이 증여 당시 증여재산의 가액이 증여하고 남은 재산의 가액을 초과한다는 점을 알았던 사정뿐만 아니라, 장래 상속개시일

에 이르기까지 피상속인의 재산이 증가하지 않으리라는 점까지 예견하고 증여를 행한 사정이 인정되어야 하고, 이러한 당사자 쌍방의 가해의 인식은 증여 당시를 기준으로 판단하여야 한다고 한다(대판 2012.5.24, 2010다50809).

③ 증여와 같은 실질을 가지는 제3자를 위한 사인처분도 산입되어야 한다. 예컨대, 매매계약에서 매도인이 매수인과 특약으로 대금채무를 매도인 사망 시에 제3자에게 이행하도록 약정을 한 경우이다.

④ 유상행위라도 상당하지 않은 대가로 한 경우에 실질적 증여액을 산입할 것인가? 명문의 규정은 없으나 당사자 쌍방이 유류분권리자를 해하는 것을 알고 한 경우에는 제1114조 후단을 유추하여 이를 증여로 보고 실질적 증여액을 산입하여야 할 것이다.

판례

대습상속인의 수증과 유류분의 산정
대습상속인이 대습원인의 발생 이전에 피상속인으로부터 증여를 받은 경우 이는 상속인의 지위에서 받은 것이 아니므로 상속분의 선급으로 볼 수 없고, 대습상속인의 위와 같은 수익은 특별수익에 해당하지 않으므로 유류분 산정을 위한 기초재산에 포함되지 않는다(대판 2014.5.29, 2012다31802).

(3) 공제되는 채무

공제되는 채무에는 상속채무로서 사법상의 채무는 물론, 상속인의 부담이 되는 공법상의 채무(세금, 벌금)도 포함된다. 다만, 관리비용·상속세와 같은 상속재산에 관한 비용, 상속재산목록작성비용 등 유언집행에 관한 비용은 포함되지 않는다(대판 2015.5.14, 2012다21720. 반대 견해 있음).

(4) 기초재산 평가액 산정의 기준시

판례에 따르면 증여받은 재산의 시가는 상속개시 당시를 기준으로 산정하여야 하고(대판 1996.2.9, 95다17885; 대판 2009.7.23, 2006다28126), 당해 반환의무자에 대하여 반환하여야 할 재산의 범위를 확정한 다음 그 원물반환이 불가능하여 가액반환을 명하는 경우에는 그 가액은 사실심 변론종결 시를 기준으로 산정하여야 한다(대판 2005.6.23, 2004다51887). 증여 이후 수증자나 수증자에게서 증여재산을 양수한 사람이 자기 비용으로 증여재산의 성상 등을 변경하여 상속개시 당시 가액이 증가되어 있는 경우에는 증여 당시의 성상 등을 기준으로 상속개시 당시의 가액을 산정하여야 한다(대판 2015.11.12, 2010다104768: 왜냐하면 변경된 성상 등을 기준으로 상속개시 당시의 가액을 산정하면 유류분권리자에게 부당한 이익을 주기 때문이다).

2. 유류분액 계산

상속인 각자의 계산상의 유류분액은 유류분산정의 기초가 되는 재산에 그 상속인의 유류분의 비율을 곱한 것이다.

[사례풀이 27]

내연의 처는 상속인이 아니기 때문에 Y에 대한 증여는 민법 제1114조(산입될 증여)의 적용을 받는다. 그런데 X의 사망 2년 전에 증여가 이루어졌기 때문에, 유류분산정시 상속재산에 산입되는가의 여부는 당사자 쌍방(X와 Y)이 유류분권리자에게 손해를 가한다는 것을 알고 있는가에 달려 있다. 예컨대, X가 곧 사망할 것이라는 사정을 예견할 수 있었음을 B와 C가 증명하지 못하는 한, X가 Y에게 한 증여는 유류분산정의 기초가 되는 재산에 산입되지 않는다.

A에 대한 증여를 보면, 피상속인 X는 재산 3억 원 중 A에게 상속개시 4년 전 1억 5천만 원을 주었다. 그런데 공동상속인이 상속재산 중에서 증여를 받았다면, 이는 상속인의 특별수익분으로서 상속개시 전의 1년 전에 증여한 것이라도 모두 산입대상이 된다(제1118조에 의한 제1008조의 준용). 따라서 증여 당사자 쌍방의 선의·악의에 상관없이 그 증여는 모두 산입대상이 된다. 따라서 A는 상속개시 시에 자기의 상속분을 초과하는 증여분에 대해서 반환할 의무를 부담한다.

(1) X, Y가 유류분권리자를 해함을 알고 증여계약을 체결한 사실이 증명된 경우: 유류분산정의 기초가 되는 상속재산은 3억이다. B, C의 각자 유류분은 5천만 원(3억×1/3×1/2)이다. 유류분반환의 순서는 유증부터 반환하고 증여의 순서로 이어지는데, 사례에서는 모두 증여이므로 A와 Y는 각자 증여받은 재산가액에 비례하여 유류분을 반환하면 된다. 따라서 A : Y=1억 5천만 원 : 9천만 원이므로 A는 2천 5백만 원을 Y는 1천 5백만 원을 각각 반환하여야 한다.

(2) X, Y가 유류분권리자를 해함을 알고 증여계약을 체결한 사실이 증명되지 못한 경우: Y에 대한 증여는 유류분산정의 기초가 되는 상속재산에 포함되지 않으므로 상속재산은 2억 1천만 원이다. B, C의 각자 유류분은 3천 5백만 원(2억 1천만 원×1/3×1/2)이다. A는 B와 C에게 5백만 원씩 각각 반환하여야 한다.

제 3 절 유류분의 보전

사례 28

갑은 적극재산 5천만 원과 채무 3천만 원을 남기고 2005.6.30. 사망하였고, 상속인으로 자녀 을과 병이 있다. 그런데 갑은 2003.5.30. 유류분 침해 사실을 모르는 을과 정에게 각각 7천만 원씩을 증여하기로 하였고, 2004.7.30. 그 채무를 이행하였다. 또한 갑은 남은 재산 2천만 원을 사회복지단체 무에게 기증하도록 자필증서에 의한 유언을 했다.

(1) 병의 유류분액은 얼마인가?

(2) 병이 을과 정에게 반환을 청구할 수 있는 금액은?

(3) 무가 유류분반환을 거친 후 최종적으로 취득할 금액은?

(사법시험 48회 객관식 출제문제)

[논 점]

1. 유류분산정의 기초가 되는 재산과 반환대상이 되는 증여
2. 특별수익자의 상속분
3. 상속채무의 공제방법
4. 유류분을 침해와 유류분반환순서

I 유류분반환청구권

제1115조(유류분의 보전)

① 유류분권리자가 피상속인의 제1114조에 규정된 증여 및 유증으로 인하여 그 유류분에 부족이 생긴 때에는 부족한 한도에서 그 재산의 반환을 청구할 수 있다.

② 제1항의 경우에 증여 및 유증을 받은 자가 수인인 때에는 각자가 얻은 유증가액의 비례로 반환하여야 한다.

유류분권리자가 상속개시 후 현실적으로 받은 재산이 유류분에 미달한 때에, 유류분권리자 또는 그 승계인은 유류분을 보전하는데 필요한 한도에서 유증 또는 증여된 재산의 반환을 청구할 수 있다(제1115조 제1항).

Ⅱ 반환청구권의 성질

유류분반환청구권(遺留分返還請求權)의 성질에 관하여는 형성권설(形成權說)과 청구권설(請求權說)이 대립한다.

1. 형성권설

반환청구권을 행사하면 유증 또는 증여계약은 실효하고 유류분권리자는 물권적 청구권에 기하여 목적물반환을 청구할 수 있으며, 그 유증 또는 증여가 아직 이행되지 않았을 때에는 반환청구권자는 이행의 의무를 면한다(김주수·김상용). 그 근거로 민법의 유류분제도가 오로지 혈족상속인(배우자포함)의 권리보호를 위하여 인정된 점을 든다(박병호).

2. 청구권설

반환청구권은 유류분에 부족한 만큼의 재산의 인도나 반환을 유증 또는 증여받은 자에 대하여 요구하는 채권적 청구권이며(박동섭), 아직 이행하지 않은 증여나 유증에 있어서는 이행의무의 소멸을 청구하고 이행을 거절할 수 있을 뿐이라고 한다(곽윤직). 이렇게 보는 이유는 민법이 물권변동에 관하여 대항요건주의가 아니라 성립요건주의를 취하고 있기 때문이라고 한다. 판례는 유류분반환청구권의 행사기간을 소멸시효기간으로 봄으로써(대판 1993.4.13, 92다3595) 청구권설에 가까운 태도를 보인다.

Ⅲ 유류분반환청구권의 행사

제1116조(반환의 순서)
증여에 대하여는 유증을 반환받은 후가 아니면 이것을 청구할 수 없다.

1. 유류분반환청구권자

(1) 유류분반환청구권은 귀속상의 일신전속권으로 볼 수 없으므로, 유류분권의 승계인, 즉 유류분권의 상속인이나, 포괄적 수유자는 물론, 상속분양수인 및 유류분반환청구권의 양수인도 행사할 수 있다.

(2) 유류분반환청구권을 유류분권자의 채권자가 유류분권자에 갈음하여 행사할 수 있는가? 판례는 유류분권자에게 그 권리행사의 확정적 의사가 있다고 인정되는 경우를 제외하고는 채권자대위권의 객체가 될 수 없다고 한다(행사상의 일신전속성: 대판 2010.5.27, 2009다93992).

판례

유류분반환청구권의 (행사상의) 일신전속성

민법은 유류분을 침해하는 피상속인의 유증 또는 증여에 대하여 일단 그 의사대로 효력을 발생시킴으로써 피상속인의 재산처분에 관한 자유를 우선적으로 존중해 주는 한편 유류분반환청구권을 행사하여 그 침해된 유류분을 회복할 것인지 여부를 유류분권리자의 선택에 맡기고 있고, 이 경우 유류분권리자는 피상속인의 의사나 피상속인과의 관계는 물론 수증자나 다른 상속인과의 관계 등도 종합적으로 고려하여 유류분반환청구권의 행사 여부를 결정하게 된다. 그렇다면, 유류분반환청구권은 그 행사 여부가 유류분권리자의 인격적 이익을 위하여 그의 자유로운 의사결정에 전적으로 맡겨진 권리로서 행사상의 일신전속성을 가진다고 보아야 하므로, 유류분권리자에게 그 권리행사의 확정적 의사가 있다고 인정되는 경우가 아니라면 채권자대위권의 목적이 될 수 없다(대판 2010.5.27, 2009다93992).

2. 유류분반환청구의 상대방

반환청구의 상대방은 유류분을 침해한 유증받은 자와 증여를 받은 자 및 그 상속인이고, 유언집행자도 이에 포함된다고 해석된다(김주수·김상용). 유증 또는 증여받은 자로부터 목적물을 양수한 자가 양도 당시 유류분권리자를 해함을 안 경우에는 이 양수인에 대해서도 반환청구를 할 수 있다고 보아야 한다(대판 2002.4.26, 2000다8878: 대판 2016.1.28, 2013다75281).

3. 유류분반환청구의 방법과 범위

유류분반환청구권은 반드시 소에 의한 방법으로 행사하여야 할 필요는 없으므로, 재판상 또는 재판 외에서 상대방에 대한 의사표시의 방법으로 할 수 있고, 침해를 받은 유증 또는 증여행위를 지정하여 이에 대한 반환청구의 의사를 표시하면 되며 목적물을 구체적으로 특정하여야 하는 것도 아니다(대판 2002.4.26, 2000다8878). 다만, 유류분권리자가 반환의무자를 상대로 유류분반환청구권을 행사하고 이로 인하여 생긴 목적물의 이전등기의무나 인도의무 등의 이행을 소로써 구하는 경우에는 그 대상과 범위를 특정하여야 하고, 법원은 처분권주의의 원칙상 유류분권리자가 특정한 대상과 범위를 넘어서 청구를 인용할 수 없다(대판 2013.3.14, 2010다42624·42631). 한편, 상속인이 사인증여가 무효라고 주장하면서 수증자가 소비한 금원의 반환을 구하는 경우에 사인증여가 유효임을 전제로 한 유류분반환의 청구가 포함되어 있다고 보기 어렵지만(대판 2001.9.14, 2000다66430·66447), 상속인이 유증 또는 증여행위의 효력을 명확히 다투지 아니하고 수유자 또는 수증자에 대하여 재산분배나 반환을 청구하는 경우에는 유류분반환의 방법에 의할 수밖에 없으므로, 비록 유류분 반환을 명시적으로 주장하지 않더라도 그 청구 속에는 유류분반환청구권을 행사하는 의사표시가 포함되어 있다고 해석함이 타당하다(대판 2012.5.24, 2010다50809). 다만 유류분의 보전은 유류분에 부족한 한도에서만 인정된다(제1115조 1항; 대판 2013.3.14, 2010다42624·42631). 한편, 상속재산분할은 가사비송사건(가소법 제2조 1항 마류)이고 유류분반환청구는 민사사건이므로, 상속재산분할심판절차에서의 유류분반환 주장 철회는 법원에 대한 의사표시일 뿐 사법상의 유류분반환청구의 의사표시를 취소하거나 철회한 것으로 볼 수는 없다(대판 2002.4.26, 2000다8878).

판례

유류분반환 대상과 범위

유류분권리자가 반환의무자를 상대로 유류분반환청구권을 행사하고 이로 인하여 생긴 목적물의 이전등기의무나 인도의무 등의 이행을 소로써 구하는 경우에는 그 대상과 범위를 특정하여야 하고, 법원은 처분권주의의 원칙상 유류분권리자가 특정한 대상과 범위를 넘어서 청구를 인용할 수 없다(대판 2013.3.14, 2010다42624·42631).

4. 유류분반환청구의 순서

유류분의 반환청구를 받게 되는 증여·유증이 복수인 경우에 유류분반환청구는 제1차적으로 유증(사인증여)에 대하여 하여야 하고(제1116조), 유증이 복수이면 각자가 얻은 유증가액에 비례하여 반환하여야 한다(제1115조 제2항). 유증을 반환받은 후에 증여를 반환청구할 수 있고, 증여가 복수이면 각자가 얻은 증여가액의 비율로 반환하여야 한다. 사인증여에 대한 반환순서는 유증에 준한다(사인증여에 유증의 규정이 준용될 뿐만 아니라 그 실제적 기능도 유증과 달리 볼 필요가 없다: 대판 2001.11.30, 2001다6947).

판례

증여와 유증이 있는 경우 유류분반환순서와 기준

증여 또는 유증을 받은 재산 등의 가액이 자기 고유의 유류분액을 초과하는 수인의 공동상속인이 유류분권리자에게 반환하여야 할 재산과 범위를 정할 때에, 수인의 공동상속인이 유증받은 재산의 총 가액이 유류분권리자의 유류분 부족액을 초과하는 경우에는 유류분 부족액의 범위 내에서 각자의 수유재산(受遺財産)을 반환하면 되는 것이지 이를 놓아두고 수증재산(受贈財産)을 반환할 것은 아니다. 이 경우 수인의 공동상속인이 유류분권리자의 유류분 부족액을 각자의 수유재산으로 반환할 때 분담하여야 할 액은 각자 증여 또는 유증을 받은 재산 등의 가액이 자기 고유의 유류분액을 초과하는 가액의 비율에 따라 안분하여 정하되, 그 중 어느 공동상속인의 수유재산의 가액이 그의 분담액에 미치지 못하여 분담액 부족분이 발생하더라도 이를 그의 수증재산으로 반환할 것이 아니라, 자신의 수유재산의 가액이 자신의 분담액을 초과하는 다른 공동상속인들이 위 분담액 부족분을 위 비율에 따라 다시 안분하여 그들의 수유재산으로 반환하여야 한다. 나아가 어느 공동상속인 1인이 수개의 재산을 유증받아 각 수유재산으로 유류분권리자에게 반환하여야 할 분담액을 반환하는 경우, 반환하여야 할 각 수유재산의 범위는 특별한 사정이 없는 한 민법 제1115조 제2항을 유추적용하여 각 수유재산의 가액에 비례하여 안분하는 방법으로 정함이 타당하다(대판 2013.3.14, 2010다42624·42631).

Ⅳ 반환청구권행사의 효력

유류분권리자가 유류분반환청구권을 행사한 경우 그의 유류분을 침해하는 범위 내에서 유증 또는 증여는 소급적으로 효력을 상실하고, 상대방은 그와 같이 실효된 범위 내에서 유증 또는 증여의 목적물을 반환할 의무를 부담하고(대판 2013.3.14, 2010다42624 참조), 또한 반환청구를 받은 이후의 과실도 반환하여야 한다. 유류분권리자의 목적물에 대한 사용·수익권은 상속개시의 시점에 소급하여 반환의무자에 의하여 침해당한 것이 되므로 상속개시 시를 기준으로 반환하여야 할 과실의 평가가 이루어져야 한다. 그러나 반환의무자가 악의의 점유자라는 사정이 증명되지 않는 한 반환의무자는 목적물에 대하여 과실수취권이 있기 때문에 목적물의 사용이익 중 유류분권리자에게 귀속되었어야 할 부분을 부당이득으로 반환할 의무가 없다. 다만 선의의 점유자로 추정된다고 하더라도 본권에 관한 소에서 종국판결에 의하여 패소로 확정된 경우에는 소가 제기된 때로부터 악의의 점유자로 의제되어 반환의무가 발생한다(대판 2013.3.14,

2010다42624·42631).

반환의무자는 통상적으로 증여 또는 유증대상 재산 그 자체를 반환하면 될 것이나 원물반환이 불가능한 경우에는 그 가액 상당액을 반환할 수밖에 없다(대판 2005.6.23, 2004다51887). 반환청구를 받은 자가 유증 또는 증여의 목적물을 타인에게 이미 양도한 때에는 제3자를 보호하기 위하여 유류분권리자는 유증 또는 증여를 받은 자에 대하여 그 가액을 청구할 수 있음에 그친다고 본다(제1014조 참조). 다만 양수인이 악의인 경우에는 현물반환을 청구할 수 있다고 보아야 한다(김주수·김상용). 유류분권리자는 현물반환 대신에 필요하다면 가액반환을 선택적으로 행사할 수 있다는 견해가 있다(김주수·김상용). 한편, 유류분반환청구권을 행사함으로써 발생하는 목적물의 이전등기청구권 등에 대해서는 민법 제1117조의 유류분반환청구권에 대한 소멸시효가 적용되지 않는다(대판 2015.11.12, 2011다55092 참고).

판례

유류분반환방법

1. 유류분으로 반환하여야 할 대상이 주식인 경우의 유류분반환방법

유류분으로 반환하여야 할 대상이 주식인 경우, 반환의무자가 피상속인으로부터 증여받은 주권 그 자체를 보유하고 있지 않다고 하더라도 그 대체물인 주식을 제3자로부터 취득하여 반환할 수 없다는 등의 특별한 사정이 없는 한 원물반환의무의 이행이 불가능한 것은 아니다(대판 2005.6.23, 2004다51887).

2. 유류분의 반환방법

우리 민법은 유류분제도를 인정하여 제1112조부터 제1118조까지 이에 관하여 규정하면서도 유류분의 반환방법에 관하여 별도의 규정을 두지 않고 있으나, 증여 또는 유증대상 재산 그 자체를 반환하는 것이 통상적인 반환방법이라고 할 것이므로, 유류분권리자가 원물반환의 방법에 의하여 유류분반환을 청구하고 그와 같은 원물반환이 가능하다면 달리 특별한 사정이 없는 이상 법원은 유류분권리자가 청구하는 방법에 따라 원물반환을 명하여야 한다(대판 2006.5.26, 2005다71949).

V 공동상속인 상호간의 유류분반환청구

공동상속의 경우에 상속인 중의 1인이 피상속인의 재산을 너무 많이 증여받았기 때문에 다른 상속인의 유류분을 침해하는 경우가 생길 수 있다.

1. 상속분지정에 의한 유류분침해

피상속인이 유언에 의하여 공동상속인 중의 1인의 상속분을 너무 많이 지정했기 때문에 다른 상속인의 유류분을 침해하는 경우가 생길 수 있다(지정상속분을 긍정하는 통설에 따를 경우). 이때에는 반환청구의 의사표시에 의하여 유류분을 침해한 한도에서 상속분의 지정은 실효한다.

2. 반환청구의 범위

다른 공동상속인의 유류분침해를 생기게 한 유증·증여는 그것을 받은 상속인의 유류분의 액을 넘은 한도에서 반환청구의 대상이 된다.

3. 반환청구권행사의 효과

반환청구에 의하여 상대방인 상속인이 자기의 유류분액 이상으로 취득한 유증이나 증여는 유류분을 침해하는 한도 내에서 그 효력을 잃는다.

4. 반환청구의 실현

공동상속인 상호 간의 유류분반환청구권의 행사는 상속재산의 분할절차와 별도로 할 수 있지만, 그 결과의 구체적 실현은 상속재산분할절차와 함께 이루어져야 할 것이다.

5. 기여분과 유류분의 관계

유류분(遺留分)과 기여분(寄與分)은 서로 관계가 없다. 따라서 기여분의 가액이 상속재산의 가액 중에서 아무리 큰 비중을 차지하더라도 공동상속인의 유류분을 침해한 경우가 되지 않는다. 그러나 기여상속인은 민법 소정의 방식에 따라 기여분이 결정되기 전에는 유류분반환청구소송에서 상속재산 중 자신의 기여분에 대한 공제항변을 할 수 없다(대판 1994.10.14, 94다8334). 기여분은 상속재산분할의 전제적 성격을 가지는 것으로서, 유류분과는 서로 관계가 없다. 따라서 유류분을 산정함에 있어 기여분을 공제할 수 없고, 기여분으로 유류분에 부족이 생겼다고 하여 기여분에 대하여 반환을 청구할 수도 없다(대판 2015.10.29, 2013다60753).

판례

유류분반환청구의 법률관계

1. 다른 공동상속인이 수인인 경우에 있어 유류분반환청구

(1) 유류분권리자가 유류분반환청구를 하는 경우에 증여 또는 유증을 받은 다른 공동상속인이 수인일 때에는, 민법이 정한 유류분제도의 목적과 같은 법 제1115조 제2항의 규정취지에 비추어 유류분권리자는 그 다른 공동상속인들 중 증여 또는 유증을 받은 재산의 가액이 자기 고유의 유류분액을 초과하는 상속인을 상대로 하여 그 유류분액을 초과한 금액의 비율에 따라 반환청구를 할 수 있다고 보아야 한다.

(2) 공동상속인 중에 피상속인으로부터 재산의 증여에 의하여 특별수익을 얻은 자가 있는 경우에는 민법 제1114조의 규정은 그 적용이 배제되고, 따라서 그 증여는 상속개시 전의 1년간에 행한 것인지의 여부에 관계없이 유류분산정을 위한 기초재산에 산입된다(대판 1995.6.30, 93다11715).

2. 공동상속인 및 공동상속인이 아닌 제3자가 피상속인으로부터 각각 증여 또는 유증을 받은 경우, 각자의 유류분반환의무의 범위

유류분권리자가 유류분반환청구를 함에 있어 증여 또는 유증을 받은 다른 공동상속인이 수인일 때에는 각자 증여 또는 유증을 받은 재산 등의 가액이 자기 고유의 유류분액을 초과하는 상속인에 대하여 그 유류분액을 초과한 가액의 비율에 따라서 반환을 청구할 수 있고, 공동상속인과 공동상속인 아닌 제3자가 있는 경우에는 그 제3자에게는 유류분이 없으므로 공동상속인에 대하여는 자기 고유의 유류분액을 초과한 가액을 기준으로 하여, 제3자에 대하여는 그 증여 또는 유증받은 재산의 가액을 기준으로 하여 그 각 가액의 비율에 따라 반환청구를 할 수 있다(대판 2006.11.10, 2006다46346).

Ⅵ 유류분반환청구권의 소멸

제1117조(소멸시효)

반환의 청구권은 유류분권리자가 상속의 개시와 반환하여야 할 증여 또는 유증을 한 사실을 안 때로부터 1년 내에 하지 아니하면 시효에 의하여 소멸한다. 상속이 개시한 때로부터 10년을 경과한 때도 같다.

1. 상속의 개시와 증여나 유증을 한 사실을 안 때로부터 1년

반환청구권은 유류분권리자가 상속의 개시와 반환하여야 할 증여 또는 유증을 한 사실을 안 때로부터 1년 내에 행사하지 아니하면 시효에 의하여 소멸한

다(제1117조 전문). 형성권설이든 청구권설이든 이를 단기소멸시효기간이라고 보는 데에 이견이 없다(곽윤직; 김주수·김상용; 박병호). 여기서 상속의 개시와 반환하여야 할 증여 또는 유증을 한 사실을 안 때란, 상속개시와 유증·증여의 사실을 알 뿐만 아니라 그 사실이 유류분을 침해하여 반환청구를 할 수 있게 됨을 안 때로 보는 것이 판례의 태도이다(대판 1994.4.12, 93다52563; 대판 2001.9.14, 2000다66430; 대판 2006.11.10, 2006다46346). 이에 대하여 위와 같은 해석은 상속인을 보호하는 데에는 좋지만 제3자의 보호에는 미흡하기 때문에 그 기산점을 유류분권리자가 상속개시와 유증·증여를 한 사실을 안 때로 해야 한다는 견해가 있다(김주수·김상용).

한편 반환청구의 의사표시를 기간 내에 하면 그 결과 생기는 반환청구권의 행사는 민법 제1117조의 기간경과 후라도 상관없다고 보아야 한다(대판 2002.4.26, 2000다8878).

2. 상속이 개시된 때로부터 10년

상속이 개시된 때로부터 10년이 경과하면 반환청구권은 소멸한다(제1117조 후문). i) 반환청구권을 형성권으로 보는 다수설은 이 기간을 제척기간이라고 보는 데 비하여(김주수·김상용), 반환청구권을 청구권으로 보는 견해는 이를 일반채권의 소멸시효기간으로 본다(곽윤직). ii) 판례는 이 기간을 소멸시효기간이라고 하고 있다(대판 1993.4.13, 92다3595).

판례

유류분반환청구권의 소멸

1. 제1117조의 해석

(1) 유류분반환청구권의 행사는 재판상 또는 재판 외에서 침해를 받은 유증 또는 증여행위를 지정하여 상대방에 대한 반환청구의 의사를 표시하면 그것으로 족하며, 민법 제1117조에 정한 소멸시효의 진행도 그 의사표시로 중단된다(대판 2002.4.26, 2000다8878).

(2) 유류분반환청구가 가정법원의 관할에 속하지 않는 점을 고려한 데서 비롯된 상속재산분할심판절차에서의 유류분반환 주장 철회는 법원에 대한 의사표시일 뿐 사법상의 유류분반환청구의 의사표시를 취소하거나 철회한 것으로 볼 수는 없다(대판 2002.4.26, 2000다8878).

2. 해외에 거주하다가 피상속인의 사망사실을 뒤늦게 알게 된 상속인이 유증사실 등을 제대로 알 수 없는 상태에서 유증이 있었음을 알았다고 볼 수 있는 시점

해외에 거주하다가 피상속인의 사망사실을 뒤늦게 알게 된 상속인이 유증사실 등을 제대로 알 수 없는 상태에서 다른 공동상속인이 교부한 피상속인의 자필유언증서 사본을 보았다는 사정만으로는 자기의 유류분을 침해하는 유증이 있었음을 알았다고 볼 수 없고, 그 후 유언의 검인을 받으면서 자필유언증서의 원본을 확인한 시점에 그러한 유증이 있었음을 알았다고 볼 수 있다(대판 2006.11.10, 2006다46346).

3. 증여에 따른 소유권이전등기가 이루어지지 않은 경우에 유류분반환청구권이 시효에 의하여 소멸하는지 여부

민법 제1117조의 유류분반환청구권은 상속이 개시된 때부터 10년이 지나면 시효에 의하여 소멸하고, 이러한 법리는 상속재산의 증여에 따른 소유권이전등기가 이루어지지 아니한 경우에도 달리 그 소멸시효 완성의 항변이 신의성실의 원칙에 반한다고 하는 등의 특별한 사정이 존재하지 아니하는 이상 달리 볼 것이 아니다(대판 2008.7.10, 2007다9719).

4. 유류분반환청구권 행사에 따라 발생하는 권리의 소멸시효

유류분반환청구권을 행사함으로써 발생하는 목적물의 이전등기청구권 등은 유류분반환청구권과는 다른 권리이므로, 그 이전등기청구권 등에 대하여는 민법 제1117조 소정의 유류분반환청구권에 대한 소멸시효가 적용될 여지가 없고, 그 권리의 성질과 내용 등에 따라 별도로 소멸시효의 적용 여부와 기간 등을 판단하여야 한다(대판 2015.11.12, 2011다55092).

[사례풀이 28]

(1) 병의 유류분액

공동상속인 을과 병의 법정상속분은 각 1/2이고 을과 병의 유류분율은 각 1/4이다(제1009조, 제1112조). 공동상속인의 특별수익분은 상속개시 1년 이전의 것인지 여부, 당사자 쌍방이 손해를 가할 것을 알고서 하였는지 여부에 관계없이 유류분 산정을 위한 기초재산에 산입되고(제1118조, 제1008조)(대판 1996.2.9, 95다17885). 증여는 상속개시 전의 1년 간에 행한 것에 한하되, 당사자 쌍방이 유류분권리자에 손해를 가할 것을 알고 증여를 한 때에는 1년 전에 한 것도 포함되는데(제1114조), 사안에서 정은 그러한 사실을 모르고 있으므로 정에 대한 증여분은 상속개시 1년 전의 것이라 포함되지 않는다.

결국 사안에서 병의 유류분액은, 유류분산정의 기초가 되는 재산가액은 9천만 원×1/2×1/2=2천 2백 5십만 원이다(상속재산가액 5천+증여나 특별수익가액 7천-채무액 3천= 9천×1/2×1/2이다).

(2) 병이 을과 정에게 반환을 청구할 수 있는 금액

유류분권리자는 유류분에 부족이 생긴 때에 그 부족한 한도에서 유증·증여된 재산의 반환을 청구할 수 있는데(제1115조 제1항), 병의 반환청구가 가능한 유류분침해액은 '유류분액 - 상속이익'(상속이익은 구체적 상속분액에서 채무부담액을 공제한 금액)이다.

우선 을의 상속이익에 관하여 살펴본다. 을의 경우 특별수익분(7천)이 법정상속분{(5천+7천)×1/2=6천을 초과한다. 피상속인으로부터 재산의 증여 또는 유증을 받은 자는 그 수증재산이 자기의 상속분에 부족한 한도 내에서만 상속분이 있는데(제1008조), 을은 특별수익분이 상속분을 초과하므로 을은 유증을 이행하고 남는 적극재산 3천만 원에 대한 상속분을 주장할 수 없다(대판 1995.3.10, 94다16571). 따라서 을의 상속이익은 0이다

한편, 병은 3천을 전부 상속하게 되는데, 여기서 병이 부담하는 채무 3천×1/2=1천 5백을 제하면 결국 병의 상속이익은 1천 5백이다(을은 적극상속재산에 대한 상속이익은 0이지만 여전히 상속채무 3천만 원 중 1천 5백만 원의 채무를 부담한다). 병이 침해받아 청구가능한 유류분액은 2천 2백 5십-1천 5백=7백 5십이다. 이 금액을 병은 먼저 무로부터 반환받을 수 있다. 따라서 병이 을이나 정으로부터 반환받을 수 있는 유류분액은 0이다.

여기서 주의할 것은 상속채무를 적극재산에서 사전에 공제하는 견해가 있다. 이 견해에 따르게 되면 5천만 원에서 제3자에 대한 특정유증분 2천만 원을 공제한 3천만 원에서 사전에 채무 3천만 원을 공제하면 병의 상속이익은 0이라는 결론에 도달하게 된다. 이러한 경우 병은 유류분액 2천 2백 5십만 원이 전부 침해된 것으로 보고 수유자 무에 대해 2천만 원의 반환을 청구하고 수증자인 특별수익자 을에 대해 2백 5십만 원의 반환을 청구해야 된다. 그러나 이러한 견해는 상속채무(소극재산)는 적극재산과는 별도로 각 공동상속인이 법정상속분대로 부담하고, 적극재산 전액과 증여가액을 합산한 금액에 그 특별수익자인 상속인의 법정상속분율을 곱하여 산출된 상속분의 가액이 위 증여가액에 미달할 때에 한해서 당해 상속인은 더 이상 상속재산에 관하여 상속분을 주장할 수 없다(제1008조)는 판례(대판 1995.3.10, 94다16571)의 취지를 무시한 것으로 타당하지 않다.

(3) 무가 유류분반환을 거친 후 최종적으로 취득할 금액

증여에 대하여는 유증을 반환받은 후가 아니면 이를 청구할 수 없으므로(제1116조), 병은 수유자 무에 대해 7백 5십만 원의 반환을 청구할 수 있고, 을과 정에 대해서는 반환청구를 할 수 없다. 따라서 무가 유류분반환을 거친 후 최종적으로 취득할 금액은 1천 2백 5십만 원(2천 - 7백 5십만 원)이다.

판례색인

저 자 약 력

조승현(曺承鉉)

고려대학교 법학과 졸업(법학사)
고려대학교 대학원 법학과 석·박사과정 수료(법학박사)
중앙노동위원회 공익위원 역임
사법시험 출제위원 역임
공인중개사 출제위원 역임
공인노무사 출제위원 역임
공인세무사 출제위원 역임
감정평가사 출제위원 역임
현 한국방송통신대학교 법학과 교수

저서 · 논문
생활법률, 김엘림·조승현·최정학 공저, 한국방송통신대학교출판부
민법총칙, 고영남·조승현 공저, 한국방송통신대학교출판부
물권법, 한국방송통신대학교출판부
채권법, 고영남·조승현 공저, 한국방송통신대학교출판부
민법연습, 고영남·조승현 공저, 한국방송통신대학교출판부
친족·상속, 신조사

보증채무의 사법통제에 관한 연구
전환사채발생의 법적 문제점
법률회피 외 다수

제 6 판
친족 · 상속

2011년 7월 5일 초 판 제 1 쇄발행
2016년 7월 20일 제 6 판 제 1 쇄인쇄
2016년 7월 30일 제 6 판 제 1 쇄발행

저 자 조 승 현
발행인 이명재·이종은
발행처 **신 조 사**
서울특별시 마포구 독막로 295 삼부골든타워 212호
전화 (02) 713-0402 FAX (02) 713-0403
등록 1994. 7. 4, 제17-179호(倫)
E-mail: sinjosa@sinjosa.co.kr http: //www.sinjosa.co.kr

정가 32,000원 ISBN 979-11-86377-19-2